晉平陽侯相安漢陳壽撰
宋中書侍郎西鄉侯聞喜裴松之注

三國志

上冊

卷一至卷三〇（魏書）

中華書局

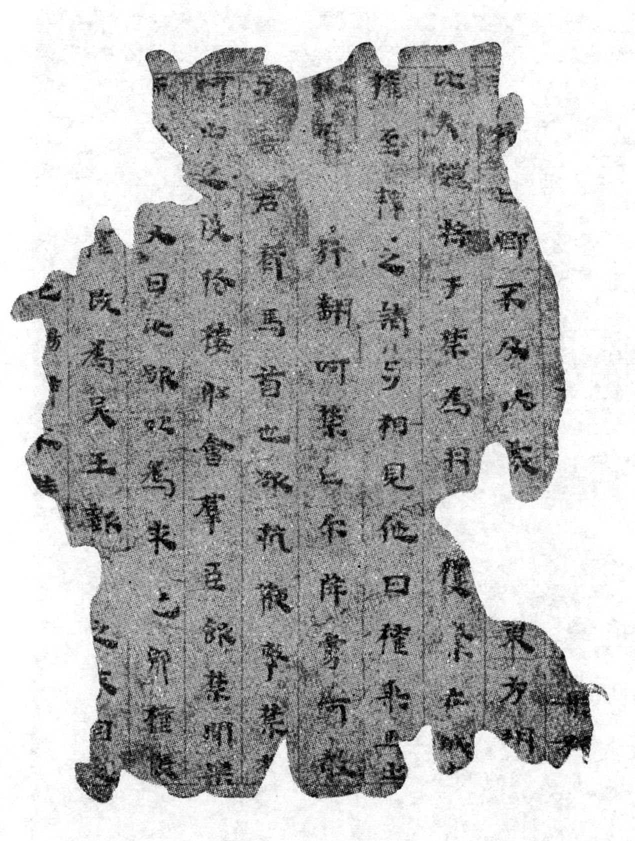

書影一　晉寫本吳志殘卷（一九二四年新疆鄯善縣出土）

恐乎

唯大震劉基

王以三爵之後殺善士雖翻有罪

誰不知之且大王以能容賢畜衆

海內望風今一朝棄之可乎權曰曹

孟德殺孔文舉孤於虞翻何有哉

孟德輕害士人天下非之大王躬行德

義欲與堯舜比隆何得自喻於彼乎翻

由是得免權因敕左右曰今酒後言殺

皆不得殺翻嘗乘船行與麋芳相逢

芳舩上　者ノ翻　先驅曰隨將
軍舩翻肩嚴曰夫忠　何以事
傾人之嘅而稱將軍可兮芳闔一
應遠而辟之後翻乘車行入經者
中芳門走開門車不得過翻瀛愁曰
當開又開當開又開豈得事宜有之
之有愁色翻性疏直數有酒失權与
張昭論及神仙翻指昭曰彼皆死人
而語神仙世豈有仙人邪權責愁非
一逆徙翻交州雖處裏於而講學不

陸門徒　入人大之　子論語國語
訓注音韋於世初山陰丁、大末徐
孰在縣吏之中或衆所未識翻一
使与文善欽咸顯名在南十餘年
十九年賜蓍舊墓妻子得還有子十一
人第四子汜最知名永安初從選曹
郎為散騎中常侍後為監軍使者
討扶嚴病卒汜弟中宜都大守妹越
騎校尉晃達尉
陸績字公紀吳郡吳人也父康漢末

為盧江　子續年六、於九江見袁術
出橘績懷三枚去拜十、地術謂
陸郎作賓客而懷橘乎績跪答曰
歸遺母術大奇之孫策在吳張口
紘秦松為上賓共論四海未泰唯當
用武治而平之績年少末坐遙大聲言
曰昔管夷吾相齊桓公九合諸侯一
匡天下不用兵車孔子曰遠人不服
文德以來之今論者不務道德懷取
之術而惟尚武績雖〻蒙竊所未安

也昭等異之績容貌雄壯博學多識星
曆筭數無不該覽虞翻 齒成名龐
荊州令士年亦差長皆與績友善孫權
統事辟為奏曹掾以直道見憚出為
鬱林太守加偏將軍給兵二千人績既有
躄疾又意存儒雅非其志也雖有軍
事著述不廢作渾天圖注易釋玄皆
傳於世豫自知亡日乃為辭曰有漢
志民吳郡陸績幼敦詩書長玩礼易
受命南 遘疾遇厄、命不永嗚呼

悲隔人曰從今以去六七年之外車同軌
書同文恨不及見也年　卒長子
會稽南部都尉次子紹長[illegible]校尉
張溫字惠恕吳郡吳人也父允以輕財
重士名顯州郡為孫權東曹掾卒溫
少脩節操容貌奇偉權聞之以問公卿
曰溫當今與誰為比也大農劉基曰可
與全琮為輩太常顧雍曰基未詳其
為人也溫當今無輩權曰如是張允不
死也徵　延見文辭　對觀者傾竦

權改容加禮罷出張昭執其手曰老夫
託意君宜明之拜議郎選曹尚書徙
太子太傅甚見信重時年卅二以輔義中
郎將使蜀權謂溫曰卿不宜遠出恐諸
葛孔明不知吾所以與曹氏通意故屈
卿行若山越都除便欲大構於蜀行人
之義受命不受辭也溫對曰臣入無腹
心之規出無專對之用懼無張老延譽
之功又無子產陳事之效然諸葛亮達
見計數必知神慮屈申之宜加受朝廷

天覆之惠推覆之心久且疑感溫至思
諮聞拜章曰昔高宗以諒闇昌殷祚
再興成王以幼沖隆周德於大平功冒
普天敵實冥極今陛下以聰明之姿寄
契往古擢百揆於良先舉列精之柄
耀遐迹望風莫不欣賴吳國勤恁旅力
清澄江滸願與有道平壹宇內委心協
規有如河水軍事甚須使汝之步是
以忍卻啓之　溫通致情好
陛下敦　忽臣自遠境

孫破虜討逆傳第一　吳書　國志四十六

孫堅字文臺吳郡富春人蓋孫武之後也

吳書曰堅世仕吳家于富春葬於城東冢上數有光怪雲氣五色上屬於天曼延數里衆皆往觀視父老相謂曰是非凡氣孫氏其興矣及母懷妊堅夢腸出繞吳昌門寤而懼之以告鄰母鄰母曰安知非吉徵也堅生容貌不凡性闊達好奇節

少爲縣吏年十七與父共載船至錢唐會海賊胡玉等從匏里上掠取賈人財物方於岸上分之行旅皆住船不敢進堅謂父曰此賊可擊請討之父曰非爾所圖也堅行操刀上岸以手東西指麾若分部人兵以羅遮賊狀賊望見以爲官兵捕之即委財物散走堅追斬得一級以還父大驚由是顯聞府召署假尉會稽妖賊許昌起於句章自稱陽明皇帝

靈帝紀曰昌以其父爲越王也

與其子韶扇動諸縣衆以萬數堅以郡司馬募召精勇得千餘人

書影二　宋咸平中國子監刊本

書影三　元大德中池州路刊本

武帝紀第一　　魏書　　國志一

太祖武皇帝

太祖武皇帝沛國譙人也姓曹諱操字孟德漢相國參之
後太祖一名吉利小字阿瞞王沈魏書曰其先出於黃
帝當高陽世陸終之子曰安是為曹姓周武王克殷存
先世之後封曹俠於邾春秋之世與於盟會逮至戰國為
楚所滅子孫分流或家于沛漢高祖之起曹參以功封平
陽侯世襲爵土絕而復
紹至今適嗣國於容城桓帝世曹騰為中常侍大長秋封
費亭侯司馬彪續漢書曰騰父節字元偉素以仁厚稱鄰
人有亡豕者與節豕相類詣門認之節不與爭後
所亡豕自還其家豕主人大慚送所認豕并辭謝節節笑
而受之由是鄉黨貴歎焉長子伯興次子仲興次子叔興
騰字季興少除黃門從官永寧元年鄧太后詔黃門令選
中黃門從官年少溫謹者配皇太子書騰應其選太子特
親愛騰飲食賞賜與眾有異順帝即位為小黃門遷至中
常侍大長秋在省闥三十餘年歷事四帝未嘗有過好進

出版說明

一

魏文帝黃初元年到晉武帝太康元年（公元二二〇——二八〇），是中國歷史上魏、蜀、吳三國鼎立的時期。記載這六十年歷史發展的比較完整的史書，是西晉初年陳壽著的這部三國志。

唐代以前，本以史記、漢書、東觀記爲三史，後來東觀記失傳（現存的東觀漢記是後人輯佚書），就稱史記、漢書、後漢書爲三史，後人推重陳壽的史學和文筆，於是又加上三國志，稱爲四史。三國志繼承史記、漢書而作，成書遠在後漢書以前。司馬遷的史記是通史體，班固的漢書是斷代史體，三國志把三國分成三書——魏書三十卷，蜀書十五卷，吳書二十卷，共六十五卷，在斷代史中別創一格。

陳壽成書的年代雖然不能確定，但知他死在晉惠帝元康七年（公元二九七），這時候魏的最後一個君主陳留王尚未死去。當時魏、吳兩國已先有史，官修的有王沈魏書、韋昭吳書，私撰的有魚豢魏略，這三種書是陳壽所根據的基本材料。惟蜀國無史，必須由陳壽直接採集。陳壽是蜀人，又是史學家譙周的弟子，在蜀未亡時即注意蜀事，他所採集雖然不及魏、吳官史那樣豐富，也終於完成蜀書，與魏、吳兩書並列。但正因爲三國史料的來源不同，所以三書的成就也有差異。吳書因爲韋昭的舊著本來相當好，再經陳壽整比，更加完美。蜀書沒有藍本，因而比較簡略。魏書多是根據魏史舊文，而王、魚原書的記載，有些是秉承司馬懿意旨誣加的（例如關於曹爽的罪惡），陳壽是晉臣，不敢擅改原文，這就難免有些失實的地方。總括的說，因爲陳壽見到的史料有限，所以三書的內容都還不够充實。三國志沒有志表，正是爲了材料不足；後來裴松之所以要給它作注，也是要補救這個缺陷。

魏、蜀、吳三書本是各自爲書，到了北宋雕板，始合爲一種，改稱三國志。舊唐書經籍志以魏書入正史類，蜀書、吳書入編年類，這種分類法，固然錯誤可笑，但由此可以知道三書在宋以前是獨立的。三國志最早的刻本——北宋咸平六年（公元一〇〇三）國子監刻本，吳志分上下兩帙，前有刻吳志牒文。後來紹熙的重刻本裏，也保留著一頁咸平國子監刻蜀志的牒文。可知咸平刻書時雖已合併爲三國志，但還是三書分別發刻的。

二

陳壽死後約一百三十餘年，裴松之爲三國志作注，至宋文帝元嘉六年（公元四二九）告成。東晉以後，史料的發現已經漸漸多起來，裴松之廣泛地搜輯，利用這些資料來補充陳書，正像他自己所說「繪事以衆色成文，蜜蜂以兼採爲味」。裴注的體例，在他的進書表裏提到有以下四個方面：一、「壽所不載，事宜存錄者，則罔不畢取以補其闕」；二、「同說一事而辭有乖離，或出事本異疑不能判，並皆抄納以備異聞」；三、「紕繆顯然，言不附理，則隨違矯正以懲其妄」；四、「時事當否及壽之小失，頗以愚意有所論辨」。按隋書經籍志著錄裴注三國志，除本書六十五卷外，還有敍錄一卷。可惜唐以後敍錄失傳，使我們對於作者的意旨不能得到更深刻的瞭解。

一般注釋古書，大都專門注意訓詁，裴注的重點則放在事實的增補和考訂上，對於原文的音切和解釋並不詳備。四庫提要稱：「其初意似亦欲如應劭之注漢書，考究訓詁，引證故實。……欲爲之而未竟，又惜所已成，不欲删棄，故或詳或略，或有或無。」這話羌無證據，只能認爲撰提要者的臆測之辭罷了。

裴注多過陳壽本書數倍，明以前人若王通、劉知幾都譏其繁蕪，葉適至認爲「注之所載，皆壽書之棄餘」（文獻通考一九一）。清代學者雖然推重裴注，但也有人指責他有的應注而不注，有的不應注而注，引書有改字等等（見趙翼陔餘叢考六、四庫提要四五及盧文弨的批注）。其實這些都是小缺點，並不能因此掩沒它的長處。裴注引用的魏、晉人著作，多至二百十種，著錄在隋書經籍志中的已經不到四分之三，唐、宋以後就十不存一了。而且裴注所引的材料，都首尾完整，儘管說它「繁蕪」，說它「壽之棄餘」，單就保存古代資料這一點說，也是值得重視的。

作後漢書的范曄和裴松之同時，以年齡論，裴比范長二十歲，范死在宋文帝元嘉二十二年（公元四四五），裴死更比范後六年。兩人雖然生在同一時期，同樣搜集史料，但他們運用史料的方法不同，范曄組織所得的史料編成後漢書，裴松之則用來注陳壽的三國志。試取陳壽、范曄兩書中篇目相同的十六篇列傳比較，范書比陳書篇幅增多約一倍，那些多出來的材料，大多是和裴注相同的。

三

現在最通行的三國志刻本有四種：一、百衲本，據宋紹興、紹熙兩種刻本配合影印；二、清武英殿刻本，據明北監本校刻（鉛印石印各本都據武英殿本翻印）；三、金陵活字本，據明南監馮夢禎本校印；四、江南書局刻本，據毛氏汲古閣本校刻。這四種刻本，除百衲本影印外，其餘三種雖然在重刻時還不免增加了一些錯字，但都經過認眞校勘，並改正了原本的不少錯誤。我們的校點工作，就用這四種通行本互相勘對，擇善而從。

清代學者對於三國志的校勘考訂工作，曾經作了很大的努力。自顧炎武、何焯以下約二十餘家，都能根據本書前後文互證，並參考它書，對於宋、元以來各種版本相沿未改的錯誤，分別提出意見，或批注書眉，或成爲專門著作刊布。後來梁章鉅三國志旁證及盧弼三國志集解，先後彙集諸家校語，作了兩次總結。我們利用了梁、盧兩家的成果，又取他們所據原書覆勘，並加採蔣杲、翁同書、楊通、吳承仕諸家之說，對本書作進一步的整理。處理辦法，分成兩類：

甲、屬於編排上的錯誤，依前人校語逕改。例如：

一、卷四陳留王傳「復除租賦之半五年」，各本都以五年兩字另行起，與下文連接，成爲「五年乙卯，以征西將軍鄧艾爲太尉，鎭西將軍鍾會爲司徒；皇太后崩」。按鄧艾爲太尉，鍾會爲司徒，皇太后崩，都是景元四年十二月裏的事，已見本書卷五明元郭皇后傳及卷二十八鄧艾、鍾會傳。且「皇太后崩」之後，又緊接著「咸熙元年春正月」。景元五年卽是咸熙元年，下文既然有咸熙元年，前面就不應該再有景元五年了（此條據翁同書說）。

二、卷三十七法正傳注「先主與曹公爭」一段六十七字，乃裴氏因諸葛亮有「法孝直若在」之歎，故引此事爲證。應該列在傳末諸葛亮語下，各本都誤列在陳評之後（此條據陳景雲說）。

乙、本書中可疑及難解的字句，經前人校改者很多，我們採取了比較重要的。這類改字，校改者雖然言之成理，但可能還有其它的看法。我們把它改了，不敢說改的一定對，所以加上圓括弧（表示删的）和方括弧（表示增的）兩種符號，表明原本的字和校改的字。讀者如果認爲校改不妥當，可以仍照原文讀下去。校改的根據，另有「校記」說明。

舊刻本三國志還保留著一些古體字，亦卽當時通行的字，意義和現代不同。我們原想一律改成現代通行的字，以便利讀者，但又覺得讀古書應該瞭解那時候所用的字，從此舉一反三，對於讀其它古書還有些方便，所以保留這些古體字，不加更改。爲了便於讀者檢查起見，把這些字擇要摘出，並附注現代通行的字。

不（否）　內（納）　由（猶）　見（現）　邪（耶）　拊（撫）　罔（網）　要（腰）
匪（非）　振（賑）　旅（膂）　陳（陣）　禽（擒）　童（僮）　絜（潔）　解（懈）
閑（間）　辟（避）　寤（悟）　稟（廩）　蓐（褥）　領（嶺）　歐（嘔）　適（嫡）
縣（懸）　疇（儔）　離（罹）

至於像「以」字和「已」字，「置」字和「致」字，是互相通用的，也沒有改。「丹楊」有寫作「丹陽」的，「滎陽」有寫作「熒陽」的，前後頗不一致。爲什麽寫法不同，淸代學者曾經做過很多考據，但終究沒有定論。現在本書中統一改爲丹楊和滎陽。

舊刻本的目錄，正傳姓名作大字，附傳姓名作小注，現在一律用大字，附傳的姓名較正傳低一格，在每一行姓名下加注頁碼。但有個別的幾行例外，如董卓傳所附的李傕、郭汜，他們兩人的事蹟分散在董卓傳中，沒有明確的起訖，因此就不注頁碼了。目錄和正書有不符之處，如婁圭、孔融等有目無傳，霍弋、黃崇等有傳無目，今分別加上方圓兩種括弧的符號，表示應增和應删。

三國志過去還沒有過標點本。我們限於水平，可能有很多錯誤的地方，希望讀者隨時指正，以便再版時修改。

中華書局編輯部一九五九年十二月

三國志目錄

卷十　魏書十

卷十一　魏書十一

卷十九　魏書十九

卷二十　魏書二十　武文世王公

卷二十一　魏書二十一

卷二十二　魏書二十二

卷二十三　魏書二十三

卷二十四　魏書二十四

卷二十五　魏書二十五

卷二十六　魏書二十六

卷二十七　魏書二十七

卷二十八　魏書二十八

卷五十三　吳書八

卷五十四　吳書九

卷五十五　吳書十

卷五十六　吳書十一

卷五十七　吳書十二

三國志卷一　魏書一

武帝紀第一

太祖武皇帝，沛國譙人也，姓曹，諱操，字孟德，漢相國參之後。〔一〕桓帝世，曹騰爲中常侍大長秋，封費亭侯。〔二〕養子嵩嗣，官至太尉，莫能審其生出本末。〔三〕嵩生太祖。

〔一〕〔曹瞞傳曰〕：太祖一名吉利，小字阿瞞。

王沈魏書曰：其先出於黃帝。當高陽世，陸終之子曰安，是爲曹姓。周武王克殷，存先世之後，封曹俠於邾。春秋之世，與於盟會，逮至戰國，爲楚所滅。子孫分流，或家於沛。漢高祖之起，曹參以功封平陽侯，世襲爵土，絕而復紹，至今適嗣國於容城。

〔二〕司馬彪續漢書曰：騰父節，字元偉，素以仁厚稱。鄰人有亡豕者，與節豕相類，詣門認之，節不與爭；後所亡豕自還其家，豕主人大慚，送所認豕，并辭謝節，節笑而受之。由是鄉黨貴歎焉。長子伯興，次子仲興，次子叔興。騰字季興，少除黃門從官。永寧元年，鄧太后詔黃門令選中黃門從官年少溫謹者配皇太子書，騰應其選。太子特親愛騰，飲食賞賜與衆有異。順帝即位，爲小黃門，遷至中常侍大長秋。在省闥三十餘年，歷事四帝，未嘗有過。好進達賢能，終無所毀傷。其所稱薦，若陳留虞放、邊韶、南陽延固、張溫、弘農張奐、潁川堂谿典等，皆致位公卿，而不伐其善。蜀郡太守因計吏修敬於騰，益州刺史种暠於函谷關搜得其牋，上太守，并奏騰內臣外交，所不當爲，請免官治罪。帝曰：「牋自外來，騰書不出，非其罪也。」乃寢暠奏。騰不以介意，常稱歎暠，以爲暠得事上之節。暠後爲司徒，語人曰：「今日爲公，乃曹常侍恩也。」騰之行事，皆此類也。桓帝即位，以騰先帝舊臣，忠孝彰著，封費亭侯，加位特進。太和三年，追尊騰曰高皇帝。

〔三〕續漢書曰：嵩字巨高。質性敦慎，所在忠孝。爲司隸校尉，靈帝擢拜大司農、大鴻臚，代崔烈爲太尉。黃初元年，追尊嵩曰太皇帝。

吳人作曹瞞傳及郭頒世語並云：嵩，夏侯氏之子，夏侯惇之叔父。太祖於惇爲從父兄弟。

太祖少機警，有權數，而任俠放蕩，不治行業，故世人未之奇也；〔一〕惟梁國橋玄、南陽何顒異焉。玄謂太祖曰：「天下將亂，非命世之才不能濟也，能安之者，其在君乎！」〔二〕年二十，舉孝廉爲郎，除洛陽北部尉，遷頓丘令，〔三〕徵拜議郎。〔四〕

〔一〕曹瞞傳云：太祖少好飛鷹走狗，游蕩無度，其叔父數言之於嵩。太祖患之，後逢叔父於路，乃陽敗面喎口；叔父怪而問其故，太祖曰：「卒中惡風。」叔父以告嵩。嵩驚愕，呼太祖，太祖口貌如故。嵩問曰：「叔父言汝中風，已差乎？」太祖曰：「初不中風，但失愛於叔父，故見罔耳。」嵩乃疑焉。自後叔父有所告，嵩終不復信，太祖於是益得肆意矣。

〔二〕魏書曰：太尉橋玄，世名知人，覩太祖而異之，曰：「吾見天下名士多矣，未有若君者也！君善自持。吾老矣！願以妻子爲託。」由是聲名益重。

續漢書曰：玄字公祖，嚴明有才略，長於人物。張璠漢紀曰：玄歷位中外，以剛斷稱，謙儉下士，不以王爵私親。光和中爲太尉，以久病策罷，拜太中大夫，卒，家貧乏產業，柩無所殯。當世以此稱爲名臣。

世語曰：玄謂太祖曰：「君未有名，可交許子將。」太祖乃造子將，子將納焉，由是知名。

孫盛異同雜語云：太祖嘗私入中常侍張讓室，讓覺之；乃舞手戟於庭，踰垣而出。才武絕人，莫之能害。博覽羣書，特好兵法，抄集諸家兵法，名曰接要，又注孫武十三篇，皆傳於世。嘗問許子將：「我何如人？」子將不答。固問之，子將曰：「子治世之能臣，亂世之姦雄。」太祖大笑。

〔三〕曹瞞傳曰：太祖初入尉廨，繕治四門。造五色棒，縣門左右各十餘枚，有犯禁者，不避豪彊，皆棒殺之。後數月，靈帝愛幸小黃門蹇碩叔父夜行，卽殺之。京師斂迹，莫敢犯者。近習寵臣咸疾之，然不能傷，於是共稱薦之，故遷爲頓丘令。

〔四〕魏書曰：太祖從妹夫濦彊侯宋奇被誅，從坐免官。後以能明古學，復徵拜議郎。先是大將軍竇武、太傅陳蕃謀誅閹官，反爲所害。太祖上書陳武等正直而見陷害，姦邪盈朝，善人壅塞，其言甚切；靈帝不能用。是後詔書敕三府：舉奏州縣政理無效，民爲作謠言者免罷之。三公傾邪，皆希世見用，貨賂並行，彊者爲怨，不見舉奏，弱者守道，多被陷毀。太祖疾之。是歲以災異博問得失，因此復上書切諫，說三公所舉奏專回避貴戚之意。奏上，天子感悟，以示三府責讓之，諸以謠言徵者皆拜議郎。是後政教日亂，豪猾益熾，多所摧毀；太祖知不可匡正，遂不復獻言。

光和末，黃巾起。拜騎都尉，討潁川賊。遷爲濟南相，國有十餘縣，長吏多阿附貴戚，

贓汚狼藉，於是奏免其八；禁斷淫祀，姦宄逃竄，郡界肅然。〔一〕久之，徵還爲東郡太守；不就，稱疾歸鄉里。〔二〕

〔一〕魏書曰：長吏受取貪饕，依倚貴勢，歷前相不見舉；聞太祖至，咸皆舉免，小大震怖，姦宄遁逃，竄入他郡。政教大行，一郡清平。初，城陽景王劉章以有功於漢，故其國爲立祠，青州諸郡轉相倣效，濟南尤盛，至六百餘祠。賈人或假二千石輿服導從作倡樂，奢侈日甚，民坐貧窮，歷世長吏無敢禁絕者。太祖到，皆毀壞祠屋，止絕官吏民不得祠祀。及至秉政，遂除姦邪鬼神之事，世之淫祀由此遂絕。

〔二〕魏書曰：於是權臣專朝，貴戚橫恣。太祖不能違道取容，數數干忤，恐爲家禍，遂乞留宿衞。拜議郎，常託疾病，輒告歸鄉里；築室城外，春夏習讀書傳，秋冬弋獵，以自娛樂。

頃之，冀州刺史王芬、南陽許攸、沛國周旌等連結豪傑，謀廢靈帝，立合肥侯，以告太祖。太祖拒之，芬等遂敗。〔一〕

〔一〕司馬彪九州春秋曰：於是陳蕃子逸與術士平原襄楷會于芬坐，楷曰：「天文不利宦者，黃門、常侍（貴）〔眞〕族滅矣。」逸喜。芬曰：「若然者，芬願驅除。」於是與攸等結謀。靈帝欲北巡河間舊宅，芬等謀因此作難，上書言黑山賊攻劫郡縣，求得起兵。會北方有赤氣，東西竟天，太史上言「當有陰謀，不宜北行」，帝乃止。敕芬罷兵，俄而徵之。芬懼，自殺。

魏書載太祖拒芬辭曰：「夫廢立之事，天下之至不祥也。古人有權成敗、計輕重而行之者，伊尹、霍光是也。伊尹懷至忠之誠，據宰臣之勢，處官司之上，故進退廢置，計從事立。及至霍光受託國之任，藉宗臣之位，內因太后秉政之重，外有羣卿同欲之勢，昌邑即位日淺，未有貴寵，朝乏讜臣，議出密近，故計行如轉圜，事成如摧朽。今諸君徒見曩者之易，未覩當今之難。諸君自度，結衆連黨，何若七國？合肥之貴，孰若吳、楚？而造作非常，欲望必克，不亦危乎！」

金城邊章、韓遂殺刺史郡守以叛，衆十餘萬，天下騷動。徵太祖爲典軍校尉。會靈帝崩，太子即位，太后臨朝。大將軍何進與袁紹謀誅宦官，太后不聽。進乃召董卓，欲以脅太后，〔一〕卓未至而進見殺。卓到，廢帝爲弘農王而立獻帝，京都大亂。卓表太祖爲驍騎校尉，欲與計事。太祖乃變易姓名，間行東歸。〔二〕出關，過中牟，爲亭長所疑，執詣縣，邑中或竊識之，爲請得解。〔三〕卓遂殺太后及弘農王。太祖至陳留，散家財，合義兵，將以誅卓。冬十二月，始起兵於己吾，〔四〕是歲中平六年也。

〔一〕魏書曰：太祖聞而笑之曰：「閹豎之官，古今宜有，但世主不當假之權寵，使至于此。既治其罪，當誅元惡，一獄吏足矣，何必紛紛召外將乎？欲盡誅之，事必宣露，吾見其敗也。」

〔二〕魏書曰：太祖以卓終必覆敗，遂不就拜，逃歸鄉里。從數騎過故人成皋呂伯奢；伯奢不在，其子與賓客共劫太祖，取馬及物，太祖手刃擊殺數人。

世語曰：太祖過伯奢。伯奢出行，五子皆在，備賓主禮。太祖自以背卓命，疑其圖己，手劍夜殺八人而去。

孫盛雜記曰：太祖聞其食器聲，以爲圖己，遂夜殺之。既而悽愴曰：「寧我負人，毋人負我！」遂行。

〔三〕世語曰：中牟疑是亡人，見拘于縣。時掾亦已被卓書；唯功曹心知是太祖，以世方亂，不宜拘天下雄儁，因白令釋之。

〔四〕世語曰：陳留孝廉衞茲以家財資太祖，使起兵，衆有五千人。

初平元年春正月，後將軍袁術、冀州牧韓馥、〔一〕豫州刺史孔伷、〔二〕兗州刺史劉岱、〔三〕河內太守王匡、〔四〕勃海太守袁紹、陳留太守張邈、東郡太守橋瑁、〔五〕山陽太守袁遺、〔六〕濟北相鮑信〔七〕同時俱起兵，衆各數萬，推紹爲盟主。太祖行奮武將軍。

〔一〕英雄記曰：馥字文節，潁川人。爲御史中丞。董卓舉爲冀州牧。于時冀州民人殷盛，兵糧優足。袁紹之在勃海，馥恐其興兵，遣數部從事守之，不得動搖。東郡太守橋瑁詐作京師三公移書與州郡，陳卓罪惡，云「見逼迫，無以自救，企望義兵，解國患難。」馥得移，請諸從事問曰：「今當助袁氏邪，助董卓邪？」治中從事劉子惠曰：「今興兵爲國，何謂袁、董！」馥自知言短而有慚色。子惠復言：「兵者凶事，不可爲首；今宜往視他州，有發動者，然後和之。冀州於他州不爲弱也，他人功未有在冀州之右者也。」馥然之。馥乃作書與紹，道卓之惡，聽其舉兵。

〔二〕英雄記曰：伷字公緒，陳留人。

張璠漢紀載鄭泰說卓云：「孔公緒能清談高論，噓枯吹生。」

〔三〕岱，劉繇之兄，事見吳志。

〔四〕英雄記曰：匡字公節，泰山人。輕財好施，以任俠聞。辟大將軍何進府進符使，匡於徐州發彊弩五百西詣京師。會進敗，匡還州里。起家，拜河內太守。

謝承後漢書曰：匡少與蔡邕善。其年爲卓軍所敗，走還泰山，收集勁勇得數千人，欲與張邈合。匡先殺執金吾胡母班。班親屬不勝憤怒，與太祖并勢，共殺匡。

〔五〕英雄記曰：瑁字元偉，玄族子。先爲兗州刺史，甚有威惠。

〔六〕遺字伯業，紹從兄。爲長安令。河間張超嘗薦遺于太尉朱儁，稱遺「有冠世之懿，幹時之量。其忠允亮直，固天所縱；若乃包羅載籍，管綜百氏，登高能賦，覩物知名，求之今日，邈焉靡儔。」事在超集。英雄記曰：紹後用遺爲揚州刺史，爲袁術所敗。太祖稱「長大而能勤學者，惟吾與袁伯業耳。」語在文帝典論。

〔七〕信事見子勛傳。

二月，卓聞兵起，乃徙天子都長安。卓留屯洛陽，遂焚宮室。是時紹屯河內，邈、岱、瑁、遺屯酸棗，術屯南陽，伷屯潁川，馥在鄴。卓兵彊，紹等莫敢先進。太祖曰：「舉義兵以誅暴亂，大衆已合，諸君何疑？向使董卓聞山東兵起，倚王室之重，據二周之險，東向以臨天下；雖以無道行之，猶足爲患。今焚燒宮室，劫遷天子，海內震動，不知所歸，此天亡之時也。一戰而天下定矣，不可失也。」遂引兵西，將據成皋。邈遣將衞茲分兵隨太祖到滎陽汴水，遇卓將徐榮，與戰不利，士卒死傷甚多。太祖爲流矢所中，所乘馬被創，從弟洪以馬與太祖，得夜遁去。榮見太祖所將兵少，力戰盡日，謂酸棗未易攻也，亦引兵還。

太祖到酸棗，諸軍兵十餘萬，日置酒高會，不圖進取。太祖責讓之，因爲謀曰：「諸君聽吾計，使勃海引河內之衆臨孟津，酸棗諸將守成皋，據敖倉，塞轘轅、太谷，全制其險；使袁將軍率南陽之軍軍丹、析，入武關，以震三輔：皆高壘深壁，勿與戰，益爲疑兵，示天下形勢，以順誅逆，可立定也。今兵以義動，持疑而不進，失天下之望，竊爲諸君恥之！」邈等不能用。

太祖兵少，乃與夏侯惇等詣揚州募兵，刺史陳溫、丹楊太守周昕與兵四千餘人。還到龍亢，士卒多叛。〔一〕至銍、建平，復收兵得千餘人，進屯河內。

〔一〕魏書曰：兵謀叛，夜燒太祖帳，太祖手劍殺數十人，餘皆披靡，乃得出營；其不叛者五百餘人。

劉岱與橋瑁相惡，岱殺瑁，以王肱領東郡太守。

袁紹與韓馥謀立幽州牧劉虞爲帝，太祖拒之。〔一〕紹又嘗得一玉印，於太祖坐中舉向其肘，太祖由是笑而惡焉。〔二〕

〔一〕魏書載太祖答紹曰：「董卓之罪，暴于四海，吾等合大衆、興義兵而遠近莫不響應，此以義動故也。今幼主微弱，制于姦臣，未有昌邑亡國之釁，而一旦改易，天下其孰安之？諸君北面，我自西向。」

〔二〕魏書曰：太祖大笑曰：「吾不聽汝也。」紹復使人說太祖曰：「今袁公勢盛兵彊，二子已長，天下羣英，孰踰於此？」太祖不應。由是益不直紹，圖誅滅之。

二年春，紹、馥遂立虞爲帝，虞終不敢當。

夏四月，卓還長安。

秋七月，袁紹脅韓馥取冀州。

黑山賊于毒、白繞、眭固等眭，申隨反。十餘萬衆略魏郡、東郡，王肱不能禦，太祖引兵入東郡，擊白繞于濮陽，破之。袁紹因表太祖爲東郡太守，治東武陽。

三年春，太祖軍頓丘，毒等攻東武陽。太祖乃引兵西入山，攻毒等本屯。〔一〕毒聞之，棄武陽還。太祖要擊眭固，又擊匈奴於夫羅於內黃，皆大破之。〔二〕

〔一〕魏書曰：諸將皆以爲當還自救。太祖曰：「孫臏救趙而攻魏，耿弇欲走西安攻臨菑。使賊聞我西而還，武陽自解也；不還，我能敗其本屯，虜不能拔武陽必矣。」遂乃行。

〔二〕魏書曰：於夫羅者，南單于子也。中平中，發匈奴兵，於夫羅率以助漢。會本國反，殺南單于，於夫羅遂將其衆留中國。因天下撓亂，與西河白波賊合，破太原、河內，抄略諸郡爲寇。

夏四月，司徒王允與呂布共殺卓。卓將李傕、郭汜等殺允攻布，布敗，東出武關。傕等擅朝政。

青州黃巾衆百萬入兗州，殺任城相鄭遂，轉入東平。劉岱欲擊之，鮑信諫曰：「今賊衆百萬，百姓皆震恐，士卒無鬭志，不可敵也。觀賊衆羣輩相隨，軍無輜重，唯以鈔略爲資，今不若畜士衆之力，先爲固守。彼欲戰不得，攻又不能，其勢必離散，後選精銳，據其要害，擊之可破也。」岱不從，遂與戰，果爲所殺。〔一〕信乃與州吏萬潛等至東郡迎太祖領兗州牧。遂進兵擊黃巾于壽張東。信力戰鬭死，僅而破之。〔二〕購求信喪不得，衆乃刻木如信形狀，祭而哭焉。追黃巾至濟北。乞降。冬，受降卒三十餘萬，男女百餘萬口，收其精銳者，號爲青州兵。

〔一〕世語曰：岱既死，陳宮謂太祖曰：「州今無主，而王命斷絕，宮請說州中，明府尋往牧之，資之以收天下，此霸王之業也。」宮說別駕、治中曰：「今天下分裂而州無主；曹東郡，命世之才也，若迎以牧州，必寧生民。」鮑信等亦謂之然。

〔二〕魏書曰：太祖將步騎千餘人，行視戰地，卒抵賊營，戰不利，死者數百人，引還。賊尋前進。黃巾爲賊久，數乘勝，兵皆精悍。太祖舊兵少，新兵不習練，舉軍皆懼。太祖被甲嬰冑，親巡將士，明勸賞罰，衆乃復奮，承閒討擊，賊稍折退。賊乃移書太祖曰：「昔在濟南，毀壞神壇，其道乃與中黃太乙同，似若知道，今更迷惑。漢行已盡，黃家當立。天之大運，非君才力所能存也。」太祖見檄書，呵罵之，數開示降路；遂設奇伏，晝夜會戰，戰輒禽獲，賊乃退走。

袁術與紹有隙，術求援於公孫瓚，瓚使劉備屯高唐，單經屯平原，陶謙屯發干，以逼紹。太祖與紹會擊，皆破之。

四年春，軍鄄城。荊州牧劉表斷術糧道，術引軍入陳留，屯封丘，黑山餘賊及於夫羅等佐之。術使將劉詳屯匡亭。太祖擊詳，術救之，與戰，大破之。術退保封丘，遂圍之，未合，術走襄邑，追到太壽，決渠水灌城。走寧陵，又追之，走九江。夏，太祖還軍定陶。

下邳闕宣聚衆數千人，自稱天子；徐州牧陶謙與共舉兵，取泰山華、費，略任城。秋，太祖征陶謙，下十餘城，謙守城不敢出。

是歲，孫策受袁術使渡江，數年閒遂有江東。

興平元年春，太祖自徐州還。初，太祖父嵩，去官後還譙，董卓之亂，避難瑯邪，爲陶謙所害，故太祖志在復讎東伐。〔一〕夏，使荀彧、程昱守鄄城，復征陶謙，拔五城，遂略地至東海。還過郯，謙將曹豹與劉備屯郯東，要太祖。太祖擊破之，遂攻拔襄賁，所過多所殘戮。〔二〕

〔一〕世語曰：嵩在泰山華縣。太祖令泰山太守應劭送家詣兗州，劭兵未至，陶謙密遣數千騎掩捕。嵩家以爲劭迎，不設備。謙兵至，殺太祖弟德于門中。嵩懼，穿後垣，先出其妾，妾肥，不時得出；嵩逃于廁，與妾俱被害，闔門皆死。劭懼，棄官赴袁紹。後太祖定冀州，劭時已死。

韋曜吳書曰：太祖迎嵩，輜重百餘兩。陶謙遣都尉張闓將騎二百衞送，闓於泰山華、費閒殺嵩，取財物，因奔淮南。太祖歸咎於陶謙，故伐之。

〔二〕孫盛曰：夫伐罪弔民，古之令軌；罪謙之由，而殘其屬部，過矣。

會張邈與陳宮叛迎呂布，郡縣皆應。荀彧、程昱保鄄城，范、東阿二縣固守，太祖乃引軍還。布到，攻鄄城不能下，西屯濮陽。太祖曰：「布一旦得一州，不能據東平，斷亢父、泰山之道乘險要我，而乃屯濮陽，吾知其無能爲也。」遂進軍攻之。布出兵戰，先以騎犯青州兵。青州兵奔，太祖陳亂，馳突火出，墜馬，燒左手掌。司馬樓異扶太祖上馬，遂引去。〔一〕

未至營止，諸將未與太祖相見，皆怖。太祖乃自力勞軍，令軍中促爲攻具，進復攻之，與布
相守百餘日。蝗蟲起，百姓大餓，布糧食亦盡，各引去。

〔一〕袁暐獻帝春秋曰：太祖圍濮陽，濮陽大姓田氏爲反間，太祖得入城。燒其東門，示無反意。及戰，軍敗。布騎得
太祖而不知是，問曰：「曹操何在？」太祖曰：「乘黃馬走者是也。」布騎乃釋太祖而追黃馬者。門火猶盛，太祖突
火而出。

秋九月，太祖還鄄城。布到乘氏，爲其縣人李進所破，東屯山陽。於是紹使人說太
祖，欲連和。太祖新失兗州，軍食盡，將許之。程昱止太祖，太祖從之。冬十月，太祖至東
阿。

是歲穀一斛五十餘萬錢，人相食，乃罷吏兵新募者。陶謙死，劉備代之。

二年春，襲定陶。濟陰太守吳資保南城，未拔。會呂布至，又擊破之。夏，布將薛蘭、
李封屯鉅野，太祖攻之，布救蘭，蘭敗，布走，遂斬蘭等。布復從東緡與陳宮將萬餘人來戰，
時太祖兵少，設伏，縱奇兵擊，大破之。〔一〕布夜走，太祖復攻，拔定陶，分兵平諸縣。布東奔
劉備，張邈從布，使其弟超將家屬保雍丘。秋八月，圍雍丘。冬十月，天子拜太祖兗州牧。
十二月，雍丘潰，超自殺。夷邈三族。邈詣袁術請救，爲其衆所殺，兗州平，遂東略陳地。

〔一〕魏書曰：於是兵皆出取麥，在者不能千人，屯營不固。太祖乃令婦人守陴，悉兵拒之。屯西有大隄，其南樹木幽

深。布疑有伏，乃相謂曰：「曹操多譎，勿入伏中。」引軍屯南十餘里。明日復來，太祖隱兵隄裏，出半兵隄外。布益進，乃令輕兵挑戰，既合，伏兵乃悉乘隄，步騎並進，大破之，獲其鼓車，追至其營而還。

是歲，長安亂，天子東遷，敗于曹陽，渡河幸安邑。

建安元年春正月，太祖軍臨武平，袁術所置陳相袁嗣降。

太祖將迎天子，諸將或疑，荀彧、程昱勸之，乃遣曹洪將兵西迎，衞將軍董承與袁術將萇奴拒險，洪不得進。

汝南、潁川黃巾何儀、劉辟、黃邵、何曼等，衆各數萬，初應袁術，又附孫堅。二月，太祖進軍討破之，斬邵等，辟、儀及其衆皆降。天子拜太祖建德將軍，夏六月，遷鎮東將軍，封費亭侯。秋七月，楊奉、韓暹以天子還洛陽，〔一〕奉別屯梁。太祖遂至洛陽，衞京都，暹遁走。天子假太祖節鉞，錄尚書事。〔二〕洛陽殘破，董昭等勸太祖都許。九月，車駕出轘轅而東，以太祖爲大將軍，封武平侯。自天子西遷，朝廷日亂，至是宗廟社稷制度始立。〔三〕

〔一〕獻帝春秋曰：天子初至洛陽，幸城西故中常侍趙忠宅。使張楊繕治宮室，名殿曰揚安殿，八月，帝乃遷居。

〔二〕獻帝紀曰：又領司隸校尉。

〔三〕張璠漢紀曰：初，天子敗於曹陽，欲浮河東下。侍中太史令王立曰：「自去春太白犯鎮星於牛斗，過天津，熒惑又逆行守北河，不可犯也。」由是天子遂不北渡河，將自軹關東出。立又謂宗正劉艾曰：「前太白守天關，與熒惑會；

金火交會，革命之象也。漢祚終矣，晉、魏必有興者。」立後數言于帝曰：「天命有去就，五行不常盛，代火者土也，承漢者魏也，能安天下者，曹姓也，唯委任曹氏而已。」公聞之，使人語立曰：「知公忠于朝廷，然天道深遠，幸勿多言。」

天子之東也，奉自梁欲要之，不及。冬十月，公征奉，奉南奔袁術，遂攻其梁屯，拔之。於是以袁紹爲太尉，紹恥班在公下，不肯受。公乃固辭，以大將軍讓紹。天子拜公司空，行車騎將軍。是歲用棗祗、韓浩等議，始興屯田。〔一〕

〔一〕魏書曰：自遭荒亂，率乏糧穀。諸軍並起，無終歲之計，飢則寇略，飽則棄餘，瓦解流離，無敵自破者不可勝數。袁紹之在河北，軍人仰食桑椹。袁術在江、淮，取給蒲蠃。民人相食，州里蕭條。公曰：「夫定國之術，在于彊兵足食，秦人以急農兼天下，孝武以屯田定西域，此先代之良式也。」是歲乃募民屯田許下，得穀百萬斛。於是州郡例置田官，所在積穀。征伐四方，無運糧之勞，遂兼滅羣賊，克平天下。

呂布襲劉備，取下邳。備來奔。程昱說公曰：「觀劉備有雄才而甚得衆心，終不爲人下，不如早圖之。」公曰：「方今收英雄時也，殺一人而失天下之心，不可。」

張濟自關中走南陽。濟死，從子繡領其衆。二年春正月，公到宛。張繡降，既而悔之，復反。公與戰，軍敗，爲流矢所中，長子昂、弟子安民遇害。〔一〕公乃引兵還舞陰，繡將騎來鈔，公擊破之。繡奔穰，與劉表合。公謂諸將曰：「吾降張繡等，失不便取其質，以至於此。

吾知所以敗。諸卿觀之，自今已後不復敗矣。」遂還許。〔二〕

〔一〕魏書曰：公所乘馬名絕影，爲流矢所中，傷頰及足，并中公右臂。世語曰：昂不能騎，進馬于公，公故免，而昂遇害。

〔二〕世語曰：舊制，三公領兵入見，皆交戟叉頸而前。初，公將討張繡，入覲天子，時始復此制。公自此不復朝見。

袁術欲稱帝於淮南，使人告呂布。布收其使，上其書。術怒，攻布，爲布所破。秋九月，術侵陳，公東征之。術聞公自來，棄軍走，留其將橋蕤、李豐、梁綱、樂就；公到，擊破蕤等，皆斬之。術走渡淮。公還許。

公之自舞陰還也，南陽、章陵諸縣復叛爲繡，公遣曹洪擊之，不利，還屯葉，數爲繡、表所侵。冬十一月，公自南征，至宛。〔一〕表將鄧濟據湖陽。攻拔之，生擒濟，湖陽降。攻舞陰，下之。

〔一〕魏書曰：臨淯水，祠亡將士，歔欷流涕，衆皆感慟。

三年春正月，公還許，初置軍師祭酒。三月，公圍張繡於穰。夏五月，劉表遣兵救繡，以絕軍後。〔一〕公將引還，繡兵來〔追〕，公軍不得進，連營稍前。公與荀彧書曰：「賊來追吾，雖日行數里，吾策之，到安衆，破繡必矣。」到安衆，繡與表兵合守險，公軍前後受敵。公乃夜鑿險爲地道，悉過輜重，設奇兵。會明，賊謂公爲遁也，悉軍來追。乃縱奇兵步騎夾攻，大破之。秋七月，公還許。荀彧問公：「前以策賊必破，何也？」公曰：「虜遏吾歸師，而與吾死地戰，吾是以知勝矣。」

〔一〕獻帝春秋曰：袁紹叛卒詣公云：「田豐使紹早襲許，若挾天子以令諸侯，四海可指麾而定。」公乃解繡圍。

呂布復爲袁術使高順攻劉備，公遣夏侯惇救之，不利。備爲順所敗。九月，公東征布。冬十月，屠彭城，獲其相侯諧。進至下邳，布自將騎逆擊。大破之，獲其驍將成廉。追至城下，布恐，欲降。陳宮等沮其計，求救于術，勸布出戰，戰又敗，乃還固守，攻之不下。時公連戰，士卒罷，欲還，用荀攸、郭嘉計，遂決泗、沂水以灌城。月餘，布將宋憲、魏續等執陳宮，舉城降，生禽布、宮，皆殺之。太山臧霸、孫觀、吳敦、尹禮、昌豨各聚衆。布之破劉備也，霸等悉從布。布敗，獲霸等，公厚納待，遂割青、徐二州附於海以委焉，分琅邪、東海、北海爲城陽、利城、昌慮郡。

初，公爲兗州，以東平畢諶爲別駕。張邈之叛也，邈劫諶母弟妻子；公謝遣之，曰：「卿老母在彼，可去。」諶頓首無二心，公嘉之，爲之流涕。既出，遂亡歸。及布破，諶生得，衆爲諶懼，公曰：「夫人孝於其親者，豈不亦忠於君乎！吾所求也。」以爲魯相。〔一〕

〔一〕魏書曰：袁紹宿與故太尉楊彪、大長秋梁紹、少府孔融有隙，欲使公以他過誅之。公曰：「當今天下土崩瓦解，雄豪並起，輔相君長，人懷怏怏，各有自爲之心，此上下相疑之秋也，雖以無嫌待之，猶懼未信；如有所除，則誰不自危？且夫起布衣，在塵垢之間，爲庸人之所陵陷，可勝怨乎！高祖赦雍齒之讎而羣情以安，如何忘之？」紹以爲公外託公義，內實離異，深懷怨望。

臣松之以爲楊彪亦曾爲魏武所困，幾至于死，孔融竟不免于誅滅，豈所謂先行其言而後從之哉！非知之難，其在行之，信矣。

四年春二月，公還至昌邑。張楊將楊醜殺楊，眭固又殺醜，以其衆屬袁紹，屯射犬。夏四月，進軍臨河，使史渙、曹仁渡河擊之。固使楊故長史薛洪、河內太守繆尙留守，自將兵北迎紹求救，與渙、仁相遇犬城。交戰，大破之，斬固。公遂濟河，圍射犬。洪、尙率衆降，封爲列侯，還軍敖倉。以魏种爲河內太守，屬以河北事。

初，公舉种孝廉。兗州叛，公曰：「唯魏种且不棄孤也。」及聞种走，公怒曰：「种不南走越、北走胡，不置汝也！」既下射犬，生禽种，公曰：「唯其才也！」釋其縛而用之。

是時袁紹既幷公孫瓚，兼四州之地，衆十餘萬，將進軍攻許。諸將以爲不可敵，公曰：「吾知紹之爲人，志大而智小，色厲而膽薄，忌克而少威，兵多而分畫不明，將驕而政令不一，土地雖廣，糧食雖豐，適足以爲吾奉也。」秋八月，公進軍黎陽，使臧霸等入青州破齊、北海、東安，留于禁屯河上。九月，公還許，分兵守官渡。冬十一月，張繡率衆降，封列侯。十二月，公軍官渡。

袁術自敗於陳，稍困，袁譚自青州遣迎之。術欲從下邳北過，公遣劉備、朱靈要之。會術病死。程昱、郭嘉聞公遣備，言於公曰：「劉備不可縱。」公悔，追之不及。備之未東也，陰與董承等謀反，至下邳，遂殺徐州刺史車冑，舉兵屯沛。遣劉岱、王忠擊之，不克。〔一〕

〔一〕獻帝春秋曰：備謂岱等曰：「使汝百人來，其無如我何；曹公自來，未可知耳！」

魏武故事曰：岱字公山，沛國人。以司空長史從征伐有功，封列侯。

魏略曰：王忠，扶風人，少爲亭長。三輔亂，忠飢乏噉人，隨輩南向武關。值婁子伯爲荆州，遣迎北方客人；忠不欲去，因率等仵逆擊之，奪其兵，聚衆千餘人以歸公。拜忠中郎將，從征討。五官將知忠嘗噉人，因從駕出行，令俳取冢間髑髏繫著忠馬鞍，以爲歡笑。

廬江太守劉勳率衆降，封爲列侯。

五年春正月，董承等謀泄，皆伏誅。公將自東征備，諸將皆曰：「與公爭天下者，袁紹也。今紹方來而棄之東，紹乘人後，若何？」公曰：「夫劉備，人傑也，今不擊，必爲後患。〔二〕袁紹雖有大志，而見事遲，必不動也。」郭嘉亦勸公，遂東擊備，破之，生禽其將夏侯博。備走奔紹，獲其妻子。備將關羽屯下邳，復進攻之，羽降。昌豨叛爲備，又攻破之。公還官渡，紹卒不出。

〔二〕孫盛魏氏春秋云：答諸將曰：「劉備，人傑也，將生憂寡人。」

臣松之以爲史之記言，既多潤色，故前載所述有非實者矣，後之作者又生意改之，于失實也，不亦彌遠乎！凡孫盛製書，多用左氏以易舊文，如此者非一。嗟乎，後之學者將何取信哉？且魏武方以天下勵志，而用夫差分死之言，尤非其類。

二月，紹遣郭圖、淳于瓊、顏良攻東郡太守劉延于白馬，紹引兵至黎陽，將渡河。夏四月，公北救延。荀攸說公曰：「今兵少不敵，分其勢乃可。公到延津，若將渡兵向其後者，紹必西應之，然後輕兵襲白馬，掩其不備，顏良可禽也。」公從之。紹聞兵渡，即分兵西應之。公乃引軍兼行趣白馬，未至十餘里，良大驚，來逆戰。使張遼、關羽前登，擊破，斬良。遂解白馬圍，徙其民，循河而西。紹於是渡河追公軍，至延津南。公勒兵駐營南阪下，使登壘望之，曰：「可五六百騎。」有頃，復白：「騎稍多，步兵不可勝數。」公曰：「勿復白。」乃令騎解鞍放馬。是時，白馬輜重就道。諸將以爲敵騎多，不如還保營。荀攸曰：「此所以餌敵，如何去之！」紹騎將文醜與劉備將五六千騎前後至。諸將復白：「可上馬。」公曰：「未也。」有頃，騎至稍多，或分趣輜重。公曰：「可矣。」乃皆上馬。時騎不滿六百，遂縱兵擊，大破之，斬醜。良、醜皆紹名將也，再戰，悉禽，紹軍大震。公還軍官渡。紹進保陽武。關羽亡歸劉備。

八月，紹連營稍前，依沙埴爲屯，東西數十里。公亦分營與相當，合戰不利。〔一〕時公兵不滿萬，傷者十二三。〔二〕紹復進臨官渡，起土山地道。公亦於內作之，以相應。紹射營中，矢如雨下，行者皆蒙楯，衆大懼。時公糧少，與荀彧書，議欲還許。彧以爲「紹悉衆聚官渡，欲與公決勝敗。公以至弱當至彊，若不能制，必爲所乘，是天下之大機也。且紹，布衣之雄耳，能聚人而不能用。夫以公之神武明哲而輔以大順，何向而不濟！」公從之。

〔一〕習鑿齒漢晉春秋曰：許攸說紹曰：「公無與操相攻也。急分諸軍持之，而徑從他道迎天子，則事立濟矣。」紹不從，曰：「吾要當先圍取之。」攸怒。

〔二〕臣松之以爲魏武初起兵，已有衆五千，自後百戰百勝，敗者十二三而已矣。但一破黃巾，受降卒三十餘萬，餘所吞并，不可悉紀；雖征戰損傷，未應如此之少也。夫結營相守，異於摧鋒決戰。本紀云：「紹衆十餘萬，屯營東西數十里。」魏太祖雖機變無方，略不世出，安有以數千之兵，而得逾時相抗者哉？以理而言，竊謂不然。紹爲屯數十里，公能分營與相當，此兵不得甚少，一也。紹若有十倍之衆，理應當悉力圍守，使出入斷絕，而公使徐晃等擊其運車，公又自出擊淳于瓊等，揚旌往還，曾無抵閡，明紹力不能制，是不得甚少，二也。諸書皆云公坑紹衆八萬，或云七萬。夫八萬人奔散，非八千人所能縛，而紹之大衆皆拱手就戮，何緣力能制之？是不得甚少，三也。將記述者欲以少見奇，非其實錄也。按鍾繇傳云：「公與紹相持，繇爲司隸，送馬二千餘匹以給軍。」本紀及世語並云公時有騎六百餘匹，繇馬爲安在哉？

孫策聞公與紹相持，乃謀襲許，未發，爲刺客所殺。

汝南降賊劉辟等叛應紹，略許下。紹使劉備助辟，公使曹仁擊破之。備走，遂破辟屯。

袁紹運穀車數千乘至，公用荀攸計，遣徐晃、史渙邀擊，大破之，盡燒其車。公與紹相拒連月，雖比戰斬將，然衆少糧盡，士卒疲乏。公謂運者曰：「卻十五日爲汝破紹，不復勞汝矣。」冬十月，紹遣車運穀，使淳于瓊等五人將兵萬餘人送之，宿紹營北四十里。紹謀臣許攸貪財，紹不能足，來奔，因說公擊瓊等。左右疑之，荀攸、賈詡勸公。公乃留曹洪守，自將步騎五千人夜往，會明至。瓊等望見公兵少，出陳門外。公急擊之，瓊退保營，遂攻之。紹遣騎救瓊。左右或言「賊騎稍近，請分兵拒之」。公怒曰：「賊在背後，乃白！」士卒皆殊死戰，大破瓊等，皆斬之。〔一〕紹初聞公之擊瓊，謂長子譚曰：「就彼攻瓊等，吾攻拔其營，彼固無所歸矣！」乃使張郃、高覽攻曹洪。郃等聞瓊破，遂來降。紹衆大潰，紹及譚棄軍走，渡河。追之不及，盡收其輜重圖書珍寶，虜其衆。〔二〕公收紹書中，得許下及軍中人書，皆焚之。〔三〕冀州諸郡多舉城邑降者。

〔一〕曹瞞傳曰：公聞攸來，跣出迎之，撫掌笑曰：「(子卿遠)〔子遠，卿〕來，吾事濟矣！」既入坐，謂公曰：「袁氏軍盛，何以待之？今有幾糧乎？」公曰：「尚可支一歲。」攸曰：「無是，更言之！」又曰：「可支半歲。」攸曰：「足下不欲破袁氏邪，何言之不實也！」公曰：「向言戲之耳。其實可一月，爲之奈何？」攸曰：「公孤軍獨守，外無救援而糧穀已盡，此危急之日也。今袁氏輜重有萬餘乘，在故市、烏巢，屯軍無嚴備；今以輕兵襲之，不意而至，燔其積聚，不過三日，袁氏自敗也。」公大喜，乃選精銳步騎，皆用袁軍旗幟，銜枚縛馬口，夜從間道出，人抱束薪，所歷道有問者，語之曰：「袁公恐曹操鈔略後軍，遣兵以益備。」聞者信以爲然，皆自若。既至，圍屯，大放火，營中驚亂。

大破之，盡燔其糧穀寶貨，斬督將眭元進、騎督韓莒子、呂威璜、趙叡等首，割得將軍淳于仲簡鼻，未死，殺士卒千餘人，皆取鼻，牛馬割唇舌，以示紹軍。將士皆怛懼。時有夜得仲簡，將以詣麾下，公謂曰：「何爲如是？」仲簡曰：「勝負自天，何用爲問乎！」公意欲不殺。許攸曰：「明旦鑒于鏡，此益不忘人。」乃殺之。

〔一〕獻帝起居注曰：公上言「大將軍鄴侯袁紹前與冀州牧韓馥立故大司馬劉虞，刻作金璽，遣故任長畢瑜詣虞，爲說命錄之數。又紹與臣書云：『可都鄄城，當有所立。』擅鑄金銀印，孝廉計吏，皆往詣紹。從弟濟陰太守敍與紹書云：『今海內喪敗，天意實在我家，神應有徵，當在尊兄。南兄臣下欲使即位，南兄言，以年則北兄長，以位則北兄重。便欲送璽，會曹操斷道。』紹宗族累世受國重恩，而凶逆無道，乃至于此。輒勒兵馬，與戰官渡，乘聖朝之威，得斬紹大將淳于瓊等八人首，遂大破潰。紹與子譚輕身迸走。凡斬首七萬餘級，輜重財物巨億。」

〔二〕魏氏春秋曰：公云：「當紹之彊，孤猶不能自保，而況衆人乎！」

初，桓帝時有黃星見于楚、宋之分，遼東殷馗 馗，古逵字，見三蒼。 善天文，言後五十歲當有眞人起于梁、沛之間，其鋒不可當。至是凡五十年，而公破紹，天下莫敵矣。

六年夏四月，揚兵河上，擊紹倉亭軍，破之。紹歸，復收散卒，攻定諸叛郡縣。九月，公還許。紹之未破也，使劉備略汝南，汝南賊共都等應之。遣蔡揚擊都，不利，爲都所破。公南征備。備聞公自行，走奔劉表，都等皆散。

七年春正月，公軍譙，令曰：「吾起義兵，爲天下除暴亂。舊土人民，死喪略盡，國中終日行，不見所識，使吾悽愴傷懷。其舉義兵已來，將士絕無後者，求其親戚以後之，授土田，官給耕牛，置學師以教之。爲存者立廟，使祀其先人，魂而有靈，吾百年之後何恨哉！」遂至浚儀，治睢陽渠，遣使以太牢祀橋玄。〔一〕進軍官渡。

〔一〕褒賞令載公祀文曰：「故太尉橋公，誕敷明德，汎愛博容。國念明訓，士思令謨。靈幽體翳，邈哉晞矣！吾以幼年逮升堂室，特以頑鄙之姿，爲大君子所納。增榮益觀，皆由獎助，猶仲尼稱不如顏淵，李生之厚歎賈復。士死知己，懷此無忘。又承從容約誓之言：『殂逝之後，路有經由，不以斗酒隻雞過相沃酹，車過三步，腹痛勿怪！』雖臨時戲笑之言，非至親之篤好，胡肯爲此辭乎？匪謂靈忿，能詒已疾，懷舊惟顧，念之悽愴。奉命東征，屯次鄉里，北望貴土，乃心陵墓。裁致薄奠，公其尚饗！」

紹自軍破後，發病歐血，夏五月死。小子尚代，譚自號車騎將軍，屯黎陽。秋九月，公征之，連戰。譚、尚數敗退，固守。

八年春三月，攻其郭，乃出戰，擊，大破之，譚、尚夜遁。夏四月，進軍鄴。五月還許，留賈信屯黎陽。

己酉，令曰：「司馬法『將軍死綏』，〔一〕故趙括之母，乞不坐括。是古之將者，軍破于外，而家受罪于內也。自命將征行，但賞功而不罰罪，非國典也。其令諸將出征，敗軍者抵罪，失利者免官爵。」〔二〕

〔一〕魏書曰：綏，卻也。有前一尺，無卻一寸。

〔三〕魏書載庚申令曰：「議者或以軍吏雖有功能，德行不足堪任郡國之選，所謂『可與適道，未可與權』。管仲曰：『使賢者食於能則上尊，鬬士食於功則卒輕于死，二者設於國則天下治。』未聞無能之人，不鬬之士，並受祿賞，而可以立功興國者也。故明君不官無功之臣，不賞不戰之士；治平尚德行，有事賞功能。論者之言，一似管窺虎歟！」

秋七月，令曰：「喪亂已來，十有五年，後生者不見仁義禮讓之風，吾甚傷之。其令郡國各脩文學，縣滿五百戶置校官，選其鄉之俊造而教學之，庶幾先王之道不廢，而有以益于天下。」

八月，公征劉表，軍西平。公之去鄴而南也，譚、尚爭冀州，譚爲尚所敗，走保平原。尚攻之急，譚遣辛毗乞降請救。諸將皆疑，荀攸勸公許之，〔一〕公乃引軍還。冬十月，到黎陽，爲子整與譚結婚。〔二〕尚聞公北，乃釋平原還鄴。東平呂曠、呂翔叛尚，屯陽平，率其衆降，封爲列侯。〔三〕

〔一〕魏書曰：公云：「我攻呂布，表不爲寇，官渡之役，不救袁紹，此自守之賊也，宜爲後圖。譚、尚狡猾，當乘其亂。縱譚挾詐，不終束手，使我破尚，偏收其地，利自多矣。」乃許之。

〔二〕臣松之案：紹死至此，過周五月耳。譚雖出後其伯，不爲紹服三年，而於再朞之內以行吉禮，悖矣。魏武或以權宜與之約言；今云結婚，未必便以此年成禮。

〔三〕魏書曰：譚之圍解，陰以將軍印綬假曠。曠受印送之，公曰：「我固知譚之有小計也。欲使我攻尚，得以其閒略民聚衆，尙之破，可得自彊以乘我弊也。尙破我盛，何弊之乘乎？」

九年春正月，濟河，遏淇水入白溝以通糧道。二月，尙復攻譚，留蘇由、審配守鄴。公進軍到洹水，由降。既至，攻鄴，爲土山、地道。武安長尹楷屯毛城，通上黨糧道。夏四月，留曹洪攻鄴，公自將擊楷，破之而還。尙將沮鵠守邯鄲，〔一〕又擊拔之。易陽令韓範、涉長梁岐舉縣降，賜爵關內侯。五月，毀土山、地道，作圍塹，決漳水灌城；城中餓死者過半。秋七月，尙還救鄴，諸將皆以爲「此歸師，人自爲戰，不如避之」。公曰：「尙從大道來，當避之；若循西山來者，此成禽耳。」尙果循西山來，臨滏水爲營。〔二〕夜遣兵犯圍，公逆擊破走之，遂圍其營。未合，尙懼，〔遣〕故豫州刺史陰夔及陳琳乞降，公不許，爲圍益急。尙夜遁，保祁山，追擊之。其將馬延、張顗等臨陳降，衆大潰，尙走中山。盡獲其輜重，得尙印綬節鉞，使尙降人示其家，城中崩沮。八月，審配兄子榮夜開所守城東門內兵。配逆戰，敗，生禽配，斬之，鄴定。公臨祀紹墓，哭之流涕；慰勞紹妻，還其家人寶物，賜雜繒絮，廩食之。〔三〕

〔一〕沮音菹，河朔閒今猶有此姓。鵠，沮授子也。

〔二〕曹瞞傳曰：遣候者數部前後參之，皆曰「定從西道，已在邯鄲」。公大喜，會諸將曰：「孤已得冀州，諸君知之乎？」皆曰：「不知。」公曰：「諸君方見不久也。」

〔三〕孫盛云：昔者先王之爲誅賞也，將以懲惡勸善，永彰鑒戒。紹因世艱危，遂懷逆謀，上議神器，下干國紀。荐社汙宅，古之制也，而乃盡哀于逆臣之冢，加恩于饕餮之室，爲政之道，於斯躓矣。夫匿怨友人，前哲所恥，稅驂舊館，義無虛涕，苟道乖好絕，何哭之有！昔漢高失之於項氏，魏武遵謬於此舉，豈非百慮之一失也。

初，紹與公共起兵，紹問公曰：「若事不輯，則方面何所可據？」公曰：「足下意以爲何如？」紹曰：「吾南據河，北阻燕、代，兼戎狄之衆，南向以爭天下，庶可以濟乎？」公曰：「吾任天下之智力，以道御之，無所不可。」〔一〕

〔一〕傅子曰：太祖又云：「湯、武之王，豈同土哉？若以險固爲資，則不能應機而變化也。」

九月，令曰：「河北罹袁氏之難，其令無出今年租賦！」重豪彊兼并之法，百姓喜悅。〔一〕天子以公領冀州牧，公讓還兗州。

〔一〕魏書載公令曰：「有國有家者，不患寡而患不均，不患貧而患不安。袁氏之治也，使豪彊擅恣，親戚兼并；下民貧弱，代出租賦，衒鬻家財，不足應命。審配宗族，至乃藏匿罪人，爲逋逃主；欲望百姓親附，甲兵彊盛，豈可得邪！其收田租畝四升，戶出絹二匹、綿二斤而已，他不得擅興發。郡國守相明檢察之，無令彊民有所隱藏，而弱民兼賦也。」

公之圍鄴也，譚略取甘陵、安平、勃海、河間。尚敗，還中山。譚攻之，尚奔故安，遂并其衆。公遺譚書，責以負約，與之絕婚，女還，然後進軍。譚懼，拔平原，走保南皮。十二月，公入平原，略定諸縣。

十年春正月，攻譚，破之，斬譚，誅其妻子，冀州平。〔一〕下令曰：「其與袁氏同惡者，與之更始。」令民不得復私讎，禁厚葬，皆一之于法。是月，袁熙大將焦觸、張南等叛攻熙、尚，熙、尚奔三郡烏丸。觸等舉其縣降，封爲列侯。初討譚時，民亡椎冰，〔二〕令不得降。頃之，亡民有詣門首者，公謂曰：「聽汝則違令，殺汝則誅首，歸深自藏，無爲吏所獲。」民垂泣而去；後竟捕得。

〔一〕魏書曰：公攻譚，旦及日中不決；公乃自執桴鼓，士卒咸奮，應時破陷。

〔二〕臣松之以爲討譚時，川渠水凍，使民椎冰以通船，民憚役而亡。

夏四月，黑山賊張燕率其衆十餘萬降，封爲列侯。故安趙犢、霍奴等殺幽州刺史、涿郡太守。三郡烏丸攻鮮于輔於獷平。〔一〕秋八月，公征之，斬犢等，乃渡潞河救獷平，烏丸奔走出塞。

〔一〕續漢書郡國志曰：獷平，縣名，屬漁陽郡。

九月，令曰：「阿黨比周，先聖所疾也。聞冀州俗，父子異部，更相毀譽。昔直不疑無兄，世人謂之盜嫂；第五伯魚三娶孤女，謂之撾婦翁；王鳳擅權，谷永比之申伯；王商忠議，張匡謂之左道：此皆以白爲黑，欺天罔君者也。吾欲整齊風俗，四者不除，吾以爲羞。」冬十月，公還鄴。

初，袁紹以甥高幹領幷州牧，公之拔鄴，幹降，遂以爲刺史。幹聞公討烏丸，乃以州叛，執上黨太守，舉兵守壺關口。遣樂進、李典擊之，幹還守壺關城。十一年春正月，公征幹。幹聞之，乃留其別將守城，走入匈奴，求救於單于，單于不受。公圍壺關三月，拔之。幹遂走荊州，上洛都尉王琰捕斬之。

秋八月，公東征海賊管承，至淳于，遣樂進、李典擊破之，承走入海島。割東海之襄賁、郯、戚以益琅邪，省昌慮郡。〔一〕

〔一〕魏書載十月乙亥令曰：「夫治世御衆，建立輔弼，誡在面從，詩稱『聽用我謀，庶無大悔』，斯實君臣懇懇之求也。吾充重任，每懼失中，頻年已來，不聞嘉謀，豈吾開延不勤之咎邪？自今以後，諸掾屬治中、別駕，常以月旦各言其失，吾將覽焉。」

三郡烏丸承天下亂，破幽州，略有漢民合十餘萬戶。袁紹皆立其酋豪爲單于，以家人子爲己女，妻焉。遼西單于蹋頓尤彊，爲紹所厚，故尚兄弟歸之，數入塞爲害。公將征之，鑿渠，自呼沲入泒水，泒音孤。名平虜渠；又從泃河口泃音句。鑿入潞河，名泉州渠，以通海。

十二年春二月，公自淳于還鄴。丁酉，令曰：「吾起義兵誅暴亂，於今十九年，所征必克，豈吾功哉？乃賢士大夫之力也。天下雖未悉定，吾當要與賢士大夫共定之；而專饗其勞，吾何以安焉！其促定功行封。」於是大封功臣二十餘人，皆爲列侯，其餘各以次受封，

及復死事之孤，輕重各有差。〔一〕

〔一〕魏書載公令曰：「昔趙奢、竇嬰之爲將也，受賜千金，一朝散之，故能濟成大功，永世流聲。吾讀其文，未嘗不慕其爲人也。與諸將士大夫共從戎事，幸賴賢人不愛其謀，羣士不遺其力，是以夷險平亂，而吾得竊大賞，戶邑三萬。追思竇嬰散金之義，今分所受租與諸將掾屬及故戍于陳、蔡者，庶以疇答衆勞，不擅大惠也。宜差死事之孤，以租穀及之。若年殷用足，租奉畢入，將大與衆人悉共饗之。」

將北征三郡烏丸，諸將皆曰：「袁尚，亡虜耳，夷狄貪而無親，豈能爲尚用？今深入征之，劉備必說劉表以襲許。萬一爲變，事不可悔。」惟郭嘉策表必不能任備，勸公行。夏五月，至無終。秋七月，大水，傍海道不通，田疇請爲鄉導，公從之。引軍出盧龍塞，塞外道絕不通，乃塹山堙谷五百餘里，經白檀，歷平岡，涉鮮卑庭，東指柳城。未至二百里，虜乃知之。尚、熙與蹋頓、遼西單于樓班、右北平單于能臣抵之等將數萬騎逆軍。八月，登白狼山，卒與虜遇，衆甚盛。公車重在後，被甲者少，左右皆懼。公登高，望虜陳不整，乃縱兵擊之，使張遼爲先鋒，虜衆大崩，斬蹋頓及名王已下，胡、漢降者二十餘萬口。遼東單于速僕丸及遼西、北平諸豪，棄其種人，與尚、熙奔遼東，衆尚有數千騎。初，遼東太守公孫康恃遠不服。及公破烏丸，或說公遂征之，尚兄弟可禽也。公曰：「吾方使康斬送尚、熙首，不煩兵矣。」九月，公引兵自柳城還，〔二〕康卽斬尚、熙及速僕丸等，傳其首。諸將或問：「公還而康斬送尙、熙，何也？」公曰：「彼素畏尙等，吾急之則幷力，緩之則自相圖，其勢然也。」十一月至易水，代郡烏丸行單于普富盧、上郡烏丸行單于那樓將其名王來賀。

〔一〕曹瞞傳曰：時寒且旱，二百里無復水，軍又乏食，殺馬數千匹以爲糧，鑿地入三十餘丈乃得水。既還，科問前諫者，衆莫知其故，人人皆懼。公皆厚賞之，曰：「孤前行，乘危以徼倖，雖得之，天所佐也，故不可以爲常。諸君之諫，萬安之計，是以相賞，後勿難言之。」

十三年春正月，公還鄴，作玄武池以肄舟師。〔一〕漢罷三公官，置丞相、御史大夫。夏六月，以公爲丞相。〔二〕

〔一〕肄，以四反。三蒼曰：「肄，習也。」

〔二〕獻帝起居注曰：使太常徐璆即授印綬。御史大夫不領中丞，置長史一人。

先賢行狀曰：璆字（孟平）〔孟玉〕，廣陵人。少履清爽，立朝正色。歷任城、汝南、東海三郡，所在化行。被徵當還，爲袁術所劫。術僭號，欲授以上公之位，璆終不爲屈。術死後，璆得術璽，致之漢朝，拜衞尉太常；公爲丞相，以位讓璆焉。

秋七月，公南征劉表。八月，表卒，其子琮代屯襄陽，劉備屯樊。九月，公到新野，琮遂降，備走夏口。公進軍江陵，下令荆州吏民，與之更始。乃論荆州服從之功，侯者十五人，以劉表大將文聘爲江夏太守，使統本兵，引用荆州名士韓嵩、鄧義等。〔一〕益州牧劉璋始受徵役，遣兵給軍。十二月，孫權爲備攻合肥。公自江陵征備，至巴丘，遣張憙救合肥。權聞

憙至，乃走。公至赤壁，與備戰，不利。於是大疫，吏士多死者，乃引軍還。備遂有荊州、江南諸郡。〔二〕

〔一〕衞恆四體書勢序曰：上谷王次仲善隸書，始爲楷法。至靈帝好書，世多能者。而師宜官爲最，甚矜其能，每書，輒削焚其札。梁鵠乃益爲版而飲之酒，候其醉而竊其札，鵠卒以攻書至選部尚書。於是公欲爲洛陽令，鵠以爲北部尉。鵠後依劉表。及荊州平，公募求鵠，鵠懼，自縛詣門，署軍假司馬，使在祕書，以（勤）〔勒〕書自效。公嘗縣著帳中，及以釘壁玩之，謂勝宜官。鵠字孟黃，安定人。魏宮殿題署，皆鵠書也。

皇甫謐逸士傳曰：汝南王儁，字子文，少爲范滂、許章所識，與南陽岑晊善。公之爲布衣，特愛儁；儁亦稱公有治世之具。及袁紹與弟術喪母，歸葬汝南，儁與公會之，會者三萬人。公於外密語儁曰：「天下將亂，爲亂魁者必此二人也。欲濟天下，爲百姓請命，不先誅此二子，亂今作矣。」儁曰：「如卿之言，濟天下者，舍卿復誰？」相對而笑。儁爲人外靜而內明，不應州郡三府之命。公車徵，不到，避地居武陵，歸儁者一百餘家。帝之都許，復徵爲尚書，又不就。劉表見紹彊，陰與紹通，儁謂表曰：「曹公，天下之雄也，必能興霸道，繼桓、文之功者也。今乃釋近而就遠，如有一朝之急，遙望漠北之救，不亦難乎！」表不從。儁年六十四，以壽終于武陵，公聞而哀傷。及平荊州，自臨江迎喪，改葬于江陵，表爲先賢也。

〔二〕山陽公載記曰：公船艦爲備所燒，引軍從華容道步歸，遇泥濘，道不通，天又大風，悉使羸兵負草塡之，騎乃得過。羸兵爲人馬所蹈藉，陷泥中，死者甚衆。軍既得出，公大喜，諸將問之，公曰：「劉備，吾儔也。但得計少晚；向使早放火，吾徒無類矣。」備尋亦放火而無所及。

孫盛異同評曰：按吳志，劉備先破公軍，然後權攻合肥，而此記云權先攻合肥，後有赤壁之事。二者不同，吳志爲是。

十四年春三月，軍至譙，作輕舟，治水軍。秋七月，自渦入淮，出肥水，軍合肥。辛未，令曰：「自頃已來，軍數征行，或遇疫氣，吏士死亡不歸，家室怨曠，百姓流離，而仁者豈樂之哉？不得已也。其令死者家無基業不能自存者，縣官勿絕廩，長吏存恤撫循，以稱吾意。」置揚州郡縣長吏，開芍陂屯田。十二月，軍還譙。

十五年春，下令曰：「自古受命及中興之君，曷嘗不得賢人君子與之共治天下者乎！及其得賢也，曾不出閭巷，豈幸相遇哉？上之人不求之耳。今天下尚未定，此特求賢之急時也。『孟公綽爲趙、魏老則優，不可以爲滕、薛大夫』。若必廉士而後可用，則齊桓其何以霸世！今天下得無有被褐懷玉而釣于渭濱者乎？又得無盜嫂受金而未遇無知者乎？二三子其佐我明揚仄陋，唯才是舉，吾得而用之。」冬，作銅雀臺。〔一〕

〔一〕魏武故事載公十二月己亥令曰：「孤始舉孝廉，年少，自以本非巖穴知名之士，恐爲海內人之所見凡愚，欲爲一郡守，好作政教以建立名譽，使世士明知之；故在濟南，始除殘去穢，平心選舉，違迕諸常侍。以爲彊豪所忿，恐致家禍，故以病還。去官之後，年紀尚少，顧視同歲中，年有五十，未名爲老，內自圖之，從此卻去二十年，待天下清，乃與同歲中始舉者等耳。故以四時歸鄉里，於譙東五十里築精舍，欲秋夏讀書，冬春射獵，求底下之地，欲以泥水自蔽，絕賓客往來之望，然不能得如意。後徵爲都尉，遷典軍校尉，意遂更欲爲國家討賊立功，欲望封侯作征西將軍，然後題墓道言『漢故征西將軍曹侯之墓』，此其志也。而遭值董卓之難，興舉義兵。是時合兵能多得耳，然常自損，不欲多之；所以然者，多兵意盛，與彊敵爭，倘更爲禍始。故汴水之戰數千，後還到揚州更募，亦復不過三千人，此其本志有限也。後領兗州，破降黃巾三十萬衆。又袁術僭號于九江，下皆稱臣，名門曰建號門，衣被皆爲天子之制，兩婦預爭爲皇后。志計已定，人有勸術使遂即帝位，露布天下，答言『曹公尚在，未可也』。後孤討禽其四將，獲其人衆，遂使術窮亡解沮，發病而死。及至袁紹據河北，兵勢彊盛，孤自度勢，實不敵之，但計投死爲國，以義滅身，足垂於後。幸而破紹，梟其二子。又劉表自以爲宗室，包藏姦心，乍前乍卻，以觀世事，據有當州，孤復定之，遂平天下。身爲宰相，人臣之貴已極，意望已過矣。今孤言此，若爲自大，欲人言盡，故無諱耳。設使國家無有孤，不知當幾人稱帝，幾人稱王。或者人見孤彊盛，又性不信天命之事，恐私心相評，言有不遜之志，妄相忖度，每用耿耿。齊桓、晉文所以垂稱至今日者，以其兵勢廣大，猶能奉事周室也。論語云『三分天下有其二，以服事殷，周之德可謂至德矣』，夫能以大事小也。昔樂毅走趙，趙王欲與之圖燕，樂毅伏而垂泣，對曰：『臣事昭王，猶事大王；臣若獲戾，放在他國，沒世然後已，不忍謀趙之徒隸，況燕後嗣乎！』胡亥之殺蒙恬也，恬曰：『自吾先人及至子孫，積信於秦三世矣；今臣將兵三十餘萬，其勢足以背叛，然自知必死而守義者，不敢辱先人之教以忘先王也。』孤每讀此二人書，未嘗不愴然流涕也。孤祖父以至孤身，皆當親重之任，可謂見信者矣，以及〔子植〕〔子桓〕兄弟，過于三世矣。孤非徒對諸君說此也，常以語妻妾，皆令深知此意。孤謂之言：『顧我萬年之後，汝曹皆當出嫁，欲令傳道我心，使他人皆知之。』孤此言皆肝鬲之要也。所以勤勤懇懇敘心腹者，見周公有金縢之書以自明，恐人不信之故。然欲孤便爾委捐所典兵衆以還執事，歸就武平侯國，實不可也。何者？誠恐已離兵爲人所禍也。既爲子孫計，又已敗則國家傾危，是以不得慕虛名而處實禍，此所不得爲也。前朝恩封三子爲侯，固辭不受，今更欲受之，非欲復以爲榮，欲以爲外援爲萬安計。孤聞介推之避晉封，申胥之逃楚賞，未嘗不舍書而歎，有以自省也。奉國威靈，仗鉞征伐，推弱以克彊，處小而禽大，意之所圖，動無違事，心之所慮，何向不濟，遂蕩平天下，不辱主命，可謂天助漢室，非人力也。然封兼四縣，食戶三萬，何德堪之！江湖未靜，不可讓位；至于邑土，可得而辭。今上還陽夏、柘、苦三縣戶二萬，但食武平萬戶，且以分損謗議，少減孤之責也。」

十六年春正月，〔一〕天子命公世子丕爲五官中郎將，置官屬，爲丞相副。太原商曜等以大陵叛，遣夏侯淵、徐晃圍破之。張魯據漢中，三月，遣鍾繇討之。公使淵等出河東與繇會。

〔一〕魏書曰：庚辰，天子報：減戶五千，分所讓三縣萬五千封三子，植爲平原侯，據爲范陽侯，豹爲饒陽侯，食邑各五千戶。

是時關中諸將疑繇欲自襲，馬超遂與韓遂、楊秋、李堪、成宜等叛。遣曹仁討之。超等屯潼關，公敕諸將：「關西兵精悍，堅壁勿與戰。」秋七月，公西征，〔一〕與超等夾關而軍。公急持之，而潛遣徐晃、朱靈等夜渡蒲阪津，據河西爲營。公自潼關北渡，未濟，超赴船急戰。校尉丁斐因放牛馬以餌賊，賊亂取牛馬，公乃得渡，〔二〕循河爲甬道而南。賊退，拒渭口，公乃多設疑兵，潛以舟載兵入渭，爲浮橋，夜，分兵結營于渭南。賊夜攻營，伏兵擊破之。超等屯渭南，遣信求割河以西請和，公不許。九月，進軍渡渭。〔三〕超等數挑戰，又不許；固請割地，求送任子，公用賈詡計，僞許之。韓遂請與公相見，公與遂父同歲孝廉，又與遂同時儕輩，於是交馬語移時，不及軍事，但說京都舊故，拊手歡笑。既罷，超等問遂：「公何言？」遂曰：「無所言也。」超等疑之。〔四〕他日，公又與遂書，多所點竄，如遂改定者；超等愈疑遂。公乃與克日會戰，先以輕兵挑之，戰良久，乃縱虎騎夾擊，大破之，斬成宜、李堪等。遂、超等走涼州，楊秋奔安定，關中平。諸將或問公曰：「初，賊守潼關，渭北道缺，不從河東擊馮翊而反守潼關，引日而後北渡，何也？」公曰：「賊守潼關，若吾入河東，賊必引守諸津，則西河未可渡，吾故盛兵向潼關；賊悉衆南守，西河之備虛，故二將得擅取西河；然後引軍北渡，賊不能與吾爭西河者，以有二將之軍也。連車樹柵，爲甬道而南，〔五〕既爲不可勝，且以示弱。渡渭爲堅壘，虜至不出，所以驕之也；故賊不爲營壘而求割地。吾順言許之，所以從其意，使自安而不爲備，因畜士卒之力，一旦擊之，所謂疾雷不及掩耳，兵之變化，固非一道也。」始，賊每一部到，公輒有喜色。賊破之後，諸將問其故。公答曰：「關中長遠，若賊各依險阻，征之，不一二年不可定也。今皆來集，其衆雖多，莫相歸服，軍無適主，一舉可滅，爲功差易，吾是以喜。」

〔一〕魏書曰：議者多言「關西兵彊，習長矛，非精選前鋒，則不可以當也」。公謂諸將曰：「戰在我，非在賊也。賊雖習長矛，將使不得以刺，諸君但觀之耳。」

〔二〕曹瞞傳曰：公將過河，前隊適渡，超等奄至，公猶坐胡牀不起。張郃等見事急，共引公入船。河水急，比渡，流四五里，超等騎追射之，矢下如雨。諸將見軍敗，不知公所在，皆惶懼，至見，乃悲喜，或流涕。公大笑曰：「今日幾為小賊所困乎！」

〔三〕曹瞞傳曰：時公軍每渡渭，輒為超騎所衝突，營不得立，地又多沙，不可築壘。婁子伯說公曰：「今天寒，可起沙為城，以水灌之，可一夜而成。」公從之，乃多作縑囊以運水，夜渡兵作城，比明，城立，由是公軍盡得渡渭。或疑于時九月，水未應凍。臣松之按魏書：公軍八月至潼關，閏月北渡河，則其年閏八月也，至此容可大寒邪！

〔四〕魏書曰：公後日復與遂等會語，諸將曰：「公與虜交語，不宜輕脫，可為木行馬以為防遏。」公然之。賊將見公，悉于馬上拜，秦、胡觀者，前後重沓，公笑謂賊曰：「汝欲觀曹公邪？亦猶人也，非有四目兩口，但多智耳！」胡前後大觀。又列鐵騎五千為十重陳，精光耀日，賊益震懼。

〔五〕臣松之案：漢高祖二年，與楚戰滎陽京、索之間，築甬道屬河以取敖倉粟。應劭曰：「恐敵鈔輜重，故築垣牆如街巷也。」今魏武不築垣牆，但連車樹柵以扞兩面。

冬十月，軍自長安北征楊秋，圍安定。秋降，復其爵位，使留撫其民人。〔一〕十二月，自安定還，留夏侯淵屯長安。

〔一〕魏略曰：楊秋，黄初中遷討寇將軍，位特進，封臨涇侯，以壽終。

十七年春正月，公還鄴。天子命公贊拜不名，入朝不趨，劍履上殿，如蕭何故事。馬超餘衆梁興等屯藍田，使夏侯淵擊平之。割河內之蕩陰、朝歌、林慮，東郡之衞國、頓丘、東武陽、發干，鉅鹿之癭陶、曲周、南和，廣平之任城，趙之襄國、邯鄲、易陽以益魏郡。

冬十月，公征孫權。

十八年春正月，進軍濡須口，攻破權江西營，獲權都督公孫陽，乃引軍還。詔書并十四州，復爲九州。夏四月，至鄴。

五月丙申，天子使御史大夫郗慮持節策命公爲魏公〔一〕曰：

朕以不德，少遭愍凶，越在西土，遷於唐、衞。當此之時，若綴旒然，〔二〕宗廟乏祀，社稷無位；羣凶覬覦，分裂諸夏，率土之民，朕無獲焉，卽我高祖之命將墜於地。朕用夙興假寐，震悼於厥心，曰「惟祖惟父，股肱先正，〔三〕其孰能恤朕躬」？乃誘天衷，誕育丞相，保乂我皇家，弘濟於艱難，朕實賴之。今將授君典禮，其敬聽朕命。

昔者董卓初興國難，羣后釋位以謀王室，〔四〕君則攝進，首啓戎行，此君之忠於本朝也。後及黃巾反易天常，侵我三州，延及平民，君又翦之以寧東夏，此又君之功也。韓暹、楊奉專用威命，君則致討，克黜其難，遂遷許都，造我京畿，設官兆祀，不失舊物，天地鬼神於是獲乂，此又君之功也。袁術僭逆，肆於淮南，懾憚君靈，用丕顯謀，蘄陽之役，橋蕤授首，稜威南邁，術以隕潰，此又君之功也。迴戈東征，呂布就戮，乘轅將返，張楊殂斃，眭固伏罪，張繡稽服，此又君之功也。袁紹逆亂天常，謀危社稷，憑恃其衆，稱兵內侮，當此之時，王師寡弱，天下寒心，莫有固志，君執大節，精貫白日，奮其武怒，運其神策，致屆官渡，大殲醜類，〔五〕俾我國家拯于危墜，此又君之功也。濟師洪河，拓定四州，袁譚、高幹，咸梟其首，海盜奔迸，黑山順軌，此又君之功也。烏丸三種，崇亂二世，袁尚因之，逼據塞北，束馬縣車，一征而滅，此又君之功也。劉表背誕，不供貢職，王師首路，威風先逝，百城八郡，交臂屈膝，此又君之功也。馬超、成宜，同惡相濟，濱據河、潼，求逞所欲，殄之渭南，獻馘萬計，遂定邊境，撫和戎狄，此又君之功也。鮮卑、丁零，重譯而至，（單于）〔箄于〕白屋，請吏率職，此又君之功也。君有定天下之功，重之以明德，班敍海內，宣美風俗，旁施勤教，恤慎刑獄，吏無苛政，民無懷慝；敦崇帝族，表繼絕世，舊德前功，罔不咸秩；雖伊尹格于皇天，周公光于四海，方之蔑如也。

朕聞先王並建明德，胙之以土，分之以民，崇其寵章，備其禮物，所以藩衞王室，左右厥世也。其在周成，管、蔡不靜，懲難念功，乃使邵康公賜齊太公履，東至於海，西至於河，南至於穆陵，北至於無棣，五侯九伯，實得征之，世祚太師，以表東海；爰及襄王，亦有楚人不供王職，又命晉文登爲侯伯，錫以二輅、虎賁、鈇鉞、秬鬯、弓矢，大啓南陽，世作盟主。故周室之不壞，繄二國是賴。今君稱丕顯德，明保朕躬，奉答天命，導揚弘烈，綏爰九域，莫不率俾，〔六〕功高於伊、周，而賞卑於齊、晉，朕甚恧焉。朕以眇眇之身，託於兆民之上，永思厥艱，若涉淵冰，非君攸濟，朕無任焉。今以冀州之河東、河內、魏郡、趙國、中山、常山、鉅鹿、安平、甘陵、平原凡十郡，封君爲魏公。錫君玄土，苴以白茅，爰契爾龜，用建冢社。昔在周室，畢公、毛公入爲卿佐，周、邵師保出爲二伯，外內之任，君實宜之。其以丞相領冀州牧如故。又加君九錫，其敬聽朕命。以君經緯禮律，爲民軌儀，使安職業，無或遷志，是用錫君大輅、戎輅各一，玄牡二駟。君勸分務本，穡人昏作，〔七〕粟帛滯積，大業惟興，是用錫君袞冕之服，赤舄副焉。君敦尚謙讓，俾民興行，少長有禮，上下咸和，是用錫君軒縣之樂，六佾之舞。君翼宣風化，爰發四方，遠人革面，華夏充實，是用錫君朱戶以居。君研其明哲，思帝所難，官才任賢，羣善必舉，是用錫君納陛以登。君秉國之鈞，正色處中，纖毫之惡，靡不抑退，是用錫君虎賁之士三百人。君糾虔天刑，章厥有罪，〔八〕犯關干紀，莫不誅殛，是用錫君鈇鉞各一。君龍驤虎視，旁眺八維，掩討逆節，折衝四海，是用錫君彤弓一，彤矢百，玈弓十，玈矢千。君以溫恭爲基，孝友爲德，明允篤誠，感于朕思，是用錫君秬鬯一卣，珪瓚副焉。魏國置丞相已下羣卿百寮，皆如漢初諸侯王之制。往欽哉，敬服朕命！簡恤爾衆，時亮庶功，用終爾顯德，對揚我高祖之休命！〔九〕

〔一〕續漢書曰：慮字鴻豫，山陽高平人。少受業于鄭玄，建安初爲侍中。虞溥江表傳曰：獻帝嘗特見慮及少府孔融，問融曰：「鴻豫何所優長？」融曰：「可與適道，未可與權。」慮舉笏曰：

「融昔宰北海，政散民流，其權安在也！」遂與融互相長短，以至不睦。公以書和解之。慮從光祿勳還爲大夫。

〔二〕公羊傳曰：「君若贅旒然。」何休云：「贅猶綴也。旒，旂旒也。以旒譬者，言爲下所執持東西也。」

〔三〕文侯之命曰：「亦惟先正。」鄭玄云：「先正，先臣，謂公卿大夫也。」

〔四〕左氏傳曰：「諸侯釋位以閒王政。」服虔曰：「言諸侯釋其私政而佐王室。」

〔五〕詩曰：「致天之屆，于牧之野。」鄭玄云：「屆，極也。」鴻範曰：「鯀則殛死。」

〔六〕盤庚曰：「綏爰有衆。」鄭玄曰：「爰，於也，安隱於其衆也。」君奭曰：「海隅出日，罔不率俾。」率，循也。俾，使也。四海之隅，日出所照，無不循度而可使也。

〔七〕盤庚曰：「墮農自安，不昏作勞。」鄭玄云：「昏，勉也。」

〔八〕「糾虔天刑」語出國語，韋昭注曰：「糾，察也。虔，敬也。刑，法也。」

〔九〕後漢尚書左丞潘勗之辭也。勗字元茂，陳留中牟人。魏書載公令曰：「夫受九錫，廣開土宇，周公其人也。漢之異姓八王者，與高祖俱起布衣，剏定王業，其功至大，吾何可比之？」前後三讓。於是中軍師（王）陵樹亭侯荀攸、前軍師東武亭侯鍾繇、左軍師涼茂、右軍師毛玠、平虜將軍華鄉侯劉勳、建武將軍清苑亭侯劉若、伏波將軍高安侯夏侯惇、揚武將軍都亭侯王忠、奮威將軍樂鄉侯劉展、建忠將軍昌鄉亭侯鮮于輔、奮武將軍安國亭侯程昱、太中大夫都鄉侯賈詡、軍師祭酒千秋亭侯董昭、都亭侯薛洪、南鄉亭侯董蒙、關內侯王粲、傅巽、祭酒王選、袁渙、王朗、張承、任藩、杜襲、中護軍國明亭侯曹洪、中領軍萬歲亭侯韓浩、行驍騎將軍安平亭侯曹仁、領護軍將軍王圖、長史萬潛、謝奐、袁霸等勸進曰：「自古三代，胙臣以士，受命中興，封秩輔佐，皆所以褒功賞德，爲國藩衞也。往者天下崩亂，羣凶豪起，顛越跋扈之險，不可忍言。明公奮身出命以徇其難，誅二袁篡盜之逆，滅黄巾賊亂之類，殄夷首逆，芟撥荒穢，沐浴霜露二十餘年，書契已來，未有若此功者。昔周公承文、武之迹，受已成之業，高枕墨筆，拱揖羣后，商奄之勤，不過二年，呂望因三分有二之形，據八百諸侯之勢，暫把旄鉞，一時指麾，然皆大啓土宇，跨州兼國。周公八子，並爲侯伯，白牡騂剛，郊祀天地，典策備物，擬則王室，榮章寵盛如此之弘也。逮至漢興，佐命之臣，張耳、吳芮，其功至薄，亦連城開地，南面稱孤。此皆明君達主行之於上，賢臣聖宰受之於下，三代令典，漢帝明制。今比勞則周、呂逸，計功則張、吳微，論制則齊、魯重，言地則長沙多；然則魏國之封，九錫之榮，況於舊賞，猶懷玉而被褐也。且列侯諸將，幸攀龍驥，得竊微勞，佩紫懷黄，蓋以百數，亦將因此傳之萬世，而明公獨辭賞於上，將使其下懷不自安，上違聖朝歡心，下失冠帶至望，忘輔弼之大業，信匹夫之細行，攸等所大懼也。」於是公勑外爲章，但受魏郡。攸等復曰：「伏見魏國初封，聖朝發慮，稽謀羣寮，然後策命；而明公久違上指，不即大禮。今既虔奉詔命，副順衆望，又欲辭多當少，讓九受一，是猶漢朝之賞不行，而攸等之請未許也。昔齊、魯之封，奄有東海，疆域井賦，四百萬家，基隆業廣，易以立功，故能成翼戴之勳，立一匡之績。今魏國雖有十郡之名，猶減于曲阜，計其戶數，不能參半，以藩衞王室，立垣樹屏，猶未足也。且聖上覽亡秦無輔之禍，懲曩日震蕩之艱，託建忠賢，廢墜是爲，願明公恭承帝命，無或拒違。」公乃受命。

魏略載公上書謝曰：「臣蒙先帝厚恩，致位郎署，受性疲怠，意望畢足，非敢希望高位，庶幾顯達。會董卓作亂，義當死難，故敢奮身出命，摧鋒率衆，遂值千載之運，奉役目下。當二袁炎沸侵侮之際，陛下與臣寒心同憂，顧瞻京師，進受猛敵，常恐君臣俱陷虎口，誠不自意能全首領。賴祖宗靈祐，醜類夷滅，得使微臣竊名其間。陛下加恩，授以上相，封爵寵祿，豐大弘厚，生平之願，實不望也。口與心計，幸且待罪，保持列侯，遺付子孫，自託聖世，永無憂責。不意陛下乃發盛意，開國備錫，以貺愚臣，地比齊、魯，禮同藩王，非臣無功所宜膺據。歸情上聞，不蒙聽許，嚴詔切至，誠使臣心俯仰逼迫。伏自惟省，列在大臣，命制王室，身非己有，豈敢自私，遂其愚意，亦將黜退，令就初服。今奉疆土，備數藩翰，非敢遠期，慮有後世；至於父子相誓終身，灰軀盡命，報塞厚恩。天威在顏，悚懼受詔。」

秋七月，始建魏社稷宗廟。天子聘公三女爲貴人，少者待年于國。〔一〕九月，作金虎臺，鑿渠引漳水入白溝以通河。冬十月，分魏郡爲東西部，置都尉。十一月，初置尚書、侍中、六卿。〔二〕

〔一〕獻帝起居注曰：使使持節行太常大司農安陽亭侯王邑，齎璧、帛、玄纁、絹五萬匹之鄴納聘，介者五人，皆以議郎行大夫事，副介一人。

〔二〕魏氏春秋曰：以荀攸爲尚書令，涼茂爲僕射，毛玠、崔琰、常林、徐奕、何夔爲尚書，王粲、杜襲、衞覬、和洽爲侍中。

馬超在漢陽，復因羌、胡爲害，氐王千萬叛應超，屯興國。使夏侯淵討之。

十九年春正月，始耕籍田。南安趙衢、漢陽尹奉等討超，梟其妻子，超奔漢中。韓遂徙金城，入氐王千萬部，率羌、胡萬餘騎與夏侯淵戰，擊，大破之，遂走西平。淵與諸將攻興國，屠之。省安東、永陽郡。

安定太守毌丘興將之官，公戒之曰：「羌、胡欲與中國通，自當遣人來，慎勿遣人往。善人難得，必將教羌、胡妄有所請求，因欲以自利；不從便爲失異俗意，從之則無益事。」興至，遣校尉范陵至羌中，陵果教羌，使自請爲屬國都尉。公曰：「吾預知當爾，非聖也，但更事多耳。」〔一〕

〔一〕獻帝起居注曰：使行太常事大司農安陽亭侯王邑與宗正劉艾，皆持節，介者五人，齎束帛駟馬，及給事黃門侍郎、掖庭丞、中常侍二人，迎二貴人于魏公國。二月癸亥，又於魏公宗廟授二貴人印綬。甲子，詣魏公宮延秋門，迎貴人升車。魏遣郎中令、少府、博士、御府乘黃廄令、丞相掾屬侍送貴人。癸酉，二貴人至洧倉中，遣侍中丹將冗從虎賁前後駱驛往迎之。乙亥，二貴人入宮，御史大夫、中二千石將大夫、議郎會殿中，魏國二卿及侍中、中郎二人，與漢公卿並升殿宴。

三月，天子使魏公位在諸侯王上，改授金璽、赤紱、遠遊冠。〔一〕

〔一〕獻帝起居注曰：使左中郎將楊宣、亭侯裴茂持節、印授之。

秋七月，公征孫權。〔一〕

〔一〕九州春秋曰：參軍傅幹諫曰：「治天下之大具有二，文與武也；用武則先威，用文則先德，威德足以相濟，而後王道備矣。往者天下大亂，上下失序，明公用武攘之，十平其九。今未承王命者，吳與蜀也，吳有長江之險，蜀有崇山之阻，難以威服，易以德懷。愚以爲可且按甲寢兵，息軍養士，分土定封，論功行賞，若此則內外之心固，有功者勸，而天下知制矣。然後漸興學校，以導其善性而長其義節。公神武震於四海，若脩文以濟之，則普天之下，無思不服矣。今舉十萬之衆，頓之長江之濱，若賊負固深藏，則士馬不能逞其能，奇變無所用其權，則大威有屈而敵心未能服矣。唯明公思虞舜舞干戚之義，全威養德，以道制勝。」公不從，軍遂無功。幹字彥材，北地人，終於丞相倉曹屬。有子曰玄。

初，隴西宋建自稱河首平漢王，聚衆枹罕，改元，置百官，三十餘年。遣夏侯淵自興國討之。冬十月，屠枹罕，斬建，涼州平。

公自合肥還。

十一月，漢皇后伏氏坐昔與父故屯騎校尉完書，云帝以董承被誅怨恨公，辭甚醜惡，發聞，后廢黜死，兄弟皆伏法。〔一〕

〔一〕曹瞞傳曰：公遣華歆勒兵入宮收后，后閉戶匿壁中。歆壞戶發壁，牽后出。帝時與御史大夫郗慮坐，后被髮徒跣過，執帝手曰：「不能復相活邪？」帝曰：「我亦不自知命在何時也。」帝謂慮曰：「郗公，天下寧有是邪！」遂將后殺之，完及宗族死者數百人。

十二月，公至孟津。天子命公置旄頭，宮殿設鍾虡。乙未，令曰：「夫有行之士未必能進取，進取之士未必能有行也。陳平豈篤行，蘇秦豈守信邪？而陳平定漢業，蘇秦濟弱燕。由此言之，士有偏短，庸可廢乎！有司明思此義，則士無遺滯，官無廢業矣。」又曰：「夫刑，百姓之命也，而軍中典獄者或非其人，而任以三軍死生之事，吾甚懼之。其選明達法理者，使持典刑。」於是置理曹掾屬。

二十年春正月，天子立公中女爲皇后。省雲中、定襄、五原、朔方郡，郡置一縣領其民，合以爲新興郡。

三月，公西征張魯，至陳倉，將自武都入氐；氐人塞道，先遣張郃、朱靈等攻破之。夏四月，公自陳倉以出散關，至河池。氐王竇茂衆萬餘人，恃險不服，五月，公攻屠之。西平、金城諸將麴演、蔣石等共斬送韓遂首。〔一〕秋七月，公至陽平。張魯使弟衛與將楊昂等據陽平關，横山築城十餘里，攻之不能拔，乃引軍還。賊見大軍退，其守備解散。公乃密遣解僄、高祚等乘險夜襲，大破之，斬其將楊任，進攻衛，衛等夜遁，魯潰奔巴中。公軍入南鄭，盡得魯府庫珍寶。〔二〕巴、漢皆降。復漢寧郡爲漢中；分漢中之安陽、西城爲西城郡，置太守；分錫、上庸郡，置都尉。

〔一〕典略曰：遂字文約，始與同郡邊章俱著名西州。章爲督軍從事。遂奉計詣京師，何進宿聞其名，特與相見。遂說進使誅諸閹人，進不從，乃求歸。會涼州宋揚、北宮玉等反，舉章、遂爲主，章尋病卒，遂爲揚等所劫，不得已，遂阻兵爲亂，積三十二年，至是乃死，年七十餘矣。

劉艾靈帝紀曰：章，一名（元）〔允〕。

〔二〕魏書曰：軍自武都山行千里，升降險阻，軍人勞苦；公於是大饗，莫不忘其勞。

八月，孫權圍合肥，張遼、李典擊破之。

九月，巴七姓夷王朴胡、賨邑侯杜濩舉巴夷、賨民來附，〔一〕於是分巴郡，以胡爲巴東太守，濩爲巴西太守，皆封列侯。天子命公承制封拜諸侯守相。〔二〕

〔一〕孫盛曰：朴音浮。濩音戶。

〔二〕孔衍漢魏春秋曰：天子以公典任於外，臨事之賞，或宜速疾，乃命公得承制封拜諸侯守相，詔曰：「夫軍之大事，在茲賞罰，勸善懲惡，宜不旋時，故司馬法曰『賞不逾日』者，欲民速覩爲善之利也。昔在中興，鄧禹入關，承制拜軍祭酒李文爲河東太守，來歙又承制拜高峻爲通路將軍，察其本傳，皆非先請，明臨事刻印也，斯則世祖神明，權達損益，蓋所用速示威懷而著鴻勳也。其春秋之義，大夫出疆，有專命之事，苟所以利社稷安國家而已。況君秉任二伯，師尹九有，實征夷夏，軍行藩甸之外，失得在於斯須之間，停賞俟詔以滯世務，固非朕之所圖也。自今已後，臨事所甄，當加寵號者，其便刻印章假授，咸使忠義得相獎勵，勿有疑焉。」

冬十月，始置名號侯至五大夫，與舊列侯、關內侯凡六等，以賞軍功。〔一〕

〔一〕魏書曰：置名號侯爵十八級，關中侯爵十七級，皆金印紫綬；又置關內外侯十六級，銅印龜紐墨綬；五大夫十五級，銅印環紐，亦墨綬，皆不食租，與舊列侯關內侯凡六等。

臣松之以爲今之虛封蓋自此始。

十一月，魯自巴中將其餘衆降。封魯及五子皆爲列侯。劉備襲劉璋，取益州，遂據巴中；遣張郃擊之。

十二月，公自南鄭還，留夏侯淵屯漢中。〔一〕

〔一〕是行也，侍中王粲作五言詩以美其事曰：「從軍有苦樂，但問所從誰。所從神且武，安得久勞師？相公征關右，赫怒振天威，一舉滅獯虜，再舉服羌夷，西收邊地賊，忽若俯拾遺。陳賞越山嶽，酒肉踰川坻，軍中多饒飫，人馬皆溢肥，徒行兼乘還，空出有餘資。拓土三千里，往反速如飛，歌舞入鄴城，所願獲無違。」

二十一年春二月，公還鄴。〔一〕三月壬寅，公親耕籍田。〔二〕夏五月，天子進公爵爲魏王。〔三〕代郡烏丸行單于普富盧與其侯王來朝。天子命王女爲公主，食湯沐邑。秋七月，匈奴南單于呼廚泉將其名王來朝，待以客禮，遂留魏，使右賢王去卑監其國。八月，以大理鍾繇爲相國。〔四〕

〔一〕魏書曰：辛未，有司以太牢告至，策勳于廟，甲午始春祠，令曰：「議者以爲祠廟上殿當解履。吾受錫命，帶劍不解履上殿。今有事於廟而解履，是尊先公而替王命，敬父祖而簡君主，故吾不敢解履上殿也。又臨祭就洗，以手擬水而不盥。夫盥以潔爲敬，未聞擬〔向〕〔而〕不盥之禮，且『祭神如神在』，故吾親受水而盥也。又降神禮訖，下階就幕而立，須奏樂畢竟，似若不〔愆〕〔衎〕烈祖，遲祭〔不〕速訖也，故吾坐俟樂闋送神乃起也。受胙納〔神〕〔袖〕，以授侍中，此爲敬恭不終實也，古者親執祭事，故吾親納于〔神〕〔袖〕，終抱而歸也。仲尼曰『雖違衆，吾從下』，誠哉斯言也。」

〔二〕魏書曰：有司奏：「四時講武於農隙。漢承秦制，三時不講，唯十月都試車馬，幸長水南門，會五營士爲八陳進退，名曰乘之。今金革未偃，士民素習，自今已後，可無四時講武，但以立秋擇吉日大朝車騎，號曰治兵，上合禮名，下承漢制。」奏可。

〔三〕獻帝傳載詔曰：「自古帝王，雖號稱相變，爵等不同，至乎褒崇元勳，建立功德，光啓氏姓，延於子孫，庶姓之與親，豈有殊焉。昔我聖祖受命，剏業肇基，造我區夏，鑒古今之制，通爵等之差，盡封山川以立藩屏，使異姓親戚，並列土地，據國而王，所以保乂天命，安固萬嗣。歷世承平，臣主無事。世祖中興而時有難易，是以曠年數百，無異姓諸侯王之位。朕以不德，繼序弘業，遭率土分崩，羣兇縱毒，自西徂東，辛苦卑約。當此之際，唯恐溺入于難，以羞先帝之聖德。賴皇天之靈，俾君秉義奮身，震迅神武，捍朕于艱難，獲保宗廟，華夏遺民，含氣之倫，莫不蒙焉。君勤過稷、禹，忠侔伊、周，而掩之以謙讓，守之以彌恭，是以往者初開魏國，錫君土宇，懼君之違命，慮君之固辭，故且懷志屈意，封君爲上公，欲以欽順高義，須俟勳績。韓遂、宋建，南結巴、蜀，羣逆合從，圖危社稷，君復命將龍驤虎奮，梟其元首，屠其窟栖。暨至西征，陽平之役，親擐甲冑，深入險阻，芟夷蝥賊，殄其兇醜，盪定西陲，懸旌萬里，聲教遠振，寧我區夏。蓋唐、虞之盛，三后樹功，文、武之興，旦、奭作輔，二祖成業，英豪佐命；夫以聖哲之君，事爲已任，猶錫土班瑞以報功臣，豈有如朕寡德，仗君以濟，而賞典不豐，將何以答神祇慰萬方哉？今進君爵爲魏王，使使持節行御史大夫、宗正劉艾奉策璽玄土之社，苴以白茅，金虎符第一至第五，竹使符第一至十。君其正王位，以丞相領冀州牧如故。其上魏公璽綬符册。敬服朕命，簡恤爾衆，克綏庶績，以揚我祖宗之休命。」魏王上書三辭，詔三報不許。又手詔曰：「大聖以功德爲高美，以忠和爲典訓，故剏業垂名，使百世可希，行道制義，使力行可效，是以勳烈無窮，休光茂著。稷、契載元首之聰明，周、邵因文、武之智用，雖經營庶官，仰歎俯思，其對豈有若君者哉？朕惟古人之功，美之如彼，思君忠勤之績，茂之如此，是以每將鏤符析瑞，陳禮命册，寤寐慨然，自忘守文之不德焉。今君重違朕命，固辭懇切，非所以稱朕心而訓後世也。其抑志撙節，勿復固辭。」

四體書勢序曰：梁鵠以公爲北部尉。

曹瞞傳曰：爲尙書右丞司馬建公所舉。及公爲王，召建公到鄴，與歡飲，謂建公曰：「孤今日可復作尉否？」建公曰：「昔舉大王時，適可作尉耳。」王大笑。建公名防，司馬宣王之父。臣松之案司馬彪序傳，建公不爲右丞，疑此不然，而王隱晉書云趙王篡位，欲尊祖爲帝，博士馬平議稱京兆府君昔舉魏武帝爲北部尉，賊不犯界，如此則爲有徵。

〔四〕魏書曰：始置奉常宗正官。

冬十月，治兵，〔一〕遂征孫權，十一月至譙。

〔一〕魏書曰：王親執金鼓以令進退。

二十二年春正月，王軍居巢，二月，進軍屯江西郝谿。權在濡須口築城拒守，遂逼攻之，權退走。三月，王引軍還，留夏侯惇、曹仁、張遼等屯居巢。

夏四月，天子命王設天子旌旗，出入稱警蹕。五月，作泮宮。六月，以軍師華歆爲御史大夫。〔一〕冬十月，天子命王冕十有二旒，乘金根車，駕六馬，設五時副車，以五官中郎將丕爲魏太子。

〔一〕魏書曰：初置衞尉官。秋八月，令曰：「昔伊摯、傅說出於賤人，管仲，桓公賊也，皆用之以興。蕭何、曹參，縣吏也，韓信、陳平負汙辱之名，有見笑之恥，卒能成就王業，聲著千載。吳起貪將，殺妻自信，散金求官，母死不歸，然在魏，秦人不敢東向，在楚則三晉不敢南謀。今天下得無有至德之人放在民間，及果勇不顧，臨敵力戰；若文俗之吏，高才異質，或堪爲將守；負汙辱之名，見笑之行，或不仁不孝而有治國用兵之術：其各舉所知，勿有所遺。」

劉備遣張飛、馬超、吳蘭等屯下辯；遣曹洪拒之。

二十三年春正月，漢太醫令吉本與少府耿紀、司直韋晃等反，攻許，燒丞相長史王必營，〔一〕必與潁川典農中郎將嚴匡討斬之。〔二〕

〔一〕魏武故事載令曰：「領長史王必，是吾披荊棘時吏也。忠能勤事，心如鐵石，國之良吏也。蹉跌久未辟之，捨騏驥而弗乘，焉遑遑而更求哉？故教辟之，已署所宜，便以領長史統事如故。」

〔二〕三輔決錄注曰：時有京兆金禕字德禕，自以世爲漢臣，自日磾討莽何羅，忠誠顯著，名節累葉。覩漢祚將移，謂可季興，乃喟然發憤，遂與耿紀、韋晃、吉本、本子邈、邈弟穆等結謀。紀字季行，少有美名，爲丞相掾，王甚敬異之，遷侍中，守少府。邈字文然，穆字思然，以禕慷慨有日磾之風，又與王必善，因以閒之，若殺必，欲挾天子以攻魏，南援劉備。時關羽彊盛，而王在鄴，留必典兵督許中事。文然等率雜人及家僮千餘人夜燒門攻必，禕遣人爲內應，射必中肩。必不知攻者爲誰，以素與禕善，走投禕，夜喚德禕，禕家不知是必，謂爲文然等，錯應曰：「王長史已死乎？卿曹事立矣！」必乃更他路奔。一曰：必欲投禕，其帳下督謂必曰：「今日事竟知誰門而投入乎？」扶必奔南城。會天明，必猶在，文然等衆散，故敗。後十餘日，必竟以創死。

獻帝春秋曰：收紀、晃等，將斬之，紀呼魏王名曰：「恨吾不自生意，竟爲羣兒所誤耳！」晃頓首搏頰，以至於死。

山陽公載記曰：王聞王必死，盛怒，召漢百官詣鄴，令救火者左，不救火者右。衆人以爲救火者必無罪，皆附左；王以爲「不救火者非助亂，救火乃實賊也」。皆殺之。

曹洪破吳蘭，斬其將任夔等。三月，張飛、馬超走漢中，陰平氐強端斬吳蘭，傳其首。夏四月，代郡、上谷烏丸無臣氐等叛，遣鄢陵侯彰討破之。〔一〕

〔一〕魏書載王令曰：「去冬天降疫癘，民有凋傷，軍興於外，墾田損少，吾甚憂之。其令吏民男女：女年七十已上無夫子，若年十二已下無父母兄弟，及目無所見，手不能作，足不能行，而無妻子父兄產業者，廩食終身。幼者至十二止，貧窮不能自贍者，隨口給貸。老耄須待養者，年九十已上，復不事，家一人。」

六月，令曰：「古之葬者，必居瘠薄之地。其規西門豹祠西原上為壽陵，因高為基，不封不樹。周禮冢人掌公墓之地，凡諸侯居左右以前，卿大夫居後，漢制亦謂之陪陵。其公卿大臣列將有功者，宜陪壽陵，其廣為兆域，使足相容。」

秋七月，治兵，遂西征劉備，九月，至長安。

冬十月，宛守將侯音等反，執南陽太守，劫略吏民，保宛。初，曹仁討關羽，屯樊城，是月使仁圍宛。

二十四年春正月，仁屠宛，斬音。〔一〕

〔一〕曹瞞傳曰：是時南陽間苦繇役，音於是執太守（東里褒）〔東里袞〕，與吏民共反，與關羽連和。南陽功曹宗子卿往說音曰：「足下順民心，舉大事，遠近莫不望風；然執郡將，逆而無益，何不遣之。吾與子共勠力，比曹公軍來，關羽兵亦至矣。」音從之，即釋遣太守。子卿因夜踰城亡出，遂與太守收餘民圍音，會曹仁軍至，共滅之。

夏侯淵與劉備戰於陽平，爲備所殺。三月，王自長安出斜谷，軍遮要以臨漢中，遂至陽平。備因險拒守。〔一〕

〔一〕九州春秋曰：時王欲還，出令曰「雞肋」，官屬不知所謂。主簿楊脩便自嚴裝，人驚問脩：「何以知之？」脩曰：「夫雞肋，棄之如可惜，食之無所得，以比漢中，知王欲還也。」

夏五月，引軍還長安。

秋七月，以夫人卞氏爲王后。遣于禁助曹仁擊關羽。八月，漢水溢，灌禁軍，軍沒，羽獲禁，遂圍仁。使徐晃救之。

九月，相國鍾繇坐西曹掾魏諷反免。〔一〕

〔一〕世語曰：諷字子京，沛人，有惑衆才，傾動鄴都，鍾繇由是辟焉。大軍未反，諷潛結徒黨，又與長樂衞尉陳禕謀襲鄴。未及期，禕懼，告之太子，誅諷，坐死者數十人。

王昶家誡曰「濟陰魏諷」，而此云沛人，未詳。

冬十月，軍還洛陽。〔一〕孫權遣使上書，以討關羽自效。王自洛陽南征羽，未至，晃攻羽，破之，羽走，仁圍解。王軍摩陂。〔二〕

〔一〕曹瞞傳曰：王更脩治北部尉廨，令過于舊。

〔二〕魏略曰：孫權上書稱臣，稱說天命。王以權書示外曰：「是兒欲踞吾著爐火上邪！」侍中陳羣、尚書桓階奏曰：「漢自安帝已來，政去公室，國統數絕，至於今者，唯有名號，尺土一民，皆非漢有，期運久已盡，曆數久已終，非適今日也。是以桓、靈之閒，諸明圖緯者，皆言『漢行氣盡，黃家當興』。殿下應期，十分天下而有其九，以服事漢，羣生注望，遐邇怨歎，是故孫權在遠稱臣，此天人之應，異氣齊聲。臣愚以爲虞、夏不以謙辭，殷、周不吝誅放，畏天知命，無所與讓也。」

魏氏春秋曰：夏侯惇謂王曰：「天下咸知漢祚已盡，異代方起。自古已來，能除民害爲百姓所歸者，即民主也。今殿下即戎三十餘年，功德著於黎庶，爲天下所依歸，應天順民，復何疑哉！」王曰：「『施于有政，是亦爲政』。若天命在吾，吾爲周文王矣。」

曹瞞傳及世語並云桓階勸王正位，夏侯惇以爲宜先滅蜀，蜀亡則吳服，二方既定，然後遵舜、禹之軌，王從之。及至王薨，惇追恨前言，發病卒。

孫盛評曰：夏侯惇恥爲漢官，求受魏印，桓階方惇，有義直之節；考其傳記，世語爲妄矣。

二十五年春正月，至洛陽。權擊斬羽，傳其首。

庚子，王崩于洛陽，年六十六。〔一〕遺令曰：「天下尚未安定，未得遵古也。葬畢，皆除服。其將兵屯戍者，皆不得離屯部。有司各率乃職。斂以時服，無藏金玉珍寶。」謚曰武王。二月丁卯，葬高陵。〔二〕

〔一〕世語曰：太祖自漢中至洛陽，起建始殿，伐濯龍祠而樹血出。

曹瞞傳曰：王使工蘇越徙美梨，掘之，根傷盡出血。越白狀，王躬自視而惡之，以爲不祥，還遂寢疾。

〔二〕魏書曰：太祖自統御海內，芟夷羣醜，其行軍用師，大較依孫、吳之法，而因事設奇，譎敵制勝，變化如神，自作兵書十萬餘言，諸將征伐，皆以新書從事；臨事又手爲節度，從令者克捷，違教者負敗；與虜對陳，意思安閒，如不欲戰，然及至決機乘勝，氣勢盈溢，故每戰必克，軍無幸勝。知人善察，難眩以僞，拔于禁、樂進於行陳之間，取張遼、徐晃於亡虜之內，皆佐命立功，列爲名將；其餘拔出細微，登爲牧守者，不可勝數。是以刱造大業，文武並施，御軍三十餘年，手不捨書，晝則講武策，夜則思經傳，登高必賦，及造新詩，被之管絃，皆成樂章。才力絕人，手射飛鳥，躬禽猛獸，嘗于南皮一日射雉獲六十三頭。及造作宮室，繕治器械，無不爲之法則，皆盡其意。雅性節儉，不好華麗，後宮衣不錦繡，侍御履不二采，帷帳屏風，壞則補納，茵蓐取溫，無有緣飾。攻城拔邑，得美麗之物，則悉以賜有功，勳勞宜賞，不吝千金，無功望施，分毫不與，四方獻御，與羣下共之。常以送終之制，襲稱之數，繁而無益，俗又過之，故預自制終亡衣服，四篋而已。

傅子曰：太祖愍嫁娶之奢僭，公女適人，皆以皁帳，從婢不過十人。

張華博物志曰：漢世，安平崔瑗、瑗子寔、弘農張芝、芝弟昶並善草書，而太祖亞之。桓譚、蔡邕善音樂，馮翊山子道、王九眞、郭凱等善圍棊，太祖皆與埒能。又好養性法，亦解方藥，招引方術之士，廬江左慈、譙郡華佗、甘陵甘始、陽城郄儉無不畢至，又習啖野葛至一尺，亦得少多飲鴆酒。

傅子曰：漢末王公，多委王服，以幅巾爲雅，是以袁紹、（崔豹）〔崔鈞〕之徒，雖爲將帥，皆著縑巾。魏太祖以天下凶荒，資財乏匱，擬古皮弁，裁縑帛以爲帢，合于簡易隨時之義，以色別其貴賤，于今施行，可謂軍容，非國容也。

曹瞞傳曰：太祖爲人佻易無威重，好音樂，倡優在側，常以日達夕，被服輕綃，身自佩小鞶囊，以盛手巾細物，時或冠帢帽以見賓客；每與人談論，戲弄言誦，盡無所隱，及歡悅大笑，至以頭沒杯案中，肴膳皆沾汙巾幘，其輕易如此。然持法峻刻，諸將有計畫勝出己者，隨以法誅之，及故人舊怨，亦皆無餘，其所刑殺，輒對之垂涕嗟痛之，終無所活。初，袁忠爲沛相，嘗欲以法治太祖，沛國桓邵亦輕之，及在兗州，陳留邊讓言議頗侵太祖，太祖殺讓，族其家，忠、邵俱避難交州，太祖遣使就太守士燮盡族之。桓邵得出首，拜謝於庭中，太祖謂曰：「跪可解死邪！」遂殺之。常出軍，行經麥中，令「士卒無敗麥，犯者死」。騎士皆下馬，付麥以相持，於是太祖馬騰入麥中，勑主簿議罪；主簿對以春秋之義，罰不加於尊，太祖曰：「制法而自犯之，何以帥下？然孤爲軍帥，不可自殺，請自刑。」因援劍割髮以置地。又有幸姬常從晝寢，枕之臥，告之曰：「須臾覺我。」姬見太祖臥安，未卽寤，及自覺，棒殺之。常討賊，廩穀不足，私謂主者曰：「如何？」主者曰：「可以小斛以足之。」太祖曰：「善。」後軍中言太祖欺衆，太祖謂主者曰：「特當借君死以厭衆，不然事不解。」乃斬之，取首題徇曰：「行小斛，盜官穀，斬之軍門。」其酷虐變詐，皆此類也。

評曰：漢末，天下大亂，雄豪並起，而袁紹虎眎四州，彊盛莫敵。太祖運籌演謀，鞭撻宇內，擥申、商之法術，該韓、白之奇策，官方授材，各因其器，矯情任算，不念舊惡，終能總御皇機，克成洪業者，惟其明略最優也；抑可謂非常之人，超世之傑矣。

三國志卷二　　魏書二

文帝紀第二

文皇帝諱丕，字子桓，武帝太子也。中平四年冬，生于譙。〔一〕建安十六年，爲五官中郎將、副丞相。二十二年，立爲魏太子。〔二〕太祖崩，嗣位爲丞相、魏王。〔三〕尊王后曰王太后。改建安二十五年爲延康元年。

〔一〕魏書曰：帝生時，有雲氣青色而圜如車蓋當其上，終日，望氣者以爲至貴之證，非人臣之氣。年八歲，能屬文。有逸才，遂博貫古今經傳諸子百家之書。善騎射，好擊劍。舉茂才，不行。

獻帝起居注曰：建安十（五）〔三〕年，爲司徒趙溫所辟。太祖表「溫辟臣子弟，選舉故不以實」。使侍中守光祿勳郗慮持節奉策免溫官。

〔二〕魏略曰：太祖不時立太子，太子自疑。是時有高元呂者，善相人，乃呼問之，對曰：「其貴乃不可言。」問：「壽幾何？」元呂曰：「其壽，至四十當有小苦，過是無憂也。」後無幾而立爲王太子，至年四十而薨。

〔三〕袁宏漢紀載漢帝詔曰：「魏太子丕：昔皇天授乃顯考以翼我皇家，遂攘除羣凶，拓定九州，弘功茂績，光於宇宙，朕用垂拱負扆二十有餘載。天不憖遺一老，永保余一人，早世潛神，哀悼傷切。丕奕世宣明，宜秉文武，紹熙前緒。

今使使持節御史大夫華歆奉策詔授丕丞相印綬、魏王璽紱，領冀州牧。方今外有遺虜，遐夷未賓，旗鼓猶在邊境，干戈不得韜刃，斯乃播揚洪烈，立功垂名之秋也。豈得脩諒闇之禮，究曾、閔之志哉？其敬服朕命，抑弭憂懷，旁祗厥緒，時亮庶功，以稱朕意。於戲，可不勉與！」

元年二月〔一〕壬戌，以大中大夫賈詡爲太尉，御史大夫華歆爲相國，大理王朗爲御史大夫。置散騎常侍、侍郎各四人，其宦人爲官者不得過諸署令；爲金策著令，藏之石室。

〔一〕魏書載庚戌令曰：「關津所以通商旅，池苑所以禦災荒，設禁重稅，非所以便民；其除池籞之禁，輕關津之稅，皆復什一。」辛亥，賜諸侯王將相已下大將粟萬斛，帛千匹，金銀各有差等。遣使者循行郡國，有違理掊克暴虐者，舉其罪。

初，漢熹平五年，黃龍見譙，光祿大夫橋玄問太史令單颺：「此何祥也？」颺曰：「其國後當有王者興，不及五十年，亦當復見。天事恒象，此其應也。」內黃殷登默而記之。至四十五年，登尚在。三月，黃龍見譙，登聞之曰：「單颺之言，其驗茲乎！」〔一〕

〔一〕魏書曰：王召見登，謂之曰：「昔成風聞楚丘之繇而敬事季友，鄧晨信少公之言而自納光武。登以篤老，服膺占術，記識天道，豈有是乎！」賜登穀三百斛，遣歸家。

己卯，以前將軍夏侯惇爲大將軍。濊貊、扶餘單于、焉耆、于闐王皆各遣使奉獻。〔一〕

〔一〕魏書曰：丙戌，令史官奏修重、黎、羲、和之職，欽若昊天，歷象日月星辰以奉天時。臣松之案：魏書有是言而不聞其職也。丁亥令曰：「故尚書僕射毛玠、奉常王脩、涼茂、郎中令袁渙、少府謝奐、萬潛、中尉徐奕、國淵等，皆忠直在朝，履蹈仁義，並早卽世，而子孫陵遲，惻然愍之，其皆拜子男爲郎中。」

夏四月丁巳，饒安縣言白雉見。〔一〕庚午，大將軍夏侯惇薨。〔二〕

〔一〕魏書曰：賜饒安田租，勃海郡百戶牛酒，大酺三日；太常以太牢祠宗廟。

〔二〕魏書曰：王素服幸鄴東城門發哀。

孫盛曰：在禮，天子哭同姓於宗廟門之外。哭於城門，失其所也。

五月戊寅，天子命王追尊皇祖太尉曰太王，夫人丁氏曰太王后，封王子叡爲武德侯。〔一〕是月，馮翊山賊鄭甘、王照率衆降，皆封列侯。〔二〕

〔一〕魏略曰：以侍中鄭稱爲武德侯傅，令曰：「龍淵、太阿出昆吾之金，和氏之璧由井里之田；礱之以砥礪，錯之以他山，故能致連城之價，爲命世之寶。學亦人之砥礪也。稱篤學大儒，勉以經學輔侯，宜且夕入侍，曜明其志。」

〔二〕魏書曰：初，鄭甘、王照及盧水胡率其屬來降，王得降書以示朝曰：「前欲有令吾討鮮卑者，吾不從而降；又有欲使吾及今秋討盧水胡者，吾不聽，今又降。昔魏武侯一謀而當，有自得之色，見譏李悝。吾今說此，非自是也，徒以爲坐而降之，其功大於動兵革也。」

酒泉黃華、張掖張進等各執太守以叛。金城太守蘇則討進，斬之。華降。〔一〕

〔一〕華後爲兗州刺史，見王淩傳。

六月辛亥，治兵于東郊，〔一〕庚午，遂南征。〔二〕

〔一〕魏書曰：公卿相儀，王御華蓋，視金鼓之節。

〔三〕魏略曰：王將出征，度支中郎將新平霍性上疏諫曰：「臣聞文王與紂之事，是時天下括囊无咎，凡百君子，莫肯用訊。今大王體則乾坤，廣開四聰，使賢愚各建所規。伏惟先王功無與比，而今能言之類，不稱爲德。故聖人曰『得百姓之歡心』。兵書曰『戰，危事也』。是以六國力戰，彊秦承弊，豳王不爭，周道用興。愚謂大王且當委重本朝而守其雌，抗威虎臥，功業可成。而今刱基，便復起兵，兵者凶器，必有凶擾，擾則思亂，亂出不意。臣謂此危，危于累卵。昔夏啓隱神三年，易有『不遠而復』，論有『不憚改』。誠願大王揆古察今，深謀遠慮，與三事大夫算其長短。臣沐浴先王之遇，又初改政，復受重任，雖知言觸龍鱗，阿諛近福，竊感所誦，危而不持。」奏通，帝怒，遣刺奸就考，竟殺之。旣而悔之，追原不及。

秋七月庚辰，令曰：「軒轅有明臺之議，放勛有衢室之問，皆所以廣詢於下也。〔一〕百官有司，其務以職盡規諫，將率陳軍法，朝士明制度，牧守申政事，縉紳考六藝，吾將兼覽焉。」

〔一〕管子曰：黃帝立明臺之議者，上觀於兵也；堯有衢室之問者，下聽於民也；舜有告善之旌，而主不蔽也；禹立建鼓於朝，而備訴訟也；湯有總街之廷，以觀民非也；武王有靈臺之囿，而賢者進也：此古聖帝明王所以有而勿失，得而勿忘也。

孫權遣使奉獻。蜀將孟達率衆降。武都氐王楊僕率種人內附，居漢陽郡。〔一〕

〔一〕魏略載王自手筆令曰：「〔吾〕〔日〕前遣使宣國威靈，而達卽來。吾惟春秋褒儀父，卽封拜達，使還領新城太守。近復有扶老攜幼首向王化者。吾聞夙沙之民自縛其君以歸神農，豳國之衆襁負其子而入豐、鎬，斯豈驅略迫脅之所致哉？乃風化動其情而仁義感其衷，歡心內發使之然也。以此而推，西南將萬里無外，權、備將與誰守死乎？」

甲午，軍次於譙，大饗六軍及譙父老百姓於邑東。〔一〕八月，石邑縣言鳳皇集。

〔一〕魏書曰：設伎樂百戲，令曰：「先王皆樂其所生，禮不忘其本。譙，霸王之邦，眞人本出，其復譙租稅二年。」三老吏民上壽，日夕而罷。丙申，親祠譙陵。

孫盛曰：昔者先王之以孝治天下也，內節天性，外施四海，存盡其敬，亡極其哀，思慕諒闇，寄政冢宰，故曰「三年之喪，自天子達於庶人」；夫然，故在三之義惇，臣子之恩篤，雍熙之化隆，經國之道固，聖人之所以通天地，厚人倫，顯至教，敦風俗，斯萬世不易之典，百王服膺之制也。是故喪禮素冠，鄶人著庶見之譏，宰予降朞，仲尼發不仁之歎，子頹忘戚，君子以爲樂禍，魯侯易服，春秋知其不終，豈不以墜至痛之誠心，喪哀樂之大節者哉？故雖三季之末，七雄之弊，猶未有廢縗斬於旬朔之間，釋麻杖於反哭之日者也。逮於漢文，變易古制，人道之紀，一旦而廢，縗素奪於至尊，四海散其遏密，義感闕於羣后，大化墜於君親；雖心存貶約，慮在經綸，至於樹德垂聲，崇化變俗，固以道薄於當年，風頹於百代矣。且武王載主而牧野不陳，晉襄墨縗而三帥爲俘，應務濟功，服其焉害？魏王既追漢制，替其大禮，處莫重之哀而設饗宴之樂，居貽厥之始而墜王化之基，及至受禪，顯納二女，忘其至恤以誣先聖之典，天心喪矣，將何以終！是以知王齡之不遐，卜世之期促也。

冬十〔一〕月癸卯，令曰：「諸將征伐，士卒死亡者或未收斂，吾甚哀之；其告郡國給槥櫝殯斂，槥音衞。送致其家，官爲設祭。」〔二〕丙午，行至曲蠡。

〔一〕漢書高祖八月令曰：「士卒從軍死，爲槥。」應劭曰：「槥，小棺也，今謂之櫝。」應璩百一詩曰：「槥車在道路，征夫不得休。」陸機大墓賦曰：「觀細木而悶遲，覩洪櫝而念檸。」

漢帝以衆望在魏，乃召羣公卿士，〔一〕告祠高廟。使兼御史大夫張音持節奉璽綬禪位，册曰：「咨爾魏王：昔者帝堯禪位於虞舜，舜亦以命禹，天命不于常，惟歸有德。漢道陵遲，世失其序，降及朕躬，大亂茲昏，羣兇肆逆，宇內顛覆。賴武王神武，拯茲難於四方，惟清區夏，以保綏我宗廟，豈予一人獲乂，俾九服實受其賜。今王欽承前緒，光于乃德，恢文武之大業，昭爾考之弘烈。皇靈降瑞，人神告徵，誕惟亮采，師錫朕命，僉曰爾度克協于虞舜，用率我唐典，敬遜爾位。於戲！天之曆數在爾躬，允執其中，天祿永終；君其祗順大禮，饗茲萬國，以肅承天命。」〔二〕乃爲壇於繁陽。庚午，王升壇卽阼，百官陪位。事訖，降壇，視燎成禮而反。改延康爲黃初，大赦。〔三〕

〔一〕袁宏漢紀載漢帝詔曰：「朕在位三十有二載，遭天下蕩覆，幸賴祖宗之靈，危而復存。然仰瞻天文，俯察民心，炎精之數既終，行運在乎曹氏。是以前王既樹神武之績，今王又光曜明德以應其期，是曆數昭明，信可知矣。夫大道之行，天下爲公，選賢與能，故唐堯不私於厥子，而名播於無窮。朕羨而慕焉，今其追踵堯典，禪位于魏王。」

〔二〕獻帝傳載禪代衆事曰：左中郎將李伏表魏王曰：「昔先王初建魏國，在境外者聞之未審，皆以爲拜王。武都李庶、姜合羈旅漢中，謂臣曰：『必爲魏公，未便王也。定天下者，魏公子桓，神之所命，當合符讖，以應天人之位。』臣以合辭語鎭南將軍張魯，魯亦問合知書所出？合曰：『孔子玉版也。天子曆數，雖百世可知。』是後月餘，有亡人來，寫得册文，卒如合辭。合長于內學，關右知名。魯雖有懷國之心，沈溺異道，變化不果。寤合之言，後密與臣議策質，國人不協，或欲西通，魯卽怒曰：『寧爲魏公奴，不爲劉備上客也。』言發惻痛，誠有由然。合先迎王師，往歲病亡於鄴。自臣在朝，每爲所親宣說此意，時未有宜，弗敢顯言。殿下卽位初年，禎祥眾瑞，日月而至，有命自天，昭然著見。然聖德洞達，符表豫明，實乾坤挺慶，萬國作孚。臣每慶賀，欲言合驗；事君盡禮，人以爲諂。況臣名行穢賤，入朝日淺，言爲罪尤，自抑而已。今洪澤被四表，靈恩格天地，海內翕習，殊方歸服，兆應並集，以揚休命，始終允臧。臣不勝喜舞，謹具表通。」王令曰：「以示外。薄德之人，何能致此，未敢當也；斯誠先王至德通於神明，固非人力也。」

魏王侍中劉廙、辛毗、劉曄、尚書令桓階、尚書陳矯、陳羣、給事黃門侍郎王毖、董遇等言：「臣伏讀左中郎將李伏上事，考圖緯之言，以效神明之應，稽之古代，未有不然者也。故堯稱曆數在躬，璇璣以明天道；周武未戰而赤烏銜書；漢祖未兆而神母告符；孝宣仄微，字成木葉；光武布衣，名已勒讖。是天之所命以著聖哲，非有言語之聲，芬芳之臭，可得而知也，徒縣象以示人，微物以效意耳。自漢德之衰，漸染數世，桓、靈之末，皇極不建，暨於大亂，二十餘年。天之不泯，誕生明聖，以濟其難，是以符讖先著，以彰至德。殿下踐阼未朞，而靈象變於上，羣瑞應於下，四方不羈之民，歸心向義，唯懼在後，雖典籍所傳，未若今之盛也。臣妾遠近，莫不鳧藻。」王令曰：「犂牛之駁似虎，莠之幼似禾，事有似是而非者，今日是已。覩斯言事，良重吾不德。」於是尚書僕射宣告官寮，咸使聞知。

辛亥，太史丞許芝條魏代漢見讖緯于魏王曰：「易傳曰：『聖人受命而王，黃龍以戊己日見。』七月四日戊寅，黃龍見，此帝王受命之符瑞最著明者也。又曰：『初六，履霜，陰始凝也。』又有積蟲大穴天子之宮，厥咎然，今蝗蟲見，應之也。又曰：『聖人以德親比天下，仁恩洽普，厥應麒麟以戊己日至，厥應聖人受命。』又曰：『聖人清淨行中正，賢人福至民從命，厥應麒麟來。』春秋漢含孳曰：『漢以魏，魏以徵。』春秋玉版讖曰：『代赤者魏公子。』春秋佐助期曰：『漢以許昌失天下。』故白馬令李雲上事曰：『許昌氣見于當塗高，當塗高者當昌於許。』當塗高者，魏也；象魏者，兩觀闕是也；當道而高大者魏。魏當代漢。今魏基昌于許，漢徵絕于許，乃今效見，如李雲之言，許昌相應也。佐助期又曰：『漢以蒙孫亡。』說者以蒙孫漢二十四帝，童蒙愚昏，以弱亡。或以雜文爲蒙其孫當失天下，以爲漢帝非正嗣，少時爲董侯，名不正，蒙亂之荒惑，其子孫以弱亡。孝經中黃讖曰：『日載東，絕火光。不橫一，聖聰明。四百之外，易姓而王。天下歸功，致太平，居八甲；共禮樂，正萬民，嘉樂家和雜。』此魏王之姓諱，著見圖讖。易運期讖曰：『言居東，西有午，兩日並光日居下。其爲主，反爲輔。五八四十，黃氣受，眞人出。』言午，許字。兩日，昌字。漢當以許亡，魏當以許昌。今際會之期在許，是其大效也。易運期又曰：『鬼在山，禾女連，王天下。』臣聞帝王者，五行之精；易姓之符，代興之會，以七百二十年爲一軌。有德者過之，至于八百，無德者不及，至四百載。是以周家八百六十七年，夏家四百數十年，漢行夏正，迄今四百二十六歲。又高祖受命，數雖起乙未，然其兆徵始于獲麟。獲麟以來七百餘年，天之曆數將以盡終。帝王之興，不常一姓。太微中，黃帝坐常明，而赤帝坐常不見，以爲黃家興而赤家衰，凶亡之漸。自是以來四十餘年，又熒惑失色不明十有餘年。建安十年，彗星先除紫微，二十三年，復掃太微。新天子氣見東南以來，二十三年，白虹貫日，月蝕熒惑，比年己亥、壬子、丙午日蝕，皆水滅火之象也。殿下即位，初踐阼，德配天地，行合神明，恩澤盈溢，廣被四表，格于上下。是以黃龍數見，鳳皇仍翔，麒麟皆臻，白虎效仁，前後獻見于郊甸；甘露醴泉，奇獸神物，衆瑞並出。斯皆帝王受命易姓之符也。昔黃帝受命，風后受河圖；舜、禹有天下，鳳皇翔，洛出書；湯之王，白鳥爲符；文王爲西伯，赤鳥銜丹書；武王伐殷，白魚升舟；高祖始起，白蛇爲徵。亙跡瑞應，皆爲聖人興。觀漢前後之大災，今茲之符瑞，察圖讖之期運，揆河洛之所甄，未若今大魏之最美也。夫得歲星者，道始興。昔武王伐殷，歲在鶉火，有周之分野也。高祖入秦，五星聚東井，有漢之分野也。今茲歲星在大梁，有魏之分野也。而天之瑞應，並集來臻，四方歸附，襁負而至，兆民欣戴，咸樂嘉慶。春秋大傳曰：『周公何以不之魯？蓋以爲雖有繼體守文之君，不害聖人受命而王。』周公反政，尸子以爲孔子非之，以爲周公不聖，不爲兆民也。京房作易傳曰：『凡爲王者，惡者去之，弱者奪之。易姓改代，天命應常，人謀鬼謀，百姓與能。』伏惟殿下體堯舜之盛明，膺七百之禪代，當湯武之期運，值天命之移受，河洛所表，圖讖所載，昭然明白，天下學士所共見也。臣職在史官，考符察徵，圖讖效見，際會之期，謹以上聞。」王令曰：「昔周文三分天下有其二，以服事殷，仲尼歎其至德；公旦履天子之籍，聽天下之斷，終然復子明辟，書美其人。吾雖德不及二聖，敢忘高山景行之義哉？若夫唐堯、舜、禹之蹟，皆以聖質茂德處之，故能上和靈祇，下寧萬姓，流稱今日。今吾德至薄也，人至鄙也，遭遇際會，幸承先王餘業，恩未被四海，澤未及天下，雖傾倉竭府以振魏國百姓，猶寒者未盡煖，飢者未盡飽。夙夜憂懼，弗敢遑寧，庶欲保全髮齒，長守今日，以沒於地，以全魏國，下見先王，以塞負荷之責。望狹志局，守此而已；雖屢蒙祥瑞，當之戰惶，五色無主。若芝之言，豈所聞乎？心慄手悼，書不成字，辭不宣心。吾聞作詩曰：『喪亂悠悠過紀，白骨縱橫萬里，哀哀下民靡恃，吾將佐時整理，復子明辟致仕。』庶欲守此辭以自終，卒不虛言也。宜宣示遠近，使昭赤心。」

於是侍中辛毗、劉曄、散騎常侍傅巽、衞臻、尚書令桓階、尚書陳矯、陳羣、給事中博士騎都尉蘇林、董巴等奏曰：「伏見太史丞許芝上魏國受命之符，令書懇切，允執謙讓，雖舜、禹、湯、文，義無以過。然古先哲王所以受天命而不辭者，誠急遵皇天之意，副兆民之望，弗得已也。且易曰：『觀乎天文以察時變，觀乎人文以化成天下。』又曰：『天垂象，見吉凶，聖人則之；河出圖，洛出書，聖人效之。』以爲天文因人而變，至于河洛之書，著于洪範，則殷、周效而用之矣。斯言，誠帝王之明符，天道之大要也。是以由德應錄者代興于前，失道數盡者迭廢于後，傳譏萇弘欲支天之所壞，而說蔡墨『雷乘乾』之說，明神器之存亡，非人力所能建也。今漢室衰替，帝綱墮墜，天子之詔，歇滅無聞，皇天將捨舊而命新，百姓既去漢而爲魏，昭然著明，是可知也。先王撥亂平世，將建洪基；至於殿下，以至德當曆數之運，即位以來，天應人事，粲然大備，神靈圖籍，兼仍往古，休徵嘉兆，跨越前代；是芝所取中黃、運期、姓緯之讖，斯文乃著於前世，與漢並見。由是言之，天命久矣，非殿下所得而拒之也。神明之意，候望禋享，兆民顒顒，咸注嘉願，惟殿下覽圖籍之明文，急天下之公義，輒宣令外內，布告州郡，使知符命著明，而殿下謙虛之意。」令曰：「下四方以明孤款心，是也。至于覽餘辭，豈余所謂哉？寧所堪哉？諸卿指論，未若孤自料之審也。夫虛談謬稱，鄙薄所弗當也。且聞比來東征，經郡縣，歷屯田，百姓面有飢色，衣或裋褐不完，罪皆在孤；是以上慚衆瑞，下愧士民。由斯言之，德尙未堪偏王，何言帝者也！宜止息此議，無重吾不德，使逝之後，不愧後之君子。」

癸丑，宣告羣寮。督軍御史中丞司馬懿、侍御史鄭渾、羊祕、鮑勛、武周等言：「令如左。伏讀太史丞許芝上符命事，臣等聞有唐世衰，天命在虞，虞氏世衰，天命在夏；然則天地之靈，曆數之運，去就之符，惟德所在。故孔子曰：『鳳鳥不至，河不出圖，吾已矣夫！』今漢室衰，自安、和、沖、質以來，國統屢絕，桓、靈荒淫，祿去公室，此乃天命去就，非一朝一夕，其所由來久矣。殿下踐阼，至德廣被，格于上下，天人感應，符瑞並臻，考之舊史，未有若今日之盛。夫大人者，先天而天弗違，後天而奉天時，天時已至而猶謙讓者，舜、禹所不爲也，故生民蒙救濟之惠，羣類受育長之施。今八方顒顒，大小注望，皇天乃眷，神人同謀，十分而九以委質，義過周文，所謂過恭也。臣妄上下，伏所不安。」令曰：「世之所不足者道義也，所有餘者苟妄也；常人之性，賤所不足，貴所有餘，故曰『不患無位，患所以立』。孤雖寡德，庶自免于常人之貴。夫『石可破而不可奪堅，丹可磨而不可奪赤』。丹石微物，尙保斯質，況吾託士人之末列，曾受敎于君子哉？且於陵仲子以仁爲富，柏成子高以義爲貴，鮑焦感子貢之言，棄其蔬而槁死，薪者譏季札失辭，皆委重而弗視。吾獨何人？昔周武，大聖也，使叔旦盟膠鬲于四內，使召公約微子於共頭，故伯夷、叔齊相與笑之曰：『昔神農氏之有天下，不以人之壞自成，不以人之卑自高。』以爲周之伐殷以暴也。吾德非周武而義慚夷、齊，庶欲遠苟妄之失道，立丹石之不奪，邁於陵之所富，蹈柏成之所貴，執鮑焦之貞至，遵薪者之清節。故曰：『三軍可奪帥，匹夫不可奪志。』吾之斯志，豈可奪哉？」

乙卯，册詔魏王禪代天下曰：「惟延康元年十月乙卯，皇帝曰，咨爾魏王：夫命運否泰，依德升降，三代卜年，著于春秋，是以天命不于常，帝王不一姓，由來尙矣。漢道陵遲，爲日已久，安、順已降，世失其序，沖、質短祚，三世無嗣，皇綱肇虧，帝典頹沮。暨于朕躬，天降之災，遭无妄厄運之會，值炎精幽昧之期。變興輦轂，禍由閹宦。董卓乘釁，惡甚澆、豷，劫遷省御，(太僕)〔火撲〕宮廟，遂使九州幅裂，彊敵虎爭，華夏鼎沸，蝮蛇塞路。當斯之時，尺土非復漢有，一夫豈復朕民？幸賴武王德膺符運，奮揚神武，芟夷兇暴，清定區夏，保乂皇家。今王纘承前緒，至德光昭，御衡不迷，布德優遠，聲敎被四海，仁風扇鬼區，是以四方效珍，人神響應，天之曆數實在爾躬。昔虞舜有大功二十，而放勳禪以天下；大禹有疏導之績，而重華禪以帝位。漢承堯運，有傳聖之義，加順靈祇，紹天明命，釐降二女，以嬪于魏。使使持節行御史大夫事太常音，奉皇帝璽綬，王其永君萬國，敬御天威，允執其中，天祿永終，敬之哉！」於是尙書令桓階等奏曰：「漢氏以天子位禪之陛下，陛下以聖明之德，曆數之序，承漢之禪，允當天心。夫天命弗可得辭，兆民之望弗可得違，臣請會列侯諸將、羣臣陪隸，發璽書，順天命，具禮儀列奏。」令曰：「當議孤終不當承之意而已。猶獵，還方有令。」

尚書令等又奏曰：「昔堯、舜禪於文祖，至漢氏，以師征受命，畏天之威，不敢怠遑，便卽位行在所之地。今當受禪代之命，宜會百寮羣司，六軍之士，皆在行位，使咸覩天命。營中促狹，可於平敞之處設壇場，奉答休命。臣輒與侍中常侍會議禮儀，太史官擇吉日訖，復奏。」令曰：「吾殊不敢當之，外亦何豫事也！」

侍中劉廙、常侍衞臻等奏議曰：「漢氏遵唐堯公天下之議，陛下以聖德膺曆數之運，天人同歡，靡不得所，宜順靈符，速踐皇阼。問太史丞許芝，今月十七日己未直成，可受禪命，輒治壇場之處，所當施行別奏。」令曰：「屬出見外便設壇場，斯何謂乎？今當辭讓不受詔也。但於帳前發璽書，威儀如常，且天寒，罷作壇士使歸。」既發璽書，王令曰：「當奉還璽綬爲讓章。吾豈奉此詔承此貺邪？昔堯讓天下於許由、子州支甫，舜亦讓于善卷、石戶之農、北人無擇，或退而耕潁之陽，或辭以幽憂之疾，或遠入山林，莫知其處，或攜子入海，終身不反，或以爲辱，自投深淵；且顏燭懼太樸之不完，守知足之明分，王子搜樂丹穴之潛處，被熏而不出，柳下惠不以三公之貴易其介，曾參不以晉、楚之富易其仁：斯九士者，咸高節而尙義，輕富而賤貴，故書名千載，于今稱焉。求仁得仁，仁豈在遠？孤獨何爲不如哉？義有蹈東海而逝，不奉漢朝之詔也。亟爲上章還璽綬，宣之天下，使咸聞焉。」己未，宣告羣僚，下魏，又下天下。

輔國將軍清苑侯劉若等百二十人上書曰：「伏讀令書，深執克讓，聖意懇惻，至誠外昭，臣等有所不安。何者？石戶、北人，匹夫狂狷，行不合義，事不經見者，是以史遷謂之不然，誠非聖明所當希慕。且有虞不逆放勛之禪，夏禹亦無辭位之語，故傳曰：『舜陟帝位，若固有之。』斯誠聖人知天命不可逆，曆數弗可辭也。伏惟陛下應乾符運，至德發聞，升昭于天，是三靈降瑞，人神以和，休徵雜沓，萬國響應，雖欲勿用，將焉避之？而固執謙虛，違天逆衆，慕匹夫之微分，背上聖之所蹈，違經讖之明文，信百氏之穿鑿，非所以奉答天命，光慰衆望也。臣等昧死以請，輒整頓壇場，至吉日受命，如前奏，分別寫令宣下。」王令曰：「昔柏成子高辭夏禹而匿野，顏闔辭魯幣而遠跡，夫以王者之重，諸侯之貴，而二子忽之，何則？其節高也。故烈士徇榮名，義夫高貞介，雖蔬食瓢飲，樂在其中。是以仲尼師王駘，而子產嘉申徒。今諸卿皆孤股肱腹心，足以明孤，而今咸若斯，則諸卿遊于形骸之內，而孤求爲形骸之外，其不相知，未足多怪。亟爲上章還璽綬，勿復紛紛也。」

輔國將軍等一百二十人又奏曰：「臣聞符命不虛見，衆心不可違，故孔子曰：『周公其爲不聖乎？以天下讓。是天地日月輕去萬物也。』是以舜嚮天下，不拜而受命。今火德氣盡，炎上數終，帝遷明德，祚隆大魏。符瑞昭晢，受命既固，光天之下，神人同應，雖有虞儀鳳，成周躍魚，方今之事，未足以喻。而陛下違天命以飾小行，逆人心以守私志，上忤皇穹眷命之旨，中忘聖人達節之數，下孤人臣翹首之望，非所以揚聖道之高衢，乘無窮之懿勳也。臣等聞事君有獻可替否之道，奉上有逆鱗固爭之義，臣等敢以死請。」令曰：「夫古聖王之治也，至德合乾坤，惠澤均造化，禮教優乎昆蟲，仁恩洽乎草木，日月所照，戴天履地含氣有生之類，靡不被服清風，沐浴玄德；是以金革不起，苛慝不作，風雨應節，禎祥觸類而見。今百姓寒者未煖，飢者未飽，鰥者未室，寡者未嫁；權、備尙存，未可舞以干戚，方將整以齊斧；戎役未息於外，士民未安於內，耳未聞康哉之歌，目未覩擊壤之戲，嬰兒未可託於高巢，餘糧未可以宿於田畝：人事未備，至於此也。夜未曜景星，治未通眞人，河未出龍馬，山未出象車，蓂莢未植階庭，萐莆未生庖廚，王母未獻白環，渠搜未見珍裘：靈瑞未效，又如彼也。昔東戶季子、容成、大庭、軒轅、赫胥之君，咸得以此就功勒名。今諸卿獨不可少假孤精心竭慮，以和天人，以格至理，使彼衆事備，羣瑞效，然後安乃議此乎，何遽相愧相迫之如是也？速爲讓章，上還璽綬，無重吾不德也。」

侍中劉廙等奏曰：「伏惟陛下以大聖之純懿，當天命之曆數，觀天象則符瑞著明，考圖緯則文義煥炳，察人事則四海齊心，稽前代則異世同歸；而固拒禪命，未踐尊位，聖意懇惻，臣等敢不奉詔？輒具章遣使者。」奉令曰：「泰伯三以天下讓，人無得而稱焉，仲尼歎其至德，孤獨何人？」

庚申，魏王上書曰：「皇帝陛下：奉被今月乙卯璽書，伏聽册命，五內驚震，精爽散越，不知所處。臣前上還相位，退守藩國，聖恩聽許。臣雖無古人量德度身自定之志，保己存性，實其私願。不寤陛下猥損過謬之命，發不世之詔，以加無德之臣。且聞堯禪重華，舉其克諧之德，舜授文命，采其齊聖之美，猶下咨四嶽，上觀璿璣。今臣德非虞、夏，行非二君，而承曆數之諮，應選授之命，內自揆撫，無德以稱。且許由匹夫，猶拒帝位，善卷布衣，而逆虞詔。臣雖鄙蔽，敢忘守節以當大命，不勝至願。謹拜章陳情，使行相國永壽少府糞土臣毛宗奏，并上璽綬。」

辛酉，給事中博士蘇林、董巴上表曰：「天有十二次以爲分野，王公之國，各有所屬，周在鶉火，魏在大梁。歲星行歷十二次國，天子受命，諸侯以封。周文王始受命，歲在鶉火，至武王伐紂十三年，歲星復在鶉火，故春秋傳曰：『武王伐紂，歲在鶉火；歲之所在，即我有周之分野也。』昔光和七年，歲在大梁，武王始受命，〔爲〕〔於〕時將討黃巾。是歲改年爲中平元年。建安元年，歲復在大梁，始拜大將軍。十三年復在大梁，始拜丞相。今二十五年，歲復在大梁，陛下受命。此魏得歲與周文王受命相應。今年青龍在庚子，詩推度災曰：『庚者更也，子者滋也，聖命天下治。』又曰：『王者布德於子，治成於丑。』此言今年天更命聖人制治天下，布德於民也。魏以改制天下，與〔時〕〔詩〕協矣。顓頊受命，歲在豕韋，衞居其地，亦在豕韋，故春秋傳曰：『衞，顓頊之墟也。』今十月斗之建，則顓頊受命之分也，始魏以十月受禪，此同符始祖受命之驗也。魏之氏族，出自顓頊，與舜同祖，見于春秋世家。舜以土德承堯之火，今魏亦以土德承漢之火，於行運，會于堯舜授受之次。臣聞天之去就，固有常分，聖人當之，昭然不疑，故堯捐骨肉而禪有虞，終無恡色，舜發隴畝而君天下，若固有之，其相受授，間不替漏；天下已傳矣，所以急天命,天下不可一日無君也。今漢期運已終,妖異絕之已審,陛下受天之命,符瑞告徵,丁寧詳悉,反覆備至,雖言語相喻,無以代此。今既發詔書,璽綬未御,固執謙讓,上逆天命,下違民望。臣謹案古之典籍,參以圖緯,魏之行運及天道所在,即尊之驗,在于今年此月,昭晰分明。唯陛下遷思易慮,以時即位,顯告天帝而告天下,然後改正朔,易服色,正大號,天下幸甚。」令曰:「凡斯皆宜聖德,故曰:『苟非其人,道不虛行。』天瑞雖彰,須德而光;吾德薄之人,胡足以當之?今讓,冀見聽許,外內咸使聞知。」

壬戌,册詔曰:「皇帝問魏王言:遣宗奉庚申書到,所稱引,聞之。朕惟漢家世踰二十,年過四百,運周數終,行祚已訖,天心已移,兆民望絕,天之所廢,有自來矣。今大命有所底止,神器當歸聖德,違衆不順,逆天不祥。王其體有虞之盛德,應曆數之嘉會,是以禎祥告符,圖讖表錄,神人同應,受命咸宜。朕畏上帝,致位于王;天不可違,衆不可拂。且重華不逆堯命,大禹不辭舜位,若夫由、卷匹夫,不載聖籍,固非皇材帝器所當稱慕。今使音奉皇帝璽綬,王其陟帝位,無逆朕命,以祗奉天心焉。」

於是尚書令桓階等奏曰:「今漢使音奉璽書到,臣等以為天命不可稽,神器不可瀆。周武中流有白魚之應,不待師期而大號已建,舜受大麓,桑蔭未移而已陟帝位,皆所以祗承天命,若此之速也。故無固讓之義,不以守節為貴,必道信於神靈,符合於天地而已。易曰:『其受命如響,無有遠近幽深,遂知來物,非天下之至賾,其孰能與於此?』今陛下應期運之數,為皇天所子,而復稽滯於辭讓,低回於大號,非所以則天地之道,副萬國之望。臣等敢以死請,輒敕有司修治壇場,擇吉日,受禪命,發璽綬。」令曰:「冀三讓而不見聽,何汲汲于斯乎?」

甲子,魏王上書曰:「奉今月壬戌璽書,重被聖命,伏聽册告,肝膽戰悸,不知所措。天下神器,禪代重事,故堯將禪舜,納于大麓,舜之命禹,玄圭告功;烈風不迷,九州攸平,詢事考言,然後乃命,而猶執謙讓于德不嗣。況臣頑固，質非二聖，乃應天統，受終明詔；敢守微節，歸志箕山，不勝大願。謹拜表陳情，使并奉上璽綬。」

侍中劉廙等奏曰：「臣等聞聖帝不違時，明主不逆人，故易稱通天下之志，斷天下之疑。伏惟陛下體有虞之上聖，承土德之行運，當亢陽明夷之會，應漢氏祚終之數，合契皇極，同符兩儀。是以聖瑞表徵，天下同應，曆運去就，深切著明；論之天命，無所與讓，比之時宜，無所與爭。故受命之期，時清日晏，曜靈施光，休氣雲蒸。是乃天道悅懌，民心欣戴，而仍見閉拒，于禮何居？且羣生不可一日無主，神器不可以斯須無統，故臣有違君以成業，下有矯上以立事，臣等敢不重以死請。」王令曰：「天下重器，王者正統，以聖德當之，猶有懼心，吾何人哉？且公卿未至乏主，斯豈小事，且宜以待固讓之後，乃當更議其可耳。」

丁卯，册詔魏王曰：「天訖漢祚，辰象著明，朕祗天命，致位於王，仍陳曆數於詔册，喻符運於翰墨；神器不可以辭拒，皇位不可以謙讓，稽於天命，至於再三。且四海不可以一日曠主，萬機不可以斯須無統，故建大業者不拘小節，知天命者不繫細物，是以舜受大業之命而無遜讓之辭，聖人達節，不亦遠乎！今使音奉皇帝璽綬，王其欽承，以答天下嚮應之望焉。」

相國華歆、太尉賈詡、御史大夫王朗及九卿上言曰：「臣等被召到，伏見太史丞許芝、左中郎將李伏所上圖讖、符命，侍中劉廙等宣敍衆心，人靈同謀。又漢朝知陛下聖化通于神明，聖德參于虞、夏，因瑞應之備至，聽曆數之所在，遂獻璽綬，固讓尊號。能言之倫，莫不抃舞，河圖、洛書，天命瑞應，人事協于天時，民言協于天敍。而陛下性秉勞謙，體尚克讓，明詔懇切，未肯聽許，臣妾小人，莫不伊邑。臣等聞自古及今，有天下者不常在乎一姓；考以德勢，則盛衰在乎彊弱，論以終始，則廢興在乎期運。唐、虞曆數，不在厥子而在舜、禹。舜、禹雖懷克讓之意迫，羣后執玉帛而朝之，兆民懷欣戴而歸之，率土揚歌謠而詠之，故其守節之拘，不可得而常處，達節之權，不可得而久避；是以或遜位而不恡，或受禪而不辭，不恡者未必厭皇寵，不辭者未必渴帝祚，各迫天命而不得以已。既禪之後，則唐氏之子爲賓于有虞，虞氏之冑爲客于夏代，然則禪代之義，非獨受之者實應天福，授之者亦與有餘慶焉。漢自章、和之後，世多變故，稍以陵遲，洎乎孝靈，不恒其心，虐賢害仁，聚斂無度，政在嬖豎，視民如讎，遂令上天震怒，百姓從風如歸；當時則四海鼎沸，旣沒則禍發宮庭，寵勢並竭，帝室遂卑，若在帝舜之末節，猶擇聖代而授之，荆人抱玉璞，猶思良工而刊之，況漢國旣往，莫之能匡，推器移君，委之聖哲，固其宜也。漢朝委質，旣願禮禪之速定也，天祚率土，必將有主；主率土者，非陛下其孰能任之？所謂論德無與爲比，考功無推讓矣。天命不可久稽，民望不可久違，臣等慺慺，不勝大願。伏請陛下割撝謙之志，脩受禪之禮，副人神之意，慰外內之願。」令曰：「以德則孤不足，以時則戎虜未滅。若以羣賢之靈，得保首領，終君魏國，於孤足矣。若孤者，胡足以辱四海？至乎天瑞人事，皆先王聖德遺慶，孤何有焉？是以未敢聞命。」

已巳，魏王上書曰：「臣聞舜有賓于四門之勳，乃受禪於陶唐，禹有存國七百之功，乃承祿於有虞。臣以蒙蔽，德非二聖，猥當天統，不敢聞命。敢屢抗疏，略陳私願，庶章通紫庭，得全微節，情達宸極，永守本志。而晉重復銜命，申制詔臣，臣實戰惕，不發璽書，而晉迫于嚴詔，不敢復命。願陛下馳傳騁驛，召晉還臺。不勝至誠，謹使宗奉書。」

相國歆、太尉詡、御史大夫朗及九卿奏曰：「臣等伏讀詔書，於邑益甚。臣等聞易稱聖人奉天時，論語云君子畏天命，天命有去就，然後帝者有禪代。是以唐之禪虞，命在爾躬，虞之順唐，謂之受終；堯知天命去已，故不得不禪舜，舜知曆數在躬，故不敢不受；不得不禪，奉天時也，不敢不受，畏天命也。漢朝雖承季末陵遲之餘，猶務奉天命以則堯之道，是以願禪帝位而歸二女。而陛下正於大魏受命之初，抑虞、夏之達節，尙延陵之讓退，而所枉者大，所直者小，所詳者輕，所略者重，中人凡士猶爲陛下陋之。沒者有靈，則重華必忿憤于蒼梧之神墓，大禹必鬱悒于會稽之山陰，武王必不悦于（商）〔高〕陵之玄宫矣。是以臣等敢以死請。且漢政在閹宦，祿去帝室七世矣，遂集矢石於其宫殿，而二京爲之丘墟。當是之時，四海蕩覆，天下分崩，武王親衣甲而冠胄，沐雨而櫛風，爲民請命，則活萬國，爲世撥亂，則致升平，鳩民而立長，築宫而置吏，元元無過，罔于前業，而始有造于華夏。陛下即位，光昭文德，以翊武功，勤恤民隱，視之如傷，懼者寧之，勞者息之，寒者以煖，飢者以充，遠人以（恩復）〔德服〕，寇敵以恩降，邁恩種德，光被四表；稽古篤睦，茂于放勛，網漏吞舟，弘乎周文。是以布政未朞，人神並和，皇天則降甘露而臻四靈，后土則挺芝草而吐醴泉，虎豹鹿兔，皆素其色，雉鳩燕雀，亦白其羽，連理之木，同心之瓜，五采之魚，珍祥瑞物，雜遝於其間者，無不畢備。古人有言：『微禹，吾其魚乎！』微大魏，則臣等之白骨交横于曠野矣。伏省羣臣外内前後章奏，所以陳敍陛下之符命者，莫不條河洛之圖書，據天地之瑞應，因漢朝之款誠，宣萬方之景附，可謂信矣（省）〔著〕矣；三王無以及，五帝無以加。民命之懸於魏（邦，民心之繫於魏）政，三十有餘年矣，此乃千世時至之會，萬載一遇之秋；達節廣度，宜昭於斯際，拘牽小節，不施於此時。久稽天命，罪在臣等。輒營壇場，具禮儀，擇吉日，昭告昊天上帝，秩羣神之禮，須禋祭畢，會羣寮於朝堂，議年號、正朔、服色當施行，上。」復令曰：「昔者大舜飯糗茹草，將終身焉，斯則孤之前志也。及至承堯禪，被（珍）〔袗〕裘，妻二女，若固有之，斯則順天命也。羣公卿士誠以天命不可拒，民望不可違，孤亦曷以辭焉？」

庚午，册詔魏王曰：「昔堯以配天之德，秉六合之重，猶覩曆運之數，移於有虞，委讓帝位，忽如遺跡。今天既訖我漢命，乃眷北顧，帝皇之業，實在大魏。朕守空名以竊古義，顧視前事，猶有慚德，而王遜讓至于三四，朕用懼焉。夫不辭萬乘之位者，知命達節之數也，虞、夏之君，處之不疑，故勳烈垂于萬載，美名傳于無窮。今遣守尚書令侍中〔顗〕〔覬〕喻，王其速陟帝位，以順天人之心，副朕之大願。」

於是尚書令桓階等奏曰：「今漢氏之命已四至，而陛下前後固辭，臣等伏以爲上帝之臨聖德，期運之隆大魏，斯豈數載？傳稱周之有天下，非甲子之朝，殷之去帝位，非牧野之日也，故詩序商湯，追本玄王之至，述姬周，上錄后稷之生，是以受命旣固，厥德不回。漢氏衰廢，行次已絕，三辰垂其徵，史官著其驗，耆老記先古之占，百姓協歌謠之聲。陛下應天受禪，當速卽壇場，柴燎上帝，誠不宜久停神器，拒億兆之願。臣輒下太史令擇元辰，今月二十九日，可登壇受命，請詔王公羣卿，具條禮儀別奏。」令曰：「可。」

〔三〕獻帝傳曰：辛未，魏王登壇受禪，公卿、列侯、諸將、匈奴單于、四夷朝者數萬人陪位，燎祭天地、五嶽、四瀆，曰：「皇帝臣丕敢用玄牡昭告于皇皇后帝：漢歷世二十有四，踐年四百二十有六，四海困窮，三綱不立，五緯錯行，靈祥並見，推術數者，慮之古道，咸以爲天之曆數，運終茲世，凡諸嘉祥民神之意，比昭有漢數終之極，魏家受命之符。漢主以神器宜授於臣，憲章有虞，致位于丕。丕震畏天命，雖休勿休。羣公庶尹六事之人，外及將士，洎于蠻夷君長，僉曰：『天命不可以辭拒，神器不可以久曠，羣臣不可以無主，萬機不可以無統。』丕祗承皇象，敢不欽承。卜之守龜，兆有大橫，筮之三易，兆有革兆，謹擇元日，與羣寮登壇受帝璽綬，告類于爾大神；唯爾有神，尚饗永吉，兆民之望，祚于有魏世享。」遂制詔三公：「上古之始有君也，必崇恩化以美風俗，然百姓順教而刑辟厝焉。今朕承帝王之緒，其以延康元年爲黃初元年，議改正朔，易服色，殊徽號，同律度量，承土行，大赦天下；自殊死以下，諸不當得赦，皆赦除之。」

魏氏春秋曰：帝升壇禮畢，顧謂羣臣曰：「舜、禹之事，吾知之矣。」

干寶搜神記曰：宋大夫邢史子臣明於天道，周敬王之三十七年，景公問曰：「天道其何祥？」對曰：「後五(十)年五月丁亥，臣將死；死後五年五月丁卯，吳將亡；亡後五年，君將終；終後四百年，邾王天下。」俄而皆如其言。所云邾王天下者，謂魏之興也。邾，曹姓，魏亦曹姓，皆邾之後。其年數則錯，未知邢史失其數邪，將年代久遠，注記者傳而有謬也？

黃初元年十一月癸酉，以河內之山陽邑萬戶奉漢帝爲山陽公，行漢正朔，以天子之禮郊祭，上書不稱臣，京都有事于太廟，致胙；封公之四子爲列侯。追尊皇祖太王曰太皇帝，考武王曰武皇帝，尊王太后曰皇太后。賜男子爵人一級，爲父後及孝悌力田人二級。以漢諸侯王爲崇德侯，列侯爲關中侯。以潁陰之繁陽亭爲繁昌縣。封爵增位各有差。改相國爲司徒，御史大夫爲司空，奉常爲太常，郎中令爲光祿勳，大理爲廷尉，大農爲大司農。郡國縣邑，多所改易。更授匈奴南單于呼廚泉魏璽綬，賜青蓋車、乘輿、寶劍、玉玦。十二月，初營洛陽宮，戊午幸洛陽。〔一〕

〔一〕臣松之案：諸書記是時帝居北宮，以建始殿朝羣臣，門曰承明，陳思王植詩曰「謁帝承明廬」是也。至明帝時，始於漢南宮崇德殿處起太極、昭陽諸殿。

魏書曰：以夏數爲得天，故即用夏正，而服色尚黃。

魏略曰：詔以漢火行也，火忌水，故「洛」去「水」而加「隹」。魏於行次爲土，土，水之牡也，水得土而乃流，土得水而柔，故除「隹」加「水」，變「雒」爲「洛」。

是歲，長水校尉戴陵諫不宜數行弋獵，帝大怒；陵減死罪一等。

二年春正月，郊祀天地、明堂。甲戌，校獵至原陵，遣使者以太牢祠漢世祖。乙亥，朝日于東郊。〔一〕初令郡國口滿十萬者，歲察孝廉一人；其有秀異，無拘戶口。辛巳，分三公戶邑，封子弟各一人爲列侯。壬午，復潁川郡一年田租。〔二〕改許縣爲許昌縣。以魏郡東部爲陽平郡，西部爲廣平郡。〔三〕

〔一〕臣松之以爲禮天子以春分朝日，秋分夕月；尋此年正月郊祀，有月無日，乙亥朝日，則有日無月，蓋文之脫也。案明帝朝日夕月，皆如禮文，故知此紀爲誤者也。

〔二〕魏書載詔曰：「潁川，先帝所由起兵征伐也。官渡之役，四方瓦解，遠近顧望，而此郡守義，丁壯荷戈，老弱負糧。昔漢祖以秦中爲國本，光武恃河內爲王基，今朕復於此登壇受禪，天以此郡翼成大魏。」

〔三〕魏略曰：改長安、譙、許昌、鄴、洛陽爲五都；立石表，西界宜陽，北循太行，東北界陽平，南循魯陽，東界郯，爲中都之地。令天下聽內徙，復五年，後又增其復。

詔曰：「昔仲尼資大聖之才，懷帝王之器，當衰周之末，無受命之運，在魯、衞之朝，教化乎洙、泗之上，悽悽焉，遑遑焉，欲屈己以存道，貶身以救世。于時王公終莫能用之，乃退考五代之禮，脩素王之事，因魯史而制春秋，就太師而正雅頌，俾千載之後，莫不宗其文以述作，仰其聖以成謀，咨！可謂命世之大聖，億載之師表者也。遭天下大亂，百祀墮壞，舊居之廟，毀而不脩，褒成之後，絕而莫繼，闕里不聞講頌之聲，四時不覩烝嘗之位，斯豈所謂崇禮報功，盛德百世必祀者哉！其以議郎孔羨爲宗聖侯，邑百戶，奉孔子祀。」令魯郡脩起舊廟，置百戶吏卒以守衞之，又於其外廣爲室屋以居學者。

（春）三月，加遼東太守公孫恭爲車騎將軍。初復五銖錢。夏四月，以車騎將軍曹仁爲大將軍。五月，鄭甘復叛，遣曹仁討斬之。六月庚子，初祀五嶽四瀆，咸秩羣祀。〔一〕丁卯，夫人甄氏卒。戊辰晦，日有食之，有司奏免太尉，詔曰：「災異之作，以譴元首，而歸過股肱，豈禹、湯罪己之義乎？其令百官各虔厥職，後有天地之眚，勿復劾三公。」

〔一〕魏書：甲辰，以京師宗廟未成，帝親祠武皇帝于建始殿，躬執饋奠，如家人之禮。

秋八月，孫權遣使奉章，并遣于禁等還。丁巳，使太常邢貞持節拜權爲大將軍，封吳王，加九錫。冬十月，授楊彪光祿大夫。〔一〕以穀貴，罷五銖錢。〔二〕己卯，以大將軍曹仁爲大司馬。十二月，行東巡。是歲築陵雲臺。

〔一〕魏書曰：己亥，公卿朝朔旦，并引故漢太尉楊彪，待以客禮，詔曰：「夫先王制几杖之賜，所以賓禮黃耇褒崇元老也。昔孔光、卓茂皆以淑德高年，受茲嘉錫。公故漢宰臣，乃祖已來，世著名節，年過七十，行不踰矩，可謂老成人矣，所宜寵異以章舊德。其賜公延年杖及馮几；謁請之日，便使杖入，又可使著鹿皮冠。」彪辭讓不聽，竟著布單衣，皮弁以見。

續漢書曰：彪見漢祚將終，自以累世爲三公，恥爲魏臣，遂稱足攣，不復行。積十餘年，帝卽王位，欲以爲太尉，令近臣宣旨。彪辭曰：「嘗以漢朝爲三公，值世衰亂，不能立尺寸之益，若復爲魏臣，於國之選，亦不爲榮也。」帝不奪其意。黄初四年，詔拜光祿大夫，秩中二千石，朝見位次三公，如孔光故事。彪上章固讓，帝不聽，又爲門施行馬，致吏卒，以優崇之。年八十四，以六年薨。子脩，事見陳思王傳。

〔二〕魏書曰：十一月辛未，鎮西將軍曹眞命衆將及州郡兵討破叛胡治元多、盧水、封賞等，斬首五萬餘級，獲生口十萬，羊一百一十一萬口，牛八萬，河西遂平。帝初聞胡決水灌顯美，謂左右諸將曰：「昔隗囂灌略陽，而光武因其疲弊，進兵滅之。今胡決水灌顯美，其事正相似，破胡事今至不久。」旬日，破胡告檄到，上大笑曰：「吾策之於帷幕之內，諸將奮擊於萬里之外，其相應若合符節。前後戰克獲虜，未有如此也。」

三年春正月丙寅朔，日有蝕之。庚午，行幸許昌宮。詔曰：「今之計、(考)〔孝〕，古之貢士也；十室之邑，必有忠信，若限年然後取士，是呂尙、周晉不顯於前世也。其令郡國所選，勿拘老幼；儒通經術，吏達文法，到皆試用。有司糾故不以實者。」〔一〕

〔一〕魏書曰：癸亥，孫權上書，說：「劉備支黨四萬人，馬二三千匹，出秭歸，請往掃撲，以克捷爲效。」帝報曰：「昔隗囂之弊，禍發栒邑，子陽之禽，變起扞關，將軍其亢厲威武，勉蹈奇功，以稱吾意。」

二月，鄯善、龜茲、于闐王各遣使奉獻，詔曰：「西戎即敘，氐、羌來王，詩、書美之。頃者西域外夷並款塞內附，〔一〕其遣使者撫勞之。」是後西域遂通，置戊己校尉。

〔一〕應劭漢書注曰：款，叩也；皆叩塞門來服從。

三月乙丑，立齊公叡爲平原王，帝弟鄢陵公彰等十一人皆爲王。初制封王之庶子爲鄉公，嗣王之庶子爲亭侯，公之庶子爲亭伯。甲戌，立皇子霖爲河東王。甲午，行幸襄邑。夏四月戊申，立鄄城侯植爲鄄城王。癸亥，行還許昌宮。五月，以荆、揚、江表八郡爲荆州，孫權領牧故也；荆州江北諸郡爲郢州。

閏月，孫權破劉備于夷陵。初，帝聞備兵東下，與權交戰，樹柵連營七百餘里，謂羣臣曰：「備不曉兵，豈有七百里營可以拒敵者乎！『苞原隰險阻而爲軍者爲敵所禽』，此兵忌也。孫權上事今至矣。」後七日，破備書到。秋七月，冀州大蝗，民饑，使尚書杜畿持節開倉廩以振之。八月，蜀大將黃權率衆降。〔一〕

〔一〕魏書曰：權及領南郡太守史郃等三百一十八人，詣荆州刺史奉上所假印綬、棨戟、幢麾、牙門、鼓車。權等詣行在所，帝置酒設樂，引見于承光殿。權、郃等人人前自陳，帝爲論說軍旅成敗去就之分，諸將無不喜悅。賜權金帛、車馬、衣裘、帷帳、妻妾，下及偏裨皆有差。拜權爲侍中鎮南將軍，封列侯，即日召使驂乘；及封史郃等四十二人皆爲列侯，爲將軍郎將百餘人。

九月甲午，詔曰：「夫婦人與政，亂之本也。自今以後，羣臣不得奏事太后，后族之家不得當輔政之任，又不得橫受茅土之爵；以此詔傳後世，若有背違，天下共誅之。」〔二〕庚子，立皇后郭氏。賜天下男子爵人二級；鰥寡篤癃及貧不能自存者賜穀。

〔一〕孫盛曰：夫經國營治，必憑俊喆之輔，賢達令德，必居參亂之任，故雖周室之盛，有婦人與焉。然則坤道承天，南面罔二，三從之禮，謂之至順，至於號令自天子出，奏事專行，非古義也。昔在申、呂，實匡有周。苟以天下爲心，惟德是杖，則親疎之授，至公一也，何至后族而必斥遠之哉？二漢之季世，王道陵遲，故令外戚憑寵，職爲亂階。（於）此自時昏道喪，運祚將移，縱無王、呂之難，豈乏田、趙之禍乎？而後世觀其若此，深懷酖毒之戒也。至于魏文，遂發一概之詔，可謂有識之爽言，非帝者之宏議。

冬十月甲子，表首陽山東爲壽陵，作終制曰：「禮，國君卽位爲椑，椑音扶歷反。存不忘亡也。〔二〕昔堯葬穀林，通樹之，禹葬會稽，農不易畝，〔三〕故葬於山林，則合乎山林。封樹之制，非上古也，吾無取焉。壽陵因山爲體，無爲封樹，無立寢殿，造園邑，通神道。夫葬也者，藏也，欲人之不得見也。骨無痛痒之知，冢非棲神之宅，禮不墓祭，欲存亡之不黷也，爲棺槨足以朽骨，衣衾足以朽肉而已。故吾營此丘墟不食之地，欲使易代之後不知其處。無施葦炭，無藏金銀銅鐵，一以瓦器，合古塗車、芻靈之義。棺但漆際會三過，飯含無以珠玉，無施珠襦玉匣，諸愚俗所爲也。季孫以璵璠斂，孔子歷級而救之，譬之暴骸中原。宋公厚葬，君子謂華元、樂莒不臣，以爲棄君於惡。漢文帝之不發，霸陵無求也；光武之掘，原陵封樹也。霸陵之完，功在釋之；原陵之掘，罪在明帝。是釋之忠以利君，明帝愛以害親也。忠臣孝子，宜思仲尼、丘明、釋之之言，鑒華元、樂莒、明帝之戒，存於所以安君定親，使魂靈萬載無危，斯則賢聖之忠孝矣。自古及今，未有不亡之國，亦無不掘之墓也。喪亂以來，漢氏諸陵無不發掘，至乃燒取玉匣金縷，骸骨并盡，是焚如之刑，豈不重痛哉！禍由乎厚葬封樹。『桑、霍爲我戒』，不亦明乎？其皇后及貴人以下，不隨王之國者，有終沒皆葬澗西，前又以表其處矣。蓋舜葬蒼梧，二妃不從，延陵葬子，遠在嬴、博，魂而有靈，無不之也，一澗之閒，不足爲遠。若違今詔，妄有所變改造施，吾爲戮尸地下，戮而重戮，死而重死。臣子爲蔑死君父，不忠不孝，使死者有知，將不福汝。其以此詔藏之宗廟，副在尚書、祕書、三府。」

〔一〕臣松之按：禮，天子諸侯之棺，各有重數；棺之親身者曰椑。

〔二〕呂氏春秋：堯葬于穀林，通樹之；舜葬于紀，市廛不變其肆；禹葬會稽，不變人徒。

是月，孫權復叛。復郢州爲荊州。帝自許昌南征，諸軍兵並進，權臨江拒守。十一月辛丑，行幸宛。庚申晦，日有食之。是歲，穿靈芝池。

四年春正月，詔曰：「喪亂以來，兵革未戢，天下之人，互相殘殺。今海內初定，敢有私復讎者皆族之。」築南巡臺于宛。三月丙申，行自宛還洛陽宮。癸卯，月犯心中央大星。〔一〕丁未，大司馬曹仁薨。是月大疫。

〔一〕魏書載丙午詔曰：「孫權殘害民物，朕以寇不可長，故分命猛將三道並征。今征東諸軍與權黨呂範等水戰，則斬首四萬，獲船萬艘。大司馬據守濡須，其所禽獲亦以萬數。中軍、征南，攻圍江陵，左將軍張郃等舳艫直渡，擊其南渚，賊赴水溺死者數千人，又爲地道攻城，城中外雀鼠不得出入，此几上肉耳！而賊中癘氣疾病，夾江塗地，恐相染汙。昔周武伐殷，旋師孟津，漢祖征隗囂，還軍高平，皆知天時而度賊情也。且成湯解三面之網，天下歸仁。今開江陵之圍，以緩成死之禽。且休力役，罷省繇戍，畜養士民，咸使安息。」

夏五月，有鵜鶘鳥集靈芝池，詔曰：「此詩人所謂汙澤也。曹詩『刺恭公遠君子而近小人』，今豈有賢智之士處於下位乎？否則斯鳥何爲而至？其博舉天下儁德茂才、獨行君子，以答曹人之刺。」〔一〕

〔一〕魏書曰：辛酉，有司奏造二廟，立太皇帝廟，大長秋特進侯與高祖合祭，親盡以次毀；特立武皇帝廟，四時享祀，爲魏太祖，萬載不毀也。

六月甲戌，任城王彰薨於京都。甲申，太尉賈詡薨。太白晝見。是月大雨，伊、洛溢流，殺人民，壞廬宅。〔一〕秋八月丁卯，以廷尉鍾繇爲太尉。〔二〕辛未，校獵于滎陽，遂東巡。論征孫權功，諸將已下進爵增戶各有差。九月甲辰，行幸許昌宮。〔三〕

〔一〕魏書曰：七月乙未，大軍當出，使太常以特牛一告祠于郊。

臣松之按：魏郊祀奏中，尚書盧毓議祀厲殃事云：「具犧牲祭器，如前後師出告郊之禮。」如此，則魏氏出師，皆告郊也。

〔二〕魏書曰：有司奏改漢氏宗廟安世樂曰正世樂，嘉至樂曰迎靈樂，武德樂曰武頌樂，昭容樂曰昭業樂，雲（翻）〔翹〕舞曰鳳翔舞，育命舞曰靈應舞，武德舞曰武頌舞，文（昭）〔始〕舞曰大（昭）〔韶〕舞，五行舞曰大武舞。

〔三〕魏書曰：十二月丙寅，賜山陽公夫人湯沐邑，公女曼爲長樂郡公主，食邑各五百戶。是冬，甘露降芳林園。

臣松之按：芳林園卽今華林園，齊王芳卽位，改爲華林。

五年春正月，初令謀反大逆乃得相告，其餘皆勿聽治；敢妄相告，以其罪罪之。三月，行自許昌還洛陽宮。夏四月，立太學，制五經課試之法，置春秋穀梁博士。五月，有司以公卿朝朔望日，因奏疑事，聽斷大政，論辨得失。秋七月，行東巡，幸許昌宮。八月，爲水軍，親御龍舟，循蔡、潁，浮淮，幸壽春。揚州界將吏士民，犯五歲刑已下，皆原除之。九月，遂至廣陵，赦青、徐二州，改易諸將守。冬十月乙卯，太白晝見。行還許昌宮。〔一〕十一月庚寅，以冀州饑，遣使者開倉廩振之。戊申晦，日有食之。

〔一〕魏書載癸酉詔曰：「近之不綏，何遠之懷？今事多而民少，上下相弊以文法，百姓無所措其手足。昔太山之哭者，以爲苛政甚于猛虎，吾備儒者之風，服聖人之遺教，豈可以目翫其辭，行違其誡者哉？廣議輕刑，以惠百姓。」

十二月，詔曰：「先王制禮，所以昭孝事祖，大則郊社，其次宗廟，三辰五行，名山大川，非此族也，不在祀典。叔世衰亂，崇信巫史，至乃宮殿之內，戶牖之閒，無不沃酹，甚矣其惑也。自今，其敢設非祀之祭，巫祝之言，皆以執左道論，著于令典。」是歲穿天淵池。

六年春二月，遣使者循行許昌以東盡沛郡，問民所疾苦，貧者振貸之。〔一〕三月，行幸召陵，通討虜渠。乙巳，還許昌宮。幷州刺史梁習討鮮卑軻比能，大破之。辛未，帝爲舟師東征，五月戊申，幸譙。壬戌，熒惑入太微。

〔一〕魏略載詔曰：「昔軒轅建四面之號，周武稱『予有亂臣十人』，斯蓋先聖所以體國君民，亮成天工，多賢為貴也。今內有公卿以鎮京師，外設牧伯以監四方，至於元戎出征，則軍中宜有柱石之賢帥，輜重所在，又宜有鎮守之重臣，然後車駕可以周行天下，無內外之慮。吾今當征賊，欲守之積年。其以尚書令潁鄉侯陳羣為鎮軍大將軍，尚書僕射西鄉侯司馬懿為撫軍大將軍。若吾臨江授諸將方略，則撫軍當留許昌，督後諸軍，錄後臺文書事；鎮軍隨車駕，當董督眾軍，錄行尚書事；皆假節鼓吹，給中軍兵騎六百人。吾欲去江數里，築宮室，往來其中，見賊可擊之形，便出奇兵擊之；若或未可，則當舒六軍以遊獵，饗賜軍士。」

六月，利成郡兵蔡方等以郡反，殺太守徐質。遣屯騎校尉任福、步兵校尉段昭與青州刺史討平之；其見脅略及亡命者，皆赦其罪。

秋七月，立皇子鑒為東武陽王。八月，帝遂以舟師自譙循渦入淮，從陸道幸徐。九月，築東巡臺。冬十月，行幸廣陵故城，臨江觀兵，戎卒十餘萬，旌旗數百里。〔一〕是歲大寒，水道冰，舟不得入江，乃引還。十一月，東武陽王鑒薨。十二月，行自譙過梁，遣使以太牢祀故漢太尉橋玄。

〔一〕魏書載帝於馬上為詩曰：「觀兵臨江水，水流何湯湯！戈矛成山林，玄甲耀日光。猛將懷暴怒，膽氣正從橫。誰云江水廣，一葦可以航？不戰屈敵虜，戢兵稱賢良。古公宅岐邑，實始翦殷商。孟獻營虎牢，鄭人懼稽顙。充國務耕植，先零自破亡。興農淮、泗間，築室都徐方。量宜運權略，六軍咸悅康；豈如東山詩，悠悠多憂傷。」

七年春正月，將幸許昌，許昌城南門無故自崩，帝心惡之，遂不入。壬子，行還洛陽宮。三月，築九華臺。夏五月丙辰，帝疾篤，召中軍大將軍曹眞、鎮軍大將軍陳羣、征東大將軍曹休、撫軍大將軍司馬宣王，並受遺詔輔嗣主。遣後宮淑媛、昭儀已下歸其家。丁巳，帝崩于嘉福殿，時年四十。〔一〕六月戊寅，葬首陽陵。自殯及葬，皆以終制從事。〔二〕

〔一〕魏書曰：殯於崇華前殿。

〔二〕魏氏春秋曰：明帝將送葬，曹眞、陳羣、王朗等以暑熱固諫，乃止。

孫盛曰：夫窀穸之事，孝子之極痛也，人倫之道，於斯莫重。故天子七月而葬，同軌畢至。夫以義感之情，猶盡臨隧之哀，況乎天性發中，敦禮者重之哉！魏氏之德，仍世不基矣。昔華元厚葬，君子以爲棄君於惡，羣等之諫，棄孰甚焉！

鄄城侯植爲誄曰：「惟黄初七年五月七日，大行皇帝崩，嗚呼哀哉！于時天震地駭，崩山隕霜，陽精薄景，五緯錯行，百姓呼嗟，萬國悲傷，若喪考妣（恩過慕）〔思慕過〕唐，擗踊郊野，仰想穹蒼，僉曰何辜，早世殞喪，嗚呼哀哉！悲夫大行，忽焉光滅，永棄萬國，雲往雨絕。承問荒忽，惛懵哽咽，袖鋒抽刃，歎自僵斃，追慕三良，甘心同穴。感惟南風，惟以鬱滯，終於偕沒，指景自誓。考諸先記，尋之哲言，生若浮寄，唯德可論，朝聞夕逝，孔志所存。皇雖一沒，天祿永延，何以述德？表之素旃。何以詠功？宣之管絃。乃作誄曰：皓皓太素，兩儀始分，中和產物，肇有人倫，爰暨三皇，實秉道眞，降逮五帝，繼以懿純，三代制作，踵武立勳。季嗣不維，網漏于秦，崩樂滅學，儒坑禮焚，二世而殲，漢氏乃因，弗求古訓，嬴政是遵，王綱帝典，闃爾無聞。末光幽昧，道究運遷，乾坤迴曆，簡聖授賢，乃眷大行，屬以黎元。龍飛啓祚，合契上玄，五行定紀，改號革年，明明赫赫，受命于天。仁風偃物，德以禮宣；祥惟聖質，嶷在幼妍。庶幾六典，學不過庭，潛心無罔，抗志青冥。才秀藻朗，如玉之瑩，聽察無嚮，瞻覩未形。其剛如金，其貞如瓊，如冰之潔，如砥之平。爵公無私，戮違無輕，心鏡萬機，攬照下情。思良股肱，嘉昔伊、呂，搜揚側陋，舉湯代禹；拔才巖穴，取士蓬戶，唯德是榮，弗拘禰祖。宅土之表，道義是圖，弗營厥險，六合是虞。齊契共遵，下以純民，恢拓規矩，克紹前人。科條品制，褒貶以因。乘殷之輅，行夏之辰。金根黃屋，翠葆龍鱗，紼冕崇麗，銜紞維新，尊肅禮容，矚之若神。方牧妙舉，欽於恤民，虎將荷節，鎮彼四鄰；朱旗所剿，九壤被震，疇克不若？孰敢不臣？縣旌海表，萬里無塵。虜備凶徹，鳥殪江岷，權若涸魚，乾腊矯鱗，肅慎納貢，越裳效珍，條支絕域，侍子內賓。德儕先皇，功侔太古。上靈降瑞，黃初叔祜：河龍洛龜，凌波游下；平鈞應繩，神鸞翔舞；數莢階除，系風扇暑；皓獸素禽，飛走郊野；神鍾寶鼎，形自舊土；雲英甘露，瀸塗被宇；靈芝冒沼，朱華陰渚。回回凱風，祁祁甘雨，稼穡豐登，我稷我黍。家佩惠君，戶蒙慈父。圖致太和，洽德全義。將登介山，先皇作儷。鐫石紀勳，兼錄衆瑞，方隆封禪，歸功天地，賓禮百靈，勳命視規，望祭四嶽，燎封奉柴，肅于南郊，宗祀上帝。三牲既供，夏禘秋嘗，元侯佐祭，獻璧奉璋。鸞輿幽藹，龍旂太常，爰迄太廟，鐘鼓鍠鍠，頌德詠功，八佾鏘鏘。皇祖既饗，烈考來享，神具醉止，降茲福祥。天地震蕩，大行康之；三辰暗昧，大行光之；皇紘絕維，大行綱之；神器莫統，大行當之；禮樂廢弛，大行張之；仁義陸沈，大行揚之；潛龍隱鳳，大行翔之；疏狄遐康，大行匡之。在位七載，元功仍舉，將永太和，絕跡三五，宜作物師，長爲神主，壽終金石，等算東父，如何奄忽，摧身后土，俾我煢煢，靡瞻靡顧。嗟嗟皇穹，胡寧忍務？嗚呼哀哉！明監吉凶，體遠存亡，深垂典制，申之嗣皇。聖上虔奉，是順是將，乃剏玄宇，基爲首陽，擬迹穀林，追堯慕唐，合山同陵，不樹不疆，塗車芻靈，珠玉靡藏。百神警侍，來賓幽堂，耕禽田獸，望魂之翔。於是，俟大隧之致功兮，練元辰之淑禎，潛華體於梓宮兮，馮正殿以居靈。顧望嗣之號咷兮，存臨者之悲聲，悼晏駕之既脩兮，感容車之速征。浮飛魂於輕霄兮，就黃壚以滅形，背三光之昭晣兮，歸玄宅之冥冥。嗟一往之不反兮，痛閟闥之長扃。咨遠臣之眇眇兮，感凶諱以怛驚，心孤絕而靡告兮，紛流涕而交頸。思恩榮以橫奔兮，閡闕塞之嶢崢，顧衰絰以輕舉兮，迫關防之我嬰。欲高飛而遙憩兮，憚天網之遠經，遙投骨於山足兮，報恩養於下庭。慨拊心而自悼兮，懼施重而命輕，嗟微軀之是效兮，甘九死而忘生，幾司命之役籍兮，先黃髮而隕零，天蓋高而察卑兮，冀神明之我聽。獨鬱伊而莫愬兮，追顧景而憐形，奏斯文以寫思兮，結翰墨以敷誠。嗚呼哀哉！」

初，帝好文學，以著述爲務，自所勒成垂百篇。又使諸儒撰集經傳，隨類相從，凡千餘篇，號曰皇覽。〔一〕

〔一〕魏書曰：帝初在東宮，疫癘大起，時人彫傷，帝深感歎，與素所敬者大理王朗書曰：「生有七尺之形，死唯一棺之土，唯立德揚名，可以不朽，其次莫如著篇籍。疫癘數起，士人彫落，余獨何人，能全其壽？」故論撰所著典論、詩賦，蓋百餘篇，集諸儒於肅城門內，講論大義，侃侃無倦。常嘉漢文帝之爲君，寬仁玄默，務欲以德化民，有賢聖之風。時文學諸儒，或以爲孝文雖賢，其於聰明，通達國體，不如賈誼。帝由是著太宗論曰：「昔有苗不賓，重華舞以干戚，尉佗稱帝，孝文撫以恩德，吳王不朝，錫之几杖以撫其意，而天下賴安；乃弘三章之教，愷悌之化，欲使曩時累息之民，得闊步高談，無危懼之心。若賈誼之才敏，籌畫國政，特賢臣之器，管、晏之姿，豈若孝文大人之量哉？」三年之中，以孫權不服，復頒太宗論于天下，明示不願征伐也。他日又從容言曰：「顧我亦有所不取于漢文帝者三：殺薄昭；幸鄧通；愼夫人衣不曳地，集上書囊爲帳帷。以爲漢文儉而無法，舅后之家，但當養育以恩而不當假借以權，既觸罪法，又不得不害矣。」其欲秉持中道，以為帝王儀表者如此。

胡沖吳曆曰：帝以素書所著典論及詩賦餉孫權，又以紙寫一通與張昭。

評曰：文帝天資文藻，下筆成章，博聞彊識，才藝兼該；〔二〕若加之曠大之度，勵以公平之誠，邁志存道，克廣德心，則古之賢主，何遠之有哉！

〔一〕典論帝自敍曰：初平之元，董卓殺主鴆后，蕩覆王室。是時四海既困中平之政，兼惡卓之凶逆，家家思亂，人人自危。山東牧守，咸以春秋之義，「衞人討州吁于濮」，言人人皆得討賊。於是大興義兵，名豪大俠，富室強族，飄揚雲會，萬里相赴；兗、豫之師戰于滎陽，河內之甲軍于孟津。卓遂遷大駕，西都長安。而山東大者連郡國，中者嬰城邑，小者聚阡陌，以還相吞滅。會黃巾盛於海、岱，山寇暴於并、冀，乘勝轉攻，席卷而南，鄉邑望煙而奔，城郭覩塵而潰，百姓死亡，暴骨如莽。余時年五歲，上以世方擾亂，教余學射，六歲而知射，又教余騎馬，八歲而能騎射矣。以時之多故，每征，余常從。建安初，上南征荊州，至宛，張繡降。旬日而反，亡兄孝廉子脩、從兄安民遇害。時余年十歲，乘馬得脫。夫文武之道，各隨時而用，生于中平之季，長于戎旅之間，是以少好弓馬，于今不衰；逐禽輒十里，馳射常百步，日多體健，心每不厭。建安十年，始定冀州，濊、貊貢良弓，燕、代獻名馬。時歲之暮春，勾芒司節，和風扇物，弓燥手柔，草淺獸肥，與族兄子丹獵于鄴西，終日手獲麞鹿九，雉兔三十。後軍南征次曲蠡，尚書令荀彧奉使犒軍，見余談論之末，彧言：「聞君善左右射，此實難能。」余言：「執事未覩夫項發口縱，俯馬蹄而仰月支也。」彧喜笑曰：「乃爾！」余曰：「埒有常徑，的有常所，雖每發輒中，非至妙也。若馳平原，赴豐草，要狡獸，截輕禽，使弓不虛彎，所中必洞，斯則妙矣。」時軍祭酒張京在坐，顧彧拊手曰「善」。余又學擊劍，閱師多矣，四方之法各異，唯京師爲善。桓、靈之間，有虎賁王越善斯術，稱於京師。河南史阿言昔與越遊，具得其法，余從阿學之精熟。嘗與平虜將軍劉勳、奮威將軍鄧展等共飲，宿聞展善有手臂，曉五兵，又稱其能空手入白刃。余與論劍良久，謂言將軍法非也，余顧嘗好之，又得善術，因求與余對。時酒酣耳熱，方食芊蔗，便以爲杖，下殿數交，三中其臂，左右大笑。展意不平，求更爲之。余言吾法急屬，難相中面，故齊臂耳。展言願復一交，余知其欲突以取交中也，因僞深進，展果尋前，余卻腳鄛，正截其顙，坐中驚視。余還坐，笑曰：「昔陽慶使淳于意去其故方，更授以祕術，今余亦願鄧將軍捐棄故伎，更受要道也。」一坐盡歡。夫事不可自謂己長，余少曉持複，自謂無對；俗名雙戟爲坐鐵室，鑲楯爲蔽木戶；後從陳國袁敏學，以單攻複，每爲若神，對家不知所出，先日若逢敏於狹路，直決耳！余於他戲弄之事少所喜，唯彈棊略盡其巧，少爲之賦。昔京師先工有馬合鄉侯、東方安世、張公子，常恨不得與彼數子者對。上雅好詩書文籍，雖在軍旅，手不釋卷，每每定省從容，常言人少好學則思專，長則善忘，長大而能勤學者，唯吾與袁伯業耳。余是以少誦詩、論，及長而備歷五經、四部，史、漢、諸子百家之言，靡不畢覽。

博物志曰：帝善彈棊，能用手巾角。時有一書生，又能低頭以所冠著葛巾角撇棊。

三國志卷三　魏書三

明帝紀第三

明皇帝諱叡，字元仲，文帝太子也。生而太祖愛之，常令在左右。〔一〕年十五，封武德侯，黃初二年爲齊公，三年爲平原王。以其母誅，故未建爲嗣。〔二〕七年夏五月，帝病篤，乃立爲皇太子。丁巳，卽皇帝位，大赦。尊皇太后曰太皇太后，皇后曰皇太后。諸臣封爵各有差。〔三〕癸未，追諡母甄夫人曰文昭皇后。壬辰，立皇弟蕤爲陽平王。

〔一〕魏書曰：帝生數歲而有岐嶷之姿，武皇帝異之，曰：「我基於爾三世矣。」每朝宴會同，與侍中近臣並列帷幄。好學多識，特留意於法理。

〔二〕魏略曰：文帝以郭后無子，詔使子養帝。帝以母不以道終，意甚不平。後不獲已，乃敬事郭后，旦夕因長御問起居。郭后亦自以無子，遂加慈愛。文帝始以帝不悅，有意欲以他姬子京兆王爲嗣，故久不拜太子。

魏末傳曰：帝常從文帝獵，見子母鹿。文帝射殺鹿母，使帝射鹿子，帝不從，曰：「陛下已殺其母，臣不忍復殺其子。」因涕泣。文帝卽放弓箭，以此深奇之，而樹立之意定。

〔三〕世語曰：帝與朝士素不接，卽位之後，羣下想聞風采。居數日，獨見侍中劉曄，語盡日。衆人側聽，曄既出，問「何如」？曄曰：「秦始皇、漢孝武之儔，才具微不及耳。」

八月，孫權攻江夏郡，太守文聘堅守。朝議欲發兵救之，帝曰：「權習水戰，所以敢下船陸攻者，幾掩不備也。今已與聘相持，夫攻守勢倍，終不敢久也。」先時遣治書侍御史荀禹慰勞邊方，禹到，於江夏發所經縣兵及所從步騎千人乘山舉火，權退走。

辛巳，立皇子冏爲清河王。吳將諸葛瑾、張霸等寇襄陽，撫軍大將軍司馬宣王討破之，斬霸，征東大將軍曹休又破其別將於尋陽。論功行賞各有差。冬十月，清河王冏薨。十二月，以太尉鍾繇爲太傅，征東大將軍曹休爲大司馬，中軍大將軍曹眞爲大將軍，司徒華歆爲太尉，司空王朗爲司徒，鎭軍大將軍陳羣爲司空，撫軍大將軍司馬宣王爲驃騎大將軍。

太和元年春正月，郊祀武皇帝以配天，宗祀文皇帝於明堂以配上帝。分江夏南部，置江夏南部都尉。西平麴英反，殺臨羌令、西都長，遣將軍郝昭、鹿磐討斬之。二月辛未，帝耕於籍田。辛巳，立文昭皇后寢廟於鄴。丁亥，朝日于東郊。夏四月乙亥，行五銖錢。甲申，初營宗廟。秋八月，夕月于西郊。冬十月丙寅，治兵于東郊。焉耆王遣子入侍。十一月，立皇后毛氏。賜天下男子爵人二級，鰥寡孤獨不能自存者賜穀。十二月，封后父毛嘉爲列侯。新城太守孟達反，詔驃騎將軍司馬宣王討之。〔一〕

〔一〕三輔決錄曰：伯郎，涼州人，名不令休。其註曰：伯郎姓孟，名他，扶風人。靈帝時，中常侍張讓專朝政，讓監奴典護家事。他仕不遂，乃盡以家財賂監奴，與共結親，積年家業爲之破盡。衆奴皆慚，問他所欲，他曰：「欲得卿曹拜耳。」奴被恩久，皆許諾。時賓客求見讓者，門下車常數百乘，或累日不得通。他最後到，衆奴伺其至，皆迎車而拜，徑將他車獨入。衆人悉驚，謂他與讓善，爭以珍物遺他。他得之，盡以賂讓，讓大喜。他又以蒲桃酒一斛遺讓，即拜涼州刺史。他生達，少入蜀。其處蜀事迹在劉封傳。

魏略曰：達以延康元年率部曲四千餘家歸魏。文帝時初即王位，既宿知有達，聞其來，甚悅，令貴臣有識察者往觀之，還曰「將帥之才也」，或曰「卿相之器也」，王益欽達。逆與達書曰：「近日有命，未足達旨，何者？昔伊摯背商而歸周，百里去虞而入秦，樂毅感鴟夷以蟬蛻，王遵識逆順以去就，皆審興廢之符效，知成敗之必然，故丹青畫其形容，良史載其功勳。聞卿姿度純茂，器量優絕，當騁能明時，收名傳記。今者翻然濯鱗清流，甚相嘉樂，虛心西望，依依若舊，下筆屬辭，歡心從之。昔虞卿入趙，再見取相，陳平就漢，一覲參乘，孤今於卿，情過於往，故致所御馬物以昭忠愛。」又曰：「今者海內清定，萬里一統，三垂無邊塵之警，中夏無狗吠之虞，以是弛罔闊禁，與世無疑，保官空虛，初無（資）〔質〕任。卿來相就，當明孤意，愼勿令家人繽紛道路，以親駭疎也。若卿欲來相見，且當先安部曲，有所保固，然後徐徐輕騎來東。」達既至譙，進見閑雅，才辯過人，衆莫不屬目。又王近出，乘小輦，執達手，撫其背戲之曰：「卿得無爲劉備刺客邪？」遂與同載。又加拜散騎常侍，領新城太守，委以西南之任。時衆臣或以爲待之太猥，又不宜委以方任。王聞之曰：「吾保其無他，亦譬以蒿箭射蒿中耳。」達既爲文帝所寵，又與桓階、夏侯尙親善，及文帝崩，時桓、尙皆卒，達自以羈旅久在疆埸，心不自安。諸葛亮聞之，陰欲誘達，數書招之，達與相報答。魏興太守申儀與達有隙，密表達與蜀潛通，帝未之信也。司馬宣王遣參軍梁幾察之，又勸其入朝。達驚懼，遂反。

干寶晉紀曰：達初入新城，登白馬塞，歎曰：「劉封、申耽，據金城千里而失之乎！」

二年春正月，宣王攻破新城，斬達，傳其首。〔一〕分新城之上庸、武陵、巫縣爲上庸郡，錫縣爲錫郡。

〔一〕魏略曰：宣王誘達將李輔及達甥鄧賢，賢等開門納軍。達被圍旬有六日而敗，焚其首于洛陽四達之衢。

蜀大將諸葛亮寇邊，天水、南安、安定三郡吏民叛應亮。〔一〕遣大將軍曹眞都督關右，並進兵。右將軍張郃擊亮於街亭，大破之。亮敗走，三郡平。丁未，行幸長安。〔二〕夏四月丁酉，還洛陽宮。〔三〕赦繫囚非殊死以下。乙巳，論討亮功，封爵增邑各有差。五月，大旱。六月，詔曰：「尊儒貴學，王教之本也。自頃儒官或非其人，將何以宣明聖道？其高選博士，才任侍中常侍者。申敕郡國，貢士以經學爲先。」秋九月，曹休率諸軍至皖，與吳將陸議戰於石亭，敗績。乙酉，立皇子穆爲繁陽王。庚子，大司馬曹休薨。冬十月，詔公卿近臣舉良將各一人。十一月，司徒王朗薨。十二月，諸葛亮圍陳倉，曹眞遣將軍費曜等拒之。〔四〕遼東太守公孫恭兄子淵，劫奪恭位，遂以淵領遼東太守。

〔一〕魏書曰：是時朝臣未知計所出，帝曰：「亮阻山爲固，今者自來，既合兵書致人之術；且亮貪三郡，知進而不知退，今因此時，破亮必也。」乃部勒兵馬步騎五萬拒亮。

〔二〕魏略載帝露布天下并班告益州曰：「劉備背恩，自竄巴蜀。諸葛亮棄父母之國，阿殘賊之黨，神人被毒，惡積身滅。亮外慕立孤之名，而內貪專擅之實。劉升之兄弟守空城而已。亮又侮易益土，虐用其民，是以利狼、宕渠、高定、青羌莫不瓦解，爲亮仇敵。而亮反裘負薪，裏盡毛殫，刖趾適屨，刻肌傷骨，反更稱說，自以爲能。行兵於井底，游步於牛蹄。自朕即位，三邊無事，猶哀憐天下數遭兵革，且欲養四海之耆老，長後生之孤幼，先移風於禮樂，次講武於農隙，置亮畫外，未以爲虞。而亮懷李熊愚勇之(智)〔志〕，不思荆邯度德之戒，驅略吏民，盜利祁山。王師方振，膽破氣奪，馬謖、高祥，望旗奔敗。虎臣逐北，蹈尸涉血，亮也小子，震驚朕師。猛銳踊躍，咸思長驅。朕惟率土莫非王臣，師之所處，荆棘生焉，不欲使千室之邑忠信貞良，與夫淫昏之黨，共受塗炭。故先開示，以昭國誠，勉思變化，無滯亂邦。巴蜀將吏士民諸爲亮所劫迫，公卿已下皆聽束手。」

〔三〕魏略曰：是時譌言，云帝已崩，從駕羣臣迎立雍丘王植。京師自卞太后羣公盡懼。及帝還，皆私察顏色。卞太后悲喜，欲推始言者，帝曰：「天下皆言，將何所推？」

〔四〕魏略曰：先是，使將軍郝昭築陳倉城；會亮至，圍昭，不能拔。昭字伯道，太原人，爲人雄壯，少入軍爲部曲督，數有戰功，爲雜號將軍，遂鎮守河西十餘年，民夷畏服。亮圍陳倉，使昭鄉人靳詳於城外遙說之，昭於樓上應詳曰：「魏家科法，卿所練也；我之爲人，卿所知也。我受國恩多而門戶重，卿無可言者，但有必死耳。卿還謝諸葛，便可攻也。」詳以昭語告亮，亮又使詳重說昭，言人兵不敵，無爲空自破滅。昭謂詳曰：「前言已定矣。我識卿耳，箭不識也。」詳乃去。亮自以有衆數萬，而昭兵纔千餘人，又度東救未能便到，乃進兵攻昭，起雲梯衝車以臨城。昭於是以火箭逆射其雲梯，梯然，梯上人皆燒死。昭又以繩連石磨壓其衝車，衝車折。亮乃更爲井闌百尺以射城中，以土丸塡塹，欲直攀城，昭又於內築重牆。亮又爲地突，欲踊出於城裏，昭又於城內穿地橫截之。晝夜相攻拒二十餘日，亮無計，救至，引退。詔嘉昭善守，賜爵列侯。及還，帝引見慰勞之，顧謂中書令孫資曰：「卿鄉里乃有爾曹快人，爲將灼如此，朕復何憂乎？」仍欲大用之。會病亡，遺令戒其子凱曰：「吾爲將，知將不可爲也。吾數發塚，取其木以爲攻戰具，又知厚葬無益於死者也。汝必斂以時服。且人生有處所耳，死復何在耶？今去本墓遠，東西南北，在汝而已。」

三年夏四月，元城王禮薨。六月癸卯，繁陽王穆薨。戊申，追尊高祖大長秋曰高皇帝，夫人吳氏曰高皇后。

秋七月，詔曰：「禮，王后無嗣，擇建支子以繼大宗，則當纂正統而奉公義，何得復顧私親哉！漢宣繼昭帝後，加悼考以皇號；哀帝以外藩援立，而董宏等稱引亡秦，惑誤時朝，既尊恭皇，立廟京都，又寵藩妾，使比長信，敍昭穆於前殿，並四位於東宮，僭差無度，人神弗祐，而非罪師丹忠正之諫，用致丁、傅焚如之禍。自是之後，相踵行之。昔魯文逆祀，罪由夏父；宋國非度，譏在華元。其令公卿有司，深以前世行事爲戒。後嗣萬一有由諸侯入奉大統，則當明爲人後之義；敢爲佞邪導諛時君，妄建非正之號以干正統，謂考爲皇，稱妣爲后，則股肱大臣，誅之無赦。其書之金策，藏之宗廟，著於令典。」

冬十月，改平望觀曰聽訟觀。帝常言「獄者，天下之性命也」，每斷大獄，常幸觀臨聽之。

初，洛陽宗廟未成，神主在鄴廟。十一月，廟始成，使太常韓暨持節迎高皇帝、太皇帝、

武帝、文帝神主于鄴，十二月己丑至，奉安神主于廟。〔一〕

〔一〕臣松之按：黃初四年，有司奏立二廟，太皇帝大長秋與文帝之高祖共一廟，特立武帝廟，百世不毁。今此無高祖神主，蓋以親盡毁也。此則魏初唯立親廟，祀四室而已。至景初元年，始定七廟之制。

孫盛曰：事亡猶存，祭如神在，迎遷神主，正斯宜矣。

癸卯，大月氏王波調遣使奉獻，以調爲親魏大月氏王。

四年春二月壬午，詔曰：「世之質文，隨教而變。兵亂以來，經學廢絶，後生進趣，不由典謨。豈訓導未洽，將進用者不以德顯乎？其郎吏學通一經，才任牧民，博士課試，擢其高第者，亟用；其浮華不務道本者，皆罷退之。」戊子，詔太傅三公：以文帝典論刻石，立于廟門之外。癸巳，以大將軍曹眞爲大司馬，驃騎將軍司馬宣王爲大將軍，遼東太守公孫淵爲車騎將軍。夏四月，太傅鍾繇薨。六月戊子，太皇太后崩。丙申，省上庸郡。秋七月，武宣卞后祔葬于高陵。詔大司馬曹眞、大將軍司馬宣王伐蜀。八月辛巳，行東巡，遣使者以特牛祠中嶽。〔二〕乙未，幸許昌宮。九月，大雨，伊、洛、河、漢水溢，詔眞等班師。冬十月乙卯，行還洛陽宮。庚申，令：「罪非殊死聽贖各有差。」十一月，太白犯歲星。十二月辛未，改葬文昭甄后于朝陽陵。丙寅，詔公卿舉賢良。

〔二〕魏書曰：行過繁昌，使執金吾臧霸行太尉事，以特牛祠受禪壇。

臣松之按：漢紀章帝元和三年，詔高邑縣祠即位壇，五成陌，比臘祠門戶。此雖前代已行故事，然爲壇以祀天，而壇非神也，今無事於上帝，而致祀於虛壇，求之義典，未詳所據。

五年春正月，帝耕于籍田。三月，大司馬曹眞薨。諸葛亮寇天水，詔大將軍司馬宣王拒之。自去冬十月至此月不雨，辛巳，大雩。夏四月，鮮卑附義王軻比能率其種人及丁零大人兒禪詣幽州貢名馬。復置護匈奴中郎將。秋七月丙子，以亮退走，封爵增位各有差。〔一〕乙酉，皇子殷生，大赦。

〔一〕魏書曰：初，亮出，議者以爲亮軍無輜重，糧必不繼，不擊自破，無爲勞兵；或欲自芟上邽左右生麥以奪賊食，帝皆不從。前後遣兵增宣王軍，又敕使護麥。宣王與亮相持，賴得此麥以爲軍糧。

八月，詔曰：「古者諸侯朝聘，所以敦睦親親協和萬國也。先帝著令，不欲使諸王在京都者，謂幼主在位，母后攝政，防微以漸，關諸盛衰也。朕惟不見諸王十有二載，悠悠之懷，能不興思！其令諸王及宗室公侯各將適子一人朝。後有少主、母后在宮者，自如先帝令，申明著于令。」冬十一月乙酉，月犯軒轅大星。戊戌晦，日有蝕之。十二月甲辰，月犯鎭星。戊午，太尉華歆薨。

六年春二月，詔曰：「古之帝王，封建諸侯，所以藩屛王室也。詩不云乎，『懷德維寧，宗子維城』。秦、漢繼周，或彊或弱，俱失厥中。大魏創業，諸王開國，隨時之宜，未有定制，非所以永爲後法也。其改封諸侯王，皆以郡爲國。」三月癸酉，行東巡，所過存問高年鰥寡孤獨，賜穀帛。乙亥，月犯軒轅大星。夏四月壬寅，行幸許昌宮。甲子，初進新果于廟。五月，皇子殷薨，追封謚安平哀王。秋七月，以衞尉董昭爲司徒。九月，行幸摩陂，治許昌宮，起景福、承光殿。冬十月，殄夷將軍田豫帥衆討吳將周賀於成山，殺賀。十一月丙寅，太白晝見。有星孛于翼，近太微上將星。庚寅，陳思王植薨。十二月，行還許昌宮。

青龍元年春正月甲申，青龍見郟之摩陂井中。二月丁酉，幸摩陂觀龍，於是改年；改摩陂爲龍陂，賜男子爵人二級，鰥寡孤獨無出今年租賦。三月甲子，詔公卿舉賢良篤行之士各一人。夏五月壬申，詔祀故大將軍夏侯惇、大司馬曹仁、車騎將軍程昱於太祖廟庭。〔一〕戊寅，北海王蕤薨。閏月庚寅朔，日有蝕之。丁酉，改封宗室女非諸王女皆爲邑主。詔諸郡國山川不在祠典者勿祠。六月，洛陽宮鞠室災。

〔一〕魏書載詔曰：「昔先王之禮，於功臣存則顯其爵祿，沒則祭於大烝，故漢氏功臣，祀於廟庭。大魏元功之臣功勳優著，終始休明者，其皆依禮祀之。」於是以惇等配饗。

保塞鮮卑大人步度根與叛鮮卑大人軻比能私通，并州刺史畢軌表，輒出軍以外威比能，內鎮步度根。帝省表曰：「步度根以爲比能所誘，有自疑心。今軌出軍，適使二部驚合爲一，何所威鎮乎？」促敕軌，以出軍者愼勿越塞過句注也。比詔書到，軌以進軍屯陰館，遣將軍蘇尚、董弼追鮮卑。比能遣子將千餘騎迎步度根部落，與尚、弼相遇，戰於樓煩，二將〔敗〕沒。步度根部落皆叛出塞，與比能合寇邊。遣驍騎將軍秦朗將中軍討之，虜乃走漠北。

秋九月，安定保塞匈奴大人胡薄居姿職等叛，司馬宣王遣將軍胡遵等追討，破降之。

冬十月，步度根部落大人戴胡阿狼泥等詣并州降，朗引軍還。〔一〕

〔一〕魏氏春秋曰：朗字元明，新興人。獻帝傳曰：朗父名宜祿，爲呂布使詣袁術，術妻以漢宗室女。其前妻杜氏留下邳。布之被圍，關羽屢請於太祖，求以杜氏爲妻，太祖疑其有色，及城陷，太祖見之，乃自納之。宜祿歸降，以爲銍長。及劉備走小沛，張飛隨之，過謂宜祿曰：「人取汝妻，而爲之長，乃蚩蚩若是邪！隨我去乎？」宜祿從之數里，悔欲還，飛殺之。朗隨母氏畜于公宮，太祖甚愛之，每坐席，謂賓客曰：「世有人愛假子如孤者乎？」

魏略曰：朗游遨諸侯間，歷武、文之世而無尤也。及明帝即位，授以內官，爲驍騎將軍、給事中，每車駕出入，朗常隨從。時明帝喜發舉，數有以輕微而致大辟者，朗終不能有所諫止，又未嘗進一善人，帝亦以是親愛；每顧問之，多呼其小字阿穌，數加賞賜，爲起大第於京城中。四方雖知朗無能爲益，猶以附近至尊，多賂遺之，富均公侯。

世語曰：朗子秀，勁厲能直言，爲晉武帝博士。

魏略以朗與孔桂俱在佞倖篇。桂字叔林，天水人也。建安初，數爲將軍楊秋使詣太祖，太祖表拜騎都尉。桂性便辟，曉博弈、蹹鞠，故太祖愛之，每在左右，出入隨從。桂察太祖意，喜樂之時，因言次曲有所陳，事多見從，數得賞賜，人多餽遺，桂由此侯服玉食。太祖既愛桂，五官將及諸侯亦皆親之。其後桂見太祖久不立太子，而有意於臨菑侯，因更親附臨菑侯而簡於五官將，將甚銜之。及太祖薨，文帝即王位，未及致其罪。黃初元年，隨例轉拜駙馬都尉。而桂私受西域貨賂，許爲人事。事發，有詔收問，遂殺之。魚豢曰：爲上者不虛授，處下者不虛受，然後外無伐檀之歎，內無尸素之刺，雍熙之美著，太平之律顯矣。而佞倖之徒，但姑息人主，至乃無德而榮，無功而祿，如是焉得不使中正日喪，傾邪滋多乎！以武皇帝之慎賞，明皇帝之持法，而猶有若此等人，而況下斯者乎？

十二月，公孫淵斬送孫權所遣使張彌、許晏首，以淵爲大司馬樂浪公。〔一〕

〔一〕世語曰：并州刺史畢軌送漢故度遼將軍范明友鮮卑奴，年三百五十歲，言語飲食如常人。奴云：「霍顯，光後小妻。明友妻，光前妻女。」

博物志曰：時京邑有一人，失其姓名，食啖兼十許人，遂肥不能動。其父曾作遠方長吏，官徙送彼縣，令故義傳供食之；一二年中，一鄉中輒爲之儉。

傅子曰：時太原發冢破棺，棺中有一生婦人，將出與語，生人也，送之京師，問其本事，不知也。視其冢上樹木可三十歲，不知此婦人三十歲常生於地中邪？將一朝欻生，偶與發冢者會也？

二年春二月乙未，太白犯熒惑。癸酉，詔曰：「鞭作官刑，所以糾慢怠也，而頃多以無辜死。其減鞭杖之制，著于令。」三月庚寅，山陽公薨，帝素服發哀，遣使持節典護喪事。己酉，大赦。夏四月，大疫。崇華殿災。丙寅，詔有司以太牢告祠文帝廟。追謚山陽公爲漢孝獻

皇帝，葬以漢禮。〔一〕

〔一〕獻帝傳曰：帝變服，率羣臣哭之，使使持節行司徒太常和洽弔祭，又使持節行大司空大司農崔林監護喪事。詔曰：「蓋五帝之事尚矣，仲尼盛稱堯、舜巍巍蕩蕩之功者，以爲禪代乃大聖之懿事也。山陽公深識天祿永終之運，禪位文皇帝以順天命。先帝命公行漢正朔，郊天祀祖以天子之禮，言事不稱臣，此舜事堯之義也。昔放勛殂落，四海如喪考妣，遏密八音，明喪葬之禮同於王者也。今有司奏喪禮比諸侯王，此豈古之遺制而先帝之至意哉？今謚公漢孝獻皇帝。」使太尉具以一太牢告祠文帝廟，曰：「叡聞夫禮也者，反本脩古，不忘厥初，是以先代之君，尊尊親親，咸有尚焉。今山陽公寢疾棄國，有司建言喪紀之禮視諸侯王。叡惟山陽公昔知天命永終於己，深觀曆數允在聖躬，傳祚禪位，尊我民主，斯乃陶唐懿德之事也。黃初受終，命公于國行漢正朔，郊天祀祖禮樂制度率乃漢舊，斯亦舜、禹明堂之義也。上考遂初，皇極攸建，允熙克讓，莫朗于茲。蓋子以繼志嗣訓爲孝，臣以配命欽述爲忠，故詩稱『匪棘其猶，聿追來孝』，書曰『前人受命，茲不忘大功』。叡敢不奉承徽典，以昭皇考之神靈。今追謚山陽公曰孝獻皇帝，册贈璽紱。命司徒、司空持節弔祭護喪，光祿、大鴻臚爲副，將作大匠、復土將軍營成陵墓，及置百官羣吏，車旗服章喪葬禮儀，一如漢氏故事；喪葬所供羣官之費，皆仰大司農。立其後嗣爲山陽公，以通三統，永爲魏賓。」於是贈册曰：「嗚呼，昔皇天降戾于漢，俾逆臣董卓，播厥凶虐，焚滅京都，劫遷大駕。于時六合雲擾，姦雄熛起。帝自西京，徂唯求定，臻茲洛邑。疇咨聖賢，聿改乘轅，又遷許昌，武皇帝是依。歲在玄枵，皇師肇征，迄于鶉尾，十有八載，羣寇殲殄，九域咸乂。惟帝念功，祚茲魏國，大啓土宇。爰及文皇帝，齊聖廣淵，仁聲旁流，柔遠能邇，殊俗向義，乾精承祚，坤靈吐曜，稽極玉衡，允膺曆數，度于軌儀，克厭帝心。乃仰欽七政，俯察五典，弗采四嶽之謀，不俟師錫之舉，幽贊神明，承天禪位。祚(建)〔逮〕朕躬，統承洪業。蓋聞昔帝堯，元愷既舉，凶族未流，登舜百揆，然後百揆時序，內平外成，授位明堂，退終天祿，故能冠德百王，表功嵩嶽。自往迄今，彌歷七代，歲暨三千，而大運來復，庸命底績，纂我民主，作建皇極。念重光，紹咸池，繼韶夏，超羣后之遐蹤，邈商、周之慚德，可謂高朗令終，昭明洪烈之懿盛者矣。非夫漢、魏與天地合德，與四時合信，動和民神，格于上下，其孰能至於此乎？朕惟孝獻享年不永，欽若顧命，考之典謨，恭述皇考先靈遺意，闡崇弘謚，奉成聖美，以章希世同符之隆，以傳億載不朽之榮。魂而有靈，嘉茲弘休。嗚呼哀哉！」八月壬申，葬于山陽國，陵曰禪陵，置園邑。葬之日，帝制錫衰弁絰，哭之慟。適孫桂氏鄉侯康，嗣立爲山陽公。

是月，諸葛亮出斜谷，屯渭南，司馬宣王率諸軍拒之。詔宣王：「但堅壁拒守以挫其鋒，彼進不得志，退無與戰，久停則糧盡，虜略無所獲，則必走矣。走而追之，以逸待勞，全勝之道也。」〔一〕

〔一〕魏氏春秋曰：亮既屢遣使交書，又致巾幗婦人之飾，以怒宣王。宣王將出戰，辛毗杖節奉詔，勒宣王及軍吏已下，乃止。宣王見亮使，唯問其寢食及其事之煩簡，不問戎事。使對曰：「諸葛公夙興夜寐，罰二十已上，皆親覽焉；所啖食不過數升。」宣王曰：「亮體斃矣，其能久乎？」

五月，太白晝見。孫權入居巢湖口，向合肥新城，又遣將陸議、孫韶各將萬餘人入淮、沔。六月，征東將軍滿寵進軍拒之。寵欲拔新城守，致賊壽春，帝不聽，曰：「昔漢光武遣兵縣據略陽，終以破隗囂，先帝東置合肥，南守襄陽，西固祁山，賊來輒破於三城之下者，地有所必爭也。縱權攻新城，必不能拔。敕諸將堅守，吾將自往征之，比至，恐權走也。」秋七月壬寅，帝親御龍舟東征，權攻新城，將軍張穎等拒守力戰，帝軍未至數百里，權遁走，議、韶等亦退。羣臣以爲大將軍方與諸葛亮相持未解，車駕可西幸長安。帝曰：「權走，亮膽破，大將軍以制之，吾無憂矣。」遂進軍幸壽春，錄諸將功，封賞各有差。八月己未，大曜兵，饗六軍，遣使者持節犒勞合肥、壽春諸軍。辛巳，行還許昌宮。

司馬宣王與亮相持，連圍積日，亮數挑戰，宣王堅壘不應。會亮卒，其軍退還。

冬十月乙丑，月犯鎭星及軒轅。戊寅，月犯太白。十一月，京都地震，從東南來，隱隱有聲，搖動屋瓦。十二月，詔有司删定大辟，減死罪。

三年春正月戊子，以大將軍司馬宣王爲太尉。己亥，復置朔方郡。京都大疫。丁巳，皇太后崩。乙亥，隕石于壽光縣。三月庚寅，葬文德郭后，營陵于首陽陵澗西，如終制。〔一〕

〔一〕顧愷之啓蒙注曰：魏時人有開周王冢者，得殉葬女子，經數日而有氣，數月而能語；年可二十。送詣京師，郭太后愛養之。十餘年，太后崩，哀思哭泣，一年餘而死。

是時，大治洛陽宮，起昭陽、太極殿，築總章觀。百姓失農時，直臣楊阜、高堂隆等各數切諫，雖不能聽，常優容之。〔一〕

〔一〕魏略曰：是年起太極諸殿，築總章觀，高十餘丈，建翔鳳於其上；又於芳林園中起陂池，楫櫂越歌；又於列殿之北，立八坊，諸才人以次序處其中，貴人夫人以上，轉南附焉，其秩石擬百官之數。帝常游宴在內，乃選女子知書可付信者六人，以為女尚書，使典省外奏事，處當畫可，自貴人以下至尚保，及給掖庭灑掃，習伎歌者，各有千數。通引穀水過九龍殿前，為玉井綺欄，蟾蜍含受，神龍吐出。使博士馬均作司南車，水轉百戲。歲首建巨獸，魚龍曼延，弄馬倒騎，備如漢西京之制，築閶闔諸門闕外罘罳。太子舍人張茂以吳、蜀數動，諸將出征，而帝盛興宮室，留意於玩飾，賜與無度，帑藏空竭；又錄奪士女前已嫁為吏民妻者，還以配士，既聽以生口自贖，又簡選其有姿色者內之掖庭，乃上書諫曰：「臣伏見詔書，諸士女嫁非士者，一切錄奪，以配戰士，斯誠權時之宜，然非大化之善者也。臣請論之。陛下，天之子也，百姓吏民，亦陛下之子也。禮，賜君子小人不同日，所以殊貴賤也。吏屬君子，士為小人，今奪彼以與此，亦無以異於奪兄之妻妻弟也，於父母之恩偏矣。又詔書聽得以生口年紀、顏色與妻相當者自代，故富者則傾家盡產，貧者舉假貸貫，貴買生口以贖其妻；縣官以配士為名而實內之掖庭，其醜惡者乃出與士。得婦者未必有懽心，而失妻者必有憂色，或窮或愁，皆不得志。夫君有天下而不得萬姓之懽心者，尠不危殆。且軍師在外數千萬人，一日之費非徒千金，舉天下之賦以奉此役，猶將不給，況復有宮庭非員無錄之女，椒房母后之家，賞賜橫興，內外交引，其費半軍。昔漢武帝好神仙，信方士，掘地為海，封土為山，賴是時天下為一，莫敢與爭者耳。自衰亂以來，四五十載，馬不捨鞍，士不釋甲，每一交戰，血流丹野，創痍號痛之聲，于今未已。猶彊寇在疆，圖危魏室。陛下不兢兢業業，念崇節約，思所以安天下者，而乃奢靡是務，中尚方純作玩弄之物，炫燿後園，建承露之盤，斯誠快耳目之觀，然亦足以騁寇讎之心矣。惜乎，舍堯舜之節儉，而為漢武之侈事，臣竊為陛下不取也。願陛下沛然下詔，萬機之事有無益而有損者悉除去之，以所除無益之費，厚賜將士父母妻子之饑寒者，問民所疾而除其所惡，實倉廩，繕甲兵，恪恭以臨天下。如是，吳賊面縛，蜀虜輿櫬，不待誅而自服，太平之路可計日而待也。陛下可無勞神思於海表，軍師高枕，戰士備員。今羣公皆結舌，而臣所以不敢不獻瞽言者，臣昔上要言，散騎奏臣書，以聽諫篇爲善，詔曰『是也』，擢臣爲太子舍人；且臣作書譏爲人臣不能諫諍，今有可諫之事而臣不諫，此爲作書虛妄而不能言也。臣年五十，常恐至死無以報國，是以投軀沒命，冒昧以聞，惟陛下裁察。」書通，上顧左右曰：「張茂恃鄉里故也。」以事付散騎而已。茂字彥林，沛人。

秋七月，洛陽崇華殿災。八月庚午，立皇子芳爲齊王，詢爲秦王。丁巳，行還洛陽宮。命有司復崇華，改名九龍殿。冬十月己酉，中山王袞薨。壬申，太白晝見。十一月丁酉，行幸許昌宮。〔一〕

〔一〕魏氏春秋曰：是歲張掖郡刪丹縣金山玄川溢涌，寶石負圖，狀象靈龜，廣一丈六尺，長一丈七尺一寸，圍五丈八寸，立于川西。有石馬七，其一仙人騎之，其一羈絆，其五有形而不善成。有玉匣關蓋於前，上有玉字，玉玦二，璜一。麒麟在東，鳳鳥在南，白虎在西，犧牛在北，馬自中布列四面，色皆蒼白。其南有五字，曰「上上三天王」；又曰「述大金，大討曹，金但取之，金立中，大金馬一匹在中，大(告)〔吉〕開壽，此馬甲寅述水」。凡「中」字六，「金」字十，又有若八卦及列宿孛彗之象焉。

世語曰：又有一雞象。

搜神記曰：初，漢元、成之世，先識之士有言曰：「魏年有和，當有開石於西三千餘里，繫五馬，文曰『大討曹』」。及魏之初興也，張掖之柳谷，有開石焉，始見於建安，形成於黃初，文備於太和，周圍七尋，中高一仞，蒼質素章，龍馬、麟鹿、鳳皇、仙人之象，粲然咸著，此一事者，魏、晉代興之符也。至晉泰始三年，張掖太守焦勝上言，以留郡本國圖校今石文，文字多少不同，謹具圖上。按其文有五馬象，其一有人平上幘，執戟而乘之，其一有若馬形而不成，其字有「金」，有「中」，有「大司馬」，有「王」，有「大吉」，有「正」，有「開壽」，其一成行，曰「金當取之」。漢晉春秋曰：氐池縣大柳谷口夜激波涌溢，其聲如雷，曉而有蒼石立水中，長一丈六尺，高八尺，白石畫之，爲十三馬，一牛，一鳥，八卦玉玦之象，皆隆起，其文曰「大討曹，適水中，甲寅」。帝惡其「討」也，使鑿去爲「計」，以蒼石窐之，宿昔而白石滿焉。至晉初，其文愈明，馬象皆煥徹如玉焉。

四年春二月，太白復晝見，月犯太白，又犯軒轅一星，入太微而出。夏四月，置崇文觀，徵善屬文者以充之。五月乙卯，司徒董昭薨。丁巳，肅愼氏獻楛矢。

六月壬申，詔曰：「有虞氏畫象而民弗犯，周人刑錯而不用。朕從百王之末，追望上世之風，邈乎何相去之遠？法令滋章，犯者彌多，刑罰愈衆，而姦不可止。往者按大辟之條，多所蠲除，思濟生民之命，此朕之至意也。而郡國斃獄，一歲之中尚過數百，豈朕訓導不醇，俾民輕罪，將苛法猶存，爲之陷穽乎？有司其議獄緩死，務從寬簡，及乞恩者，或辭未出而獄以報斷，非所以究理盡情也。其令廷尉及天下獄官，諸有死罪具獄以定，非謀反及手殺人，亟語其親治，有乞恩者，使與奏當文書俱上，朕將思所以全之。其布告天下，使明朕意。」

秋七月，高句驪王宮斬送孫權使胡衞等首，詣幽州。甲寅，太白犯軒轅大星。冬十月己卯，行還洛陽宮。甲申，有星孛于大辰，乙酉，又孛于東方。十一月己亥，彗星見，犯宦者天紀星。十二月癸巳，司空陳羣薨。乙未，行幸許昌宮。

景初元年春正月壬辰，山茌縣言黃龍見。茌音仕狸反。於是有司奏，以爲魏得地統，宜以建丑之月爲正。三月，定曆改年爲孟夏四月。〔一〕服色尚黃，犧牲用白，戎事乘黑首白馬，建大赤之旂，朝會建大白之旗。〔二〕改太和曆曰景初曆。其春夏秋冬孟仲季月雖與正歲不同，至於郊祀、迎氣、礿祠、蒸嘗、巡狩、蒐田、分至啓閉、班宣時令、中氣早晚、敬授民事，皆以正歲斗建爲曆數之序。

〔一〕魏書曰：初，文皇帝即位，以受禪于漢，因循漢正朔弗改。帝在東宮著論，以爲五帝三王雖同氣共祖，禮不相襲，正朔自宜改變，以明受命之運。及即位，優游者久之，史官復著言宜改，乃詔三公、特進、九卿、中郎將、大夫、博士、議郎、千石、六百石博議，議者或不同。帝據古典，甲子詔曰：「夫太極運三辰五星於上，元氣轉三統五行於下，登降周旋，終則又始。故仲尼作春秋，於三微之月，每月稱王，以明三正迭相爲首。今推三統之次，魏得地統，當以建丑之月爲正月。考之羣藝，厥義章矣。其改青龍五年三月爲景初元年四月。」

〔二〕臣松之按：魏爲土行，故服色尚黃。行殷之時，以建丑爲正，故犧牲旂旗一用殷禮。禮記云：「夏后氏尚黑，故戎事乘驪，牲用玄；殷人尚白，戎事乘翰，牲用白；周人尚赤，戎事乘騵，牲用騂。」鄭玄云：「夏后氏以建寅爲正，物生色黑；殷以建丑爲正，物牙色白；周以建子爲正，物萌色赤。翰，白色馬也，易曰『白馬翰如』。」周禮巾車職建大赤以朝，大白以即戎，此則周以正色之旗以朝，先代之旗即戎。今魏用殷禮，變周之制，故建大白以朝，大赤即戎。

五月己巳，行還洛陽宮。己丑，大赦。六月戊申，京都地震。己亥，以尚書令陳矯爲司徒，尚書(左)〔右〕僕射衞臻爲司空。丁未，分魏興之魏陽、錫郡之安富、上庸爲上庸郡。省錫郡，以錫縣屬魏興郡。

有司奏：武皇帝撥亂反正，爲魏太祖，樂用武始之舞。文皇帝應天受命，爲魏高祖，樂用咸熙之舞。帝制作興治，爲魏烈祖，樂用章(武)〔斌〕之舞。三祖之廟，萬世不毁。其餘四廟，親盡迭毁，如周后稷、文、武廟祧之制。〔一〕

〔一〕孫盛曰：夫謚以表行，廟以存容，皆於既沒然後著焉，所以原始要終，以示百世也。未有當年而逆制祖宗，未終而豫自尊顯。昔華樂以厚斂致譏，周人以豫凶違禮，魏之羣司，於是乎失正。

秋七月丁卯，司徒陳矯薨。孫權遣將朱然等二萬人圍江夏郡，荆州刺史胡質等擊之，然退走。初，權遣使浮海與高句驪通，欲襲遼東。遣幽州刺史毌丘儉率諸軍及鮮卑、烏丸屯遼東南界，璽書徵公孫淵。淵發兵反，儉進軍討之，會連雨十日，遼水大漲，詔儉引軍還右北平。烏丸單于寇婁敦、遼西烏丸都督王護留等居遼東，率部衆隨儉內附。己卯，詔遼東將吏士民爲淵所脅略不得降者，一切赦之。辛卯，太白晝見。淵自儉還，遂自立爲燕王，置百官，稱紹漢元年。

詔青、兗、幽、冀四州大作海船。九月，冀、兗、徐、豫四州民遇水，遣侍御史循行沒溺死亡及失財産者，在所開倉振救之。庚辰，皇后毛氏卒。冬十月丁未，月犯熒惑。癸丑，葬悼毛后于愍陵。乙卯，營洛陽南委粟山爲圜丘。〔一〕十二月壬子冬至，始祀。丁巳，分襄陽臨沮、宜城、旍陽、邔邔音其己反。四縣，置襄陽南部都尉。己未，有司奏文昭皇后立廟京都。分襄陽郡之鄀葉縣屬義陽郡。〔二〕

〔一〕魏書載詔曰：「蓋帝王受命，莫不恭承天地以章神明，尊祀世統以昭功德，故先代之典既著，則禘郊祖宗之制備也。昔漢氏之初，承秦滅學之後，采摭殘缺，以備郊祀，自甘泉后土、雍宮五時，神祇兆位，多不見經，是以制度無常，一彼一此，四百餘年，廢無禘祀。古代之所更立者，遂有闕焉。曹氏系世，出自有虞氏，今祀圜丘，以始祖帝舜配，號圜丘曰皇皇帝天；方丘所祭曰皇皇后地，以舜妃伊氏配；天郊所祭曰皇天之神，以太祖武皇帝配；地郊所祭曰皇地之祇，以武宣后配；宗祀皇考高祖文皇帝於明堂，以配上帝。」至晉泰始二年，并圜丘、方丘二至之祀於南北郊。

〔二〕魏略曰：是歲，徙長安諸鐘簴、駱駝、銅人、承露盤。盤折，銅人重不可致，留于霸城。大發銅鑄作銅人二，號曰翁仲，列坐于司馬門外。又鑄黄龍、鳳皇各一，龍高四丈，鳳高三丈餘，置內殿前。起土山于芳林園西北陬，使公卿羣僚皆負土成山，樹松竹雜木善草於其上，捕山禽雜獸置其中。

漢晉春秋曰：帝徙盤，盤折，聲聞數十里，金狄或泣，因留霸城。

魏略載司徒軍議掾河東董尋上書諫曰：「臣聞古之直士，盡言于國，不避死亡。故周昌比高祖於桀、紂，劉輔譬趙后於人婢。天生忠直，雖白刃沸湯，往而不顧者，誠爲時主愛惜天下也。建安以來，野戰死亡，或門殫戶盡，雖有存者，遺孤老弱。若今宮室狹小，當廣大之，猶宜隨時，不妨農務，況乃作無益之物，黃龍、鳳皇，九龍、承露盤，土山、淵池，此皆聖明之所不興也，其功參倍于殿舍。三公九卿侍中尚書，天下至德，皆知非道而不敢言者，以陛下春秋方剛，心畏雷霆。今陛下既尊羣臣，顯以冠冕，被以文繡，載以華輿，所以異于小人；而使穿方舉土，面目垢黑，沾體塗足，衣冠了鳥，毀國之光以崇無益，甚非謂也。孔子曰：『君使臣以禮，臣事君以忠。』無忠無禮，國何以立！故有君不君，臣不臣，上下不通，心懷鬱結，使陰陽不和，災害屢降，凶惡之徒，因間而起，誰當爲陛下盡言事者乎？又誰當干萬乘以死爲戲乎？臣知言出必死，而臣自比於牛之一毛，生既無益，死亦何損？秉筆流涕，心與世辭。臣有八子，臣死之後，累陛下矣！」將奏，沐浴。既通，帝曰：「董尋不畏死邪！」主者奏收尋，有詔勿問。後爲貝丘令，清省得民心。

二年春正月，詔太尉司馬宣王帥衆討遼東。〔一〕

〔一〕干寶晉紀曰：帝問宣王：「度公孫淵將何計以待君？」宣王對曰：「淵棄城預走，上計也；據遼水拒大軍，其次也；坐守襄平，此爲成禽耳。」帝曰：「然則三者何出？」對曰：「唯明智審量彼我，乃預有所割棄，此既非淵所及。」又謂：「今往縣遠，不能持久；必先拒遼水，後守也。」帝曰：「往還幾日？」對曰：「往百日，攻百日，還百日，以六十日爲休息，如此，一年足矣。」

魏名臣奏載散騎常侍何曾表曰：「臣聞先王制法，必於全慎，故建官授任，則置假輔，陳師命將，則立監貳，宣命遣使，則設介副，臨敵交刃，則參御右，蓋以盡謀思之功，防安危之變也。是以在險當難，則權足相濟，隕缺不預，則才足相代，其爲固防，至深至遠。及至漢氏，亦循舊章。韓信伐趙，張耳爲貳；馬援討越，劉隆副軍。前世之迹，著在篇志。今懿奉辭誅罪，步騎數萬，道路迴阻，四千餘里，雖假天威，有征無戰，寇或潛遁，消散日月，命無常期，人非金石，遠慮詳備，誠宜有副。今北邊諸將及懿所督，皆爲僚屬，名位不殊，素無定分，卒有變急，不相鎮攝。存不忘亡，聖達所戒，宜選大臣名將威重宿著者，盛其禮秩，遣詣懿軍，進同謀略，退爲副佐。雖有萬一不虞之災，軍主有儲，則無患矣。」毌丘儉志記云，時以儉爲宣王副也。

二月癸卯，以大中大夫韓曁爲司徒。癸丑，月犯心距星，又犯心中央大星。夏四月庚子，司徒韓曁薨。壬寅，分沛國蕭、相、竹邑、符離、蘄、銍、龍亢、山桑、洨、虹 洨音胡交反。虹音絳。十縣爲汝陰郡。宋縣、陳郡苦縣皆屬譙郡。以沛、杼秋、公丘、彭城豐國、廣戚，幷五縣爲沛王國。庚戌，大赦。五月乙亥，月犯心距星，又犯中央大星。〔一〕六月，省漁陽郡之狐奴縣，復置安樂縣。

〔一〕魏書載戊子詔曰：「昔漢高祖創業，光武中興，謀除殘暴，功昭四海，而墳陵崩頹，童兒牧豎踐蹈其上，非大魏尊崇所承代之意也。其表高祖、光武陵四面百步，不得使民耕牧樵採。」

秋八月，燒當羌王芒中、注詣等叛，涼州刺史率諸郡攻討，斬注詣首。癸丑，有彗星見張宿。〔一〕

〔一〕漢晉春秋曰：史官言於帝曰：「此周之分野也，洛邑惡之。」於是大脩禳禱之術以厭焉。魏書曰：九月，蜀陰平太守廖惇反，攻守善羌侯宕蕈營。雍州刺史郭淮遣廣魏太守王贇、南安太守游奕將兵討惇。淮上書：「贇、奕等分兵夾山東西，圍落賊表，破在旦夕。」帝曰：「兵勢惡離。」促詔淮敕奕諸別營非要處者，還令據便地。詔敕未到，奕軍爲惇所破；贇爲流矢所中死。

丙寅，司馬宣王圍公孫淵於襄平，大破之，傳淵首于京都，海東諸郡平。冬十一月，錄討淵功，太尉宣王以下增邑封爵各有差。初，帝議遣宣王討淵，發卒四萬人。議臣皆以爲四萬兵多，役費難供。帝曰：「四千里征伐，雖云用奇，亦當任力，不當稍計役費。」遂以四萬人行。及宣王至遼東，霖雨不得時攻，羣臣或以爲淵未可卒破，宜詔宣王還。帝曰：「司馬懿臨危制變，擒淵可計日待也。」卒皆如所策。

壬午，以司空衞臻爲司徒，司隸校尉崔林爲司空。閏月，月犯心中央大星。十二月乙丑，帝寢疾不豫。辛巳，立皇后。賜天下男子爵人二級，鰥寡孤獨穀。以燕王宇爲大將軍，甲申免，以武衞將軍曹爽代之。〔一〕

〔一〕漢晉春秋曰：帝以燕王宇爲大將軍，使與領軍將軍夏侯獻、武衞將軍曹爽、屯騎校尉曹肇、驍騎將軍秦朗等對輔政。中書監劉放、令孫資久專權寵，爲朗等素所不善，懼有後害，陰圖間之，而宇常在帝側，故未得有言。甲申，帝氣微，宇下殿呼曹肇有所議，未還，而帝少間，惟曹爽獨在。放知之，呼資與謀。資曰：「不可動也。」放曰：「俱入鼎鑊，何不可之有？」乃突前見帝，垂泣曰：「陛下氣微，若有不諱，將以天下付誰？」帝曰：「卿不聞用燕王耶？」放曰：「陛下忘先帝詔敕，藩王不得輔政。且陛下方病，而曹肇、秦朗等便與才人侍疾者言戲。燕王擁兵南面，不聽臣等入，此即豎刁、趙高也。今皇太子幼弱，未能統政，外有彊暴之寇，內有勞怨之民，陛下不遠慮存亡，而近係恩舊。委祖宗之業，付二三凡士，寢疾數日，外內壅隔，社稷危殆，而己不知，此臣等所以痛心也。」帝得放言，大怒曰：「誰可任者？」放、資乃舉爽代宇，又白「宜詔司馬宣王使相參」，帝從之。放、資出，曹肇入，泣涕固諫，帝使肇敕停。肇出戶，放、資趨而往，復說止帝，帝又從其言。放曰：「宜爲手詔。」帝曰：「我困篤，不能。」放卽上牀，執帝手強作之，遂齎出，大言曰：「有詔免燕王宇等官，不得停省中。」於是宇、肇、獻、朗相與泣而歸第。

初，青龍三年中，壽春農民妻自言爲天神所下，命爲登女，當營衞帝室，蠲邪納福。飲人以水，及以洗瘡，或多愈者。於是立館後宮，下詔稱揚，甚見優寵。及帝疾，飲水無驗，於是殺焉。

三年春正月丁亥，太尉宣王還至河內，帝驛馬召到，引入臥內，執其手謂曰：「吾疾甚，以後事屬君，君其與爽輔少子。吾得見君，無所恨！」宣王頓首流涕。〔一〕卽日，帝崩于嘉福殿，〔二〕時年三十六。〔三〕癸丑，葬高平陵。〔四〕

〔一〕魏略曰：帝既從劉放計，召司馬宣王，自力爲詔，既封，顧呼宮中常所給使者曰：「辟邪來！汝持我此詔授太尉也。」辟邪馳去。先是，燕王爲帝畫計，以爲關中事重，宜便道遣宣王從河內西還，事以施行。宣王得前詔，斯須復得後手筆，疑京師有變，乃馳到，入見帝。勞問訖，乃召齊、秦二王以示宣王，別指齊王謂宣王曰：「此是也，君諦視之，勿誤也！」又敎齊王令前抱宣王頸。

魏氏春秋曰：時太子芳年八歲，秦王九歲，在于御側。帝執宣王手，目太子曰：「死乃復可忍，朕忍死待君，君其與爽輔此。」宣王曰：「陛下不見先帝屬臣以陛下乎？」

〔二〕魏書曰：殯于九龍前殿。

〔三〕臣松之按：魏武以建安九年八月定鄴，文帝始納甄后，明帝應以十年生，計至此年正月，整三十四年耳。時改正朔，以故年十二月爲今年正月，可彊名三十五年，不得三十六也。

〔四〕魏書曰：帝容止可觀，望之儼然。自在東宮，不交朝臣，不問政事，唯潛思書籍而已。即位之後，褒禮大臣，料簡功能，眞僞不得相貿，務絕浮華譖毀之端，行師動衆，論決大事，謀臣將相，咸服帝之大略。性特彊識，雖左右小臣官簿性行，名跡所履，及其父兄子弟，一經耳目，終不遺忘。含垢藏疾，容受直言，聽受吏民士庶上書，一月之中至數十百封，雖文辭鄙陋，猶覽省究竟，意無厭倦。

孫盛曰：聞之長老，魏明帝天姿秀出，立髮垂地，口吃少言，而沉毅好斷。初，諸公受遺輔導，帝皆以方任處之，政自己出。而優禮大臣，開容善直，雖犯顏極諫，無所摧戮，其君人之量如此之偉也。然不思建德垂風，不固維城之基，至使大權偏據，社稷無衞，悲夫！

評曰：明帝沉毅斷識，任心而行，蓋有君人之至概焉。于時百姓彫弊，四海分崩，不先聿脩顯祖，闡拓洪基，而遽追秦皇、漢武，宮館是營，格之遠猷，其殆疾乎！

三國志卷四

魏書四

三少帝紀第四

齊王諱芳，字蘭卿。明帝無子，養王及秦王詢；宮省事祕，莫有知其所由來者。〔一〕青龍三年，立爲齊王。景初三年正月丁亥朔，帝病甚，乃立爲皇太子。是日，卽皇帝位，大赦。尊皇后曰皇太后。大將軍曹爽、太尉司馬宣王輔政。詔曰：「朕以眇身，繼承鴻業，煢煢在疚，靡所控告。大將軍、太尉奉受末命，夾輔朕躬，司徒、司空、冢宰、元輔總率百寮，以寧社稷，其與羣卿大夫勉勗乃心，稱朕意焉。諸所興作宮室之役，皆以遺詔罷之。官奴婢六十已上，免爲良人。」二月，西域重譯獻火浣布，詔大將軍、太尉臨試以示百寮。〔二〕

〔一〕魏氏春秋曰：或云任城王楷子。

〔二〕異物志曰：斯調國有火州，在南海中。其上有野火，春夏自生，秋冬自死。有木生于其中而不消也，枝皮更活，秋冬火死則皆枯瘁。其俗常冬采其皮以爲布，色小青黑；若塵垢汙之，便投火中，則更鮮明也。

傅子曰：漢桓帝時，大將軍梁冀以火浣布爲單衣，常大會賓客，冀陽爭酒，失杯而汙之，僞怒，解衣曰：「燒之。」布得火，熚曄赫然，如燒凡布，垢盡火滅，粲然絜白，若用灰水焉。

搜神記曰：崐崘之墟，有炎火之山，山上有鳥獸草木，皆生於炎火之中，故有火浣布，非此山草木之皮枲，則其鳥獸之毛也。漢世西域舊獻此布，中間久絕；至魏初，時人疑其無有。文帝以爲火性酷烈，無含生之氣，著之典論，明其不然之事，絕智者之聽。及明帝立，詔三公曰：「先帝昔著典論，不朽之格言，其刊石於廟門之外及太學，與石經並，以永示來世。」至是西域使至而獻火浣布焉，於是刊滅此論，而天下笑之。

臣松之昔從征西至洛陽，歷觀舊物，見典論石在太學者尚存，而廟門外無之，問諸長老，云晉初受禪，即用魏廟，移此石于太學，非兩處立也。竊謂此言爲不然。

又東方朔神異經曰：南荒之外有火山，長三十里，廣五十里，其中皆生不燼之木，晝夜火燒，得暴風不猛，猛雨不滅。火中有鼠，重百斤，毛長二尺餘，細如絲，可以作布。常居火中，色洞赤，時時出外而色白，以水逐而沃之即死，續其毛，織以爲布。

丁丑詔曰：「太尉體道正直，盡忠三世，南擒孟達，西破蜀虜，東滅公孫淵，功蓋海內。昔周成建保傅之官，近漢顯宗崇寵鄧禹，所以優隆雋乂，必有尊也。其以太尉爲太傅，持節統兵都督諸軍事如故。」三月，以征東將軍滿寵爲太尉。夏六月，以遼東東沓縣吏民渡海居齊郡界，以故縱城爲新沓縣以居徙民。秋七月，上始親臨朝，聽公卿奏事。八月，大赦。冬十月，以鎮南將軍黃權爲車騎將軍。

十二月，詔曰：「烈祖明皇帝以正月棄背天下，臣子永惟忌日之哀，其復用夏正；雖違先帝通三統之義，斯亦禮制所由變改也。又夏正於數爲得天正，其以建寅之月爲正始元年正月，以建丑月爲後十二月。」

正始元年春二月乙丑，加侍中中書監劉放、侍中中書令孫資爲左右光祿大夫。丙戌，以遼東汶、北豐縣民流徙渡海，規齊郡之西安、臨菑、昌國縣界爲新汶、南豐縣，以居流民。

自去冬十二月至此月不雨。丙寅，詔令獄官亟平寃枉，理出輕微；羣公卿士讜言嘉謀，各悉乃心。夏四月，車騎將軍黃權薨。秋七月，詔曰：「易稱損上益下，節以制度，不傷財，不害民。方今百姓不足而御府多作金銀雜物，將奚以爲？今出黃金銀物百五十種，千八百餘斤，銷冶以供軍用。」八月，車駕巡省洛陽界秋稼，賜高年力田各有差。

二年春二月，帝初通論語，使太常以太牢祭孔子於辟雍，以顏淵配。

夏五月，吳將朱然等圍襄陽之樊城，太傅司馬宣王率衆拒之。〔一〕六月辛丑，退。己卯，以征東將軍王淩爲車騎將軍。冬十二月，南安郡地震。

〔一〕干寶晉紀曰：吳將全琮寇芍陂，朱然、孫倫五萬人圍樊城，諸葛瑾、步騭寇柤中；琮已破走而樊圍急。宣王曰：「柤中民夷十萬，隔在水南，流離無主，樊城被攻，歷月不解，此危事也，請自討之。」議者咸言：「賊遠圍樊城不可拔，挫于堅城之下，有自破之勢，宜長策以御之。」宣王曰：「軍志有之：將能而御之，此爲縻軍；不能而任之，此爲覆軍。今疆埸騷動，民心疑惑，是社稷之大憂也。」六月，督諸軍南征，車駕送津陽城門外。宣王以南方暑溼，不宜持久，使輕騎挑之，然不敢動。於是乃令諸軍休息洗沐，簡精銳，募先登，申號令，示必攻之勢。然等聞之，乃夜遁。追至三州口，大殺獲。

三年春正月，東平王徽薨。三月，太尉滿寵薨。秋七月甲申，南安郡地震。乙酉，以領軍將軍蔣濟爲太尉。冬十二月，魏郡地震。

四年春正月，帝加元服，賜羣臣各有差。夏四月乙卯，立皇后甄氏，大赦。五月朔，日有食之，既。秋七月，詔祀故大司馬曹眞、曹休、征南大將軍夏侯尚、太常桓階、司空陳羣、太傅鍾繇、車騎將軍張郃、左將軍徐晃、前將軍張遼、右將軍樂進、太尉華歆、司徒王朗、驃騎將軍曹洪、征西將軍夏侯淵、後將軍朱靈、文聘、執金吾臧霸、破虜將軍李典、立義將軍龐德、武猛校尉典韋於太祖廟庭。冬十二月，倭國女王俾彌呼遣使奉獻。

五年春二月，詔大將軍曹爽率衆征蜀。夏四月朔，日有蝕之。五月癸巳，講尙書經通，使太常以太牢祀孔子於辟雍，以顏淵配；賜太傅、大將軍及侍講者各有差。丙午，大將軍曹爽引軍還。秋八月，秦王詢薨。九月，鮮卑內附，置遼東屬國，立昌黎縣以居之。冬十一月癸卯，詔祀故尙書令荀攸于太祖廟庭。〔一〕己酉，復秦國爲京兆郡。十二月，司空崔林薨。

〔一〕臣松之以爲故魏氏配饗不及荀彧，蓋以其末年異議，又位非魏臣故也。至于升程昱而遺郭嘉，先鍾繇而後荀攸，則未詳厥趣也。（徐佗）〔徐他〕謀逆而許褚心動，忠誠之至遠同于日磾，且潼關之危，非褚不濟，褚之功烈有過典韋，今祀韋而不及褚，又所未達也。

六年春二月丁卯，南安郡地震。丙子，以驃騎將軍趙儼爲司空；夏六月，儼薨。八月丁卯，以太常高柔爲司空。癸巳，以左光祿大夫劉放爲驃騎將軍，右光祿大夫孫資爲衞將軍。冬十一月，祫祭太祖廟，始祀前所論佐命臣二十一人。十二月辛亥，詔故司徒王朗所作易傳，令學者得以課試。乙亥，詔曰：「明日大會羣臣，其令太傅乘輿上殿。」

七年春二月，幽州刺史毌丘儉討高句驪，夏五月，討濊貊，皆破之。韓那奚等數十國各率種落降。秋八月戊申，詔曰：「屬到市觀見所斥賣官奴婢，年皆七十，或癃疾殘病，所謂天民之窮者也。且官以其力竭而復鬻之，進退無謂，其悉遣爲良民。若有不能自存者，郡縣振給之。」〔一〕

〔一〕臣松之案：帝初卽位，有詔「官奴婢六十以上免爲良人」。既有此詔，則宜遂爲永制。七八年間，而復貨年七十者，且七十奴婢及癃疾殘病，並非可售之物，而鬻之於市，此皆事之難解。

己酉，詔曰：「吾乃當以十九日親祠，而昨出已見治道，得雨當復更治，徒棄功夫。每念百姓力少役多，夙夜存心。道路但當期于通利，聞乃撾捶老小，務崇脩飾，疲困流離，以至哀歎，吾豈安乘此而行，致馨德于宗廟邪？自今已後，明申勑之。」冬十二月，講禮記通，使太常以太牢祀孔子於辟雍，以顏淵配。〔一〕

【一】習鑿齒漢晉春秋曰：是年，吳將朱然入柤中，斬獲數千；柤中民吏萬餘家渡沔。司馬宣王謂曹爽曰：「若便令還，必復致寇，宜權留之。」爽曰：「今不脩守沔南，留民沔北，非長策也。」宣王曰：「不然。凡物置之安地則安，危地則危，故兵書曰，成敗，形也，安危，勢也，形勢御衆之要，不可不審。設令賊二萬人斷沔水，三萬人與沔南諸軍相持，萬人陸鈔柤中，君將何以救之？」爽不聽，卒令還。然後襲破之。袁淮言于爽曰：「吳楚之民脃弱寡能，英才大賢不出其土，比技量力，不足與中國相抗，然自上世以來常爲中國患者，蓋以江漢爲池，舟楫爲用，利則陸鈔，不利則入水，攻之道遠，中國之長技無所用之也。孫權自十數年以來，大畋江北，繕治甲兵，精其守禦，數出盜竊，敢遠其水，陸次平土，此中國所願聞也。夫用兵者，貴以飽待飢，以逸擊勞，師不欲久，行不欲遠，守少則固，力專則彊。當今宜捐淮、漢以南，退卻避之。若賊能入居中央，來侵邊境，則隨其所短，中國之長技得用矣。若不敢來，則邊境得安，無鈔盜之憂矣。使我國富兵彊，政脩民一，陵其國不足爲遠矣。今襄陽孤在漢南，賊循漢而上，則斷而不通，一戰而勝，則不攻而自服，故置之無益于國，亡之不足爲辱。自江夏已東，淮南諸郡，三后已來，其所亡幾何，以近賊疆界易鈔掠之故哉！若徙之淮北，遠絕其間，則民人安樂，何鳴吠之驚乎？」遂不從。

八年春二月朔，日有蝕之。夏五月，分河東之汾北十縣爲平陽郡。

秋七月，尚書何晏奏曰：「善爲國者必先治其身，治其身者慎其所習。所習正則其身正，其身正則不令而行；所習不正則其身不正，其身不正則雖令不從。是故爲人君者，所與游必擇正人，所觀覽必察正象，放鄭聲而弗聽，遠佞人而弗近，然後邪心不生而正道可弘也。季末闇主，不知損益，斥遠君子，引近小人，忠良疏遠，便辟褻狎，亂生近暱，譬之社鼠；考其昏明，所積以然，故聖賢諄諄以爲至慮。舜戒禹曰『鄰哉鄰哉』，言慎所近也，周公戒成王曰『其朋其朋』，言慎所與也。（詩）〔書〕云：『一人有慶，兆民賴之。』可自今以後，御幸式乾殿及游豫後園，皆大臣侍從，因從容戲宴，兼省文書，詢謀政事，講論經義，爲萬世法。」冬十二月，散騎常侍諫議大夫孔乂奏曰：「禮，天子之宮，有斲礱之制，無朱丹之飾，宜循禮復古。今天下已平，君臣之分明，陛下但當不懈于位，平公正之心，審賞罰以使之。可絕後園習騎乘馬，出必御輦乘車，天下之福，臣子之願也。」晏、乂咸因闕以進規諫。

九年春二月，衞將軍中書令孫資，癸巳，驃騎將軍中書監劉放，三月甲午，司徒衞臻，各遜位，以侯就第，位特進。四月，以司空高柔爲司徒；光祿大夫徐邈爲司空，固辭不受。秋九月，以車騎將軍王淩爲司空。冬十月，大風發屋折樹。

嘉平元年春正月甲午，車駕謁高平陵。〔一〕太傅司馬宣王奏免大將軍曹爽、爽弟中領軍羲、武衞將軍訓、散騎常侍彥官，以侯就第。戊戌，有司奏收黃門張當付廷尉，考實其辭，爽與謀不軌。又尚書丁謐、鄧颺、何晏、司隸校尉畢軌、荊州刺史李勝、大司農桓範皆與爽通姦謀，夷三族。語在爽傳。丙午，大赦。丁未，以太傅司馬宣王爲丞相，固讓乃止。〔二〕

〔一〕孫盛魏世譜曰：高平陵在洛水南大石山，去洛城九十里。

〔二〕孔衍漢魏春秋曰：詔使太常王肅冊命太傅爲丞相，增邑萬戶，羣臣奏事不得稱名，如漢霍光故事。太傅上書辭讓曰:「臣親受顧命,憂深責重,憑賴天威,摧弊姦凶,贖罪爲幸,功不足論。又三公之官,聖王所制,著之典禮。至于丞相,始自秦政。漢氏因之,無復變改。今三公之官皆備,横復寵臣,違越先典,革聖明之經,襲秦漢之路,雖在異人,臣所宜正,況當臣身而不固爭,四方議者將謂臣何!」書十餘上,詔乃許之,復加九錫之禮。太傅又言:「太祖有大功大德,漢氏崇重,故加九錫,此乃歷代異事,非後代之君臣所得議也。」又辭不受。

夏四月乙丑,改年。丙子,太尉蔣濟薨。冬十二月辛卯,以司空王淩爲太尉。庚子,以司隸校尉孫禮爲司空。

二年夏五月,以征西將軍郭淮爲車騎將軍。冬十月,以特進孫資爲驃騎將軍。十一月,司空孫禮薨。十二月甲辰,東海王霖薨。乙未,征南將軍王昶渡江,掩攻吳,破之。

三年春正月,荊州刺史王基、新城太守(陳泰)〔州泰〕攻吳,破之,降者數千口。二月,置南郡之夷陵縣以居降附。三月,以尚書令司馬孚爲司空。四月甲申,以征南將軍王昶爲征南大將軍。壬辰,大赦。丙午,聞太尉王淩謀廢帝,立楚王彪,太傅司馬宣王東征淩。五月甲寅,淩自殺。六月,彪賜死。秋七月壬戌,皇后甄氏崩。辛未,以司空司馬孚爲太尉。戊寅,太傅司馬宣王薨,以衞將軍司馬景王爲撫軍大將軍,錄尚書事。乙未,葬懷甄后於太清陵。庚子,驃騎將軍孫資薨。十一月,有司奏諸功臣應饗食於太祖廟者,更以官爲次,太傅司馬宣王功高爵尊,最在上。十二月,以光祿勳鄭沖爲司空。

四年春正月癸卯，以撫軍大將軍司馬景王爲大將軍。二月，立皇后張氏，大赦。夏五月，魚二，見於武庫屋上。〔一〕冬十一月，詔征南大將軍王昶、征東將軍胡遵、鎮南將軍毌丘儉等征吳。十二月，吳大將軍諸葛恪拒戰，大破衆軍于東關。不利而還。〔二〕

〔一〕漢晉春秋曰：初，孫權築東興隄以遏巢湖，後征淮南，壞不復修。是歲諸葛恪帥軍更于隄左右結山，挾築兩城，使全端、留略守之，引軍而還。諸葛誕言於司馬景王曰：「致人而不致於人者，此之謂也。今因其內侵，使文舒逼江陵，仲恭向武昌，以羈吳之上流，然後簡精卒攻兩城，比救至，可大獲也。」景王從之。

〔二〕漢晉春秋曰：毌丘儉、王昶聞東軍敗，各燒屯走。朝議欲貶黜諸將，景王曰：「我不聽公休，以至於此。此我過也，諸將何罪？」悉原之。時司馬文王爲監軍，統諸軍，唯削文王爵而已。是歲，雍州刺史陳泰求敕并州併力討胡，景王從之。未集，而鴈門、新興二郡以爲將遠役，遂驚反。景王又謝朝士曰：「此我過也，非玄伯之責！」於是魏人愧悅，人思其報。

習鑿齒曰：司馬大將軍引二敗以爲己過，過消而業隆，可謂智矣。夫民忘其敗，而下思其報，雖欲不康，其可得邪？若乃諱敗推過，歸咎萬物，常執其功而隱其喪，上下離心，賢愚解體，是楚再敗而晉再克也，謬之甚矣！君人者，苟統斯理而以御國，則朝無秕政，身靡留愆，行失而名揚，兵挫而戰勝，雖百敗可也，況於再乎！

五年夏四月，大赦。五月，吳太傅諸葛恪圍合肥新城，詔太尉司馬孚拒之。〔一〕秋七月，恪退還。〔二〕

〔一〕漢晉春秋曰：是時姜維亦出圍狄道。司馬景王問虞松曰：「今東西有事，二方皆急，而諸將意沮，若之何？」松曰：

「昔周亞夫堅壁昌邑而吳楚自敗，事有似弱而彊，或似彊而弱，不可不察也。今恪悉其銳衆，足以肆暴，而坐守新城，欲以致一戰耳。若攻城不拔，請戰不得，師老衆疲，勢將自走，諸將之不徑進，乃公之利也。姜維有重兵而縣軍應恪，投食我麥，非深根之寇也。且謂我并力于東，西方必虛，是以徑進。今若使關中諸軍倍道急赴，出其不意，殆將走矣。」景王曰：「善！」乃使郭淮、陳泰悉關中之衆，解狄道之圍；敕毌丘儉等案兵自守，以新城委吳。姜維聞淮進兵，軍食少，乃退屯隴西界。

〔二〕是時，張特守新城。

魏略曰：特字子產，涿郡人。先時領牙門，給事鎭東諸葛誕，誕不以爲能也，欲遣還護軍。會毌丘儉代誕，遂使特屯守合肥新城。及諸葛恪圍城，特與將軍樂方等三軍衆合有三千人，吏兵疾病及戰死者過半，而恪起土山急攻，城將陷，不可護。特乃謂吳人曰：「今我無心復戰也。然魏法，被攻過百日而救不至者，雖降，家不坐也。自受敵以來，已九十餘日矣。此城中本有四千餘人，而戰死者已過半，城雖陷，尙有半人不欲降，我當還爲相語之，條名別善惡，明日早送名，且持我印綬去以爲信。」乃投其印綬以與之。吳人聽其辭而不取印綬。不攻。頃之，特還，乃夜徹諸屋材柵，補其缺爲二重。明日，謂吳人曰：「我但有鬬死耳！」吳人大怒，進攻之，不能拔，遂引去。朝廷嘉之，加雜號將軍，封列侯，又遷安豐太守。

八月，詔曰：「故中郎西平郭脩，砥節厲行，秉心不回。乃者蜀將姜維寇鈔脩郡，爲所執略。往歲僞大將軍費禕驅率羣衆，陰圖闚𨵦，道經漢壽，請會衆賓，脩於廣坐之中手刃擊禕，勇過聶政，功逾介子，可謂殺身成仁，釋生取義者矣。夫追加褒寵，所以表揚忠義；祚及後亂，所以獎勸將來。其追封脩爲長樂鄉侯，食邑千戶，謚曰威侯；子襲爵，加拜奉車都尉；賜銀千鉼，絹千匹，以光寵存亡，永垂來世焉。」〔一〕

〔一〕魏氏春秋曰：脩字孝先，素有業行，著名西州。姜維劫之，脩不爲屈。劉禪以爲左將軍，脩欲刺禪而不得親近，每因慶賀，且拜且前，爲禪左右所遏，事輒不克，故殺禕焉。

臣松之以爲古之舍生取義者，必有理存焉，或感恩懷德，投命無悔，或利害有機，奮發以應會，詔所稱聶政、介子是也。事非斯類，則陷乎妄作矣。魏之與蜀，雖爲敵國，非有趙襄滅智之仇，燕丹危亡之急；且劉禪凡下之主，費禕中才之相，二人存亡，固無關于興喪。郭脩在魏，西州之男子耳，始獲于蜀，既不能抗節不辱，于魏又無食祿之責，不爲時主所使，而無故規規然糜身于非所，義無所加，功無所立，可謂「折柳樊圃」，其狂也且，此之謂也。

自帝卽位至于是歲，郡國縣道多所置省，俄或還復，不可勝紀。

六年春二月己丑，鎭東將軍毌丘儉上言：「昔諸葛恪圍合肥新城，城中遣士劉整出圍傳消息，爲賊所得，考問所傳，語整曰：『諸葛公欲活汝，汝可具服。』整罵曰：『死狗，此何言也！我當必死爲魏國鬼，不苟求活，逐汝去也。欲殺我者，便速殺之。』終無他辭。又遣士鄭像出城傳消息，或以語恪，恪遣馬騎尋圍跡索，得像還。四五人(的)〔靮〕頭面縛，將繞城表，勑語像，使大呼，言『大軍已還洛，不如早降。』像不從其言，更大呼城中曰：『大軍近在圍外，壯士努力！』賊以刀築其口，使不得言，像遂大呼，令城中聞知。整、像爲兵，能守義執節，子弟宜有差異。」詔曰：「夫顯爵所以褒元功，重賞所以寵烈士。整、像召募通使，越蹈重圍，冒突白刃，輕身守信，不幸見獲，抗節彌厲，揚六軍之大勢，安城守之懼心，臨難不顧，畢志傳命。昔解楊執楚，有隕無貳，齊路中大夫以死成命，方之整、像，所不能加。今追賜整、像爵關中侯，各除士名，使子襲爵，如部曲將死事科。」

庚戌，中書令李豐與皇后父光祿大夫張緝等謀廢易大臣，以太常夏侯玄爲大將軍。事覺，諸所連及者皆伏誅。辛亥，大赦。三月，廢皇后張氏。夏四月，立皇后王氏，大赦。五月，封后父奉車都尉王夔爲廣明鄉侯、光祿大夫，位特進，妻田氏爲宣陽鄉君。秋九月，大將軍司馬景王將謀廢帝，以聞皇太后。〔一〕甲戌，太后令曰：「皇帝芳春秋已長，不親萬機，耽淫內寵，沈漫女德，日延倡優，縱其醜謔；迎六宮家人留止內房，毀人倫之敍，亂男女之節；恭孝日虧，悖慠滋甚，不可以承天緒，奉宗廟。使兼太尉高柔奉策，用一元大武告于宗廟，遣芳歸藩于齊，以避皇位。」〔二〕是日遷居別宮，年二十三。使者持節送衞，營齊王宮於河內〔之〕重門，制度皆如藩國之禮。〔三〕

〔一〕世語及魏氏春秋並云：此秋，姜維寇隴右。時安東將軍司馬文王鎮許昌，徵還擊維，至京師，帝於平樂觀以臨軍過。中領軍許允與左右小臣謀，因文王辭，殺之，勒其衆以退大將軍。已書詔于前。文王入，帝方食栗，優人雲午等唱曰：「青頭雞，青頭雞。」青頭雞者，鴨也。帝懼不敢發。文王引兵入城，景王因是謀廢帝。

臣松之案夏侯玄傳及魏略，許允此年春與李豐事相連。豐既誅，即出允爲鎮北將軍，未發，以放散官物收付廷尉，徙樂浪，追殺之。允此秋不得故爲領軍而建此謀。

〔三〕魏書曰：是日，景王承皇太后令，詔公卿中朝大臣會議，羣臣失色。景王流涕曰：「皇太后令如是，諸君其若王室何！」咸曰：「昔伊尹放太甲以寧殷，霍光廢昌邑以安漢，夫權定社稷以濟四海，二代行之于古，明公當之於今，今日之事，亦唯公命。」景王曰：「諸君所以望師者重，師安所避之？」於是乃與羣臣共爲奏永寧宮曰：「守尚書令太尉長社侯臣孚、大將軍武陽侯臣師、司徒萬歲亭侯臣柔、司空文陽亭侯臣沖、行征西安東將軍新城侯臣昭、光祿大夫關內侯臣邕、太常臣晏、衞尉昌邑侯臣偉、太僕臣嶷、廷尉定陵侯臣（繁）〔毓〕、大鴻臚臣芝、大司農臣祥、少府臣（褒）〔袤〕、永寧衞尉臣（禎）〔楨〕、永寧太僕臣（閎）〔閣〕大長秋臣模、司隸校尉潁昌侯臣曾、河南尹蘭陵侯臣肅、城門校尉臣慮、中護軍永安亭侯臣望、武衞將軍安壽亭侯臣演、中堅將軍平原侯臣德、中壘將軍昌武亭侯臣廙、屯騎校尉關內侯臣陔、步兵校尉臨晉侯臣建、射聲校尉安陽鄉侯臣溫、越騎校尉睢陽侯臣初、長水校尉關內侯臣超、侍中臣小同、臣顗、臣酆、博平侯臣表、侍中中書監安陽亭侯臣誕、散騎常侍臣瓌、臣儀、關內侯臣芝、尚書僕射光祿大夫高樂亭侯臣毓、尚書關內侯臣觀、臣嘏、長合鄉侯臣亮、臣贊、臣騫、中書令臣康、御史中丞臣鈐、博士臣範、臣峻等稽首言：臣等聞天子者，所以濟育羣生，永安萬國，三祖勳烈，光被六合。皇帝即位，纂繼洪業，春秋已長，未親萬機，耽淫內寵，沈漫女色，廢捐講學，棄辱儒士，日延小優郭懷、袁信等於建始芙蓉殿前裸袒游戲，使與保林女尚等爲亂，親將後宮瞻觀。又於廣望觀上，使懷、信等於觀下作遼東妖婦，嬉褻過度，道路行人掩目，帝於觀上以爲讌笑。於陵雲臺曲中施帷，見九親婦女，帝臨宣曲觀，呼懷、信使入帷共飲酒。懷、信等更行酒，婦女皆醉，戲侮無別。使保林李華、劉勳等與懷、信等戲，清商令令狐景呵華、勳曰：『諸女，上左右人，各有官職，何以得爾？』華、勳數譖毀景。帝常喜以彈彈人，以此恚景，彈景不避首目。景語帝曰：『先帝持門戶急，今陛下日將妃后游戲無度，至乃共觀倡優，裸袒爲亂，不可令皇太后聞。景不愛死，爲陛下計耳。』帝言：『我作天子，不得自在邪？太后何與我事！』使人燒鐵灼景身體皆爛。甄后崩後，帝欲立王貴人爲皇后。太后更欲外求，帝恚語景等：『魏家前後立皇后，皆從所愛耳，太后必違我意，知我當往不也？』後卒待張皇后疏薄。太后遭(合)〔郃〕陽君喪，帝日在後園，倡優音樂自若，不數往定省。清商丞龐熙諫帝：『皇太后至孝，今遭重憂，水漿不入口，陛下當數往寬慰，不可但在此作樂。』帝言：『我自爾，誰能奈我何？』皇太后還北宮，殺張美人及禺婉，帝恚望，語景等：『太后橫殺我所寵愛，此無復母子恩。』數往至故處啼哭，私使暴室厚殯棺，不令太后知也。每見九親婦女有美色，或留以付清商。帝至後園竹間戲，或與從官攜手共行。熙白：『從官不宜與至尊相提挈。』帝怒，復以彈彈熙。日游後園，每有外文書入，帝不省，左右曰『出』，帝亦不索視。太后令帝常在式乾殿上講學，不欲，使行來，帝徑去；太后來問，輒詐令黃門答言『在』耳。景、熙等畏恐，不敢復止，更共諂媚。帝肆行昏淫，敗人倫之敘，亂男女之節，恭孝彌頹，凶德寖盛。臣等憂懼傾覆天下，危墜社稷，雖殺身斃命不足以塞責。今帝不可以承天緒，臣請依漢霍光故事，收帝璽綬。帝本以齊王踐祚，宜歸藩于齊。使司徒臣柔持節，與有司以太牢告祀宗廟。臣謹昧死以聞。」奏可。

〔三〕魏略曰：景王將廢帝，遣郭芝入白太后，太后與帝對坐。芝謂帝曰：「大將軍欲廢陛下，立彭城王據。」帝乃起去。太后不悅。芝曰：「太后有子不能教，今大將軍意已成，又勒兵于外以備非常，但當順旨，將復何言！」太后曰：「我欲見大將軍，口有所說。」芝曰：「何可見邪？但當速取璽綬。」太后意折，乃遣傍侍御取璽綬著坐側。芝出報景王，景王甚歡。又遣使者授齊王印綬，當出就西宮。帝受命，遂載王車，與太后別，垂涕，始從太極殿南出，羣臣送者數十人，太尉司馬孚悲不自勝，餘多流涕。王出後，景王又使使者請璽綬。太后曰：「彭城王，我之季叔也，今來立，我當何之！且明皇帝當絕嗣乎？吾以爲高貴鄉公者，文皇帝之長孫，明皇帝之弟子，於禮，小宗有後大宗之義，其詳議之。」景王乃更召羣臣，以皇太后令示之，乃定迎高貴鄉公。是時太常已發二日，待璽綬於溫。事定，又請璽綬。太后令曰：「我見高貴鄉公，小時識之，明日我自欲以璽綬手授之。」

丁丑，令曰：「東海王霖，高祖文皇帝之子。霖之諸子，與國至親，高貴鄉公髦有大成之量，其以爲明皇帝嗣。」〔一〕

〔一〕魏書曰：景王復與羣臣共奏永寧宮曰：「臣等聞人道親親故尊祖，尊祖故敬宗。禮，大宗無嗣，則擇支子之賢者；爲人後者，爲之子也。東海定王子高貴鄉公，文皇帝之孫，宜承正統，以嗣烈祖明皇帝後。率土有賴，萬邦幸甚，臣請徵公詣洛陽宮。」奏可。使中護軍望、兼太常河南尹肅持節，與少府(褒)〔袤〕、尙書亮、侍中表等奉法駕，迎公于元城。

魏世譜曰：晉受禪，封齊王爲邵陵縣公。年四十三，泰始十年薨，謚曰厲公。

高貴鄉公諱髦，字彥士，文帝孫，東海定王霖子也。正始五年，封郯縣高貴鄉公。少好學，夙成。齊王廢，公卿議迎立公。十月己丑，公至于玄武館，羣臣奏請舍前殿，公以先帝舊處，避止西廂；羣臣又請以法駕迎，公不聽。庚寅，公入于洛陽，羣臣迎拜西掖門南，公下輿將答拜，儐者請曰：「儀不拜。」公曰：「吾人臣也。」遂答拜。至止車門下輿。左右曰：

「舊乘輿入。」公曰：「吾被皇太后徵，未知所爲！」遂步至太極東堂，見于太后。其日卽皇帝位於太極前殿，百僚陪位者欣欣焉。〔一〕詔曰：「昔三祖神武聖德，應天受祚。齊王嗣位，肆行非度，顚覆厥德。皇太后深惟社稷之重，延納宰輔之謀，用替厥位，集大命于余一人。以眇眇之身，託于王公之上，夙夜祗畏，懼不能嗣守祖宗之大訓，恢中興之弘業，戰戰兢兢，如臨于谷。今羣公卿士股肱之輔，四方征鎭宣力之佐，皆積德累功，忠勤帝室；庶憑先祖先父有德之臣，左右小子，用保乂皇家，俾朕蒙闇，垂拱而治。蓋聞人君之道，德厚侔天地，潤澤施四海，先之以慈愛，示之以好惡，然後敎化行於上，兆民聽於下。朕雖不德，昧於大道，思與宇內共臻茲路。書不云乎：『安民則惠，黎民懷之。』」大赦，改元。減乘輿服御，後宮用度，及罷尙方御府百工技巧靡麗無益之物。

〔一〕魏氏春秋曰：公神明爽儁，德音宣朗。罷朝，景王私曰：「上何如主也？」鍾會對曰：「才同陳思，武類太祖。」景王曰：「若如卿言，社稷之福也。」

正元元年冬十月壬辰，遣侍中持節分適四方，觀風俗，勞士民，察冤枉失職者。癸巳，假大將軍司馬景王黃鉞，入朝不趨，奏事不名，劍履上殿。戊戌，黃龍見于鄴井中。甲辰，命有司論廢立定策之功，封爵、增邑、進位、班賜各有差。

二年春正月乙丑，鎭東將軍毌丘儉、揚州刺史文欽反。（戊戌）〔戊寅〕，大將軍司馬景王征之。癸未，車騎將軍郭淮薨。閏月己亥，破欽于樂嘉。欽遁走，遂奔吳。甲辰，(安風淮津)〔安風津〕都尉斬儉，傳首京都。〔二〕壬子，復特赦淮南士民諸爲儉、欽所詿誤者。以鎮南將軍諸葛誕爲鎮東大將軍。司馬景王薨于許昌。二月丁巳，以衞將軍司馬文王爲大將軍，錄尚書事。

〔一〕世語曰：大將軍奉天子征儉，至項；儉既破，天子先還。

臣松之檢諸書都無此事，至諸葛誕反，司馬文王始挾太后及帝與俱行耳。故發詔引漢二祖及明帝親征以爲前比，知明帝已後始有此行也。案張璠、虞溥、郭頒皆晉之令史，璠、頒出爲官長，溥，鄱陽內史。璠撰後漢紀，雖似未成，辭藻可觀。溥著江表傳，亦粗有條貫。惟頒撰魏晉世語，蹇乏全無宮商，最爲鄙劣，以時有異事，故頗行於世。干寶、孫盛等多采其言以爲晉書，其中虛錯如此者，往往而有之。

甲子，吳大將孫峻等衆號十萬至壽春，諸葛誕拒擊破之，斬吳左將軍留贊，獻捷于京都。三月，立皇后卞氏，大赦。夏四月甲寅，封后父卞隆爲列侯。甲戌，以征南大將軍王昶爲驃騎將軍。秋七月，以征東大將軍胡遵爲衞將軍，鎮東大將軍諸葛誕爲征東大將軍。

八月辛亥，蜀大將軍姜維寇狄道，雍州刺史王經與戰洮西，經大敗，還保狄道城。辛未，以長水校尉鄧艾行安西將軍，與征西將軍陳泰并力拒維。戊辰，復遣太尉司馬孚爲後繼。九月庚子，講尚書業終，賜執經親授者司空鄭沖、侍中鄭小同等各有差。甲辰，姜維退還。冬十月，詔曰：「朕以寡德，不能式遏寇虐，乃令蜀賊陸梁邊陲。洮西之戰，至取負敗，將士死亡，計以千數，或沒命戰場，寃魂不反，或牽掣虜手，流離異域，吾深痛愍，爲之悼心。其令所在郡典農及安撫夷二護軍各部大吏慰卹其門戶，無差賦役一年；其力戰死事者，皆如舊科，勿有所漏。」

十一月甲午，以隴右四郡及金城，連年受敵，或亡叛投賊，其親戚留在本土者不安，皆特赦之。癸丑，詔曰：「往者洮西之戰，將吏士民或臨陳戰亡，或沈溺洮水，骸骨不收，棄於原野，吾常痛之。其告征西、安西將軍，各令部人於戰處及水次鉤求屍喪，收斂藏埋，以慰存亡。」

甘露元年春正月辛丑，青龍見軹縣井中。乙巳，沛王林薨。〔一〕

〔一〕魏氏春秋曰：二月丙辰，帝宴羣臣於太極東堂，與侍中荀顗、尚書崔贊、袁亮、鍾毓、給事中中書令虞松等並講述禮典，遂言帝王優劣之差。帝慕夏少康，因問顗等曰：「有夏既衰，后相殆滅，少康收集夏衆，復禹之績，高祖拔起隴畝，驅帥豪儁，芟夷秦、項，包舉寓內，斯二主可謂殊才異略，命世大賢者也。考其功德，誰宜爲先？」顗等對曰：「夫天下重器，王者天授，聖德應期，然後能受命創業。至於階緣前緒，興復舊績，造之與因，難易不同。少康功德雖美，猶爲中興之君，與世祖同流可也。至如高祖，臣等以爲優。」帝曰：「自古帝王，功德言行，互有高下，未必創業者皆優，紹繼者咸劣也。湯、武、高祖雖俱受命，賢聖之分，所覺縣殊。少康、殷宗中興之美，夏啓、周成守文之盛，論德較實，方諸漢祖，吾見其優，未聞其劣；顧所遇之時殊，故所名之功異耳。少康生於滅亡之後，降爲諸侯之隸，崎嶇逃難，僅以身免，能布其德而兆其謀，卒滅過、戈，克復禹績，祀夏配天，不失舊物，非至德弘仁，豈濟斯勳？漢祖因土崩之勢，仗一時之權，專任智力以成功業，行事動靜，多違聖檢；爲人子則數危其親，爲人君則囚繫賢相，爲人父則不能衞子；身沒之後，社稷幾傾，若與少康易時而處，或未能復大禹之績也。推此言之，宜高夏康而下漢祖矣。諸卿具論詳之。」翌日丁巳，講業既畢，顗、亮等議曰：「三代建國，列土而治，當其衰弊，無土崩之勢，可懷以德，難屈以力。逮至戰國，強弱相兼，去道德而任智力。故秦之弊可以力爭。少康布德，仁者之英也；高祖任力，智者之儁也。仁智不同，二帝殊矣。詩、書述殷中宗、高宗，皆列大雅，少康功美過于二宗，其爲大雅明矣。少康爲優，宜如詔旨。」贊、毓、松等議曰：「少康雖積德累仁，然上承大禹遺澤餘慶，內有虞、仍之援，外有靡、艾之助，寒浞讒慝，不德于民，澆、豷無親，外內棄之，以此有國，蓋有所因。至於漢祖，起自布衣，率烏合之士，以成帝者之業。論德則少康優，課功則高祖多，語資則少康易，校時則高祖難。」帝曰：「諸卿論少康因資，高祖創造，誠有之矣，然未知三代之世，任德濟勳如彼之難，秦、項之際，任力成功如此之易。且太上立德，其次立功，漢祖功高，未若少康盛德之茂也。且夫仁者必有勇，誅暴必用武，少康武烈之威，豈必降于高祖哉？但夏書淪亡，舊文殘缺，故勳美闕而罔載，唯有伍員粗述大略，其言復禹之績，不失舊物，祖述聖業，舊章不愆，自非大雅兼才，孰能與於此，向令墳、典具存，行事詳備，亦豈有異同之論哉？」於是羣臣咸悅服。中書令松進曰：「少康之事，去世久遠，其文昧如，是以自古及今，議論之士莫有言者，德美隱而不宣。陛下既垂心遠鑒，考詳古昔，又發德音，贊明少康之美，使顯於千載之上，宜錄以成篇，永垂于後。」帝曰：「吾學不博，所聞淺狹，懼於所論，未獲其宜；縱有可采，億則屢中，又不足貴，無乃致笑後賢，彰吾闇昧乎！」於是侍郎鍾會退論次焉。

夏四月庚戌，賜大將軍司馬文王袞冕之服，赤舄副焉。

丙辰，帝幸太學，問諸儒曰：「聖人幽贊神明，仰觀俯察，始作八卦，後聖重之爲六十四，立爻以極數，凡斯大義，罔有不備，而夏有連山，殷有歸藏，周曰周易，易之書，其故何也？」易博士淳于俊對曰：「包羲因燧皇之圖而制八卦，神農演之爲六十四，黃帝、堯、舜通其變，三代隨時，質文各繇其事。故易者，變易也，名曰連山，似山出內（雲）氣，連天地也；歸藏者，萬事莫不歸藏于其中也。」帝又曰：「若使包羲因燧皇而作易，孔子何以不云燧人氏沒包羲氏作乎？」俊不能答。帝又問曰：「孔子作彖、象，鄭玄作注，雖聖賢不同，其所釋經義一也。今彖、象不與經文相連，而注連之，何也？」俊對曰：「鄭玄合彖、象于經者，欲使學者尋省易了也。」帝曰：「若鄭玄合之，於學誠便，則孔子曷爲不合以了學者乎？」俊對曰：「孔子恐其與文王相亂，是以不合，此聖人以不合爲謙。」帝曰：「若聖人以不合爲謙，則鄭玄何獨不謙邪？」俊對曰：「古義弘深，聖問奧遠，非臣所能詳盡。」帝又問曰：「繫辭云『黃帝、堯、舜垂衣裳而天下治』，此包羲、神農之世爲無衣裳。但聖人化天下，何殊異爾邪？」俊對曰：「三皇之時，人寡而禽獸衆，故取其羽皮而天下用足，及至黃帝，人衆而禽獸寡，是以作爲衣裳以濟時變也。」帝又問：「乾爲天，而復爲金，爲玉，爲老馬，與細物並邪？」俊對曰：「聖人取象，或遠或近，近取諸物，遠則天地。」

講易畢，復命講尚書。帝問曰：「鄭玄曰『稽古同天，言堯同於天也』。王肅云『堯順考古道而行之』。二義不同，何者爲是？」博士庾峻對曰：「先儒所執，各有乖異，臣不足以定之。然洪範稱『三人占，從二人之言』。賈、馬及肅皆以爲『順考古道』。以洪範言之，肅義爲長。」帝曰：「仲尼言『唯天爲大，唯堯則之』。堯之大美，在乎則天，順考古道，非其至也。今發篇開義以明聖德，而舍其大，更稱其細，豈作者之意邪？」峻對曰：「臣奉遵師說，未喻大義，至于折中，裁之聖思。」次及四嶽舉鯀，帝又問曰：「夫大人者，與天地合其德，與日月合其明，思無不周，明無不照，今王肅云『堯意不能明鯀，是以試用』。如此，聖人之明有所未盡邪？」峻對曰：「雖聖人之弘，猶有所未盡，故禹曰『知人則哲，惟帝難之』，然卒能改授聖賢，緝熙庶績，亦所以成聖也。」帝曰：「夫有始有卒，其唯聖人。若不能始，何以爲聖？其言『惟帝難之』，然卒能改授，蓋謂知人，聖人所難，非不盡之言也。經云：『知人則哲，能官人。』若堯疑鯀，試之九年，官人失敍，何得謂之聖哲？」峻對曰：「臣竊觀經傳，聖人行事不能無失，是以堯失之四凶，周公失之二叔，仲尼失之宰予。」帝曰：「堯之任鯀，九載無成，汩陳五行，民用昏墊。至於仲尼失之宰予，言行之間，輕重不同也。至于周公、管、蔡之事，亦尙書所載，皆博士所當通也。」峻對曰：「此皆先賢所疑，非臣寡見所能究論。」次及「有鰥在下曰虞舜」，帝問曰：「當堯之時，洪水爲害，四凶在朝，宜速登賢聖濟斯民之時也。舜年在既立，聖德光明，而久不進用，何也？」峻對曰：「堯咨嗟求賢，欲遜己位，嶽曰『否德忝帝位』。堯復使嶽揚舉仄陋，然後薦舜。薦舜之本，實由於堯，此蓋聖人欲盡衆心也。」帝曰：「堯既聞舜而不登用，又時忠臣亦不進達，乃使嶽揚仄陋而後薦舉，非急於用聖恤民之謂也。」峻對曰：「非臣愚見所能逮及。」

於是復命講禮記。帝問曰：「『太上立德，其次務施報』。爲治何由而教化各異；皆脩何政而能致于立德，施而不報乎？」博士馬照對曰：「太上立德，謂三皇五帝之世以德化民，其次報施，謂三王之世以禮爲治也。」帝曰：「二者致化薄厚不同，將主有優劣邪？時使之然乎？」照對曰：「誠由時有樸文，故化有薄厚也。」〔一〕

〔一〕帝集載帝自敍始生禎祥曰：「昔帝王之生，或有禎祥，蓋所以彰顯神異也。惟予小子，支胤末流，謬爲靈祇之所相祐也，豈敢自比于前喆，聊記錄以示後世焉。其辭曰：惟正始三年九月辛未朔，二十五日乙未直成，予生。于時也，天氣清明，日月輝光，爰有黃氣，煙熅于堂，照曜室宅，其色煌煌。相而論之曰：未者爲土，魏之行也；厥日直成，應嘉名也；烟熅之氣，神之精也；無災無害，蒙神靈也。齊王不弔，顛覆厥度，羣公受予，紹繼祚皇。以眇眇之身，質性頑固，未能涉道，而遵大路，臨深履冰，涕泗憂懼。古人有云，懼則不亡，伊予小子，曷敢怠荒？庶不忝辱，永奉烝嘗。」

傅暢晉諸公贊曰：帝常與中護軍司馬望、侍中王沈、散騎常侍裴秀、黃門侍郎鍾會等講宴於東堂，并屬文論。名秀爲儒林丈人，沈爲文籍先生，望、會亦各有名號。帝性急，請召欲速。秀等在內職，到得及時，以望在外，特給追鋒車，虎賁卒五人，每有集會，望輒奔馳而至。

五月，鄴及(上谷)〔上洛〕並言甘露降。夏六月丙午，改元爲甘露。乙丑，青龍見元城縣界井中。秋七月己卯，衞將軍胡遵薨。

癸未，安西將軍鄧艾大破蜀大將姜維于上邽，詔曰：「兵未極武，醜虜摧破，斬首獲生，動以萬計，自頃戰克，無如此者。今遣使者犒賜將士，大會臨饗，飲宴終日，稱朕意焉。」

八月庚午，命大將軍司馬文王加號大都督，奏事不名，假黃鉞。癸酉，以太尉司馬孚爲太傅。九月，以司徒高柔爲太尉。冬十月，以司空鄭沖爲司徒，尚書左僕射盧毓爲司空。

二年春二月，青龍見溫縣井中。三月，司空盧毓薨。

夏四月癸卯，詔曰：「玄菟郡高顯縣吏民反叛，長鄭熙爲賊所殺。民王簡負擔熙喪，晨夜星行，遠致本州，忠節可嘉。其特拜簡爲忠義都尉，以旌殊行。」

甲子，以征東大將軍諸葛誕爲司空。

五月辛未，帝幸辟雍，會命羣臣賦詩。侍中和逌、尚書陳騫等作詩稽留，有司奏免官，詔曰：「吾以暗昧，愛好文雅，廣延詩賦，以知得失，而乃爾紛紜，良用反仄。其原逌等。主者宜敕自今以後，羣臣皆當玩習古義，脩明經典，稱朕意焉。」

乙亥，諸葛誕不就徵，發兵反，殺揚州刺史樂綝。丙子，赦淮南將吏士民爲誕所詿誤者。丁丑，詔曰：「諸葛誕造爲凶亂，盪覆揚州。昔黥布逆叛，漢祖親戎，隗囂違戾，光武西伐，及烈祖明皇帝躬征吳、蜀，皆所以奮揚赫斯，震耀威武也。今宜皇太后與朕暫共臨戎，速定醜虜，時寧東夏。」己卯，詔曰：「諸葛誕造構逆亂，迫脅忠義，平寇將軍臨渭亭侯龐會、騎督偏將軍路蕃，各將左右，斬門突出，忠壯勇烈，所宜嘉異。其進會爵鄉侯，蕃封亭侯。」

六月乙巳，詔：「吳使持節都督夏口諸軍事鎮軍將軍沙羨侯孫壹，賊之枝屬，位爲上將，畏天知命，深鑒禍福，翻然舉衆，遠歸大國，雖微子去殷，樂毅遁燕，無以加之。其以壹爲侍中車騎將軍、假節、交州牧、吳侯，開府辟召儀同三司，依古侯伯八命之禮，袞冕赤舄，事從豐厚。」〔一〕

〔一〕臣松之以爲壹畏逼歸命，事無可嘉，格以古義，欲蓋而名彰者也。當時之宜，未得遠遵式典，固應量才受賞，足以疇其來情而已。至乃光錫八命，禮同台鼎，不亦過乎！於招攜致遠，又無取焉。何者？若使彼之將守，與時無嫌，終不悅于殊寵，坐生叛心，以叛而愧，辱孰甚焉？如其憂危將及，非奔不免，則必逃死苟存，無希榮利矣，然則高位厚祿何爲者哉？魏初有孟達、黃權，在晉有孫秀、孫楷；達、權爵賞，比壹爲輕，秀、楷禮秩，優異尤甚。及至吳平，而降黜數等，不承權輿，豈不緣在始失中乎？

甲子，詔曰：「今車駕駐項，大將軍恭行天罰，前臨淮浦。昔相國大司馬征討，皆與尚書俱行，今宜如舊。」乃令散騎常侍裴秀、給事黃門侍郎鍾會咸與大將軍俱行。秋八月，詔曰：「昔燕刺王謀反，韓誼等諫而死，漢朝顯登其子。諸葛誕創造凶亂，主簿宣隆、部曲督秦絜秉節守義，臨事固爭，爲誕所殺，所謂無比干之親而受其戮者。其以隆、絜子爲騎都尉，加以賵賜，光示遠近，以殊忠義。」

九月，大赦。冬十二月，吳大將全端、全懌等率衆降。

三年春二月，大將軍司馬文王陷壽春城，斬諸葛誕。三月，詔曰：「古者克敵，收其屍以爲京觀，所以懲昏逆而章武功也。漢孝武元鼎中，改桐鄉爲聞喜，新鄉爲獲嘉，以著南越之亡。大將軍親總六戎，營據丘頭，內夷羣凶，外殄寇虜，功濟兆民，聲振四海。克敵之地，宜有令名，其改丘頭爲武丘，明以武平亂，後世不忘，亦京觀二邑之義也。」

夏五月，命大將軍司馬文王爲相國，封晉公，食邑八郡，加之九錫，文王前後九讓乃止。

六月丙子，詔曰：「昔南陽郡山賊擾攘，欲劫質故太守東里袞，功曹應余獨身捍袞，遂免於難。余顛沛殞斃，殺身濟君。其下司徒，署余孫倫吏，使蒙伏節之報。」〔一〕

〔一〕楚國先賢傳曰：余字子正，天姿方毅，志尚仁義，建安二十三年爲郡功曹。是時吳、蜀不賓，疆埸多虞。宛將侯音扇動山民，保城以叛。余與太守東里袞當擾攘之際，迸竄得出。音卽遣騎追逐，去城十里相及，賊便射袞，飛矢交流。余前以身當箭，被七創，因謂追賊曰：「侯音狂狡，造爲凶逆，大軍尋至，誅夷在近。謂卿曹本是善人，素無惡心，當思反善，何爲受其指揮？我以身代君，以被重創，若身死君全，隕沒無恨。」因仰天號哭泣涕，血淚俱下。賊見其義烈，釋袞不害。賊去之後，余亦命絕。征南將軍曹仁討平音，表余行狀，幷脩祭醊。太祖聞之，嗟歎良久，下荊州復表門閭，賜穀千斛。袞後爲于禁司馬，見魏略游說傳。

辛卯，大論淮南之功，封爵行賞各有差。

秋八月甲戌，以驃騎將軍王昶爲司空。丙寅，詔曰：「夫養老興教，三代所以樹風化垂不朽也，必有三老、五更以崇至敬，乞言納誨，著在惇史，然後六合承流，下觀而化。宜妙簡德行，以充其選。關內侯王祥，履仁秉義，雅志淳固。關內侯鄭小同，溫恭孝友，帥禮不忒。其以祥爲三老，小同爲五更。」車駕親率羣司，躬行古禮焉。〔一〕

〔一〕漢晉春秋曰：帝乞言於祥，祥對曰：「昔者明王禮樂既備，加之以忠誠，忠誠之發，形于言行。夫大人者，行動乎天地；天且弗違，況於人乎？」祥事別見呂虔傳。小同，鄭玄孫也。玄別傳曰：「玄有子，爲孔融吏，舉孝廉。融之被圍，往赴，爲賊所害。有遺腹子，以丁卯日生；而玄以丁卯歲生，故名曰小同。」

魏名臣奏載太尉華歆表曰：「臣聞勵俗宣化，莫先於表善，班祿敍爵，莫美於顯能，是以楚人思子文之治，復命其胤，漢室嘉江公之德，用顯其世。伏見故漢大司農北海鄭玄，當時之學，名冠華夏，爲世儒宗。文皇帝旌錄先賢，拜玄適孫小同以爲郎中，長假在家。小同年踰三十，少有令質，學綜六經，行著鄉邑。海、岱之人莫不嘉其自然，美其氣量。迹其所履，有質直不渝之性，然而恪恭靜默，色養其親，不治可見之美，不競人間之名，斯誠清時所宜式敍，前後明詔所斟酌而求也。臣老病委頓，無益視聽，謹具以聞。」

魏氏春秋曰：小同詣司馬文王，文王有密疏，未之屏也。如廁還，謂之曰：「卿見吾疏乎？」對曰：「否。」文王猶疑而鴆之，卒。

鄭玄注文王世子曰「三老、五更各一人，皆年老更事致仕者也」。注樂記曰「皆老人更知三德五事者也」。

蔡邕明堂論云：「更」應作「叟」。叟，長老之稱，字與「更」相似，書者遂誤以爲「更」。「嫂」字「女」傍「叟」，今亦以爲「更」，以此驗知應爲「叟」也。臣松之以爲邕謂「更」爲「叟」，誠爲有似，而諸儒莫之從，未知孰是。

是歲，青龍、黃龍仍見頓丘、冠軍、陽夏縣界井中。

四年春正月，黃龍二，見寧陵縣界井中。〔一〕夏六月，司空王昶薨。秋七月，陳留王峻薨。冬十月丙寅，分新城郡，復置上庸郡。十一月癸卯，車騎將軍孫壹爲婢所殺。

〔一〕漢晉春秋曰：是時龍仍見，咸以爲吉祥。帝曰：「龍者，君德也。上不在天，下不在田，而數屈於井，非嘉兆也。」仍作潛龍之詩以自諷，司馬文王見而惡之。

五年春正月朔，日有蝕之。夏四月，詔有司率遵前命，復進大將軍司馬文王位爲相國，封晉公，加九錫。

五月己丑，高貴鄉公卒，年二十。〔一〕皇太后令曰：「吾以不德，遭家不造，昔援立東海王子髦，以爲明帝嗣，見其好書疏文章，冀可成濟，而情性暴戾，日月滋甚。吾數呵責，遂更忿恚，造作醜逆不道之言以誣謗吾，遂隔絕兩宮。其所言道，不可忍聽，非天地所覆載。吾即密有令語大將軍，不可以奉宗廟，恐顛覆社稷，死無面目以見先帝。大將軍以其尚幼，謂當改心爲善，殷勤執據。而此兒忿戾，所行益甚，舉弩遙射吾宮，祝當令中吾項，箭親墮吾前。吾語大將軍，不可不廢之，前後數十。此兒具聞，自知罪重，便圖爲弑逆，賂遺吾左右人，令因吾服藥，密因酖毒，重相設計。事已覺露，直欲因際會舉兵入西宮殺吾，出取大將軍，呼侍中王沈、散騎常侍王業、〔三〕尚書王經，出懷中黃素詔示之，言今日便當施行。吾之危殆，過于累卵。吾老寡，豈復多惜餘命邪？但傷先帝遺意不遂，社稷顛覆爲痛耳。賴宗廟之靈，沈、業即馳語大將軍，得先嚴警，而此兒便將左右出雲龍門，雷戰鼓，躬自拔刃，與左右雜衞共入兵陳間，爲前鋒所害。此兒既行悖逆不道，而又自陷大禍，重令吾悼心不可言。昔漢昌邑王以罪廢爲庶人，此兒亦宜以民禮葬之，當令內外咸知此兒所行。又尚書王經，凶逆無狀，其收經及家屬皆詣廷尉。」

〔一〕漢晉春秋曰：帝見威權日去，不勝其忿。乃召侍中王沈、尚書王經、散騎常侍王業，謂曰：「司馬昭之心，路人所知也。吾不能坐受廢辱，今日當與卿〔等〕自出討之。」王經曰：「昔魯昭公不忍季氏，敗走失國，爲天下笑。今權在其門，爲日久矣，朝廷四方皆爲之致死，不顧逆順之理，非一日也。且宿衞空闕，兵甲寡弱，陛下何所資用，而一旦如此，無乃欲除疾而更深之邪！禍殆不測，宜見重詳。」帝乃出懷中版令投地，曰：「行之決矣。正使死，何所懼？況不必死邪！」於是入白太后，沈、業奔走告文王，文王爲之備。帝遂帥僮僕數百，鼓譟而出。文王弟屯騎校尉伷入，遇帝於東止車門，左右呵之，伷衆奔走。中護軍賈充又逆帝戰於南闕下，帝自用劍。衆欲退，太子舍人成濟問充曰：「事急矣。當云何？」充曰：「畜養汝等，正謂今日。今日之事，無所問也。」濟即前刺帝，刃出於背。文王聞，大驚，自投于地曰：「天下其謂我何！」太傅孚奔往，枕帝股而哭，哀甚，曰：「殺陛下者，臣之罪也。」臣松之以爲習鑿齒書，雖最後出，然述此事差有次第。故先載習語，以其餘所言微異者次其後。

世語曰：王沈、王業馳告文王，尚書王經以正直不出，因沈、業申意。

晉諸公贊曰：沈、業將出，呼王經。經不從，曰：「吾子行矣！」

干寶晉紀曰：成濟問賈充曰：「事急矣。若之何？」充曰：「公畜養汝等，爲今日之事也。夫何疑！」濟曰：「然。」乃抽戈犯蹕。

魏氏春秋曰：戊子夜，帝自將宂從僕射李昭、黃門從官焦伯等下陵雲臺，鎧仗授兵，欲因際會，自出討文王。會雨，有司奏卻日，遂見王經等出黃素詔於懷曰：「是可忍也，孰不可忍也！今日便當決行此事。」入白太后，遂拔劍升輦，帥殿中宿衞蒼頭官僮擊戰鼓，出雲龍門。賈充自外而入，帝師潰散，猶稱天子，手劍奮擊，衆莫敢逼。充帥厲將士，騎督成倅弟成濟以矛進，帝崩于師。時暴雨雷霆，晦冥。

魏末傳曰：賈充呼帳下督成濟謂曰：「司馬家事若敗，汝等豈復有種乎？何不出擊！」倅兄弟二人乃帥帳下人出，顧曰：「當殺邪？執邪？」充曰：「殺之。」兵交，帝曰：「放仗！」大將軍士皆放仗。濟兄弟因前刺帝，帝倒車下。

〔三〕世語曰：業，武陵人，後爲晉中護軍。

庚寅，太傅孚、大將軍文王、太尉柔、司徒沖稽首言：「伏見中令，故高貴鄉公悖逆不道，自陷大禍，依漢昌邑王罪廢故事，以民禮葬。臣等備位，不能匡救禍亂，式遏姦逆，奉令震悚，肝心悼慄。春秋之義，王者無外，而書『襄王出居于鄭』，不能事母，故絕之于位也。今高貴鄉公肆行不軌，幾危社稷，自取傾覆，人神所絕，葬以民禮，誠當舊典。然臣等伏惟殿下仁慈過隆，雖存大義，猶垂哀矜，臣等之心實有不忍，以爲可加恩以王禮葬之。」太后從之。〔一〕

〔一〕漢晉春秋曰：「丁卯，葬高貴鄉公于洛陽西北三十里瀍澗之濱。下車數乘，不設旌旐，百姓相聚而觀之，曰：「是前日所殺天子也。」或掩面而泣，悲不自勝。

臣松之以爲若但下車數乘，不設旌旐，何以爲王禮葬乎？斯蓋惡之過言，所謂不如是之甚者。

使使持節行中護軍中壘將軍司馬炎北迎常道鄉公璜嗣明帝後。辛卯，羣公奏太后曰：「殿下聖德光隆，寧濟六合，而猶稱令，與藩國同。請自今殿下令書，皆稱詔制，如先代故事。」

癸卯，大將軍固讓相國、晉公、九錫之寵。太后詔曰：「夫有功不隱，周易大義，成人之美，古賢所尚，今聽所執，出表示外，以章公之謙光焉。」

戊申，大將軍文王上言：「高貴鄉公率將從駕人兵，拔刃鳴金鼓向臣所止；懼兵刃相接，卽勑將士不得有所傷害，違令以軍法從事。騎督成倅弟太子舍人濟，橫入兵陳傷公，遂至隕命；輒收濟行軍法。臣聞人臣之節，有死無二，事上之義，不敢逃難。前者變故卒至，禍同發機，誠欲委身守死，唯命所裁。然惟本謀乃欲上危皇太后，傾覆宗廟。臣忝當大任，義在安國，懼雖身死，罪責彌重。欲遵伊、周之權，以安社稷之難，卽駱驛申勑，不得迫近輦輿，而濟遽入陳間，以致大變。哀怛痛恨，五內摧裂，不知何地可以隕墜？科律大逆無道，父母妻子同產皆斬。濟凶戾悖逆，干國亂紀，罪不容誅。輒勑侍御史收濟家屬，付廷尉，結正其罪。」〔一〕太后詔曰：「夫五刑之罪，莫大於不孝。夫人有子不孝，尚告治之，此兒豈復成人主邪？吾婦人不達大義，以謂濟不得便爲大逆也。然大將軍志意懇切，發言惻愴，故聽如所奏。當班下遠近，使知本末也。」〔二〕

〔一〕魏氏春秋曰：成濟兄弟不即伏罪，袒而升屋，醜言悖慢；自下射之，乃殪。

〔二〕世語曰：初，青龍中，石苞鬻鐵於長安，得見司馬宣王，宣王知焉。後擢爲尚書郎，歷青州刺史、鎮東將軍。甘露中入朝，當還，辭高貴鄉公，留中盡日。文王遣人要令過。文王問苞：「何淹留也？」苞曰：「非常人也。」明日發至滎陽，數日而難作。

六月癸丑，詔曰：「古者人君之爲名字，難犯而易諱。今常道鄉公諱字甚難避，其朝臣博議改易，列奏。」

陳留王諱奐，字景明，武帝孫，燕王宇子也。甘露三年，封安次縣常道鄉公。高貴鄉公卒，公卿議迎立公。六月甲寅，入于洛陽，見皇太后，是日卽皇帝位于太極前殿，大赦，改年，賜民爵及穀帛各有差。

景元元年夏六月丙辰，進大將軍司馬文王位爲相國，封晉公，增封二郡，并前滿十，加九錫之禮，一如前（奏）〔詔〕；諸羣從子弟，其未有侯者皆封亭侯，賜錢千萬，帛萬匹，文王固讓乃止。己未，故漢獻帝夫人節薨，帝臨于華林園，使使持節追謚夫人爲獻穆皇后。及葬，車服制度皆如漢氏故事。癸亥，以尚書右僕射王觀爲司空，冬十月，觀薨。

十一月，燕王上表賀冬至，稱臣。詔曰：「古之王者，或有所不臣，王將宜依此義。表不稱臣乎！又當爲報。夫後大宗者，降其私親，況所繼者重邪！若便同之臣妾，亦情所未安。其皆依禮典處，當務盡其宜。」有司奏，以爲「禮莫崇于尊祖，制莫大于正典。陛下稽德期運，撫臨萬國，紹大宗之重，隆三祖之基。伏惟燕王體尊戚屬，正位藩服，躬秉虔肅，率蹈恭德以先萬國；其于正典，闡濟大順，所不得制。聖朝誠宜崇以非常之制，奉以不臣之禮。臣等平議以爲燕王章表，可聽如舊式。中詔所施，或存好問，準之義類，則『(宴)〔燕〕覿之(族)〔敬〕』也。可少順聖敬，加崇儀稱，示不敢斥，宜曰『皇帝敬問大王侍御』。至于制書，國之正典，朝廷所以辨章公制，宜昭軌儀于天下者也，宜循法，故曰『制詔燕王』。凡詔命、制書、奏事、上書諸稱燕王者，可皆上平；其非宗廟助祭之事，皆不得稱王名，奏事、上書、文書及吏民皆不得觸王諱，以彰殊禮，加于羣后。上遵王典尊祖之制，俯順聖敬烝烝之心，二者不愆，禮實宜之，可普告施行。」

十二月甲申，黃龍見華陰縣井中。甲午，以司隸校尉王祥爲司空。

二年夏五月朔，日有食之。秋七月，樂浪外夷韓、濊貊各率其屬來朝貢。八月戊寅，趙王幹薨。甲寅，復命大將軍進爵晉公，加位相國，備禮崇錫，一如前詔；又固辭乃止。

三年春二月，青龍見于軹縣井中。夏四月，遼東郡言肅愼國遣使重譯入貢，獻其國弓三十張，長三尺五寸，楛矢長一尺八寸，石弩三百枚，皮骨鐵雜鎧二十領，貂皮四百枚。冬十月，蜀大將姜維寇洮陽，鎭西將軍鄧艾拒之，破維于侯和，維遁走。是歲，詔祀故軍祭酒郭嘉於太祖廟庭。

四年春二月，復命大將軍進位爵賜一如前詔，又固辭乃止。

夏五月，詔曰：「蜀，蕞爾小國，土狹民寡，而姜維虐用其衆，曾無廢志；往歲破敗之後，猶復耕種沓中，刻剝衆羌，勞役無已，民不堪命。夫兼弱攻昧，武之善經，致人而不致於人，兵家之上略。蜀所恃賴，唯維而已，因其遠離巢窟，用力爲易。今使征西將軍鄧艾督帥諸軍，趣甘松、沓中以羅取維，雍州刺史諸葛緒督諸軍趣武都、高樓，首尾蹵討。若擒維，便當東西並進，掃滅巴蜀也。」又命鎭西將軍鍾會由駱谷伐蜀。

秋九月，太尉高柔薨。冬十月甲寅，復命大將軍進位爵賜一如前詔。癸卯，立皇后卞氏，十一月，大赦。

自鄧艾、鍾會率衆伐蜀，所至輒克。是月，蜀主劉禪詣艾降，巴蜀皆平。十二月庚戌，以司徒鄭沖爲太保。壬子，分益州爲梁州。癸丑，特赦益州士民，復除租賦之半五年。乙卯，以征西將軍鄧艾爲太尉，鎭西將軍鍾會爲司徒。皇太后崩。

咸熙元年春正月壬戌，檻車徵鄧艾。甲子，行幸長安。壬申，使使者以壁幣祀華山。是月，鍾會反于蜀，爲衆所討；鄧艾亦見殺。二月辛卯，特赦諸在益土者。庚申，葬明元郭后。三月丁丑，以司空王祥爲太尉，征北將軍何曾爲司徒，尚書左僕射荀顗爲司空。己卯，進晉公爵爲王，封十郡，并前二十。〔一〕丁亥，封劉禪爲安樂公。夏五月庚申，相國晉王奏復五等爵。甲戌，改年。癸未，追命舞陽宣文侯爲晉宣王，舞陽忠武侯爲晉景王。六月，鎮西將軍衞瓘上雍州兵于成都縣獲璧玉印各一，印文似「成信」字，依周成王歸禾之義，宣示百官，藏于相國府。〔二〕

〔一〕漢晉春秋曰：晉公既進爵爲王，太尉王祥、司徒何曾、司空荀顗並詣王。顗曰：「相王尊重，何侯與一朝之臣皆已盡敬，今日便當相率而拜，無所疑也。」祥曰：「相國位勢，誠爲尊貴，然要是魏之宰相，吾等魏之三公；公、王相去，一階而已，班列大同，安有天子三公可輒拜人者！損魏朝之望，虧晉王之德，君子愛人以禮，吾不爲也。」及入，顗遂拜，而祥獨長揖。王謂祥曰：「今日然後知君見顧之重！」

〔二〕孫盛曰：昔公孫述自以起成都，號曰成。二玉之文，殆述所作也。

初，自平蜀之後，吳寇屯逼永安，遣荆、豫諸軍掎角赴救。七月，賊皆遁退。八月庚寅，命中撫軍司馬炎副貳相國事，以同魯公拜後之義。

癸巳，詔曰：「前逆臣鍾會構造反亂，聚集征行將士，劫以兵威，始吐姦謀，發言桀逆，逼脅衆人，皆使下議，倉卒之際，莫不驚懾。相國左司馬夏侯和、騎士曹屬朱撫時使在成都，中領軍司馬賈輔、郎中羊琇各參會軍事；和、琇、撫皆抗節不撓，拒會凶言，臨危不顧，詞指正烈。輔語散將王起，說『會姦逆凶暴，欲盡殺將士』，又云『相國已率三十萬衆西行討會』，欲以稱張形勢，感激衆心。起出，以輔言宣語諸軍，遂使將士益懷奮勵。宜加顯寵，以彰忠義。其進和、輔爵爲鄉侯，琇、撫爵關內侯。起宣傳輔言，告令將士，所宜賞異。其以起爲部曲將。」

癸卯，以衞將軍司馬望爲驃騎將軍。九月戊午，以中撫軍司馬炎爲撫軍大將軍。

辛未，詔曰：「吳賊政刑暴虐，賦斂無極。孫休遣使鄧句，勑交阯太守鎖送其民，發以爲兵。吳將呂興因民心憤怒，又承王師平定巴蜀，卽糾合豪傑，誅除句等，驅逐太守長吏，撫和吏民，以待國命。九眞、日南郡聞興去逆卽順，亦齊心響應，與興協同。興移書日南州郡，開示大計，兵臨合浦，告以禍福；遣都尉唐譜等詣進乘縣，因南中都督護軍霍弋上表自陳。又交阯將吏各上表，言『興創造事業，大小承命。郡有山寇，入連諸郡，懼其計異，各有攜貳。權時之宜，以興爲督交阯諸軍事、上大將軍、定安縣侯，乞賜褒獎，以慰邊荒』。乃心款誠，形于辭旨。昔儀父朝魯，春秋所美；竇融歸漢，待以殊禮。今國威遠震，撫懷六合，方包舉殊裔，混一四表。興首向王化，舉衆稽服，萬里馳義，請吏帥職，宜加寵遇，崇其爵位。

既使興等懷忠感悅，遠人聞之，必皆競勸。其以興爲使持節、都督交州諸軍事、南中大將軍，封定安縣侯，得以便宜從事，先行後上。」策命未至，興爲下人所殺。

冬十月丁亥，詔曰：「昔聖帝明王，靜亂濟世，保大定功，文武殊塗，勳烈同歸。是故或舞干戚以訓不庭，或陳師旅以威暴慢。至于愛民全國，康惠庶類，必先脩文教，示之軌儀，不得已然後用兵，此盛德之所同也。往者季漢分崩，九土顛覆，劉備、孫權乘間作禍。三祖綏寧中夏，日不暇給，遂使遺寇僭逆歷世。幸賴宗廟威靈，宰輔忠武，爰發四方，拓定庸、蜀，役不浹時，一征而克。自頃江表衰弊，政刑荒闇，巴、漢平定，孤危無援，交、荆、揚、越靡然向風。今交阯僞將呂興已帥三郡，萬里歸命；武陵邑侯相嚴等糾合五縣，請爲臣妾；豫章廬陵山民舉衆叛吳，以助北將軍爲號。又孫休病死，主帥改易，國內乖違，人各有心。僞將施績，賊之名臣，懷疑自猜，深見忌惡。衆叛親離，莫有固志，自古及今，未有亡徵若此之甚。若六軍震曜，南臨江、漢，吳會之域必扶老攜幼以迎王師，必然之理也。然興動大衆，猶有勞費，宜告喻威德，開示仁信，使知順附和同之利。相國參軍事徐紹、水曹掾孫彧，昔在壽春，並見虜獲。紹本僞南陵督，才質開壯；彧，孫權支屬，忠良見事。其遣紹南還，以彧爲副，宣揚國命，告喻吳人，諸所示語，皆以事實，若其覺悟，不損征伐之計，蓋廟勝長算，自古之道也。其以紹兼散騎常侍，加奉車都尉，封都亭侯；彧兼給事黃門侍郎，賜爵關內侯。紹等所賜妾及男女家人在此者，悉聽自隨，以明國恩，不必使還，以開廣大信。」丙午，命撫軍大將軍新昌鄉侯炎爲晉世子。是歲，罷屯田官以均政役，諸典農皆爲太守，都尉皆爲令長；勸募蜀人能內移者，給廩二年，復除二十歲。安彌、福祿縣各言嘉禾生。

二年春二月甲辰，朐䏰縣獲靈龜以獻，歸之于相國府。庚戌，以虎賁張脩昔於成都馳馬至諸營言鍾會反逆，以至沒身，賜脩弟倚爵關內侯。夏四月，南深澤縣言甘露降。吳遣使紀陟、弘璆請和。

五月，詔曰：「相國晉王誕敷神慮，光被四海；震燿武功，則威蓋殊荒，流風邁化，則旁洽無外。愍卹江表，務存濟育，戢武崇仁，示以威德。文告所加，承風嚮慕，遣使納獻，以明委順，方寶纖珍，歡以效意。而王謙讓之至，一皆簿送，非所以慰副初附，從其款願也。孫皓諸所獻致，其皆還送，歸之于王，以協古義。」王固辭乃止。又命晉王冕十有二旒，建天子旌旗，出警入蹕，乘金根車六馬，備五時副車，置旄頭雲罕，樂舞八佾，設鍾虡宮縣。進王妃爲王后，世子爲太子，王子、王女、王孫，爵命之號如舊儀。癸未，大赦。秋八月辛卯，相國晉王薨。壬辰，晉太子炎紹封襲位，總攝百揆，備物典册，一皆如前。是月，襄武縣言有大人見，〔長〕三丈餘，跡長三尺二寸，白髮，著黃單衣，黃巾，柱杖，呼民王始語云：「今當太平。」九月乙未，大赦。戊午，司徒何曾爲晉丞相。癸亥，以驃騎將軍司馬望爲司徒，征東大將軍石苞爲驃騎將軍，征南大將軍陳騫爲車騎將軍。乙亥，葬晉文王。閏月庚辰，康居、大宛獻名馬，歸于相國府，以顯懷萬國致遠之勳。

十二月壬戌，天祿永終，曆數在晉。詔羣公卿士具儀設壇于南郊，使使者奉皇帝璽綬册，禪位于晉嗣王，如漢魏故事。甲子，使使者奉策。遂改次于金墉城，而終館于鄴，時年二十。〔一〕

〔一〕魏世譜曰：封帝爲陳留王。年五十八，大安元年崩，謚曰元皇帝。

評曰：古者以天下爲公，唯賢是與。後代世位，立子以適；若適嗣不繼，則宜取旁親明德，若漢之文、宣者，斯不易之常準也。明帝既不能然，情繫私愛，撫養嬰孩，傳以大器，託付不專，必參枝族，終于曹爽誅夷，齊王替位。高貴公才慧夙成，好問尚辭，蓋亦文帝之風流也；然輕躁忿肆，自蹈大禍。陳留王恭己南面，宰輔統政，仰遵前式，揖讓而禪，遂饗封大國，作賓于晉，比之山陽，班寵有加焉。

三國志卷五

魏書五

后妃傳第五

易稱「男正位乎外，女正位乎內；男女正，天地之大義也」。古先哲王，莫不明后妃之制，順天地之德，故二妃嬪嬀，虞道克隆，任、姒配姬，周室用熙，廢興存亡，恆此之由。春秋說云天子十二女，諸侯九女，考之情理，不易之典也。而末世奢縱，肆其侈欲，至使男女怨曠，感動和氣，惟色是崇，不本淑懿，故風教陵遲而大綱毀泯，豈不惜哉！嗚呼，有國有家者，其可以永鑒矣！

漢制，帝祖母曰太皇太后，帝母曰皇太后，帝妃曰皇后，其餘內官十有四等。魏因漢法，母后之號，皆如舊制，自夫人以下，世有增損。太祖建國，始命王后，其下五等：有夫人，有昭儀，有倢伃，有容華，有美人。文帝增貴嬪、淑媛、脩容、順成、良人。明帝增淑妃、昭華、脩儀；除順成官。太和中始復命夫人，登其位於淑妃之上。自夫人以下爵凡十二等：貴嬪、夫人，位次皇后，爵無所視；淑妃位視相國，爵比諸侯王；淑媛位視御史大夫，爵比縣公；昭儀比縣侯；昭華比鄉侯；脩容比亭侯；脩儀比關內侯；倢伃視中二千石；容華視眞二千石；美人視比二千石；良人視千石。

武宣卞皇后，琅邪開陽人，文帝母也。本倡家，〔一〕年二十，太祖於譙納后爲妾。後隨太祖至洛。及董卓爲亂，太祖微服東出避難。袁術傳太祖凶問，時太祖左右至洛者皆欲歸，后止之曰：「曹君吉凶未可知，今日還家，明日若在，何面目復相見也？正使禍至，共死何苦！」遂從后言。太祖聞而善之。建安初，丁夫人廢，遂以后爲繼室。諸子無母者，太祖皆令后養之。〔二〕文帝爲太子，左右長御賀后曰：「將軍拜太子，天下莫不歡喜，后當傾府藏賞賜。」后曰：「王自以丕年大，故用爲嗣，我但當以免無教導之過爲幸耳，亦何爲當重賜遺乎！」長御還，具以語太祖。太祖悅曰：「怒不變容，喜不失節，故是最爲難。」

〔一〕魏書曰：后以漢延熹三年十二月己巳生齊郡白亭，有黃氣滿室移日。父敬侯怪之，以問卜者王旦，旦曰：「此吉祥也。」

〔二〕魏略曰：太祖始有丁夫人，又劉夫人生子脩及清河長公主。劉早終，丁養子脩。子脩亡於穰，丁常言：「將我兒殺之，都不復念！」遂哭泣無節。太祖忿之，遣歸家，欲其意折。後太祖就見之，夫人方織，外人傳云「公至」，夫人踞機如故。太祖到，撫其背曰：「顧我共載歸乎！」夫人不顧，又不應。太祖卻行，立于戶外，復云：「得無尙可邪！」遂不應，太祖曰：「眞訣矣。」遂與絕，欲其家嫁之，其家不敢。初，丁夫人旣爲嫡，加有子脩，丁視后母子不足。后爲繼室，不念舊惡，因太祖出行，常四時使人饋遺，又私迎之，延以正坐而己下之，迎來送去，有如昔日。丁謝曰：「廢放之人，夫人何能常爾邪！」其後丁亡，后請太祖殯葬，許之，乃葬許城南。後太祖病困，自慮不起，歎曰：「我前後行意，於心未曾有所負也。假令死而有靈，子脩若問『我母所在』，我將何辭以答！」

魏書曰：后性約儉，不尚華麗，無文繡珠玉，器皆黑漆。太祖常得名璫數具，命后自選一具，后取其中者，太祖問其故，對曰：「取其上者爲貪，取其下者爲僞，故取其中者。」

二十四年，拜爲王后，策曰：「夫人卞氏，撫養諸子，有母儀之德。今進位王后，太子諸侯陪位，羣卿上壽，減國內死罪一等。」二十五年，太祖崩，文帝卽王位，尊后曰王太后，及踐阼，尊后曰皇太后，稱永壽宮。〔一〕明帝卽位，尊太后曰太皇太后。

〔一〕魏書曰：后以國用不足，減損御食，諸金銀器物皆去之。東阿王植，太后少子，最愛之。後植犯法，爲有司所奏，文帝令太后弟子奉車都尉蘭持公卿議白太后，太后曰：「不意此兒所作如是，汝還語帝，不可以我故壞國法。」及自見帝，不以爲言。

臣松之案：文帝夢磨錢，欲使文滅而更愈明，以問周宣。宣答曰：「此陛下家事，雖意欲爾，而太后不聽。」則太后用意，不得如此書所言也。

魏書又曰：太后每隨軍征行，見高年白首，輒住車呼問，賜與絹帛，對之涕泣曰：「恨父母不及我時也。」太后每見外親，不假以顏色，常言「居處當務節儉，不當望賞賜，念自佚也。外舍當怪吾遇之太薄，吾自有常度故也。吾事武帝四五十年，行儉日久，不能自變爲奢，有犯科禁者，吾且能加罪一等耳，莫望錢米恩貸也。」帝爲太后弟秉起第，第成，太后幸第請諸家外親，設下廚，無異膳。太后左右，菜食粟飯，無魚肉。其儉如此。

黄初中，文帝欲追封太后父母，尚書陳羣奏曰：「陛下以聖德應運受命，創業革制，當永爲後式。案典籍之文，無婦人分土命爵之制。在禮典，婦因夫爵。秦違古法，漢氏因之，非先王之令典也。」帝曰：「此議是也，其勿施行。以作著詔下藏之臺閣，永爲後式。」至太和四年春，明帝乃追謚太后祖父廣曰開陽恭侯，父遠曰敬侯，祖母周封陽都君及(恭)〔敬〕侯夫人，皆贈印綬。其年五月，后崩。七月，合葬高陵。

初，太后弟秉，以功封都鄉侯，黄初七年進封開陽侯，邑千二百戶，爲昭烈將軍。〔一〕秉薨，子蘭嗣。少有才學，〔二〕爲奉車都尉、游擊將軍，加散騎常侍。蘭薨，子暉嗣。〔三〕又分秉爵，封蘭弟琳爲列侯，官至步兵校尉。蘭子隆女爲高貴鄉公皇后，隆以后父爲光祿大夫，位特進，封睢陽鄉侯，妻王爲顯陽鄉君。追封隆前妻劉爲順陽鄉君，后親母故也。琳女又爲陳留王皇后，時琳已沒，封琳妻劉爲廣陽鄉君。

〔一〕魏略曰：初，卞后弟秉，當建安時得爲別部司馬，后常對太祖怨言，太祖答言：「但得與我作婦弟，不爲多邪？」后又欲太祖給其錢帛，太祖又曰：「但汝盜與，不爲足邪？」故訖太祖世，秉官不移，財亦不益。

〔二〕魏略曰：蘭獻賦贊述太子德美，太子報曰：「賦者，言事類之所附也，頌者，美盛德之形容也，故作者不虛其辭，受者必當其實。蘭此賦，豈吾實哉？昔吾丘壽王一陳寶鼎，何武等徒以歌頌，猶受金帛之賜，蘭事雖不諒，義足嘉也。今賜牛一頭。」由是遂見親敬。

〔三〕魏略曰：明帝時，蘭見外有二難，而帝留意於宮室，常因侍從，數切諫。帝雖不能從，猶納其誠款。後蘭苦酒消渴，時帝信巫女用水方，使人持水賜蘭，蘭不肯飲。詔問其意？蘭言治病自當以方藥，何信於此？帝爲變色，而蘭終不服。後渴稍甚，以至於亡。故時人見蘭好直言，謂帝面折之而蘭自殺，其實不然。

文昭甄皇后，中山無極人，明帝母，漢太保甄邯後也，世吏二千石。父逸，上蔡令。后三歲失父。〔一〕後天下兵亂，加以饑饉，百姓皆賣金銀珠玉寶物，時后家大有儲穀，頗以買之。后年十餘歲，白母曰：「今世亂而多買寶物，匹夫無罪，懷璧爲罪。又左右皆飢乏，不如以穀振給親族鄰里，廣爲恩惠也。」舉家稱善，卽從后言。〔二〕

〔一〕魏書曰：逸娶常山張氏，生三男五女：長男豫，早終；次儼，舉孝廉，大將軍掾、曲梁長；次堯，舉孝廉；長女姜，次脫，次道，次榮，次卽后。后以漢光和五年十二月丁酉生。每寢寐，家中髣髴見如有人持玉衣覆其上者，常共怪之。逸薨，加號慕，內外益奇之。後相者劉良相后及諸子，良指后曰：「此女貴乃不可言。」后自少至長，不好戲弄。年八歲，外有立騎馬戲者，家人諸姊皆上閣觀之，后獨不行。諸姊怪問之，后答言：「此豈女人之所觀邪？」年九歲，喜書，視字輒識，數用諸兄筆硯，兄謂后言：「汝當習女工。用書爲學，當作女博士邪？」后答言：「聞古者賢女，未有不學前世成敗，以爲己誡。不知書，何由見之？」

〔二〕魏略曰：后年十四，喪中兄儼，悲哀過制，事寡嫂謙敬，事處其勞，拊養儼子，慈愛甚篤。后母性嚴，待諸婦有常，后數諫母：「兄不幸早終，嫂年少守節，顧留一子，以大義言之，待之當如婦，愛之宜如女。」母感后言流涕，便令后與嫂共止，寢息坐起常相隨，恩愛益密。

建安中，袁紹爲中子熙納之。熙出爲幽州，后留養姑。及冀州平，文帝納后于鄴，有寵，生明帝及東鄉公主。〔一〕延康元年正月，文帝卽王位，六月，南征，后留鄴。黃初元年十月，帝踐阼。踐阼之後，山陽公奉二女以嬪于魏，郭后、李、陰貴人並愛幸，后愈失意，有怨言。帝大怒，二年六月，遣使賜死，葬于鄴。〔二〕

〔一〕魏略曰：熙出在幽州，后留侍姑。及鄴城破，紹妻及后共坐皇堂上。文帝入紹舍，見紹妻及后，后怖，以頭伏姑膝上，紹妻兩手自搏。文帝謂曰：「劉夫人云何如此？令新婦舉頭！」姑乃捧后令仰，文帝就視，見其顏色非凡，稱歎之。太祖聞其意，遂爲迎取。

世語曰：太祖下鄴，文帝先入袁尚府，有婦人被髮垢面，垂涕立紹妻劉後，文帝問之，劉答「是熙妻」，顧擥髮髻，以巾拭面，姿貌絕倫。旣過，劉謂后「不憂死矣」！遂見納，有寵。

魏書曰：后寵愈隆而彌自挹損，後宮有寵者勸勉之，其無寵者慰誨之，每因閑宴，常勸帝，言「昔黃帝子孫蕃育，蓋由妾媵衆多，乃獲斯祚耳。所願廣求淑媛，以豐繼嗣。」帝心嘉焉。其後帝欲遣任氏，后請於帝曰：「任旣鄉黨名族，德、色，妾等不及也，如何遣之？」帝曰：「任性狷急不婉順，前後忿吾非一，是以遣之耳。」后流涕固請曰：「妾受敬遇之恩，衆人所知，必謂任之出，是妾之由。上懼有見私之譏，下受專寵之罪，願重留意！」帝不聽，遂出之。

十六年七月，太祖征關中，武宣皇后從，留孟津，帝居守鄴。時武宣皇后體小不安，后不得定省，憂怖，晝夜泣涕；左右驟以差問告，后猶不信，曰：「夫人在家，故疾每動，輒歷時，今疾便差，何速也？此欲慰我意耳！」憂愈甚。後得武宣皇后還書，說疾已平復，后乃懽悅。十七年正月，大軍還鄴，后朝武宣皇后，望幄座悲喜，感動左右。武宣皇后見后如此，亦泣，且謂之曰：「新婦謂吾前病如昔時困邪？吾時小小耳，十餘日卽差，不當視我顏色乎！」嗟歎曰：「此眞孝婦也。」二十一年，太祖東征，武宣皇后、文帝及明帝、東鄉公主皆從，時后以病留鄴。二十二年九月，大軍還，武宣皇后左右侍御見后顏色豐盈，怪問之曰：「后與二子別久，下流之情，不可爲念，而后顏色更盛，何也？」后笑答之曰：「(諱)〔叡〕等自隨夫人，我當何憂！」后之賢明以禮自持如此。

〔二〕魏書曰：有司奏建長秋宮，帝璽書迎后，詣行在所，后上表曰：「妾聞先代之興，所以饗國久長，垂祚後嗣，無不由后妃焉。故必審選其人，以興內教。今踐阼之初，誠宜登進賢淑，統理六宮。妾自省愚陋，不任粢盛之事，加以寢疾，敢守微志。」璽書三至而后三讓，言甚懇切。時盛暑，帝欲須秋涼乃更迎后。會后疾遂篤，夏六月丁卯，崩于鄴。帝哀痛咨嗟，策贈皇后璽綬。

臣松之以爲春秋之義，內大惡諱，小惡不書。文帝之不立甄氏，及加殺害，事有明審。魏史若以爲大惡邪，則宜隱而不言，若謂爲小惡邪，則不應假爲之辭，而崇飾虛文乃至於是，異乎所聞於舊史。推此而言，其稱卞、甄諸后言行之善，皆難以實論。陳氏刪落，良有以也。

明帝卽位，有司奏請追諡，使司空王朗持節奉策以太牢告祠于陵，又別立寢廟。〔一〕太和元年三月，以中山魏昌之安城鄉戶千，追封逸，諡曰敬侯；適孫像襲爵。四月，初營宗廟，掘地得玉璽，方一寸九分，其文曰「天子羨思慈親」，明帝爲之改容，以太牢告廟。又嘗夢見后，於是差次舅氏親疏高下，敍用各有差，賞賜累鉅萬；以像爲虎賁中郎將。是月，后母薨，帝制緦服臨喪，百僚陪位。四年十一月，以后舊陵庳下，使像兼太尉，持節詣鄴，昭告后土，十二月，改葬朝陽陵。像還，遷散騎常侍。青龍二年春，追謚后兄儼曰安城鄉穆侯。夏，吳賊寇揚州，以像爲伏波將軍，持節監諸將東征，還，復爲射聲校尉。三年薨，追贈衞將軍，改封魏昌縣，謚曰貞侯；子暢嗣。又封暢弟溫、韡、豔皆爲列侯。四年，改逸、儼本封皆曰魏昌侯，謚因故。封儼世婦劉爲東鄉君，又追封逸世婦張爲安喜君。

〔一〕魏書載三公奏曰：「蓋孝敬之道，篤乎其親，乃四海所以承化，天地所以明察，是謂生則致其養，歿則光其靈，誦述以盡其美，宣揚以顯其名者也。今陛下以聖懿之德，紹承洪業，至孝烝烝，通於神明，遭罹殷憂，每勞謙讓。先帝遷神山陵，大禮既備，至於先后，未有顯謚。伏惟先后恭讓著於幽微，至行顯於不言，化流邦國，德侔二南，故能膺神靈嘉祥，爲大魏世妃。雖夙年登遐，萬載之後，永播融烈，后妃之功莫得而尚也。案謚法：『聖聞周達曰昭。德明有功曰昭。』昭者，光明之至，盛久而不昧者也。宜上尊謚曰文昭皇后。」是月，三公又奏曰：「自古周人始祖后稷，又特立廟以祀姜嫄。今文昭皇后之於萬嗣，聖德至化，豈有量哉！夫以皇家世（祀）〔妃〕之尊，而克讓允恭，固推盛位，神靈遷化，而無寢廟以承享（禮）〔祀〕，非所以報顯德，昭孝敬也。稽之古制，宜依周禮，先妣別立寢廟。」並奏可之。

景初元年夏，有司議定七廟。冬，又奏曰：「蓋帝王之興，既有受命之君，又有聖妃協于神靈，然後克昌厥世，以成王業焉。昔高辛氏卜其四妃之子皆有天下，而帝摯、陶唐、商、周代興。周人上推后稷，以配皇天，追述王初，本之姜嫄，特立宮廟，世世享嘗，周禮所謂『奏夷則，歌中呂，舞大濩，以享先妣』者也。詩人頌之曰：『厥初生民，時維姜嫄。』言王化之本，生民所由。又曰：『閟宮有侐，實實枚枚，赫赫姜嫄，其德不回。』詩、禮所稱姬宗之盛，其美如此。大魏期運，繼于有虞，然崇弘帝道，三世彌隆，廟祧之數，實與周同。今武宣皇后、文德皇后各配無窮之祚，至於文昭皇后膺天靈符，誕育明聖，功濟生民，德盈宇宙，開諸後嗣，乃道化之所興也。寢廟特祀，亦姜嫄之閟宮也，而未著不毀之制，懼論功報德之義，萬世或闕焉，非所以昭孝示後世也。文昭廟宜世世享祀奏樂，與祖廟同，永著不毀之典，以播聖善之風。」於是與七廟議並勒金策，藏之金匱。

帝思念舅氏不已。暢尚幼，景初末，以暢爲射聲校尉，加散騎常侍，又特爲起大第，車駕親自臨之。又於其後園爲像母起觀廟，名其里曰渭陽里，以追思母氏也。嘉平三年正月，暢薨，追贈車騎將軍，謚曰恭侯；子紹嗣。太和六年，明帝愛女淑薨，追封謚淑爲平原懿公主，爲之立廟。取后亡從孫黃與合葬，追封黃列侯，以夫人郭氏從弟悳爲之後，承甄氏姓，封悳爲平原侯，襲公主爵。〔二〕青龍中，又封后從兄子毅及像弟三人，皆爲列侯。毅數上疏陳時政，官至越騎校尉。嘉平中，復封暢子二人爲列侯。后兄儼孫女爲齊王皇后，后父已沒，封后母爲廣樂鄉君。

〔一〕孫盛曰：於禮，婦人既無封爵之典，況于孩末，而可建以大邑乎？悳自異族，援繼非類，匪功匪親，而襲母爵，違情背典，於此爲甚。陳羣雖抗言，楊阜引事比並，然皆不能極陳先王之禮，明封建繼嗣之義，忠至之辭，猶有闕乎！詩云：「赫赫師尹，民具爾瞻。」宰輔之職，其可略哉！

晉諸公贊曰：悳字彥孫。司馬景王輔政，以女妻悳。妻早亡，文王復以女繼室，卽京兆長公主。景、文二王欲自結于郭后，是以頻繁爲婚。悳雖無才學，而恭謹謙順。甄溫字仲舒，與郭建及悳等皆后族，以事宜見寵。咸熙初，封郭建爲臨渭縣公，悳廣安縣公，邑皆千八百戶。溫本國侯，進爲輔國大將軍，加侍中，領射聲校尉，悳鎮軍大將軍。泰始元年，晉受禪，加建、悳、溫三人位特進。悳爲人貞素，加以世祖姊夫，是以遂貴當世。悳暮年官更轉爲宗正，遷侍中。太康中，大司馬齊王攸當之藩，悳與左衞將軍王濟共諫請，時人嘉之。世祖以此望悳，由此出悳爲大鴻臚，加侍中、光祿大夫，尋疾薨，贈中軍大將軍，開府侍中如故，謚恭公，子喜嗣。喜精粹有器美，歷中書郎、右衞將軍、侍中，位至輔國大將軍，加散騎常侍。喜與國姻親，而經趙王倫、齊王冏事故，能不豫際會，良由其才短，然亦以退靜免之。

文德郭皇后，安平廣宗人也。祖世長吏。〔一〕后少而父永奇之曰：「此乃吾女中王也。」遂以女王爲字。早失二親，喪亂流離，沒在銅鞮侯家。太祖爲魏公時，得入東宮。后有智數，時時有所獻納。文帝定爲嗣，后有謀焉。太子卽王位，后爲夫人，及踐阼，爲貴嬪。甄后之死，由后之寵也。黃初三年，將登后位，文帝欲立爲后，中郎棧潛上疏曰：「在昔帝王之治天下，不惟外輔，亦有內助，治亂所由，盛衰從之。故西陵配黃，英娥降嬀，並以賢明，流芳上世。桀奔南巢，禍階末喜；紂以炮烙，怡悅妲己。是以聖哲愼立元妃，必取先代世族之家，擇其令淑以統六宮，虔奉宗廟，陰教聿修。易曰：『家道正而天下定。』由內及外，先王之令典也。春秋書宗人釁夏云，無以妾爲夫人之禮。齊桓誓命于葵丘，亦曰『無以妾爲妻』。今後宮嬖寵，常亞乘輿。若因愛登后，使賤人暴貴，臣恐後世下陵上替，開張非度，亂自上起也。」文帝不從，遂立爲皇后。〔三〕

〔二〕魏書曰：父永，官至南郡太守，謚敬侯。母姓董氏，即堂陽君，生三男二女：長男浮，高唐令，次女昱，次即后，后弟都，弟成。后以漢中平元年三月乙卯生，生而有異常。

〔三〕魏書曰：后上表謝曰：「妾無皇、英釐降之節，又非姜、任思齊之倫，誠不足以假充女君之盛位，處中饋之重任。」后自在東宮，及即尊位，雖有異寵，心愈恭肅，供養永壽宮，以孝聞。是時柴貴人亦有寵，后敎訓奬導之。後宮諸貴人時有過失，常彌覆之，有譴讓，輒爲帝言其本末，帝或大有所怒，至爲之頓首請罪，是以六宮無怨。性儉約，不好音樂，常慕漢明德馬后之爲人。

后早喪兄弟，以從兄表繼永後，拜奉車都尉。后外親劉斐與他國爲婚，后聞之，敕曰：「諸親戚嫁娶，自當與鄉里門戶匹敵者，不得因勢，彊與他方人婚也。」后姊子孟武還鄉里，求小妻，后止之。遂敕諸家曰：「今世婦女少，當配將士，不得因緣取以爲妾也。宜各自愼，無爲罰首。」〔一〕

〔一〕魏書曰：后常敕戒表、武等曰：「漢氏椒房之家，少能自全者，皆由驕奢，可不愼乎！」

五年，帝東征，后留許昌永始臺。時霖雨百餘日，城樓多壞，有司奏請移止。后曰：「昔楚昭王出游，貞姜留漸臺，江水至，使者迎而無符，不去，卒沒。今帝在遠，吾幸未有是患，而使移止，奈何？」羣臣莫敢復言。六年，帝東征吳，至廣陵，后留譙宮。時表留宿衞，欲遏水取魚，后曰：「水當通運漕，又少材木，奴客不在目前，當復私取官竹木作梁遏。今奉車所不足者，豈魚乎？」

明帝即位，尊后爲皇太后，稱永安宮。太和四年，詔封表安陽亭侯，又進爵鄉侯，增邑并前五百戶，遷中壘將軍。以表子詳爲騎都尉。其年，帝追謚太后父永爲安陽鄉敬侯，母董爲都鄉君。遷表昭德將軍，加金紫，位特進，表第二子訓爲騎都尉。及孟武母卒，欲厚葬，起祠堂，太后止之曰：「自喪亂以來，墳墓無不發掘，皆由厚葬也；首陽陵可以爲法。」青龍三年春，后崩于許昌，以終制營陵，三月庚寅，葬首陽陵西。〔一〕帝進表爵爲觀津侯，增邑五百，并前千戶。遷詳爲駙馬都尉。四年，追改封永爲觀津敬侯，世婦董爲堂陽君。追封謚后兄浮爲梁里亭戴侯，都爲武城亭孝侯，成爲新樂亭定侯，皆使使者奉策，祠以太牢。表薨，子詳嗣，又分表爵封詳弟述爲列侯。詳薨，子釗嗣。

〔一〕魏略曰：明帝既嗣立，追痛甄后之薨，故太后以憂暴崩。甄后臨沒，以帝屬李夫人。及太后崩，夫人乃說甄后見譖之禍，不獲大斂，被髮覆面，帝哀恨流涕，命殯葬太后，皆如甄后故事。

漢晉春秋曰：初，甄后之誅，由郭后之寵，及殯，令被髮覆面，以糠塞口，遂立郭后，使養明帝。帝知之，心常懷忿，數泣問甄后死狀。郭后曰：「先帝自殺，何以責問我？且汝爲人子，可追讎死父，爲前母枉殺後母邪？」明帝怒，遂逼殺之，勑殯者使如甄后故事。

魏書載哀策曰：「維青龍三年三月壬申，皇太后梓宮啓殯，將葬于首陽之西陵。哀子皇帝叡親奉册祖載，遂親遣奠，叩心擗踊，號咷仰訴，痛靈魂之遷幸，悲容車之向路，背三光以潛翳，就黃壚而安厝。嗚呼哀哉！昔二女妃虞，帝道以彰，三母嬪周，聖善彌光，既多受祉，享國延長。哀哀慈妣，興化閨房，龍飛紫極，作合聖皇，不虞中年，暴罹災殃。愍予小子，煢煢摧傷，魂雖永逝，定省曷望？嗚呼哀哉！」

明悼毛皇后，河內人也。黃初中，以選入東宮，明帝時爲平原王，進御有寵，出入與同輿輦。及卽帝位，以爲貴嬪。太和元年，立爲皇后。后父嘉，拜騎都尉，后弟曾，郎中。

初，明帝爲王，始納河內虞氏爲妃，帝卽位，虞氏不得立爲后，太皇卞太后慰勉焉。虞氏曰：「曹氏自好立賤，未有能以義舉者也。然后職內事，君聽外政，其道相由而成，苟不能以善始，未有能令終者也。殆必由此亡國喪祀矣！」虞氏遂絀還鄴宮。進嘉爲奉車都尉，曾騎都尉，寵賜隆渥。頃之，封嘉博平鄉侯，遷光祿大夫，曾駙馬都尉。嘉本典虞車工，卒暴富貴，明帝令朝臣會其家飲宴，其容止舉動甚蚩騃，語輒自謂「侯身」，時人以爲笑。〔一〕後又加嘉位特進，曾遷散騎侍郎。青龍三年，嘉薨，追贈光祿大夫，改封安國侯，增邑五百，并前千戶，謚曰節侯。四年，追封后母夏爲野王君。

〔一〕孫盛曰：古之王者，必求令淑以對揚至德，恢王化於關雎，致淳風于麟趾。及臻三季，並亂茲緒，義以情溺，位由寵昏，貴賤無章，下陵上替，興衰隆廢，皆是物也。魏自武王，暨于烈祖，三后之升，起自幽賤，本旣卑矣，何以長世？詩云：「絺兮綌兮，凄其以風。」其此之謂乎！

帝之幸郭元后也，后愛寵日弛。景初元年，帝游後園，召才人以上曲宴極樂。元后曰「宜延皇后」，帝弗許。乃禁左右，使不得宣。后知之，明日，帝見后，后曰：「昨日游宴北園，樂乎？」帝以左右泄之，所殺十餘人。賜后死，然猶加謚，葬愍陵。遷曾散騎常侍，後徙爲羽林虎賁中郎將、原武典農。

明元郭皇后，西平人也，世河右大族。黃初中，本郡反叛，遂沒入宮。明帝卽位，甚見愛幸，拜爲夫人。叔父立爲騎都尉，從父芝爲虎賁中郎將。帝疾困，遂立爲皇后。齊王卽位，尊后爲皇太后，稱永寧宮。追封謚太后父滿爲西都定侯，以立子建紹其爵。封太后母杜爲郃陽君。芝遷散騎常侍、長水校尉，〔一〕立，宣德將軍，皆封列侯。建兄悳，出養甄氏。悳及建俱爲鎭護將軍，皆封列侯，並掌宿衞。值三主幼弱，宰輔統政，與奪大事，皆先咨啓

於太后而後施行。毌丘儉、鍾會等作亂，咸假其命而以爲辭焉。景元四年十二月崩，五年二月，葬高平陵西。〔二〕

〔一〕魏略曰：諸郭之中，芝最壯直。先時自以他功封侯。

〔二〕晉諸公贊曰：建字叔始，有器局而彊問，泰始中疾薨。子嘏嗣，爲給事中。

評曰：魏后妃之家，雖云富貴，未有若衰漢乘非其據，宰割朝政者也。鑒往易軌，於斯爲美。追觀陳羣之議，棧潛之論，適足以爲百王之規典，垂憲範乎後葉矣。

三國志卷六　　魏書六

董二袁劉傳第六

董卓字仲穎，隴西臨洮人也。〔一〕少好俠，嘗游羌中，盡與諸豪帥相結。後歸耕於野，而豪帥有來從之者，卓與俱還，殺耕牛與相宴樂。諸豪帥感其意，歸相斂，得雜畜千餘頭以贈卓。〔二〕漢桓帝末，以六郡良家子爲羽林郎。卓有才武，旅力少比，雙帶兩鞬，左右馳射。爲軍司馬，從中郎將張奐征幷州有功，拜郎中，賜縑九千匹，卓悉以分與吏士。遷廣武令，蜀郡北部都尉，西域戊己校尉，免。徵拜幷州刺史、河東太守，〔三〕遷中郎將，討黃巾，軍敗抵罪。韓遂等起涼州，復爲中郎將，西拒遂。于望垣硤北，爲羌、胡數萬人所圍，糧食乏絕。卓僞欲捕魚，堰其還道當所渡水爲池，使水渟滿數十里，默從堰下過其軍而決堰。比羌、胡聞知追逐，水已深，不得渡。時六軍上隴西，五軍敗績，卓獨全衆而還，屯住扶風。拜前將軍，封斄鄉侯，徵爲幷州牧。〔四〕

〔一〕英雄記曰：卓父君雅，由微官爲潁川綸氏尉。有三子：長子擢，字孟高，早卒，次即卓；卓弟旻字叔穎。

〔二〕吳書曰：郡召卓爲吏，使監領盜賊。胡嘗出鈔，多虜民人，涼州刺史成就辟卓爲從事，使領兵騎討捕，大破之，斬獲千計。并州刺史段熲薦卓公府，司徒袁隗辟爲掾。

〔三〕英雄記曰：卓數討羌、胡，前後百餘戰。

〔四〕靈帝紀曰：中平五年，徵卓爲少府，敕以營吏士屬左將軍皇甫嵩，詣行在所。卓上言：「涼州擾亂，鯨鯢未滅，此臣奮發效命之秋。吏士踴躍，戀恩念報，各遮臣車，辭聲懇惻，未得即路也。輒且行前將軍事，盡心慰卹，效力行陳。」六年，以卓爲并州牧，又敕以吏兵屬皇甫嵩。卓復上言：「臣掌戎十年，士卒大小，相狎彌久，戀臣畜養之恩，樂爲國家奮一旦之命，乞將之州，效力邊陲。」卓再違詔敕，會爲何進所召。

靈帝崩，少帝即位。大將軍何進與司隸校尉袁紹謀誅諸閹官，太后不從。進乃召卓使將兵詣京師，幷密令上書曰：「中常侍張讓等竊幸乘寵，濁亂海內。昔趙鞅興晉陽之甲，以逐君側之惡。臣輒鳴鐘鼓如洛陽，即討讓等。」欲以脅迫太后。卓未至，進敗。〔一〕中常侍段珪等劫帝走小平津，卓遂將其衆迎帝于北芒，還宮。〔二〕時進弟車騎將軍苗爲進衆所殺，〔三〕進、苗部曲無所屬，皆詣卓。卓又使呂布殺執金吾丁原，幷其衆，故京都兵權唯在卓。〔四〕

〔一〕續漢書曰：進字遂高，南陽人，太后異母兄也。進本屠家子，父曰眞。眞死後，進以妹倚黃門得入掖庭，有寵，光和三年立爲皇后，進由是貴幸。中平元年，黃巾起，拜進大將軍。

典略載卓表曰：「臣伏惟天下所以有逆不止者，各由黃門常侍張讓等侮慢天常，操擅王命，父子兄弟並據州郡，一書出門，便獲千金，京畿諸郡數百萬膏腴美田皆屬讓等，至使怨氣上蒸，妖賊蠭起。臣前奉詔討於扶羅，將士飢乏，不肯渡河，皆言欲詣京師先誅閹豎以除民害，從臺閣求乞資直。臣隨慰撫，以至新安。臣聞揚湯止沸，不如滅火去薪，潰癰雖痛，勝于養肉，及溺呼船，悔之無及。」

〔二〕張璠漢紀曰：帝以八月庚午爲諸黃門所劫，步出穀門，走至河上。諸黃門既投河死，時帝年十四，陳留王年九歲，兄弟獨夜步行欲還宮，闇暝，逐螢火而行，數里，得民家以露車載送。辛未，公卿以下與卓共迎帝於北芒阪下。

獻帝春秋曰：先是童謠曰：「侯非侯，王非王，千乘萬騎走北芒。」卓時適至，屯顯陽苑。聞帝當還，率衆迎帝。

典略曰：帝望見卓兵涕泣。羣公謂卓曰：「有詔卻兵。」卓曰：「公諸人爲國大臣，不能匡正王室，至使國家播蕩，何卻兵之有！」遂俱入城。

獻帝紀曰：卓與帝語，語不可了。乃更與陳留王語，問禍亂由起；王答，自初至終，無所遺失。卓大喜，乃有廢立意。

英雄記曰：河南中部掾閔貢扶帝及陳留王上至雒舍止。帝獨乘一馬，陳留王與貢共乘一馬，從雒舍南行。公卿百官奉迎於北芒阪下，故太尉崔烈在前導。卓將步騎數千來迎，烈呵使避，卓罵烈曰：「晝夜三百里來，何云避，我不能斷卿頭邪？」前見帝曰：「陛下令常侍小黃門作亂乃爾，以取禍敗，爲負不小邪？」又趨陳留王，曰：「我董卓也，從我抱來。」乃於貢抱中取王。

英雄記曰：一本云王不就卓抱，卓與王併馬而行也。

〔三〕英雄記云：苗，太后之同母兄，先嫁朱氏之子。進部曲將吳匡，素怨苗不與進同心，又疑其與宦官通謀，乃令軍中曰：「殺大將軍者，車騎也。」遂引兵與卓弟旻共攻殺苗於朱爵闕下。

〔四〕九州春秋曰：卓初入洛陽，步騎不過三千，自嫌兵少，不爲遠近所服；率四五日，輒夜遣兵出四城門，明日陳旌鼓而入，宣言云「西兵復入至洛中」。人不覺，謂卓兵不可勝數。

先是，進遣騎都尉太山鮑信所在募兵，適至，信謂紹曰：「卓擁彊兵，有異志，今不早圖，將爲所制；及其初至疲勞，襲之可禽也。」紹畏卓，不敢發，信遂還鄉里。

於是以久不雨，策免司空劉弘而卓代之，俄遷太尉，假節鉞虎賁。遂廢帝爲弘農王。尋又殺王及何太后。立靈帝少子陳留王，是爲獻帝。〔一〕卓遷相國，封郿侯，贊拜不名，劍履上殿，又封卓母爲池陽君，置家令、丞。卓既率精兵來，適值帝室大亂，得專廢立，據有武庫甲兵，國家珍寶，威震天下。卓性殘忍不仁，遂以嚴刑脅衆，睚眦之隙必報，人不自保。〔二〕嘗遣軍到陽城。時適二月社，民各在其社下，悉就斷其男子頭，駕其車牛，載其婦女財物，以所斷頭繫車轅軸，連軫而還洛，云攻賊大獲，稱萬歲。入開陽城門，焚燒其頭，以婦女與甲兵爲婢妾。至于姦亂宮人公主。其凶逆如此。

〔一〕獻帝紀曰：卓謀廢帝，會羣臣於朝堂，議曰：「大者天地，次者君臣，所以爲治。今皇帝闇弱，不可以奉宗廟，爲天下主。欲依伊尹、霍光故事，立陳留王，何如？」尙書盧植曰：「案尙書太甲既立不明，伊尹放之桐宮。昌邑王立二十七日，罪過千餘，故霍光廢之。今上富於春秋，行未有失，非前事之比也。」卓怒，罷坐，欲誅植，侍中蔡邕勸之，得免。九月甲戌，卓復大會羣臣曰：「太后逼迫永樂太后，令以憂死，逆婦姑之禮，無孝順之節。天子幼質，軟弱不君。昔伊尹放太甲，霍光廢昌邑，著在典籍，僉以爲善。今太后宜如太甲，皇帝宜如昌邑。陳留王仁孝，宜即尊皇祚。

獻帝起居注載策曰：「孝靈皇帝不究高宗眉壽之祚，早棄臣子。皇帝承紹，海內側望，而帝天姿輕佻，威儀不恪，在喪慢惰，衰如故焉；凶德既彰，淫穢發聞，損辱神器，忝汚宗廟。皇太后教無母儀，統政荒亂。永樂太后暴崩，衆論惑焉。三綱之道，天地之紀，而乃有闕，罪之大者。陳留王協，聖德偉茂，規矩邈然，豐下兌上，有堯圖之表；居喪哀戚，言不及邪，岐嶷之性，有周成之懿。休聲美稱，天下所聞，宜承洪業，爲萬世統，可以承宗廟。廢皇帝爲弘農王。皇太后還政。」尚書讀册畢，羣臣莫有言，尚書丁宮曰：「天禍漢室，喪亂弘多。昔祭仲廢忽立突，春秋大其權。今大臣量宜爲社稷計，誠合天人，請稱萬歲。」卓以太后見廢，故公卿以下不布服，會葬，素衣而已。

〔三〕魏書曰：卓所願無極，語賓客曰：「我相，貴無上也。」

英雄記曰：卓欲震威，侍御史擾龍宗詣卓白事，不解劒，立撾殺之，京師震動。發何苗棺，出其尸，枝解節棄於道邊。又收苗母舞陽君殺之，棄尸於苑枳落中，不復收斂。

初，卓信任尚書周毖，城門校尉伍瓊等，用其所舉韓馥、劉岱、孔伷、(張資)〔張咨〕、張邈等出宰州郡。而馥等至官，皆合兵將以討卓。卓聞之，以爲毖、瓊等通情賣己，皆斬之。〔一〕

〔一〕英雄記曰：毖字仲遠，武威人。瓊字德瑜，汝南人。

謝承後漢書曰：伍孚字德瑜，少有大節，爲郡門下書佐。其本邑長有罪，太守使孚出教，敕曹下督郵收之。孚不肯受教，伏地仰諫曰：「君雖不君，臣不可不臣，明府奈何令孚受教，敕外收本邑長乎？更乞授他吏。」太守奇而聽之。後大將軍何進辟爲東曹屬，稍遷侍中、河南尹、越騎校尉。董卓作亂，百僚震慄。孚著小鎧，於朝服裏挾佩刀見卓，欲伺便刺殺之。語闋辭去，卓送至閤中，孚因出刀刺之。卓多力，退卻不中，即收孚。卓曰：「卿欲反邪？」孚大言曰：「汝非吾君，吾非汝臣，何反之有？汝亂國篡主，罪盈惡大，今是吾死日，故來誅姦賊耳，恨不車裂汝於市朝以謝天下。」遂殺孚。

謝承記孚字及本郡，則與瓊同，而致死事乃與孚異也，不知孚爲瓊之別名，爲別有伍孚也？蓋未詳之。

河內太守王匡，遣泰山兵屯河陽津，將以圖卓。卓遣疑兵若將於平陰渡者，潛遣銳衆從小平北渡，繞擊其後，大破之津北，死者略盡。卓以山東豪傑並起，恐懼不寧。初平元年二月，乃徙天子都長安。焚燒洛陽宮室，悉發掘陵墓，取寶物。〔一〕卓至西京，爲太師，號曰尙父。乘青蓋金華車，爪畫兩轓，時人號曰竿摩車。〔二〕卓弟旻爲左將軍，封鄠侯；兄子璜爲侍中中軍校尉典兵；宗族內外並列朝廷。〔三〕公卿見卓，謁拜車下，卓不爲禮。召呼三臺尙書以下自詣卓府啓事。〔四〕築郿塢，高與長安城埒，積穀爲三十年儲，〔五〕云事成，雄據天下，不成，守此足以畢老。嘗至郿行塢，公卿已下祖道於橫門外。橫音光。卓豫施帳幔飲，誘降北地反者數百人，於坐中先斷其舌，或斬手足，或鑿眼，或鑊煑之，未死，偃轉杯案閒，會者皆戰慄亡失匕箸，而卓飲食自若。太史望氣，言當有大臣戮死者。故太尉張溫時爲衞尉，素不善卓，卓心怨之，因天有變，欲以塞咎，使人言溫與袁術交關，遂笞殺之。〔六〕法令苛酷，愛憎淫刑，更相被誣，冤死者千數。百姓嗷嗷，道路以目。〔七〕悉椎破銅人、鐘虡，及壞五銖錢。更鑄爲小錢，大五分，無文章，肉好無輪郭，不磨鑢。于是貨輕而物貴，穀一斛至數十萬。自是後錢貨不行。

〔一〕華嶠漢書曰：卓欲遷都長安，召公卿以下大議。司徒楊彪曰：「昔盤庚五遷，殷民胥怨，故作三篇以曉天下之民。(而)〔今〕海內安穩，無故移都，恐百姓驚動，麋沸蟻聚爲亂。」卓曰：「關中肥饒，故秦得并吞六國。今徙西京，設令關東豪彊敢有動者，以我彊兵蹴之，可使詣滄海。」彪曰：「海內動之甚易，安之甚難。又長安宮室壞敗，不可卒復。」卓曰：「武帝時居杜陵南山下，有成瓦窑數千處，引涼州材木東下以作宮室，爲功不難。」卓意不得，便作色曰：「公欲沮我計邪？邊章、韓約有書來，欲令朝廷必徙都。若大兵(來)〔東〕下，我不能復相救，公便可與袁氏西行。」彪曰：「西方自彪道徑也，顧未知天下何如耳！」議罷。卓敕司隸校尉宣璠以災異劾奏，因策免彪。

續漢書曰：太尉黃琬、司徒楊彪、司空荀爽俱詣卓，卓言：「昔高祖都關中，十一世後中興，更都洛陽。從光武至今復十一世，案石苞室讖，宜復還都長安。」坐中皆驚愕，無敢應者。彪曰：「遷都改制，天下大事，皆當因民之心，隨時之宜。昔盤庚五遷，殷民胥怨，故作三篇以曉之。往者王莽篡逆，變亂五常，更始赤眉之時，焚燒長安，殘害百姓，民人流亡，百無一在。光武受命，更都洛邑，此其宜也。今方建立聖主，光隆漢祚，而無故捐宮廟，棄園陵，恐百姓驚愕，不解此意，必麋沸蟻聚以致擾亂。石苞室讖，妖邪之書，豈可信用？」卓作色曰：「楊公欲沮國家計邪？關東方亂，所在賊起。崤函險固，國之重防。又隴右取材，功夫不難。杜陵南山下有孝武故陶處，作塼瓦，一朝可辦。宮室官府，蓋何足言！百姓小民，何足與議。若有前卻，我以大兵驅之，豈得自在。」百寮皆恐怖失色。琬謂卓曰：「此大事。楊公之語，得無重思！」卓罷坐，即日令司隸奏彪及琬，皆免官。大駕即西。卓部兵燒洛陽城外面百里。又自將兵燒南北宮及宗廟、府庫、民家，城內掃地殄盡。又收諸富室，以罪惡沒入其財物；無辜而死者，不可勝計。

獻帝紀曰：卓獲山東兵，以豬膏塗布十餘匹，用纏其身，然後燒之，先從足起。獲袁紹豫州從事李延，煮殺之。卓所愛胡，恃寵放縱，爲司隸校尉趙謙所殺。卓大怒曰：「我愛狗，尚不欲令人呵之，而況人乎！」乃召司隸都官撾殺之。

〔二〕魏書曰：言其逼天子也。

獻帝紀曰：卓既爲太師，復欲稱尚父，以問蔡邕。邕曰：「昔武王受命，太公爲師，輔佐周室，以伐無道，是以天下尊之，稱爲尚父。今公之功德誠爲巍巍，宜須關東悉定，車駕東還，然後議之。」乃止。京師地震，卓又問邕。邕對曰：「地動陰盛，大臣踰制之所致也。公乘青蓋車，遠近以爲非宜。」卓從之，更乘金華皁蓋車也。

〔三〕英雄記曰：卓侍妾懷抱中子，皆封侯，弄以金紫。孫女名白，時尚未笄，封爲渭陽君。於郿城東起壇，從廣二丈餘，高五六尺，使白乘軒金華青蓋車，都尉、中郎將、刺史二千石在郿者，各令乘軒簪筆，爲白導從，之壇上，使兄子璜爲使者授印綬。

〔四〕山陽公載記曰：初卓爲前將軍，皇甫嵩爲左將軍，俱征韓遂，各不相下。後卓徵爲少府并州牧，兵當屬嵩，卓大怒。及爲太師，嵩爲御史中丞，拜於車下。卓問嵩：「義眞服未乎？」嵩曰：「安知明公乃至於是！」卓曰：「鴻鵠固有遠志，但燕雀自不知耳。」嵩曰：「昔與明公俱爲鴻鵠，不意今日變爲鳳皇耳。」卓笑曰：「卿早服，今日可不拜也。」

張璠漢紀曰：卓抵其手謂皇甫嵩曰：「義眞怖未乎？」嵩對曰：「明公以德輔朝廷，大慶方至，何怖之有？若淫刑以逞，將天下皆懼，豈獨嵩乎？」卓默然，遂與嵩和解。

〔五〕英雄記曰：郿去長安二百六十里。

〔六〕傅子曰：靈帝時牓門賣官，於是太尉段熲、司徒崔烈、太尉樊陵、司空張溫之徒，皆入錢上千萬下五百萬以買三公。熲數征伐有大功，烈有北州重名，溫有傑才，陵能偶時，皆一時顯士，猶以貨取位，而況于劉囂、唐珍、張顥之黨乎！

風俗通曰：司隸劉囂，以黨諸常侍，致位公輔。

續漢書曰：唐珍，中常侍唐衡弟。張顥，中常侍張奉弟。

〔七〕魏書曰：卓使司隸校尉劉囂籍吏民有為子不孝，為臣不忠，為吏不清，為弟不順，有應此者皆身誅，財物沒官。於是愛憎互起，民多冤死。

三年四月，司徒王允、尚書僕射士孫瑞、卓將呂布共謀誅卓。是時，天子有疾新愈，大會未央殿。布使同郡騎都尉李肅等，將親兵十餘人，偽著衞士服守掖門。布懷詔書。卓至，肅等格卓。卓驚呼布所在。布曰「有詔」，遂殺卓，夷三族。主簿田景前趨卓尸，布又殺之；凡所殺三人，餘莫敢動。〔一〕長安士庶咸相慶賀，諸阿附卓者皆下獄死。〔二〕

〔一〕英雄記曰：時有謠言曰：「千里艸，何青青，十日卜，猶不生。」又作董逃之歌。又有道士書布為「呂」字以示卓，卓不知其為呂布也。卓當入會，陳列步騎，自營至宮，朝服導引行其中。馬躓不前，卓心怪欲止，布勸使行，乃衷甲而入。卓既死，當時日月清淨，微風不起。旻、璜等及宗族老弱悉在郿，皆還，為其羣下所斫射。卓母年九十，走至塢門曰「乞脫我死」，即斬首。袁氏門生故吏，改殯諸袁死于郿者，斂聚董氏尸于其側而焚之。暴卓尸于市。卓素肥，膏流浸地，草爲之丹。守尸吏瞑以爲大炷，置卓臍中以爲燈，光明達旦，如是積日。後卓故部曲收所燒者灰，并以一棺棺之，葬于郿。卓塢中金有二三萬斤，銀八九萬斤，珠玉錦綺奇玩雜物皆山崇阜積，不可知數。

〔三〕謝承後漢書曰：蔡邕在王允坐，聞卓死，有歎惜之音。允責邕曰：「卓，國之大賊，殺主殘臣，天地所不祐，人神所同疾。君爲王臣，世受漢恩，國主危難，曾不倒戈，卓受天誅，而更嗟痛乎？」便使收付廷尉。邕謝允曰：「雖以不忠，猶識大義，古今安危，耳所厭聞，口所常玩，豈當背國而向卓也？狂瞽之詞，謬出患入，願黥首爲刑以繼漢史。」公卿惜邕才，咸共諫允。允曰：「昔武帝不殺司馬遷，使作謗書，流於後世。方今國祚中衰，戎馬在郊，不可令佞臣執筆在幼主左右，後令吾徒並受謗議。」遂殺邕。

臣松之以爲蔡邕雖爲卓所親任，情必不黨。寧不知卓之姦凶，爲天下所毒，聞其死亡，理無歎惜。縱復令然，不應反言于王允之坐。斯殆謝承之妄記也。史遷紀傳，博有奇功于世，而云王允謂孝武應早殺遷，此非識者之言。但遷爲不隱孝武之失，直書其事耳，何謗之有乎？王允之忠正，可謂內省不疚者矣，旣無懼于謗，且欲殺邕，當論邕應死與不，豈可慮其謗己而枉戮善人哉！此皆誣罔不通之甚者。

張璠漢紀曰：初，蔡邕以言事見徙，名聞天下，義動志士。及還，內寵惡之。邕恐，乃亡命海濱，往來依太山羊氏，積十年。卓爲太尉，辟爲掾，以高第爲侍御史治書，三日中遂至尙書。後遷巴東太守，卓上留拜侍中，至長安爲左中郎將。卓重其才，厚遇之，每有朝廷事，常令邕具草。及允將殺邕，時名士多爲之言，允悔欲止，而邕已死。

初，卓女壻中郎將牛輔典兵別屯陝，分遣校尉李傕、郭汜、張濟略陳留、潁川諸縣。卓死，呂布使李肅至陝，欲以詔命誅輔。輔等逆與肅戰，肅敗走弘農，布誅肅。〔一〕其後輔營兵有夜叛出者，營中驚，輔以爲皆叛，乃取金寶，獨與素所厚(友)〔支〕胡赤兒等五六人相隨，踰城北渡河，赤兒等利其金寶，斬首送長安。

〔一〕魏書曰：輔恇怯失守，不能自安。常把辟兵符，以鈇鑕致其旁，欲以自彊。見客，先使相者相之，知有反氣與不，又筮知吉凶，然後乃見之。中郎將董越來就輔，輔使筮之，得兌下離上，筮者曰：「火勝金，外謀內之卦也。」即時殺越。

獻帝紀云：筮人常爲越所鞭，故因此以報之。

比傕等還，輔已敗，衆無所依，欲各散歸。既無赦書，而聞長安中欲盡誅涼州人，憂恐不知所爲。用賈詡策，遂將其衆而西，所在收兵，比至長安，衆十餘萬，〔一〕與卓故部曲樊稠、李蒙、王方等合圍長安城。十日城陷，與布戰城中，布敗走。傕等放兵略長安老少，殺之悉盡，死者狼籍。誅殺卓者，尸王允于市。〔二〕葬卓于郿，大風暴雨震卓墓，水流入藏，漂其棺槨。傕爲車騎將軍、池陽侯，領司隸校尉、假節。汜爲後將軍、美陽侯。稠爲右將軍、萬年侯。傕、汜、稠擅朝政。〔三〕濟爲驃騎將軍、平陽侯，屯弘農。

〔一〕九州春秋曰：傕等在陝，皆恐怖，急擁兵自守。胡文才、楊整脩皆涼州大人，而司徒王允素所不善也。及李傕之叛，允乃呼文才、整脩使東解釋之，不假借以溫顏，謂曰：「關東鼠子欲何爲邪？卿往呼之。」於是二人往，實召兵而還。

〔二〕張璠漢紀曰：布兵敗，駐馬青瑣門外，謂允曰：「公可以去。」允曰：「安國家，吾之上願也，若不獲，則奉身以死。朝廷幼主恃我而已，臨難苟免，吾不爲也。努力謝關東諸公，以國家爲念。」傕、汜入長安城，屯南宮掖門，殺太僕魯馗、大鴻臚周奐、城門校尉崔烈、越騎校尉王頎。吏民死者不可勝數。司徒王允挾天子上宣平城門避兵，傕等於城門下拜，伏地叩頭。帝謂傕等曰：「卿無作威福而乃放兵縱橫，欲何爲乎？」傕等曰：「董卓忠于陛下，而無故爲呂布所殺。臣等爲卓報讐，弗敢爲逆也。請事竟，詣廷尉受罪。」允窮逼出見傕，傕誅允及妻子宗族十餘人。長安城中男女大小莫不流涕。允字子師，太原祁人也。少有大節，郭泰見而奇之，曰：「王生一日千里，王佐之才也。」泰雖先達，遂與定交。三公並辟，歷豫州刺史，辟荀爽、孔融爲從事，遷河南尹、尚書令。及爲司徒，其所以扶持王室，甚得大臣之節，自天子以下，皆倚賴焉。卓亦推信之，委以朝廷。

華嶠曰：夫士以正立，以謀濟，以義成，若王允之推董卓而分其權，伺其間而斃其罪。當此之時，天下之難解矣，本之皆主於忠義也，故推卓不爲失正，分權不爲不義，伺間不爲狙詐，是以謀濟義成，而歸於正也。

〔三〕英雄記曰：傕，北地人。汜，張掖人，一名多。

是歲，韓遂、馬騰等降，率衆詣長安。以遂爲鎮西將軍，遣還涼州，騰征西將軍，屯郿。侍中馬宇與諫議大夫种邵、左中郎將劉範等謀，欲使騰襲長安，己爲內應，以誅傕等。騰引兵至長平觀，宇等謀泄，出奔槐里。稠擊騰，騰敗走，還涼州；又攻槐里，宇等皆死。時三輔民尚數十萬戶，傕等放兵劫略，攻剽城邑，人民飢困，二年閒相啖食略盡。〔一〕

〔一〕獻帝紀曰：是時新遷都，宮人多亡衣服，帝欲發御府繒以與之，李傕弗欲，曰：「宮中有衣，胡爲復作邪？」詔賣廄馬百餘匹，御府大司農出雜繒二萬匹，與所賣廄馬直，賜公卿以下及貧民不能自存者。李傕曰「我邸閣儲偫少」，乃悉載置其營。賈詡曰「此上意，不可拒」，傕不從之。

諸將爭權，遂殺稠，并其衆。〔一〕汜與傕轉相疑，戰鬭長安中。〔二〕傕質天子於營，燒宮殿城門，略官寺，盡收乘輿服御物置其家。〔三〕傕使公卿詣汜請和，汜皆執之。〔四〕相攻擊連月，死者萬數。〔五〕

〔一〕九州春秋曰：馬騰、韓遂之敗，樊稠追至陳倉。遂語稠曰：「天地反覆，未可知也。本所爭者非私怨，王家事耳。與足下州里人，今雖小違，要當大同，欲相與善語以別。邂逅萬一不如意，後可復相見乎！」俱卻騎前接馬，交臂相加，共語良久而別。傕兄子利隨稠，利還告傕，韓、樊交馬語，不知所道，意愛甚密。傕以是疑稠與韓遂私和而有異意。稠欲將兵東出關，從傕索益兵。因請稠會議，便於坐殺稠。

〔二〕典略曰：傕數設酒請汜，或留汜止宿。汜妻懼傕與汜婢妾而奪己愛，思有以離間之。會傕送饋，妻乃以豉爲藥，汜將食，妻曰：「食從外來，倘或有故！」遂摘藥示之，曰：「一棲不二雄，我固疑將軍之信李公也。」他日傕復請汜，大醉。汜疑傕藥之，絞糞汁飲之乃解。於是遂生嫌隙，而治兵相攻。

〔三〕獻帝起居注曰：初，汜謀迎天子幸其營，夜有亡告傕者，傕使兄子暹將數千兵圍宮，以車三乘迎天子。楊彪曰：「自古帝王無在人臣家者。舉事當合天下心，諸君作此，非是也。」暹曰：「將軍計定矣。」於是天子一乘，貴人伏氏一乘，賈詡、左靈一乘，其餘皆步從。是日，傕復移乘輿幸北塢，使校尉監塢門，內外隔絕。諸侍臣皆有飢色，時盛暑熱，人盡寒心。帝求米五斛、牛骨五具以賜左右，傕曰：「朝餔上飯，何用米爲？」乃與腐牛骨，皆臭不可食。帝大怒，欲詰責之。侍中楊琦上封事曰：「傕，邊鄙之人，習于夷風，今又自知所犯悖逆，常有怏怏之色，欲輔車駕幸黃白城以紓其憤。臣願陛下忍之，未可顯其罪也。」帝納之。初，傕屯黃白城，故謀欲徙之。傕以司徒趙溫不與己同，乃內溫塢中。溫聞傕欲移乘輿，與傕書曰：「公前託爲董公報讎，然實屠陷王城，殺戮大臣，天下不可家見而戶釋也。今爭睚眥之隙，以成千鈞之讎，民在塗炭，各不聊生，曾不改寤，遂成禍亂。朝廷仍下明詔，欲令和解，詔命不行，恩澤日損，而復欲輔乘輿于黃白城，此誠老夫所不解也。於易，一過爲過，再爲涉，三而弗改，滅其頂，凶。不如早共和解，引兵還屯，上安萬乘，下全生民，豈不幸甚！」傕大怒，欲遣人害溫。其從弟應，溫故掾也，諫之數日乃止。帝聞溫與傕書，問侍中常洽曰：「傕弗知臧否，溫言太切，可爲寒心。」對曰：「李應已解之矣。」帝乃悅。

〔四〕華嶠漢書曰：汜饗公卿，議欲攻傕。楊彪曰：「羣臣共鬬，一人劫天子，一人質公卿，此可行乎？」汜怒，欲手刃之，中郎將楊密及左右多諫，汜乃歸之。

〔五〕獻帝起居注曰：傕性喜鬼怪左道之術，常有道人及女巫歌謳擊鼓下神，祠祭六丁，符劾厭勝之具，無所不爲。又於朝廷省門外，爲董卓作神坐，數以牛羊祠之，訖，過省閤問起居，求入見。傕帶三刀，手復與鞭合持一刃。侍中、侍郎見傕帶仗，皆惶恐，亦帶劍持刀，先入在帝側。傕對帝，或言「明陛下」，或言「明帝」，爲帝說郭汜無狀，帝亦隨其意答應之。傕喜，出言「明陛下眞賢聖主」，意遂自信，自謂良得天子歡心也。雖然，猶不欲令近臣帶劍在帝邊，謂人言「此曹子將欲圖我邪？而皆持刀也」。侍中李禎，傕州里，素與傕通，語傕「所以持刀者，軍中不可不爾，此國家故事」。傕意乃解。天子以謁者僕射皇甫酈涼州舊姓，有專對之才，遣令和傕、汜。酈先詣汜，汜受詔命。詣傕，傕不肯，曰：「我有〔討〕呂布之功，輔政四年，三輔清靜，天下所知也。郭多，盜馬虜耳，何敢乃欲與吾等邪？必欲誅之。君爲涼州人，觀吾方略士衆，足辦多不？多又劫質公卿，所爲如是，而君苟欲利郭多，李傕有膽自知之。」鄺答曰：「昔有窮后羿恃其善射，不思患難，以至于斃。近董公之強，明將軍目所見，內有王公以爲內主，外有董旻、承、璜以爲鯁毒，呂布受恩而反圖之，斯須之間，頭縣竿端，此有勇而無謀也。今將軍身爲上將，把鉞仗節，子孫握權，宗族荷寵，國家好爵而皆據之。今郭多劫質公卿，將軍脅至尊，誰爲輕重邪？張濟與郭多、楊定有謀，又爲冠帶所附。楊奉，白波帥耳，猶知將軍所爲非是，將軍雖拜寵之，猶不肯盡力也。」傕不納鄺言，而呵之令出。鄺出，詣省門，白傕不肯從詔，辭語不順。侍中胡邈爲傕所幸，呼傳詔者令飾其辭。又謂鄺曰：「李將軍於卿不薄，又皇甫公爲太尉，李將軍力也。」鄺答曰：「胡敬才，卿爲國家常伯，輔弼之臣也，語言如此，寧可用邪？」邈曰：「念卿失李將軍意，恐不易耳！我與卿何事者？」鄺言：「我累世受恩，身又常在幃幄，君辱臣死，當坐國家，爲李傕所殺，則天命也。」天子聞鄺答語切，恐傕聞之，便敕遣鄺。鄺裁出營門，傕遣虎賁王昌呼之。昌知鄺忠直，縱令去，還答傕，言追之不及。天子使左中郎將李固持節拜傕爲大司馬，在三公之右。傕自以爲得鬼神之力，乃厚賜諸巫。

傕將楊奉與傕軍吏宋果等謀殺傕，事泄，遂將兵叛傕。傕衆叛，稍衰弱。張濟自陝和解之，天子乃得出，至新豐、霸陵閒。〔一〕郭汜復欲脅天子還都郿。天子奔奉營，奉擊汜破之。汜走南山，奉及將軍董承以天子還洛陽。傕、汜悔遣天子，復相與和，追及天子於弘農之曹陽。奉急招河東故白波帥韓暹、胡才、李樂等合，與傕、汜大戰。奉兵敗，傕等縱兵殺公卿百官，略宮人入弘農。〔二〕天子走陝，北渡河，失輜重，步行，唯皇后貴人從，至大陽，止人家屋中。〔三〕奉、暹等遂以天子都安邑，御乘牛車。太尉楊彪、太僕韓融近臣從者十餘人。以暹爲征東、才爲征西、樂爲征北將軍，並與奉、承持政。遣融至弘農，與傕、汜等連和，還所略宮人公卿百官，及乘輿車馬數乘。是時蝗蟲起，歲旱無穀，從官食棗菜。〔四〕諸將不能相率，上下亂，糧食盡。奉、暹、承乃以天子還洛陽。出箕關，下軹道，張楊以食迎道路，拜大司馬。語在楊傳。天子入洛陽，宮室燒盡，街陌荒蕪，百官披荊棘，依丘牆閒。州郡各擁兵自衞，莫有至者。飢窮稍甚，尚書郎以下，自出樵采，或飢死牆壁閒。

〔一〕獻帝起居注曰：初，天子出到宣平門，當度橋，汜兵數百人遮橋問「是天子邪」？車不得前。傕兵數百人皆持大戟在乘輿車左右，侍中劉艾大呼云：「是天子也。」使侍中楊琦高舉車帷。帝言諸兵：「汝不卻，何敢迫近至尊邪？」汜等兵乃卻。既度橋，士衆咸呼萬歲。

〔二〕獻帝紀曰：時尚書令士孫瑞爲亂兵所害。

三輔決錄注曰：瑞字君榮，扶風人，世爲學門。瑞少傳家業，博達無所不通，仕歷顯位。卓既誅，遷大司農，爲國三老。每三公缺，瑞常在選中。太尉周忠、皇甫嵩，司徒淳于嘉、趙溫，司空楊彪、張喜等爲公，皆辭拜讓瑞。天子都許，追論瑞功，封子萌澹津亭侯。萌字文始，亦有才學，與王粲善。臨當就國，粲作詩以贈萌，萌有答，在粲集中。

〔三〕獻帝紀曰：初，議者欲令天子浮河東下，太尉楊彪曰：「臣弘農人，從此已東，有三十六灘，非萬乘所當從也。」劉艾曰：「臣前爲陝令，知其危險，有師猶有傾覆，況今無師，太尉謀是也。」乃止。及當北渡，使李樂具船。天子步行趨河岸，岸高不得下，董承等謀欲以馬羈相續以繫帝腰。時中宮僕伏德扶中宮，一手持十匹絹，乃取德絹連續爲輦。行軍校尉尚弘多力，令弘居前負帝，乃得下登船。其餘不得渡者甚衆，復遣船收諸不得渡者，皆爭攀船，船上人以刃櫟斷其指，舟中之指可掬。

〔四〕魏書曰：乘輿時居棘籬中，門戶無關閉。天子與羣臣會，兵士伏籬上觀，互相鎮壓以爲笑。諸將專權，或擅笞殺尚書。司隸校尉出入，民兵抵擲之。諸將或遣婢詣省閤，或自齎酒啖，過天子飲，侍中不通，喧呼罵詈，遂不能止。又競表拜諸營壁民爲部曲，求其禮遺。醫師、走卒，皆爲校尉，御史，刻印不供，乃以錐畫，示有文字，或不時得也。

太祖乃迎天子都許。暹、奉不能奉王法，各出奔，寇徐、揚間，爲劉備所殺。〔一〕董承從太祖歲餘，誅。建安二年，遣謁者僕射裴茂率關西諸將誅傕，夷三族。〔二〕汜爲其將五習所襲，死于郿。濟飢餓，至南陽寇略，爲穰人所殺，從子繡攝其衆。才、樂留河東，才爲怨家所殺，樂病死。遂、騰自還涼州，更相寇。後騰入爲衞尉，子超領其部曲。十六年，超與關中諸將及遂等反，太祖征破之。語在武紀。遂奔金城，爲其將所殺。超據漢陽，騰坐夷三族。趙衢等舉義兵討超，超走漢中從張魯，後奔劉備，死于蜀。

〔一〕英雄記曰：備誘奉與相見，因於坐上執之。暹失奉勢孤，時欲走還幷州，爲杼秋屯帥張宣所邀殺。

〔二〕典略曰：傕頭至，有詔高縣。

袁紹字本初，汝南汝陽人也。高祖父安，爲漢司徒。自安以下四世居三公位，由是勢傾天下。〔一〕紹有姿貌威容，能折節下士，士多附之，太祖少與交焉。以大將軍掾爲侍御史，〔二〕稍遷中軍校尉，至司隸。

〔一〕華嶠漢書曰：安字邵公，好學有威重。明帝時爲楚郡太守，治楚王獄，所申理者四百餘家，皆蒙全濟，安遂爲名臣。章帝時至司徒，生蜀郡太守京。京弟敞爲司空。京子湯，太尉。湯四子：長子平，平弟成，左中郎將，並早卒；成弟逢，逢弟隗，皆爲公。

魏書曰：自安以下，皆博愛容衆，無所揀擇；賓客入其門，無賢愚皆得所欲，爲天下所歸。紹卽逢之庶子，術異母兄也，出後成爲子。

英雄記曰：成字文開，壯健有部分，貴戚權豪自大將軍梁冀以下皆與結好，言無不從。故京師爲作諺曰：「事不諧，問文開。」

〔二〕英雄記曰：紹生而父死，二公愛之。幼使爲郎，弱冠除濮陽長，有清名。遭母喪，服竟，又追行父服，凡在冢廬六年。禮畢，隱居洛陽，不妄通賓客，非海內知名，不得相見。又好游俠，與張孟卓、何伯求、吳子卿、許子遠、伍德瑜等皆爲奔走之友。不應辟命。中常侍趙忠謂諸黃門曰：「袁本初坐作聲價，不應呼召而養死士，不知此兒欲何所爲乎？」紹叔父隗聞之，責數紹曰：「汝且破我家！」紹於是乃起應大將軍之命。

臣松之案：魏書云「紹，逢之庶子，出後伯父成」。如此記所言，則似實成所生。夫人追服所生，禮無其文，況於所後而可以行之！二書未詳孰是。

靈帝崩，太后兄大將軍何進與紹謀誅諸閹官，〔一〕太后不從。乃召董卓，欲以脅太后。常侍、黃門聞之，皆詣進謝，唯所錯置。時紹勸進便可於此決之，至于再三，而進不許。令紹使洛陽方略武吏檢司諸宦者。又令紹弟虎賁中郎將術選溫厚虎賁二百人，當入禁中，代持兵黃門陛守門戶。中常侍段珪等矯太后命，召進入議，遂殺之，宮中亂。〔二〕術將虎賁燒南宮嘉德殿青瑣門，欲以迫出珪等。珪等不出，劫帝及帝弟陳留王走小平津。紹既斬宦者所署司隸校尉許相，遂勒兵捕諸閹人，無少長皆殺之。或有無鬚而誤死者，至自發露形體而後得免。宦者或有行善自守而猶見及。其濫如此。死者二千餘人。急追珪等，珪等悉赴河死。帝得還宮。

〔一〕續漢書曰：紹使客張津說進曰：「黃門、常侍秉權日久，又永樂太后與諸常侍專通財利，將軍宜整頓天下，爲海內除患。」進以爲然，遂與紹結謀。

〔二〕九州春秋曰：初紹說進曰：「黃門、常侍累世太盛，威服海內，前竇武欲誅之而反爲所害，但坐言語漏泄，以五營士爲兵故耳。五營士生長京師，服畏中人，而竇氏反用其鋒，遂果叛走歸黃門，是以自取破滅。今將軍以元舅之尊，二府並領勁兵，其部曲將吏，皆英雄名士，樂盡死力，事在掌握，天贊其時也。今爲天下誅除貪穢，功勳顯著，垂名後世，雖周之申伯，何足道哉？今大行在前殿，將軍以詔書領兵衞守，可勿入宮。」進納其言，後更狐疑。紹懼進之改變，脅進曰：「今交搆已成，形勢已露，將軍何爲不早決之？事留變生，後機禍至。」進不從，遂敗。

董卓呼紹，議欲廢帝，立陳留王。是時紹叔父隗爲太傅，紹僞許之，曰：「此大事，出當與太傅議。」卓曰：「劉氏種不足復遺。」紹不應，橫刀長揖而去。〔一〕紹旣出，遂亡奔冀州。侍中周毖、城門校尉伍瓊、議郎何顒等，皆名士也，卓信之，而陰爲紹，乃說卓曰：「夫廢立大事，非常人所及。紹不達大體，恐懼故出奔，非有他志也。今購之急，勢必爲變。袁氏樹恩四世，門生故吏徧於天下，若收豪傑以聚徒衆，英雄因之而起，則山東非公之有也。不如赦之，拜一郡守，則紹喜于免罪，必無患矣。」卓以爲然，乃拜紹勃海太守，封邟鄉侯。

〔一〕獻帝春秋曰：卓欲廢帝，謂紹曰：「皇帝沖闇，非萬乘之主。陳留王猶勝，今欲立之。人有少智，大或癡，亦知復何如，爲當且爾；卿不見靈帝乎？念此令人憤毒！」紹曰：「漢家君天下四百許年，恩澤深渥，兆民戴之來久。今帝雖幼沖，未有不善宣聞天下，公欲廢適立庶，恐衆不從公議也。」卓謂紹曰：「豎子！天下事豈不決我？我今爲之，誰敢不從？爾謂董卓刀爲不利乎！」紹曰：「天下健者，豈唯董公？」引佩刀橫揖而出。臣松之以爲紹於時與卓未搆嫌隙，故卓與之諮謀。若但以言議不同，便駡爲豎子，而有推刃之心，及紹復答，屈彊爲甚，卓又安能容忍而不加害乎？且如紹此言，進非亮正，退違詭遜，而顯其競爽之旨，以觸哮闞之鋒，有志功業者，理豈然哉！此語，妄之甚矣。

紹遂以勃海起兵，將以誅卓。語在武紀。紹自號車騎將軍，主盟，與冀州牧韓馥立幽州牧劉虞爲帝，遣使奉章詣虞，虞不敢受。後馥軍安平，爲公孫瓚所敗。瓚遂引兵入冀州，以討卓爲名，內欲襲馥。馥懷不自安。〔一〕會卓西入關，紹還軍延津，因馥惶遽，使陳留高幹、潁川荀諶等說馥曰：「公孫瓚乘勝來向南，而諸郡應之。袁車騎引軍東向，此其意不可知，竊爲將軍危之。」馥曰：「爲之奈何？」諶曰：「公孫提燕、代之卒，其鋒不可當。袁氏一時之傑，必不爲將軍下。夫冀州，天下之重資也，若兩雄幷力，兵交於城下，危亡可立而待也。夫袁氏，將軍之舊，且同盟也，當今爲將軍計，莫若舉冀州以讓袁氏。袁氏得冀州，則瓚不能與之爭，必厚德將軍。冀州入於親交，是將軍有讓賢之名，而身安於泰山也。願將軍勿疑！」馥素恇怯，因然其計。馥長史耿武、別駕閔純、治中李歷諫馥曰：「冀州雖鄙，帶甲百萬，穀支十年。袁紹孤客窮軍，仰我鼻息，譬如嬰兒在股掌之上，絕其哺乳，立可餓殺。奈何乃欲以州與之？」馥曰：「吾，袁氏故吏，且才不如本初，度德而讓，古人所貴，諸君獨何病焉！」從事趙浮、程奐請以兵拒之，馥又不聽。乃讓紹，〔二〕紹遂領冀州牧。

〔一〕英雄記曰：逢紀說紹曰：「將軍舉大事而仰人資給，不據一州，無以自全。」紹答云：「冀州兵彊，吾士飢乏，設不能辦，無所容立。」紀曰：「可與公孫瓚相聞，導使來南，擊取冀州。公孫必至而馥懼矣，因使說利害，爲陳禍福，馥必遜讓。於此之際，可據其位。」紹從其言而瓚果來。

〔二〕九州春秋曰：馥遣都督從事趙浮、程奐將彊弩萬張屯河陽。浮等聞馥欲以冀州與紹，自孟津馳東下。時紹尙在朝歌清水口，浮等從後來，船數百艘，衆萬餘人，整兵鼓夜過紹營，紹甚惡之。浮等到，謂馥曰：「袁本初軍無斗糧，各已離散，雖有張楊、於扶羅新附，未肯爲用，不足敵也。小從事等請自以見兵拒之，旬日之間，必土崩瓦解；明將軍但當開閤高枕，何憂何懼！」馥不從，乃避位，出居趙忠故舍。遣子齎冀州印綬於黎陽與紹。

從事沮授沮音葅。說紹曰：「將軍弱冠登朝，則播名海內；值廢立之際，則忠義奮發；單騎出奔，則董卓懷怖；濟河而北，則勃海稽首。振一郡之卒，撮冀州之衆，威震河朔，名重天下。雖黃巾猾亂，黑山跋扈，舉軍東向，則青州可定；還討黑山，則張燕可滅；回衆北首，則公孫必喪；震脅戎狄，則匈奴必從。橫大河之北，合四州之地，收英雄之才，擁百萬之衆，迎大駕於西京，復宗廟於洛邑，號令天下，以討未復，以此爭鋒，誰能敵之？比及數年，此功不難。」紹喜曰：「此吾心也。」即表授爲監軍、奮威將軍。〔一〕卓遣執金吾胡母班、將作大匠吳脩齎詔書喻紹，紹使河內太守王匡殺之。〔二〕卓聞紹得關東，乃悉誅紹宗族太傅隗等。當是時，豪俠多附紹，皆思爲之報，州郡蠭起，莫不假其名。馥懷懼，從紹索去，往依張邈。〔三〕後紹遣使詣邈，有所計議，與邈耳語。馥在坐上，謂見圖構，無何起至溷自殺。〔四〕

〔一〕獻帝紀曰：沮授，廣平人，少有大志，多權略。仕州別駕，舉茂才，歷二縣令，又爲韓馥別駕，表拜騎都尉。袁紹得冀州，又辟焉。

英雄記曰：是時年號初平，紹字本初，自以爲年與字合，必能克平禍亂。

〔二〕漢末名士錄曰：班字季皮，太山人，少與山陽度尚、東平張邈等八人並輕財赴義，振濟人士，世謂之八廚。

謝承後漢書曰：班，王匡之妹夫，董卓使班奉詔到河內，解釋義兵。匡受袁紹旨，收班繫獄，欲殺之以徇軍。班與匡書云：「自古以來，未有下土諸侯舉兵向京師者。劉向傳曰『擲鼠忌器』，器猶忌之，況卓今處宮闕之內，以天子爲藩屏，幼主在宮，如何可討？僕與太傅馬公、太僕趙岐、少府陰脩俱受詔命。關東諸郡，雖實嫉卓，猶以銜奉王命，不敢玷辱。而足下獨囚僕于獄，欲以釁鼓，此悖暴無道之甚者也。僕與董卓有何親戚，義豈同惡？而足下張虎狼之口，吐長虵之毒，恚卓遷怒，何甚酷哉！死，人之所難，然恥爲狂夫所害。若亡者有靈，當訴足下於皇天。夫婚姻者禍福之機，今日著矣。曩爲一體，今爲血讎。亡人子二人，則君之甥，身沒之後，慎勿令臨僕尸骸也。」匡得書，抱班二子而泣。班遂死於獄。班嘗見太山府君及河伯，事在搜神記，語多不載。

〔三〕英雄記曰：紹以河內朱漢爲都官從事。漢先時爲馥所不禮，內懷怨恨，且欲邀迎紹意，擅發城郭兵圍守馥第，拔刃登屋。馥走上樓，收得馥大兒，槌折兩腳。紹亦立收漢，殺之。馥猶憂怖，故報紹索去。

〔四〕英雄記曰：公孫瓚擊青州黃巾賊，大破之，還屯廣宗，改易守令，冀州長吏無不望風響應，開門受之。紹自往征瓚，合戰于界橋南二十里。瓚步兵三萬餘人爲方陳，騎爲兩翼，左右各五千餘匹，白馬義從爲中堅，亦分作兩校，左射右，右射左，旌旗鎧甲，光照天地。紹令麴義以八百兵爲先登，彊弩千張夾承之，紹自以步兵數萬結陳于後。義久在涼州，曉習羌鬭，兵皆驍銳。瓚見其兵少，便放騎欲陵蹈之。義兵皆伏楯下不動，未至數十步，乃同時俱起，揚塵大叫，直前衝突，彊弩雷發，所中必倒，臨陳斬瓚所署冀州刺史嚴綱甲首千餘級。瓚軍敗績，步騎奔走，不復還營。義追至界橋；瓚殿兵還戰橋上，義復破之，遂到瓚營，拔其牙門，營中餘衆皆復散走。紹在後，未到橋十數里，下馬發鞍，見瓚已破，不爲設備，惟帳下彊弩數十張，大戟士百餘人自隨。瓚部迸騎二千餘匹卒至，便圍紹數重，弓矢雨下。別駕從事田豐扶紹欲卻入空垣，紹以兜鍪撲地曰：「大丈夫當前鬬死，而入牆閒，豈可得活乎？」彊弩乃亂發，多所殺傷。瓚騎不知是紹，亦稍引卻；會麴義來迎，乃散去。瓚每與虜戰，常乘白馬，追不虛發，數獲戎捷，虜相告云「當避白馬」。因虜所忌，簡其白馬數千匹，選騎射之士，號爲白馬義從；一曰胡夷健者常乘白馬，瓚有健騎數千，多乘白馬，故以號焉。紹旣破瓚，引軍南到薄落津，方與賓客諸將共會，聞魏郡兵反，與黑山賊于毒共覆鄴城，遂殺太守栗成。賊十餘部，衆數萬人，聚會鄴中。坐上諸客有家在鄴者，皆憂怖失色，或起啼泣，紹容貌不變，自若也。賊陶升者，故內黃小吏也，有善心，獨將部衆踰西城入，閉守州門，不內他賊，以車載紹家及諸衣冠在州內者，身自扞衞，送到斥丘乃還。紹到，遂屯斥丘，以陶升爲建義中郎將。乃引軍入朝歌鹿場山蒼巖谷討于毒，圍攻五日，破之，斬毒及長安所署冀州牧壺壽。遂尋山北行，薄擊諸賊（左髮丈八）〔左髭丈八〕等，皆斬之。又擊劉石、青牛角、黃龍、左校、郭大賢、李大目、于氐根等，皆屠其屯壁，奔走得脫，斬首數萬級。紹復還屯鄴。初平四年，天子使太傅馬日磾、太僕趙岐和解關東。岐別詣河北，紹出迎於百里上，拜奉帝命。岐住紹營，移書告瓚。瓚遣使具與紹書曰：「趙太僕以周召之德，銜命來征，宣揚朝恩，示以和睦，曠若開雲見日，何喜如之？昔賈復、寇恂亦爭士卒，欲相危害，遇光武之寬，親俱陛見，同輿共出，時人以爲榮。自省邊鄙，得與將軍共同此福，此誠將軍之眷，而瓚之幸也。」麴義後恃功而驕恣，紹乃殺之。

初，天子之立非紹意，及在河東，紹遣潁川郭圖使焉。圖還說紹迎天子都鄴，紹不從。〔一〕會太祖迎天子都許，收河南地，關中皆附。紹悔，欲令太祖徙天子都鄄城以自密近，太祖拒之。天子以紹爲太尉，轉爲大將軍，封鄴侯，〔二〕紹讓侯不受。頃之，擊破瓚于易京，幷其衆。〔三〕出長子譚爲青州，沮授諫紹：「必爲禍始。」紹不聽，曰：「孤欲令諸兒各據一州也。」〔四〕又以中子熙爲幽州，甥高幹爲幷州。衆數十萬，以審配、逢紀統軍事，田豐、荀諶、許攸爲謀主，顏良、文醜爲將率，簡精卒十萬，騎萬匹，將攻許。〔五〕

〔一〕獻帝傳曰：沮授說紹云：「將軍累葉輔弼，世濟忠義。今朝廷播越，宗廟毀壞，觀諸州郡外託義兵，內圖相滅，未有存主恤民者。且今州城粗定，宜迎大駕，安宮鄴都，挾天子而令諸侯，畜士馬以討不庭，誰能禦之！」紹悅，將從之。郭圖、淳于瓊曰：「漢室陵遲，爲日久矣，今欲興之，不亦難乎！且今英雄據有州郡，衆動萬計，所謂秦失其鹿，先得者王。若迎天子以自近，動輒表聞，從之則權輕，違之則拒命，非計之善者也。」授曰：「今迎朝廷，至義也，又於時宜大計也，若不早圖，必有先人者也。夫權不失機，功在速捷，將軍其圖之！」紹弗能用。案此書稱（郭圖）〔沮授〕之計，則與本傳違也。

〔二〕獻帝春秋曰：紹恥班在太祖下，怒曰：「曹操當死數矣，我輒救存之，今乃背恩，挾天子以令我乎！」太祖聞，而以大將軍讓于紹。

〔三〕典略曰：自此紹貢御希慢，私使主簿耿苞密白曰：「赤德衰盡，袁爲黃胤，宜順天意。」紹以苞密白事示軍府將吏。議者咸以苞爲妖妄宜誅，紹乃殺苞以自解。

九州春秋曰：紹延徵北海鄭玄而不禮，趙融聞之曰：「賢人者，君子之望也。不禮賢，是失君子之望也。夫有爲之君，不敢失萬民之歡心，況於君子乎？失君子之望，難乎以有爲矣。」

英雄記載太祖作董卓歌，辭云：「德行不虧缺，變故自難常。鄭康成行酒，伏地氣絕，郭景圖命盡于園桑。」如此之文，則玄無病而卒。餘書不見，故載錄之。

〔四〕九州春秋載授諫辭曰：「世稱『一兔走衢，萬人逐之，一人獲之，貪者悉止』，分定故也。且年均以賢，德均則卜，古之制也。願上惟先代成敗之戒，下思逐兔分定之義。」紹曰：「孤欲令四兒各據一州，以觀其能。」授出曰：「禍其始此乎！」譚始至青州，爲都督，未爲刺史，後太祖拜爲刺史。其土自河而西，蓋不過平原而已。遂北排田楷，東攻孔融，曜兵海隅，是時百姓無主，欣戴之矣。然信用羣小，好受近言，肆志奢淫，不知稼穡之艱難。華彥、孔順皆姦佞小人也，信以爲腹心；王脩等備官而已。然能接待賓客，慕名敬士。使婦弟領兵在內，至令草竊市井，而外虜掠田野；別使兩將募兵下縣，有賂者見免，無者見取，貧弱者多，乃至於竄伏丘野之中，放兵捕索，如獵鳥獸。邑有萬戶者，著籍不盈數百，收賦納稅，參分不入一。招命賢士，不就；不趨赴軍期，安居族黨，亦不能罪也。

〔五〕世語曰：紹步卒五萬，騎八千。孫盛評曰：案魏武謂崔琰曰「昨案貴州戶籍，可得三十萬衆」。由此推之，但冀州勝兵已如此，況兼幽、并及青州乎？紹之大舉，必悉師而起，十萬近之矣。

獻帝傳曰：紹將南師，沮授、田豐諫曰：「師出歷年，百姓疲弊，倉庾無積，賦役方殷，此國之深憂也。宜先遣使獻捷天子，務農逸民；若不得通，乃表曹氏隔我王路。然後進屯黎陽，漸營河南，益作舟船，繕治器械，分遣精騎，鈔其邊鄙，令彼不得安，我取其逸。三年之中，事可坐定也。」審配、郭圖曰：「兵書之法，十圍五攻，敵則能戰。今以明公之神武，跨河朔之彊衆，以伐曹氏，譬若覆手，今不時取，後難圖也。」授曰：「蓋救亂誅暴，謂之義兵；恃衆憑彊，謂之驕兵。兵義無敵，驕者先滅。曹氏迎天子安宮許都，今舉兵南向，於義則違。且廟勝之策，不在彊弱。曹氏法令既行，士卒精練，非公孫瓚坐受圍者也。今棄萬安之術，而興無名之兵，竊爲公懼之！」圖等曰：「武王伐紂，不曰不義，況兵加曹氏而云無名！且公師武臣(竭)力，將士憤怒，人思自騁，而不及時早定大業，慮之失也。夫天與弗取，反受其咎，此越之所以霸，吳之所以亡也。監軍之計，計在持牢，而非見時知機之變也。」

紹從之。圖等因是譖授「監統內外，威震三軍，若其寖盛，何以制之？夫臣與主不同者昌，主與臣同者亡，此黃石之所忌也。且御衆于外，不宜知內。」紹疑焉，乃分監軍爲三都督，使授及郭圖、淳于瓊各典一軍，遂合而南。

先是，太祖遣劉備詣徐州拒袁術。術死，備殺刺史車胄，引軍屯沛。紹遣騎佐之。太祖遣劉岱、王忠擊之，不克。建安五年，太祖自東征備。田豐說紹襲太祖後，紹辭以子疾，不許。豐擧杖擊地曰：「夫遭難遇之機，而以嬰兒之病失其會，惜哉！」太祖至，擊破備；備奔紹。〔一〕

〔一〕魏氏春秋載紹檄州郡文曰：「蓋聞明主圖危以制變，忠臣慮難以立權。曩者彊秦弱主，趙高執柄，專制朝命，威福由己，終有望夷之禍，汙辱至今。及臻呂后，祿、產專政，擅斷萬機，決事省禁，下陵上替，海內寒心。於是絳侯、朱虛興威奮怒，誅夷逆亂，尊立太宗，故能道化興隆，光明顯融，此則大臣立權之明表也。司空曹操祖父騰，故中常侍，與左悺、徐璜並作妖孽，饕餮放橫，傷化虐民。父嵩，乞匄攜養，因贓假位，輿金輦璧，輸貨權門，竊盜鼎司，傾覆重器。操贅閹遺醜，本無令德，僄狡鋒俠，好亂樂禍。幕府昔統鷹揚，掃夷凶逆。續遇董卓侵官暴國，於是提劍揮鼓，發命東夏。方收羅英雄，棄瑕錄用，故遂與操參咨策略，謂其鷹犬之才，爪牙可任。至乃愚佻短慮，輕進易退，傷夷折衄，數喪師徒。幕府輒復分兵命銳，修完補輯，表行東郡太守、兗州刺史，被以虎文，授以偏師，獎蹙威柄，冀獲秦師一克之報。而操遂乘資跋扈，肆行酷烈，割剝元元，殘賢害善。故九江太守邊讓，英才俊逸，天下知名，以直言正色，論不阿諂，身〔首〕被梟縣之戮，妻孥受灰滅之咎。自是士林憤痛，民怨彌重，一夫奮臂，擧州同聲，故躬破於徐方，地奪於呂布，彷徨東裔，蹈據無所。幕府唯彊幹弱枝之義，且不登叛人之黨，故復援旌擐甲，席卷赴征，金鼓響震，布衆破沮，拯其死亡之患，復其方伯之任，是則幕府無德於兗土之民，而有大造於操也。後會鑾駕東反，羣虜亂政。時冀州方有北鄙之警，匪遑離局，故使從事中郎徐勛就發遣操，使繕修郊廟，翼衞幼主。而便放志專行，脅遷省禁，卑侮王官，敗法亂紀，坐召三臺，專制朝政，爵賞由心，刑戮在口，所愛光五宗，所惡滅三族，羣談者蒙顯誅，腹議者蒙隱戮，道路以目，百寮鉗口，尚書記朝會，公卿充員品而已。故太尉楊彪，歷典三司，享國極位，操因睚眦，被以非罪，榜楚并兼，五毒俱至，觸情放慝，不顧憲章。又議郎趙彥，忠諫直言，議有可納，故聖朝含聽，改容加錫，操欲迷奪時權，杜絕言路，擅收立殺，不俟報聞。又梁孝王，先帝母弟，墳陵尊顯，松柏桑梓，猶宜恭肅，而操率將校吏士親臨發掘，破棺裸尸，略取金寶，至令聖朝流涕，士民傷懷。又署發丘中郎將、摸金校尉，所過隳突，無骸不露。身處三公之官，而行桀虜之態，殄國虐民，毒流人鬼。加其細政苛慘，科防互設，繒繳充蹊，坑穽塞路，舉手挂網羅，動足蹈機陷，是以兗、豫有無聊之民，帝都有吁嗟之怨。歷觀古今書籍，所載貪殘虐烈無道之臣，於操爲甚。幕府方詰外姦，未及整訓，加意含覆，冀可彌縫。而操豺狼野心，潛苞禍謀，乃欲撓折棟梁，孤弱漢室，除滅中正，專爲梟雄。往歲伐鼓北征，討公孫瓚，彊禦桀逆，拒圍一年。操因其未破，陰交書命，欲託助王師，以相掩襲，故引兵造河，方舟北濟。會其行人發露，瓚亦梟夷，故使鋒芒挫縮，厥圖不果。屯據敖倉，阻河爲固，乃欲以螳螂之斧，禦隆車之隧。幕府奉漢威靈，折衝宇宙，長戟百萬，胡騎千羣，奮中黃、育、獲之材，騁良弓勁弩之勢，并州越太行，青州涉濟、漯，大軍汎黃河以角其前，荊州下宛、葉而掎其後，雷震虎步，並集虜庭，若舉炎火以焫飛蓬，覆滄海而沃熛炭，有何不消滅者哉？當今漢道陵遲，綱弛紀絕。操以精兵七百，圍守宮闕，外稱陪衞，內以拘執，懼其篡逆之禍，因斯而作。乃忠臣肝腦塗地之秋，烈士立功之會也，可不勖哉！」此陳琳之辭。

紹進軍黎陽，遣顏良攻劉延于白馬。沮授又諫紹：「良性促狹，雖驍勇不可獨任。」紹不聽。太祖救延，與良戰，破斬良。〔一〕紹渡河，壁延津南，使劉備、文醜挑戰。太祖擊破之，斬醜，再戰，禽紹大將。紹軍大震。〔二〕太祖還官渡。沮授又曰：「北兵數衆而果勁不及南，南穀虛少而貨財不及北；南利在於急戰，北利在於緩搏。宜徐持久，曠以日月。」紹不從。連營稍前，逼官渡，合戰，太祖軍不利，復壁。紹爲高櫓，起土山，射營中，營中皆蒙楯，衆大懼。太祖乃爲發石車，擊紹樓，皆破，紹衆號曰霹靂車。〔三〕紹爲地道，欲襲太祖營。太祖輒於內爲長塹以拒之，又遣奇兵襲擊紹運車，大破之，盡焚其穀。太祖與紹相持日久，百姓疲乏，多叛應紹，軍食乏。會紹遣淳于瓊等將兵萬餘人北迎運車，沮授說紹：「可遣將蔣奇別爲支軍於表，以斷曹公之鈔。」紹復不從。瓊宿烏巢，去紹軍四十里。太祖乃留曹洪守，自將步騎五千候夜潛往攻瓊。紹遣騎救之，敗走。破瓊等，悉斬之。太祖還，未至營，紹將高覽、張郃等率其衆降。紹衆大潰，紹與譚單騎退渡河。餘衆僞降，盡坑之。〔四〕沮授不及紹渡，爲人所執，詣太祖，〔五〕太祖厚待之。後謀還袁氏，見殺。

〔一〕獻帝傳曰：紹臨發，沮授會其宗族，散資財以與之曰：「夫勢在則威無不加，勢亡則不保一身，哀哉！」其弟宗曰：「曹公士馬不敵，君何懼焉！」授曰：「以曹兗州之明略，又挾天子以爲資，我雖克公孫，衆實疲弊，而將驕主忲，軍之破敗，在此舉也。揚雄有言，『六國蚩蚩，爲嬴弱姬』，今之謂也。」

〔二〕獻帝傳曰：紹將濟河，沮授諫曰：「勝負變化，不可不詳。今宜留屯延津，分兵官渡，若其克獲，還迎不晚，設其有難，衆弗可還。」紹弗從。授臨濟歎曰：「上盈其志，下務其功，悠悠黃河，吾其不反乎！」遂以疾辭。紹恨之，乃省其所部兵屬郭圖。

〔三〕魏氏春秋曰：以古有矢石，又傳言「旝動而鼓」，說〔文〕曰「旝，發石也」，於是造發石車。

〔四〕張璠漢紀云：殺紹卒凡八萬人。

〔五〕獻帝傳云：授大呼曰：「授不降也，爲軍所執耳！」太祖與之有舊，逆謂授曰：「分野殊異，遂用圮絕，不圖今日乃相禽也！」授對曰：「冀州失策，以取奔北。授智力俱困，宜其見禽耳。」太祖曰：「本初無謀，不用君計，今喪亂過紀，國家未定，當相與圖之。」授曰：「叔父、母、弟，縣命袁氏，若蒙公靈，速死爲福。」太祖歎曰：「孤早相得，天下不足慮。」

初，紹之南也，田豐說紹曰：「曹公善用兵，變化無方，衆雖少，未可輕也，不如以久持之。將軍據山河之固，擁四州之衆，外結英雄，內脩農戰，然後簡其精銳，分爲奇兵，乘虛迭出，以擾河南，救右則擊其左，救左則擊其右，使敵疲於奔命，民不得安業；我未勞而彼已困，不及二年，可坐克也。今釋廟勝之策，而決成敗於一戰，若不如志，悔無及也。」紹不從。豐懇諫，紹怒甚，以爲沮衆，械繫之。紹軍既敗，或謂豐曰：「君必見重。」豐曰：「若軍有利，吾必全，今軍敗，吾其死矣。」紹還，謂左右曰：「吾不用田豐言，果爲所笑。」遂殺之。〔一〕紹外寬雅，有局度，憂喜不形于色，而內多忌害，皆此類也。

〔一〕先賢行狀曰：豐字元皓，鉅鹿人，或云勃海人。豐天姿瓌傑，權略多奇，少喪親，居喪盡哀，日月雖過，笑不至矧。博覽多識，名重州黨。初辟太尉府，舉茂才，遷侍御史。閹宦擅朝，英賢被害，豐乃棄官歸家。袁紹起義，卑辭厚幣以招致豐，豐以王室多難，志存匡救，乃應紹命，以為別駕。勸紹迎天子，紹不納。紹後用豐謀，以平公孫瓚。逢紀憚豐亮直，數讒之於紹，紹遂忌豐。紹軍之敗也，土崩奔北，師徒略盡，軍皆拊膺而泣曰：「向令田豐在此，不至於是也。」紹謂逢紀曰：「冀州人聞吾軍敗，皆當念吾，惟田別駕前諫止吾，與衆不同，吾亦慚見之。」紀復曰：「豐聞將軍之退，拊手大笑，喜其言之中也。」紹於是有害豐之意。初，太祖聞豐不從戎，喜曰：「紹必敗矣。」及紹奔遁，復曰：「向使紹用田別駕計，尚未可知也。」

孫盛曰：觀田豐、沮授之謀，雖良、平何以過之？故君貴審才，臣尚量主；君用忠良，則伯王之業隆，臣奉闇后，則覆亡之禍至：存亡榮辱，常必由茲。豐知紹將敗，敗則己必死，甘冒虎口以盡忠規，烈士之於所事，慮不存己。夫諸侯之臣，義有去就，況豐與紹非純臣乎！詩云「逝將去汝，適彼樂土」，言去亂邦，就有道可也。

冀州城邑多叛，紹復擊定之。自軍敗後發病，七年，憂死。

紹愛少子尚，貌美，欲以為後而未顯。〔一〕審配、逢紀與辛評、郭圖爭權，配、紀與尚比，評、圖與譚比。衆以譚長，欲立之。配等恐譚立而評等為己害，緣紹素意，乃奉尚代紹位。譚至，不得立，自號車騎將軍。由是譚、尚有隙。太祖北征譚、尚。譚軍黎陽，尚少與譚兵，而使逢紀從譚。譚求益兵，配等議不與。譚怒，殺紀。〔二〕太祖渡河攻譚，譚告急於尚。尚欲分兵益譚，恐譚遂奪其衆，乃使審配守鄴，尚自將兵助譚，與太祖相拒於黎陽。自〔二〕〔九〕月至（九）〔二〕月，大戰城下，譚、尚敗退，入城守。太祖將圍之，乃夜遁。追至鄴，收其麥，拔陰安，引軍還許。太祖南征荆州，軍至西平。譚、尚遂舉兵相攻，譚敗奔平原。尚攻之急，譚遣辛毗詣太祖請救。太祖乃還救譚，十月至黎陽。〔三〕尚聞太祖北，釋平原還鄴。其將呂曠、呂翔叛尚歸太祖，譚復陰刻將軍印假曠、翔。太祖知譚詐，與結婚以安之，乃引軍還。尚使審配、蘇由守鄴，復攻譚平原。太祖進軍將攻鄴，到洹水，去鄴五十里，由欲爲內應，謀泄，與配戰城中，敗，出奔太祖。太祖遂進攻之，爲地道，配亦於內作塹以當之。配將馮禮開突門，內太祖兵三百餘人，配覺之，從城上以大石擊突中柵門，柵門閉，入者皆沒。太祖遂圍之，爲塹，周四十里，初令淺，示若可越。配望而笑之，不出爭利。太祖一夜掘之，廣深二丈，決漳水以灌之，自五月至八月，城中餓死者過半。尚聞鄴急，將兵萬餘人還救之，依西山來，東至陽平亭，去鄴十七里，臨滏水，舉火以示城中，城中亦舉火相應。配出兵城北，欲與尚對決圍。太祖逆擊之，敗還，尚亦破走，依曲漳爲營，太祖遂圍之。未合，尚懼，遣陰夔、陳琳乞降，不聽。尚還走濫口，進復圍之急，其將馬延等臨陳降，衆大潰，尚奔中山。盡收其輜重，得尚印綬、節鉞及衣物，以示其家，城中崩沮。配兄子榮守東門，夜開門內太祖兵，與配戰城中，生禽配。配聲氣壯烈，終無撓辭，見者莫不歎息。遂斬之。〔四〕高幹以幷州降，復以幹爲刺史。

〔一〕典論曰：譚長而惠，尚少而美。紹妻劉氏愛尚，數稱其才，紹亦奇其貌，欲以爲後，未顯而紹死。劉氏性酷妒，紹死，僵尸未殯，寵妾五人，劉盡殺之。以爲死者有知，當復見紹於地下，乃髡頭墨面以毀其形。尚又爲盡殺死者之家。

〔二〕英雄記曰：紀字元圖。初，紹去董卓出奔，與許攸及紀俱詣冀州，紹以紀聰達有計策，甚親信之，與共舉事。後審配任用，與紀不睦。或有讒配于紹，紹問紀，紀稱「配天性烈直，古人之節，不宜疑之」。紹曰：「君不惡之邪？」紀答曰：「先日所爭者私情，今所陳者國事。」紹善之，卒不廢配。配由是更與紀爲親善。

〔三〕魏氏春秋載劉表遺譚書曰：「天篤降害，禍難殷流，尊公殂殞，四海悼心。賢胤承統，遐邇屬望，咸欲展布旅力，以投盟主，雖亡之日，猶存之願也。何寤青蠅飛於干旍，無極游於二壘，使股肱分爲二體，背膂絕爲異身！昔三王五伯，下及戰國，父子相殘，蓋有之矣；然或欲以成王業，或欲以定霸功，或欲以顯宗主，或欲以固冢嗣，未有棄親卽異，抏其本根，而能崇業濟功，垂祚後世者也。若齊襄復九世之讎，士匄卒荀偃之事，是故春秋美其義，君子稱其信。夫伯游之恨于齊，未若（文公）〔太公〕之忿曹；宣子之承業，未若仁君之繼統也。且君子之違難不適讎國，豈可忘先君之怨，棄至親之好，爲萬世之戒，遺同盟之恥哉！冀州不弟之慠，旣已然矣；仁君當降志辱身，以匡國爲務；雖見憎於夫人，未若鄭莊之於姜氏，兄弟之嫌，未若重華之於象傲也。然莊公有大隧之樂，象受有鼻之封。願棄捐前忿，遠思舊義，復爲母子昆弟如初。」又遺尚書曰：「知變起辛、郭，禍結同生，追閼伯、實沈之蹤，忘常棣死喪之義，親尋干戈，僵尸流血，聞之哽咽，雖存若亡。昔軒轅有涿鹿之戰，周武有商奄之師，皆所以翦除穢害而定王業，非彊弱之（事）爭，喜怒之忿也。故雖滅親不爲尤，誅兄不傷義。今二君初承洪業，纂繼前軌，進有國家傾危之慮，退有先公遺恨之負，當唯義是務，唯國是康。何者？金木水火以剛柔相濟，然後克得其和，能爲民用。今青州天性峭急，迷于曲直。仁君度數弘廣，綽然有餘，當以大包小，以優容劣，先除曹操以卒先公之恨，事定之後，乃議曲直之計，不亦善乎！若留神遠圖，克己復禮，當振旆長驅，共奬王室，若迷而不反，違而無改，則胡夷將有誚讓之言，況我同盟，復能勠力爲君之役哉？此韓盧、東郭自困於前而遺田父之獲者也。憤踴鶴望，冀聞和同之聲。若其泰也，則袁族其與漢升降乎！如其否也，則同盟永無望矣。」譚、尚盡不從。

漢晉春秋載審配獻書於譚曰：「春秋之義，國君死社稷，忠臣死王命。苟有圖危宗廟，敗亂國家，王綱典律，親疎一也。是以周公垂泣而蔽管、蔡之獄，季友歔欷而行鍼叔之鴆。何則？義重人輕，事不得已也。昔衞靈公廢蒯聵而立輒，蒯聵爲不道，入戚以篡，衞師伐之。春秋傳曰：『以石曼姑之義，爲可以拒之。』是以蒯聵終獲叛逆之罪，而曼姑永享忠臣之名。父子猶然，豈況兄弟乎！昔先公廢絀將軍以續賢兄，立我將軍以爲適嗣，上告祖靈，下書譜牒，先公謂將軍爲兄子，將軍謂先公爲叔父，海內遠近，誰不備聞？且先公卽世之日，我將軍斬衰居廬，而將軍齋于堊室，出入之分，於斯益明。是時凶臣逢紀，妄畫蛇足，曲辭諂媚，交亂懿親，將軍奮赫然之怒，誅不旋時，〔我〕將軍亦奉命承旨，加以淫刑。自是之後，癰疽破潰，骨肉無絲髮之嫌，自疑之臣，皆保生全之福。故悉遣彊胡，簡命名將，料整器械，選擇戰士，殫府庫之財，竭食土之實，其所以供奉將軍，何求而不備？君臣相率，共衞旌麾，戰爲雁行，賦爲幣主，雖傾倉覆庫，翦剝民物，上下欣戴，莫敢告勞。何則？推戀戀忠赤之情，盡家家肝腦之計，脣齒輔車，不相爲賜。謂爲將軍心合意同，混齊一體，必當并威偶勢，禦寇寧家。何圖凶險讒慝之人，造飾無端，誘導姦利，至令將軍翻然改圖，忘孝友之仁，聽豺狼之謀，誣先公廢立之言，違近者在喪之位，悖紀綱之理，不顧逆順之節，橫易冀州之主，欲當先公之繼。遂放兵鈔撥，屠城殺吏，交尸盈原，裸民滿野，或有髠剔髮膚，割截支體，寃魂痛於幽冥，創痍號於草棘。又乃圖獲鄴城，許賜袁、胡，財物婦女，豫有分界。或聞告令吏士云：『孤雖有老母，輒使身體完具而已。』聞此言者，莫不驚愕失氣，悼心揮涕，使太夫人憂哀憤懣于堂室，我州君臣士友假寐悲歎，無所措其手足；念欲靜師拱默以聽執事之圖，則懼違春秋死命之節，貽太夫人不測之患，隕先公高世之業。且三軍憤慨，人懷私怒，我將軍辭不獲已，以及館陶之役。是時外爲禦難，內實乞罪，既不見赦，而（屠辱谷）〔屠各〕二三其心，臨陳叛戾。我將軍進退無功，首尾受敵，引軍奔避，不敢告辭。亦謂將軍當少垂親親之仁，貺以緩追之惠，而乃尋蹤躡軌，無所逃命。困獸必鬭，以干嚴行，而將軍師旅土崩瓦解，此非人力，乃天意也。是後又望將軍改往修來，克己復禮，追還孔懷如初之愛；而縱情肆怒，趣破家門，企踵鶴立，連結外讎，散鋒放火，播增毒螫，烽煙相望，涉血千里，遺城厄民，引領悲怨，雖欲勿救，惡得已哉！故遂引軍東轅，保正疆埸，雖近郊壘，未侵境域，然望旌麾，能不永歎？配等備先公家臣，奉廢立之命。而圖等干國亂家，禮有常刑。故奮敝州之賦，以除將軍之疾，若乃天啓于心，早行其誅，則我將軍匍匐悲號于將軍股掌之上，配等亦袒躬布體以待斧鉞之刑。若必不悛，有以國斃，圖頭不縣，軍不旋踵。願將軍詳度事宜，錫以環玦。」

典略曰：譚得書悵然，登城而泣。既劫于郭圖，亦以兵鋒累交，遂戰不解。

〔四〕先賢行狀曰：配字正南，魏郡人，少忠烈慷慨，有不可犯之節。袁紹領冀州，委以腹心之任，以爲治中別駕，并總幕府。初，譚之去，皆呼辛毗、郭圖家得出，而辛評家獨被收。及配兄子開城門內兵，時配在城東南角樓上，望見太祖兵入，忿辛、郭壞敗冀州，乃遣人馳詣鄴獄，指殺仲治家。是時，辛毗在軍，聞門開，馳走詣獄，欲解其兄家，兄家已死。是日生縛配，將詣帳下，辛毗等逆以馬鞭擊其頭，罵之曰：「奴，汝今日眞死矣！」配顧曰：「狗輩，正由汝曹破我冀州，恨不得殺汝也！且汝今日能殺生我邪？」有頃，公引見，謂配：「知誰開卿城門？」配曰：「不知也。」曰：「自卿（文）〔子〕榮耳。」配曰：「小兒不足用乃至此！」公復謂曰：「曩日孤之行圍，何弩之多也？」配曰：「恨其少耳！」公曰：「卿忠于袁氏父子，亦自不得不爾也。」有意欲活之。配既無撓辭，而辛毗等號哭不已，乃殺之。初，冀州人張子謙先降，素與配不善，笑謂配曰：「正南，卿竟何如我？」配厲聲曰：「汝爲降虜，審配爲忠臣，雖死，豈若汝生邪！」臨行刑，叱持兵者令北向，曰：「我君在北。」

樂資山陽公載記及袁暐獻帝春秋並云太祖兵入城，審配戰于門中，既敗，逃于井中，於井獲之。

臣松之以爲配一代之烈士，袁氏之死臣，豈當數窮之日，方逃身于井，此之難信，誠爲易了。不知資、暐之徒竟爲何人，未能識別然否，而輕弄翰墨，妄生異端，以行其書。如此之類，正足以誣罔視聽，疑誤後生矣。寔史籍之罪人，達學之所不取者也。

太祖之圍鄴也，譚略取甘陵、安平、勃海、河間，攻尙於中山。尙走故安從熙，譚悉收其衆。太祖將討之，譚乃拔平原，并南皮，自屯龍湊。十二月，太祖軍其門，譚不出，夜遁奔南皮，臨淸河而屯。十年正月，攻拔之，斬譚及圖等。熙、尙爲其將焦觸、張南所攻，奔遼西烏丸。觸自號幽州刺史，驅率諸郡太守令長，背袁向曹，陳兵數萬，殺白馬盟，令曰：「違命者斬！」衆莫敢語，各以次歃。至別駕韓珩，曰：「吾受袁公父子厚恩，今其破亡，智不能救，勇不能死，於義闕矣；若乃北面於曹氏，所弗能爲也。」一坐爲珩失色。觸曰：「夫興大事，當立大義，事之濟否，不待一人，可卒珩志，以勵事君。」高幹叛，執上黨太守，舉兵守壺口關。遣樂進、李典擊之，未拔。十一年，太祖征幹。幹乃留其將夏昭、鄧升守城，自詣匈奴單于求救，不得，獨與數騎亡，欲南奔荆州，上洛都尉捕斬之。〔一〕十二年，太祖至遼西擊烏丸。尚、熙與烏丸逆軍戰，敗走奔遼東，公孫康誘斬之，送其首。〔二〕太祖高韓珩節，屢辟不至，卒於家。〔三〕

〔一〕典略曰：上洛都尉王琰獲高幹，以功封侯；其妻哭于室，以爲琰富貴將更娶妾媵而奪己愛故也。

〔二〕典略曰：尚爲人有勇力，欲奪取康衆，與熙謀曰：「今到，康必相見，欲與兄手擊之，有遼東猶可以自廣也。」康亦心計曰：「今不取熙、尚，無以爲說於國家。」乃先置其精勇于廄中，然後請熙、尚。熙、尚入，康伏兵出，皆縛之，坐于凍地。尚寒，求席，熙曰：「頭顱方行萬里，何席之爲！」遂斬首。譚，字顯思。熙，字顯奕。尚，字顯甫。

吳書曰：尚有弟名買，與尚俱走遼東。曹瞞傳云：買，尚兄子。未詳。

〔三〕先賢行狀曰：珩字子佩，代郡人，清粹有雅量。少喪父母，奉養兄姊，宗族稱孝悌焉。

袁術字公路，司空逢子，紹之從弟也。以俠氣聞。舉孝廉，除郎中，歷職內外，後爲折衝校尉、虎賁中郎將。董卓之將廢帝，以術爲後將軍；術亦畏卓之禍，出奔南陽。會長沙太守孫堅殺南陽太守張咨，術得據其郡。南陽戶口數百萬，而術奢淫肆欲，徵斂無度，百姓苦之。既與紹有隙，又與劉表不平而北連公孫瓚；紹與瓚不和而南連劉表。其兄弟攜貳，舍近交遠如此。〔一〕引軍入陳留。太祖與紹合擊，大破術軍。術以餘衆奔九江，殺揚州刺史陳溫，領其州。〔二〕以張勳、橋蕤等爲大將軍。李傕入長安，欲結術爲援，以術爲左將軍，封陽翟侯，假節，遣太傅馬日磾因循行拜授。術奪日磾節，拘留不遣。〔三〕

〔一〕吳書曰：時議者以靈帝失道，使天下叛亂，少帝幼弱，爲賊臣所立，又不識母氏所出。幽州牧劉虞宿有德望，紹等欲立之以安當時，使人報術。術觀漢室衰陵，陰懷異志，故外託公義以拒紹。紹復與術書曰：「前與韓文節共建永世之道，欲海內見再興之主。今西名有幼君，無血脈之屬，公卿以下皆媚事卓，安可復信！但當使兵往屯關要，皆自蹙死于西。東立聖君，太平可冀，如何有疑！又室家見戮，不念子胥，可復北面乎？違天不祥，願詳思之。」術答曰：「聖主聰叡，有周成之質。賊卓因危亂之際，威服百寮，此乃漢家小厄之會。亂尚未厭，復欲興之。乃云今主『無血脈之屬』，豈不誣乎！先人以來，奕世相承，忠義爲先。太傅公仁慈惻隱，雖知賊卓必爲禍害，以信徇義，不忍去也。門戶滅絕，死亡流漫，幸蒙遠近來相赴助，不因此時上討國賊，下刷家恥，而圖於此，非所聞也。又曰『室家見戮，可復北面』，此卓所爲，豈國家哉？君命，天也，天不可讎，況非君命乎！慺慺赤心，志在滅卓，不識其他。」

〔二〕臣松之案英雄記：「陳溫字元悌，汝南人。先爲揚州刺史，自病死。袁紹遣袁遺領州，敗散，奔沛國，爲兵所殺。袁術更用陳瑀爲揚州。瑀字公瑋，下邳人。瑀既領州，而術敗于封丘，南向壽春，瑀拒術不納。術退保陰陵，更合軍，攻瑀，瑀懼走歸下邳。」如此，則溫不爲術所殺，與本傳不同。

〔三〕三輔決錄注曰：日磾字翁叔，馬融之族子。少傳融業，以才學進。與楊彪、盧植、蔡邕等典校中書，歷位九卿，遂登台輔。

獻帝春秋曰：術從日磾借節觀之，因奪不還，備軍中千餘人，使促辟之。日磾謂術曰：「卿家先世諸公，辟士云何，而言促之，謂公府掾可劫得乎！」從術求去，而術留之不遣；既以失節屈辱，憂恚而死。

時沛相下邳陳珪，故太尉球弟子也。術與珪俱公族子孫，少共交游，書與珪曰：「昔秦失其政，天下羣雄爭而取之，兼智勇者卒受其歸。今世事紛擾，復有瓦解之勢矣，誠英乂有爲之時也。與足下舊交，豈肯左右之乎？若集大事，子實爲吾心膂。」珪中子應時在下邳，術並脅質應，圖必致珪。珪答書曰：「昔秦末世，肆暴恣情，虐流天下，毒被生民，下不堪命，故遂土崩。今雖季世，未有亡秦苛暴之亂也。曹將軍神武應期，興復典刑，將撥平凶慝，清定海內，信有徵矣。以爲足下當勠力同心，匡翼漢室，而陰謀不軌，以身試禍，豈不痛哉！若迷而知反，尚可以免。吾備舊知，故陳至情，雖逆于耳，骨肉之惠也。欲吾營私阿附，有犯死不能也。」

興平二年冬，天子敗於曹陽。術會羣下謂曰：「今劉氏微弱，海內鼎沸。吾家四世公輔，百姓所歸，欲應天順民，於諸君意如何？」衆莫敢對。主簿閻象進曰：「昔周自后稷至于文王，積德累功，三分天下有其二，猶服事殷。明公雖奕世克昌，未若有周之盛，漢室雖微，未若殷紂之暴也。」術嘿然不悅。用河內張炯之符命，遂僭號。〔一〕以九江太守爲淮南尹。置公卿，祠南北郊。荒侈滋甚，後宮數百皆服綺縠，餘粱肉，〔二〕而士卒凍餒，江淮閒空盡，人民相食。術前爲呂布所破，後爲太祖所敗，奔其部曲雷薄、陳蘭于灊山，復爲所拒，憂懼不知所出。將歸帝號於紹，欲至青州從袁譚，發病道死。〔三〕妻子依術故吏廬江太守劉勳，孫策破勳，復見收視。術女入孫權宮，子燿拜郎中，燿女又配於權子奮。

〔一〕典略曰：術以袁姓出陳，陳，舜之後，以土承火，得應運之次。又見讖文云：「代漢者，當塗高也。」自以名字當之，乃建號稱仲氏。

〔二〕九州春秋曰：司隸馮方女，國色也，避亂揚州，術登城見而悅之，遂納焉，甚愛幸。諸婦害其寵，語之曰：「將軍貴人，有志節，當時時涕泣憂愁，必長見敬重。」馮氏以爲然，後見術輒垂涕，術以有心志，益哀之。諸婦人因共絞殺，懸之廁梁，術誠以爲不得志而死，乃厚加殯斂。

〔三〕魏書曰：術歸帝號于紹曰：「漢之失天下久矣，天子提挈，政在家門，豪雄角逐，分裂疆宇，此與周之末年七國分勢無異，卒彊者兼之耳。加袁氏受命當王，符瑞炳然。今君擁有四州，民戶百萬，以彊則無與比大，論德則無與比高。曹操欲扶衰拯弱，安能續絕命救已滅乎？」紹陰然之。

吳書曰：術既爲雷薄等所拒，留住三日，士衆絕糧，乃還至江亭，去壽春八十里。問廚下，尚有麥屑三十斛。時盛暑，欲得蜜漿，又無蜜。坐櫺牀上，歎息良久，乃大咤曰：「袁術至于此乎！」因頓伏牀下，嘔血斗餘而死。

劉表字景升，山陽高平人也。少知名，號八俊。〔一〕長八尺餘，姿貌甚偉。以大將軍掾爲北軍中候。靈帝崩，代王叡爲荊州刺史。是時山東兵起，表亦合兵軍襄陽。〔二〕袁術之在南陽也，與孫堅合從，欲襲奪表州，使堅攻表。堅爲流矢所中死，軍敗，術遂不能勝表。李傕、郭汜入長安，欲連表為援，乃以表為鎮南將軍、荊州牧，封成武侯，假節。天子都許，表雖遣使貢獻，然北與袁紹相結。治中鄧義諫表，表不聽，〔三〕義辭疾而退，終表之世。張濟引兵入荊州界，攻穰城，為流矢所中死。荊州官屬皆賀，表曰：「濟以窮來，主人無禮，至于交鋒，此非牧意，牧受弔，不受賀也。」使人納其衆；衆聞之喜，遂服從。長沙太守張羨叛表，〔四〕表圍之連年不下。羨病死，長沙復立其子懌，表遂攻并懌，南收零、桂，北據漢川，地方數千里，帶甲十餘萬。〔五〕

〔一〕張璠漢紀曰：表與同郡人張隱、薛郁、王訪、宣靖、（公褚恭）〔公緒恭〕、劉祇、田林為八交，或謂之八顧。漢末名士錄云：表與汝南陳翔字仲麟、范滂字孟博、魯國孔昱字世元、勃海苑康字仲真、山陽檀敷字文友、張儉字元節、南陽岑晊字公孝為八友。謝承後漢書曰：表受學於同郡王暢。暢為南陽太守，行過乎儉。表時年十七，進諫曰：「奢不僭上，儉不逼下，蓋中庸之道，是故蘧伯玉恥獨為君子。府君若不師孔聖之明訓，而慕夷齊之末操，無乃皎然自遺於世！」暢答曰：「以約，失之者鮮矣。且以矯俗也。」

〔二〕司馬彪戰略曰：劉表之初為荊州也，江南宗賊盛，袁術屯魯陽，盡有南陽之衆。吳人蘇代領長沙太守，貝羽為華容長，各阻兵作亂。表初到，單馬入宜城，而延中廬人蒯良、蒯越、襄陽人蔡瑁與謀。表曰：「宗賊甚盛，而衆不附，袁術因之，禍今至矣！吾欲徵兵，恐不集，其策安出？」良曰：「衆不附者，仁不足也；附而不治者，義不足也；苟仁義之道行，百姓歸之如水之趣下，何患所至之不從而問興兵與策乎？」表顧問越，越曰：「治平者先仁義，治亂者先權謀。兵不在多，在得人也。袁術勇而無斷，蘇代、貝羽皆武人，不足慮。宗賊帥多貪暴，爲下所患。越有所素養者，使示之以利，必以衆來。君誅其無道，撫而用之。一州之人，有樂存之心，聞君盛德，必襁負而至矣。兵集衆附，南據江陵，北守襄陽，荊州八郡可傳檄而定。術等雖至，無能爲也。」表曰：「子柔之言，雍季之論也。異度之計，臼犯之謀也。」遂使越遣人誘宗賊，至者五十五人，皆斬之。襲取其衆，或卽授部曲。唯江夏賊張虎、陳生擁衆據襄陽，表乃使越與龐季單騎往說降之，江南遂悉平。

〔三〕漢晉春秋曰：表答羲曰：「內不失貢職，外不背盟主，此天下之達義也。治中獨何怪乎？」

〔四〕英雄記曰：張羨，南陽人。先作零陵、桂陽長，甚得江、湘間心，然性屈彊不順。表薄其爲人，不甚禮也。羨由是懷恨，遂叛表焉。

〔五〕英雄記曰：州界羣寇既盡，表乃開立學官，博求儒士，使綦毋闓、宋忠等撰五經章句，謂之後定。

太祖與袁紹方相持于官渡，紹遣人求助，表許之而不至，亦不佐太祖，欲保江漢間，觀天下變。從事中郎韓嵩、別駕劉先說表曰：「豪傑並爭，兩雄相持，天下之重，在於將軍。將軍若欲有爲，起乘其弊可也；若不然，固將擇所從。將軍擁十萬之衆，安坐而觀望。夫見賢而不能助，請和而不得，此兩怨必集於將軍，將軍不得中立矣。夫以曹公之明哲，天下賢俊皆歸之，其勢必舉袁紹，然後稱兵以向江漢，恐將軍不能禦也。故爲將軍計者，不若舉州以附曹公，曹公必重德將軍；長享福祚，垂之後嗣，此萬全之策也。」表大將蒯越亦勸表，表狐疑，乃遣嵩詣太祖以觀虛實。嵩還，深陳太祖威德，說表遣子入質。表疑嵩反爲太祖說，大怒，欲殺嵩，考殺隨嵩行者，知嵩無他意，乃止。〔一〕表雖外貌儒雅，而心多疑忌，皆此類也。

〔一〕傅子曰：初表謂嵩曰：「今天下大亂，未知所定，曹公擁天子都許，君爲我觀其釁。」嵩對曰：「聖達節，次守節。嵩，守節者也。夫事君爲君，君臣名定，以死守之；今策名委質，唯將軍所命，雖赴湯蹈火，死無辭也。以嵩觀之，曹公至明，必濟天下。將軍能上順天子，下歸曹公，必享百世之利，楚國實受其祐，使嵩可也；設計未定，嵩使京師，天子假嵩一官，則天子之臣，而將軍之故吏耳。在君爲君，則嵩守天子之命，義不得復爲將軍死也。唯將軍重思，無負嵩。」表遂使之，果如所言，天子拜嵩侍中，遷零陵太守，還稱朝廷、曹公之德也。表以爲懷貳，大會寮屬數百人，陳兵見嵩，盛怒，持節將斬之，數曰：「韓嵩敢懷貳邪！」衆皆恐，欲令嵩謝。嵩不動，謂表曰：「將軍負嵩，嵩不負將軍！」具陳前言。表怒不已，其妻蔡氏諫之曰：「韓嵩，楚國之望也；且其言直，誅之無辭。」表乃弗誅而囚之。

劉備奔表，表厚待之，然不能用。〔一〕建安十三年，太祖征表，未至，表病死。

〔一〕漢晉春秋曰：太祖之始征柳城，劉備說表使襲許，表不從。及太祖還，謂備曰：「不用君言，故失此大會也。」備曰：「今天下分裂，日尋干戈，事會之來，豈有終極乎？若能應之於後者，則此未足爲恨也。」

初，表及妻愛少子琮，欲以爲後，而蔡瑁、張允爲之支黨，乃出長子琦爲江夏太守，衆遂奉琮爲嗣。琦與琮遂爲讎隙。〔一〕越、嵩及東曹掾傅巽等說琮歸太祖，琮曰：「今與諸君據全楚之地，守先君之業，以觀天下，何爲不可乎？」巽對曰：「逆順有大體，彊弱有定勢。以人臣而拒人主，逆也；以新造之楚而禦國家，其勢弗當也；以劉備而敵曹公，又弗當也。三者皆短，欲以抗王兵之鋒，必亡之道也。將軍自料何與劉備？」琮曰：「吾不若也。」巽曰：「誠以劉備不足禦曹公乎，則雖保楚之地，不足以自存也；誠以劉備足禦曹公乎，則備不爲將軍下也。願將軍勿疑。」太祖軍到襄陽，琮舉州降。備走奔夏口。〔二〕

〔一〕典略曰：表疾病，琦還省疾。琦性慈孝，瑁、允恐琦見表，父子相感，更有託後之意，謂曰：「將軍命君撫臨江夏，爲國東藩，其任至重；今釋衆而來，必見譴怒，傷親之歡心以增其疾，非孝敬也。」遂遏于戶外，使不得見，琦流涕而去。

〔二〕傅子曰：巽字公悌，瓌偉博達，有知人鑒。辟公府，拜尚書郎，後客荊州，以說劉琮之功，賜爵關內侯。文帝時爲侍中，太和中卒。巽在荊州，目龐統爲半英雄，證裴潛終以清行顯；統遂附劉備，見待次于諸葛亮，潛位至尚書令，並有名德。及在魏朝，魏諷以才智聞，巽謂之必反，卒如其言。巽弟子嘏，別有傳。

漢晉春秋曰：王威說劉琮曰：「曹操得將軍既降，劉備已走，必懈弛無備，輕行單進；若給威奇兵數千，徼之於險，操可獲也。獲操即威震天下，坐而虎步，中夏雖廣，可傳檄而定，非徒收一勝之功，保守今日而已。此難遇之機，不可失也。」琮不納。

搜神記曰：建安初，荊州童謠曰：「八九年間始欲衰，至十三年無孑遺。」言自(中興)〔中平〕以來，荊州獨全，及劉表爲牧，民又豐樂，至建安八年九年當始衰。始衰者，謂劉表妻死，諸將並零落也。十三年無孑遺者，表當又死，因以喪破也。是時，華容有女子忽啼呼云：「荊州將有大喪。」言語過差，縣以爲妖言，繫獄月餘，忽于獄中哭曰：

「劉荆州今日死。」華容去州數百里，即遣馬吏驗視，而劉表果死，縣乃出之。續又歌吟曰：「不意李立爲貴人。」後無幾，太祖平荆州，以涿郡李立字建賢爲荆州刺史。

太祖以琮爲青州刺史、封列侯。〔一〕蒯越等侯者十五人。越爲光祿勳；〔二〕嵩，大鴻臚；〔三〕義，侍中；〔四〕先，尚書令；其餘多至大官。〔五〕

〔一〕魏武故事載令曰：「楚有江、漢山川之險，後服先彊，與秦爭衡，荆州則其故地。劉鎮南久用其民矣。身沒之後，諸子鼎峙，雖終難全，猶可引日。青州刺史琮，心高志潔，智深慮廣，輕榮重義，薄利厚德，蔑萬里之業，忽三軍之衆，篤中正之體，敦令名之譽，上耀先君之遺塵，下圖不朽之餘祚；鮑永之棄并州，竇融之離五郡，未足以喻也。雖封列侯一州之位，猶恨此寵未副其人；而比有牋求還州。監史雖尊，秩祿未優。今聽所執，表琮爲諫議大夫，參同軍事。」

〔二〕傅子曰：越，蒯通之後也，深中足智，魁傑有雄姿。大將軍何進聞其名，辟爲東曹掾。越勸進誅諸閹官，進猶豫不決。越知進必敗，求出爲汝陽令，佐劉表平定境內，表得以彊大。詔書拜章陵太守，封樊亭侯。荆州平，太祖與荀彧書曰：「不喜得荆州，喜得蒯異度耳。」建安十九年卒。臨終，與太祖書，託以門戶。太祖報書曰：「死者反生，生者不愧。孤少所舉，行之多矣。魂而有靈，亦將聞孤此言也。」

〔三〕先賢行狀曰：嵩字德高，義陽人。少好學，貧不改操。知世將亂，不應三公之命，與同好數人隱居于酈西山中。黃巾起，嵩避難南方，劉表逼以爲別駕，轉從事中郎。表郊祀天地，嵩正諫不從，漸見違忤。奉使到許，事在前注。荆州平，嵩疾病，就在所拜授大鴻臚印綬。

〔四〕羲，章陵人。

〔五〕零陵先賢傳曰：先字始宗，博學彊記，尤好黃老言，明習漢家典故。爲劉表別駕，奉章詣許，見太祖。時賓客並會，太祖問先：「劉牧如何郊天也？」先對曰：「劉牧託漢室肺腑，處牧伯之位，而遭王道未平，羣凶塞路，抱玉帛而無所聘頫，修章表而不獲達御，是以郊天祀地，昭告赤誠。」太祖曰：「羣凶爲誰？」先曰：「舉目皆是。」太祖曰：「今孤有熊羆之士，步騎十萬，奉辭伐罪，誰敢不服？」先曰：「漢道陵遲，羣生憔悴，既無忠義之士，翼戴天子，綏寧海內，使萬邦歸德，而阻兵安忍，曰莫己若，卽蚩尤、智伯復見于今也。」太祖嘿然。拜先武陵太守。荊州平，先始爲漢尚書，後爲魏國尚書令。

先甥同郡周不疑，字元直，零陵人。先賢傳稱不疑幼有異才，聰明敏達，太祖欲以女妻之，不疑不敢當。太祖愛子倉舒，夙有才智，謂可與不疑爲儔。及倉舒卒，太祖心忌不疑，欲除之。文帝諫以爲不可，太祖曰：「此人非汝所能駕御也。」乃遣刺客殺之。

摯虞文章志曰：不疑死時年十七，著文論四首。

世語曰：表死後八十餘年，至晉太康中，表冢見發。表及妻身形如生，芬香聞數里。

評曰：董卓狼戾賊忍，暴虐不仁，自書契已來，殆未之有也。〔一〕袁術奢淫放肆，榮不終己，自取之也。〔二〕袁紹、劉表，咸有威容、器觀，知名當世。表跨蹈漢南，紹鷹揚河朔，然皆外寬內忌，好謀無決，有才而不能用，聞善而不能納，廢嫡立庶，舍禮崇愛，至于後嗣顚蹙，社稷傾覆，非不幸也。昔項羽背范增之謀，以喪其王業；紹之殺田豐，乃甚於羽遠矣！

〔一〕英雄記曰：昔大人見臨洮而銅人鑄，臨洮生卓而銅人毀；世有卓而大亂作，大亂作而卓身滅，抑有以也。

〔二〕臣松之以爲桀、紂無道，秦、莽縱虐，皆多歷年所，然後衆惡乃著。董卓自竊權柄，至于隕斃，計其日月，未盈三周，而禍崇山岳，毒流四海。其殘賊之性，寔豺狼不若。「書契未有」，斯言爲當。但評旣曰「賊忍」，又云「不仁」，賊忍、不仁，於辭爲重。袁術無毫芒之功，纖介之善，而猖狂于時，妄自尊立，固義夫之所扼腕，人鬼之所同疾。雖復恭儉節用，而猶必覆亡不暇，而評但云「奢淫不終」，未足見其大惡。

三國志卷七　魏書七

呂布（張邈）臧洪傳第七

呂布字奉先，五原郡九原人也。以驍武給并州。刺史丁原爲騎都尉，屯河內，以布爲主簿，大見親待。靈帝崩，原將兵詣洛陽。〔一〕與何進謀誅諸黃門，拜執金吾。進敗，董卓入京都，將爲亂，欲殺原，并其兵衆。卓以布見信于原，誘布令殺原。布斬原首詣卓，卓以布爲騎都尉，甚愛信之，誓爲父子。

〔一〕英雄記曰：原字建陽。本出自寒家，爲人麤略，有武勇，善騎射。爲南縣吏，受使不辭難，有警急，追寇虜，輒在其前。裁知書，少有吏用。

布便弓馬，膂力過人，號爲飛將。稍遷至中郎將，封都亭侯。卓自以遇人無禮，恐人謀己，行止常以布自衞。然卓性剛而褊，忿不思難，嘗小失意，拔手戟擲布。布拳捷避之，〔一〕爲卓顧謝，卓意亦解。由是陰怨卓。卓常使布守中閤，布與卓侍婢私通，恐事發覺，心不自安。

〔一〕詩曰：「無拳無勇，職爲亂階。」注：「拳，力也。」

先是，司徒王允以布州里壯健，厚接納之。後布詣允，陳卓幾見殺狀。時允與僕射士孫瑞密謀誅卓，是以告布使爲內應。布曰：「奈如父子何！」允曰：「君自姓呂，本非骨肉。今憂死不暇，何謂父子？」布遂許之，手刃刺卓。語在卓傳。允以布爲(奮威)〔奮武〕將軍，假節，儀比三司，進封溫侯，共秉朝政。布自殺卓後，畏惡涼州人，涼州人皆怨。由是李傕等遂相結還攻長安城。〔一〕布不能拒，傕等遂入長安。卓死後六旬，布亦敗。〔二〕將數百騎出武關，欲詣袁術。

〔一〕英雄記曰：郭汜在城北。布開城門，將兵就汜，言「且卻兵，但身決勝負」。汜、布乃獨共對戰，布以矛刺中汜，汜後騎遂前救汜，汜、布遂各兩罷。

〔二〕臣松之案英雄記曰：諸書，布以四月二十三日殺卓，六月一日敗走，時又無閏，不及六旬。

布自以殺卓爲術報讎，欲以德之。術惡其反覆，拒而不受。北詣袁紹，紹與布擊張燕于常山。燕精兵萬餘，騎數千。布有良馬曰赤兔。〔一〕常與其親近成廉、魏越等陷鋒突陳，遂破燕軍。而求益兵衆，將士鈔掠，紹患忌之。布覺其意，從紹求去。紹恐還爲己害，遣壯士夜掩殺布，不獲。事露，布走河內，〔二〕與張楊合。紹令衆追之，皆畏布，莫敢逼近者。〔三〕

〔一〕曹瞞傳曰：時人語曰：「人中有呂布，馬中有赤兔。」

〔二〕英雄記曰：布自以有功于袁氏，輕傲紹下諸將，以爲擅相署置，不足貴也。布求還洛，紹假布領司隸校尉。外言當遣，內欲殺布。明日當發，紹遣甲士三十人，辭以送布。布使止于帳側，僞使人于帳中鼓箏。紹兵臥，布無何出帳去，而兵不覺。夜半兵起，亂斫布牀被，謂爲已死。明日，紹訊問，知布尚在，乃閉城門。布遂引去。

〔三〕英雄記曰：楊及部曲諸將，皆受傕、汜購募，共圖布。布聞之，謂楊曰：「布，卿州里也。卿殺布，於卿弱。不如賣布，可極得汜、傕爵寵。」楊於是外許汜、傕，內實保護布。汜、傕患之，更下大封詔書，以布爲潁川太守。

張邈字孟卓，東平壽張人也。少以俠聞，振窮救急，傾家無愛，士多歸之。太祖、袁紹皆與邈友。辟公府，以高第拜騎都尉，遷陳留太守。董卓之亂，太祖與邈首舉義兵。汴水之戰，邈遣衞茲將兵隨太祖。袁紹既爲盟主，有驕矜色，邈正議責紹。紹使太祖殺邈，太祖不聽，責紹曰：「孟卓，親友也，是非當容之。今天下未定，不宜自相危也。」邈知之，益德太祖。太祖之征陶謙，敕家曰：「我若不還，往依孟卓。」後還，見邈，垂泣相對。其親如此。

呂布之捨袁紹從張楊也，過邈臨別，把手共誓。紹聞之，大恨。邈畏太祖終爲紹擊己也，心不自安。興平元年，太祖復征謙，邈弟超，與太祖將陳宮、從事中郎許汜、王楷共謀叛太祖。宮說邈曰：「今雄傑並起，天下分崩，君以千里之衆，當四戰之地，撫劍顧眄，亦足以爲人豪，而反制于人，不以鄙乎！今州軍東征，其處空虛，呂布壯士，善戰無前，若權迎之，共牧兗州，觀天下形勢，俟時事之變通，此亦縱橫之一時也。」邈從之。太祖初使宮將兵留屯東郡，遂以其衆東迎布爲兗州牧，據濮陽。郡縣皆應，唯鄄城、東阿、范爲太祖守。太祖引軍還，與布戰於濮陽，太祖軍不利，相持百餘日。是時歲旱、蟲蝗、少穀，百姓相食，布東屯山陽。二年間，太祖乃盡復收諸城，擊破布于鉅野。布東奔劉備。〔一〕邈從布，留超將家屬屯雍丘。太祖攻圍數月，屠之，斬超及其家。邈詣袁術請救未至，自爲其兵所殺。〔二〕

〔一〕英雄記曰：布見備，甚敬之，謂備曰：「我與卿同邊地人也。布見關東起兵，欲誅董卓。布殺卓東出，關東諸將無安布者，皆欲殺布耳。」請備于帳中坐婦牀上，令婦向拜，酌酒飲食，名備爲弟。備見布語言無常，外然之而內不說。

〔二〕獻帝春秋曰：袁術議稱尊號，邈謂術曰：「漢據火德，絕而復揚，德澤豐流，誕生明公。公居軸處中，入則享于上席，出則爲衆目之所屬，華、霍不能增其高，淵泉不能同其量，可謂巍巍蕩蕩，無與爲貳。何爲捨此而欲稱制？恐福不盈眥，禍將溢世。莊周之稱郊祭犧牛，養飼經年，衣以文繡，宰執鸞刀，以入廟門，當此之時，求爲孤犢不可得也！」

按本傳，邈詣術，未至而死。而此云諫稱尊號，未詳孰是。

備東擊術，布襲取下邳，備還歸布。布遣備屯小沛。布自稱徐州刺史。〔一〕術遣將紀靈等步騎三萬攻備，備求救于布。布諸將謂布曰：「將軍常欲殺備，今可假手於術。」布曰：「不然。術若破備，則北連太山諸將，吾爲在術圍中，不得不救也。」便嚴步兵千、騎二百，馳往赴備。靈等聞布至，皆斂兵不敢復攻。布於沛西南一里安屯，遣鈴下請靈等，靈等亦請布共飲食。布謂靈等曰：「玄德，布弟也。弟爲諸君所困，故來救之。布性不喜合鬭，但喜解鬭耳。」布令門候于營門中舉一隻戟，布言：「諸君觀布射戟小支，一發中者諸君當解去，不中可留決鬭。」布舉弓射戟，正中小支。諸將皆驚，言「將軍天威也」！明日復歡會，然後各罷。

〔一〕英雄記曰：布初入徐州，書與袁術。術報書曰：「昔董卓作亂，破壞王室，禍害術門戶，術舉兵關東，未能屠裂卓。將軍誅卓，送其頭首，爲術掃滅讎恥，使術明目于當世，死生不愧，其功一也。昔將金元休向兗州，甫詣（封部）〔封丘〕，爲曹操逆所拒破，流離迸走，幾至滅亡。將軍破兗州，術復明目於遐邇，其功二也。術生年已來，不聞天下有劉備，備乃舉兵與術對戰；術憑將軍威靈，得以破備，其功三也。將軍有三大功在術，術雖不敏，奉以生死。將軍連年攻戰，軍糧苦少，今送米二十萬斛，迎逢道路，非直此止，當駱驛復致；若兵器戰具，它所乏少，大小唯命。」布得書大喜，遂造下邳。

典略曰：元休名尚，京兆人也。尚與同郡韋休甫、第五文休俱著名，號爲三休。尚，獻帝初爲兗州刺史，東之郡，而太祖已臨兗州。尚南依袁術。術僭號，欲以尚爲太尉，不敢顯言，私使人諷之，尚無屈意，術亦不敢彊也。建安初，尚逃還，爲術所害。其後尚喪與太傅馬日磾喪俱至京師，天子嘉尚忠烈，爲之咨嗟，詔百官弔祭，拜子瑋郎中，而日磾不與焉。

英雄記曰：布水陸東下，軍到下邳西四十里。備中郎將丹楊許耽夜遣司馬章誑來詣布，言「張益德與下邳相曹豹共爭，益德殺豹，城中大亂，不相信。丹楊兵有千人屯西白門城內，聞將軍來東，大小踊躍，如復更生。將軍兵向城西門，丹楊軍便開門內將軍矣」。布遂夜進，晨到城下。天明，丹楊兵悉開門內布兵。布于門上坐，步騎放火，大破益德兵，獲備妻子軍資及部曲將吏士家口。建安元年六月夜半時，布將河內郝萌反，將兵入布所治下邳府，詣廳事閤外，同聲大呼攻閤，閤堅不得入。布不知反者爲誰，直牽婦，科頭袒衣，相將從溷上排壁出，詣都督高順營，直排順門入。順問：「將軍有所隱不？」布言「河內兒聲」。順言「此郝萌也」。順即嚴兵入府，弓弩並射萌衆；萌衆亂走，天明還故營。萌將曹性反萌，與對戰，萌刺傷性，性斫萌一臂。順斫萌首，牀輿性，送詣布。布問性，言「萌受袁術謀。」「謀者悉誰？」性言「陳宮同謀。」時宮在坐上，面赤，傍人悉覺之。布以宮大將，不問也。性言「萌常以此問，性言呂將軍大將有神，不可擊也，不意萌狂惑不止。」布謂性曰：「卿健兒也！」善養視之。創愈，使安撫萌故營，領其衆。

術欲結布爲援，乃爲子索布女，布許之。術遣使韓胤以僭號議告布，并求迎婦。沛相陳珪恐術、布成婚，則徐、揚合從，將爲國難，於是往說布曰：「曹公奉迎天子，輔讚國政，威靈命世，將征四海，將軍宜與協同策謀，圖太山之安。今與術結婚，受天下不義之名，必有累卵之危。」布亦怨術初不已受也，女已在塗，追還絕婚，械送韓胤，梟首許市。珪欲使子登詣太祖，布不肯遣。會使者至，拜布左將軍。布大喜，即聽登往，并令奉章謝恩。〔一〕登見太祖，因陳布勇而無計，輕於去就，宜早圖之。太祖曰：「布，狼子野心，誠難久養，非卿莫能究其情也。」即增珪秩中二千石，拜登廣陵太守。臨別，太祖執登手曰：「東方之事，便以相付。」令登陰合部衆以爲內應。

〔一〕英雄記曰：初，天子在河東，有手筆版書召布來迎。布軍無畜積，不能自致，遣使上書。朝廷以布爲平東將軍，封平陶侯。使人於山陽界亡失文字，太祖又手書厚加慰勞布，說起迎天子，當平定天下意，并詔書購捕公孫瓚、袁術、韓暹、楊奉等。布大喜，復遣使上書於天子曰：「臣本當迎大駕，知曹操忠孝，奉迎都許。臣前與操交兵，今操保傅陛下，臣爲外將，欲以兵自隨，恐有嫌疑，是以待罪徐州，進退未敢自寧。」答太祖曰：「布獲罪之人，分爲誅首，手命慰勞，厚見褒奬。重見購捕袁術等詔書，布當以命爲效。」太祖更遣奉車都尉王則爲使者，齎詔書，又封平東將軍印綬來拜布。太祖又手書與布曰：「山陽屯送將軍所失大封，國家無好金，孤自取家好金更相爲作印，國家無紫綬，自取所帶紫綬以籍心。將軍所使不良。袁術稱天子，將軍止之，而使不通章。朝廷信將軍，使復重上，以相明忠誠。」布乃遣登奉章謝恩，并以一好綬答太祖。

始，布因登求徐州牧，登還，布怒，拔戟斫几曰：「卿父勸吾協同曹公，絕婚公路；今吾所求無一獲，而卿父子並顯重，爲卿所賣耳！卿爲吾言，其說云何？」登不爲動容，徐喻之曰：「登見曹公言：『待將軍譬如養虎，當飽其肉，不飽則將噬人。』公曰：『不如卿言也。譬如養鷹，飢則爲用，飽則揚去。』其言如此。」布意乃解。

術怒，與韓暹、楊奉等連勢，遣大將張勳攻布。布謂珪曰：「今致術軍，卿之由也，爲之奈何？」珪曰：「暹、奉與術，卒合之軍耳，策謀不素定，不能相維持，子登策之，比之連雞，勢不俱棲，可解離也。」布用珪策，遣人說暹、奉，使與己并力共擊術軍，軍資所有，悉許暹、奉。於是暹、奉從之，勳大破敗。〔二〕

〔一〕九州春秋載布與暹、奉書曰：「二將軍拔大駕來東，有元功於國，當書勳竹帛，萬世不朽。今袁術造逆，當共誅討，奈何與賊臣還共伐布？布有殺董卓之功，與二將軍俱爲功臣，可因今共擊破術，建功於天下，此時不可失也。」暹、奉得書，卽迴計從布。布進軍，去勳等營百步，暹、奉兵同時並發，斬十將首，殺傷墮水死者不可勝數。英雄記曰：布後又與暹、奉二軍向壽春，水陸並進，所過虜略。到鍾離，大獲而還。旣渡淮北，留書與術曰：「足下恃軍彊盛，常言猛將武士，欲相吞滅，每抑止之耳！布雖無勇，虎步淮南，一時之閒，足下鼠竄壽春，無出頭者。猛將武士，爲悉何在？足下喜爲大言以誣天下，天下之人安可盡誣？古者兵交，使在其閒，造策者非布先唱也。相去不遠，可復相聞。」布渡畢，術自將步騎五千揚兵淮上，布騎皆于水北大咍笑之而還。時有東海蕭建爲琅邪相，治莒，保城自守，不與布通。布與建書曰：「天下舉兵，本以誅董卓耳。布殺卓，來詣關東，欲求兵西迎大駕，光復洛京，諸將自還相攻，莫肯念國。布，五原人也，去徐州五千餘里，乃在天西北角，今不來共爭天東南之地。莒與下邳相去不遠，宜當共通。君如自遂以爲郡郡作帝，縣縣自王也！昔樂毅攻齊，呼吸下齊七十餘城，唯莒、卽墨二城不下，所以然者，中有田單故也。布雖非樂毅，君亦非田單，可取布書與智者詳共議之。」建得書，卽遣主簿齎牋上禮，貢良馬五匹。建尋爲臧霸所襲破，得建資實。布聞之，自將步騎向莒。高順諫曰：「將軍躬殺董卓，威震夷狄，端坐顧盼，遠近自然畏服，不宜輕自出軍；如或不捷，損名非小。」布不從。霸畏布（引還）鈔暴，果登城拒守。布不能拔，引還下邳。霸後復與布和。

建安三年，布復叛爲術，遣高順攻劉備於沛，破之。太祖遣夏侯惇救備，爲順所敗。太祖自征布，至其城下，遺布書，爲陳禍福。布欲降，陳宮等自以負罪深，沮其計。〔二〕布遣人求救于術，（術）自將千餘騎出戰，敗走，還保城，不敢出。〔三〕術亦不能救。布雖驍猛，然無謀而多猜忌，不能制御其黨，但信諸將。諸將各異意自疑，故每戰多敗。太祖塹圍之三月，上下離心，其將侯成、宋憲、魏續縛陳宮，將其衆降。〔三〕布與其麾下登白門樓。兵圍急，乃下降。遂生縛布，布曰：「縛太急，小緩之。」太祖曰：「縛虎不得不急也。」布請曰：「明公所患不過於布，今已服矣，天下不足憂。明公將步，令布將騎，則天下不足定也。」太祖有疑色。劉備進曰：「明公不見布之事丁建陽及董太師乎！」太祖頷之。布因指備曰：「是兒最叵信者。」〔四〕於是縊殺布。布與宮、順等皆梟首送許，然後葬之。〔五〕

〔一〕獻帝春秋曰：太祖軍至彭城。陳宮謂布：「宜逆擊之，以逸擊勞，無不克也。」布曰：「不如待其來攻，蹙著泗水中。」及太祖軍攻之急，布于白門樓上謂軍士曰：「卿曹無相困，我(自首當)〔當自首〕明公。」陳宮曰：「逆賊曹操，何等明公！今日降之，若卵投石，豈可得全也！」

〔二〕英雄記曰：布遣許汜、王楷告急于術。術曰：「布不與我女，理自當敗，何爲復來相聞邪？」汜、楷曰：「明上今不救布，爲自敗耳！布破，明上亦破也。」術時僭號，故呼爲明上。術乃嚴兵爲布作聲援。布恐術爲女不至，故不遣兵救也，以綿纏女身，縛著馬上，夜自送女出與術，與太祖守兵相觸，格射不得過，復還城。布欲令陳宮、高順守城，自將騎斷太祖糧道。布妻謂曰：「將軍自出斷曹公糧道是也。宮、順素不和，將軍一出，宮、順必不同心共城守也，如有蹉跌，將軍當於何自立乎？願將軍諦計之，無爲宮等所誤也。妾昔在長安，已爲將軍所棄，賴得龐舒私藏妾身耳，今不須顧妾也。」布得妻言，愁悶不能自決。

魏氏春秋曰：陳宮謂布曰：「曹公遠來，勢不能久。若將軍以步騎出屯，爲勢於外，宮將餘衆閉守於內，若向將軍，宮引兵而攻其背，若來攻城，將軍爲救於外。不過旬日，軍食必盡，擊之可破。」布然之。布妻曰：「昔曹氏待公臺如赤子，猶舍而來。今將軍厚公臺不過於曹公，而欲委全城，捐妻子，孤軍遠出，若一旦有變，妾豈得爲將軍妻哉！」布乃止。

〔三〕九州春秋曰：初，布騎將侯成遣客牧馬十五匹，客悉驅馬去，向沛城，欲歸劉備。成自將騎逐之，悉得馬還。諸將合禮賀成，成釀五六斛酒，獵得十餘頭豬，未飲食，先持半豬五斗酒自入詣布前，跪言：「閒蒙將軍恩，逐得所失馬，諸將來相賀，自釀少酒，獵得豬，未敢飲食，先奉上微意。」布大怒曰：「布禁酒，卿釀酒，諸將共飲食作兄弟，共謀殺布邪？」成大懼而去，棄所釀酒，還諸將禮。由是自疑，會太祖圍下邳，成遂領衆降。

〔四〕英雄記曰：布謂太祖曰：「布待諸將厚也，諸將臨急皆叛布耳。」太祖曰：「卿背妻，愛諸將婦，何以爲厚？」布默然。

獻帝春秋曰：布問太祖：「明公何瘦？」太祖曰：「君何以識孤？」布曰：「昔在洛，會溫氏園。」太祖曰：「然。孤忘之矣。所以瘦，恨不早相得故也。」布曰：「齊桓舍射鉤，使管仲相；今使布竭股肱之力，爲公前驅，可乎？」布縛急，謂劉備曰：「玄德，卿爲坐客，我爲執虜，不能一言以相寬乎？」太祖笑曰：「何不相語，而訴明使君乎？」意欲活之，命使寬縛。主簿王必趨進曰：「布，勍虜也。其衆近在外，不可寬也。」太祖曰：「本欲相緩，主簿復不聽，如之何？」

〔五〕英雄記曰：順爲人清白有威嚴，不飲酒，不受饋遺。所將七百餘兵，號爲千人，鎧甲鬭具皆精練齊整，每所攻擊無不破者，名爲陷陳營。順每諫布，言「凡破家亡國，非無忠臣明智者也，但患不見用耳。將軍舉動，不肯詳思，輒喜言誤，誤不可數也」。布知其忠，然不能用。布從郝萌反後，更疏順。以魏續有外內之親，悉奪順所將兵以與續。及當攻戰，故令順將續所領兵，順亦終無恨意。

太祖之禽宮也，問宮欲活老母及女不？宮對曰：「宮聞孝治天下者不絕人之親，仁施四海者不乏人之祀，老母在公，不在宮也。」太祖召養其母終其身，嫁其女。〔一〕

〔一〕魚氏典略曰：陳宮字公臺，東郡人也。剛直烈壯，少與海內知名之士皆相連結。及天下亂，始隨太祖，後自疑，乃從呂布，為布畫策，布每不從其計。下邳敗，軍士執布及宮，太祖皆見之，與語平生，故布有求活之言。太祖謂宮曰：「公臺，卿平常自謂智計有餘，今竟何如？」宮顧指布曰：「但坐此人不從宮言，以至于此。若其見從，亦未必為禽也。」太祖笑曰：「今日之事當云何？」宮曰：「為臣不忠，為子不孝，死自分也。」太祖曰：「卿如是，奈卿老母何？」宮曰：「宮聞將以孝治天下者不害人之親，老母之存否，在明公也。」太祖曰：「若卿妻子何？」宮曰：「宮聞將施仁政於天下者不絕人之祀，妻子之存否，亦在明公也。」太祖未復言。宮曰：「請出就戮，以明軍法。」遂趨出，不可止。太祖泣而送之，宮不還顧。宮死後，太祖待其家皆厚於初。

陳登者，字元龍，在廣陵有威名。又掎角呂布有功，加伏波將軍，年三十九卒。後許汜與劉備並在荊州牧劉表坐，表與備共論天下人，汜曰：「陳元龍湖海之士，豪氣不除。」備謂表曰：「許君論是非？」表曰：「欲言非，此君為善士，不宜虛言；欲言是，元龍名重天下。」備問汜：「君言豪，寧有事邪？」汜曰：「昔遭亂過下邳，見元龍。元龍無客主之意，久不相與語，自上大牀臥，使客臥下牀。」備曰：「君有國士之名，今天下大亂，帝主失所，望君憂國忘家，有救世之意，而君求田問舍，言無可采，是元龍所諱也，何緣當與君語？如小人，欲臥百

尺樓上，臥君於地，何但上下牀之間邪？」表大笑。備因言曰：「若元龍文武膽志，當求之於古耳，造次難得比也。」〔一〕

〔一〕先賢行狀曰：登忠亮高爽，沈深有大略，少有扶世濟民之志。博覽載籍，雅有文藝，舊典文章，莫不貫綜。年二十五，舉孝廉，除東陽長，養耆育孤，視民如傷。是時，世荒民飢，州牧陶謙表登爲典農校尉，乃巡土田之宜，盡鑿溉之利，秔稻豐積。奉使到許，太祖以登爲廣陵太守，令陰合衆以圖呂布。登在廣陵，明審賞罰，威信宣布。海賊薛州之羣萬有餘戶，束手歸命。未及期年，功化以就，百姓畏而愛之。登曰：「此可用矣。」太祖到下邳，登率郡兵爲軍先驅。時登諸弟在下邳城中，布乃質執登三弟，欲求和同。登執意不撓，進圍日急。布刺姦張弘，懼於後累，夜將登三弟出就登。布既伏誅，登以功加拜伏波將軍，甚得江、淮閒歡心，於是有吞滅江南之志。孫策遣軍攻登于匡琦城。賊初到，旌甲覆水，羣下咸以今賊衆十倍於郡兵，恐不能抗，可引軍避之，與其空城。水人居陸，不能久處，必尋引去。登厲聲曰：「吾受國命，來鎭此土。昔馬文淵之在斯位，能南平百越，北滅羣狄，吾既不能遏除凶慝，何逃寇之爲邪！吾其出命以報國，仗義以整亂，天道與順，克之必矣。」乃閉門自守，示弱不與戰，將士銜聲，寂若無人。登乘城望形勢，知其可擊。乃申令將士，宿整兵器，昧爽，開南門，引軍詣賊營，步騎鈔其後。賊周章，方結陳，不得還船。登手執軍鼓，縱兵乘之，賊遂大破，皆棄船迸走。登乘勝追奔，斬虜以萬數。賊忿喪軍，尋復大興兵向登。登以兵不敵，使功曹陳矯求救於太祖。登密去城十里治軍營處所，令多取柴薪，兩束一聚，相去十步，縱橫成行，令夜俱起火，火然其聚。城上稱慶，若大軍到。賊望火驚潰，登勒兵追奔，斬首萬級。遷登爲東城太守。廣陵吏民佩其恩德，共拔郡隨登，老弱襁負而追之。登曉語令還，曰：「太守在卿郡，頻致吳寇，幸而克濟。諸卿何患無令君乎？」孫權遂跨有江外。太祖每臨大江而歎，恨不早用陳元龍計，而令封豕養其爪牙。文帝追美登功，拜登息肅爲郎中。

臧洪字子源，廣陵射陽人也。父旻，歷匈奴中郎將、中山、太原太守，所在有名。〔一〕洪體貌魁梧，有異於人，舉孝廉爲郎。時選三署郎以補縣長；琅邪趙昱爲莒長，東萊劉繇下邑長，東海王朗菑丘長，洪卽丘長。靈帝末，棄官還家，太守張超請洪爲功曹。

〔一〕謝承後漢書曰：旻有幹事才，達於從政，爲漢良吏。初從徐州從事辟司徒府，除盧奴令，冀州舉尤異，遷揚州刺史、丹楊太守。是時邊方有警，羌、胡出寇，三府舉能，遷旻匈奴中郎將。討賊有功，徵拜議郎，還京師。見太尉袁逢，逢問其西域諸國土地、風俗、人物、種數。旻具答言西域本三十六國，後分爲五十五，稍散至百餘國；其國大小，道里近遠，人數多少，風俗燥濕，山川、草木、鳥獸、異物名種，不與中國同者，悉口陳其狀，手畫地形。逢奇其才，歎息言：「雖班固作西域傳，何以加此？」旻轉拜長水校尉，終太原太守。

董卓殺帝，圖危社稷，洪說超曰：「明府歷世受恩，兄弟並據大郡，今王室將危，賊臣未梟，此誠天下義烈報恩効命之秋也。今郡境尚全，吏民殷富，若動枹鼓，可得二萬人，以此誅除國賊，爲天下倡先，義之大者也。」超然其言，與洪西至陳留，見兄邈計事。邈亦素有心，會于酸棗，邈謂超曰：「聞弟爲郡守，政教威恩，不由己出，動任臧洪，洪者何人？」超曰：「洪才略智數優超，超甚愛之，海內奇士也。」邈卽引見洪，與語大異之。致之于劉兖州公山、孔豫州公緒，皆與洪親善。乃設壇場，方共盟誓，諸州郡更相讓，莫敢當，咸共推洪。洪乃升壇操槃歃血而盟曰：「漢室不幸，皇綱失統，賊臣董卓乘釁縱害，禍加至尊，虐流百姓，大懼淪喪社稷，翦覆四海。兗州刺史岱、豫州刺史伷、陳留太守邈、東郡太守瑁、廣陵太守超等，糾合義兵，並赴國難。凡我同盟，齊心勠力，以致臣節，殞首喪元，必無二志。有渝此盟，俾墜其命，無克遺育。皇天后土，祖宗明靈，實皆鑒之！」洪辭氣慷慨，涕泣橫下，聞其言者，雖卒伍廝養，莫不激揚，人思致節。〔一〕頃之，諸軍莫適先進，而食盡衆散。

〔一〕臣松之案：于時此盟止有劉岱等五人而已。魏氏春秋橫內劉表等數人，皆非事實。表保據江、漢，身未嘗出境，何由得與洪同壇而盟乎？

超遣洪詣大司馬劉虞謀，值公孫瓚之難，至河間，遇幽、冀二州交兵，使命不達。而袁紹見洪，又奇重之，與結分合好。會青州刺史焦和卒，紹使洪領青州以撫其衆。〔一〕洪在州二年，羣盜奔走。紹歎其能，徙爲東郡太守，治東武陽。

〔一〕九州春秋曰：初平中，焦和爲青州刺史。是時英雄並起，黃巾寇暴，和務及同盟，俱入京畿，不暇爲民保障，引軍踰河而西。未久而袁、曹二公與卓將戰于滎陽，敗績。黃巾遂廣，屠裂城邑。和不能禦，然軍器尚利，戰士尚衆，而耳目偵邏不設，恐動之言妄至，望寇奔走，未嘗接風塵交旗鼓也。欲作陷冰丸沈河，令賊不得渡，禱祈羣神，求用兵必利，蓍筮常陳於前，巫祝不去於側；入見其清談干雲，出則渾亂，命不可知。州遂蕭條，悉爲丘墟也。

太祖圍張超于雍丘，超言：「唯恃臧洪，當來救吾。」衆人以爲袁、曹方睦，而洪爲紹所表用，必不敗好招禍，遠來赴此。超曰：「子源，天下義士，終不背本者，但恐見禁制，不相及逮耳。」洪聞之，果徒跣號泣，並勒所領兵，又從紹請兵馬，求欲救超，而紹終不聽許。超遂族滅。洪由是怨紹，絕不與通。紹興兵圍之，歷年不下。紹令洪邑人陳琳書與洪，喻以禍福，責以恩義。洪答曰：

隔闊相思，發于寤寐，幸相去步武之間耳；而以趣舍異規，不得相見，其爲愴悢，可爲心哉！前日不遺，比辱雅貺，述敍禍福，公私切至。所以不即奉答者，既學薄才鈍，不足塞詰；亦以吾子攜負側室，息肩主人，家在東州，僕爲仇敵。以是事人，雖披中情，墮肝膽，猶身疏有罪，言甘見怪，方首尾不救，何能恤人？且以子之才，窮該典籍，豈將闇于大道，不達余趣哉！然猶復云云者，僕以是知足下之言，信不由衷，將以救禍也。必欲算計長短，辯諮是非，是非之論，言滿天下，陳之更不明，不言無所損。又言傷告絕之義，非吾所忍行也，是以捐棄紙筆，一無所答。亦冀遙忖其心，知其計定，不復渝變也。重獲來命，援引古今，紛紜六紙，雖欲不言，焉得已哉！

僕小人也，本因行役，寇竊大州，恩深分厚，寧樂今日自還接刃！每登城勒兵，望主人之旗鼓，感故友之周旋，撫弦搦矢，不覺流涕之覆面也。何者？自以輔佐主人，無以爲悔。主人相接，過絕等倫。當受任之初，自謂究竟大事，共尊王室。豈悟天子不悅，本州見侵，郡將遘牖里之厄，陳留克創兵之謀，謀計棲遲，喪忠孝之名，杖策攜背，虧交友之分。揆此二者，與其不得已，喪忠孝之名與虧交友之道，輕重殊塗，親疏異畫，故便收淚告絕。若使主人少垂故人，住者側席，去者克己，不汲汲于離友，信刑戮以自輔，則僕抗季札之志，不爲今日之戰矣。何以效之？昔張景明親登壇喢血，奉辭奔走，卒使韓牧讓印，主人得地；然後但以拜章朝主，賜爵獲傳之故，旋時之間，不蒙觀過之貸，而受夷滅之禍。〔二〕呂奉先討卓來奔，請兵不獲，告去何罪？復見斫刺，濱于死亡。劉子璜奉使踰時，辭不獲命，畏威懷親，以詐求歸，可謂有志忠孝，無損霸道者也；然輒僵斃麾下，不蒙虧除。〔三〕僕雖不敏，又素不能原始見終，覩微知著，竊度主人之心，豈謂三子宜死，罰當刑中哉？實且欲一統山東，增兵討讎，懼戰士狐疑，無以沮勸，故抑廢王命以崇承制，慕義者蒙榮，待放者被戮，此乃主人之利，非游士之願也。故僕鑒戒前人，困窮死戰。僕雖下愚，亦嘗聞君子之言矣。此實非吾心也，乃主人招焉。凡吾所以背棄國民，用命此城者，正以君子之違，不適敵國故也。是以獲罪主人，見攻踰時，而足下更引此義以爲吾規，無乃辭同趨異，非君子所爲休戚者哉！

吾聞之也，義不背親，忠不違君，故東宗本州以爲親援，中扶郡將以安社稷，一舉二得以徼忠孝，何以爲非？而足下欲使吾輕本破家。均君主人，主人之於我也，年爲吾兄，分爲篤友，道乖告去，以安君親，可謂順矣。若子之言，則包胥宜致命於伍員，不當號哭於秦庭矣。苟區區於攘患，不知言乖乎道理矣。足下或者見城圍不解，救兵未至，感婚姻之義，惟平生之好，以屈節而苟生，勝守義而傾覆也。昔晏嬰不降志於白刃，南史不曲筆以求生，故身著圖象，名垂後世，況僕據金城之固，驅士民之力，散三年之畜，以爲一年之資，匡困補乏，以悅天下，何圖築室反耕哉！但懼秋風揚塵，伯珪馬首南向，張楊、飛燕，膂力作難，北鄙將告倒縣之急，股肱奏乞歸之誠耳。主人當鑒我曹輩，反旌退師，治兵鄴垣，何宜久辱盛怒，暴威於吾城下哉？足下譏吾恃黑山以爲救，獨不念黃巾之合從邪！加飛燕之屬悉以受王命矣。昔高祖取彭越于鉅野，光武創基兆于綠林，卒能龍飛中興，以成帝業，苟可輔主興化，夫何嫌哉！況僕親奉璽書，與之從事。

行矣孔璋！足下徼利於境外，臧洪授命於君親；吾子託身於盟主，臧洪策名於長安。子謂余身死而名滅，僕亦笑子生死而無聞焉，悲哉！本同而末離，努力努力，夫復何言！

〔一〕臣松之案英雄記云：「袁紹使張景明、郭公則、高元才等說韓馥，使讓冀州。」然〔則〕馥之讓位，景明亦有其功。

其餘之事未詳。

〔三〕臣松之案：公孫瓚表列紹罪過云：「紹與故虎牙將軍劉勳首共造兵，勳仍有效，而以小忿枉害于勳，紹罪七也。」疑此是子璜也。

紹見洪書，知無降意，增兵急攻。城中糧穀以盡，外無彊救，洪自度必不免，呼吏士謂曰：「袁氏無道，所圖不軌，且不救洪郡將。洪於大義，不得不死，念諸君無事，空與此禍！可先城未敗，將妻子出。」將吏士民皆垂泣曰：「明府與袁氏本無怨隙，今爲本朝郡將之故，自致殘困，吏民何忍當舍明府去也！」初尚掘鼠煮筋角，後無可復食者。主簿啓內廚米三斗，請中分稍以爲糜粥，洪歎曰：「獨食此何爲！」使作薄粥，衆分歠之，殺其愛妾以食將士。將士咸流涕，無能仰視者。男女七八千人相枕而死，莫有離叛。

城陷，紹生執洪。紹素親洪，盛施幃幔，大會諸將見洪，謂曰：「臧洪，何相負若此！今日服未？」洪據地瞋目曰：「諸袁事漢，四世五公，可謂受恩。今王室衰弱，無扶翼之意，欲因際會，希冀非望，多殺忠良以立姦威。洪親見呼張陳留爲兄，則洪府君亦宜爲弟，同共勠力，爲國除害，何爲擁衆觀人屠滅！惜洪力劣，不能推刃爲天下報仇，何謂服乎！」紹本愛洪，意欲令屈服，原之；見洪辭切，知終不爲己用，乃殺之。〔一〕洪邑人陳容少爲書生，親慕洪，隨洪爲東郡丞；城未敗，洪遣出。紹令在坐，見洪當死，起謂紹曰：「將軍舉大事，欲爲天下除暴，而專先誅忠義，豈合天意！臧洪發舉爲郡將，奈何殺之！」紹慚，左右使人牽出，謂曰：「汝非臧洪儔，空復爾爲！」容顧曰：「夫仁義豈有常，蹈之則君子，背之則小人。今日寧與臧洪同日而死，不與將軍同日而生！」復見殺。在紹坐者無不歎息，竊相謂曰：「如何一日殺二烈士！」先是，洪遣司馬二人出，求救于呂布；比還，城已陷，皆赴敵死。

〔一〕徐衆三國評曰：洪敦天下名義，救舊君之危，其恩足以感人情，義足以勵薄俗。然袁亦知己親友，致位州郡，雖非君臣，且實盟主，既受其命，義不應貳。袁、曹方睦，夾輔王室，呂布反覆無義，志在逆亂，而邈、超擅立布爲州牧，其於王法，乃一罪人也。曹公討之，袁氏弗救，未爲非理也。洪本不當就袁請兵，又不當還爲怨讎。爲洪計者，苟力所不足，可奔他國以求赴救，若謀力未展以待事機，則宜徐更觀釁，效死於超。何必誓守窮城而無變通，身死殄民，功名不立，良可哀也！

評曰：呂布有虓虎之勇，而無英奇之略，輕狡反覆，唯利是視。自古及今，未有若此不夷滅也。昔漢光武謬於龐萌，近魏太祖亦蔽于張邈。知人則哲，唯帝難之，信矣！陳登、臧洪並有雄氣壯節，登降年夙隕，功業未遂，洪以兵弱敵彊，烈志不立，惜哉！

三國志卷八

魏書八

二公孫陶四張傳第八

公孫瓚字伯珪，遼西令支人也。令音郎定反。支音其兒反。爲郡門下書佐。有姿儀，大音聲，侯太守器之，以女妻焉，〔一〕遣詣涿郡盧植讀經。後復爲郡吏。劉太守坐事徵詣廷尉，瓚爲御車，身執徒養。及劉徙日南，瓚具米肉，於北芒上祭先人，舉觴祝曰：「昔爲人子，今爲人臣，當詣日南。日南瘴氣，或恐不還，與先人辭於此。」再拜慷慨而起，時見者莫不歔欷。劉道得赦還。瓚以孝廉爲郎，除遼東屬國長史。嘗從數十騎出行塞，見鮮卑數百騎，瓚乃退入空亭中，約其從騎曰：「今不衝之，則死盡矣。」瓚乃自持矛，兩頭施刃，馳出刺胡，殺傷數十人，亦亡其從騎半，遂得免。鮮卑懲艾，後不敢復入塞。遷爲涿令。光和中，涼州賊起，發幽州突騎三千人，假瓚都督行事傳，使將之。軍到薊中，漁陽張純誘遼西烏丸丘力居等叛，劫略薊中，自號將軍，〔二〕略吏民攻右北平、遼西屬國諸城，所至殘破。瓚將所領，追討純等有功，遷騎都尉。屬國烏丸貪至王率種人詣瓚降。遷中郎將，封都亭侯，進屯屬國，與胡相攻擊五六年。丘力居等鈔略青、徐、幽、冀，四州被其害，瓚不能禦。

〔一〕典略曰：瓚性辯慧，每白事不肯稍入，常總說數曹事，無有忘誤，太守奇其才。

〔二〕九州春秋曰：純自號彌天將軍、安定王。

朝議以宗正東海劉伯安既有德義，昔爲幽州刺史，恩信流著，戎狄附之，若使鎮撫，可不勞衆而定，乃以劉虞爲幽州牧。〔一〕虞到，遣使至胡中，告以利害，責使送純首。丘力居等聞虞至，喜，各遣譯自歸。瓚害虞有功，乃陰使人徼殺胡使。胡知其情，閒行詣虞。虞上罷諸屯兵，但留瓚將步騎萬人屯右北平。純乃棄妻子，逃入鮮卑，爲其客王政所殺，送首詣虞。封政爲列侯。虞以功卽拜太尉，封襄賁侯。〔二〕會董卓至洛陽，遷虞大司馬，瓚奮武將軍，封薊侯。

〔一〕吳書曰：虞，東海恭王之後也。遭世衰亂，又與時主疏遠，仕縣爲戶曹吏。以能治身奉職，召爲郡吏，以孝廉爲郎，累遷至幽州刺史，轉甘陵相，甚得東土戎狄之心。後以疾歸家，常降身隱約，與邑黨州閭同樂共卹，等齊有無，不以名位自殊，鄉曲咸共宗之。時鄉曲有所訴訟，不以詣吏，自投虞平之；虞以情理爲之論判，皆大小敬從，不以爲恨。嘗有失牛者，骨體毛色，與虞牛相似，因以爲是，虞便推與之；後主自得本牛，乃還謝罪。會甘陵復亂，吏民思虞治行，復以爲甘陵相，甘陵大治。徵拜尚書令、光祿勳，以公族有禮，更爲宗正。英雄記曰：虞爲博平令，治正推平，高尚純樸，境內無盜賊，災害不生。時鄰縣接壤，蝗蟲爲害，至博平界，飛過不入。

魏書曰：虞在幽州，清靜儉約，以禮義化民。靈帝時，南宮災，吏遷補州郡者，皆責助治宮錢，或一千萬，或二千萬，富者以私財辦，或發民錢以備之，貧而清慎者，無以充調，或至自殺。靈帝以虞清貧，特不使出錢。

〔三〕英雄記曰：虞讓太尉，因薦衞尉趙謨、益州牧劉焉、豫州牧黃琬、南陽太守羊續，並任爲公。

關東義兵起，卓遂劫帝西遷，徵虞爲太傅，道路隔塞，信命不得至。袁紹、韓馥議，以爲少帝制於姦臣，天下無所歸心。虞，宗室知名，民之望也，遂推虞爲帝。遣使詣虞，虞終不肯受。紹等復勸虞領尚書事，承制封拜，虞又不聽，然猶與紹等連和。〔一〕虞子和爲侍中，在長安。天子思東歸，使和僞逃卓，潛出武關詣虞，令將兵來迎。和道經袁術，爲說天子意。術利虞爲援，留和不遣，許兵至俱西，令和爲書與虞。虞得和書，乃遣數千騎詣和。瓚知術有異志，不欲遣兵，止虞，虞不可。瓚懼術聞而怨之，亦遣其從弟越將千騎詣術以自結，而陰教術執和，奪其兵。由是虞、瓚益有隙。和逃術來北，復爲紹所留。

〔一〕九州春秋曰：紹、馥使故樂浪太守甘陵張岐齎議詣虞，使即尊號。虞厲聲呵岐曰：「卿敢出此言乎！忠孝之道，既不能濟。孤受國恩，天下擾亂，未能竭命以除國恥，望諸州郡烈義之士勠力西面，援迎幼主，而乃妄造逆謀，欲塗汚忠臣邪！」

吳書曰：馥以書與袁術，云帝非孝靈子，欲依絳、灌誅廢少主，迎立代王故事；稱虞功德治行，華夏少二，當今公室枝屬，皆莫能及。又云：「昔光武去定王五世，以大司馬領河北，耿弇、馮異勸卽尊號，卒代更始。今劉公自恭王枝別，其數亦五，以大司馬領幽州牧，此其與光武同。」是時有四星會于箕尾，馥稱讖云神人將在燕分。又言濟陰男子王定得玉印，文曰「虞爲天子」。又見兩日出于代郡，謂虞當代立。紹又別書報術。是時術陰有不臣之心，不利國家有長主，外託公義以答拒之。紹亦使人私報虞，虞以國有正統，非人臣所宜言，固辭不許；乃欲圖奔匈奴以自絕，紹等乃止。虞於是奉職脩貢，愈益恭肅；諸外國羌、胡有所貢獻，道路不通，皆爲傳送，致之京師。

是時，術遣孫堅屯陽城拒卓，紹使周昂奪其處。術遣越與堅攻昂，不勝，越爲流矢所中死。瓚怒曰：「余弟死，禍起于紹。」遂出軍屯磐河，將以報紹。紹懼，以所佩勃海太守印綬授瓚從弟範，遣之郡，欲以結援。範遂以勃海兵助瓚，破青、徐黃巾，兵益盛，進軍界橋。〔一〕以嚴綱爲冀州，田楷爲青州，單經爲兗州，置諸郡縣。紹軍廣川，令將麴義先登與瓚戰，生禽綱。瓚軍敗走勃海，與範俱還薊，於大城東南築小城，與虞相近，稍相恨望。

〔一〕典略載瓚表紹罪狀曰：「臣聞皇、羲以來，始有君臣上下之事，張化以導民，刑罰以禁暴。今行車騎將軍袁紹，託其先軌，寇竊人爵，既性暴亂，厥行淫穢。昔爲司隸校尉，會值國家喪禍之際，太后承攝，何氏輔政，紹專爲邪媚，不能舉直，至令丁原焚燒孟津，招來董卓，造爲亂根，紹罪一也。卓既入雒而主見質，紹不能權譎以濟君父，而棄置節傳，迸竄逃亡，忝辱爵命，背上不忠，紹罪二也。紹爲勃海太守，默選戎馬，當攻董卓，不告父兄，至使太傅門戶，太僕母子，一旦而斃，不仁不孝，紹罪三也。紹既興兵，涉歷二年，不卹國難，廣自封殖，乃多以資糧專爲不急，割剝富室，收考責錢，百姓吁嗟，莫不痛怨，紹罪四也。韓馥之迫，竊其虛位，矯命詔恩，刻金印玉璽，每下文書，皁囊施檢，文曰『詔書一封，邟鄉侯印』。邟，口浪反。昔新室之亂，漸以即真，今紹所施，擬而方之，紹罪五也。紹令崔巨業候視星日，財貨賂遺，與共飲食，克期會合，攻鈔郡縣，此豈大臣所當宜爲？紹罪六也。紹與故虎牙都尉劉勳首共造兵，勳仍有效，又降伏張楊，而以小忿枉害于勳，信用讒慝，殺害有功，紹罪七也。紹又上故上谷太守高焉、故甘陵相姚貢，橫責其錢，錢不備畢，二人并命，紹罪八也。春秋之義，子以母貴。紹母親為婢使，紹實微賤，不可以為人後，以義不宜，乃據豐隆之重任，忝汚王爵，損辱袁宗，紹罪九也。又長沙太守孫堅，前領豫州刺史，驅走董卓，掃除陵廟，其功莫大；紹令周昂盜居其位，斷絕堅糧，令不得入，使卓不被誅，紹罪十也。臣又每得後將軍袁術書，云紹非術類也。紹之罪戾，雖南山之竹不能載。昔姬周政弱，王道陵遲，天子遷都，諸侯背叛，於是齊桓立柯亭之盟，晉文為踐土之會，伐荊楚以致菁茅，誅曹、衞以彰無禮。臣雖闒茸，名非先賢，蒙被朝恩，當此重任，職在鈇鉞，奉辭伐罪，輒與諸將州郡兵討紹等。若事克捷，罪人斯得，庶續桓、文忠誠之效，攻戰形狀，前後續上。」遂舉兵與紹對戰，紹不勝。

虞懼瓚為變，遂舉兵襲瓚。虞為瓚所敗，出奔居庸。瓚攻拔居庸，生獲虞，執虞還薊。會卓死，天子遣使者段訓增虞邑，督六州；瓚遷前將軍，封易侯。瓚誣虞欲稱尊號，脅訓斬虞。〔一〕瓚上訓為幽州刺史。瓚遂驕矜，記過忘善，多所賊害。〔二〕虞從事漁陽鮮于輔、齊周、騎都尉鮮于銀等，率州兵欲報瓚，以燕國閻柔素有恩信，共推柔為烏丸司馬。柔招誘烏丸、鮮卑，得胡、漢數萬人，與瓚所置漁陽太守鄒丹戰于潞北，大破之，斬丹。袁紹又遣麴義及虞子和，將兵與輔合擊瓚。瓚軍數敗，乃走還易京固守。〔三〕為圍塹十重，於塹裏築京，皆高五六丈，為樓其上；中塹為京，特高十丈，自居焉，積穀三百萬斛。〔四〕瓚曰：「昔謂天下事可指麾而定，今日視之，非我所決，不如休兵，力田畜穀。兵法，百樓不攻。今吾樓櫓千重，食

盡此穀，足知天下之事矣。」欲以此弊紹。紹遣將攻之，連年不能拔。〔五〕建安四年，紹悉軍
圍之。瓚遣子求救于黑山賊，復欲自將突騎直出，傍西南山，擁黑山之衆，陸梁冀州，橫斷
紹後。長史關靖說瓚曰：「今將軍將士，皆已土崩瓦解，其所以能相守持者，顧戀其居處老
小，以將軍爲主耳。將軍堅守曠日，袁紹要當自退；自退之後，四方之衆必復可合也。若
將軍今舍之而去，軍無鎮重，易京之危，可立待也。將軍失本，孤在草野，何所成邪！」瓚遂
止不出。〔六〕救至，欲內外擊紹。遣人與子書，刻期兵至，舉火爲應。〔七〕紹候者得其書，如期
舉火。瓚以爲救兵至，遂出欲戰。紹設伏擊，大破之，復還守。紹爲地道，突壞其樓，稍至
中京。〔八〕瓚自知必敗，盡殺其妻子，乃自殺。〔九〕

〔一〕魏氏春秋曰：初，劉虞和輯戎狄，瓚以胡夷難禦，當因不賓而討之，今加財賞，必益輕漢，效一時之名，非久長深
慮。故虞所賞賜，瓚輒鈔奪。虞數請會，稱疾不往。至是戰敗，虞欲討之，告東曹掾右北平人魏攸。攸曰：「今天
下引領，以公爲歸，謀臣爪牙，不可無也。瓚，文武才力足恃，雖有小惡，固宜容忍。」乃止。後一年，攸病死。虞
又與官屬議，密令衆襲瓚。瓚部曲放散在外，自懼敗，掘東城門欲走。虞兵無部伍，不習戰，又愛民屋，敕令勿
燒。故瓚得放火，因以精銳衝突。虞衆大潰，奔居庸城。瓚攻及家屬以還，殺害州府，衣冠善士殆盡。
典略曰：瓚曝虞于市而祝曰：「若應爲天子者，天當降雨救之。」時盛暑，竟日不雨，遂殺虞。
英雄記曰：虞之見殺，故常山相孫瑾、掾張逸、張瓚等忠義憤發，相與就虞，罵瓚極口，然後同死。
〔二〕英雄記曰：瓚統內外，衣冠子弟有材秀者，必抑使困在窮苦之地。或問其故，答曰：「今取衣冠家子弟及善士富貴

之，皆自以爲職當得之，不謝人善也。」所寵遇驕恣者，類多庸兒，若故卜數師劉緯臺、販繒李移子、賈人樂何當等三人，與之定兄弟之誓，自號爲伯，謂三人者爲仲叔季，富皆巨億，或取其女以配己子，常稱古者曲周、灌嬰之屬以譬也。

〔三〕英雄記曰：先是有童謠曰：「燕南垂，趙北際，中央不合大如礪，惟有此中可避世。」瓚以易當之，乃築京固守。瓚別將有爲敵所圍，義不救也。其言曰：「救一人，使後將恃救不力戰；今不救此，後將當念在自勉。」是以袁紹始北擊之時，瓚南界上別營自度守則不能自固，又知必不見救，是以或自殺其將帥，或爲紹兵所破，遂令紹軍徑至其門。

臣松之以爲童謠之言，無不皆驗；至如此記，似若無徵。謠言之作，蓋令瓚終始保易，無事遠略。而瓚因破黃巾之威，意志張遠，遂置三州刺史，圖滅袁氏，所以致敗也。

〔四〕英雄記曰：瓚諸將家家各作高樓，樓以千計。瓚作鐵門，居樓上，屏去左右，婢妾侍側，汲上文書。

〔五〕漢晉春秋曰：袁紹與瓚書曰：「孤與足下，既有前盟舊要，申之以討亂之誓，愛過夷、叔，分著丹青，謂爲旅力同軌，足踵齊、晉，故解印釋紱，以北帶南，分劃膏腴，以奉執事，此非孤赤情之明驗邪？豈寤足下棄烈士之高義，尋禍亡之險蹤，輟而改慮，以好易怨，盜遣士馬，犯暴豫州。始聞甲卒在南，親臨戰陳，懼于飛矢迸流，狂刃橫集，以重足下之禍，徒增孤（子）之咎釁也，故爲薦書懇惻，冀可改悔。而足下超然自逸，矜其威詐，謂天罔可吞，豪雄可滅，果令貴弟殞于鋒刃之端。斯言猶在於耳，而足下曾不尋討禍源，克心罪己，苟欲逞其無疆之怒，不顧逆順之津，匿怨害民，騁於余躬。遂躍馬控弦，處我疆土，毒徧生民，辜延白骨。孤辭不獲已，以登界橋之役。是時足下兵氣霆震，駿馬電發；僕師徒肇合，機械不嚴，彊弱殊科，衆寡異論，假天之助，小戰大克，遂陵蹈奔背，因壘館穀，此非天威棐諶，福豐有禮之符表乎？足下志猶未厭，乃復糾合餘燼，率我蛑賊，以焚薊勃海。孤又不獲寧，用及龍河之師。羸兵前誘，大軍未濟，而足下膽破衆散，不鼓而敗，兵衆擾亂，君臣並奔。此又足下之爲，非孤之咎也。自此以後，禍隙彌深，孤之師旅，不勝其忿，遂至積尸爲京，頭顱滿野，愍彼無辜，未嘗不慨然失涕也。後比得足下書，辭意婉約，有改往脩來之言。僕既欣於舊好克復，且愍兆民之不寧，每輒引師南駕，以順簡書。弗盈一時，而北邊羽檄之文，未嘗不至。孤是用痛心疾首，靡所錯情。夫處三軍之帥，當列將之任，宜令怒如嚴霜，喜如時雨，臧否好惡，坦然可觀。而足下二三其德，彊弱易謀，急則曲躬，緩則放逸，行無定端，言無質要，爲壯士者固若此乎！既乃殘殺老弱，幽土憤怨，衆叛親離，孑然無黨。又烏丸、濊貊，皆足下同州，僕與之殊俗，各奮迅激怒，爭爲鋒銳；又東西鮮卑，舉踵來附。此非孤德所能招，乃足下驅而致之也。夫當荒危之世，處干戈之險，內違同盟之誓，外失戎狄之心，兵興州壤，禍發蕭牆，將以定霸，不亦難乎！前以西山陸梁，出兵平討，會麴義餘殘，畏誅逃命，故遂住大軍，分兵撲蕩，此兵孤之前行，乃界橋搴旗拔壘，先登制敵者也。始聞足下鐫金紆紫，命以元帥，謂當因茲奮發，以報孟明之恥，是故戰夫引領，竦望旌旆，怪遂含光匿影，寂爾無聞，卒臻屠滅，相爲惜之。夫有平天下之怒，希長世之功，權御師徒，帶養戎馬，叛者無討，服者不收，威懷並喪，何以立名？今舊京克復，天罔云補，罪人斯亡，忠幹翼化，華夏儼然，望於穆之作，將戢干戈，放散牛馬，足下獨何守區區之土，保軍內之廣，甘惡名以速朽，亡令德之久長？壯而籌之，非良策也。宜釋憾除嫌，敦我舊好。若斯言之玷，皇天是聞。」瓚不答，而增脩戎備。謂關靖曰：「當今四方虎爭，無有能坐吾城下相守經年者明矣。袁本初其若我何！」

〔六〕英雄記曰：關靖字士起，太原人。本酷吏也，諂而無大謀，特爲瓚所信幸。

〔七〕典略曰：瓚遣行人文則齎書告子續曰：「袁氏之攻，似若神鬼，鼓角鳴于地中，梯衝舞吾樓上。日窮月蹙，無所聊賴。汝當碎首於張燕，速致輕騎，到者當起烽火於北，吾當從內出。不然，吾亡之後，天下雖廣，汝欲求安足之地，其可得乎！」

獻帝春秋曰：瓚夢薊城崩，知必敗，乃遣閒使與續書。紹候者得之，使陳琳更其書曰：「蓋聞在昔衰周之世，僵尸流血，以爲不然，豈意今日身當其衝！」其餘語與典略所載同。

〔八〕英雄記曰：袁紹分部攻者掘地爲道，穿穴其樓下，稍稍施木柱之，度足達半，便燒所施之柱，樓輒傾倒。

〔九〕漢晉春秋曰：關靖曰：「吾聞君子陷人於危，必同其難，豈可獨生乎！」乃策馬赴紹軍而死。紹悉送其首於許。

鮮于輔將其衆奉王命。以輔爲建忠將軍，督幽州六郡。太祖與袁紹相拒於官渡，閻柔遣使詣太祖受事，遷護烏丸校尉。而輔身詣太祖，拜左度遼將軍，封亭侯，遣還鎮撫本州。〔一〕太祖破南皮，柔將部曲及鮮卑獻名馬以奉軍，從征三郡烏丸，以功封關內侯。〔二〕輔亦率其衆從。文帝踐阼，拜輔虎牙將軍，柔度遼將軍，皆進封縣侯，位特進。

〔一〕魏略曰：輔從太祖於官渡。袁紹破走，太祖喜，顧謂輔曰：「如前歲本初送公孫瓚頭來，孤自視忽然耳，而今克之。此既天意，亦二三子之力。」

〔二〕魏略曰：太祖甚愛閻柔，每謂之曰：「我視卿如子，亦欲卿視我如父也。」柔由此自託於五官將，如兄弟。

陶謙字恭祖，丹楊人。〔一〕少好學，爲諸生，仕州郡，舉茂才，除盧令，〔二〕遷幽州刺史，徵拜議郎，參車騎將軍張溫軍事，西討韓遂。〔三〕會徐州黃巾起，以謙爲徐州刺史，擊黃巾，破走之。董卓之亂，州郡起兵，天子都長安，四方斷絕，謙遣使閒行致貢獻，遷安東將軍、徐州牧，封溧陽侯。是時，徐州百姓殷盛，穀米封贍，流民多歸之。而謙背道任情：廣陵太守琊邪趙昱，徐方名士也，以忠直見疏；〔四〕曹宏等，讒慝小人也，謙親任之。刑政失和，良善多被其害，由是漸亂。下邳闕宣自稱天子，謙初與合從寇鈔，後遂殺宣，并其衆。

〔一〕吳書曰：謙父，故餘姚長。謙少孤，始以不羈聞於縣中。年十四，猶綴帛爲幡，乘竹馬而戲，邑中兒童皆隨之。故蒼梧太守同縣甘公出遇之塗，見其容貌，異而呼之，住車與語，甚悅，因許妻以女。甘公夫人聞之，怒曰：「妾聞陶家兒敖戲無度，如何以女許之？」公曰：「彼有奇表，長必大成。」遂妻之。

〔二〕吳書曰：謙性剛直，有大節，少察孝廉，拜尚書郎，除舒令。郡守張磐，同郡先輩，與謙父友，意殊親之，而謙恥爲之屈。與衆還城，因以公事進見，坐罷，磐常私還入，與謙飲宴，或拒不爲留。常以舞屬謙，謙不爲起，固彊之；及舞，又不轉。磐曰：「不當轉邪？」曰：「不可轉，轉則勝人。」由是不樂，卒以搆隙。謙在官清白，無以糾舉，祠靈星，有贏錢五百，欲以臧之。謙委官而去。

〔三〕吳書曰：會西羌寇邊，皇甫嵩爲征西將軍，表請武將。召拜謙揚武都尉，與嵩征羌，大破之。後邊章、韓遂爲亂，司空張溫銜命征討，又請謙爲參軍事，接遇甚厚，而謙輕其行事，心懷不服。及軍罷還，百寮高會，溫屬謙行酒，謙衆辱溫。溫怒，徙謙於邊。或說溫曰：「陶恭祖本以材略見重於公，一朝以醉飲過失，不蒙容貸，遠棄不毛，厚德不終，四方人士安所歸望！不如釋憾除恨，克復初分，於以遠聞德美。」溫然其言，乃追還謙。謙至，或又謂謙曰：「足下輕辱三公，罪自己作，今蒙釋宥，德莫厚矣；宜降志卑辭以謝之。」謙曰：「諾。」又謂溫曰：「陶恭祖今深自罪責，思在變革。謝天子禮畢，必詣公門。公宜見之，以慰其意。」時溫于宮門見謙，謙仰曰：「謙自謝朝廷，豈爲公邪？」溫曰：「恭祖癡病尙未除邪？」遂爲之置酒，待之如初。

〔四〕謝承後漢書曰：昱年十三，母嘗病，經涉三月。昱慘戚消瘠，至目不交睫，握粟出卜，祈禱泣血，鄉黨稱其孝。就處士東莞綦毋君受公羊傳，兼該羣業。至歷年潛志，不闚園圃，親疎希見其面。時入定省父母，須臾卽還。高絜廉正，抱禮而立，清英儼恪，莫干其志；旌善以興化，殫邪以矯俗。州郡請召，常稱病不應。國相檀謨、陳遵共召，不起；或興盛怒，終不迴意。舉孝廉，除莒長，宣揚五教，政爲國表。會黃巾作亂，陸梁五郡，郡縣發兵，以爲先辦。徐州刺史巴祇表功第一，當受遷賞，昱深以爲恥，委官還家。徐州牧陶謙初辟別駕從事，辭疾遜遁。謙重令揚州從事會稽吳範宣旨，昱守意不移；欲威以刑罰，然後乃起。舉茂才，遷廣陵太守。賊笮融從臨淮見討，迸入郡界，昱將兵拒戰，敗績見害。

初平四年，太祖征謙，攻拔十餘城，至彭城大戰。謙兵敗走，死者萬數，泗水爲之不流。謙退守郯。太祖以糧少引軍還。〔一〕興平元年，復東征，略定琅邪、東海諸縣。謙恐，欲走歸丹楊。會張邈叛迎呂布，太祖還擊布。是歲，謙病死。〔二〕

〔一〕吳書曰：曹公父於泰山被殺，歸咎於謙。欲伐謙而畏其彊，乃表令州郡一時罷兵。詔曰：「今海內擾攘，州郡起兵，征夫勞瘁，寇難未弭，或將吏不良，因緣討捕，侵侮黎民，離害者衆；風聲流聞，震蕩城邑，丘牆懼于橫暴，貞良化爲羣惡，此何異乎抱薪救焚，扇火止沸哉！今四民流移，託身他方，攜白首於山野，棄稚子於溝壑，顧故鄉而哀歎，向阡陌而流涕，饑厄困苦，亦已甚矣。雖悔往者之迷謬，思奉教於今日，然兵連衆結，鋒鏑布野，恐一朝解散，夕見係虜，是以阻兵屯據，欲止而不敢散也。詔書到，其各罷遣甲士，還親農桑，惟留常員吏以供官署，慰示遠近，咸使聞知。」謙被詔，乃上書曰：「臣聞懷遠柔服，非德不集；克難平亂，非兵不濟。是以涿鹿、阪泉、三苗之野有五帝之師，有扈、鬼方、商、奄四國有王者之伐，自古在昔，未有不揚威以弭亂，震武以止暴者也。臣前初以黃巾亂治，受策長驅，匪遑啓處。雖憲章勑戒，奉宣威靈，敬行天誅，每伐輒克，然妖寇類衆，殊不畏死，父兄殲殪，子弟羣起，治屯連兵，至今爲患。若承命解甲，弱國自虛，釋武備以資亂，損官威以益寇，今日兵罷，明日難必至，上忝朝廷寵授之本，下令羣凶日月滋蔓，非所以彊幹弱枝遏惡止亂之務也。臣雖愚蔽，忠恕不昭，抱恩念報，所不忍行。輒勑部曲，申令警備。出芟彊寇，惟力是視，入宣德澤，躬奉職事，冀效微勞，以贖罪負。」又曰：「華夏沸擾，于今未弭，包茅不入，職貢多闕，寤寐憂歎，無日敢寧。誠思貢獻必至，薦羞獲通，然後銷鋒解甲，臣之願也。臣前調穀百萬斛，已在水次，輒勑兵衞送。」曹公得謙上事，知不罷兵。乃進攻彭城，多殺人民。謙引兵擊之，青州刺史田楷亦以兵救謙。公引兵還。

臣松之案：此時天子在長安，曹公尚未秉政。罷兵之詔，不得由曹氏出。

〔二〕吳書曰：謙死時，年六十三，張昭等爲之哀辭曰：「猗歟使君，君侯將軍，膺秉懿德，允武允文，體足剛直，守以溫仁。令舒及盧，遺愛于民；牧幽暨徐，甘棠是均。憬憬夷、貊，賴侯以清；蠢蠢妖寇，匪侯不寧。唯帝念績，爵命以章，既牧且侯，啓土溧陽。遂升上將，受號安東，將平世難，社稷是崇。降年不永，奄忽殂薨，喪覆失恃，民知困窮。曾不旬日，五郡潰崩，哀我人斯，將誰仰憑？追思靡及，仰叫皇穹。嗚呼哀哉！」謙二子：商、應，皆不仕。

張楊字稚叔，雲中人也。以武勇給并州，爲武猛從事。靈帝末，天下亂，帝以所寵小黃門蹇碩爲西園上軍校尉，軍京都，欲以御四方，徵天下豪傑以爲偏裨。太祖及袁紹等皆爲校尉，屬之。〔一〕幷州刺史丁原遣楊將兵詣碩，爲假司馬。靈帝崩，碩爲何進所殺。楊復爲進所遣，歸本州募兵，得千餘人，因留上黨，擊山賊。進敗，董卓作亂。楊遂以所將攻上黨太守于壺關，不下，略諸縣，衆至數千人。山東兵起，欲誅卓。袁紹至河內，楊與紹合，復與匈奴單于於夫羅屯漳水。單于欲叛，紹、楊不從。單于執楊與俱去，紹使將麴義追擊於鄴南，破之。單于執楊至黎陽，攻破度遼將軍耿祉軍，衆復振。卓以楊爲建義將軍、河內太守。天子之在河東，楊將兵至安邑，拜安國將軍，封晉陽侯。楊欲迎天子還洛，諸將不聽；楊還野王。建安元年，楊奉、董承、韓暹挾天子還舊京，糧乏。楊以糧迎道路，遂至洛陽。謂諸將曰：「天子當與天下共之，幸有公卿大臣，楊當捍外難，何事京都？」遂還野王。即拜爲大司馬。〔二〕楊素與呂布善。太祖之圍布，楊欲救之，不能。乃出兵東市，遙爲之勢。其將楊醜，殺楊以應太祖。楊將眭固殺醜，將其衆，欲北合袁紹。太祖遣史渙邀擊，破之於犬城，斬固，盡收其衆也。〔三〕

〔一〕靈帝紀曰：以虎賁中郎將袁紹爲中軍校尉，屯騎校尉鮑鴻爲下軍校尉，議郎曹操爲典軍校尉，趙融、馮芳爲助軍校尉，夏牟、淳于瓊爲左右校尉。

〔二〕英雄記曰：楊性仁和，無威刑。下人謀反，發覺，對之涕泣，輒原不問。

〔三〕典略曰：固字白兔，旣殺楊醜，軍屯射犬。時有巫誡固曰：「將軍字兔而此邑名犬，兔見犬，其勢必驚，宜急移去。」固不從，遂戰死。

公孫度字升濟，本遼東襄平人也。度父延，避吏居玄菟，任度爲郡吏。時玄菟太守公孫琙，子豹，年十八歲，早死。度少時名豹，又與琙子同年，琙見而親愛之，遣就師學，爲取妻。後舉有道，除尚書郎，稍遷冀州刺史，以謠言免。同郡徐榮爲董卓中郎將，薦度爲遼東太守。度起玄菟小吏，爲遼東郡所輕。先時，屬國公孫昭守襄平令，召度子康爲伍長。度到官，收昭，笞殺于襄平市。郡中名豪大姓田韶等宿遇無恩，皆以法誅，所夷滅百餘家，郡中震慄。東伐高句驪，西擊烏丸，威行海外。初平元年，度知中國擾攘，語所親吏柳毅、陽儀等曰：「漢祚將絕，當與諸卿圖王耳。」〔一〕時襄平延里社生大石，長丈餘，下有三小石爲之足。或謂度曰：「此漢宣帝冠石之祥，而里名與先君同。社主土地，明當有土地，而三公爲輔也。」度益喜。故河內太守李敏，郡中知名，惡度所爲，恐爲所害，乃將家屬入于海。度大怒，掘其父冢，剖棺焚屍，誅其宗族。〔二〕分遼東郡爲遼西中遼郡，置太守。越海收東萊諸縣，置營州刺史。自立爲遼東侯、平州牧，追封父延爲建義侯。立漢二祖廟，承制設壇墠於襄平城南，郊祀天地，藉田，治兵，乘鸞路，九旒，旄頭羽騎。太祖表度爲武威將軍，封永寧鄉侯，度曰：「我王遼東，何永寧也！」藏印綬武庫。度死，子康嗣位，以永寧鄉侯封弟恭。是歲建安九年也。

〔一〕魏書曰：度語毅、儀：「讖書云孫登當爲天子，太守姓公孫，字升濟，升卽登也。」

〔二〕晉陽秋曰：敏子追求敏，出塞，越二十餘年不娶。州里徐邈責之曰：「不孝莫大於無後，何可終身不娶乎！」乃娶妻，生子胤而遣妻，常如居喪之禮，不勝憂，數年而卒。胤生不識父母，及有識，蔬食哀戚亦如三年之喪。以祖父不知存亡，設主奉之。由是知名，仕至司徒。

臣松之案：本傳云敏將家入海，而復與子相失，未詳其故。

十二年，太祖征三郡烏丸，屠柳城。袁尙等奔遼東，康斬送尙首。語在武紀。封康襄平侯，拜左將軍。康死，子晃、淵等皆小，衆立恭爲遼東太守。文帝踐阼，遣使卽拜恭爲車騎將軍、假節，封平郭侯；追贈康大司馬。

初，恭病陰消爲閹人，劣弱不能治國。太和二年，淵脅奪恭位。明帝卽(位)拜淵揚烈將軍、遼東太守。淵遣使南通孫權，往來賂遺。〔一〕權遣使張彌、許晏等，齎金玉珍寶，立淵爲燕王。淵亦恐權遠不可恃，且貪貨物，誘致其使，悉斬送彌、晏等首，〔二〕明帝於是拜淵大司馬，封樂浪公，持節、領郡如故。〔三〕使者至，淵設甲兵爲軍陳，出見使者，又數對國中賓客出惡言。〔四〕景初元年，乃遣幽州刺史毌丘儉等齎璽書徵淵。淵遂發兵，逆於遼隧，與儉等戰。

儉等不利而還。淵遂自立爲燕王，置百官有司。遣使者持節，假鮮卑單于璽，封拜邊民。誘呼鮮卑，侵擾北方。〔五〕二年春，遣太尉司馬宣王征淵。六月，軍至遼東。〔六〕淵遣將軍卑衍、楊祚等步騎數萬屯遼隧，圍塹二十餘里。宣王軍至，令衍逆戰。宣王遣將軍胡遵等擊破之。宣王令軍穿圍，引兵東南向，而急東北，卽趨襄平。衍等恐襄平無守，夜走。諸軍進至首山，淵復遣衍等迎軍殊死戰。復擊，大破之，遂進軍造城下，爲圍塹。會霖雨三十餘日，遼水暴長，運船自遼口徑至城下。雨霽，起土山、脩櫓，爲發石連弩射城中。淵窘急。糧盡，人相食，死者甚多。將軍楊祚等降。八月丙寅夜，大流星長數十丈，從首山東北墜襄平城東南。壬午，淵衆潰，與其子脩將數百騎突圍東南走，大兵急擊之，當流星所墜處，斬淵父子。城破，斬相國以下首級以千數，傳淵首洛陽，遼東、帶方、樂浪、玄菟悉平。

〔一〕吳書載淵表權曰：「臣伏惟遭天地反易，遇无妄之運；王路未夷，傾側擾攘。自先人以來，歷事漢、魏，階緣際會，爲國效節，繼世享任，得守藩表，猶知符命未有攸歸。每感厚恩，頻辱顯使，退念人臣交不越境，是以固守所執，拒違前使。雖義無二信，敢忘大恩！陛下鎭撫，長存小國，前後裴校尉、葛都尉等到，奉被敕誡，聖旨彌密，重紈累素，幽明備著，所以申示之事，言提其耳。臣晝則謳吟，宵則發夢，終身誦之，志不知足。季末凶荒，乾坤否塞，兵革未戢，人民蕩析。仰此天命將有眷顧，私從一隅永瞻雲日。今魏家不能採錄忠善，褒功臣之後，乃令讒諂得行其志，聽幽州刺史、東萊太守誑誤之言，猥興州兵，圖害臣郡。臣不負魏，而魏絕之。蓋聞人臣有去就之分；

田饒適齊，樂毅走趙，以不得事主，故保有道之君；陳平、耿況，亦覩時變，卒歸於漢，勒名帝籍。伏惟陛下德不再出，時不世遇，是以慺慺懷慕自納，望遠視險，有如近易。誠願神謨蚤定洪業，奮六師之勢，收河、洛之地，爲聖代宗。天下幸甚！」

魏略曰：國家知淵兩端，而恐遼東吏民爲淵所誤。故公文下遼東，因赦之曰：「告遼東、玄菟將校吏民：逆賊孫權遭遇亂階，因其先人劫略州郡，遂成羣凶，自擅江表，含垢藏疾。冀其可化，故割地王權，使南面稱孤，位以上將，禮以九命。權親叉手，北向稽顙，假人臣之寵，受人臣之榮，未有如權者也。狼子野心，告令難移，卒歸反覆，背恩叛主，滔天逆神，乃敢僭號。恃江湖之險阻，王誅未加。比年已來，復遠遣船，越渡大海，多持貨物，誑誘邊民。邊民無知，與之交關。長吏以下，莫肯禁止。至使周賀浮舟百艘，沈滯津岸，貿遷有無。既不疑拒，齎以名馬，又使宿舒隨賀通好。十室之邑，猶有忠信，陷君於惡，春秋所書也。今遼東、玄菟奉事國朝，紆青拖紫，以千百爲數，戴纚垂纓，咸佩印綬，曾無匡正納善之言。龜玉毀于匱，虎兕出于匣，是誰之過歟？國朝爲子大夫羞之！昔狐突有言：『父教子貳，何以事君？策名委質，貳乃辟也。』今乃阿順邪謀，脅從姦惑，豈獨父兄之教不詳，子弟之舉習非而已哉！若苗穢害田，隨風烈火，芝艾俱焚，安能白別乎？且又此事固然易見，不及鑒古成敗，書傳所載也。江南海北有萬里之限，遼東君臣無怵惕之患，利則義所不利，貴則義所不貴，此爲厭安樂之居，求危亡之禍，賤忠貞之節，重背叛之名。蠻、貊之長，猶知愛禮，以此事人，亦難爲顏！且又宿舒無罪，擠使入吳，奉不義之使，始與家訣，涕泣而行。及至賀死之日，覆衆成山，舒雖脫死，魂魄離身。何所逼迫，乃至於此！今忠臣烈將，咸忿遼東反覆攜貳，皆欲乘桴浮海，期於肆意。朕爲天下父母，加念天下新定，既不欲勞動干戈，遠涉大川，費役如彼，又悼邊陲遺餘黎民，迷誤如此，故遣郎中衞慎、邵瑁等且先奉詔示意。若股肱忠良，能效節立信以輔時君，反邪就正以建大功，福莫大焉。儻恐自嫌，已爲惡逆所見染汙，不敢倡言，永懷伊戚。其諸與賊使交通，皆赦除之，與之更始。」

〔三〕魏略載淵表曰：「臣前遣校尉宿舒、郎中令孫綜，甘言厚禮，以誘吳賊。幸賴天道福助大魏，使此賊虜晴然迷惑，違戾羣下，不從衆諫，承信臣言，遠遣船使，多將士卒，來致封拜。臣之所執，得如本志，雖憂罪釁，私懷幸甚。賊衆本號萬人，舒、綜伺察，可七八千人，到沓津。僞使者張彌、許晏與中郎將萬泰、校尉裴潛將吏兵四百餘人，齎文書命服什物，下到臣郡。泰、潛別齎致遺貨物，欲因市馬。軍將賀達、虞咨領餘衆在船所。臣本欲須涼節乃取彌等，而彌等人兵衆多，見臣不便承受吳命，意有猜疑。懼其先作，變態妄生，即進兵圍取，斬彌、晏、泰、潛等首級。其吏從兵衆，皆士伍小人，給使東西，不得自由，面縛乞降，不忍誅殺，輒聽納受，徙充邊城。別遣將韓起等率將三軍，馳行至沓。使領長史柳遠設賓主禮誘請達、咨，三軍潛伏以待其下，又驅羣馬貨物，欲與交市。達、咨懷疑不下，使諸市買者五六百人下，欲交市。起等金鼓始震，鋒矢亂發，斬首三百餘級，被創赴水沒溺者可二百餘人，其散走山谷，來歸降及藏竄飢餓死者，不在數中。得銀印、銅印、兵器、資貨，不可勝數。謹遣西曹掾公孫珩奉送賊權所假臣節、印綬、符策、九錫、什物，及彌等僞節、印綬、首級。」又曰：「宿舒、孫綜前到吳，賊權問臣家內小大，舒、綜對臣有三息，脩別屬亡弟。權敢姦巧，便擅拜命。謹封送印綬、符策。臣雖無昔人洗耳之風，慚爲賊權汙損所加，既行天誅，猶有餘忿。」又曰：「臣父康，昔殺權使，結爲讎隙。今乃譎欺，遣使誘致，令權傾心，虛國竭祿，遠命上卿，寵授極位，震動南土，備盡禮數。又權待舒、綜，契闊委曲，君臣上下，畢歡竭情。而令四使見殺，梟示萬里，士衆流離，屠戮津渚，慚恥遠布，痛辱彌天。權之怨疾，將刻肌骨。若天衰其業，使至喪隕，權將內傷憤激而死。若期運未訖，將播毒螫，必恐長虵來爲寇害。徐州諸屯及城陽諸郡，與相接近，如有船衆後年向海門，得其消息，乞速告臣，使得備豫。」又曰：「臣門戶受恩，實深實重，自臣承攝即事以來，連被榮寵，殊特無量，分當隕越，竭力致死。而臣狂愚，意計迷闇，不即禽賊，以至見疑。前章表所陳情趣事勢，實但欲罷弊此賊，使困自絕，誠不敢背累世之恩，附僭盜之虜也。而後愛憎之人，緣事加誣，僞生節目，卒令明聽疑於市虎，移恩改愛，興動威怒，幾至沈沒，長爲負忝。幸賴慈恩，猶垂三宥，使得補過，解除愆責。如天威遠加，不見假借，早當麋碎，辱先廢祀，何緣自明，建此微功。臣既喜於事捷，得自申展，悲於疇昔，至此變故，餘怖踊躍，未敢便寧。唯陛下既崇春日生全之仁，除忿塞隙，抑弭纖介，推今亮往，察臣本心，長令抱戴，銜分三泉。」又曰：「臣被服光榮，恩情未報，而以罪釁，自招譴怒，分當即戮，爲衆社戒。所以越典詭常，僞通於吳，誠自念窮迫，報效未立，而爲天威督罰所加，長恐奄忽不得自洗。故敢自闕替廢於一年，遣使誘吳，知其必來。權之求郡，積有年歲，初無倡答一言之應，今權得使，來必不疑，至此一舉，果如所規，上卿大衆，翕赫豐盛，財貨賂遺，傾國極位，到見禽取，流離死亡，千有餘人，滅絕不反。此誠暴猾賊之鋒，摧矜夸之巧，昭示天下，破損其業，足以慚之矣。臣之慺慺念效於國，雖有非常之過，亦有非常之功，願陛下原其踰闕之愆，采其毫毛之善，使得國恩，保全終始矣。」

〔三〕魏名臣奏載中領軍夏侯獻表曰：「公孫淵昔年敢違王命，廢絕計貢者，實挾兩端。既恃阻險，又怙孫權。故敢跋扈，恣睢海外。宿、舒親見賊權軍衆府庫，知其弱少不足憑恃，是以決計斬賊之使。又高句麗、濊貊與淵爲仇，並爲寇鈔。今外失吳援，內有胡寇，心知國家能從陸道，勢不得不懷惶懼之心。因斯之時，宜遣使示以禍福。奉車都尉鞠弘，武皇帝時始奉使命，開通道路。文皇帝即位，欲通使命，遣弘將妻子還歸鄉里，賜其車、牛，絹百匹。弘以受恩，歸死國朝，無有還意，乞留妻子，身奉使命。公孫康遂稱臣妾。以弘奉使稱意，賜爵關內侯。弘性果烈，乃心於國，夙夜拳拳，念自竭效。冠族子孫，少好學問，博通書記，多所關涉，口論速捷，辯而不俗，附依典誥，若出胸臆，加仕本郡，常在人右，彼方士人素所敬服。若當遣使，以爲可使弘行。弘乃自舊土，習其國俗，爲說利害，辯足以動其意，明足以見其事，才足以行之，辭足以見信。若其計從，雖酈生之降齊王，陸賈之說尉佗，亦無以遠過也。欲進遠路，不宜釋騏驥；將已篤疾，不宜廢扁鵲。願察愚言也。」

〔四〕吳書曰：魏遣使者傅容、聶夔拜淵爲樂浪公。淵計吏從洛陽還，語淵曰：「使者左駿伯，使皆擇勇力者，非凡人也。」淵由是疑怖。容、夔至，住學館中。淵先以步騎圍之，乃入受拜。容、夔大怖，由是還洛言狀。

〔五〕魏書曰：淵知此變非獨出儉，遂爲備。遣使謝吳，自稱燕王，求爲與國。然猶令官屬上書自直于魏曰：「大司馬長史臣郭昕、參軍臣柳浦等七百八十九人言：奉被今年七月己卯詔書，伏讀懇切，精魄散越，不知身命所當投措！昕等伏自惟省，螻蟻小醜，器非時用，遭值千載，被受公孫淵祖考以來光明之德，惠澤沾渥，滋潤榮華，無寸尺之功，有負乘之累；遂蒙褒奬，登名天府，並以駑蹇附龍託驥，紆青拖紫，飛騰雲梯，感恩惟報，死不擇地。臣等聞明君在上，聽政采言，人臣在下，得無隱情，是以因緣訴讓，冒犯愬寃。郡在藩表，密邇不羈，平昔三州，轉輸費調，以供賞賜，歲用累億，虛耗中國。然猶跋扈，虔劉邊陲，烽火相望，羽檄相逮，城門晝閉，路無行人，州郡兵戈，奔散覆沒。淵祖父度初來臨郡，承受荒殘，開日月之光，建神武之略，聚烏合之民，掃地爲業，威震燿于殊俗，德澤被于羣生。遼土之不壞，實度是賴。孔子曰：『微管仲，吾其被髮左衽。』向不遭度，則郡早爲丘墟，而民係於虜廷矣。遺風餘愛，永存不朽。度既薨殂，吏民感慕，欣戴子康，尊而奉之。康踐統洪緒，克壯徽猷，文昭武烈，邁德種仁；乃心京輦，翼翼虔恭，佐國平亂，效績紛紜，功隆事大，勳藏王府。度、康當值武皇帝休明之會，合策名之計，夾輔漢室，降身委質，卑己事魏。匪處小厭大，畏而服焉，乃慕託高風，悽仰盛懿也。武皇帝亦虛心接納，待以不次，功無巨細，每不見忘。又命之曰：『海北土地，割以付君，世世子孫，實得有之。』皇天后土，實聞德晉。臣庶小大，豫在下風，奉以周旋，不敢失墜。淵生有蘭石之姿，少含愷悌之訓，允文允武，忠惠且直；生民欽仰，莫弗懷愛。淵纂戎祖考，君臨萬民，爲國以禮，淑化流行，獨見先覩，羅結遐方，勤王之義，視險如夷，世載忠亮，不隕厥名。孫權慕義，不遠萬里，連年遣使，欲自結援，雖見絕殺，不念舊怨，纖纖往來，求成恩好。淵執節彌固，不爲利迴，守志匪石，確乎彌堅。猶懼丹心未見保明，乃卑辭厚幣，誘致權使，梟截獻馘，以示無二。吳雖在遠，水道通利，舉帆便至，無所隔限。淵不顧敵讎之深，念存人臣之節，絕彊吳之歡，昭事魏之心，靈祇明鑒，普天咸聞。陛下嘉美洪烈，懿茲武功，誕錫休命，寵亞齊、魯，下及陪臣，普受介福。誠以天覆之恩，當卒終始，得竭股肱，永保祿位，不虞一旦，橫被殘酷。惟育養之厚，念積累之效，悲思不遂，痛切見棄，舉國號咷，拊膺泣血。夫三軍所伐，蠻夷戎狄，驕逸不虔，於是致武，不聞義國反受誅討。蓋聖王之制，五服之域，有不供職，則脩文德，而又不至，然後征伐。淵小心翼翼，恪恭于位，勤事奉上，可謂勉矣。盡忠竭節，還被患禍。小弁之作，離騷之興，皆由此也。就或佞邪，盜言孔甘，猶當清覽，憎而知善；讒巧似直，惑亂聖聽，尚望文告，使知所由。若信有罪，當垂三宥；若不改寤，計功減降，當在八議。而潛軍伺襲，大兵奄至，舞戈長驅，衝擊遼土。犬馬惡死，況於人類！吏民昧死，挫辱王師。淵雖寃枉，方臨危殆，猶恃聖恩，悵然重奔，冀必姦臣矯制，妄肆威虐，乃謂臣等曰：『漢安帝建光元年，遼東屬國都尉龐奮，受三月乙未詔書，曰收幽州刺史馮煥、玄菟太守姚光。推案無乙未詔書，遣侍御史幽州(牧)〔收〕考姦臣矯制者。今刺史或儻謬承矯制乎？』臣等議：以爲刺史興兵，搖動天下，殆非矯制，必是詔命。淵乃俛仰歎息，自傷無罪。深惟土地所以養人，竊慕古公杖策之岐，乃欲投冠釋紱，逝歸林麓。臣等維持，誓之以死，屯守府門，不聽所執。而七營虎士，五部蠻夷，各懷素飽，不謀同心，奮臂大呼，排門遁出。近郊農民，釋其耨鎛，伐薪制梃，改案爲櫓，奔馳赴難，軍旅行成，雖蹈湯火，死不顧生。淵雖見孤棄，怨而不怒，比遣敕軍，勿得干犯，及手書告語，懇惻至誠。而吏士凶悍，不可解散，期於畢命，投死無悔。淵懼吏士不從敎令，乃躬馳騖，自往化解，僅乃止之。一飯之惠，匹夫所死，況淵累葉信結百姓，恩著民心。自先帝初興，爰曁陛下，榮淵累葉，豐功懿德，策名褒揚，辯著廊廟，勝衣舉履，誦詠明文，以爲口實。埋而掘之，古人所恥。小白、重耳，衰世諸侯，猶慕著信，以隆霸業。詩美文王作孚萬邦，論語稱仲尼去食存信；信之爲德，固亦大矣。今吳、蜀共帝，鼎足而居，天下搖蕩，無所統一，臣等每爲陛下懼此危心。淵據金城之固，仗和睦之民，國殷兵彊，可以横行。策名委質，守死善道，忠至義盡，爲九州表。方今二敵闚闞，未知孰定，是之不戒，而淵是害。茹柔吐剛，非王者之道也。臣等雖鄙，誠竊恥之。若無天乎，臣一郡吉凶，倘未可知；若云有天，亦何懼焉！臣等聞仕於家者，二世則主之，三世則君之。臣等生於荒裔之土，出於圭竇之中，無大援於魏，世隸於公孫氏，報生與賜，在於死力。昔蒯通言直，漢祖赦其誅；鄭詹辭順，晉文原其死。臣等頑愚，不達大節，苟執一介，披露肝膽，言逆龍鱗，罪當萬死。惟陛下恢崇撫育，亮其控告，使疏遠之臣，永有保持。」

〔六〕漢晉春秋曰：公孫淵自立，稱紹漢元年。聞魏人將討，復稱臣於吳，乞兵北伐以自救。吳人欲戮其使，羊衜曰：「不可，是肆匹夫之怒而捐霸王之計也。不如因而厚之，遣奇兵潛往以要其成。若魏伐淵不克，而我軍遠赴，是恩結遐夷，義蓋萬里；若兵連不解，首尾離隔，則我虜其傍郡，驅略而歸，亦足以致天之罰，報雪曩事矣。」權曰：「善。」乃勒兵大出。謂淵使曰：「請俟後問，當從簡書，必與弟同休戚，共存亡，雖隕于中原，吾所甘心也。」又曰：「司馬懿所向無前，深爲弟憂也。」

初，淵家數有怪，犬冠幘絳衣上屋，炊有小兒蒸死甑中。襄平北市生肉，長圍各數尺，有頭目口喙，無手足而動搖。占曰：「有形不成，有體無聲，其國滅亡。」始度以中平六年據

遼東，至淵三世，凡五十年而滅。〔一〕

〔一〕魏略曰：始淵兄晃爲恭任子，在洛，聞淵劫奪恭位，謂淵終不可保，數自表聞，欲令國家討淵。帝以淵已秉權，故因而撫之。及淵叛，遂以國法繫晃。晃雖有前言，冀不坐，然內以骨肉，知淵破則己從及。淵首到，晃自審必死，與其子相對啼哭。時上亦欲活之，而有司以爲不可，遂殺之。

張燕，常山眞定人也，本姓褚。黃巾起，燕合聚少年爲羣盜，在山澤閒轉攻，還眞定，衆萬餘人。博陵張牛角亦起衆，自號將兵從事，與燕合。燕推牛角爲帥，俱攻廮陶。牛角爲飛矢所中，被創且死，令衆奉燕，告曰：「必以燕爲帥。」牛角死，衆奉燕，故改姓張。燕剽捍捷速過人，故軍中號曰飛燕。其後人衆寖廣，常山、趙郡、中山、上黨、河內諸山谷皆相通，其小帥孫輕、王當等，各以部衆從燕，衆至百萬，號曰黑山。靈帝不能征，河北諸郡被其害。燕遣人至京都乞降，拜燕平難中郎將。〔一〕是後，董卓遷天子於長安，天下兵數起，燕遂以其衆與豪傑相結。袁紹與公孫瓚爭冀州，燕遣將杜長等助瓚，與紹戰，爲紹所敗，人衆稍散。太祖將定冀州，燕遣使求佐王師，拜平北將軍；率衆詣鄴，封安國亭侯，邑五百戶。燕薨，子方嗣。方薨，子融嗣。〔二〕

〔一〕九州春秋曰：張角之反也，黑山、白波、黃龍、左校、牛角、五鹿、羝根、苦蝤、劉石、平漢、大洪、司隸、緣城、羅市、雷公、浮雲、飛燕、白爵、楊鳳、于毒等各起兵，大者二三萬，小者不減數千。靈帝不能討，乃遣使拜楊鳳爲黑山校尉，領諸山賊，得舉孝廉計吏。後遂彌漫，不可復數。

典略曰：黑山、黃巾諸帥，本非冠蓋，自相號字，謂騎白馬者爲張白騎，謂輕捷者爲張飛燕，謂聲大者爲張雷公，其饒鬚者則自稱于羝根，其眼大者自稱李大目。

張璠漢紀云：又有左校、郭大賢、左髭丈八三部也。

〔三〕陸機晉惠帝起居注曰：門下通事令史張林，飛燕之曾孫。林與趙王倫爲亂，未及周年，位至尚書令、衞將軍，封郡公。尋爲倫所殺。

張繡，武威祖厲人，驃騎將軍濟族子也。邊章、韓遂爲亂涼州，金城麴勝襲殺祖厲長劉雋。繡爲縣吏，閒伺殺勝，郡內義之。遂招合少年，爲邑中豪傑。董卓敗，濟與李傕等擊呂布，爲卓報仇。語在卓傳。繡隨濟，以軍功稍遷至建忠將軍，封宣威侯。濟屯弘農，士卒飢餓，南攻穰，爲流矢所中死。繡領其衆，屯宛，與劉表合。太祖南征，軍淯水，繡等舉衆降。太祖納濟妻，繡恨之。太祖聞其不悅，密有殺繡之計。計漏，繡掩襲太祖。太祖軍敗，二子沒。繡還保穰，〔一〕太祖比年攻之，不克。太祖拒袁紹於官渡，繡從賈詡計，復以衆降。語在詡傳。繡至，太祖執其手，與歡宴，爲子均取繡女，拜揚武將軍。官渡之役，繡力戰有功，遷破羌將軍。從破袁譚於南皮，復增邑凡二千戶。是時天下戶口減耗，十裁一在，諸將封未有滿千戶者，而繡特多。從征烏丸于柳城，未至，薨，謚曰定侯。〔二〕子泉嗣，坐與魏諷謀反誅，國除。

〔一〕傅子曰：繡有所親胡車兒，勇冠其軍。太祖愛其驍健，手以金與之。繡聞而疑太祖欲因左右刺之，遂反。吳書曰：繡降，（凌統）用賈詡計，乞徙軍就高道，道由太祖屯中。繡又曰：「車少而重，乞得使兵各被甲。」太祖信繡，皆聽之。繡乃嚴兵入屯，掩太祖。太祖不備，故敗。

〔二〕魏略曰：五官將數因請會，發怒曰：「君殺吾兄，何忍持面視人邪！」繡心不自安，乃自殺。

張魯字公祺，沛國豐人也。祖父陵，客蜀，學道鵠鳴山中，造作道書以惑百姓，從受道者出五斗米，故世號米賊。陵死，子衡行其道。衡死，魯復行之。益州牧劉焉以魯爲督義司馬，與別部司馬張脩將兵擊漢中太守蘇固，魯遂襲脩殺之，奪其衆。焉死，子璋代立，以魯不順，盡殺魯母家室。魯遂據漢中，以鬼道教民，自號「師君」。其來學道者，初皆名「鬼卒」。受本道已信，號「祭酒」。各領部衆，多者爲治頭大祭酒。皆教以誠信不欺詐，有病自首其過，大都與黃巾相似。諸祭酒皆作義舍，如今之亭傳。又置義米肉，縣於義舍，行路者量腹取足；若過多，鬼道輒病之。犯法者，三原，然後乃行刑。不置長吏，皆以祭酒爲治，民夷便樂之。雄據巴、漢垂三十年。〔一〕漢末，力不能征，遂就寵魯爲鎮民中郎將，領漢寧太守，通貢獻而已。民有地中得玉印者，羣下欲尊魯爲漢寧王。魯功曹巴西閻圃諫魯曰：「漢川之民，戶出十萬，財富土沃，四面險固；上匡天子，則爲桓、文，次及竇融，不失富貴。今承制署置，勢足斬斷，不煩於王。願且不稱，勿爲禍先。」魯從之。韓遂、馬超之亂，關西民從子午谷奔之者數萬家。

〔一〕典略曰：熹平中，妖賊大起，三輔有駱曜。光和中，東方有張角，漢中有張脩。駱曜教民緬匿法，角爲太平道，脩爲五斗米道。太平道者，師持九節杖爲符祝，教病人叩頭思過，因以符水飲之，得病或日淺而愈者，則云此人信道，其或不愈，則爲不信道。脩法略與角同，加施靜室，使病者處其中思過。又使人爲姦令祭酒，祭酒主以老子五千文，使都習，號爲姦令。爲鬼吏，主爲病者請禱。請禱之法，書病人姓名，說服罪之意。作三通，其一上之天，著山上，其一埋之地，其一沉之水，謂之三官手書。使病者家出米五斗以爲常，故號曰五斗米師。實無益于治病，但爲淫妄，然小人昏愚，競共事之。後角被誅，脩亦亡。及魯在漢中，因其民信行脩業，遂增飾之。教使作義舍，以米肉置其中以止行人；又教使自隱，有小過者，當治道百步，則罪除；又依月令，春夏禁殺；又禁酒。流移寄在其地者，不敢不奉。

臣松之謂張脩應是張衡，非典略之失，則傳寫之誤。

建安二十年，太祖乃自散關出武都征之，至陽平關。魯欲舉漢中降，其弟衞不肯，率衆數萬人拒關堅守。太祖攻破之，遂入蜀。〔一〕魯聞陽平已陷，將稽顙（歸降），圃又曰：「今以迫往，功必輕；不如依（杜灌）〔杜濩〕赴朴胡相拒，然後委質，功必多。」於是乃奔南山入巴中。

左右欲悉燒寶貨倉庫，魯曰：「本欲歸命國家，而意未達。今之走，避銳鋒，非有惡意。寶貨倉庫，國家之有。」遂封藏而去。太祖入南鄭，甚嘉之。又以魯本有善意，遣人慰喻。魯盡將家出，太祖逆拜魯鎮南將軍，待以客禮，封閬中侯，邑萬戶。封魯五子及閻圃等皆為列侯。〔二〕為子彭祖取魯女。魯薨，諡之曰原侯。子富嗣。〔三〕

〔一〕魏名臣奏載董昭表曰：「武皇帝承涼州從事及武都降人之辭，說張魯易攻，陽平城下南北山相遠，不可守也，信以為然。及往臨履，不如所聞，乃歎曰：『他人商度，少如人意。』攻陽平山上諸屯，既不時拔，士卒傷夷者多。武皇帝意沮，便欲拔軍截山而還，遣故大將軍夏侯惇、將軍許褚呼山上兵還。會前軍未還，夜迷惑，誤入賊營，賊便退散。侍中辛毗、劉曄等在兵後，語惇、褚，言『官兵已據得賊要屯，賊已散走』。猶不信之。惇前自見，乃還白武皇帝，進兵定之，幸而克獲。此近事，吏士所知。」又楊暨表曰：「武皇帝始征張魯，以十萬之眾，身親臨履，指授方略，因就民麥以為軍糧。張衞之守，蓋不足言。地險守易，雖有精兵虎將，勢不能施。對兵三日，欲抽軍還，言『作軍三十年，一朝持與人，如何』。此計已定，天祚大魏，魯守自壞，因以定之。」

世語曰：魯遣五官掾降，弟衞橫山築陽平城以拒，王師不得進。魯走巴中。軍糧盡，太祖將還。西曹掾東郡郭諶曰：「不可。魯已降，留使既未反，衞雖不同，偏攜可攻。縣軍深入，以進必克，退必不免。」太祖疑之。夜有野麋數千突壞衞營，軍大驚。夜，高祚等誤與衞眾遇，祚等多鳴鼓角會眾。衞懼，以為大軍見掩，遂降。

〔二〕臣松之以為張魯雖有善心，要為敗而後降，今乃寵以萬戶，五子皆封侯，過矣。

習鑿齒曰：魯欲稱王，而閻圃諫止之，今封圃為列侯。夫賞罰者，所以懲惡勸善也，苟其可以明軌訓於物，無遠近幽深矣。今閻圃諫魯勿王，而太祖追封之，將來之人孰不思順！塞其本源而末流自止，其此之謂與！若乃不明於此而重燋爛之功，豐爵厚賞止於死戰之士，則民利於有亂，俗競於殺伐，阻兵仗力，干戈不戢矣。太祖之此封，可謂知賞罰之本，雖湯武居之，無以加也。

魏略曰：黃初中，增圃爵邑，在禮請中。後十餘歲病死。

晉書云：西戎司馬閻纘，圃孫也。

〔三〕魏略曰：劉雄鳴者，藍田人也。少以采藥射獵爲事，常居覆車山下，每晨夜，出行雲霧中，以識道不迷，而時人因謂之能爲雲霧。郭、李之亂，人多就之。建安中，附屬州郡，州郡表薦爲小將。馬超等反，不肯從，超破之。後詣太祖，太祖執其手謂之曰：「孤方入關，夢得一神人，即卿邪！」乃厚禮之，表拜爲將軍，遣令迎其部黨。部黨不欲降，遂劫以反，諸亡命皆往依之，有衆數千人，據武關道口。太祖遣夏侯淵討破之，雄鳴南奔漢中。漢中破，窮無所之，乃復歸降。太祖捉其鬚曰：「老賊，眞得汝矣！」復其官，徙勃海。時又有程銀、侯選、李堪，皆河東人也，興平之亂，各有衆千餘家。建安十六年，並與馬超合。超破走，堪臨陳死。銀、選南入漢中，漢中破，詣太祖降，皆復官爵。

評曰：公孫瓚保京，坐待夷滅。度殘暴而不節，淵仍業以載凶，秖足覆其族也。陶謙昏亂而憂死，張楊授首於臣下，皆擁據州郡，曾匹夫之不若，固無可論者也。燕、繡、魯舍羣盜，列功臣，去危亡，保宗祀，則於彼爲愈焉。

三國志卷九　魏書九

諸夏侯曹傳第九

夏侯惇字元讓，沛國譙人，夏侯嬰之後也。年十四，就師學，人有辱其師者，惇殺之，由是以烈氣聞。太祖初起，惇常爲裨將，從征伐。太祖行奮武將軍，以惇爲司馬，別屯白馬，遷折衝校尉，領東郡太守。太祖征陶謙，留惇守濮陽。張邈叛迎呂布，太祖家在鄄城，惇輕軍往赴，適與布會，交戰。布退還，遂入濮陽，襲得惇軍輜重。遣將僞降，共執持惇，責以寶貨，惇軍中震恐。惇將韓浩乃勒兵屯惇營門，召軍吏諸將，皆案甲當部不得動，諸營乃定。遂詣惇所，叱持質者曰：「汝等凶逆，乃敢執劫大將軍，復欲望生邪！且吾受命討賊，寧能以一將軍之故，而縱汝乎？」因涕泣謂惇曰：「當奈國法何！」促召兵擊持質者。持質者惶遽叩頭，言「我但欲乞資用去耳」！浩數責，皆斬之。惇既免，太祖聞之，謂浩曰：「卿此可爲萬世法。」乃著令，自今已後有持質者，皆當并擊，勿顧質。由是劫質者遂絕。〔一〕

〔一〕孫盛曰：案光武紀，建武九年，盜劫陰貴人母弟，吏以不得拘質迫盜，盜遂殺之也。然則合擊者，乃古制也。自安、順已降，政教陵遲，劫質不避王公，而有司莫能遵奉國憲者，浩始復斬之，故魏武嘉焉。

太祖自徐州還，惇從征呂布，爲流矢所中，傷左目。〔一〕復領陳留、濟陰太守，加建武將軍，封高安鄉侯。時大旱，蝗蟲起，惇乃斷太壽水作陂，身自負土，率將士勸種稻，民賴其利。轉領河南尹。太祖平河北，爲大將軍後拒。鄴破，遷伏波將軍，領尹如故，使得以便宜從事，不拘科制。建安十二年，錄惇前後功，增封邑千八百戶，并前二千五百戶。二十一年，從征孫權還，使惇都督二十六軍，留居巢。賜伎樂名倡，令曰：「魏絳以和戎之功，猶受金石之樂，況將軍乎！」二十四年，太祖軍（擊破呂布軍）于摩陂，召惇常與同載，特見親重，出入臥內，諸將莫得比也。拜前將軍，〔二〕督諸軍還壽春，徙屯召陵。文帝卽王位，拜惇大將軍，數月薨。

〔一〕魏略曰：時夏侯淵與惇俱爲將軍，軍中號惇爲盲夏侯。惇惡之，每照鏡恚怒，輒撲鏡于地。

〔二〕魏書曰：時諸將皆受魏官號，惇獨漢官，乃上疏自陳不當不臣之禮。太祖曰：「吾聞太上師臣，其次友臣。夫臣者，貴德之人也，區區之魏，而臣足以屈君乎？」惇固請，乃拜爲前將軍。

惇雖在軍旅，親迎師受業。性清儉，有餘財輒以分施，不足資之於官，不治產業。謚曰忠侯。子充嗣。帝追思惇功，欲使子孫畢侯，分惇邑千戶，賜惇七子二孫爵皆關內侯。惇弟廉及子楙素自封列侯。初，太祖以女妻楙，卽清河公主也。楙歷位侍中尚書、安西鎮東

將軍、假節。〔一〕充薨，子廙嗣。廙薨，子劭嗣。〔二〕

〔一〕魏略曰：楙字子林，惇中子也。文帝少與楙親，及卽位，以爲安西將軍、持節，承夏侯淵處都督關中。楙性無武略，而好治生。至太和二年，明帝西征，人有白楙者，遂召還爲尚書。楙在西時，多畜伎妾，公主由此與楙不和。其後羣弟不遵禮度，楙數切責，弟懼見治，乃共搆楙以誹謗，令主奏之，有詔收楙。帝意欲殺之，以問長水校尉京兆段默，默以爲「此必淸河公主與楙不睦，出于譖搆，冀不推實耳。且伏波與先帝有定天下之功，宜加三思」。帝意解，曰：「吾亦以爲然。」乃發詔推問爲公主作表者，果其羣弟子臧、子江所搆也。

〔二〕晉陽秋曰：泰始二年，高安鄉侯夏侯佐卒，惇之孫也，嗣絕。詔曰：「惇，魏之元功，勳書竹帛。昔庭堅不祀，猶或悼之，況朕受禪于魏，而可以忘其功臣哉！宜擇惇近屬劭封之。」

韓浩者，河內人。（及）沛國史渙與浩俱以忠勇顯。浩至中護軍，渙至中領軍，皆掌禁兵，封列侯。〔一〕

〔一〕魏書曰：韓浩字元嗣。漢末起兵，縣近山藪，多寇，浩聚徒衆爲縣藩衛。太守王匡以爲從事，將兵拒董卓于盟津。時浩舅杜陽爲河陰令，卓執之，使招浩，浩不從。袁術聞而壯之，以爲騎都尉。夏侯惇聞其名，請與相見，大奇之，使領兵從征伐。時大議損益，浩以爲當急田。太祖善之，遷護軍。太祖欲討柳城，領軍史渙以爲道遠深入，非完計也，欲與浩共諫。浩曰：「今兵勢彊盛，威加四海，戰勝攻取，無不如志，不以此時遂除天下之患，將爲後憂。且公神武，舉無遺策，吾與君爲中軍主，不宜沮衆。」遂從破柳城，改其官爲中護軍，置長史、司馬。從討張魯，魯降。議者以浩智略足以綏邊，欲留使都督諸軍，鎭漢中。太祖曰：「吾安可以無護軍？」乃與俱還。其見親任如此。及薨，太祖愍惜之。無子，以養子榮嗣。史渙字公劉。少任俠，有雄氣。太祖初起，以客從，行中軍校尉，從征伐，常監諸將，見親信，轉拜中領軍。十四年薨。子靜嗣。

夏侯淵字妙才，惇族弟也。太祖居家，曾有縣官事，淵代引重罪，太祖營救之，得免。〔一〕太祖起兵，以別部司馬、騎都尉從，遷陳留、潁川太守。及與袁紹戰于官渡，行督軍校尉。紹破，使督兗、豫、徐州軍糧；時軍食少，淵傳饋相繼，軍以復振。昌豨反，遣于禁擊之，未拔，復遣淵與禁幷力，遂擊豨，降其十餘屯，豨詣禁降。淵還，拜典軍校尉。〔二〕濟南、樂安黃巾徐和、司馬俱等攻城，殺長吏，淵將泰山、齊、平原郡兵擊，大破之，斬和，平諸縣，收其糧穀以給軍士。十四年，以淵爲行領軍。太祖征孫權還，使淵督諸將擊廬江叛者雷緒，緒破，又行征西護軍，督徐晃擊太原賊，攻下二十餘屯，斬賊帥商曜，屠其城。從征韓遂等，戰於渭南。又督朱靈平隃麋、汧氐。與太祖會安定，降楊秋。

〔一〕魏略曰：時兗、豫大亂，淵以饑乏，棄其幼子，而活亡弟孤女。

〔二〕魏書曰：淵爲將，赴急疾，常出敵之不意，故軍中爲之語曰：「典軍校尉夏侯淵，三日五百，六日一千。」

十七年，太祖乃還鄴，以淵行護軍將軍，督朱靈、路招等屯長安，擊破南山賊劉雄，降其衆。圍遂、超餘黨梁興於鄠，拔之，斬興，封博昌亭侯。馬超圍涼州刺史韋康於冀，淵救康，未到，康敗。去冀二百餘里，超來逆戰，軍不利。汧氐反，淵引軍還。十九年，趙衢、尹奉等謀討超，姜敍起兵鹵城以應之。衢等譎說超，使出擊敍，於後盡殺超妻子。超奔漢中，還圍祁山。敍等急求救，諸將議者欲須太祖節度。淵曰：「公在鄴，反覆四千里，比報，敍等必敗，非救急也。」遂行，使張郃督步騎五千在前，從陳倉狹道入，淵自督糧在後。郃至渭水上，超將氐羌數千逆郃。未戰，超走，郃進軍收超軍器械。淵到，諸縣皆已降。韓遂在顯親，淵欲襲取之，遂走。淵收遂軍糧，追至略陽城，去遂二十餘里，諸將欲攻之，或言當攻興國氐。淵以爲遂兵精，興國城固，攻不可卒拔，不如擊長離諸羌。長離諸羌多在遂軍，必歸救其家。若〔捨〕羌獨守則孤，救長離則官兵得與野戰，可必虜也。淵乃留督將守輜重，輕兵步騎到長離，攻燒羌屯，斬獲甚衆。諸羌在遂軍者，各還種落。遂果救長離，與淵軍對陳。諸將見遂衆，惡之，欲結營作塹乃與戰。淵曰：「我轉鬭千里，今復作營塹，則士衆罷弊，不可久。賊雖衆，易與耳。」乃鼓之，大破遂軍，得其旌麾，還略陽，進軍圍興國。氐王千萬逃奔馬超，餘衆降。轉擊高平、屠各，皆散走，收其糧穀牛馬。乃假淵節。

初，枹罕宋建因涼州亂，自號河首平漢王。太祖使淵帥諸將討建。淵至，圍枹罕，月餘拔之，斬建及所置丞相已下。淵別遣張郃等平河關，渡河入小湟中，河西諸羌盡降，隴右平。太祖下令曰：「宋建造爲亂逆三十餘年，淵一舉滅之，虎步關右，所向無前。仲尼有言：

『吾與爾不如也。』」二十一年，增封三百戶，并前八百戶。還擊武都氐羌下辯，收氐穀十餘萬斛。太祖西征張魯，淵等將涼州諸將侯王已下，與太祖會休亭。太祖每引見羌、胡，以淵畏之。會魯降，漢中平，以淵行都護將軍，督張郃、徐晃等平巴郡。太祖還鄴，留淵守漢中，卽拜淵征西將軍。二十三年，劉備軍陽平關，淵率諸將拒之，相守連年。二十四年正月，備夜燒圍鹿角。淵使張郃護東圍，自將輕兵護南圍。備挑郃戰，郃軍不利。淵分所將兵半助郃，爲備所襲，淵遂戰死。謚曰愍侯。

初，淵雖數戰勝，太祖常戒曰：「爲將當有怯弱時，不可但恃勇也。將當以勇爲本，行之以智計；但知任勇，一匹夫敵耳。」

淵妻，太祖內妹。長子衡，尚太祖弟海陽哀侯女，恩寵特隆。衡襲爵，轉封安寧亭侯。黃初中，賜中子霸，太和中，賜霸四弟，爵皆關內侯。霸，正始中爲討蜀護軍右將軍，進封博昌亭侯，素爲曹爽所厚。聞爽誅，自疑，亡入蜀。以淵舊勳赦霸子，徙樂浪郡。〔一〕霸弟威，官至兗州刺史。〔二〕威弟惠，樂安太守。〔三〕惠弟和，河南尹。〔四〕衡薨，子績嗣，爲虎賁中郎將。績薨，子褒嗣。

〔一〕魏略曰：霸字仲權。淵爲蜀所害，故霸常切齒，欲有報蜀意。黃初中爲偏將軍。子午之役，霸召爲前鋒，進至興勢圍，安營在曲谷中。蜀人望知其是霸也，指下兵攻之。霸手戰鹿角間，賴救至，然後解。後爲右將軍，屯隴西，其養士和戎，並得其歡心。至正始中，代夏侯儒爲征蜀護軍，統屬征西。時征西將軍夏侯玄，於霸爲從子，而玄於曹爽爲外弟。及司馬宣王誅曹爽，遂召玄，玄來東。霸聞曹爽被誅而玄又徵，以爲禍必轉相及，心既內恐；又霸先與雍州刺史郭淮不和，而淮代玄爲征西，霸尤不安，故遂奔蜀。南趨陰平而失道，入窮谷中，糧盡，殺馬步行，足破，臥巖石下，使人求道，未知何之。蜀聞之，乃使人迎霸。初，建安五年，時霸從妹年十三四，在本郡，出行樵採，爲張飛所得。飛知其良家女，遂以爲妻，產息女，爲劉禪皇后。故淵之初亡，飛妻請而葬之。及霸入蜀，禪與相見，釋之曰：「卿父自遇害於行閒耳，非我先人之手刃也。」指其兒子以示之曰：「此夏侯氏之甥也。」厚加爵寵。

〔二〕世語曰：威字季權，任俠。貴歷荊、兗二州刺史。子駿，幷州刺史。次莊，淮南太守。莊子湛，字孝若，以才博文章，至南陽相、散騎常侍。莊，晉景陽皇后姊夫也。由此一門侈盛於時。

〔三〕文章敍錄曰：惠字稚權，幼以才學見稱，善屬奏議。歷散騎黃門侍郎，與鍾毓數有辯駁，事多見從。遷燕相、樂安太守。年三十七卒。

〔四〕世語曰：和字義權，清辯有才論。歷河南尹、太常。淵第三子稱，第五子榮。從孫湛爲其序曰：「稱字叔權。自孺子而好合聚童兒，爲之渠帥，戲必爲軍旅戰陳之事，有違者輒嚴以鞭捶，衆莫敢逆。淵陰奇之，使讀項羽傳及兵書，不肯，曰：『能則自爲耳，安能學人？』年十六，淵與之田，見奔虎，稱驅馬逐之，禁之不可，一箭而倒。名聞太祖，太祖把其手喜曰：『我得汝矣！』與文帝爲布衣之交，每讌會，氣陵一坐，辯士不能屈。世之高名者多從之游。年十八卒。弟榮，字幼權。幼聰惠，七歲能屬文，誦書日千言，經目輒識之。文帝聞而請焉。賓客百餘人，人一奏刺，悉書其鄉邑名氏，世所謂爵里刺也，客示之，一寓目，使之遍談，不謬一人。帝深奇之。漢中之敗，榮年十三，左右提之走，不肯，曰：『君親在難，焉所逃死！』乃奮劍而戰，遂沒陳。」

曹仁字子孝，太祖從弟也。〔一〕少好弓馬弋獵。後豪傑並起，仁亦陰結少年，得千餘人，周旋淮、泗之間，遂從太祖爲別部司馬，行厲鋒校尉。太祖之破袁術，仁所斬獲頗多。從征徐州，仁常督騎，爲軍前鋒。別攻陶謙將呂由，破之，還與大軍合彭城，大破謙軍。從攻費、華、即墨、開陽，謙遣別將救諸縣，仁以騎擊破之。太祖征呂布，仁別攻句陽，拔之，生獲布將劉何。太祖平黃巾，迎天子都許，仁數有功，拜廣陽太守。太祖器其勇略，不使之郡，以議郎督騎。太祖征張繡，仁別徇旁縣，虜其男女三千餘人。太祖軍還，爲繡所追，軍不利，士卒喪氣，仁率厲將士甚奮，太祖壯之，遂破繡。

〔一〕魏書曰：仁祖褒，潁川太守。父熾，侍中、長水校尉。

太祖與袁紹久相持於官渡，紹遣劉備徇濦彊諸縣，多舉衆應之。自許以南，吏民不安，太祖以爲憂。仁曰：「南方以大軍方有目前急，其勢不能相救，劉備以彊兵臨之，其背叛固宜也。備新將紹兵，未能得其用，擊之可破也。」太祖善其言，遂使將騎擊備，破走之，仁盡復收諸叛縣而還。紹遣別將韓荀鈔斷西道，仁擊荀於雞洛山，大破之。由是紹不敢復分兵出。復與史渙等鈔紹運車，燒其糧穀。

河北既定，從圍壺關。太祖令曰：「城拔，皆坑之。」連月不下。仁言於太祖曰：「圍城必示之活門，所以開其生路也。今公告之必死，將人自爲守。且城固而糧多，攻之則士卒傷，守之則引日久；今頓兵堅城之下，以攻必死之虜，非良計也。」太祖從之，城降。於是錄仁前後功，封都亭侯。

從平荆州，以仁行征南將軍，留屯江陵，拒吳將周瑜。瑜將數萬衆來攻，前鋒數千人始至，仁登城望之，乃募得三百人，遣部曲將牛金逆與挑戰。賊多，金衆少，遂爲所圍。長史陳矯俱在城上，望見金等垂沒，左右皆失色。仁意氣奮怒甚，謂左右取馬來，矯等共援持之。謂仁曰：「賊衆盛，不可當也。假使棄數百人何苦，而將軍以身赴之！」仁不應，遂被甲上馬，將其麾下壯士數十騎出城。去賊百餘步，迫溝，矯等以爲仁當住溝上，爲金形勢也，仁徑渡溝直前，衝入賊圍，金等乃得解。餘衆未盡出，仁復直還突之，拔出金兵，亡其數人，賊衆乃退。矯等初見仁出，皆懼，及見仁還，乃歎曰：「將軍眞天人也！」三軍服其勇。太祖益壯之，轉封安平亭侯。

太祖討馬超，以仁行安西將軍，督諸將拒潼關，破超渭南。蘇伯、田銀反，以仁行驍騎將軍，都督七軍討銀等，破之。復以仁行征南將軍，假節，屯樊，鎮荆州。侯音以宛叛，略傍縣衆數千人，仁率諸軍攻破音，斬其首，還屯樊，卽拜征南將軍。關羽攻樊，時漢水暴溢，于禁等七軍皆沒，禁降羽。仁人馬數千人守城，城不沒者數板。羽乘船臨城，圍數重，外內斷絕，糧食欲盡，救兵不至。仁激厲將士，示以必死，將士感之皆無二。徐晃救至，水亦稍減，晃從外擊羽，仁得潰圍出，羽退走。

仁少時不脩行檢，及長爲將，嚴整奉法令，常置科於左右，案以從事。鄢陵侯彰北征烏丸，文帝在東宮，爲書戒彰曰：「爲將奉法，不當如征南邪！」及卽王位，拜仁車騎將軍，都督荆、揚、益州諸軍事，進封陳侯，增邑二千，并前三千五百戶。追賜仁父熾謚曰陳穆侯，置守冢十家。後召還屯宛。孫權遣將陳邵據襄陽，詔仁討之。仁與徐晃攻破邵，遂入襄陽，使將軍高遷等徙漢南附化民於漢北，文帝遣使卽拜仁大將軍。又詔仁移屯臨潁，遷大司馬，復督諸軍據烏江，還屯合肥。黃初四年薨，謚曰忠侯。〔一〕子泰嗣，官至鎭東將軍，假節，轉封甯陵侯。泰薨，子初嗣。又分封泰弟楷、範，皆爲列侯，而牛金官至後將軍。

〔一〕魏書曰：仁時年五十六。
傅子曰：曹大司馬之勇，賁、育弗加也。張遼其次焉。

仁弟純，〔一〕初以議郎參司空軍事，督虎豹騎從圍南皮。袁譚出戰，士卒多死。太祖欲緩之，純曰：「今千里蹈敵，進不能克，退必喪威；且縣師深入，難以持久。彼勝而驕，我敗而懼，以懼敵驕，必可克也。」太祖善其言，遂急攻之，譚敗。純麾下騎斬譚首。及北征三郡，純部騎獲單于蹋頓。以前後功封高陵亭侯，邑三百戶。從征荆州，追劉備於長坂，獲其二女輜重，收其散卒。進降江陵，從還譙。建安十五年薨。文帝即位，追謚曰威侯。〔三〕子演嗣，官至領軍將軍，正元中進封平樂鄉侯。演薨，子亮嗣。

〔二〕英雄記曰：純字子和。年十四而喪父，與同產兄仁別居。承父業，富於財，僮僕人客以百數，純綱紀督御，不失其理，鄉里咸以爲能。好學問，敬愛學士，學士多歸焉，由是爲遠近所稱。年十八，爲黃門侍郎。二十，從太祖到襄邑募兵，遂常從征戰。

〔三〕魏書曰：純所督虎豹騎，皆天下驍銳，或從百人將補之，太祖難其帥。純以選爲督，撫循甚得人心。及卒，有司白選代，太祖曰：「純之比，何可復得！吾獨不中督邪？」遂不選。

曹洪字子廉，太祖從弟也。〔一〕太祖起義兵討董卓，至滎陽，爲卓將徐榮所敗。太祖失馬，賊追甚急，洪下，以馬授太祖，太祖辭讓，洪曰：「天下可無洪，不可無君。」遂步從到汴水，水深不得渡，洪循水得船，與太祖俱濟，還奔譙。揚州刺史陳溫素與洪善，洪將家兵千餘人，就溫募兵，得廬江上甲二千人，東到丹楊復得數千人，與太祖會龍亢。太祖征徐州，張邈舉兖州叛迎呂布。時大饑荒，洪將兵在前，先據東平、范，聚糧穀以繼軍。太祖討邈布於濮陽，布破走，遂據東阿，轉擊濟陰、山陽、中牟、陽武、京、密十餘縣，皆拔之。以前後功拜鷹揚校尉，遷揚武中郎將。天子都許，拜洪諫議大夫。別征劉表，破表別將於舞陽、陰葉、堵陽、博望。有功，遷厲鋒將軍，封國明亭侯。累從征伐，拜都護將軍。文帝即位，爲衞將軍，遷驃騎將軍，進封野王侯，益邑千戶，并前二千一百戶，位特進；後徙封都陽侯。

〔一〕魏書曰：洪伯父鼎爲尚書令，任洪爲蘄春長。

始，洪家富而性吝嗇，文帝少時假求不稱，常恨之，遂以舍客犯法，下獄當死。羣臣並救莫能得。卞太后謂郭后曰：「令曹洪今日死，吾明日敕帝廢后矣。」於是泣涕屢請，乃得免官削爵土。〔二〕洪先帝功臣，時人多爲觖望。明帝即位，拜後將軍，更封樂城侯，邑千戶，位特進，復拜驃騎將軍。太和六年薨，諡曰恭侯。子馥，嗣侯。初，太祖分洪戶封子震列侯。洪族父瑜，脩慎篤敬，官至衞將軍，封列侯。

〔二〕魏略曰：文帝收洪，時曹眞在左右，請之曰：「今誅洪，洪必以眞爲譖也。」帝曰：「我自治之，卿何豫也？」會卞太后責怒帝，言「梁、沛之間，非子廉無有今日」。詔乃釋之。猶尚沒入其財產。太后又以爲言，後乃還之。初，太祖爲司空時，以己率下，每歲發調，使本縣平貲。于時譙令平洪貲財與公家等，太祖曰：「我家貲那得如子廉耶！」文帝在東宮，嘗從洪貸絹百匹，洪不稱意。及洪犯法，自分必死，既得原，喜，上書謝曰：「臣少不由道，過在人倫，長竊非任，遂蒙含貸。性無檢度知足之分，而有豺狼無厭之質，老惽倍貪，觸突國網，罪迫三千，不在赦宥，當就辜誅，棄諸市朝，猶蒙天恩，骨肉更生。臣仰視天日，愧負靈神，俯惟愆闕，慚愧怖悸，不能雉經以自裁割，謹塗顏闕門，拜章陳情。」

曹休字文烈，太祖族子也。天下亂，宗族各散去鄉里。休年十餘歲，喪父，獨與一客擔喪假葬，攜將老母，渡江至吳。〔一〕以太祖舉義兵，易姓名轉至荊州，閒行北歸，見太祖。太祖謂左右曰：「此吾家千里駒也。」使與文帝同止，見待如子。常從征伐，使領虎豹騎宿衞。劉備遣將吳蘭屯下辯，太祖遣曹洪征之，以休爲騎都尉，參洪軍事。太祖謂休曰：「汝雖參軍，其實帥也。」洪聞此令，亦委事於休。備遣張飛屯固山，欲斷軍後。衆議狐疑，休曰：「賊實斷道者，當伏兵潛行。今乃先張聲勢，此其不能也。宜及其未集，促擊蘭，蘭破則飛自走矣。」洪從之，進兵擊蘭，大破之，飛果走。太祖拔漢中，諸軍還長安，拜休中領軍。文帝卽王位，爲領軍將軍，錄前後功，封東陽亭侯。夏侯惇薨，以休爲鎭南將軍，假節都督諸軍事，車駕臨送，上乃下輿執手而別。孫權遣將屯歷陽，休到，擊破之，又別遣兵渡江，燒賊蕪湖營數千家。遷征東將軍，領揚州刺史，進封安陽鄉侯。〔二〕帝征孫權，以休爲征東大將軍，假黃鉞，督張遼等及諸州郡二十餘軍，擊權大將呂範等於洞浦，破之。拜揚州牧。明帝卽位，進封長平侯。吳將審悳屯皖，休擊破之，斬悳首，吳將韓綜、翟丹等前後率衆詣休降。增邑四百，并前二千五百戶，遷大司馬，都督揚州如故。太和二年，帝爲二道征吳，遣司馬宣王從漢水下，（督休）〔休督〕諸軍向尋陽。賊將僞降，休深入，戰不利，退還宿石亭。軍夜

驚，士卒亂，棄甲兵輜重甚多。休上書謝罪，帝遣屯騎校尉楊暨慰諭，禮賜益隆。休因此癰發背薨，謚曰壯侯。子肇嗣。〔三〕

〔一〕魏書曰：休祖父嘗爲吳郡太守。休於太守舍，見壁上祖父畫像，下榻拜涕泣，同坐者皆嘉歎焉。

〔二〕魏書曰：休喪母至孝。帝使侍中奪喪服，使飲酒食肉，休受詔而形體益憔悴。乞歸譙葬母，帝復遣越騎校尉薛喬奉詔節其憂哀，使歸家治喪，一宿便葬，葬訖詣行在所。帝見，親自寬慰之。其見愛重如此。

〔三〕世語曰：肇字長思。

肇有當世才度，爲散騎常侍、屯騎校尉。明帝寢疾，方與燕王宇等屬以後事。帝意尋變，詔肇以侯歸第。正始中薨，追贈衞將軍。子興嗣。初，文帝分休戶三百封肇弟纂爲列侯，後爲殄吳將軍，薨，追贈前將軍。〔一〕

〔一〕張隱文士傳曰：纂孫攄，字顏遠，少厲志操，博學有才藻。仕晉，辟公府，歷洛陽令，有能名。大司馬齊王冏輔政，攄與齊人左思俱爲記室督。從中郎出爲襄陽太守、征南司馬。値天下亂，攄討賊向吳，戰敗死。

曹眞字子丹，太祖族子也。太祖起兵，眞父邵募徒衆，爲州郡所殺。〔一〕太祖哀眞少孤，收養與諸子同，使與文帝共止。常獵，爲虎所逐，顧射虎，應聲而倒。太祖壯其鷙勇，使將虎豹騎。討靈丘賊，拔之，封靈壽亭侯。以偏將軍將兵擊劉備別將於下辯，破之，拜中堅將軍。從至長安，領中領軍。是時，夏侯淵沒於陽平，太祖憂之。以眞爲征蜀護軍，督徐晃等破劉備別將高詳於陽平。太祖自至漢中，拔出諸軍，使眞至武都迎曹洪等還屯陳倉。文帝卽王位，以眞爲鎭西將軍，假節都督雍、涼州諸軍事。錄前後功，進封東鄉侯。張進等反於酒泉，眞遣費曜討破之，斬進等。黃初三年還京都，以眞爲上軍大將軍，都督中外諸軍事，假節鉞。與夏侯尚等征孫權，擊牛渚屯，破之。轉拜中軍大將軍，加給事中。七年，文帝寢疾，眞與陳羣、司馬宣王等受遺詔輔政。明帝卽位，進封邵陵侯，〔二〕遷大將軍。

〔一〕魏略曰：眞本姓秦，養曹氏。或云其父伯南夙與太祖善。興平末，袁術部黨與太祖攻劫，太祖出，爲寇所追，走入秦氏，伯南開門受之。寇問太祖所在，答云：「我是也。」遂害之。由此太祖思其功，故變其姓。

魏書曰：邵以忠篤有才智，爲太祖所親信。初平中，太祖興義兵，邵募徒衆，從太祖周旋。時豫州刺史黃琬欲害太祖，太祖避之而邵獨遇害。

〔二〕臣松之案：眞父名邵。封邵陵侯，若非書誤，則事不可論。

諸葛亮圍祁山，南安、天水、安定三郡反應亮。帝遣眞督諸軍軍郿，遣張郃擊亮將馬謖，大破之。安定民楊條等略吏民保月支城，眞進軍圍之。條謂其衆曰：「大將軍自來，吾願早降耳。」遂自縛出。三郡皆平。眞以亮懲於祁山，後出必從陳倉，乃使將軍郝昭、王生守陳倉，治其城。明年春，亮果圍陳倉，已有備而不能克。增邑，幷前二千九百戶。四年，朝洛陽，遷大司馬，賜劍履上殿，入朝不趨。眞以「蜀連出侵邊境，宜遂伐之，數道並入，可大克也」。帝從其計。眞當發西討，帝親臨送。眞以八月發長安，從子午道南入。司馬宣王泝漢水，當會南鄭。諸軍或從斜谷道，或從武威入。會大霖雨三十餘日，或棧道斷絕，詔眞還軍。

眞少與宗人曹遵、鄉人朱讚並事太祖。遵、讚早亡，眞愍之，乞分所食邑封遵、讚子。詔曰：「大司馬有叔向撫孤之仁，篤晏平久要之分。君子成人之美，聽分眞邑賜遵、讚子爵關內侯，各百戶。」眞每征行，與將士同勞苦，軍賞不足，輒以家財班賜，士卒皆願爲用。眞病還洛陽，帝自幸其第省疾。眞薨，謚曰元侯。子爽嗣。帝追思眞功，詔曰：「大司馬蹈履忠節，佐命二祖，內不恃親戚之寵，外不驕白屋之士，可謂能持盈守位，勞謙其德者也。其悉封眞五子羲、訓、則、彥、皚皆爲列侯。」初，文帝分眞邑二百戶，封眞弟彬爲列侯。

爽字昭伯，少以宗室謹重，明帝在東宮，甚親愛之。及卽位，爲散騎侍郎，累遷城門校尉，加散騎常侍，轉武衞將軍，寵待有殊。帝寢疾，乃引爽入臥內，拜大將軍，假節鉞，都督中外諸軍事，錄尙書事，與太尉司馬宣王並受遺詔輔少主。明帝崩，齊王卽位，加爽侍中，改封武安侯，邑萬二千戶，賜劍履上殿，入朝不趨，贊拜不名。丁謐畫策，使爽白天子，發詔轉宣王爲太傅，外以名號尊之，內欲令尙書奏事，先來由己，得制其輕重也。〔一〕爽弟羲爲中領軍，訓武衞將軍，彥散騎常侍侍講，其餘諸弟，皆以列侯侍從，出入禁闥，貴寵莫盛焉。南陽何晏、鄧颺、李勝、沛國丁謐、東平畢軌咸有聲名，進趣於時，明帝以其浮華，皆抑黜之；及爽秉政，乃復進敍，任爲腹心。颺等欲令爽立威名於天下，勸使伐蜀，爽從其言，宣王止之不能禁。正始五年，爽乃西至長安，大發卒六七萬人，從駱谷入。是時，關中及氐、羌轉輸不能供，牛馬騾驢多死，民夷號泣道路。入谷行數百里，賊因山爲固，兵不得進。爽參軍楊偉爲爽陳形勢，宜急還，不然將敗。〔二〕颺與偉爭於爽前，偉曰：「颺、勝將敗國家事，可斬也。」爽不悅，乃引軍還。〔三〕

〔一〕魏書曰：爽使弟羲爲表曰：「臣亡父眞，奉事三朝，入備冢宰，出爲上將。先帝以臣肺腑遺緒，奬飭拔擢，典兵禁省，進無忠恪積累之行，退無羔羊自公之節。先帝聖體不豫，臣雖奔走，侍疾嘗藥，曾無精誠翼日之應，猥與太尉懿俱受遺詔，且慚且懼，靡所厎告。臣聞虞舜序賢，以稷、契爲先，成湯褒功，以伊、呂爲首，審選博舉，優劣得所，斯誠輔世長民之大經，錄勳報功之令典，自古以來，未之或闕。今臣虛闇，位冠朝首，顧惟越次，中心愧惕，敢竭愚情，陳寫至實。夫天下之達道者三，謂德、爵、齒也。懿本以高明中正，處上司之位，名足鎭衆，義足率下，一也。包懷大略，允文允武，仍立征伐之勳，遐邇歸功，二也。萬里旋旆，親受遺詔，翼亮皇家，內外所向，三也。加之耆艾，紀綱邦國，體練朝政；論德則過於吉甫、樊仲；課功則踰於方叔、召虎：凡此數者，懿實兼之。臣抱空名而處其右，天下之人將謂臣以宗室見私，知進而不知退。陛下岐嶷，克明克類，如有以察臣之言，臣以爲宜以懿爲太傅、大司馬，上昭陛下進賢之明，中顯懿身文武之實，下使愚臣免於謗誚。」於是帝使中書監劉放令孫資爲詔曰：「昔吳漢佐光武，有征定四方之功，爲大司馬，名稱于今。太尉體履正直，功蓋海內，先帝本以前後欲更其位者輒不彌久，是以遲遲不施行耳。今大將軍薦太尉宜爲大司馬，既合先帝本旨，又放推讓，進德尙勳，乃欲明賢良、辯等列、順長少也。雖旦、奭之屬，宗師呂望，念在引領以處其下，何以過哉！朕甚嘉焉。朕惟先帝固知君子樂天知命，纖芥細疑，不足爲忌，當顧柏人彭亡之文，故用低佪，有意未遂耳！斯亦先帝敬重大臣，恩愛深厚之至也。昔成王建保傅之官，近漢顯宗以鄧禹爲太傅，皆所以優崇儁乂，必有尊也。其以太尉爲太傅。」

〔二〕世語曰：偉字世英，馮翊人。明帝治宮室，偉諫曰：「今作宮室，斬伐生民墓上松柏，毀壞碑獸石柱，辜及亡人，傷孝子心，不可以爲後世之法則。」

〔三〕漢晉春秋曰：司馬宣王謂夏侯玄曰：「春秋責大德重，昔武皇帝再入漢中，幾至大敗，君所知也。今興平路勢至險，蜀已先據；若進不獲戰，退見徼絕，覆軍必矣。將何以任其責！」玄懼，言於爽，引軍退。費禕進兵據三嶺以截爽，爽爭嶮苦戰，僅乃得過。所發牛馬運轉者，死失略盡，羌、胡怨嘆，而關右悉虛耗矣。

初，爽以宣王年德並高，恆父事之，不敢專行。及晏等進用，咸共推戴，說爽以權重不宜委之於人。乃以晏、颺、謐爲尙書，晏典選舉，軌司隸校尉，勝河南尹，諸事希復由宣王。宣王遂稱疾避爽。〔一〕晏等專政，共分割洛陽、野王典農部桑田數百頃，及壞湯沐地以爲產業，承勢竊取官物，因緣求欲州郡。有司望風，莫敢忤旨。晏等與廷尉盧毓素有不平，因毓吏微過，深文致毓法，使主者先收毓印綬，然後奏聞。其作威如此。爽飲食車服，擬於乘輿；尙方珍玩，充牣其家；妻妾盈後庭，又私取先帝才人七八人，及將吏、師工、鼓吹、良家子女三十三人，皆以爲伎樂。詐作詔書，發才人五十七人送鄴臺，使先帝倢伃教習爲伎。擅取太樂樂器，武庫禁兵。作窟室，綺疏四周，數與晏等會其中，飲酒作樂。羲深以爲大憂，數諫止之。又著書三篇，陳驕淫盈溢之致禍敗，辭旨甚切，不敢斥爽，託戒諸弟以示爽。爽知其爲己發也，甚不悅。羲或時以諫喻不納，涕泣而起。宣王密爲之備。九年冬，李勝出爲荊州刺史，往詣宣王。宣王稱疾困篤，示以羸形。勝不能覺，謂之信然。〔二〕

〔一〕初，宣王以爽魏之肺腑，每推先之，爽以宣王名重，亦引身卑下，當時稱焉。丁謐、畢軌等既進用，數言于爽曰：「宣王有大志而甚得民心，不可以推誠委之。」由是爽恆猜防焉。禮貌雖存，而諸所興造，皆不復由宣王。宣王力不能爭，且懼其禍，故避之。

〔二〕魏末傳曰：爽等令勝辭宣王，并伺察焉。宣王見勝，勝自陳無他功勞，橫蒙特恩，當爲本州，詣閤拜辭，不悟加恩，得蒙引見。宣王令兩婢侍邊，持衣，衣落；復上指口，言渴求飲，婢進粥；宣王持盃飲粥，粥皆流出沾胸。勝愍然，爲之涕泣，謂宣王曰：「今主上尚幼，天下恃賴明公。然衆情謂明公方舊風疾發，何意尊體乃爾！」宣王徐更寬言，才令氣息相屬，說：「年老沈疾，死在旦夕。君當屈并州，并州近胡，好善爲之，恐不復相見，如何！」勝曰：「當還忝本州，非并州也。」宣王乃復陽爲昏謬，曰：「君方到并州，努力自愛！」錯亂其辭，狀如荒語。勝復曰：「當忝荊州，非并州也。」宣王乃若微悟者，謂勝曰：「懿年老，意荒忽，不解君言。今還爲本州刺史，盛德壯烈，好建功勳。今當與君別，自顧氣力轉微，後必不更會，因欲自力，設薄主人，生死共別。令師、昭兄弟結君爲友，不可相舍去，副懿區區之心。」因流涕哽咽。勝亦長嘆，答曰：「輒當承敎，須待敕命。」勝辭出，與爽等相見，說：

「太傅語言錯誤，口不攝杯，指南爲北。又云吾當作并州，吾答言當還爲荆州，非并州也。徐徐與語，有識人時，乃知當還爲荆州耳。又欲設主人祖送。不可舍去，宜須待之。」更向爽等垂涙云：「太傅患不可復濟，令人愴然。」

十年正月，車駕朝高平陵，爽兄弟皆從。〔一〕宣王部勒兵馬，先據武庫，遂出屯洛水浮橋。奏爽曰：「臣昔從遼東還，先帝詔陛下、秦王及臣升御牀，把臣臂，深以後事爲念。臣言『二祖亦屬臣以後事，（爲念）此自陛下所見，無所憂苦；萬一有不如意，臣當以死奉明詔』。黄門令董箕等，才人侍疾者，皆所聞知。今大將軍爽背棄顧命，敗亂國典，内則僭擬，外專威權；破壞諸營，盡據禁兵，羣官要職，皆置所親；殿中宿衛，歷世舊人皆復斥出，欲置新人以樹私計；根據槃互，縱恣日甚。外既如此，又以黄門張當爲都監，專共交關，看察至尊，候伺神器，離間二宫，傷害骨肉。天下洶洶，人懷危懼，陛下但爲寄坐，豈得久安！此非先帝詔陛下及臣升御牀之本意也。臣雖朽邁，敢忘往言？昔趙高極意，秦氏以滅；吕、霍早斷，漢祚永世。此乃陛下之大鑒，臣受命之時也。太尉臣濟、尚書令臣孚等，皆以爽爲有無君之心，兄弟不宜典兵宿衛，奏永寧宫。皇太后令敕臣如奏施行。臣輒敕主者及黄門令罷爽、羲、訓吏兵，以侯就第，不得逗留以稽車駕；敢有稽留，便以軍法從事。臣輒力疾，將兵屯洛水浮橋，伺察非常。」〔二〕

〔一〕世語曰：爽兄弟先是數俱出游，桓範謂曰：「總萬機，典禁兵，不宜並出，若有閉城門，誰復内入者？」爽曰：「誰敢爾邪！」由此不復並行。至是乃盡出也。

〔三〕世語曰：初，宣王勒兵從闕下趨武庫，當爽門，人逼車住。爽妻劉怖，出至廳事，謂帳下守督曰：「公在外。今兵起，如何？」督曰：「夫人勿憂。」乃上門樓，引弩注箭欲發。將孫謙在後牽止之曰：「天下事未可知！」如此者三，宣王遂得過去。

爽得宣王奏事，不通，迫窘不知所爲。〔一〕大司農沛國桓範聞兵起，不應太后召，矯詔開平昌門，拔取劍戟，略將門候，南奔爽。宣王知，曰：「範畫策，爽必不能用範計。」範說爽使車駕幸許昌，招外兵。爽兄弟猶豫未決，範重謂羲曰：「當今日，卿門戶求貧賤復可得乎？且匹夫持質一人，尙欲望活，今卿與天子相隨，令於天下，誰敢不應者？」羲猶不能納。侍中許允、尙書陳泰說爽，使早自歸罪。爽於是遣允、泰詣宣王，歸罪請死，乃通宣王奏事。〔二〕遂免爽兄弟，以侯還第。〔三〕

〔一〕干寶晉紀曰：爽留車駕宿伊水南，伐木爲鹿角，發屯甲兵數千人以爲衞。

魏末傳曰：宣王語弟孚，陛下在外不可露宿，促送帳幔、太官食具詣行在所。

〔二〕干寶晉書曰：桓範出赴爽，宣王謂蔣濟曰：「智囊往矣。」濟曰：「範則智矣，駑馬戀棧豆，爽必不能用也。」

世語曰：宣王使許允、陳泰解語爽，蔣濟亦與書達宣王之旨，又使爽所信殿中校尉尹大目謂爽，唯免官而已，以洛水爲誓。爽信之，罷兵。

魏氏春秋曰：爽既罷兵，曰：「我不失作富家翁。」範哭曰：「曹子丹佳人，生汝兄弟，犢耳！何圖今日坐汝等族滅矣！」

〔三〕魏末傳曰：爽兄弟歸家，敕洛陽縣發民八百人，使尉部圍爽第四角，角作高樓，令人在上望視爽兄弟舉動。爽計窮愁悶，持彈到後園中，樓上人便唱言「故大將軍東南行！」爽還廳事上，與兄弟共議，未知宣王意深淺，作書與宣王曰：「賤子爽哀惶恐怖，無狀招禍，分受屠滅。前遣家人迎糧，于今未反，數日乏匱，當煩見餉，以繼旦夕。」宣王得書大驚，即答書曰：「初不知乏糧，甚懷踧踖。令致米一百斛，并肉脯、鹽豉、大豆。」尋送。爽兄弟不達變數，即便喜歡，自謂不死。

初，張當私以所擇才人張、何等與爽。疑其有姦，收當治罪。當陳爽與晏等陰謀反逆，並先習兵，須三月中欲發，於是收晏等下獄。會公卿朝臣廷議，以爲「春秋之義，『君親無將，將而必誅』。爽以支屬，世蒙殊寵，親受先帝握手遺詔，託以天下，而包藏禍心，蔑棄顧命，乃與晏、颺及當等謀圖神器，範黨同罪人，皆爲大逆不道」。於是收爽、羲、訓、晏、颺、謐、軌、勝、範、當等，皆伏誅，夷三族。〔一〕嘉平中，紹功臣世，封眞族孫熙爲新昌亭侯，邑三百戶，以奉眞後。〔二〕

〔一〕魏略曰：鄧颺字玄茂，鄧禹後也。少得士名於京師。明帝時爲尚書郎，除洛陽令，坐事免，拜中郎，又入兼中書郎。初，颺與李勝等爲浮華友，及在中書，浮華事發，被斥出，遂不復用。正始初，乃出爲潁川太守，轉大將軍長史，遷侍中尚書。颺爲人好貨，前在內職，許臧艾授以顯官，艾以父妾與颺，故京師爲之語曰：「以官易婦鄧玄茂。」每所薦達，多如此比。故何晏選舉不得人，頗由颺之不公忠，遂同其罪，蓋由交友非其才。

丁謐，字彥靖。父斐，字文侯。初，斐隨太祖，太祖以斐鄉里，特饒愛之。斐性好貨，數請求犯法，輒得原宥。爲典軍校尉，總攝內外，每所陳說，多見從之。建安末，從太祖征吳。斐隨行，自以家牛羸困，乃私易官牛，爲人所白，被收送獄，奪官。其後太祖問斐曰：「文侯，印綬所在？」斐亦知見戲，對曰：「以易餅耳。」太祖笑，顧謂左右曰：「東曹毛掾數白此家，欲令我重治，我非不知此人不清，良有以也。我之有斐，譬如人家有盜狗而善捕鼠，盜雖有小損，而完我囊貯。」遂復斐官，聽用如初。後數歲，病亡。謐少不肯交游，但博觀書傳。爲人沈毅，頗有才略。太和中，常住鄴，借人空屋，居其中。而諸王亦欲借之，不知謐已得，直開門入。謐望見王，交腳臥而不起，而呼其奴客曰：「此何等人？促呵使去。」王怒其無禮，還具上言。明帝收謐，繫鄴獄，以其功臣子，原出。後帝聞其有父風，召拜度支郎中。曹爽宿與相親，時爽爲武衞將軍，數爲帝稱其可大用。會帝崩，爽輔政，乃拔謐爲散騎常侍，遂轉尚書。謐爲人外似疏略，而內多忌。其在臺閣，數有所彈駮，臺中患之，事不得行。又其意輕貴，多所忽略，雖與何晏、鄧颺等同位，而皆少之，唯以勢屈於爽。爽亦敬之，言無不從。故于時謗書，謂「臺中有三狗，二狗崖柴不可當，一狗憑默作疽囊。」三狗，謂何、鄧、丁也。默者，爽小字也。其意言三狗皆欲嚙人，而謐尤甚也。奏使郭太后出居別宮，及遣樂安王使北詣鄴，又遣文欽令還淮南，皆謐之計。司馬宣王由是特深恨之。

畢軌，字昭先。父字子禮，建安中爲典農校尉。軌以才能，少有名聲。明帝在東宮時，軌在文學中。黃初末，出爲長史。明帝卽位，入爲黃門郎，子尚公主，居處殷富。遷并州刺史。其在并州，名爲驕豪。時雜虜數爲暴，害吏民，軌輒出軍擊鮮卑軻比能，失利。中護軍蔣濟表曰：「畢軌前失，既往不咎，但恐是後難可以再。凡人材有長短，不可彊成。軌文雅志意，自爲美器。今失并州，換置他州，若入居顯職，不毀其德，於國事實善。此安危之要，唯聖恩察之。」至正始中，入爲中護軍，轉侍中尚書，遷司隸校尉。素與曹爽善，每言於爽，多見從之。

李勝字公昭。父休字子朗，有智略。張魯前爲鎭北將軍，休爲司馬，家南鄭。時漢中有甘露降，子朗見張魯精兵數萬人，有四塞之固，遂建言赤氣久衰，黃家當興，欲魯舉號，魯不聽。會魯破，太祖以其勸魯內附，賜爵關內侯，署散官騎從，詣鄴。至黃初中，仕歷上黨、鉅鹿二郡太守，後以年老還，拜議郎。勝少游京師，雅有才智，與曹爽善。明帝禁浮華，而人白勝堂有四窗八達，各有主名。用是被收，以其所連引者多，故得原，禁錮數歲。帝崩，曹爽輔政，勝爲洛陽令。夏侯玄爲征西將軍，以勝爲長史。玄亦宿與勝厚。駱谷之役，議從勝出，由是司馬宣王不悅於勝。累遷滎陽太守、河南尹。勝前後所宰守，未嘗不稱職，爲尹歲餘，廳事前屠蘇壞，令人更治之，小材一枚激墮，正撾受符吏石虎頭，斷之。後旬日，遷爲荆州刺史，未及之官而敗也。

桓範字元則，世爲冠族。建安末，入丞相府。延康中，爲羽林左監。以有文學，與王象等典集皇覽。明帝時爲中領軍尚書，遷征虜將軍、東中郎將，使持節都督青、徐諸軍事，治下邳。與徐州刺史鄭岐爭屋，引節欲斬岐，爲岐所奏，不直，坐免還。復爲兗州刺史，怏怏不得意。又聞當轉爲冀州牧。是時冀州統屬鎭北，而鎭北將軍呂昭才實仕進，本在範後。範謂其妻仲長曰：「我寧作諸卿，向三公長跪耳，不能爲呂子展屈也。」其妻曰：「君前在東，坐欲擅斬徐州刺史，衆人謂君難爲作下，今復羞爲呂屈，是復難爲作上也。」範忿其言觸實，乃以刀環撞其腹。妻時懷孕，遂墮胎死。範亦竟稱疾，不赴冀州。正始中拜大司農。範前在臺閣，號爲曉事，及爲司農，又以清省稱。範嘗抄撮漢書中諸雜事，自以意斟酌之，名曰世要論。蔣濟爲太尉，嘗與範會社下，羣卿列坐有數人，範懷其所撰，欲以示濟，謂濟當虛心觀之。範出其書以示左右，左右傳之示濟，濟不肯視，範心恨之。因論他事，乃發怒謂濟曰：「我祖薄德，公輩何似邪？」濟性雖彊毅，亦知範剛毅，睨而不應，各罷。範於沛郡，仕次在曹眞後。于時曹爽輔政，以範鄉里老宿，於九卿中特敬之，然不甚親也。及宣王起兵，閉城門，以範爲曉事，乃指召之，欲使領中領軍。範欲應召，而其子諫之，以為車駕在外，不如南出。範疑有頃，兒又促之。範欲去而司農丞吏皆止範。範不從，乃突出至平昌城門，城門已閉。門候司蕃，故範舉吏也，範呼之，舉手中版以示之，矯曰：「有詔召我，卿促開門！」蕃欲求見詔書，範呵之，言「卿非我故吏邪，何以敢爾？」乃開之。範出城，顧謂蕃曰：「太傅圖逆，卿從我去！」蕃徒行不能及，遂避側。範南見爽，勸爽兄弟以天子詣許昌，徵四方以自輔。爽疑，羲又無言。範自謂羲曰：「事昭然，卿用讀書何為邪！於今日卿等門戶倒矣！」俱不言。範又謂羲曰：「卿別營近在闕南，洛陽典農治在城外，呼召如意。今詣許昌，不過中宿，許昌別庫，足相被假；所憂當在穀食，而大司農印章在我身。」羲兄弟默然不從，中夜至五鼓，爽乃投刀于地，謂諸從駕羣臣曰：「我度太傅意，亦不過欲令我兄弟向己也。我獨有以不合于遠近耳！」遂進謂帝曰：「陛下作詔免臣官，報皇太后令。」範知爽首免而己必坐唱義也。範乃曰：「老子今茲坐卿兄弟族矣！」爽等既免，帝還宮，遂令範隨從。到洛水浮橋北，望見宣王，下車叩頭而無言。宣王呼範姓曰：「桓大夫何為爾邪！」車駕入宮，有詔範還復位。範詣闕拜章謝，待報。會司蕃詣鴻臚自首，具說範前臨出所道。宣王乃忿然曰：「誣人以反，於法何應？」主者曰：「科律，反受其罪。」乃收範於闕下。時人持範甚急，範謂部官曰：「徐之，我亦義士耳。」遂送廷尉。

世語曰：初，爽夢二虎銜雷公，雷公若二升椀，放著庭中。爽惡之，以問占者，靈臺丞馬訓曰：「憂兵。」訓退，告其妻曰：「爽將以兵亡，不出旬日。」

漢晉春秋曰：安定皇甫謐以九年冬夢至洛陽，自廟出，見車騎甚衆，以物呈廟云：「誅大將軍曹爽。」寤而以告其邑人，邑人曰：「君欲作曹人之夢乎！朝無公孫彊如何？且爽兄弟典重兵，又權尚書事，誰敢謀之？」謐曰：「爽無叔振鐸之請，苟失天機則離矣，何恃于彊？昔漢之閻顯，倚母后之尊，權國威命，可謂至重矣，閹人十九人一旦尸之，況爽兄弟乎？」

世語曰：初，爽出，司馬魯芝留在府，聞有事，將營騎斫津門出赴爽。爽誅，擢爲御史中丞。及爽解印綬，將出，主簿楊綜止之曰：「公挾主握權，捨此以至東市乎？」爽不從。有司奏綜導爽反，宣王曰：「各爲其主也。」宥之，以爲尚書郎。芝字世英，扶風人也。以後仕進至特進光祿大夫。綜字初伯，後爲安東將軍司馬文王長史。

臣松之案：夏侯湛爲芝銘及干寶晉紀並云爽既誅，宣王即擢芝爲并州刺史，以綜爲安東參軍。與世語不同。

〔三〕干寶晉紀曰：蔣濟以曹眞之勳力，不宜絕祀，故以熙爲後。濟又病其言之失信于爽，發病卒。

晏，何進孫也。母尹氏，爲太祖夫人。晏長于宮省，又尚公主，少以才秀知名，好老莊言，作道德論及諸文賦著述凡數十篇。〔一〕

〔一〕晏字平叔。魏略曰：太祖爲司空時，納晏母并收養晏，其時秦宜祿兒阿蘇亦隨母在公家，並見寵如公子。蘇即朗也。蘇性謹慎，而晏無所顧憚，服飾擬於太子，故文帝特憎之，每不呼其姓字，嘗謂之爲「假子」。晏尚主，又好色，故黃初時無所事任。及明帝立，頗爲冗官。至正始初，曲合于曹爽，亦以才能，故爽用爲散騎侍郎，遷侍中尚書。晏前以尚主，得賜爵爲列侯，又其母在內，晏性自喜，動靜粉白不去手，行步顧影。晏爲尚書，主選舉，其宿與之有舊者，多被拔擢。

魏末傳曰：晏婦金鄉公主，即晏同母妹。公主賢，謂其母沛王太妃曰：「晏爲惡日甚，將何保身？」母笑曰：「汝得無妒晏邪！」俄而晏死。有一男，年五六歲，宣王遣人錄之。晏母歸藏其子王宮中，向使者搏頰，乞白活之，使者具以白宣王。宣王亦聞晏婦有先見之言，心常嘉之；且爲沛王故，特原不殺。

魏氏春秋曰：初，夏侯玄、何晏等名盛於時，司馬景王亦預焉。晏嘗曰：「唯深也，故能通天下之志，夏侯泰初是也；唯幾也，故能成天下之務，司馬子元是也；惟神也，不疾而速，不行而至，吾聞其語，未見其人。」蓋欲以神況諸己也。初，宣王使晏與治爽等獄。晏窮治黨與，冀以獲宥。宣王曰：「凡有八族。」晏疏丁、鄧等七姓。宣王曰：「未也。」晏窮急，乃曰：「豈謂晏乎！」宣王曰：「是也。」乃收晏。

臣松之案：魏末傳云晏取其同母妹爲妻，此搢紳所不忍言，雖楚王之妻（嫂）〔媦〕，不是甚也已。設令此言出于舊史，猶將莫之或信，況底下之書乎！案諸王公傳，沛王出自杜夫人所生。晏母姓尹，公主若與沛王同生，焉得言與晏同母？

皇甫謐列女傳曰：爽從弟文叔，妻譙郡夏侯文寧之女，名令女。文叔早死，服闋，自以年少無子，恐家必嫁己，乃斷髮以爲信。其後，家果欲嫁之，令女聞，卽復以刀截兩耳，居止常依爽。及爽被誅，曹氏盡死。令女叔父上書與曹氏絕婚，彊迎令女歸。時文寧爲梁相，憐其少，執義，又曹氏無遺類，冀其意沮，迺微使人諷之。令女歎且泣曰：「吾亦惟之，許之是也。」家以爲信，防之少懈。令女於是竊入寢室，以刀斷鼻，蒙被而臥。其母呼與語，不應，發被視之，血流滿牀席。舉家驚惶，奔往視之，莫不酸鼻。或謂之曰：「人生世間，如輕塵棲弱草耳，何至辛苦迺爾！且夫家夷滅已盡，守此欲誰爲哉？」令女曰：「聞仁者不以盛衰改節，義者不以存亡易心，曹氏前盛之時，尚欲保終，況今衰亡，何忍棄之！禽獸之行，吾豈爲乎？」司馬宣王聞而嘉之，聽使乞子字養，爲曹氏後，名顯于世。

夏侯尚字伯仁，淵從子也。文帝與之親友。〔一〕太祖定冀州，尚爲軍司馬，將騎從征伐，後爲五官將文學。魏國初建，遷黃門侍郎。代郡胡叛，遣鄢陵侯彰征討之，以尚參彰軍事，定代地，還。太祖崩于洛陽，尚持節，奉梓宮還鄴。并錄前功，封平陵亭侯，拜散騎常侍，遷中領軍。文帝踐阼，更封平陵鄉侯，遷征南將軍，領荊州刺史，假節都督南方諸軍事。尚奏：「劉備別軍在上庸，山道險難，彼不我虞，若以奇兵潛行，出其不意，則獨克之勢也。」遂勒諸軍擊破上庸，平三郡九縣，遷征南大將軍。孫權雖稱藩，尚益脩攻討之備，權後果有貳心。黃初三年，車駕幸宛，使尚率諸軍與曹眞共圍江陵。權將諸葛瑾與尚軍對江，瑾渡入江中渚，而分水軍于江中。尚夜多持油船，將步騎萬餘人，於下流潛渡，攻瑾諸軍，夾江燒其舟船，水陸並攻，破之。城未拔，會大疫，詔勑尚引諸軍還。益封六百戶，并前千九百戶，假鉞，進爲牧。荊州殘荒，外接蠻夷，而與吳阻漢水爲境，舊民多居江南。尚自上庸通道，西行七百餘里，山民蠻夷多服從者，五六年間，降附數千家。五年，徙封昌陵鄉侯。尚有愛妾嬖幸，寵奪適室；適室，曹氏女也，故文帝遣人絞殺之。尚悲感，發病恍惚，既葬埋妾，不勝思見，復出視之。文帝聞而恚之曰：「杜襲之輕薄尚，良有以也。」然以舊臣，恩寵不衰。六年，尚疾篤，還京都，帝數臨幸，執手涕泣。尚薨，謚曰悼侯。〔二〕子玄嗣。又分尚戶三百，賜尚弟子奉爵關內侯。

〔一〕魏書曰：尚有籌畫智略，文帝器之，與爲布衣之交。

〔二〕魏書載詔曰：「尚自少侍從，盡誠竭節，雖云異姓，其猶骨肉，是以入爲腹心，出當爪牙。智略深敏，謀謨過人，不幸早殞，命也奈何！贈征南大將軍、昌陵侯印綬。」

玄字太初。少知名，弱冠爲散騎黄門侍郎。嘗進見，與皇后弟毛曾並坐，玄恥之，不悦形之於色。明帝恨之，左遷爲羽林監。正始初，曹爽輔政。玄，爽之姑子也。累遷散騎常侍、中護軍。〔一〕

〔一〕世語曰：玄世名知人，爲中護軍，拔用武官，參戟牙門，無非俊傑。多牧州典郡，立法垂教，于今皆爲後式。

太傅司馬宣王問以時事，玄議以爲：「夫官才用人，國之柄也，故銓衡專於臺閣，上之分也，孝行存乎閭巷，優劣任之鄉人，下之敍也。夫欲清教審選，在明其分敍，不使相涉而已。何者？上過其分，則恐所由之不本，而干勢馳騖之路開；下踰其敍，則恐天爵之外通，而機權之門多矣。夫天爵下通，是庶人議柄也；機權多門，是紛亂之原也。自州郡中正品度官才之來，有年載矣，緬緬紛紛，未聞整齊，豈非分敍參錯，各失其要之所由哉！若令中正但考行倫輩，倫輩當行均，斯可官矣。何者？夫孝行著於家門，豈不忠恪於在官乎？仁恕稱於九族，豈不達於爲政乎？義斷行於鄉黨，豈不堪於事任乎？三者之類，取於中正，雖不處其官名，斯任官可知矣。行有大小，比有高下，則所任之流，亦渙然明別矣。奚必使中正干銓衡之機於下，而執機柄者有所委仗於上，上下交侵，以生紛錯哉？且臺閣臨下，考功校否，衆職之屬，各有官長，旦夕相考，莫究於此，閭閻之議，以意裁處，而使匠宰失位，衆人驅覈，欲風俗清靜，其可得乎？天臺縣遠，衆所絕意。所得至者，更在側近，孰不脩飾以要所求？所求有路，則脩己家門者，已不如自達于鄉黨矣。自達鄉黨者，已不如自求之於州邦矣。苟開之有路，而患其飾眞離本，雖復嚴責中正，督以刑罰，猶無益也。豈若使各帥其分，官長則各以其屬能否獻之臺閣，臺閣則據官長能否之第，參以鄉閭德行之次，擬其倫比，勿使偏頗。中正則唯考其行迹，別其高下，審定輩類，勿使升降。臺閣總之，如其所簡，或有參錯，則其責負自在有司。官長所第，中正輩擬，比隨次率而用之，如其不稱，責負在外。然則內外相參，得失有所，互相形檢，孰能相飾？斯則人心定而事理得，庶可以靜風俗而審官才矣。」又以爲：「古之建官，所以濟育羣生，統理民物也，故爲之君長以司牧之。司牧之主，欲一而專，一則官任定而上下安，專則職業脩而事不煩。夫事簡業脩，上下相安而不治者，未之有也。先王建萬國，雖其詳未可得而究，然分疆畫界，各守土境，則非重累羈絆之體也。下考殷、周五等之敍，徒有小大貴賤之差，亦無君官臣民而有二統互相牽制者也。夫官統不一，則職業不脩；職業不脩，則事何得而簡？事之不簡，則民何得而靜？民之不靜，則邪惡並興，而姦僞滋長矣。先王達其如此，故專其職司而一其統業。始自秦世，不師聖道，私以御職，姦以待下；懼宰官之不脩，立監牧以董之，畏督監之容曲，設司察以糾之；宰牧相累，監察相司，人懷異心，上下殊務。漢承其緒，莫能匡改。魏室之隆，日不暇及，五等之典，雖難卒復，可麤立儀準以一治制。今之長吏，皆君吏民，橫重以郡守，累以刺史。若郡所攝，唯在大較，則與州同，無爲再重。宜省郡守，但任刺史；刺史職存則監察不廢，郡吏萬數，還親農業，以省煩費，豐財殖穀，一也。大縣之才，皆堪郡守，是非之訟，每生意異，順從則安，直己則爭。夫和羹之美，在於合異，上下之益，在能相濟，順從乃安，此琴瑟一聲也，蕩而除之，則官省事簡，二也。又幹郡之吏，職監諸縣，營護黨親，鄉邑舊故，如有不副，而因公掣頓，民之困弊，咎生于此，若皆并合，則亂原自塞，三也。今承衰弊，民人彫落，賢才鮮少，任事者寡，郡縣良吏，往往非一，郡受縣成，其劇在下，而吏之上選，郡當先足，此爲親民之吏，專得底下，吏者民命，而常頑鄙，今如并之，吏多選清良者造職，大化宣流，民物獲寧，四也。制使萬戶之縣，名之郡守，五千以上，名之都尉，千戶以下，令長如故，自長以上，考課遷用，轉以能升，所牧亦增，此進才効功之敍也，若經制一定，則官才有次，治功齊明，五也。若省郡守，縣皆徑達，事不擁隔，官無留滯，三代之風，雖未可必，簡一之化，庶幾可致，便民省費，在於此矣。」又以爲：「文質之更用，猶四時之迭興也，王者體天理物，必因弊而濟通之，時彌質則文之以禮，時泰侈則救之以質。今承百王之末，秦漢餘流，世俗彌文，宜大改之以易民望。今科制自公、列侯以下，位從大將軍以上，皆得服綾錦、羅綺、紈素、金銀餙鏤之物，自是以下，雜綵之服，通于賤人，雖上下等級，各示有差，然朝臣之制，已得侔至尊矣，玄黃之采，已得通於下矣。欲使市不鬻華麗之色，商不通難得之貨，工不作彫刻之物，不可得也。是故宜大理其本，準度古法，文質之宜，取其中則，以爲禮度。車輿服章，皆從質樸，禁除末俗華麗之事，使幹朝之家，有位之室，不復有錦綺之飾，無兼采之服，纖巧之物，自上以下，至于樸素之差，示有等級而已，勿使過一二之覺。若夫功德之賜，上恩所特加，皆表之有司，然後服用之。夫上之化下，猶風之靡草。樸素之教興於本朝，則彌侈之心自消於下矣。」

宣王報書曰：「審官擇人，除重官，改服制，皆大善。禮鄉閭本行，朝廷考事，大指如所示。而中間一相承習，卒不能改。秦時無刺史，但有郡守長吏。漢家雖有刺史，奉六條而已，故刺史稱傳車，其吏言從事，居無常治，吏不成臣，其後轉更爲官司耳。昔賈誼亦患服制，漢文雖身服弋綈，猶不能使上下如意。恐此三事，當待賢能然後了耳。」玄又書曰：「漢文雖身衣弋綈，而不革正法度，內外有僭擬之服，寵臣受無限之賜，由是觀之，似指立在身之名，非篤齊治制之意也。今公侯命世作宰，追蹤上古，將隆至治，抑末正本，若制定於上，則化行於衆矣。夫當宜改之時，留殷勤之心，令發之日，下之應也猶響尋聲耳，猶垂謙謙，曰『待賢能』，此伊周不正殷姬之典也。竊未喻焉。」

頃之，爲征西將軍，假節都督雍、涼州諸軍事。〔一〕與曹爽共興駱谷之役，時人譏之。

爽誅，徵玄爲大鴻臚，數年徙太常。玄以爽抑絀，內不得意。中書令李豐雖宿爲大將軍司馬景王所親待，然私心在玄，遂結皇后父光祿大夫張緝，謀欲以玄輔政。豐既內握權柄，子尚公主，又與緝俱馮翊人，故緝信之。豐陰令弟兗州刺史翼求入朝，欲使將兵入，并力起。會翼求朝，不聽。嘉平六年二月，當拜貴人，豐等欲因御臨軒，諸門有陛兵，誅大將軍，以玄代之，以緝爲驃騎將軍。豐密語黃門監蘇鑠、永寧署令樂敦、宂從僕射劉賢等曰：「卿諸人居內，多有不法，大將軍嚴毅，累以爲言，張當可以爲誡。」鑠等皆許以從命。〔二〕大將軍微聞其謀，請豐相見，豐不知而往，卽殺之。〔三〕事下有司，收玄、緝、鑠、敦、賢等送廷尉。〔四〕廷尉鍾毓奏：「豐等謀迫脅至尊，擅誅冢宰，大逆無道，請論如法。」於是會公卿朝臣廷尉議，咸以爲「豐等各受殊寵，典綜機密，緝承外戚椒房之尊，玄備世臣，並居列位，而包藏禍心，構圖凶逆，交關閹豎，授以姦計，畏憚天威，不敢顯謀，乃欲要君脅上，肆其詐虐，謀誅良輔，擅相建立，將以傾覆京室，顚危社稷。毓所正皆如科律，報毓施行」。詔書：「齊長公主，先帝遺愛，原其三子死命。」於是豐、玄、緝、敦、賢等皆夷三族，〔五〕其餘親屬徙樂浪郡。玄格量弘濟，臨斬東市，顏色不變，舉動自若，時年四十六。〔六〕正元中，紹功臣世，封尚從孫本爲昌陵亭侯，邑三百戶，以奉尚後。

〔一〕魏略曰：玄既遷，司馬景王代爲護軍。護軍總統諸將，任主武官選舉，前後當此官者，不能止貨賂。故蔣濟爲護軍時，有謠言「欲求牙門，當得千匹；百人督，五百匹」。宣王與濟善，閒以問濟，濟無以解之，因戲曰：「洛中市買，一錢不足則不行。」遂相對歡笑。玄代濟，故不能止絕人事。及景王之代玄，整頓法令，人莫犯者。

〔二〕魏書曰：玄素貴，以爽故廢黜，居常怏怏不得意。中書令李豐與玄及后父光祿大夫張緝陰謀爲亂，緝與豐同郡，傾巧人也，以東莞太守召，爲后家，亦不得意，故皆同謀。初，豐自以身處機密，息韜又以列侯給事中，尚齊長公主，有內外之重，心不自安。密謂韜曰：「玄既爲海內重人，加以當大任，年時方壯而永見廢，又親曹爽外弟，於大將軍有嫌。吾得玄書，深以爲憂。緝有才用，棄兵馬大郡，還坐家巷。各不得志，欲使汝以密計告之。」緝嘗病創臥，豐遣韜省病，韜屏人語緝曰：「韜尚公主，父子在機近，大將軍秉事，常恐不見明信，太常亦懷深憂。君侯雖有后父之尊，安危未可知，皆與韜家同慮者也，韜父欲與君侯謀之。」緝默然良久曰：「同舟之難，吾焉所逃？此大事，不捷即禍及宗族。」韜於是往報豐。密語黃門監蘇鑠等，蘇鑠等答豐：「惟君侯計。」豐言曰：「今拜貴人，諸營兵皆屯門。陛下臨軒，因此便共迫脅，將羣寮人兵，就誅大將軍。卿等當共密白此意。」鑠等曰：「陛下儻不從人，奈何？」豐等曰：「事有權宜，臨時若不信聽，便當劫將去耳。那得不從？」鑠等許諾。豐曰：「此族滅事，卿等密之。事成，卿等皆當封侯常侍也。」豐復密以告玄、緝。緝遣子邈與豐相結，同謀起事。

世語曰：豐遣子韜以謀報玄，玄曰「宜詳之」耳，而不以告也。

〔三〕世語曰：大將軍聞豐謀，舍人王羕請以命請豐。「豐若無備，情屈勢迫，必來，若不來，羕一人足以制之；若知謀泄，以衆挾輪，長戟自衞，徑入雲龍門，挾天子登淩雲臺，臺上有三千人仗，鳴鼓會衆，如此，羕所不及也」。大將軍乃遣羕以車迎之。豐見劫迫，隨羕而至。

魏氏春秋曰：大將軍責豐，豐知禍及，遂正色曰：「卿父子懷姦，將傾社稷，惜吾力劣，不能相禽滅耳！」大將軍怒，使勇士以刀環築豐腰，殺之。

魏略曰：豐字安國，故衞尉李義子也。黃初中，以父任召隨軍。始爲白衣時，年十七八，在鄴下名爲淸白，識別人物，海內翕然，莫不注意。後隨軍在許昌，聲稱日隆。其父不願其然，遂令閉門，敕使斷客。初，明帝在東宮，豐在文學中。及卽尊位，得吳降人，問「江東聞中國名士爲誰」？降人云：「聞有李安國者是。」時豐爲黃門郎，明帝問左右安國所在，左右以豐對。帝曰：「豐名乃被于吳越邪？」後轉騎都尉、給事中。帝崩後，爲永寧太僕，以名過其實，能用少也。正始中，遷侍中尙書僕射。豐在臺省，常多託疾，時臺制，疾滿百日當解祿，豐疾未滿數十日，輒暫起，已復臥，如是數歲。初，豐子韜以選尙公主，豐雖外辭之，內不甚憚也。豐弟翼及偉，仕數歲間，並歷郡守。豐嘗於人中顯誡二弟，言當用榮位爲〔口〕。及司馬宣王久病，偉爲二千石，荒于酒，亂新平、扶風二郡而豐不召，衆人以爲恃寵。曹爽專政，豐依違二公間，無有適莫，故于時有謗書曰：「曹爽之勢熱如湯，太傅父子冷如漿，李豐兄弟如游光。」其意以爲豐雖外示淸淨，而內圖事，有似於游光也。及宣王奏誅爽，住車闕下，與豐相聞，豐怖，遽氣索，足委地不能起。至嘉平四年宣王終後，中書令缺，大將軍諮問朝臣：「誰可補者？」或指向豐。豐雖知此非顯選，而自以連婚國家，思附至尊，因伏不辭，遂奏用之。豐爲中書二歲，帝比每獨召與語，不知所說。景王知其議已，請豐，豐不以實告，乃殺之。其事祕。豐前後仕歷二朝，不以家計爲意，仰俸廩而已。韜雖尙公主，豐常約敕不得有所侵取，時得賜錢帛，輒以外施親族；及得賜宮人，多與子弟，而豐皆以與諸外甥。及死後，有司籍其家，家無餘積。

魏氏春秋曰：夜送豐尸付廷尉，廷尉鍾毓不受，曰：「非法官所治也。」以其狀告，且敕之，乃受。帝怒，將問豐死意，太后懼，呼帝入，乃止。遣使收翼。

世語曰：翼後妻，散騎常侍荀廙姊，謂翼曰：「中書事發，可及書未至赴吳，何爲坐取死亡！左右可共同赴水火者誰？」翼思未答，妻曰：「君在大州，不知可與同死生者，去亦不免。」翼曰：「二兒小，吾不去。今但從坐，身死，二兒必免。」果如翼言。翼子斌，楊駿外甥也。晉惠帝初，爲河南尹，與駿俱死，見晉書。

〔四〕世語曰：玄至廷尉，不肯下辭。廷尉鍾毓自臨治玄。玄正色責毓曰：「吾當何辭？卿爲令史責人也，卿便爲吾作。」毓以其名士，節高不可屈，而獄當竟，夜爲作辭，令與事相附，流涕以示玄。玄視，頷之而已。毓弟會，年少於玄，玄不與交，是日於毓坐狎玄，玄不受。

孫盛雜語曰：玄在囹圄，會因欲狎而友玄，玄正色曰：「鍾君何相偪如此也！」

〔五〕魏書曰：豐子韜，以尚主，賜死獄中。

〔六〕魏略曰：玄自從西還，不交人事，不蓄華妍。

魏氏春秋曰：初，夏侯霸將奔蜀，呼玄欲與之俱。玄曰：「吾豈苟存自客於寇虜乎？」遂還京師。太傅薨，許允謂玄曰：「無復憂矣。」玄歎曰：「士宗，卿何不見事乎？此人猶能以通家年少遇我，子元、子上不吾容也。」玄嘗著樂毅、張良及本無肉刑論，辭旨通遠，咸傳于世。玄之執也，衞將軍司馬文王流涕請之，大將軍曰：「卿忘會趙司空葬乎？」先是，司空趙儼薨，大將軍兄弟會葬，賓客以百數，玄時後至，衆賓客咸越席而迎，大將軍由是惡之。

臣松之案：曹爽以正始五年伐蜀，時玄已爲關中都督，至十年，爽誅滅後，方還洛耳。案少帝紀，司空趙儼以六年亡，玄則無由得會儼葬，若云玄入朝，紀、傳又無其事。斯近妄不實。

初，中領軍高陽許允與豐、玄親善。先是有詐作尺一詔書，以玄爲大將軍，允爲太尉，共錄尚書事。有何人天未明乘馬以詔版付允門吏，曰「有詔」，因便馳走。允即投書燒之，不以開呈司馬景王。後豐等事覺，徙允爲鎮北將軍，假節督河北諸軍事。未發，以放散官物，收付廷尉，徙樂浪，道死。〔一〕

〔一〕魏略曰：允字士宗，世冠族。父據，仕歷典農校尉、郡守。允少與同郡崔贊俱發名於冀州，召入軍。明帝時爲尚書選曹郎，與陳國袁侃對，同坐職事，皆收送獄，詔旨嚴切，當有死者，正直者爲重。允謂侃曰：「卿，功臣之子，法應八議，不憂死也。」侃知其指，乃爲受重。允刑竟復吏，出爲郡守，稍遷爲侍中尚書中領軍。允聞李豐等被收，欲往見大將軍，已出門，回遑不定，中道還取袴，豐等已收訖。大將軍聞允前遽，怪之曰：「我自收豐等，不知士大夫何爲忽忽乎？」是時朝臣遽者多耳，而衆人咸以爲意在允也。會鎮北將軍劉靜卒，朝廷以允代靜。已受節傳，出止外舍。大將軍與允書曰：「鎮北雖少事，而都典一方，念足下震華鼓，建朱節，歷本州，此所謂著繡晝行也。」允心甚悅，與臺中相聞，欲易其鼓吹旌旗。其兄子素頗聞衆人說允前見嫌意，戒允「但當趣耳，用是爲邪」！允曰：「卿俗士不解，我以榮國耳，故求之。」帝以允當出，乃詔會羣臣，羣臣皆集，帝特引允以自近；允前爲侍中，顧當與帝別，涕泣歔欷。會訖，罷出，詔促允令去。會有司奏允前擅以廚錢穀乞諸俳及其官屬，故遂收送廷尉，考問竟，(故)減死徙邊。允以嘉平六年秋徙，妻子不得自隨，行道未到，以其年冬死。

魏氏春秋曰：允爲吏部郎，選郡守。明帝疑其所用非次，召入，將加罪。允妻阮氏跣出，謂曰：「明主可以理奪，難以情求。」允頷之而入。帝怒詰之，允對曰：「某郡太守雖限滿，文書先至，年限在後，(某守雖後)，日限在前。」帝前取事視之，乃釋遣出。望其衣敗，曰：「清吏也。」賜之。允之出爲鎮北也，喜謂其妻曰：「吾知免矣！」妻曰：「禍見於此，何免之有？」允善相印，將拜，以印不善，使更刻之，如此者三。允曰：「印雖始成而已被辱。」問送印者，果懷之而墜于廁。相印書曰：「相印法本出陳長文，長文以語韋仲將，印工楊利從仲將受法，以語許士宗。利以法術占吉凶，十可中八九。仲將問長文『從誰得法』？長文曰：『本出漢世，有相印、相笏經，又有鷹經、牛經、馬經。印工宗養以法語程申伯，是故有一十二家相法傳于世。』」允妻阮氏賢明而醜，允始見愕然，交禮畢，無復入意。妻遣婢覘之，云「有客姓桓」，妻曰：「是必桓範，將勸使入也。」既而範果勸之。允入，須臾便起，妻捉裾留之。允顧謂婦曰：「婦有四德，卿有其幾？」婦曰：「新婦所乏唯容。士有百行，君有其幾？」許曰：「皆備。」婦曰：「士有百行，以德爲首，君好色不好德，何謂皆備？」允有慚色，知其非凡，遂雅相親重。生二子，奇、猛，少有令聞。允後爲景王所誅，門生走入告其婦，婦正在機，神色不變，曰：「早知爾耳。」門生欲藏其子，婦曰：「無預諸兒事。」後移居墓所，景王遣鍾會看之，若才藝德能及父，當收。兒以語母，母答：「汝等雖佳，才具不多，率胸懷與會語，便自無憂，不須極哀，會止便止。又可多少問朝事。」兒從之。會反命，具以狀對，卒免其禍，皆母之教也。雖會之識鑒，而輸賢婦之智也。果慶及後嗣，追封子孫而已。

世語曰：允二子：奇字子泰，猛字子豹，並有治理才學。晉元康中，奇爲司隸校尉，猛幽州刺史。

傅暢晉諸公贊曰：猛禮樂儒雅，當時最優。奇子遐，字思祖，以清尚稱，位至侍中。猛子式，字儀祖，有才幹，至濮陽內史、平原太守。

清河王經亦與允俱稱冀州名士。甘露中爲尚書，坐高貴鄉公事誅。始經爲郡守，經母謂經曰：「汝田家子，今仕至二千石，物太過不祥，可以止矣。」經不能從，歷二州刺史，司隸校尉，終以致敗。〔一〕允友人同郡崔贊，亦嘗以處世太盛戒允云。〔二〕

〔一〕世語曰：經字（彥偉）〔彥緯〕，初爲江夏太守。大將軍曹爽附絹二十匹令交市于吳，經不發書，棄官歸。母問歸狀，經以實對。母以經典兵馬而擅去，對送吏杖經五十，爽聞，不復罪。經爲司隸校尉，辟河內向雄爲都官從事，王業之出，不申經（竟）〔意〕以及難。經刑於東市，雄哭之，感動一市。刑及經母，雍州故吏皇甫晏以家財收葬焉。

漢晉春秋曰：經被收，辭母。母顏色不變，笑而應曰：「人誰不死？往所以不止汝者，恐不得其所也。以此并命，何恨之有哉？」晉武帝太始元年詔曰：「故尚書王經，雖身陷法辟，然守志可嘉。門戶堙沒，意常愍之，其賜經孫郎中。」

〔二〕荀綽冀州記曰：贊子洪，字良伯，淸恪有匪躬之志，爲晉吏部尚書、大司農。

評曰：夏侯、曹氏，世爲婚姻，故惇、淵、仁、洪、休、尚、眞等並以親舊肺腑，貴重于時，左右勳業，咸有效勞。爽德薄位尊，沈溺盈溢，此固大易所著，道家所忌也。玄以規格局度，世稱其名，然與曹爽中外緼綣；榮位如斯，曾未聞匡弼其非，援致良才。舉茲以論，焉能免之乎！

三國志卷十　魏書十

荀彧荀攸賈詡傳第十

荀彧字文若，潁川潁陰人也。祖父淑，字季和，朗陵令。當漢順、桓之閒，知名當世。有子八人，號曰八龍。彧父緄，濟南相。叔父爽，司空。〔一〕

〔一〕續漢書曰：淑有高才，王暢、李膺皆以爲師，爲朗陵侯相，號稱神君。張璠漢紀曰：淑博學有高行，與李固、李膺同志友善，拔李昭於小吏，友黃叔度于幼童。以賢良方正徵，對策譏切梁氏，出補朗陵侯相，卒官。八子：儉、緄、靖、燾、詵、爽、肅、旉。音敷。爽字慈明，幼好學，年十二，通春秋、論語，耽思經典，不應徵命，積十數年。董卓秉政，復徵爽，爽欲遁去，吏持之急。詔下郡，卽拜平原相。行至苑陵，又追拜光祿勳。視事三日，策拜司空。爽起自布衣，九十五日而至三公。淑舊居西豪里，縣令苑康曰昔高陽氏有才子八人，署其里爲高陽里。靖字叔慈，亦有至德，名幾亞爽，隱居終身。皇甫謐逸士傳：或問許子將，靖與爽孰賢？子將曰：「二人皆玉也，慈明外朗，叔慈內潤。」

彧年少時，南陽何顒異之，曰：「王佐才也。」〔二〕永漢元年，舉孝廉，拜守宮令。董卓之亂，求出補吏。除亢父令，遂棄官歸，謂父老曰：「潁川，四戰之地也，天下有變，常爲兵衝，宜亟去之，無久留。」鄉人多懷土猶豫，會冀州牧同郡韓馥遣騎迎之，莫有隨者，彧獨將宗族至冀州。而袁紹已奪馥位，待彧以上賓之禮。彧弟諶及同郡辛評、郭圖，皆爲紹所任。彧度紹終不能成大事，時太祖爲奮武將軍，在東郡，初平二年，彧去紹從太祖。太祖大悅曰：「吾之子房也。」以爲司馬，時年二十九。是時，董卓威陵天下，太祖以問彧，彧曰：「卓暴虐已甚，必以亂終，無能爲也。」卓遣李傕等出關東，所過虜略，至潁川、陳留而還。鄉人留者多見殺略。明年，太祖領兗州牧，後爲鎮東將軍，彧常以司馬從。興平元年，太祖征陶謙，任彧留事。會張邈、陳宮以兗州反，潛迎呂布。布既至，邈乃使劉翊告彧曰：「呂將軍來助曹使君擊陶謙，宜亟供其軍食。」衆疑惑。彧知邈爲亂，即勒兵設備，馳召東郡太守夏侯惇，而兗州諸城皆應布矣。時太祖悉軍攻謙，留守兵少，而督將大吏多與邈、宮通謀。惇至，其夜誅謀叛者數十人，衆乃定。豫州刺史郭貢帥衆數萬來至城下，或言與呂布同謀，衆甚懼。貢求見彧，彧將往。惇等曰：「君，一州鎮也，往必危，不可。」彧曰：「貢與邈等，分非素結也，今來速，計必未定；及其未定說之，縱不爲用，可使中立，若先疑之，彼將怒而成計。」貢見彧無懼意，謂鄄城未易攻，遂引兵去。又與程昱計，使說范、東阿，卒全三城，以待太祖。太祖自徐州還擊布濮陽，布東走。二年夏，太祖軍乘氏，大饑，人相食。

〔一〕典略曰：中常侍唐衡欲以女妻汝南傅公明，公明不娶，轉以與彧。父緄慕衡勢，爲彧娶之。彧爲論者所譏。臣松之案：漢紀云唐衡以桓帝延熹七年死，計彧于時年始二歲，則彧婚之日，衡之沒久矣。慕勢之言爲不然也。臣松之又以爲緄八龍之一，必非苟得者也，將有逼而然，何云慕勢哉？昔鄭忽以違齊致譏，雋生以拒霍見美，致譏在於失授，見美嘉其慮遠，並無交至之害，故得各全其志耳。至於閹豎用事，四海屏氣；左悺、唐衡，殺生在口。故于時諺云「左迴天，唐獨坐」，言威權莫二也。順之則六親以安，忤違則大禍立至；斯誠以存易亡，蒙恥期全之日。昔蔣詡姻于王氏，無損清高之操，緄之此婚，庸何傷乎！

陶謙死，太祖欲遂取徐州，還乃定布。彧曰：「昔高祖保關中，光武據河內，皆深根固本以制天下，進足以勝敵，退足以堅守，故雖有困敗而終濟大業。將軍本以兗州首事，平山東之難，百姓無不歸心悅服。且河、濟，天下之要地也，今雖殘壞，猶易以自保，是亦將軍之關中、河內也，不可以不先定。今以破李封、薛蘭，若分兵東擊陳宮，宮必不敢西顧，以其閒勒兵收熟麥，約食畜穀，一舉而布可破也。破布，然後南結揚州，共討袁術，以臨淮、泗。若舍布而東，多留兵則不足用，少留兵則民皆保城，不得樵採。布乘虛寇暴，民心益危，唯鄄城、范、衞可全，其餘非己之有，是無兗州也。若徐州不定，將軍當安所歸乎？且陶謙雖死，徐州未易亡也。彼懲往年之敗，將懼而結親，相爲表裏。今東方皆以收麥，必堅壁清野以待將軍，將軍攻之不拔，略之無獲，不出十日，則十萬之衆未戰而自困耳。〔一〕前討徐州，威罰實行，〔三〕其子弟念父兄之恥，必人自爲守，無降心，就能破之，尚不可有也。夫事固有棄此取彼者，以大易小可也，以安易危可也，權一時之勢，不患本之不固可也。今三者莫利，願將軍熟慮之。」太祖乃止。大收麥，復與布戰，分兵平諸縣。布敗走，兗州遂平。

〔一〕臣松之以爲于時徐州未平，兗州又叛，而云十萬之衆，雖是抑抗之言，要非寡弱之稱。益知官渡之役，不得云兵不滿萬也。

〔三〕曹瞞傳云：自京師遭董卓之亂，人民流移東出，多依彭城閒。遇太祖至，坑殺男女數萬口於泗水，水爲不流。陶謙帥其衆軍武原，太祖不得進。引軍從泗南攻取慮、睢陵、夏丘諸縣，皆屠之；雞犬亦盡，墟邑無復行人。

建安元年，太祖擊破黃巾。漢獻帝自河東還洛陽。太祖議奉迎都許，或以山東未平，韓暹、楊奉新將天子到洛陽，北連張楊，未可卒制。或勸太祖曰：「昔晉文納周襄王而諸侯景從，高祖東伐爲義帝縞素而天下歸心。自天子播越，將軍首唱義兵，徒以山東擾亂，未能遠赴關右，然猶分遣將帥，蒙險通使，雖禦難于外，乃心無不在王室，是將軍匡天下之素志也。今車駕旋軫，東京榛蕪，義士有存本之思，百姓感舊而增哀。誠因此時，奉主上以從民望，大順也；秉至公以服雄傑，大略也；扶弘義以致英俊，大德也。天下雖有逆節，必不能爲累，明矣。韓暹、楊奉其敢爲害！若不時定，四方生心，後雖慮之，無及。」太祖遂至洛陽，奉迎天子都許。天子拜太祖大將軍，進彧爲漢侍中，守尚書令。常居中持重，〔一〕太祖雖征伐在外，軍國事皆與彧籌焉。〔二〕太祖問彧：「誰能代卿爲我謀者？」彧言「荀攸、鍾繇」。先是，彧言策謀士，進戲志才。志才卒，又進郭嘉。太祖以彧爲知人，諸所進達皆稱職，唯嚴象爲揚州，韋康爲涼州，後敗亡。〔三〕

〔一〕典略曰：彧折節下士，坐不累席。其在臺閣，不以私欲撓意。彧有羣從一人，才行實薄，或謂彧：「以君當事，不可不以某爲議郎邪？」彧笑曰：「官者所以表才也，若如來言，衆人其謂我何邪！」其持心平正皆類此。

〔二〕典略曰：彧爲人偉美。又平原禰衡傳曰：衡字正平，建安初，自荊州北游許都，恃才傲逸，臧否過差，見不如己者不與語，人皆以是憎之。唯少府孔融高貴其才，上書薦之曰：「淑質貞亮，英才卓犖。初涉藝文，升堂覩奧；目所一見，輒誦於口，耳所暫聞，不忘於心。性與道合，思若有神。弘羊心計，安世默識，以衡準之，誠不足怪。」衡時年二十四。是時許都雖新建，尚饒人士。衡嘗書一刺懷之，字漫滅而無所適。或問之曰：「何不從陳長文、司馬伯達乎？」衡曰：「卿欲使我從屠沽兒輩也！」又問曰：「當今許中，誰最可者？」衡曰：「大兒有孔文舉，小兒有楊德祖。」又問：「曹公、荀令君、趙盪寇皆足蓋世乎？」衡稱曹公不甚多；又見荀有儀容，趙有腹尺，因答曰：「文若可借面弔喪，稚長可使監廚請客。」其意以爲荀但有貌，趙健啖肉也。於是衆人皆切齒。衡知衆不悅，將南還荊州。裝束臨發，衆人爲祖道，先設供帳於城南，自共相誡曰：「衡數不遜，今因其後到，以不起報之。」及衡至，衆人皆坐不起，衡乃號咷大哭。衆人問其故，衡曰：「行屍柩之間，能不悲乎？」衡南見劉表，表甚禮之。將軍黃祖屯夏口，祖子射與衡善，隨到夏口。祖嘉其才，每在坐，席有異賓，介使與衡談。後衡驕蹇，答祖言俳優饒言，祖以爲罵己也，大怒，顧伍伯捉頭出。左右遂扶以去，拉而殺之。

臣松之以本傳不稱彧容貌，故載典略與衡傳以見之。又潘勗爲彧碑文，稱彧「瓌姿奇表」。張衡文士傳曰：孔融數薦衡于太祖，欲與相見，而衡疾惡之，意常憤懣。因狂疾不肯往，而數有言論。太祖聞其名，圖欲辱之，乃錄爲鼓(吏)〔史〕。後至八月朝，大宴，賓客並會。時鼓(吏)〔史〕擊鼓過，皆當脫其故服，易着新衣。次衡，衡擊爲漁陽參撾，容態不常，音節殊妙。坐上賓客聽之，莫不慷慨。過不易衣，吏呵之，衡乃當太祖前，以次脫衣，裸身而立，徐徐乃著褌帽畢，復擊鼓參撾，而顏色不怍。太祖大笑，告四坐曰：「本欲辱衡，衡反辱孤。」至今有漁陽參撾，自衡造也。融深責數衡，并宣太祖意，欲令與太祖相見。衡許之，曰：「當爲卿往。」至十月朝，融先見太祖，說「衡欲求見」。至日晏，衡著布單衣、(疏巾)〔綀布〕履，坐太祖營門外，以杖捶地，數駡太祖。太祖敕外廄急具精馬三匹，并騎二人，謂融曰：「禰衡豎子，乃敢爾！孤殺之無異於雀鼠，顧此人素有虛名，遠近所聞，今日殺之，人將謂孤不能容。今送與劉表，視卒當何如？」乃令騎以衡置馬上，兩騎扶送至南陽。

傅子曰：衡辯于言而剋于論，見荊州牧劉表日，所以自結于表者甚至，表悅之以爲上賓。衡稱表之美盈口，而論表左右不廢繩墨。於是左右因形而譖之，曰：「衡稱將軍之仁，西伯不過也，唯以爲不能斷；終不濟者，必由此也。」是言實指表智短，而非衡所言也。表不詳察，遂疏衡而逐之。衡以交絕于劉表，智窮于黃祖，身死名滅，爲天下笑者，譖之者有形也。

〔三〕三輔決錄(注)曰：象字文則，京兆人。少聰博，有膽智。以督軍御史中丞詣揚州討袁術，會術病卒，因以爲揚州刺史。建安五年，爲孫策廬江太守李術所殺，時年三十八。象同郡趙岐作三輔決錄，恐時人不盡其意，故隱其書，唯以示象。

康字元將，亦京兆人。孔融與康父端書曰：「前日元將來，淵才亮茂，雅度弘毅，偉世之器也。昨日仲將又來，懿性貞實，文敏篤誠，保家之主也。不意雙珠，近出老蚌，甚珍貴之。」端從涼州牧徵爲太僕，康代爲涼州刺史，時人榮之。後爲馬超所圍，堅守歷時，救軍不至，遂爲超所殺。仲將名誕，見劉邵傳。

自太祖之迎天子也，袁紹內懷不服。紹既并河朔，天下畏其彊。太祖方東憂呂布，南拒張繡，而繡敗太祖軍於宛。紹益驕，與太祖書，其辭悖慢。太祖大怒，出入動靜變於常，衆皆謂以失利於張繡故也。鍾繇以問彧，彧曰：「公之聰明，必不追咎往事，殆有他慮。」則見太祖問之，太祖乃以紹書示彧，曰：「今將討不義，而力不敵，何如？」彧曰：「古之成敗者，誠有其才，雖弱必彊，苟非其人，雖彊易弱，劉、項之存亡，足以觀矣。今與公爭天下者，唯袁紹爾。紹貌外寬而內忌，任人而疑其心，公明達不拘，唯才所宜，此度勝也。紹遲重少決，失在後機，公能斷大事，應變無方，此謀勝也。紹御軍寬緩，法令不立，士卒雖衆，其實難用，公法令既明，賞罰必行，士卒雖寡，皆爭致死，此武勝也。紹憑世資，從容飾智，以收名譽，故士之寡能好問者多歸之，公以至仁待人，推誠心不爲虛美，行己謹儉，而與有功者無所恡惜，故天下忠正效實之士咸願爲用，此德勝也。夫以四勝輔天子，扶義征伐，誰敢不從？紹之彊其何能爲！」太祖悅。彧曰：「不先取呂布，河北亦未易圖也。」太祖曰：「然吾所惑者，又恐紹侵擾關中，亂羌、胡，南誘蜀漢，是我獨以兗、豫抗天下六分之五也。爲將奈何？」彧曰：「關中將帥以十數，莫能相一，唯韓遂、馬超最彊。彼見山東方爭，必各擁衆自保。今若撫以恩德，遣使連和，相持雖不能久安，比公安定山東，足以不動。鍾繇可屬以西事。則公無憂矣。」

三年，太祖既破張繡，東禽呂布，定徐州，遂與袁紹相拒。孔融謂彧曰：「紹地廣兵彊；田豐、許攸，智計之士也，爲之謀；審配、逢紀，盡忠之臣也，任其事；顏良、文醜，勇冠三軍，統其兵：殆難克乎！」彧曰：「紹兵雖多而法不整。田豐剛而犯上，許攸貪而不治。審配專而無謀，逢紀果而自用，此二人留知後事，若攸家犯其法，必不能縱也，不縱，攸必爲變。顏良、文醜，一夫之勇耳，可一戰而禽也。」五年，與紹連戰。太祖保官渡，紹圍之。太祖軍糧方盡，書與彧，議欲還許以引紹。彧曰：「今軍食雖少，未若楚、漢在滎陽、成皋閒也。是時劉、項莫肯先退，先退者勢屈也。公以十分居一之衆，畫地而守之，扼其喉而不得進，已半年矣。情見勢竭，必將有變，此用奇之時，不可失也。」太祖乃住。遂以奇兵襲紹別屯，斬其將淳于瓊等，紹退走。審配以許攸家不法，收其妻子，攸怒叛紹；顏良、文醜臨陣授首；田豐以諫見誅：皆如彧所策。

六年，太祖就穀東平之安民，糧少，不足與河北相支，欲因紹新破，以其閒擊討劉表。彧曰：「今紹敗，其衆離心，宜乘其困，遂定之；而背兗、豫，遠師江、漢，若紹收其餘燼，承虛以出人後，則公事去矣。」太祖復次于河上。紹病死。太祖渡河，擊紹子譚、尚，而高幹、郭援侵略河東，關右震動，鍾繇帥馬騰等擊破之。語在繇傳。八年，太祖錄彧前後功，表封彧爲萬歲亭侯。〔一〕九年，太祖拔鄴，領冀州牧。或說太祖「宜復古置九州，則冀州所制者廣大，天下服矣。」太祖將從之，彧言曰：「若是，則冀州當得河東、馮翊、扶風、西河、幽、并之地，所奪者衆。前日公破袁尚，禽審配，海內震駭，必人人自恐不得保其土地，守其兵衆也；今使分屬冀州，將皆動心。且人多說關右諸將以閉關之計；今聞此，以爲必以次見奪。一旦生變，雖有(善守)〔守善〕者，轉相脅爲非，則袁尚得寬其死，而袁譚懷貳，劉表遂保江、漢之間，天下未易圖也。願公急引兵先定河北，然後修復舊京，南臨荊州，責貢之不入，則天下咸知公意，人人自安。天下大定，乃議古制，此社稷長久之利也。」太祖遂寢九州議。

〔一〕彧別傳載太祖表曰：「臣聞慮爲功首，謀爲賞本，野績不越廟堂，戰多不踰國勳。是故曲阜之錫，不後營丘，蕭何之土，先於平陽。珍策重計，古今所尙。侍中守尙書令彧，積德累行，少長無悔，遭世紛擾，懷忠念治。臣自始舉義兵，周游征伐，與彧勠力同心，左右王略，發言授策，無施不效。彧之功業，臣由以濟，用披浮雲，顯光日月。陛下幸許，彧左右機近，忠恪祗順，如履薄冰，研精極銳，以撫庶事。天下之定，彧之功也。宜享高爵，以彰元勳。」彧固辭無野戰之勞，不通太祖表。太祖與彧書曰：「與君共事已來，立朝廷，君之相爲匡弼，君之相爲舉人，君之相爲建計，君之相爲密謀，亦以多矣。夫功未必皆野戰也，願君勿讓。」彧乃受。

是時荀攸常爲謀主。彧兄衍以監軍校尉守鄴，都督河北事。太祖之征袁尚也，高幹密遣兵謀襲鄴，衍逆覺，盡誅之，以功封列侯。〔一〕太祖以女妻彧長子惲，後稱安陽公主。彧及攸並貴重，皆謙沖節儉，祿賜散之宗族知舊，家無餘財。十二年，復增彧邑千戶，合二千戶。〔二〕

〔一〕荀氏家傳曰：衍字休若，彧第三兄。彧第四兄諶，字友若，事見袁紹傳。陳羣與孔融論汝、潁人物，羣曰：「荀文若、公達、休若、友若、仲豫，當今並無對。」衍子紹，位至太僕。紹子融，字伯雅，與王弼、鍾會俱知名，爲洛陽令，參大將軍軍事，與弼、會論易、老義，傳於世。諶子閎，字仲茂，爲太子文學掾。時有甲乙疑論，閎與鍾繇、王朗、袁渙議各不同。文帝與繇書曰「袁、王國士，更爲脣齒，荀閎勁悍，往來銳師，眞君侯之勍敵，左右之深憂也。」終黃門侍郎。閎從孫（惲）〔煇〕字景文，太子中庶子，亦知名。與賈充共定音律，又作易集解。仲豫名悅，朗陵長儉之少子，彧從父兄也。

張璠漢紀稱悅清虛沈靜，善於著述。建安初爲祕書監侍中，被詔删漢書作漢紀三十篇，因事以明臧否，致有典要；其書大行于世。

〔二〕彧別傳曰：太祖又表曰：「昔袁紹侵入郊甸，戰於官渡。時兵少糧盡，圖欲還許，書與彧議，彧不聽臣。建宜住之便，恢進討之規，更起臣心，易其愚慮，遂摧大逆，覆取其衆。此彧覩勝敗之機，略不世出也。及紹破敗，臣糧亦盡，以爲河北未易圖也，欲南討劉表。彧復止臣，陳其得失，臣用反旆，遂吞凶族，克平四州。向使臣退於官渡，紹必鼓行而前，有傾覆之形，無克捷之勢。後若南征，委棄兖、豫，利既難要，將失本據。彧之二策，以亡爲存，以禍致福，謀殊功異，臣所不及也。是以先帝貴指縱之功，薄搏獲之賞；古人尚帷幄之規，下攻拔之捷。前所賞錄，未副彧巍巍之勳，乞重平議，疇其戶邑。」彧深辭讓，太祖報之曰：「君之策謀，非但所表二事。前後謙沖，欲慕魯連先生乎？此聖人達節者所不貴也。昔介子推有言『竊人之財，猶謂之盜』。況君密謀安衆，光顯於孤者以百數乎！以二事相還而復辭之，何取謙亮之多邪！」太祖欲表彧爲三公，彧使荀攸深讓，至于十數，太祖乃止。

太祖將伐劉表，問彧策安出，彧曰：「今華夏已平，南土知困矣。可顯出宛、葉而閒行輕進，以掩其不意。」太祖遂行。會表病死，太祖直趨宛、葉如彧計，表子琮以州逆降。

十七年，董昭等謂太祖宜進爵國公，九錫備物，以彰殊勳，密以諮彧。彧以爲太祖本興義兵以匡朝寧國，秉忠貞之誠，守退讓之實；君子愛人以德，不宜如此。太祖由是心不能平。會征孫權，表請彧勞軍于譙，因輒留彧，以侍中光祿大夫，持節，參丞相軍事。太祖軍至濡須，彧疾留壽春，以憂薨，時年五十。謚曰敬侯。明年，太祖遂爲魏公矣。〔一〕

〔一〕魏氏春秋曰：太祖饋彧食，發之乃空器也，於是飲藥而卒。咸熙二年，贈彧太尉。

彧別傳曰：彧自爲尚書令，常以書陳事，臨薨，皆焚毀之，故奇策密謀不得盡聞也。是時征役草創，制度多所興復，彧嘗言于太祖曰：「昔舜分命禹、稷、契、皋陶以揆庶績，教化征伐，並時而用。及高祖之初，金革方殷，猶舉民能善教訓者，叔孫通習禮儀於戎旅之閒，世祖有投戈講藝、息馬論道之事，君子無終食之閒違仁。今公外定武功，內興文學，使干戈戢睦，大道流行，國難方弭，六禮俱治，此姬旦宰周之所以速平也。既立德立功，而又兼立言，誠仲尼述作之意；顯制度於當時，揚名於後世，豈不盛哉！若須武事畢而後制作，以稽治化，於事未敏。宜集天下大才通儒，考論六經，刊定傳記，存古今之學，除其煩重，以一聖眞，並隆禮學，漸敦教化，則王道兩濟。」

彧從容與太祖論治道，如此之類甚衆，太祖常嘉納之。彧德行周備，非正道不用心，名重天下，莫不以爲儀表，海內英儁咸宗焉。司馬宣王常稱書傳遠事，吾自耳目所從聞見，逮百數十年間，賢才未有及荀令君者也。前後所舉者，命世大才，邦邑則荀攸、鍾繇、陳羣，海內則司馬宣王，及引致當世知名郗慮、華歆、王朗、荀悅、杜襲、辛毗、趙儼之儔，終爲卿相，以十數人。取士不以一揆，戲志才、郭嘉等有負俗之譏，杜畿簡傲少文，皆以智策舉之，終各顯名。荀攸後爲魏尚書令，亦推賢進士。太祖曰：「二荀令之論人，久而益信，吾沒世不忘。」鍾繇以爲顏子既沒，能備九德，不貳其過，唯荀彧然。或問繇曰：「君雅重荀君，比之顏子，自以不及，可得聞乎？」曰：「夫明君師臣，其次友之。以太祖之聰明，每有大事，常先諮之荀君，是則古師友之義也。吾等受命而行，猶或不盡，相去顧不遠邪！」

獻帝春秋曰：董承之誅，伏后與父完書，言司空殺董承，帝方爲報怨。完得書以示彧，彧惡之，久隱而不言。完以示妻弟樊普，普封以呈太祖，太祖陰爲之備。彧後恐事覺，欲自發之，因求使至鄴，勸太祖以女配帝。太祖曰：「今朝廷有伏后，吾女何得以配上，吾以微功見錄，位爲宰相，豈復賴女寵乎！」彧曰：「伏后無子，性又凶邪，往常與父書，言辭醜惡，可因此廢也。」太祖曰：「卿昔何不道之？」彧陽驚曰：「昔已嘗爲公言也。」太祖曰：「此豈小事而吾忘之！」彧又驚曰：「誠未語公邪！昔公在官渡與袁紹相持，恐增內顧之念，故不言爾。」太祖曰：「官渡事後何以不言？」彧無對，謝闕而已。太祖以此恨彧，而外含容之，故世莫得知。至董昭建立魏公之議，彧意不同，欲言之於太祖。及齎璽書犒軍，飲饗禮畢，彧留請閒。太祖知彧欲言封事，揖而遣之，彧遂不得言。彧卒於壽春，壽春亡者告孫權，言太祖使彧殺伏后，彧不從，故自殺。權以露布於蜀，劉備聞之，曰：「老賊不死，禍亂未已。」

臣松之案獻帝春秋云彧欲發伏后事而求使至鄴，而方誣太祖云「昔已嘗言」。言既無徵，迴託以官渡之虞，俛仰之閒，辭情頓屈，雖在庸人，猶不至此，何以玷累賢哲哉！凡諸云云，皆出自鄙俚，可謂以吾儕之言而厚誣君子者矣。袁暐虛罔之類，此最爲甚也。

子惲，嗣侯，官至虎賁中郎將。初，文帝與平原侯植並有擬論，文帝曲禮事彧。及彧卒，惲又與植善，而與夏侯尚不穆，文帝深恨惲。惲早卒，子甝、霬，音翼。以外甥故猶寵待。惲弟俁，御史中丞，俁弟詵，大將軍從事中郎，皆知名，早卒。〔一〕詵弟顗，咸熙中爲司空。〔二〕惲子甝，嗣爲散騎常侍，進爵廣陽鄉侯，年三十薨。子頵嗣。〔三〕霬官至中領軍，薨，謚曰貞侯，追贈驃騎將軍。子愷嗣。霬妻，司馬景王、文王之妹也，二王皆與親善。咸熙中，開建五等，霬以著勳前朝，改封愷南頓子。〔四〕

〔一〕荀氏家傳曰：惲字長倩，俁字叔倩，詵字曼倩，俁子寓，字景伯。世語曰：寓少與裴楷、王戎、杜默俱有名京邑，仕晉，位至尚書，名見顯著。子羽嗣，位至尚書。

〔二〕晉陽秋曰：顗字景倩，幼爲姊夫陳羣所異。博學洽聞，意思愼密。司馬宣王見顗，奇之，曰：「荀令君之子也。近見袁偘，亦曜卿之子也。」擢拜散騎侍郎。顗佐命晉室，位至太尉，封臨淮康公。嘗難鍾會「易無互體」，見稱於世。顗弟粲，字奉倩。何劭爲粲傳曰：粲字奉倩。粲諸兄並以儒術論議，而粲獨好言道，常以爲子貢稱夫子之言性與天道，不可得聞，然則六籍雖存，固聖人之糠秕。粲兄俁難曰：「易亦云聖人立象以盡意，繫辭焉以盡言，則微言胡爲不可得而聞見哉？」粲答曰：「蓋理之微者，非物象之所舉也。今稱立象以盡意，此非通于意外者也，繫辭焉以盡言，此非言乎繫表者也；斯則象外之意，繫表之言，固蘊而不出矣。」及當時能言者不能屈也。又論父或不如從兄俶。或立德高整，軌儀以訓物，而俶不治外形，慎密自居而已。粲以此言善俶，諸兄怒而不能迴也。太和初，到京邑與傅嘏談。嘏善名理而粲尙玄遠，宗致雖同，倉卒時或有格而不相得意。裴徽通彼我之懷，爲二家騎驛，頃之，粲與嘏善。夏侯玄亦親。常謂嘏、玄曰：「子等在世塗間，功名必勝我，但識劣我耳！」嘏難曰：「能盛功名者，識也。天下孰有本不足而末有餘者邪？」粲曰：「功名者，志局之所奬也。然則志局自一物耳，固非識之所獨濟也。我以能使子等爲貴，然未必齊子等所爲也。」粲常以婦人者，才智不足論，自宜以色爲主。驃騎將軍曹洪女有美色，粲於是娉焉，容服帷帳甚麗，專房歡宴。歷年後，婦病亡，未殯，傅嘏往喭粲；粲不哭而神傷。嘏問曰：「婦人才色並茂爲難。子之娶也，遺才而好色。此自易遇，今何哀之甚？」粲曰：「佳人難再得！顧逝者不能有傾國之色，然未可謂之易遇。」痛悼不能已，歲餘亦亡，時年二十九。粲簡貴，不能與常人交接，所交皆一時俊傑。至葬夕，赴者裁十餘人，皆同時知名士也，哭之，感動路人。

〔三〕荀氏家傳曰：顗字溫伯，爲羽林右監，早卒。顗子崧，字景猷。晉陽秋稱崧少有志操，雅好文學，孝義和愛，在朝恪勤，位至左右光祿大夫、開府儀同三司。崧子羨，字令則，清和有才。尙公主，少歷顯位，年二十八爲北中郎將、徐、兗二州刺史、假節都督徐、兗、青三州諸軍事。在任十年，遇疾解職，卒於家，追贈驃騎將軍。羨孫伯子，今御史中丞也。

〔四〕荀氏家傳曰：愷，晉武帝時爲侍中。

干寶晉紀曰：武帝使侍中荀顗、和嶠俱至東宮，觀察太子。顗還稱太子德識進茂，而嶠云聖質如初。孫盛曰「遣荀勗」，其餘語則同。

臣松之案和嶠爲侍中，荀顗亡沒久矣。荀勗位亞台司，不與嶠同班，無緣方稱侍中。二書所云，皆爲非也。考其時位，愷寔當之。愷位至征西大將軍。愷兄憺，少府。弟愲，護軍將軍，追贈車騎大將軍。

荀攸字公達，彧從子也。祖父曇，廣陵太守。〔一〕攸少孤。及曇卒，故吏張權求守曇墓。攸年十三，疑之，謂叔父衢曰：「此吏有非常之色，殆將有姦！」衢寤，乃推問，果殺人亡命。由是異之。〔二〕何進秉政，徵海內名士攸等二十餘人。攸到，拜黃門侍郎。董卓之亂，關東兵起，卓徙都長安。攸與議郎鄭泰、何顒、侍中种輯、越騎校尉伍瓊等謀曰：「董卓無道，甚於桀紂，天下皆怨之，雖資彊兵，實一匹夫耳。今直刺殺之以謝百姓，然後據殽、函，輔王命，以號令天下，此桓文之舉也。」事垂就而覺，收顒、攸繫獄，顒憂懼自殺，〔三〕攸言語飲食自若，會卓死得免。〔四〕棄官歸，復辟公府，舉高第，遷任城相，不行。攸以蜀漢險固，人民殷盛，乃求爲蜀郡太守，道絕不得至，駐荊州。

〔一〕荀氏家傳曰：曇字元智。兄昱，字伯脩。張璠漢紀稱昱、曇並傑俊有殊才。昱與李膺、王暢、杜密等號爲八俊，位至沛相。攸父彝，州從事。彝於彧爲從祖兄弟。

〔二〕魏書曰：攸年七八歲，衢曾醉，誤傷攸耳，而攸出入遊戲，常避護不欲令衢見。衢後聞之，乃驚其夙智如此。荀氏家傳曰：衢子祈，字伯旗，與族父愔俱著名。祈與孔融論肉刑，愔與孔融論聖人優劣，並在融集。祈位至濟陰太守；愔後徵有道，至丞相祭酒。

〔三〕張璠漢紀曰：顒字伯求，少與郭泰、賈彪等遊學洛陽，泰等與同風好。顒顯名太學，於是中朝名臣太傅陳蕃、司隸李膺等皆深接之。及黨事起，顒亦名在其中，乃變名姓亡匿汝南間，所至皆交結其豪桀。顒既奇太祖而知荀彧，袁紹慕之，與爲奔走之友。是時天下士大夫多遇黨難，顒常歲再三私入洛陽，從紹計議，爲諸窮窘之士解釋患禍。而袁術亦豪俠，與紹爭名。顒未常造術，術深恨之。

漢末名士錄曰：術常於衆坐數顒三罪，曰：「王德彌先覺雋老，名德高亮，而伯求疏之，是一罪也。許子遠凶淫之人，性行不純，而伯求親之，是二罪也。郭、賈寒窶，無他資業，而伯求肥馬輕裘，光耀道路，是三罪也。」陶丘洪曰：「王德彌大賢而短於濟時，許子遠雖不純而赴難不憚濡足。伯求舉善則以德彌爲首，濟難則以子遠爲宗。且伯求嘗爲虞偉高手刃復仇，義名奮發。其怨家積財巨萬，文馬百駟，而欲使伯求羸牛疲馬，頓伏道路，此爲披其胸而假仇敵之刃也。」術意猶不平。後與南陽宗承會於闕下，術發怒曰：「何伯求，凶德也，吾當殺之。」承曰：「何生英俊之士，足下善遇之，使延令名於天下。」術乃止。後黨禁除解，辟司空府。每三府掾屬會議，顒策謀有餘，議者皆自以爲不及。遷北軍中候，董卓以爲長史。後荀彧爲尚書令，遣人迎叔父司空爽喪，使并置顒尸，而葬之於爽冢傍。

〔四〕魏書云攸使人說卓得免，與此不同。

太祖迎天子都許，遺攸書曰：「方今天下大亂，智士勞心之時也，而顧觀變蜀漢，不已久乎！」於是徵攸爲汝南太守，入爲尚書。太祖素聞攸名，與語大悅，謂荀彧、鍾繇曰：「公達，非常人也，吾得與之計事，天下當何憂哉！」以爲軍師。建安三年，從征張繡。攸言於太祖曰：「繡與劉表相恃爲彊，然繡以遊軍仰食於表，表不能供也，勢必離。不如緩軍以待之，可誘而致也；若急之，其勢必相救。」太祖不從，遂進軍之穰，與戰。繡急，表果救之。軍不利。太祖謂攸曰：「不用君言至是。」乃設奇兵復戰，大破之。

是歲，太祖自宛征呂布，〔一〕至下邳，布敗退固守，攻之不拔，連戰，士卒疲，太祖欲還。攸與郭嘉說曰：「呂布勇而無謀，今三戰皆北，其銳氣衰矣。三軍以將爲主，主衰則軍無奮意。夫陳宮有智而遲，今及布氣之未復，宮謀之未定，進急攻之，布可拔也。」乃引沂、泗灌城，城潰，生禽布。

〔一〕魏書曰：議者云表、繡在後而還襲呂布，其危必也。攸以爲表、繡新破，勢不敢動。布驍猛，又恃袁術，若縱橫淮泗間，豪傑必應之。今乘其初叛，衆心未一，往可破也。太祖曰：「善。」比行，布以敗劉備，而臧霸等應之。

後從救劉延於白馬，攸畫策斬顏良。語在武紀。太祖拔白馬還，遣輜重循河而西。袁紹渡河追，卒與太祖遇。諸將皆恐，說太祖還保營，攸曰：「此所以禽敵，奈何去之！」太祖目攸而笑。遂以輜重餌賊，賊競奔之，陳亂。乃縱步騎擊，大破之，斬其騎將文醜，太祖遂與紹相拒於官渡。軍食方盡，攸言於太祖曰：「紹運車旦暮至，其將韓蓂銳而輕敵，擊可破也。」〔二〕太祖曰：「誰可使？」攸曰：「徐晃可。」乃遣晃及史渙邀擊破走之，燒其輜重。會許攸來降，言紹遣淳于瓊等將萬餘兵迎運糧，將驕卒惰，可要擊也。衆皆疑，唯攸與賈詡勸太祖。太祖乃留攸及曹洪守。太祖自將攻破之，盡斬瓊等。紹將張郃、高覽燒攻櫓降，紹遂棄軍走。郃之來，洪疑不敢受，攸謂洪曰：「郃計不用，怒而來，君何疑？」乃受之。

〔一〕臣松之案諸書，韓莒或作韓猛，或云韓若，未詳孰是。

七年，從討袁譚、尚於黎陽。明年，太祖方征劉表，譚、尚爭冀州。譚遣辛毗乞降請救，太祖將許之，以問羣下。羣下多以爲表彊，宜先平之，譚、尚不足憂也。攸曰：「天下方有事，而劉表坐保江、漢之閒，其無四方志可知矣。袁氏據四州之地，帶甲十萬，紹以寬厚得衆，借使二子和睦以守其成業，則天下之難未息也。今兄弟遘惡，此勢不兩全。若有所并則力專，力專則難圖也。及其亂而取之，天下定矣，此時不可失也。」太祖曰：「善。」乃許譚和親，遂還擊破尚。其後譚叛，從斬譚於南皮。冀州平，太祖表封攸曰：「軍師荀攸，自初佐臣，無征不從，前後克敵，皆攸之謀也。」於是封陵樹亭侯。十二年，下令大論功行封，太祖曰：「忠正密謀，撫寧內外，文若是也。公達其次也。」增邑四百，并前七百戶，〔一〕轉爲中軍師。魏國初建，爲尚書令。

〔一〕魏書曰：太祖自柳城還，過攸舍，稱述攸前後謀謨勞勳，曰：「今天下事略已定矣，孤願與賢士大夫共饗其勞。昔高祖使張子房自擇邑三萬戶，今孤亦欲君自擇所封焉。」

攸深密有智防，自從太祖征伐，常謀謨帷幄，時人及子弟莫知其所言。〔一〕太祖每稱曰：

「公達外愚內智，外怯內勇，外弱內彊，不伐善，無施勞，智可及，愚不可及，雖顏子、甯武不能過也。」文帝在東宮，太祖謂曰：「荀公達，人之師表也，汝當盡禮敬之。」攸曾病，世子問病，獨拜牀下，其見尊異如此。攸與鍾繇善，繇言：「我每有所行，反覆思惟，自謂無以易；以咨公達，輒復過人意。」公達前後凡畫奇策十二，唯繇知之。繇撰集未就，會薨，故世不得盡聞也。〔二〕攸從征孫權，道薨。太祖言則流涕。〔三〕

〔一〕魏書曰：攸姑子辛韜曾問攸說太祖取冀州時事。攸曰：「佐治為袁譚乞降，王師自往平之，吾何知焉？」自是韜及內外莫敢復問軍國事也。

〔二〕臣松之案：攸亡後十六年，鍾繇乃卒，撰攸奇策，亦有何難？而年造八十，猶云未就，遂使攸從征機策之謀不傳於世，惜哉！

〔三〕魏書曰：時建安十九年，攸年五十八，計其年大或六歲。

魏書載太祖令曰：「孤與荀公達周游二十餘年，無毫毛可非者。」又曰：「荀公達眞賢人也，所謂『溫良恭儉讓以得之』。孔子稱『晏平仲善與人交，久而敬之』，公達即其人也。」

傅子曰：或問近世大賢君子，答曰：「荀令君之仁，荀軍師之智，斯可謂近世大賢君子矣。荀令君仁以立德，明以舉賢，行無諂黷，謀能應機。孟軻稱『五百年而有王者興，其間必有命世者』，其荀令君乎！太祖稱『荀令君之進善，不進不休，荀軍師之去惡，不去不止』也。」

長子緝，有攸風，早沒。次子適嗣，無子，絕。黃初中，紹封攸孫彪為陵樹亭侯，邑三百戶，後轉封丘陽亭侯。正始中，追謚攸曰敬侯。

賈詡字文和，武威姑臧人也。少時人莫知，唯漢陽閻忠異之，謂詡有良、平之奇。〔一〕察孝廉爲郎，疾病去官，西還至汧，道遇叛氐，同行數十人皆爲所執。詡曰：「我段公外孫也，汝別埋我，我家必厚贖之。」時太尉段熲，昔久爲邊將，威震西土，故詡假以懼氐。氐果不敢害，與盟而送之，其餘悉死。詡實非段甥，權以濟事，咸此類也。

〔一〕九州春秋曰：中平元年，車騎將軍皇甫嵩既破黃巾，威震天下。閻忠時罷信都令，說嵩曰：「夫難得而易失者時也，時至而不旋踵者機也，故聖人常順時而動，智者必因機以發。今將軍遭難得之運，蹈易解之機，而踐運不撫，臨機不發，將何以享大名乎？」嵩曰：「何謂也？」忠曰：「天道無親，百姓與能，故有高人之功者，不受庸主之賞。今將軍授鉞於初春，收功於末冬，兵動若神，謀不再計，旬月之間，神兵電掃，攻堅易於折枯，摧敵甚於湯雪，七州席卷，屠三十六(萬)方，夷黃巾之師，除邪害之患，或封戶刻石，南向以報德，威震本朝，風馳海外。是以羣雄迴首，百姓企踵，雖湯武之舉，未有高於將軍者。身建高人之功，北面以事庸主，將何以圖安？」嵩曰：「心不忘忠，何爲不安？」忠曰：「不然。昔韓信不忍一餐之遇，而棄三分之利，拒蒯通之忠，忽鼎跱之勢，利劍已揣其喉，乃歎息而悔，所以見烹於兒女也。今主勢弱於劉、項，將軍權重於淮陰，指麾可以振風雲，叱咤足以興雷電；赫然奮發，因危抵頹，崇恩以綏前附，振武以臨後服；徵冀方之士，動七州之衆，羽檄先馳於前，大軍震響於後，蹈蹟漳河，飲馬孟津，舉天網以網羅京都，誅閹宦之罪，除羣怨之積忿，解久危之倒懸。如此則攻守無堅城，不招必影從，雖兒童可使奮空拳以致力，女子可使其褰裳以用命，況厲智能之士，因迅風之勢，則大功不足合，八方不足同也。功業已就，天下已順，乃燎于上帝，告以天命，混齊六合，南面以制，移神器於己家，推亡漢以定祚，實神機之至決，風發之良時也。夫木朽不彫，世衰難佐，將軍雖欲委忠難佐之朝，彫畫朽敗之木，猶逆坂而走丸，必不可也。方今權宦羣居，同惡如市，主上不自由，詔命出左右。如有至聰不察，機事不先，必嬰後悔，亦無及矣。」嵩不從，忠乃亡去。

英雄記曰：涼州賊王國等起兵，共劫忠爲主，統三十六部，號車騎將軍。忠感慨發病而死。

董卓之入洛陽，詡以太尉掾爲平津都尉，遷討虜校尉。卓壻中郎將牛輔屯陝，詡在輔軍。卓敗，輔又死，衆恐懼，校尉李傕、郭汜、張濟等欲解散，閒行歸鄉里。詡曰：「聞長安中議欲盡誅涼州人，而諸君棄衆單行，卽一亭長能束君矣。不如率衆而西，所在收兵，以攻長安，爲董公報仇，幸而事濟，奉國家以征天下，若不濟，走未後也。」衆以爲然。傕乃西攻長安。語在卓傳。〔一〕後詡爲左馮翊，傕等欲以功侯之，詡曰：「此救命之計，何功之有！」固辭不受。又以爲尚書僕射，詡曰：「尚書僕射，官之師長，天下所望，詡名不素重，非所以服人也。縱詡昧于榮利，奈國朝何！」乃更拜詡尚書，典選舉，多所匡濟，傕等親而憚之。〔二〕會母喪去官，拜光祿大夫。傕、汜等鬬長安中，〔三〕傕復請詡爲宣義將軍。〔四〕傕等和，出天子，祐護大臣，詡有力焉。〔五〕天子既出，詡上還印綬。是時將軍段煨屯華陰，〔六〕與詡同郡，遂去傕託煨。詡素知名，爲煨軍所望。煨內恐其見奪，而外奉詡禮甚備，詡愈不自安。

〔一〕臣松之以爲傳稱「仁人之言，其利溥哉」！然則不仁之言，理必反是。夫仁功難著，而亂源易成，是故有禍機一發而殃流百世者矣。當是時，元惡既梟，天地始開，致使厲階重結，大梗殷流，邦國遘殄悴之哀，黎民嬰周餘之酷，豈不由賈詡片言乎？詡之罪也，一何大哉！自古兆亂，未有如此之甚。

〔二〕獻帝紀曰：郭汜、樊稠與傕互相違戾，欲鬬者數矣。詡輒以道理責之，頗受詡言。

魏書曰：詡典選舉，多選舊名以爲令僕，論者以此多詡。

〔三〕獻帝紀曰：傕等與詡議，迎天子置其營中。詡曰：「不可。脅天子，非義也。」傕不聽。張繡謂詡曰：「此中不可久處，君胡不去？」詡曰：「吾受國恩，義不可背。卿自行，我不能也。」

〔四〕獻帝紀曰：傕時召羌、胡數千人，先以御物繒綵與之，又許以宮人婦女，欲令攻郭汜。羌、胡數來闚省門，曰：「天子在中邪！李將軍許我宮人美女，今皆安在？」帝患之，使詡爲之方計。詡乃密呼羌、胡大帥飲食之，許以封爵重寶，於是皆引去。傕由此衰弱。

〔五〕獻帝紀曰：天子既東，而李傕來追，王師敗績。司徒趙溫、太常王偉、衞尉周忠、司隸榮邵皆爲傕所嫌，欲殺之。詡謂傕曰：「此皆天子大臣，卿奈何害之？」傕乃止。

〔六〕典略稱煨在華陰時，脩農事，不虜略。天子東還，煨迎道貢遺周急。

獻帝紀曰：後以煨爲大鴻臚光祿大夫，建安十四年，以壽終。

張繡在南陽，詡陰結繡，繡遣人迎詡。詡將行，或謂詡曰：「煨待君厚矣，君安去之？」詡曰：「煨性多疑，有忌詡意，禮雖厚，不可恃久，將爲所圖。我去必喜，又望吾結大援於外，必厚吾妻子。繡無謀主，亦願得詡，則家與身必俱全矣。」詡遂往，繡執子孫禮，煨果善視其家。詡說繡與劉表連和。〔一〕太祖比征之，一朝引軍退，繡自追之。詡謂繡曰：「不可追也，追必敗。」繡不從，進兵交戰，大敗而還。詡謂繡曰：「促更追之，更戰必勝。」繡謝曰：「不用公言，以至於此。今已敗，奈何復追？」詡曰：「兵勢有變，亟往必利。」繡信之，遂收散卒赴追，大戰，果以勝還。問詡曰：「繡以精兵追退軍，而公曰必敗；退以敗卒擊勝兵，而公曰必剋。悉如公言，何其反而皆驗也？」詡曰：「此易知耳。將軍雖善用兵，非曹公敵也。軍雖新退，曹公必自斷後；追兵雖精，將既不敵，彼士亦銳，故知必敗。曹公攻將軍無失策，力未盡而退，必國內有故，已破將軍，必輕軍速進，縱留諸將斷後，諸將雖勇，亦非將軍敵，故雖用敗兵而戰必勝也。」繡乃服。是後，太祖拒袁紹於官渡，紹遣人招繡，并與詡書結援。繡欲許之，詡顯於繡坐上謂紹使曰：「歸謝袁本初，兄弟不能相容，而能容天下國士乎？」繡驚懼曰：「何至於此！」竊謂詡曰：「若此，當何歸？」詡曰：「不如從曹公。」繡曰：「袁彊曹弱，又與曹爲讎，從之如何？」詡曰：「此乃所以宜從也。夫曹公奉天子以令天下，其宜從一也。紹彊盛，我以少衆從之，必不以我爲重。曹公衆弱，其得我必喜，其宜從二也。夫有霸王之志者，固將釋私怨，以明德於四海，其宜從三也。願將軍無疑！」繡從之，率衆歸太祖。太祖見之，喜，執詡手曰：「使我信重於天下者，子也。」表詡爲執金吾，封都亭侯，遷冀州牧。冀州未平，留參司空軍事。袁紹圍太祖於官渡，太祖糧方盡，問詡計焉出，詡曰：「公明勝紹，勇勝紹，用人勝紹，決機勝紹，有此四勝而半年不定者，但顧萬全故也。必決其機，須臾可定也。」太祖曰：「善。」乃并兵出，圍擊紹三十餘里營，破之。紹軍大潰，河北平。太祖領冀州牧，徙詡爲太中大夫。建安十三年，太祖破荆州，欲順江東下。詡諫曰：「明公昔破袁氏，今收漢南，威名遠著，軍勢既大；若乘舊楚之饒，以饗吏士，撫安百姓，使安土樂業，則可不勞衆而江東稽服矣。」太祖不從，軍遂無利。〔二〕太祖後與韓遂、馬超戰於渭南，超等索割地以和，并求任子。詡以爲可僞許之。又問詡計策，詡曰：「離之而已。」太祖曰：「解。」一承用詡謀。語在武紀。卒破遂、超，詡本謀也。

〔一〕傅子曰：詡南見劉表，表以客禮待之。詡曰：「表，平世三公才也；不見事變，多疑無決，無能爲也。」

〔二〕臣松之以爲詡之此謀，未合當時之宜。于時韓、馬之徒尚狼顧關右，魏武不得安坐郢都以威懷吳會，亦已明矣。彼荆州者，孫、劉之所必爭也。荆人服劉主之雄姿，憚孫權之武略，爲日既久，誠非曹氏諸將所能抗禦。故曹仁守江陵，敗不旋踵，何撫安之得行，稽服之可期？將此既新平江、漢，威懾揚、越，資劉表水戰之具，藉荆楚檝櫂之手，實震蕩之良會，廓定之大機。不乘此取吳，將安俟哉？至於赤壁之敗，蓋有運數。實由疾疫大興，以損淩厲之鋒，凱風自南，用成焚如之勢。天實爲之，豈人事哉？然則魏武之東下，非失算也。詡之此規，爲無當矣。魏武後克平張魯，蜀中一日數十驚，劉備雖斬之而不能止，由不用劉曄之計，以失席卷之會，斤石既差，悔無所及，即亦此事之類也。世咸謂劉計爲是，即愈見賈言之非也。

是時，文帝爲五官將，而臨菑侯植才名方盛，各有黨與，有奪宗之議。文帝使人問詡自固之術，詡曰：「願將軍恢崇德度，躬素士之業，朝夕孜孜，不違子道。如此而已。」文帝從之，深自砥礪。太祖又嘗屏除左右問詡，詡嘿然不對。太祖曰：「與卿言而不答，何也？」詡曰：「屬適有所思，故不卽對耳。」太祖曰：「何思？」詡曰：「思袁本初、劉景升父子也。」太祖大笑，於是太子遂定。詡自以非太祖舊臣，而策謀深長，懼見猜疑，闔門自守，退無私交，男女嫁娶，不結高門，天下之論智計者歸之。

文帝卽位，以詡爲太尉，〔一〕進爵魏壽鄉侯，增邑三百，并前八百戶。又分邑二百，封小子訪爲列侯。以長子穆爲駙馬都尉。帝問詡曰：「吾欲伐不從命以一天下，吳、蜀何先？」對曰：「攻取者先兵權，建本者尙德化。陛下應期受禪，撫臨率土，若綏之以文德而俟其變，則平之不難矣。吳、蜀雖蕞爾小國，依阻山水，劉備有雄才，諸葛亮善治國，孫權識虛實，陸議見兵勢，據險守要，汎舟江湖，皆難卒謀也。用兵之道，先勝後戰，量敵論將，故舉無遺策。臣竊料羣臣，無備、權對，雖以天威臨之，未見萬全之勢也。昔舜舞干戚而有苗服，臣以爲當今宜先文後武。」文帝不納。後興江陵之役，士卒多死。詡年七十七，薨，諡曰肅侯。子穆嗣，歷位郡守。穆薨，子模嗣。〔二〕

〔一〕魏略曰：文帝得詡之對太祖，故卽位首登上司。

荀勗別傳曰：晉司徒闕，武帝問其人於勗。答曰：「三公具瞻所歸，不可用非其人。昔魏文帝用賈詡爲三公，孫權笑之。」

〔三〕世語曰：模，晉惠帝時爲散騎常侍、護軍將軍，模子胤，胤弟龕，從弟疋，皆至大官，並顯於晉也。

評曰：荀彧清秀通雅，有王佐之風，然機鑒先識，未能充其志也。〔一〕荀攸、賈詡，庶乎算無遺策，經達權變，其良、平之亞歟！〔二〕

〔一〕世之論者，多譏彧協規魏氏，以傾漢祚；君臣易位，實彧之由。雖晚節立異，無救運移；功既違義，識亦疚焉。陳氏此評，蓋亦同乎世識。臣松之以爲斯言之作，誠未得其遠大者也。彧豈不知魏武之志氣，非衰漢之貞臣哉？良以于時王道既微，橫流已極，雄豪虎視，人懷異心，不有撥亂之資，仗順之略，則漢室之亡忽諸，黔首之類殄矣。夫欲翼讚時英，一匡屯運，非斯人之與而誰與哉？是故經綸急病，若救身首，用能動于嶮中，至于大亨，蒼生蒙舟航之接，劉宗延二紀之祚，豈非荀生之本圖，仁恕之遠致乎？及至霸業既隆，翦漢迹著，然後亡身殉節，以申素情，全大正於當年，布誠心於百代，可謂任重道遠，志行義立。謂之未充，其殆誣歟！

〔二〕臣松之以爲列傳之體，以事類相從。張子房青雲之士，誠非陳平之倫。然漢之謀臣，良、平而已。若不共列，則餘無所附，故前史合之，蓋其宜也。魏氏如詡之儔，其比幸多。詡不編程、郭之篇，而與二荀並列，失其類矣。且攸、詡之爲人，其猶夜光之與蒸燭乎！其照雖均，質則異焉。今荀、賈之評，共同一稱，尤失區別之宜也。

三國志卷十一　魏書十一

袁張涼國田王邴管傳第十一

袁渙字曜卿，陳郡扶樂人也。父滂，爲漢司徒。〔一〕當時諸公子多越法度，而渙清靜，舉動必以禮。郡命爲功曹，郡中姦吏皆自引去。後辟公府，舉高第，遷侍御史。除譙令，不就。劉備之爲豫州，舉渙茂才。後避地江、淮間，爲袁術所命。術每有所咨訪，渙常正議，術不能抗，然敬之不敢不禮也。頃之，呂布擊術於阜陵，渙往從之，遂復爲布所拘留。布初與劉備和親，後離隙。布欲使渙作書詈辱備，渙不可，再三彊之，不許。布大怒，以兵脅渙曰：「爲之則生，不爲則死。」渙顏色不變，笑而應之曰：「渙聞唯德可以辱人，不聞以罵。使彼固君子邪，且不恥將軍之言，彼誠小人邪，將復將軍之意，則辱在此不在於彼。且渙他日之事劉將軍，猶今日之事將軍也，如一旦去此，復罵將軍，可乎？」布慚而止。

〔一〕袁宏漢紀曰：滂字公熙，純素寡欲，終不言人之短。當權寵之盛，或以同異致禍，滂獨中立於朝，故愛憎不及焉。

布誅，渙得歸太祖。〔二〕渙言曰：「夫兵者，凶器也，不得已而用之。鼓之以道德，征之以仁義，兼撫其民而除其害。夫然，故可與之死而可與之生。自大亂以來十數年矣，民之欲安，甚於倒懸，然而暴亂未息者，何也？意者政失其道歟！渙聞明君善于救世，故世亂則齊之以義，時僞則鎮之以樸；世異事變，治國不同，不可不察也。夫制度損益，此古今之不必同者也。若夫兼愛天下而反之於正，雖以武平亂而濟之以德，誠百王不易之道也。公明哲超世，古之所以得其民者，公既勤之矣，今之所以失其民者，公既戒之矣，海內賴公，得免於危亡之禍，然而民未知義，其惟公所以訓之，則天下幸甚！」太祖深納焉。拜爲沛南部都尉。

〔一〕袁氏世紀曰：布之破也，陳羣父子時亦在布之軍，見太祖皆拜。渙獨高揖不爲禮，太祖甚嚴憚之。時太祖又給衆官車各數乘，使取布軍中物，唯其所欲。衆人皆重載，唯渙取書數百卷，資糧而已。衆人聞之，大慚。渙謂所親曰：「脫我以行陳，令軍發足以爲行糧而已，不以此爲我有。由是厲名也，大悔恨之。」太祖益以此重焉。

是時新募民開屯田，民不樂，多逃亡。渙白太祖曰：「夫民安土重遷，不可卒變，易以順行，難以逆動，宜順其意，樂之者乃取，不欲者勿彊。」太祖從之，百姓大悅。遷爲梁相。渙每敕諸縣：「務存鰥寡高年，表異孝子貞婦。常談曰『世治則禮詳，世亂則禮簡』，全在斟酌之閒耳。方今雖擾攘，難以禮化，然在吾所以爲之。」爲政崇教訓，恕思而後行，外溫柔而內能斷。〔二〕以病去官，百姓思之。後徵爲諫議大夫、丞相軍祭酒。前後得賜甚多，皆散盡之，家無所儲，終不問產業，乏則取之於人，不爲皦察之行，然時人服其清。

〔一〕魏書曰：穀熟長呂岐善朱淵、爰津，遣使行學還，召用之，與相見，出署淵師友祭酒，津決疑祭酒。淵等因各歸家，不受署。岐大怒，將吏民收淵等，皆杖殺之，議者多非焉。渙教勿劾，主簿孫徽等以爲「淵等罪不足死，長吏無專殺之義，孔子稱『唯器與名，不可以假人』。謂之師友而加大戮，刑名相伐，不可以訓。」渙教曰：「主簿以不請爲罪，此則然矣。謂淵等罪不足死，則非也。夫師友之名，古今有之。然有君之師友，有士大夫之師友。夫君置師友之官者，所以敬其臣也；有罪加於刑焉，國之法也。今不論其罪而謂之戮師友，斯失之矣。主簿取弟子戮師之名，而加君誅臣之實，非其類也。夫聖哲之治，觀時而動，故不必循常，將有權也。閒者世亂，民陵其上，雖務尊君卑臣，猶或未也，而反長世之過，不亦謬乎！」遂不劾。

魏國初建，爲郎中令，行御史大夫事。渙言於太祖曰：「今天下大難已除，文武並用，長久之道也。以爲可大收篇籍，明先聖之教，以易民視聽，使海內斐然向風，則遠人不服可以文德來之。」太祖善其言。時有傳劉備死者，羣臣皆賀；渙以嘗爲備舉吏，獨不賀。居官數年卒，太祖爲之流涕，賜穀二千斛，一教「以太倉穀千斛賜郎中令之家」，一教「以垣下穀千斛與曜卿家」，外不解其意。教曰：「以太倉穀者，官法也；以垣下穀者，親舊也。」又帝聞渙昔拒呂布之事，問渙從弟敏：「渙勇怯何如？」敏對曰：「渙貌似和柔，然其臨大節，處危難，雖賁育不過也。」渙子侃，亦清粹閑素，有父風，歷位郡守尚書。〔一〕

〔一〕袁氏世紀曰：渙有四子，侃、寓、奧、準。侃字公然，論議清當，柔而不犯，善與人交。在廢興之間，人之所趣務者，常謙退不爲也。時人以是稱之。歷位黃門選部郎，號爲清平。稍遷至尙書，早卒。寓字宣厚，精辯有機理，好道家之言，少被病，未官而卒。奧字公榮，行足以厲俗，言約而理當，終於光祿勳。準字孝尼，忠信公正，不恥下問，唯恐人之不勝已。以世事多險，故常恬退而不敢求進。著書十餘萬言，論治世之務，爲易、周官、詩傳，及論五經滯義，聖人之微言，以傳於世。此準之自序也。

荀綽九州記稱準有儁才，泰始中爲給事中。袁氏子孫世有名位，貴達至今。

初，渙從弟霸，公恪有功幹，魏初爲大司農，及同郡何夔並知名於時。而霸子亮，夔子曾，與侃復齊聲友善。亮貞固有學行，疾何晏、鄧颺等，著論以譏切之，位至河南尹、尙書。〔一〕霸弟徽，以儒素稱。遭天下亂，避難交州。司徒辟，不至。〔二〕徽弟敏，有武藝而好水功，官至河隄謁者。

〔一〕晉諸公贊曰：亮子粲，字儀祖，文學博識，累爲儒官，至尙書。

〔二〕袁宏漢紀曰：初，天下將亂，渙慨然歎曰：「漢室陵遲，亂無日矣。苟天下擾攘，逃將安之？若天未喪道，民以義存，唯彊而有禮，可以庇身乎！」徽曰：「古人有言『知機其神乎』！見機而作，君子所以元吉也。天理盛衰，漢其亡矣！夫有大功必有大事，此又君子之所深識，退藏於密者也。且兵革既興，外患必衆，徽將遠迹山海，以求免身。」及亂作，各行其志。

張範，字公儀，河內脩武人也。祖父歆，爲漢司徒。父延，爲太尉。太傅袁隗欲以女妻範，範辭不受。性恬靜樂道，忽於榮利，徵命無所就。弟承，字公先，亦知名，以方正徵，拜議郎，遷伊闕都尉。董卓作亂，承欲合徒衆與天下共誅卓。承弟昭時為議郎，適從長安來，謂承曰：「今欲誅卓，衆寡不敵，且起一朝之謀，戰阡陌之民，士不素撫，兵不練習，難以成功。卓阻兵而無義，固不能久；不若擇所歸附，待時而動，然後可以如志。」承然之，乃解印綬閒行歸家，與範避地揚州。袁術備禮招請，範稱疾不往，術不彊屈也。遣承與相見，術問曰：「昔周室陵遲，則有桓、文之霸；秦失其政，漢接而用之。今孤以土地之廣，士民之衆，欲徼福齊桓，擬迹高祖，何如？」承對曰：「在德不在彊。夫能用德以同天下之欲，雖由匹夫之資，而興霸王之功，不足為難。若苟僭擬，干時而動，衆之所棄，誰能興之？」術不悅。是時，太祖將征冀州，術復問曰：「今曹公欲以弊兵數千，敵十萬之衆，可謂不量力矣！子以為何如？」承乃曰：「漢德雖衰，天命未改，今曹公挾天子以令天下，雖敵百萬之衆可也。」術作色不懌，承去之。

太祖平冀州，遣使迎範。範以疾留彭城，遣承詣太祖，太祖表以為諫議大夫。範子陵及承子戩為山東賊所得，範直詣賊請二子，賊以陵還範。範謝曰：「諸君相還兒厚矣。夫人情雖愛其子，然吾憐戩之小，請以陵易之。」賊義其言，悉以還範。太祖自荊州還，範得見於陳，以為議郎，參丞相軍事，甚見敬重。太祖征伐，常令範及邴原留，與世子居守。太祖謂文帝：「舉動必諮此二人。」世子執子孫禮。救恤窮乏，家無所餘，中外孤寡皆歸焉。贈遺無所逆，亦終不用，及去，皆以還之。建安十七年卒。魏國初建，承以丞相參軍祭酒領趙郡太守，政化大行。太祖將西征，徵承參軍事，至長安，病卒。〔一〕

〔一〕魏書曰：文帝即位，以範子參爲郎中。承孫邵，晉中護軍，與舅楊駿俱被誅。事見晉書。

涼茂字伯方，山陽昌邑人也。少好學，論議常據經典，以處是非。太祖辟爲司空掾，舉高第，補侍御史。時泰山多盜賊，以茂爲泰山太守，旬月之間，襁負而至者千餘家。〔一〕轉爲樂浪太守。公孫度在遼東，擅留茂，不遣之官，然茂終不爲屈。度謂茂及諸將曰：「聞曹公遠征，鄴無守備，今吾欲以步卒三萬，騎萬匹，直指鄴，誰能禦之？」諸將皆曰：「然。」〔二〕又顧謂茂曰：「於君意何如？」茂答曰：「比者海內大亂，社稷將傾，將軍擁十萬之衆，安坐而觀成敗，夫爲人臣者，固若是邪！曹公憂國家之危敗，愍百姓之苦毒，率義兵爲天下誅殘賊，功高而德廣，可謂無二矣。以海內初定，民始安集，故未責將軍之罪耳！而將軍乃欲稱兵西向，則存亡之效，不崇朝而決。將軍其勉之！」諸將聞茂言，皆震動。良久，度曰：「涼君言是也。」後徵還爲魏郡太守、甘陵相，所在有績。文帝爲五官將，茂以選爲長史，遷左軍師。魏國初建，遷尚書僕射，後爲中尉奉常。文帝在東宮，茂復爲太子太傅，甚見敬禮。卒官。〔三〕

〔一〕博物記曰：襁，織縷爲之，廣八寸，長尺二，以約小兒於背上，負之而行。

〔二〕臣松之案此傳云公孫度聞曹公遠征，鄴無守備，則太祖定鄴後也。案度傳，度以建安九年卒，太祖亦以此年定鄴，自後遠征，唯有北征柳城耳。征柳城之年，度已不復在矣。

〔三〕英雄記曰：茂名在八友中。

國淵字子尼，樂安蓋人也。師事鄭玄。〔一〕後與邴原、管寧等避亂遼東。〔二〕既還舊土，太祖辟爲司空掾屬，每於公朝論議，常直言正色，退無私焉。太祖欲廣置屯田，使淵典其事。淵屢陳損益，相土處民，計民置吏，明功課之法，五年中倉廩豐實，百姓競勸樂業。太祖征關中，以淵爲居府長史，統留事。田銀、蘇伯反河間，銀等既破，後有餘黨，皆應伏法。淵以爲非首惡，請不行刑。太祖從之，賴淵得生者千餘人。破賊文書，舊以一爲十，及淵上首級，如其實數。太祖問其故，淵曰：「夫征討外寇，多其斬獲之數者，欲以大武功，且示民聽也。河間在封域之內，銀等叛逆，雖克捷有功，淵竊恥之。」太祖大悅，遷魏郡太守。

〔一〕玄別傳曰：淵始未知名，玄稱之曰：「國子尼，美才也，吾觀其人必爲國器。」

〔二〕魏書曰：淵篤學好古，在遼東，常講學於山巖，士人多推慕之，由此知名。

時有投書誹謗者，太祖疾之，欲必知其主。淵請留其本書，而不宣露。其書多引二京賦，淵勑功曹曰：「此郡既大，今在都輦，而少學問者。其簡開解年少，欲遣就師。」功曹差三人，臨遣引見，訓以「所學未及，二京賦，博物之書也，世人忽略，少有其師，可求能讀者從受之。」又密喻旨。旬日得能讀者，遂往受業。吏因請使作箋，比方其書，與投書人同手。收攝案問，具得情理。遷太僕。居列卿位，布衣蔬食，祿賜散之舊故宗族，以恭儉自守，卒官。〔一〕

〔一〕魏書曰：太祖以其子泰爲郎。

田疇字子泰，右北平無終人也。好讀書，善擊劍。初平元年，義兵起，董卓遷帝于長安。幽州牧劉虞歎曰：「賊臣作亂，朝廷播蕩，四海俄然，莫有固志。身備宗室遺老，不得自同於衆。今欲奉使展效臣節，安得不辱命之士乎？」衆議咸曰：「田疇雖年少，多稱其奇。」疇時年二十二矣。虞乃備禮請與相見，大悅之，遂署爲從事，具其車騎。將行，疇曰：「今道路阻絕，寇虜縱橫，稱官奉使，爲衆所指名。願以私行，期於得達而已。」虞從之。疇乃歸，自選其家客，與年少之勇壯慕從者二十騎俱往。虞自出祖而遣之。〔一〕既取道，疇乃更上西關，出塞，傍北山，直趣朔方，循閒徑去，遂至長安致命。詔拜騎都尉。疇以爲天子方蒙塵未安，不可以荷佩榮寵，固辭不受。朝廷高其義。三府並辟，皆不就。得報，馳還，未至，虞已爲公孫瓚所害。疇至，謁祭虞墓，陳發章表，哭泣而去。瓚聞之大怒，購求獲疇，謂曰：

「汝何自哭劉虞墓，而不送章報於我也？」疇答曰：「漢室衰穨，人懷異心，唯劉公不失忠節。章報所言，於將軍未美，恐非所樂聞，故不進也。且將軍方舉大事以求所欲，既滅無罪之君，又讎守義之臣，誠行此事，則燕、趙之士將皆蹈東海而死耳，豈忍有從將軍者乎！」瓚壯其對，釋不誅也。拘之軍下，禁其故人莫得與通。或說瓚曰：「田疇義士，君弗能禮，而又囚之，恐失衆心。」瓚乃縱遣疇。

〔一〕先賢行狀曰：疇將行，引虞密與議。疇因說虞曰：「今帝主幼弱，姦臣擅命，表上須報，懼失事機。且公孫瓚阻兵安忍，不早圖之，必有後悔。」虞不聽。

疇得北歸，率舉宗族他附從數百人，掃地而盟曰：「君仇不報，吾不可以立於世！」遂入徐無山中，營深險平敞地而居，躬耕以養父母。百姓歸之，數年閒至五千餘家。疇謂其父老曰：「諸君不以疇不肖，遠來相就。衆成都邑，而莫相統一，恐非久安之道，願推擇其賢長者以爲之主。」皆曰：「善。」同僉推疇。疇曰：「今來在此，非苟安而已，將圖大事，復怨雪恥。竊恐未得其志，而輕薄之徒自相侵侮，偷快一時，無深計遠慮。疇有愚計，願與諸君共施之，可乎？」皆曰：「可。」疇乃爲約束相殺傷、犯盜、諍訟之法，法重者至死，其次抵罪，二十餘條。又制爲婚姻嫁娶之禮，興舉學校講授之業，班行其衆，衆皆便之，至道不拾遺。北邊翕然服其威信，烏丸、鮮卑並各遣譯使致貢遺，疇悉撫納，令不爲寇。袁紹數遣使招命，又卽授將軍印，因安輯所統，疇皆拒不(當)〔受〕。紹死，其子尚又辟焉，疇終不行。

疇常忿烏丸昔多賊殺其郡冠蓋，有欲討之意而力未能。建安十二年，太祖北征烏丸，未至，先遣使辟疇，又命田豫喻指。疇戒其門下趣治嚴。門人謂曰：「昔袁公慕君，禮命五至，君義不屈；今曹公使一來而君若恐弗及者，何也？」疇笑而應之曰：「此非君所識也。」遂隨使者到軍，署司空戶曹掾，引見諮議。明日出令曰：「田子泰非吾所宜吏者。」卽舉茂才，拜爲蓨令，不之官，隨軍次無終。時方夏水雨，而濱海洿下，濘滯不通，虜亦遮守蹊要，軍不得進。太祖患之，以問疇。疇曰：「此道，秋夏每常有水，淺不通車馬，深不載舟船，爲難久矣。舊北平郡治在平岡，道出盧龍，達于柳城；自建武以來，陷壞斷絕，垂二百載，而尚有微徑可從。今虜將以大軍當由無終，不得進而退，懈弛無備。若嘿回軍，從盧龍口越白檀之險，出空虛之地，路近而便，掩其不備，蹋頓之首可不戰而禽也。」太祖曰：「善。」乃引軍還，而署大木表于水側路傍曰：「方今暑夏，道路不通，且俟秋冬，乃復進軍。」虜候騎見之，誠以爲大軍去也。太祖令疇將其衆爲鄉導，上徐無山，出盧龍，歷平岡，登白狼堆，去柳城二百餘里，虜乃驚覺。單于身自臨陳，太祖與交戰，遂大斬獲，追奔逐北，至柳城。軍還入塞，論功行封，封疇亭侯，邑五百戶。〔一〕疇自以始爲居難，率衆遁逃，志義不立，反以爲利，非本意也，固讓。太祖知其至心，許而不奪。〔二〕

〔一〕先賢行狀載太祖表論疇功曰：「文雅優備，忠武又著，和於撫下，愼於事上，量時度理，進退合義。幽州始擾，胡、漢交萃，蕩析離居，靡所依懷。疇率宗人避難於無終山，北拒盧龍，南守要害，清靜隱約，耕而後食，人民化從，咸共資奉。及袁紹父子威力加於朔野，遠結烏丸，與爲首尾，前後召疇，終不陷撓。後臣奉命，軍次易縣，疇長驅自到，陳討胡之勢，猶廣武之建燕策，薛公之度淮南。又使部曲持臣露布，出誘胡衆，漢民或因亡來，烏丸聞之震蕩。王旅出塞，塗由山中九百餘里，疇帥兵五百，啓導山谷，遂滅烏丸，蕩平塞表。疇文武有効，節義可嘉，誠應寵賞，以旌其美。」

〔二〕魏書載太祖令曰：「昔伯成棄國，夏后不奪，將欲使高尙之士，優賢之主，不止於一世也。其聽疇所執。」

遼東斬送袁尙首，令「三軍敢有哭之者斬」。疇以嘗爲尙所辟，乃往弔祭。太祖亦不問。〔一〕疇盡將其家屬及宗人三百餘家居鄴。太祖賜疇車馬穀帛，皆散之宗族知舊。從征荆州還，太祖追念疇功殊美，恨前聽疇之讓，曰：「是成一人之志，而虧王法大制也。」於是乃復以前爵封疇。〔二〕疇上疏陳誠，以死自誓。太祖不聽，欲引拜之，至于數四，終不受。有司劾疇狷介違道，苟立小節，宜免官加刑。太祖重其事，依違者久之。乃下世子及大臣博議，世子以疇同於子文辭祿，申胥逃賞，宜勿奪以優其節。尙書令荀彧、司隸校尉鍾繇亦以爲可聽。〔三〕太祖猶欲侯之。疇素與夏侯惇善，太祖語惇曰：「且往以情喻之，自從君所言，無告吾意也。」惇就疇宿，如太祖所戒。疇揣知其指，不復發言。惇臨去，乃拊疇背曰：「田君，主意殷勤，曾不能顧乎！」疇答曰：「是何言之過也！疇，負義逃竄之人耳，蒙恩全活，為幸多矣。豈可賣盧龍之塞，以易賞祿哉？縱國私疇，疇獨不愧於心乎？將軍雅知疇者，猶復如此，若必不得已，請願效死刎首於前。」言未卒，涕泣橫流。惇具答太祖。太祖喟然知不可屈，乃拜為議郎。年四十六卒。子又早死。文帝踐阼，高疇德義，賜疇從孫續爵關內侯，以奉其嗣。

〔一〕臣松之以為田疇不應袁紹父子之命，以其非正也。故盡規魏祖，建盧龍之策。致使袁尚奔迸，投首遼東，皆疇之由也。既以明其為賊，胡為復弔祭其首乎？若以嘗被辟命，義在其中，則不應為人設謀，使其至此也。疇此舉止，良為進退無當，與王脩哭袁譚，貌同而心異也。

〔二〕先賢行狀載太祖命曰：「蓨令田疇，至節高尚，遭值州里戎夏交亂，引身深山，研精味道，百姓從之，以成都邑。袁賊之盛，命召不屈。慷慨守志，以徼真主。及孤奉詔征定河北，遂服幽都，將定胡寇，時加禮命。疇卽受署，陳建攻胡蹊路所由，率齊山民，一時向化，開塞導送，供承使役，路近而便，令虜不意。斬蹋頓于白狼，遂長驅于柳城，疇有力焉。及軍入塞，將圖其功，表封亭侯，食邑五百，而疇懇惻，前後辭賞。出入三載，歷年未賜，此為成一人之高，甚違王典，失之多矣。宜從表封，無久留吾過。」

〔三〕魏書載世子議曰：「昔薳敖逃祿，傳載其美，所以激濁世，勵貪夫，賢於尸祿素餐之人也。故可得而小，不可得而毀。至于田疇，方斯近矣。免官加刑，於法為重。」

魏略載教曰：「昔夷、齊棄爵而譏武王，可謂愚闇，孔子猶以為『求仁得仁』。疇之所守，雖不合道，但欲清高耳。使天下悉如疇志，卽墨翟兼愛尚同之事，而老聃使民結繩之道也。外議雖善，為復使令司隸以決之。」

魏書載荀彧議，以爲「君子之道，或出或處，期于爲善而已。故匹夫守志，聖人各因而成之」。鍾繇以爲「原思辭粟，仲尼不與，子路拒牛，謂之止善，雖可以激清勵濁，猶不足多也。疇雖不合大義，有益推讓之風，宜如世子議。」臣松之案呂氏春秋：「魯國之法，魯人有爲臣妾於諸侯，有能贖之者取其金於府。子貢贖人而辭不取金，孔子曰：『賜失之矣。自今以來魯人不贖矣。』子路拯溺者，其人拜之以牛，子路受之。孔子曰：『魯人必拯溺矣。』」案此語不與繇所引者相應，未詳爲繇之事誤邪，而事將別有所出〔耳〕？

王脩字叔治，北海營陵人也。年七歲喪母。母以社日亡，來歲鄰里社，脩感念母，哀甚。鄰里聞之，爲之罷社。年二十，游學南陽，止張奉舍。奉舉家得疾病，無相視者，脩親隱恤之，病愈乃去。初平中，北海孔融召以爲主簿，守高密令。高密孫氏素豪俠，人客數犯法。民有相劫者，賊入孫氏，吏不能執。脩將吏民圍之，孫氏拒守，吏民畏憚不敢近。脩令吏民：「敢有不攻者與同罪。」孫氏懼，乃出賊。由是豪彊懾服。舉孝廉，脩讓邴原，融不聽。〔一〕時天下亂，遂不行。頃之，郡中有反者。脩聞融有難，夜往奔融。賊初發，融謂左右曰：「能冒難來，唯王脩耳！」言終而脩至。復署功曹。時膠東多賊寇，復令脩守膠東令。膠東人公沙盧宗彊，自爲營塹，不肯應發調。脩獨將數騎徑入其門，斬盧兄弟，公沙氏驚愕莫敢動。脩撫慰其餘，由是寇少止。融每有難，脩雖休歸在家，無不至。融常賴脩以免。

〔一〕融集有融答脩教曰：「原之賢也，吾已知之矣。昔高陽氏有才子八人，堯不能用，舜實舉之。原可謂不患無位之士。以遺後賢，不亦可乎！」脩重辭，融答曰：「掾清身絜己，歷試諸難，謀而鮮過，惠訓不倦。余嘉乃勳，應乃懿德，用升爾于王庭，其可辭乎！」

袁譚在青州，辟脩爲治中從事，別駕劉獻數毀短脩。後獻以事當死，脩理之，得免。時人益以此多焉。袁紹又辟脩除即墨令，後復爲譚別駕。紹死，譚、尚有隙。尚攻譚，譚軍敗，脩率吏民往救譚。譚喜曰：「成吾軍者，王別駕也。」譚之敗，劉詢起兵漯陰，諸城皆應。譚歎息曰：「今舉州背叛，豈孤之不德邪！」脩曰：「東萊太守管統雖在海表，此人不反，必來。」後十餘日，統果棄其妻子來赴譚，妻子爲賊所殺，譚更以統爲樂安太守。譚復欲攻尚，脩諫曰：「兄弟還相攻擊，是敗亡之道也。」譚不悅，然知其志節。後又問脩：「計安出？」脩曰：「夫兄弟者，左右手也。譬人將鬭而斷其右手，而曰『我必勝』，若是者可乎？夫棄兄弟而不親，天下其誰親之！屬有讒人，固將交鬭其間，以求一朝之利，願明使君塞耳勿聽也。若斬佞臣數人，復相親睦，以禦四方，可以橫行天下。」譚不聽，遂與尚相攻擊，請救於太祖。太祖既破冀州，譚又叛。太祖遂引軍攻譚于南皮。脩時運糧在樂安，聞譚急，將所領兵及諸從事數十人往赴譚。至高密，聞譚死，下馬號哭曰：「無君焉歸？」遂詣太祖，乞收葬譚屍。太祖欲觀脩意，默然不應。脩復曰：「受袁氏厚恩，若得收斂譚屍，然後就戮，無所恨。」太祖嘉其義，聽之。〔一〕以脩爲督軍糧，還樂安。譚之破，諸城皆服，唯管統以樂安不從命。太祖命脩取統首，脩以統亡國之忠臣，因解其縛，使詣太祖。太祖悅而赦之。袁氏政寬，在職勢者多畜聚。太祖破鄴，籍沒審配等家財物貲以萬數。及破南皮，閱脩家，穀不滿十斛，有書數百卷。太祖歎曰：「士不妄有名。」乃禮辟爲司空掾，行司金中郎將，遷魏郡太守。爲治，抑彊扶弱，明賞罰，百姓稱之。〔二〕魏國既建，爲大司農郎中令。太祖議行肉刑，脩以爲時未可行，太祖採其議。徙爲奉常。其後嚴才反，與其徒屬數十人攻掖門。脩聞變，召車馬未至，便將官屬步至宮門。太祖在銅爵臺望見之，曰：「彼來者必王叔治也。」相國鍾繇謂脩：「舊，京城有變，九卿各居其府。」脩曰：「食其祿，焉避其難？居府雖舊，非赴難之義。」頃之，病卒官。子忠，官至東萊太守、散騎常侍。初，脩識高柔于弱冠，異王基于幼童，終皆遠至，世稱其知人。〔三〕

〔一〕傅子曰：太祖既誅袁譚，梟其首，令曰：「敢哭之者戮及妻子。」於是王叔治、田子泰相謂曰：「生受辟命，亡而不哭，非義也。畏死忘義，何以立世？」遂造其首而哭之，哀動三軍。軍正白行其戮，太祖曰：「義士也。」赦之。

臣松之案田疇傳，疇爲袁尚所辟，不被譚命。傅子合而言之，有違事實。

〔二〕魏略曰：脩爲司金中郎將，陳黃白異議，因奏記曰：「脩聞枳棘之林，無梁柱之質；涓流之水，無洪波之勢。是以在職七年，忠讜不昭於時，功業不見於事，欣於所受，俯慚不報，未嘗不長夜起坐，中飯釋餐。何者？力少任重，不堪而懼也。謹貢所議如左。」太祖甚然之，乃與脩書曰：「君澡身浴德，流聲本州，忠能成績，爲世美談，名實相副，過人甚遠。孤以心知君，至深至熟，非徒耳目而已也。察觀先賢之論，多以鹽鐵之利，足贍軍國之用。昔孤初立司金之官，念非屈君，餘無可者。故與君教曰：『昔遏父陶正，民賴其器用，及子嬀滿，建侯于陳；近桑弘羊，位至三公。此君元龜之兆先告者也』，是孤用君之本言也，或恐衆人未曉此意。自是以來，在朝之士，每得一顯選，常舉君爲首，及聞袁軍師衆賢之議，以爲不宜越君。然孤執心將有所底，以軍師之職，閑於司金，至於建功，重於軍師。孤之精誠，足以達君；君之察孤，足以不疑。但恐傍人淺見，以蠡測海，爲蛇畫足，將言前後百選，輒不用之，而使此君沉滯冶官。張甲李乙，尙猶先之，此主人意待之不優之效也。孤懼有此空聲冒實，淫鼃亂耳。假有斯事，亦庶鍾期不失聽也；若其無也，過備何害？昔宣帝察少府蕭望之才任宰相，故復出之，令爲馮翊。從正卿往，似於左遷。上使侍中宣意曰：『君守平原日淺，故復試君三輔，非有所間也。』孤揆先主中宗之意，誠備此事。既君崇勳業以副孤意。公叔文子與君俱升，獨何人哉！」後無幾而遷魏郡太守。

〔三〕王隱晉書曰：脩一子，名儀，字朱表，高亮雅直。司馬文王爲安東，儀爲司馬。東關之敗，文王曰：「近日之事，誰任其咎？」儀曰：「責在軍帥。」文王怒曰：「司馬欲委罪於孤邪？」遂殺之。子裒，字偉元。少立操尙，非禮不動。身長八尺四寸，容貌絕異。痛父不以命終，絕世不仕。立屋墓側，以教授爲務。旦夕常至墓前拜，輒悲號斷絕。墓前有一柏樹，裒常所攀援，涕泣所著，樹色與凡樹不同。讀詩至「哀哀父母，生我勞悴」，未嘗不反覆流涕，泣下沾襟。家貧躬耕，計口而田，度身而蠶。諸生有密爲裒刈麥者，裒遂棄之；自是莫敢復佐刈者。裒門人爲本縣所役，求裒爲屬，裒曰：「卿學不足以庇身，吾德薄不足以蔭卿，屬之何益？且吾不捉筆已四十年。」乃步擔乾飯，兒負鹽豉，門徒從者千餘人。安丘令以爲見己，整衣出迎之於門。裒乃下道至土牛，磬折而立。云：「門生爲縣所役，故來送別。」執手涕泣而去。令卽放遣諸生，一縣以爲恥。同縣管彥，少有才力，未知名，裒獨以爲當自達，常友愛之；男女各始生，共許為婚。彥果為西夷校尉。裦後更以女嫁人，彥弟馥問裦，裦曰：「吾薄志畢願，山藪自處，姊妹皆遠，吉凶斷絕，以此自誓。賢兄子葬父於帝都，此則洛陽之人也，豈吾欲婚之本指邪？」馥曰：「嫂，齊人也。當還臨淄。」裦曰：「安有葬父河南，隨妻還齊！用意如此，何婚之有？」遂不婚。

邴春者，根矩之後也。少立志操，寒苦自居，負笈游學，身不停家，鄉邑翕然，以為能係其先也。裦以為春性險狹，慕名意多，終必不成，及後春果無學業，流離遠外，有識以此歸之。裦常以為人所行，其當歸於善道，不可以己所能而責人所不能也。有致遺者，皆不受。及洛都傾覆，寇賊蠭起，裦宗親悉欲移江東，裦戀墳壠。賊大盛，乃南達泰山郡。裦思土不肯去，賊害之。

漢晉春秋曰：裦與濟南劉兆字延世，俱以不仕顯名。裦以父為文王所濫殺，終身不應徵聘，未嘗西向坐，以示不臣於晉也。

魏略純固傳以脂習、王脩、龐淯、文聘、成公英、郭憲、單固七人為一傳。其脩、淯、聘三人自各有傳，成公英別見張既傳，單固見王淩傳，餘習、憲二人列于脩傳後也。

脂習字元升，京兆人也。中平中仕郡，公府辟，舉高第，除太醫令。天子西遷及東詣許昌，習常隨從。與少府孔融親善。太祖為司空，威德日盛，而融故以舊意，書疏倨傲。習常責融，欲令改節，融不從。會融被誅，當時許中百官先與融親善者，莫敢收恤，而習獨往撫而哭之曰：「文舉，卿捨我死，我當復與誰語者？」哀歎無已。太祖聞之，收習，欲理之，尋以其事直見原，徙許東土橋下。習後見太祖，陳謝前愆。太祖呼其字曰：「元升，卿故慷慨！」因問其居處，以新移徙，賜穀百斛。至黃初，詔欲用之，以其年老，然嘉其敦舊，有欒布之節，賜拜中散大夫。還家，年八十餘卒。

郭憲字幼簡，西平人，爲其郡右姓。建安中爲郡功曹，州辟不就，以仁篤爲一郡所歸。至十七年，韓約失衆，從羌中還，依憲。衆人多欲取約以徼功，而憲皆責怒之，言：「人窮來歸我，云何欲危之？」遂擁護厚遇之。其後約病死，而田樂、陽逵等就斬約頭，當送之。逵等欲條疏憲名，憲不肯在名中，言我尚不忍生圖之，豈忍取死人以要功乎？逵等乃止。時太祖方攻漢中，在武都，而逵等送約首到。太祖宿聞憲名，及視條疏，怪不在中，以問逵等，逵具以情對。太祖歎其志義，乃并表列與逵等並賜爵關內侯，由是名震隴右。黃初元年病亡。正始初，國家追嘉其事，復賜其子爵關內侯。

邴原字根矩，北海朱虛人也。少與管寧俱以操尚稱，州府辟命皆不就。黃巾起，原將家屬入海，住鬱洲山中。時孔融爲北海相，舉原有道。原以黃巾方盛，遂至遼東，與同郡劉政俱有勇略雄氣。遼東太守公孫度畏惡欲殺之，盡收捕其家，政得脫。度告諸縣：「敢有藏政者與同罪。」政窘急，往投原，〔一〕原匿之月餘，時東萊太史慈當歸，原因以政付之。既而謂度曰：「將軍前日欲殺劉政，以其爲己害。今政已去，君之害豈不除哉！」度曰：「然。」原曰：「君之畏政者，以其有智也。今政已免，智將用矣，尚奚拘政之家？不若赦之，無重怨。」度乃出之。原又資送政家，皆得歸故郡。原在遼東，一年中往歸原居者數百家，游學之士，教授之聲，不絕。

〔一〕魏氏春秋曰：政投原曰：「窮鳥入懷。」原曰：「安知斯懷之可入邪？」

後得歸，太祖辟爲司空掾。原女早亡，時太祖愛子倉舒亦沒，太祖欲求合葬，原辭曰：「合葬，非禮也。原之所以自容於明公，公之所以待原者，以能守訓典而不易也。若聽明公之命，則是凡庸也，明公焉以爲哉？」太祖乃止，徙署丞相徵事。〔一〕崔琰爲東曹掾，記讓曰：「徵事邴原、議郎張範，皆秉德純懿，志行忠方，清靜足以厲俗，貞固足以幹事，所謂龍翰鳳翼，國之重寶。舉而用之，不仁者遠。」代涼茂爲五官將長史，閉門自守，非公事不出。太祖征吳，原從行，卒。〔二〕

〔一〕獻帝起居注曰：建安十五年，初置徵事二人，原與平原王烈俱以選補。

〔二〕原別傳曰：原十一而喪父，家貧，早孤。鄰有書舍，原過其旁而泣。師問曰：「童子何悲？」原曰：「孤者易傷，貧者易感。夫書者，必皆具有父兄者，一則羨其不孤，二則羨其得學，心中惻然而爲涕零也。」師亦哀原之言而爲之泣曰：「欲書可耳！」答曰：「無錢資。」師曰：「童子苟有志，我徒相教，不求資也。」於是遂就書。一冬之間，誦孝經、論語。自在童齓之中，嶷然有異。及長，金玉其行。欲遠游學，詣安丘孫崧。崧辭曰：「君鄉里鄭君，君知之乎？」原答曰：「然。」崧曰：「鄭君學覽古今，博聞彊識，鉤深致遠，誠學者之師模也。君乃舍之，躡屣千里，所謂以鄭爲東家丘者也。君似不知而曰然者，何？」原曰：「先生之說，誠可謂苦藥良鍼矣；然猶未達僕之微趣也。人各有志，所規不同，故乃有登山而採玉者，有入海而採珠者，豈可謂登山者不知海之深，入海者不知山之高哉！君謂僕以鄭爲東家丘，君以僕爲西家愚夫邪？」崧辭謝焉。又曰：「兖、豫之士，吾多所識，未有若君者；當以書相分。」原重其意，難辭之，持書而別。原心以爲求師啓學，志高者通，非若交游待分而成也。書何爲哉？乃藏書於家而行。原舊能飲酒，自行之後，八九年間，酒不向口。單步負笈，苦身持力，至陳留則師韓子助，潁川則宗陳仲弓，汝南則交范孟博，涿郡則親盧子幹。臨別，師友以原不飲酒，會米肉送原。原曰：「本能飲酒，但以荒思廢業，故斷之耳。今當遠別，因見貺餞，可一飲讌。」於是共坐飲酒，終日不醉。歸以書還孫崧，解不致書之意。後爲郡所召，署功曹主簿。時魯國孔融在郡，教選計當任公卿之才，乃以鄭玄爲計掾，彭璆爲計吏，原爲計佐。融有所愛一人，常盛嗟歎之。後恚望，欲殺之，朝吏皆請。時其人亦在坐，叩頭流血，而融意不解。原獨不爲請。融謂原曰：「衆皆請而君何獨不？」原對曰：「明府於某，本不薄也，常言歲終當舉之，此所謂『吾一子』也。如是，朝吏受恩未有在某前者矣，而今乃欲殺之。明府愛之，則引而方之於子，憎之，則推之欲危其身。原愚，不知明府以何愛之？以何惡之？」融曰：「某生于微門，吾成就其兄弟，拔擢而用之；某今孤負恩施。夫善則進之，惡則誅之，固君道也。往者應仲遠爲泰山太守，舉一孝廉，旬月之閒而殺之。夫君人者，厚薄何常之有！」原對曰：「仲遠舉孝廉，殺之，其義焉在？夫孝廉，國之俊選也。舉之若是，則殺之非也；若殺之是，則舉之非也。詩云：『彼己之子，不遂其媾。』蓋譏之也。語云：『愛之欲其生，惡之欲其死。既欲其生，又欲其死，是惑也。』仲遠之惑甚矣。明府奚取焉？」融乃大笑曰：「吾直戲耳！」原又曰：「君子於其言，出乎身，加乎民；言行，君子之樞機也。安有欲殺人而可以爲戲者哉？」融無以答。是時漢朝陵遲，政以賄成，原乃將家人入鬱洲山中。郡舉有道，融書喻原曰：「脩性保貞，清虛守高，危邦不入，久潛樂土。王室多難，西遷鎬京。聖朝勞謙，疇咨雋乂。我徂求定，策命懇惻。國之將隕，嫠不恤緯，家之將亡，緹縈跋涉，彼匹婦也，猶執此義。實望根矩，仁爲己任，授手援溺，振民於難。乃或晏晏居息，莫我肯顧，謂之君子，固如此乎！根矩，根矩，可以來矣！」原遂到遼東。遼東多虎，原之邑落獨無虎患。原嘗行而得遺錢，拾以繫樹枝，此錢既不見取，而繫錢者愈多。問其故，答者謂之神樹。原惡其由己而成淫祀，乃辨之，於是里中遂斂其錢以爲社供。後原欲歸鄉里，止於三山。孔融書曰：「隨會在秦，賈季在翟，諮仰靡所，歎息增懷。頃知來至，近在三山。詩不云乎，『來歸自鎬，我行永久』。今遣五官掾，奉問榜人舟楫之勞，禍福動靜告慰。亂階未已，阻兵之雄，若棊弈爭梟。」原於是遂復反還。積十餘年，後乃遁還。南行已數日，而度甫覺。度知原之不可復追也，因曰：「邴君所謂雲中白鶴，非鶉鷃之網所能羅矣。又吾自遣之，勿復求也。」遂免危難。自反國土，原於是講述禮樂，吟詠詩書，門徒數百，服道數十。時鄭玄博學洽聞，註解典籍，故儒雅之士集焉。原亦自以高遠清白，頤志澹泊，口無擇言，身無擇行，故英偉之士向焉。是時海內清議，云青州有邴、鄭之學。魏太祖爲司空，辟原署東閤祭酒。太祖北伐三郡單于，還住昌國，燕士大夫。酒酣，太祖曰：「孤反，鄴守諸君必將來迎，今日明旦，度皆至矣。其不來者，獨有邴祭酒耳！」言訖未久，而原先至。門下通謁，太祖大驚喜，攬履而起，遠出迎原曰：「賢者誠難測度！孤謂君將不能來，而遠自屈，誠副饑虛之心。」謁訖而出，軍中士大夫詣原者數百人。太祖怪而問之，時荀文若在坐，對曰：「獨可省問邴原耳！」太祖曰：「此君名重，乃亦傾士大夫心？」文若曰：「此一世異人，士之精藻，公宜盡禮以待之。」太祖曰：「固孤之宿心也。」自是之後，見敬益重。原雖在軍歷署，常以病疾，高枕里巷，終不當事，又希會見。河內張範，名公之子也，其志行有與原符，甚相親敬。令曰：「邴原名高德大，清規邈世，魁然而峙，不爲孤用。聞張子頗欲學之，吾恐造之者富，隨之者貧也。」魏太子爲五官中郎將，天下向慕，賓客如雲，而原獨守道持常，自非公事不妄舉動。太祖微使人從容問之，原曰：「吾聞國危不事冢宰，君去不奉世子，此典制也。」於是乃轉五官長史，令曰：「子弱不才，懼其難正，貪欲相屈，以匡勵之。雖云利賢，能不恧恧！」太子燕會，衆賓百數十人，太子建議曰：「君父各有篤疾，有藥一丸，可救一人，當救君邪，父邪？」衆人紛紜，或父或君。時原在坐，不與此論。太子諮之于原，原悖然對曰：「父也。」太子亦不復難之。

是後大鴻臚鉅鹿張泰、河南尹扶風龐迪以清賢稱，〔一〕永寧太僕東郡張閣以簡質聞。〔二〕

〔一〕荀綽冀州記曰：鉅鹿張貔，字邵虎。祖父泰，字伯陽，有名於魏。父邈，字叔遼，遼東太守。著名自然好學論，在嵇康集。爲人弘深有遠識，恢恢然，使求之者莫之能測也。官歷二(官)〔宮〕，元康初爲城陽太守，未行而卒。

〔二〕杜恕著家戒稱閣曰：「張子臺，視之似鄙樸人，然其心中不知天地閒何者爲美，何者爲好，敦然似如與陰陽合德者。作人如此，自可不富貴，然而患禍當何從而來？世有高亮如子臺者，皆多力慕，體之不如也。」

管寧字幼安，北海朱虛人也。〔一〕年十六喪父，中表愍其孤貧，咸共贈賵，悉辭不受，稱財以送終。長八尺，美須眉。與平原華歆、同縣邴原相友，俱游學於異國，並敬善陳仲弓。天下大亂，聞公孫度令行於海外，遂與原及平原王烈等至于遼東。度虛館以候之。既往見度，乃廬於山谷。時避難者多居郡南，而寧居北，示無遷志，後漸來從之。太祖爲司空，辟寧，度子康絕命不宣。〔二〕

〔一〕傅子曰：齊相管仲之後也。昔田氏有齊而管氏去之，或適魯，或適楚。漢興有管少卿爲燕令，始家朱虛，世有名節，九世而生寧。

〔二〕傅子曰：寧往見度，語惟經典，不及世事。還乃因山爲廬，鑿坏爲室。越海避難者，皆來就之而居，旬月而成邑。遂講詩、書，陳俎豆，飾威儀，明禮讓，非學者無見也。由是度安其賢，民化其德。邴原性剛直，清議以格物，度已下心不安之。寧謂原曰：「潛龍以不見成德，言非其時，皆招禍之道也。」密遣令西還。度庶子康代居郡，外以將軍太守爲號，而內實有王心，卑己崇禮，欲官寧以自鎮輔，而終莫敢發言，其敬憚如此。皇甫謐高士傳曰：寧所居屯落，會井汲者，或男女雜錯，或爭井鬭鬩。寧患之，乃多買器，分置井傍，汲以待之，又不使知。來者得而怪之，問知寧所爲，乃各相責，不復鬭訟。鄰有牛暴寧田者，寧爲牽牛着涼處，自爲飲食，過於牛主。牛主得牛，大慚，若犯嚴刑。是以左右無鬭訟之聲，禮讓移于海表。

王烈者，字彥方，於時名聞在原、寧之右。辭公孫度長史，商賈自穢。太祖命爲丞相掾，徵事未至，卒於海表。〔一〕

〔一〕先賢行狀曰：烈通識達道，秉義不回。以潁川陳太丘爲師，二子爲友。時潁川荀慈明、賈偉節、李元禮、韓元長皆就陳君學，見烈器業過人，歎服所履，亦與相親。由是英名著於海內。道成德立，還歸舊廬，遂遭父喪，泣淚三年。遇歲饑饉，路有餓殍，烈乃分釜庾之儲，以救邑里之命。是以宗族稱孝，鄉黨歸仁。以典籍娛心，育人爲務，遂建學校，敦崇庠序。其誘人也，皆不因其性氣，誨之以道，使之從善遠惡。益者不自覺，而大化隆行，皆成寶器。門人出入，容止可觀，時在市井，行步有異，人皆別之。州閭成風，咸競爲善。時國中有盜牛者，牛主得之。盜者曰：「我邂逅迷惑，從今已後將爲改過。子既已赦宥，幸無使王烈聞之。」人有以告烈者，烈以布一端遺之。或問：「此人既爲盜，畏君聞之，反與之布，何也？」烈曰：「昔秦穆公，人盜其駿馬食之，乃賜之酒。盜者不愛其死，以救穆公之難。今此盜人能悔其過，懼吾聞之，是知恥惡。知恥惡，則善心將生，故與布勸爲善也。」閒年之中，行路老父擔重，人代擔行數十里，欲至家，置而去，問姓名，不以告。頃之，老父復行，失劍於路。有人行而遇之，欲置而去，懼後人得之，劍主於是永失，欲取而購募，或恐差錯，遂守之。至暮，劍主還見之，前者代擔人也。老父擧其袂，問曰：「子前者代吾擔，不得姓名，今子復守吾劍于路，未有若子之仁，請子告吾姓名，吾將以告王烈。」乃語之而去。老父以告烈，烈曰：「世有仁人，吾未之見。」遂使人推之，乃昔時盜牛人也。烈歎曰：「韶樂九成，虞賓以和；人能有感，乃至於斯也！」遂使國人表其閭而異之。時人或訟曲直，將質於烈，或至塗而反，或望廬而還，皆相推以直，不敢使烈聞之。時國主皆親騶乘適烈私館，疇諮政令。察孝廉，三府並辟，皆不就。會董卓作亂，避地遼東，躬秉農器，編於四民，布衣蔬食，不改其樂。東域之人，奉之若君。時衰世弊，識眞者少，朋黨之人，互相讒謗。自避世在東國者，多爲人所害，烈居之歷年，未嘗有患。使遼東强不淩弱，衆不暴寡，商賈之人，市不二價。太祖累徵召，遼東爲解而不遣。以建安二十三年寢疾，年七十八而終。

中國少安，客人皆還，唯寧晏然若將終焉。黃初四年，詔公卿擧獨行君子，司徒華歆薦寧。文帝卽位，徵寧，遂將家屬浮海還郡，公孫恭送之南郊，加贈服物。自寧之東也，度、康、恭前後所資遺，皆受而藏諸。旣已西渡，盡封還之。〔一〕詔以寧爲太中大夫，固辭不受。〔二〕明帝卽位，太尉華歆遜位讓寧，〔三〕遂下詔曰：「太中大夫管寧，耽懷道德，服膺六藝，清虛足以侔古，廉白可以當世。曩遭王道衰缺，浮海遁居，大魏受命，則襁負而至，斯蓋應龍潛升之道，聖賢用舍之義。而黃初以來，徵命屢下，每輒辭疾，拒違不至。豈朝廷之政，與生殊趣，將安樂山林，往而不能反乎！夫以姬公之聖，而耇德不降，則鳴鳥弗聞。〔四〕以秦穆之賢，猶思詢乎黃髮。況朕寡德，曷能不願聞道于子大夫哉！今以寧爲光祿勳。禮有大倫，君臣之道，不可廢也。望必速至，稱朕意焉。」又詔青州刺史曰：「寧抱道懷貞，潛翳海隅，比下徵書，違命不至，盤桓利居，高尚其事。雖有素履幽人之貞，而失考父茲恭之義，使朕虛心引領歷年，其何謂邪？徒欲懷安，必肆其志，不惟古人亦有翻然改節以隆斯民乎！日逝月除，時方已過，澡身浴德，將以曷爲？仲尼有言：『吾非斯人之徒與而誰與哉！』其命別駕從事郡丞掾，奉詔以禮發遣寧詣行在所，給安車、吏從、茵蓐、道上廚食，上道先奏。」寧稱草莽臣上疏曰：「臣海濱孤微，罷農無伍，祿運幸厚。橫蒙陛下纂承洪緒，德侔三皇，化溢有唐。久荷渥澤，積祀一紀，不能仰答陛下恩養之福。沈委篤痾，寢疾彌留，逋違臣隸顛倒之節，夙宵戰怖，無地自厝。臣元年十一月被公車司馬令所下州郡，八月甲申詔書徵臣，更賜安車、衣被、茵蓐，以禮發遣，光寵並臻，優命屢至，怔營竦息，悼心失圖。思自陳聞，申展愚情，而明詔抑割，不令稍修章表，是以鬱滯，訖于今日。誠謂乾覆，恩有紀極，不意靈潤，彌以隆赫。奉今年二月被州郡所下三年十二月辛酉詔書，重賜安車、衣服，別駕從事與郡功曹以禮發遣，又特被璽書，以臣爲光祿勳，躬秉勞謙，引喻周、秦，損上益下。受詔之日，精魄飛散，靡所投死。臣重自省揆，德非園、綺而蒙安車之榮，功無竇融而蒙璽封之寵，楶棁駑下，荷棟梁之任，垂沒之命，獲九棘之位，懼有朱博鼓妖之眚。又年疾日侵，有加無損，不任扶輿進路以塞元責。望慕閶闔，徘徊闕庭，謹拜章陳情，乞蒙哀省，抑恩聽放，無令骸骨塡于衢路。」自黃初至于青龍，徵命相仍，常以八月賜牛酒。詔書問青州刺史程喜：

「寧爲守節高乎，審老疾尪頓邪？」喜上言：「寧有族人管貢爲州吏，與寧鄰比，臣常使經營消息。貢說：『寧常著皁帽、布襦袴、布裙，隨時單複，出入閨庭，能自任杖，不須扶持。四時祠祭，輒自力强，改加衣服，著絮巾，故在遼東所有白布單衣，親薦饌饋，跪拜成禮。寧少而喪母，不識形象，常特加觴，泫然流涕。又居宅離水七八十步，夏時詣水中澡灑手足，闚於園圃。』臣揆寧前後辭讓之意，獨自以生長潛逸，耆艾智衰，是以棲遲，每執謙退。此寧志行所欲必全，不爲守高。」〔五〕

〔一〕傅子曰：是時康又已死，嫡子不立而立弟恭，恭懦弱，而康孽子淵有儁才。寧曰：「廢嫡立庶，下有異心，亂之所由起也。」乃將家屬乘海卽受徵。寧在遼東，積三十七年乃歸，其後淵果襲奪恭位，叛國家而南連吳，僭號稱王，明帝使相國宣文侯征滅之。遼東之死者以萬計，如寧所籌。寧之歸也，海中遇暴風，船皆沒，唯寧乘船自若。時夜風晦冥，船人盡惑，莫知所泊。望見有火光，輒趣之，得島。島無居人，又無火燼，行人咸異焉，以爲神光之祐也。皇甫謐曰：「積善之應也。」

〔二〕傅子曰：寧上書天子，且以疾辭，曰：「臣聞傅說發夢，以感殷宗，呂尙啓兆，以動周文，以通神之才悟於聖主，用能匡佐帝業，克成大勳。臣之器朽，實非其人。雖貪清時，釋體蟬蛻。內省頑病，日薄西山。唯陛下聽野人山藪之願，使一老者得盡微命。」書奏，帝親覽焉。

〔三〕傅子曰：司空陳羣又薦寧曰：「臣聞王者顯善以消惡，故湯擧伊尹，不仁者遠。伏見徵士北海管寧，行爲世表，學任人師，清儉足以激濁，貞正足以矯時。前雖徵命，禮未優備。昔司空荀爽，家拜光祿，先儒鄭玄，卽授司農，若加備禮，庶必可致。至延西序，坐而論道，必能昭明古今，有益大化。」

〔四〕尙書君奭曰：「耇造德不降，我則鳴鳥不聞，矧曰其有能格。」鄭玄曰：「耇，老也。造，成也。詩云：『小子有造。』老成德之人，不降志與我並在位，則鳴鳥之聲不得聞，況乃曰有能德格於天者乎！言必無也。鳴鳥謂鳳也。」

〔五〕高士傳曰：管寧自越海及歸，常坐一木榻，積五十餘年，未嘗箕股，其榻上當膝處皆穿。

正始二年，太僕陶丘一、永寧衞尉孟觀、侍中孫邕、中書侍郎王基薦寧曰：

臣聞龍鳳隱耀，應德而臻，明哲潛遁，俟時而動。是以鸞鷟鳴岐，周道隆興，四皓爲佐，漢帝用康。伏見太中大夫管寧，應二儀之中和，總九德之純懿，含章素質，冰絜淵清，玄虛澹泊，與道逍遙；娛心黃老，游志六藝，升堂入室，究其閫奥，韜古今於胸懷，包道德之機要。中平之際，黃巾陸梁，華夏傾蕩，王綱弛頓。遂避時難，乘桴越海，羈旅遼東三十餘年。在乾之姤，匿景藏光，嘉遁養浩，韜韞儒墨，潛化傍流，暢于殊俗。

黃初四年，高祖文皇帝疇諮羣公，思求雋乂，故司徒華歆舉寧應選，公車特徵，振翼遐裔，翻然來翔。行遇屯厄，遭罹疾病，即拜太中大夫。烈祖明皇帝嘉美其德，登爲光祿勳。寧疾彌留，未能進道。今寧舊疾已瘳，行年八十，志無衰倦。環堵篳門，偃息窮巷，飯鬻餬口，并日而食，吟詠詩書，不改其樂。困而能通，遭難必濟，經危蹈險，不易其節，金聲玉色，久而彌彰。揆其終始，殆天所祚，當贊大魏，輔亮雍熙。衮職有闕，羣下屬望。昔高宗刻象，營求賢哲，周文啓龜，以卜良佐。況寧前朝所表，名德已著，而久棲遲，未時引致，非所以奉遵明訓，繼成前志也。陛下踐阼，纂承洪緒。聖敬日躋，超越周成。每發德音，動諮師傅。若繼二祖招賢故典，賓禮儁邁，以廣緝熙，濟濟之化，侔于前代。

寧清高恬泊，擬跡前軌，德行卓絕，海內無偶。歷觀前世玉帛所命，申公、枚乘、周黨、樊英之儔，測其淵源，覽其清濁，未有厲俗獨行若寧者也。誠宜束帛加璧，備禮徵聘，仍授几杖，延登東序，敷陳墳素，坐而論道，上正璇璣，協和皇極，下阜羣生，彝倫攸敍，必有可觀，光益大化。若寧固執匪石，守志箕山，追迹洪崖，參蹤巢、許。斯亦聖朝同符唐、虞，優賢揚歷，垂聲千載。〔一〕雖出處殊塗，俯仰異體，至於興治美俗，其揆一也。

〔一〕今文尚書曰「優賢揚歷」，謂揚其所歷試。左思魏都賦曰「優賢著于揚歷」也。

於是特具安車蒲輪，束帛加璧聘焉。會寧卒，時年八十四。拜子邈郎中，後爲博士。初，寧妻先卒，知故勸更娶，寧曰：「每省曾子、王駿之言，意常嘉之，豈自遭之而違本心哉？」〔一〕

〔一〕傅子曰：寧以衰亂之時，世多妄變氏族者，違聖人之制，非禮命姓之意，故著氏姓論以原本世系，文多不載。每所居姻親、知舊、鄰里有困窮者，家儲雖不盈擔石，必分以贍救之。與人子言，教以孝；與人弟言，訓以悌；言及人臣，誨以忠。貌甚恭，言甚順，觀其行，邈然若不可及，即之熙熙然，甚柔而溫，因其事而導之於善，是以漸之者無不化焉。寧之亡，天下知與不知，聞之無不嗟歎。醇德之所感若此，不亦至乎！

時鉅鹿張臶，字子明，潁川胡昭，字孔明，亦養志不仕。臶少游太學，學兼內外，後歸鄉里。袁紹前後辟命，不應，移居上黨。并州牧高幹表除樂平令，不就，徙遁常山，門徒且數百人，遷居任縣。太祖為丞相，辟，不詣。太和中，詔求隱學之士能消災復異者，郡累上臶，發遣，老病不行。廣平太守盧毓到官三日，綱紀白承前致版謁臶。毓教曰：「張先生所謂上不事天子，下不友諸侯者也。此豈版謁所可光飾哉！」但遣主簿奉書致羊酒之禮。青龍四年辛亥詔書：「張掖郡玄川溢涌，激波奮蕩，寶石負圖，狀像靈龜，宅于川西，嶷然磐峙，倉質素章，麟鳳龍馬，煥炳成形，文字告命，粲然著明。太史令高堂隆上言：古皇聖帝所未嘗蒙，實有魏之禎命，東序之世寶。」〔一〕事頒天下。任令于綽連齎以問臶，臶密謂綽曰：「夫神以知來，不追已往，禎祥先見而後廢興從之。漢已久亡，魏已得之，何所追興徵祥乎！此石，當今之變異而將來之禎瑞也。」正始元年，戴鵀之鳥，巢臶門陰。臶告門人曰：「夫戴鵀陽鳥，而巢門陰，此凶祥也。」乃援琴歌詠，作詩二篇，旬日而卒，時年一百五歲。是歲，廣平太守王肅至官，教下縣曰：「前在京都，聞張子明，來至問之，會其已亡，致痛惜之。此君篤學隱居，不與時競，以道樂身。昔絳縣老人屈在泥塗，趙孟升之，諸侯用睦。愍其耄勤好道，而不蒙榮寵，書到，遣吏勞問其家，顯題門戶，務加殊異，以慰既往，以勸將來。」

〔一〕尚書顧命篇曰：「大玉、夷玉、天球、河圖在東序。」注曰：「河圖，圖出於河，帝王聖者之所受。」

胡昭始避地冀州，亦辭袁紹之命，遁還鄉里。太祖爲司空丞相，頻加禮辟。昭往應命，既至，自陳一介野生，無軍國之用，歸誠求去。太祖曰：「人各有志，出處異趣，勉卒雅尚，義不相屈。」昭乃轉居陸渾山中，躬耕樂道，以經籍自娛。閭里敬而愛之。〔一〕建安二十三年，陸渾長張固被書調丁夫，當給漢中。百姓惡憚遠役，並懷擾擾。民孫狼等因興兵殺縣主簿，作爲叛亂，縣邑殘破。固率將十餘吏卒，依昭住止，招集遺民，安復社稷。狼等遂南附關羽。羽授印給兵，還爲寇賊，到陸渾南長樂亭，自相約誓，言：「胡居士賢者也，一不得犯其部落。」一川賴昭，咸無怵惕。天下安輯，徙宅宜陽。〔二〕正始中，驃騎將軍趙儼、尚書黃休、郭彝、散騎常侍荀顗、鍾毓、太僕庾嶷、〔三〕弘農太守何楨等〔四〕遞薦昭曰：「天眞高絜，老而彌篤。玄虛靜素，有夷、皓之節。宜蒙徵命，以勵風俗。」〔五〕至嘉平二年，公車特徵，會卒，年八十九。拜子纂郎中。初，昭善史書，與鍾繇、邯鄲淳、衞覬、韋誕並有名，尺牘之迹，動見模楷焉。〔六〕

〔一〕高士傳曰：初，晉宣帝爲布衣時，與昭有舊。同郡周生等謀害帝，昭聞而步陟險，邀生于崤、澠之間，止生，生不肯。昭泣與結誠，生感其義，乃止。昭因與斫棗樹共盟而別。昭雖有陰德於帝，口終不言，人莫知之。信行著於鄉黨。建安十六年，百姓聞馬超叛，避兵入山者千餘家，飢乏，漸相劫略，昭常遜辭以解之，是以寇難消息，衆咸宗焉。故其所居部落中，三百里無相侵暴者。

〔二〕高士傳曰：幽州刺史杜恕嘗過昭所居草廬之中，言事論理，辭意謙敬，恕甚重焉。太尉蔣濟辟，不就。

〔三〕案庾氏譜：嶷字劭然，潁川人。子龕字玄默，晉尚書、陽翟子。嶷弟遁，字德先，太中大夫。遁胤嗣克昌，爲世盛門。侍中峻、河南尹純，皆遁之子，豫州牧長史顗，遁之孫，太尉文康公亮、司空冰皆遁之曾孫，貴達至今。

〔四〕文士傳曰：楨字元幹，廬江人，有文學器幹，容貌甚偉。歷幽州刺史、廷尉，入晉爲尚書光祿大夫。楨子龕，後將軍；勗，車騎將軍；惲，豫州刺史；其餘多至大官。自後累世昌阜，司空文穆公充，惲之孫也，貴達至今。

〔五〕高士傳曰：朝廷以戎車未息，徵命之事，且須後之，昭以故不即徵。後顗、休復與庾嶷薦昭，有詔訪於本州評議。侍中韋誕駁曰：「禮賢徵士，王政之所重也，古者考行於鄉。今顗等位皆常伯納言，嶷爲卿佐，足以取信。附下罔上，忠臣之所不行也。昭宿德耆艾，遺逸山林，誠宜嘉異。」乃從誕議也。

〔六〕傅子曰：胡徵君怡怡無不愛也，雖僕隸，必加禮焉。外同乎俗，內秉純絜，心非其好，王公不能屈，年八十而不倦於書籍者，吾於胡徵君見之矣。

時有隱者焦先，河東人也。魏略曰：先字孝然。中平末，白波賊起。時先年二十餘，與同郡侯武陽相隨。武陽年小，有母，先與相扶接，避白波，東客揚州取婦。建安初來西還，武陽詣大陽占戶，先留陝界。至十六年，關中亂。先失家屬，獨竄於河渚間，食草飲水，無衣履。時大陽長朱南望見之，謂爲亡士，欲遣船捕取。武陽語縣：「此狂癡人耳！」遂注其籍。給廩，日五升。後有疫病，人多死者，縣常使埋藏，童兒豎子皆輕易之。然其行不踐邪徑，必循阡陌；及其捃拾，不取大穗；飢不苟食，寒不苟衣，結草以爲裳，科頭徒跣。每出，見婦人則隱翳，須去乃出。自作一瓜牛廬，淨掃其中。營木爲牀，布草蓐其上。至天寒時，搆火以自炙，呻吟獨語。飢則出爲人客作，飽食而已，不取其直。又出於道中，邂逅與人相遇，輒下道藏匿。或問其故，常言「草茅之人，與狐兔同羣」。不肯妄語。太和、青龍中，嘗持一杖南渡淺河水，輒獨云未可也，由是人頗疑其不狂。至嘉平中，太守賈穆初之官，故過其廬。先見穆再拜。穆與語，不應；與食，不食。穆謂之曰：「國家使我來爲卿作君，我食卿，卿不肯食，我與卿語，卿不應我，如是，我不中爲卿作君，當去耳！」先乃曰：「寧有是邪？」遂不復語。其明年，大發卒將伐吳。有竊問先：「今討吳何如？」先不肯應，而謬歌曰：「祝衂祝衂，非魚非肉，更相追逐，本心爲當殺牂羊，更殺其羖䍽邪！」郡人不知其謂。會諸軍敗，好事者乃推其意，疑牂羊謂吳，羖䍽謂魏，於是後人僉謂之隱者也。議郎河東董經特嘉異節，與先非故人，密往觀之。經到，乃奮其白鬚，爲如與之有舊者，謂曰：「阿先闊乎！念共避白波時不？」先熟視而不言。經素知其昔受武陽恩，因復曰：「念武陽不邪？」先乃曰：「已報之矣。」經又復挑欲與語，遂不肯復應。後歲餘病亡，時年八十九矣。

高士傳曰：世莫知先所出。或言生乎漢末，自陜居大陽，無父母兄弟妻子。見漢室衰，乃自絕不言。及魏受禪，常結草爲廬於河之湄，獨止其中。冬夏恒不着衣，臥不設席，又無草蓐，以身親土，其體垢汙皆如泥漆，五形盡露，不行人間。或數日一食，欲食則爲人賃作，人以衣衣之，乃使限功受直，足得一食輒去，人欲多與，終不肯取，亦有數日不食時。行不由邪徑，目不與女子逆視。口未嘗言，雖有驚急，不與人語。遺以食物皆不受。河東太守杜恕嘗以衣服迎見，而不與語。司馬景王聞而使安定太守董經因事過視，又不肯語，經以爲大賢。其後野火燒其廬，先因露寢。遭冬雪大至，先袒臥不移，人以爲死，就視如故，不以爲病，人莫能審其意。度年可百歲餘乃卒。或問皇甫謐曰：「焦先何人？」曰：「吾不足以知之也。考之於表，可略而言矣。夫世之所常趣者榮味也，形之所不可釋者衣裳也，身之所不可離者室宅也，口之所不能已者言語也，心之不可絕者親戚也。今焦先棄榮味，釋衣服，離室宅，絕親戚，閉口不言，曠然以天地為棟宇，闇然合至道之前，出羣形之表，入玄寂之幽，一世之人不足以挂其意，四海之廣不能以回其顧，妙乎與夫三皇之先者同矣。結繩已來，未及其至也，豈羣言之所能髣髴，常心之所得測量哉！彼行人所不能行，堪人所不能堪，犯寒暑不以傷其性，居曠野不以恐其形，遭驚急不以迫其慮，離榮愛不以累其心，損視聽不以汙其耳目，舍足於不損之地，居身於獨立之處，延年歷百，壽越期頤，雖上識不能尙也。自羲皇已來，一人而已矣！」

魏氏春秋曰：故梁州刺史耿黼以先為「仙人也」，北地傅玄謂之「性同禽獸」，並為之傳，而莫能測之。

魏略又載扈累及寒貧者。累字伯重，京兆人也。初平中，山東人有青牛先生者，字正方，客三輔。曉知星曆、風角、鳥情。常食青葙芫華。年似如五六十者，人或親識之，謂其已百餘歲矣。初，累年四十餘，隨正方遊學，人謂之得其術。有婦，無子。建安十六年，三輔亂，又隨正方南入漢中。漢中壞，正方入蜀，累與相失，隨徙民詣鄴，遭疾疫喪其婦。至黃初元年，又徙詣洛陽，遂不復娶婦。獨居道側，以甗甎為障，施一廚牀，食宿其中。晝日潛思，夜則仰視星宿，吟詠內書。人或問之，閉口不肯言。至嘉平中，年八九十，裁若四五十者。縣官以其孤老，給廩日五升。五升不足食，頗行傭作以裨糧，糧盡復出，人與不取。食不求美，衣弊緼，後一二年病亡。寒貧者，本姓石，字德林，安定人也。建安初，客三輔。是時長安有宿儒欒文博者，門徒數千，德林亦就學，始精詩、書。後好內事，於衆輩中最玄默。至十六年，關中亂，南入漢中。初不治產業，不畜妻孥，常讀老子五千文及諸內書，晝夜吟詠。到二十五年，漢中破，隨衆還長安，遂癡愚不復識人。食不求味，冬夏常衣弊布連結衣。體如無所勝，目如無所見。獨居窮巷小屋，無親里。人與之衣食，不肯取。郡縣以其鰥窮，給廩日五升，食不足，頗行乞，乞不取多。人問其姓字，又不肯言，故因號之曰寒貧也。或素有與相知者，往存恤之，輒拜跪，由是人謂其不癡。車騎將軍郭淮以意氣呼之，問其所欲，亦不肯言。淮因與脯糒及衣，不取其衣，取其脯一朐、糒一升而止。

臣松之案魏略云：焦先及楊沛，並作瓜牛廬，止其中。以爲瓜當作蝸；蝸牛，螺蟲之有角者也，俗或呼爲黄犢。先等作圜舍，形如蝸牛蔽，故謂之蝸牛廬。莊子曰：「有國於蝸之左角者曰觸氏，有國於右角者曰蠻氏，時相與爭地而戰，伏尸數萬，逐北旬有五日而後反。」謂此物也。

評曰：袁渙、邴原、張範躬履清蹈，進退以道，〔一〕蓋是貢禹、兩龔之匹。涼茂、國淵亦其次也。張承名行亞範，可謂能弟矣。田疇抗節，王脩忠貞，足以矯俗；管寧淵雅高尚，確然不拔；張臶、胡昭闔門守靜，不營當世：故并錄焉。

〔一〕臣松之以爲蹈猶履也，「躬履清蹈」，近非言乎！

三國志卷十二　魏書十二

崔毛徐何邢鮑司馬傳第十二

崔琰字季珪，清河東武城人也。少樸訥，好擊劍，尚武事。年二十三，鄉移爲正，始感激，讀論語、韓詩。至年二十九，乃結公孫方等就鄭玄受學。學未朞，徐州黃巾賊攻破北海，玄與門人到不其山避難。時穀糴縣乏，玄罷謝諸生。琰既受遣，而寇盜充斥，西道不通。于是周旋青、徐、兗、豫之郊，東下壽春，南望江、湖。自去家四年乃歸，以琴書自娛。

大將軍袁紹聞而辟之。時士卒橫暴，掘發丘隴，琰諫曰：「昔孫卿有言：『士不素教，甲兵不利，雖湯武不能以戰勝。』今道路暴骨，民未見德，宜敕郡縣掩骼埋胔，示憯怛之愛，追文王之仁。」紹以爲騎都尉。後紹治兵黎陽，次于延津，琰復諫曰：「天子在許，民望助順，不如守境述職，以寧區宇。」紹不聽，遂敗于官渡。及紹卒，二子交爭，爭欲得琰。琰稱疾固辭，由是獲罪，幽于囹圄，賴陰夔、陳琳營救得免。

太祖破袁氏，領冀州牧，辟琰爲別駕從事，謂琰曰：「昨案戶籍，可得三十萬衆，故爲大州也。」琰對曰：「今天下分崩，九州幅裂，二袁兄弟親尋干戈，冀方蒸庶暴骨原野。未聞王師仁聲先路，存問風俗，救其塗炭，而校計甲兵，唯此爲先，斯豈鄙州士女所望於明公哉！」太祖改容謝之。于時賓客皆伏失色。

太祖征并州，留琰傅文帝於鄴。世子仍出田獵，變易服乘，志在驅逐。琰書諫曰：「蓋聞盤于游田，書之所戒，魯隱觀魚，春秋譏之，此周、孔之格言，二經之明義。殷鑒夏后，詩稱不遠，子卯不樂，禮以爲忌，此又近者之得失，不可不深察也。袁族富彊，公子寬放，盤游滋侈，義聲不聞，哲人君子，俄有色斯之志，熊羆壯士，墮於吞噬之用，固所以擁徒百萬，跨有河朔，無所容足也。今邦國殄瘁，惠康未洽，士女企踵，所思者德。況公親御戎馬，上下勞慘，世子宜遵大路，慎以行正，思經國之高略，內鑒近戒，外揚遠節，深惟儲副，以身爲寶。而猥襲虞旅之賤服，忽馳騖而陵險，志雉兔之小娛，忘社稷之爲重，斯誠有識所以惻心也。唯世子燔翳捐褶，以塞衆望，不令老臣獲罪於天。」世子報曰：「昨奉嘉命，惠示雅數，欲使燔翳捐褶。翳已壞矣，褶亦去焉。後有此比，蒙復誨諸。」

太祖爲丞相，琰復爲東西曹掾屬。徵事初授東曹時，教曰：「君有伯夷之風，史魚之直，貪夫慕名而清，壯士尚稱而厲，斯可以率時者已。故授東曹，往踐厥職。」魏國初建，拜尚書。時未立太子，臨菑侯植有才而愛。太祖狐疑，以函令密訪於外。唯琰露板答曰：「蓋聞春秋之義，立子以長，加五官將仁孝聰明，宜承正統。琰以死守之。」植，琰之兄女壻也。太祖貴其公亮，喟然歎息，〔一〕遷中尉。

〔一〕世語曰：植妻衣繡，太祖登臺見之，以違制命，還家賜死。

琰聲姿高暢，眉目疏朗，鬚長四尺，甚有威重，朝士瞻望，而太祖亦敬憚焉。〔一〕琰嘗薦鉅鹿楊訓，雖才好不足，而清貞守道，太祖卽禮辟之。後太祖爲魏王，訓發表稱贊功伐，褒述盛德。時人或笑訓希世浮僞，謂琰爲失所舉。琰從訓取表草視之，與訓書曰：「省表事佳耳！時乎時乎，會當有變時。」琰本意譏論者好譴呵而不尋情理也。有白琰此書傲世怨謗者，太祖怒曰：「諺言『生女耳』，『耳』非佳語。『會當有變時』，意指不遜。」於是罰琰爲徒隸，使人視之，辭色不撓。太祖令曰：「琰雖見刑，而通賓客，門若市人，對賓客虯鬚直視，若有所瞋。」遂賜琰死。〔二〕

〔一〕先賢行狀曰：琰清忠高亮，雅識經遠，推方直道，正色於朝。魏氏初載，委授銓衡，總齊清議，十有餘年。文武羣才，多所明拔。朝廷歸高，天下稱平。

〔二〕魏略曰：人得琰書，以裹幘籠，行都道中。時有與琰宿不平者，遥見琰名著幘籠，從而視之，遂白之。太祖以爲琰腹誹心謗，乃收付獄，髠刑輸徒。前所白琰者又復白之云：「琰爲徒，虯鬚直視，心似不平。」時太祖亦以爲然，遂欲殺之。乃使清公大吏往經營琰，敕吏曰：「三日期消息。」琰不悟，後數日，吏故白琰平安。公忿然曰：「崔琰必欲使孤行刀鋸乎！」吏以是教告琰，琰謝吏曰：「我殊不宜，不知公意至此也！」遂自殺。

始琰與司馬朗善，晉宣王方壯，琰謂朗曰：「子之弟，聰哲明允，剛斷英跱，殆非子之所及也。」〔一〕朗以爲不然，而琰每秉此論。琰從弟林，少無名望，雖姻族猶多輕之，而琰常曰：「此所謂大器晚成者也，終必遠至。」涿郡孫禮、盧毓始入軍府，琰又名之曰：「孫疏亮亢烈，剛簡能斷，盧清警明理，百鍊不消，皆公才也。」後林、禮、毓咸至鼎輔。及琰友人公孫方、宋階早卒，琰撫其遺孤，恩若己子。其鑒識篤義，類皆如此。〔二〕

〔一〕臣松之案：「跱」或作「特」，竊謂「英特」爲是也。

〔二〕魏略曰：明帝時，崔林嘗與司空陳羣共論冀州人士，稱琰爲首。羣以「智不存身」貶之。林曰：「大丈夫爲有邂逅耳，卽如卿諸人，良足貴乎！」

初，太祖性忌，有所不堪者，魯國孔融、〔一〕南陽許攸、〔二〕婁圭，皆以恃舊不虔見誅。〔三〕而琰最爲世所痛惜，至今寃之。〔四〕

〔一〕融字文舉。續漢書曰：融，孔子二十世孫也。高祖父尚，鉅鹿太守。父宙，太山都尉。融幼有異才。時河南尹李膺有重名，敕門下簡通賓客，非當世英賢及通家子孫弗見也。融年十餘歲，欲觀其爲人，遂造膺門，語門者曰：「我，李君通家子孫也。」膺見融，問曰：「高明父祖，嘗與僕周旋乎？」融曰：「然。先君孔子與君先人李老君，同德比義而相師友，則融與君累世通家也。」衆坐奇之，僉曰：「異童子也。」太中大夫陳煒後至，同坐以告煒，煒曰：「人小時了了者，大亦未必奇也。」融答曰：「卽如所言，君之幼時，豈實慧乎！」膺大笑，顧謂曰：「高明長大，必爲偉器。」山陽張儉，以中正爲中常侍侯覽所忿疾，覽爲刊章下州郡捕儉。儉與融兄襃有舊，亡投襃。遇襃出，時融年十六，儉以其少不告也。融知儉長者，有窘迫色，謂曰：「吾獨不能爲君主邪！」因留舍藏之。後事泄，國相以下密就掩捕，儉得脫走，登時收融及襃送獄。融曰：「保納藏舍者融也，融當坐之。」襃曰：「彼來求我，罪我之由，非弟之過，我當坐之。」兄弟爭死，郡縣疑不能決，乃上讞，詔書令襃坐焉。融由是名震遠近，與平原陶丘洪、陳留邊讓，並以俊秀，爲後進冠蓋。融持論經理不及讓等，而逸才宏博過之。司徒大將軍辟舉高第，累遷北軍中候、虎賁中郎將、北海相，時年三十八。承黃巾殘破之後，修復城邑，崇學校，設庠序，舉賢才，顯儒士。以彭璆爲方正，邴原爲有道，王脩爲孝廉。告高密縣爲鄭玄特立一鄉，名爲鄭公鄉。又國人無後，及四方游士有死亡者，皆爲棺木而殯葬之。郡人甄子然孝行知名，早卒，融恨不及之，乃令配食縣社。其禮賢如此。在郡六年，劉備表融領青州刺史。建安元年，徵還爲將作大匠，遷少府。每朝會訪對，輒爲議主，諸卿大夫寄名而已。

司馬彪九州春秋曰：融在北海，自以智能優贍，溢才命世，當時豪俊皆不能及。亦自許大志，且欲舉軍曜甲，與羣賢要功，自於海岱結殖根本，不肯碌碌如平居郡守，事方伯、赴期會而已。然其所任用，好奇取異，皆輕剽之才。至于稽古之士，謬爲恭敬，禮之雖備，不與論國事也。高密鄭玄，稱之鄭公，執子孫禮。及高談教令，盈溢官曹，辭氣溫雅，可玩而誦。論事考實，難可悉行。但能張磔網羅，其自理甚疏。租賦少稽，一朝殺五部督郵。姦民汚吏，猾亂朝市，亦不能治。幽州精兵亂，至徐州，卒到城下，舉國皆恐。融直出說之，令無異志。遂與別校謀夜覆幽州，幽州軍敗，悉有其衆。無幾時，還復叛亡。黃巾將至，融大飲醇酒，躬自上馬，禦之淶水之上。寇令上部與融相拒，兩翼徑涉水，直到所治城。城潰，融不得入，轉至南縣，左右稍叛。連年傾覆，事無所濟，遂不能保鄣四境，棄郡而去。後徙徐州，以北海相自還領青州刺史，治郡北陲。欲附山東，外接遼東，得戎馬之利，建樹根本，孤立一隅，不與共也。于時曹、袁、公孫共相首尾，戰士不滿數百，穀不至萬斛。王子法、劉孔慈凶辯小才，信爲腹心。左丞祖、劉義遜清雋之士，備在坐席而已，言此民望，不可失也。丞祖勸融自託彊國，融不聽而殺之。義遜棄去。遂爲袁譚所攻，自春至夏，城小寇衆，流矢雨集。然融憑几安坐，讀書論議自若。城壞衆亡，身奔山東，室家爲譚所虜。

張璠漢紀曰：融在郡八年，僅以身免。帝初都許，融以爲宜略依舊制，定王畿，正司隸所部爲千里之封，乃引公卿上書言其義。是時天下草創，曹、袁之權未分，融所建明，不識時務。又天性氣爽，頗推平生之意，狎侮太祖。太祖制酒禁，而融書嘲之曰：「天有酒旗之星，地列酒泉之郡，人有旨酒之德，故堯不飲千鍾，無以成其聖。且桀紂以色亡國，今令不禁婚姻也。」太祖外雖寬容，而內不能平。御史大夫郗慮知旨，以法免融官，歲餘，拜太中大夫。雖居家失勢，而賓客日滿其門，愛才樂酒，常歎曰：「坐上客常滿，樽中酒不空，吾無憂矣。」虎賁士有貌似蔡邕者，融每酒酣，輒引與同坐，曰：「雖無老成人，尚有典刑。」其好士如此。

續漢書曰：太尉楊彪與袁術婚姻，術僭號，太祖與彪有隙，因是執彪，將殺焉。融聞之，不及朝服，往見太祖曰：「楊公累世清德，四葉重光，周書『父子兄弟，罪不相及』，況以袁氏之罪乎？易稱『積善餘慶』，但欺人耳。」太祖曰：「國家之意也。」融曰：「假使成王欲殺召公，則周公可得言不知邪？今天下纓緌搢紳之士所以瞻仰明公者，以明公聰明仁智，輔相漢朝，舉直措枉，致之雍熙耳。今橫殺無辜，則海內觀聽，誰不解體？孔融魯國男子，明日便當褰衣而去，不復朝矣。」太祖意解，遂理出彪。

魏氏春秋曰：袁紹之敗也，融與太祖書曰：「武王伐紂，以妲己賜周公。」太祖以融學博，謂書傳所紀。後見，問之，對曰：「以今度之，想其當然耳！」十三年，融對孫權使，有訕謗之言，坐棄市。二子年八歲，時方弈棊，融被收，端坐不起。左右曰：「而父見執，不起何也？」二子曰：「安有巢毀而卵不破者乎！」遂俱見殺。融有高名清才，世多哀之。太祖懼遠近之議也，乃令曰：「太中大夫孔融既伏其罪矣，然世人多採其虛名，少於核實，見融浮豔，好作變異，眩其誑詐，不復察其亂俗也。此州人說平原禰衡受傳融論，以為父母與人無親，譬若缻器，寄盛其中，又言若遭饑饉，而父不肖，寧贍活餘人。融違天反道，敗倫亂理，雖肆市朝，猶恨其晚。更以此事列上，宣示諸軍將校掾屬，皆使聞見。」

世語曰：融二子，皆齠齓。融見收，顧謂二子曰：「何以不辭？」二子俱曰：「父尚如此，復何所辭！」以為必俱死也。

臣松之以為世語云融二子不辭，知必俱死，猶差可安。如孫盛之言，誠所未譬。八歲小兒，能玄了禍福，聰明特達，卓然既遠，則其憂樂之情，宜其有過成人，安有見父收執而曾無變容，弈棊不起，若在暇豫者乎？昔申生就命，言不忘父，不以己身將死而廢念父之情也。父安猶尚若茲，而況於顛沛哉？盛以此為美談，無乃賊夫人之子與！蓋由好奇情多，而不知言之傷理。

〔二〕魏略曰：攸字子遠，少與袁紹及太祖善。初平中隨紹在冀州，嘗在坐席言議。官渡之役，諫紹勿與太祖相攻，語在紹傳。紹自以彊盛，必欲極其兵勢。攸知不可為謀，乃亡詣太祖。紹破走，及後得冀州，攸有功焉。攸自恃勳勞，時與太祖相戲，每在席，不自限齊，至呼太祖小字，曰：「某甲，卿不得我，不得冀州也。」太祖笑曰：「汝言是也。」然內嫌之。其後從行出鄴東門，顧謂左右曰：「此家非得我，則不得出入此門也。」人有白者，遂見收之。

〔三〕魏略曰：婁圭字子伯，少與太祖有舊。初平中在荊州北界合衆，後詣太祖。太祖以為大將，不使典兵，常在坐席言議。及河北平定，隨在冀州。其後太祖從諸子出游，子伯時亦隨從。子伯顧謂左右曰：「此家父子，如今日為樂也。」人有白者，太祖以爲有腹誹意，遂收治之。

吳書曰：子伯少有猛志，嘗歎息曰：「男兒居世，會當得數萬兵千匹騎著後耳！」儕輩笑之。後坐藏亡命，被繫當死，得踰獄出，捕者追之急，子伯乃變衣服如助捕者，吏不能覺，遂以得免。會天下義兵起，子伯亦合衆與劉表相依。後歸曹公，遂爲所用，軍國大計常與焉。劉表亡，曹公向荊州。表子琮降，以節迎曹公，諸將皆疑詐，曹公以問子伯。子伯曰：「天下擾攘，各貪王命以自重，今以節來，是必至誠。」曹公曰：「大善。」遂進兵。寵秩子伯，家累千金，曰：「婁子伯富樂于孤，但勢不如孤耳！」從破馬超等，子伯功爲多。曹公常歎曰：「子伯之計，孤不及也。」後與南郡習授同載，見曹公出，授曰：「父子如此，何其快耶！」子伯曰：「居世間，當自爲之，而但觀他人乎！」授乃白之，遂見誅。

魚豢曰：古人有言曰：「得鳥者，羅之一目也，然張一目之羅，終不得鳥矣。鳥能遠飛，遠飛者，六翮之力也，然無衆毛之助，則飛不遠矣。」以此推之，大魏之作，雖有功臣，亦未必非茲輩胥附之由也。

〔四〕世語曰：琰兄孫諒，字士文，以簡素稱，仕晉爲尚書大鴻臚。荀綽冀州記云諒卽琰之孫也。

毛玠字孝先，陳留平丘人也。少爲縣吏，以清公稱。將避亂荊州，未至，聞劉表政令不明，遂往魯陽。太祖臨兗州，辟爲治中從事。玠語太祖曰：「今天下分崩，國主遷移，生民廢業，饑饉流亡，公家無經歲之儲，百姓無安固之志，難以持久。今袁紹、劉表，雖士民衆彊，皆無經遠之慮，未有樹基建本者也。夫兵義者勝，守位以財，宜奉天子以令不臣，脩耕植，畜軍資，如此則霸王之業可成也。」太祖敬納其言，轉幕府功曹。

太祖爲司空丞相，玠嘗爲東曹掾，與崔琰並典選舉。其所舉用，皆清正之士，雖於時有盛名而行不由本者，終莫得進。務以儉率人，由是天下之士莫不以廉節自勵，雖貴寵之臣，輿服不敢過度。太祖歎曰：「用人如此，使天下人自治，吾復何爲哉！」文帝爲五官將，親自詣玠，屬所親眷。玠答曰：「老臣以能守職，幸得免戾，今所說人非遷次，是以不敢奉命。」大軍還鄴，議所并省。玠請謁不行，時人憚之，咸欲省東曹。乃共白曰：「舊西曹爲上，東曹爲次，宜省東曹。」太祖知其情，令曰：「日出於東，月盛於東，凡人言方，亦復先東，何以省東曹？」遂省西曹。初，太祖平柳城，班所獲器物，特以素屏風素馮几賜玠，曰：「君有古人之風，故賜君古人之服。」玠居顯位，常布衣蔬食，撫育孤兄子甚篤，賞賜以振施貧族，家無所餘。遷右軍師。魏國初建，爲尚書僕射，復典選舉。〔一〕時太子未定，而臨菑侯植有寵，玠密諫曰：「近者袁紹以嫡庶不分，覆宗滅國。廢立大事，非所宜聞。」後羣僚會，玠起更衣，太祖目指曰：「此古所謂國之司直，我之周昌也。」

〔一〕先賢行狀曰：玠雅亮公正，在官清恪。其典選舉，拔貞實，斥華僞，進遜行，抑阿黨。諸宰官治民，功績不著而私財豐足者，皆免黜停廢，久不選用。于時四海翕然，莫不勵行。至乃長吏還者，垢面羸衣，常乘柴車。軍吏入府，朝服徒行。人擬壺飧之絜，家象濯纓之操，貴者無穢欲之累，賤者絕姦貨之求，吏絜于上，俗移乎下，民到于今稱之。

崔琰既死，玠內不悅。後有白玠者：「出見黥面反者，其妻子沒爲官奴婢，玠言曰『使天不雨者蓋此也』。」太祖大怒，收玠付獄。大理鍾繇詰玠曰：「自古聖帝明王，罪及妻子。書云：『左不共左，右不共右，予則孥戮女。』司寇之職，男子入于罪隸，女子入于舂槀。漢律，罪人妻子沒爲奴婢，黥面。漢法所行黥墨之刑，存於古典。今眞奴婢祖先有罪，雖歷百世，猶有黥面供官，一以寬良民之命，二以宥幷罪之辜。此何以負於神明之意，而當致旱？案典謀，急恆寒若，舒恆燠若，寬則亢陽，所以爲旱。玠之吐言，以爲寬邪，以爲急也？急當陰霖，何以反旱？成湯聖世，野無生草，周宣令主，旱魃爲虐。亢旱以來，積三十年，歸咎黥面，爲相値不？衞人伐邢，師興而雨，罪惡無徵，何以應天？玠譏謗之言，流於下民，不悅之聲，上聞聖聽。玠之吐言，勢不獨語，時見黥面，凡爲幾人？黥面奴婢，所識知邪？何緣得見，對之歎言？時以語誰？見答云何？以何日月？於何處所？事已發露，不得隱欺，具以狀對。」玠曰：「臣聞蕭生縊死，困於石顯；賈子放外，讒在絳、灌；白起賜劍於杜郵；晁錯致誅於東市；伍員絕命於吳都：斯數子者，或妒其前，或害其後。臣垂齠執簡，累勤取官，職在機近，人事所竄，屬臣以私，無勢不絕，語臣以冤，無細不理。人情淫利，爲法所禁。法禁于利，勢能害之。青蠅橫生，爲臣作謗，謗臣之人，勢不在他。昔王叔、陳生爭正王廷，宣子平理，命舉其契，是非有宜，曲直有所，春秋嘉焉，是以書之。臣不言此，無有時、人。說臣此言，必有徵要。乞蒙宣子之辨，而求王叔之對。若臣以曲聞，即刑之日，方之安駟之贈；賜劍之來，比之重賞之惠。謹以狀對。」時桓階、和洽進言救玠。玠遂免黜，卒于家。〔一〕太祖賜棺器錢帛，拜子機郎中。

〔一〕孫盛曰：魏武於是失政刑矣。易稱「明折庶獄」，傳有「舉直措枉」，庶獄明則國無怨民，枉直當則民無不服，未有徵青蠅之浮聲，信浸潤之譖訴，可以允釐四海，惟清緝熙者也。昔者漢高獄蕭何，出復相之，玠之一責，永見擯放，二主度量，豈不殊哉！

徐奕字季才，東莞人也。避難江東，孫策禮命之。奕改姓名，微服還本郡。太祖爲司空，辟爲掾屬，從西征馬超。超破，軍還。時關中新服，未甚安，留奕爲丞相長史，鎮撫西京，西京稱其威信。轉爲雍州刺史，復還爲東曹屬。丁儀等見寵於時，並害之，而奕終不爲動。〔一〕出爲魏郡太守。太祖征孫權，徙爲留府長史，謂奕曰：「君之忠亮，古人不過也，然微太嚴。昔西門豹佩韋以自緩，夫能以柔弱制剛彊者，望之於君也。今使君統留事，孤無復還顧之憂也。」魏國既建，爲尚書，復典選舉，遷尚書令。

〔一〕魏書曰：或謂奕曰：「夫以史魚之直，孰與蘧伯玉之智？丁儀方貴重，宜思所以下之。」奕曰：「以公明聖，儀豈得久行其僞乎！且姦以事君者，吾所能禦也，子寧以他規我。」

傅子曰：武皇帝，至明也。崔琰、徐奕，一時清賢，皆以忠信顯於魏朝；丁儀間之，徐奕失位而崔琰被誅。

太祖征漢中，魏諷等謀反，中尉楊俊左遷。太祖歎曰：「諷所以敢生亂心，以吾爪牙之臣無遏姦防謀者故也。安得如諸葛豐者，使代俊乎！」桓階曰：「徐奕其人也。」太祖乃以奕爲中尉，手令曰：「昔楚有子玉，文公爲之側席而坐；汲黯在朝，淮南爲之折謀。詩稱『邦之司直』，君之謂與！」在職數月，疾篤乞退，拜諫議大夫，卒。〔一〕

〔一〕魏書曰：文帝每與朝臣會同，未嘗不嗟歎，思奕之爲人。奕無子，詔以其族子統爲郎，以奉奕後。

何夔字叔龍，陳郡陽夏人也。曾祖父熙，漢安帝時官至車騎將軍。〔一〕夔幼喪父，與母兄居，以孝友稱。長八尺三寸，容貌矜嚴。〔二〕避亂淮南。後袁術至壽春，辟之，夔不應，然遂爲術所留。久之，術與橋蕤俱攻圍蘄陽，蘄陽爲太祖固守。術以夔彼郡人，欲脅令說蘄陽。夔謂術謀臣李業曰：「昔柳下惠聞伐國之謀而有憂色，曰『吾聞伐國不問仁人，斯言何爲至于我哉』！」遂遁匿灊山。術知夔終不爲己用，乃止。術從兄山陽太守遺母，夔從姑也，是以雖恨夔而不加害。

〔一〕華嶠漢書曰：熙字孟孫，少有大志，不拘小節。身長八尺五寸，體貌魁梧，善爲容儀。舉孝廉，爲謁者，贊拜殿中，晉動左右。和帝（佳）〔偉〕之，歷位司隸校尉、大司農。永初三年，南單于與烏丸俱反，以熙行車騎將軍征之，累有功。烏丸請降，單于復稱臣如舊。會熙暴疾卒。

〔二〕魏書曰：漢末閹宦用事，夔從父衡爲尚書，有直言，由是在黨中，諸父兄皆禁錮。夔歎曰：「天地閉，賢人隱。」故不應宰司之命。

建安二年，夔將還鄉里，度術必急追，乃閒行得免，明年到本郡。頃之，太祖辟爲司空掾屬。時有傳袁術軍亂者，太祖問夔曰：「君以爲信不？」夔對曰：「天之所助者順，人之所助者信。術無信順之實，而望天人之助，此不可以得志於天下。夫失道之主，親戚叛之，而況於左右乎！以夔觀之，其亂必矣。」太祖曰：「爲國失賢則亡。君不爲術所用，亂，不亦宜乎！」太祖性嚴，掾屬公事，往往加杖；夔常畜毒藥，誓死無辱，是以終不見及。〔一〕出爲城父令。〔二〕遷長廣太守。郡濱山海，黃巾未平，豪傑多背叛，袁譚就加以官位。長廣縣人管承，徒衆三千餘家，爲寇害。議者欲舉兵攻之。夔曰：「承等非生而樂亂也，習於亂，不能自還，未被德教，故不知反善。今兵迫之急，彼恐夷滅，必并力戰。攻之既未易拔，雖勝，必傷吏民。不如徐喻以恩德，使容自悔，可不煩兵而定。」乃遣郡丞黃珍往，爲陳成敗，承等皆請服。夔遣吏成弘領校尉，長廣縣丞等郊迎奉牛酒，詣郡。牟平賊從錢，衆亦數千，夔率郡兵與張遼共討定之。東牟人王營，衆三千餘家，脅昌陽縣爲亂。夔遣吏王欽等，授以計略，使離散之。旬月皆平定。

〔一〕孫盛曰：夫君使臣以禮，臣事君以忠，是以上下休嘉，道光化洽。公府掾屬，古之造士也，必擢時儁，搜揚英逸，得其人則論道之任隆，非其才則覆餗之患至。苟有疵釁，刑黜可也。加其捶扑之罰，肅以小懲之戒，豈「導之以德，齊之以禮」之謂與！然士之出處，宜度德投趾；可不之節，必審於所蹈。故高尚之徒，抗心於青雲之表，豈王侯之所能臣，名器之所羈紲哉！自非此族，委身世塗，否泰榮辱，制之由時，故箕子安於孥戮，柳下夷於三黜，蕭何、周勃亦在縲紲，夫豈不辱，君命故也。夔知時制，而甘其寵，挾藥要君，以避微恥。詩云「唯此褊心」，何夔其有焉。放之，可也；宥之，非也。

〔二〕魏書曰：自劉備叛後，東南多變。太祖以陳羣爲酇令，夔爲城父令，諸縣皆用名士以鎮撫之，其後吏民稍定。

是時太祖始制新科下州郡，又收租稅綿絹。夔以郡初立，近以師旅之後，不可卒繩以法，乃上言曰：「自喪亂已來，民人失所，今雖小安，然服教日淺。所下新科，皆以明罰敕法，齊一大化也。所領六縣，疆域初定，加以饑饉，若一切齊以科禁，恐或有不從教者。有不從教者不得不誅，則非觀民設教隨時之意也。先王辨九服之賦以殊遠近，制三典之刑以平治亂，愚以爲此郡宜依遠域新邦之典，其民間小事，使長吏臨時隨宜，上不背正法，下以順百姓之心。比及三年，民安其業，然後齊之以法，則無所不至矣。」太祖從其言。徵還，參丞相軍事。海賊郭祖寇暴樂安、濟南界，州郡苦之。太祖以夔前在長廣有威信，拜樂安太守。到官數月，諸城悉平。

入爲丞相東曹掾。夔言於太祖曰：「自軍興以來，制度草創，用人未詳其本，是以各引其類，時忘道德。夔聞以賢制爵，則民慎德；以庸制祿，則民興功。以爲自今所用，必先核之鄉閭，使長幼順敍，無相踰越。顯忠直之賞，明公實之報，則賢不肖之分，居然別矣。又可脩保舉故不以實之令，使有司別受其負。在朝之臣，時受教與曹並選者，各任其責。上以觀朝臣之節，下以塞爭競之源，以督羣下，以率萬民，如是則天下幸甚。」太祖稱善。魏國既建，拜尚書僕射。〔一〕文帝爲太子，以涼茂爲太傅，夔爲少傅；特命二傅與尚書東曹並選太子諸侯官屬。茂卒，以夔代茂。每月朔，太傅入見太子，太子正法服而禮焉；他日無會儀。夔遷太僕，太子欲與辭，宿戒供，夔無往意；乃與書請之，夔以國有常制，遂不往。其履正如此。然於節儉之世，最爲豪汰。文帝踐阼，封成陽亭侯，邑三百戶。疾病，屢乞遜位。詔報曰：「蓋禮賢親舊，帝王之常務也。以親則君有輔弼之勳焉，以賢則君有醇固之茂焉。夫有陰德者必有陽報，今君疾雖未瘳，神明聽之矣。君其卽安，以順朕意。」薨，諡曰靖侯。子曾嗣，咸熙中爲司徒。〔二〕

〔一〕魏書曰：時丁儀兄弟方進寵，儀與夔不合。尚書傅巽謂夔曰：「儀不相好已甚，子友毛玠，玠等儀已害之矣。子宜少下之！」夔曰：「爲不義適足害其身，焉能害人？且懷姦佞之心，立於明朝，其得久乎！」夔終不屈志，儀後果以凶僞敗。

〔三〕干寶晉紀曰：曾字穎考。正元中爲司隸校尉。時毌丘儉孫女適劉氏，以孕繫廷尉。女母荀，爲武衞將軍荀顗所表活，既免，辭詣廷尉，乞爲官婢以贖女命。曾使主簿程咸爲議，議曰：「大魏承秦、漢之弊，未及革制。所以追戮已出之女，誠欲殄醜類之族也。若已產育，則成他家之母。於防則不足懲奸亂之源，於情則傷孝子之思，男不御罪於他族，而女獨嬰戮於二門，非所以哀矜女弱，均法制之大分也。臣以爲在室之女，可從父母之刑，既醮之婦，使從夫家之戮。」朝廷從之，乃定律令。

晉諸公贊曰：曾以高雅稱，加性純孝，位至太宰，封朗陵縣公。年八十餘薨，謚曰元公。子卲嗣。卲字敬祖，才識深博，有經國體儀。位亦至太宰，謚康公。子蕤嗣。卲庶兄遵，字思祖，有幹能。少經清職，終於太僕。遵子綏，字伯蔚，亦以幹事稱。永嘉中爲尚書，爲司馬越所殺。傅子稱曾及荀顗曰：以文王之道事其親者，其潁昌何侯乎！其荀侯乎！古稱曾、閔，今曰荀、何。內盡其心以事其親，外崇禮讓以接天下。孝子，百世之宗；仁人，天下之令也。有能行仁孝之道者，君子之儀表矣。

邢顒，字子昂，河間鄚人也。舉孝廉，司徒辟，皆不就。易姓字，適右北平，從田疇游。積五年，而太祖定冀州。顒謂疇曰：「黃巾起來二十餘年，海內鼎沸，百姓流離。今聞曹公法令嚴。民厭亂矣，亂極則平。請以身先。」遂裝還鄉里。田疇曰：「邢顒，民之先覺也。」乃見太祖，求爲鄉導以克柳城。

太祖辟顒爲冀州從事，時人稱之曰：「德行堂堂邢子昂。」除廣宗長，以故將喪棄官。

有司舉正，太祖曰：「顒篤於舊君，有一致之節。」勿問也。更辟司空掾，除行唐令，勸民農桑，風化大行。入爲丞相門下督，遷左馮翊，病，去官。是時，太祖諸子高選官屬，令曰：「侯家吏，宜得淵深法度如邢顒輩。」遂以爲平原侯植家丞。顒防閑以禮，無所屈撓，由是不合。庶子劉楨書諫植曰：「家丞邢顒，北土之彥，少秉高節，玄靜澹泊，言少理多，眞雅士也。楨誠不足同貫斯人，並列左右。而楨禮遇殊特，顒反疎簡，私懼觀者將謂君侯習近不肖，禮賢不足，採庶子之春華，忘家丞之秋實。爲上招謗，其罪不小，以此反側。」後參丞相軍事，轉東曹掾。初，太子未定，而臨菑侯植有寵，丁儀等並贊翼其美。太祖問顒，顒對曰：「以庶代宗，先世之戒也。願殿下深重察之！」太祖識其意，後遂以爲太子少傅，遷太傅。文帝踐阼，爲侍中尚書僕射，賜爵關內侯，出爲司隸校尉，徙太常。黃初四年薨。子友嗣。〔一〕

〔一〕晉諸公贊曰：顒曾孫喬，字曾伯。有體量局幹，美於當世。歷清職。元康中，與劉渙俱爲尚書吏部郞，稍遷至司隸校尉。

鮑勛字叔業，泰山平陽人也，漢司隸校尉鮑宣九世孫。宣後嗣有從上黨徙泰山者，遂家焉。勛父信，靈帝時爲騎都尉，大將軍何進遣東募兵。後爲濟北相，協規太祖，身以遇害。語在董卓傳、武帝紀。〔一〕建安十七年，太祖追錄信功，表封勛兄邵新都亭侯。〔二〕辟勛

丞相掾。〔三〕

〔一〕魏書曰：信父丹，官至少府侍中，世以儒雅顯。少有大節，寬厚愛人，沈毅有謀。大將軍何進辟拜騎都尉，遣歸募兵，得千餘人，還到成皋而進已遇害。信至京師，董卓亦始到。信知卓必爲亂，勸袁紹襲卓，紹畏卓不敢發。語在紹傳。信乃引軍還鄉里，收徒衆二萬，騎七百，輜重五千餘乘。是歲，太祖始起兵於己吾，信與弟韜以兵應太祖。時紹衆最盛，豪傑多向之。信獨謂太祖曰：「夫略不世出，能總英雄以撥亂反正者，君也。苟非其人，雖彊必斃。君殆天之所啓！」遂深自結納，太祖亦親異焉。汴水之敗，信被瘡，韜在陳戰亡。紹劫奪韓馥位，遂據冀州。信言於太祖曰：「奸臣乘釁，蕩覆王室，英雄奮節，天下嚮應者，義也。今紹爲盟主，因權專利，將自生亂，是復有一卓也。若抑之，則力不能制，祇以遘難，又何能濟？且可規大河之南，以待其變。」太祖善之。太祖爲東郡太守，表信爲濟北相。會黃巾大衆入州界，劉岱欲與戰，信止之，岱不從，遂敗。語在武紀。太祖以賊恃勝而驕，欲設奇兵挑擊之於壽張。先與信出行戰地，後步軍未至，而卒與賊遇，遂接戰。信殊死戰，以救太祖，太祖僅得潰圍出，信遂沒，時年四十一。雖遭亂起兵，家本修儒，治身至儉，而厚養將士，居無餘財，士以此歸之。

〔二〕魏書曰：邵有父風，太祖嘉之，加拜騎都尉，使持節。邵薨，子融嗣。

〔三〕魏書曰：勛清白有高節，知名於世。

二十二年，立太子，以勛爲中庶子。徙黃門侍郎，出爲魏郡西部都尉。太子郭夫人弟爲曲周縣吏，斷盜官布，法應棄市。太祖時在譙，太子留鄴，數手書爲之請罪。勛不敢擅縱，具列上。勛前在東宮，守正不撓，太子固不能悅，及重此事，恚望滋甚。會郡界休兵有失期者，密敕中尉奏免勛官。久之，拜侍御史。延康元年，太祖崩，太子即王位，勛以駙馬都尉兼侍中。

文帝受禪，勛每陳「今之所急，唯在軍農，寬惠百姓。臺榭苑囿，宜以為後。」文帝將出游獵，勛停車上疏曰：「臣聞五帝三王，靡不明本立教，以孝治天下。陛下仁聖惻隱，有同古烈。臣冀當繼蹤前代，令萬世可則也。如何在諒闇之中，修馳騁之事乎！臣冒死以聞，唯陛下察焉。」帝手毀其表而競行獵，中道頓息，問侍臣曰：「獵之為樂，何如八音也？」侍中劉曄對曰：「獵勝於樂。」勛抗辭曰：「夫樂，上通神明，下和人理，隆治致化，萬邦咸乂。移風易俗，莫善於樂。況獵，暴華蓋於原野，傷生育之至理，櫛風沐雨，不以時隙哉？昔魯隱觀漁於棠，春秋譏之。雖陛卜以為務，愚臣所不願也。」因奏：「劉曄佞諛不忠，阿順陛下過戲之言。昔梁丘據取媚於遄臺，曄之謂也。請有司議罪以清皇朝。」帝怒作色，罷還，即出勛為右中郎將。

黃初四年，尚書令陳羣、僕射司馬宣王並舉勛為宮正，宮正即御史中丞也。帝不得已而用之，百寮嚴憚，罔不肅然。六年秋，帝欲征吳，羣臣大議，勛面諫曰：「王師屢征而未有所克者，蓋以吳、蜀脣齒相依，憑阻山水，有難拔之勢故也。往年龍舟飄蕩，隔在南岸，聖躬蹈危，臣下破膽。此時宗廟幾至傾覆，爲百世之戒。今又勞兵襲遠，日費千金，中國虛耗，令黠虜玩威，臣竊以爲不可。」帝益忿之，左遷勛爲治書執法。

帝從壽春還，屯陳留郡界。太守孫邕見，出過勛。時營壘未成，但立標埒，邕邪行不從正道，軍營令史劉曜欲推之，勛以塹壘未成，解止不舉。大軍還洛陽，曜有罪，勛奏絀遣，而曜密表勛私解邕事。詔曰：「勛指鹿作馬，收付廷尉。」廷尉法議：「正刑五歲。」三官駮：「依律罰金二斤。」帝大怒曰：「勛無活分，而汝等敢縱之！收三官已下付刺姦，當令十鼠同穴。」太尉鍾繇、司徒華歆、鎮軍大將軍陳羣、侍中辛毗、尚書衞臻、守廷尉高柔等並表「勛父信有功於太祖」，求請勛罪。帝不許，遂誅勛。勛內行既脩，廉而能施，死之日，家無餘財。後二旬，文帝亦崩，莫不爲勛歎恨。

司馬芝字子華，河內溫人也。少爲書生，避亂荆州，於魯陽山遇賊，同行者皆棄老弱走，芝獨坐守老母。賊至，以刃臨芝，芝叩頭曰：「母老，唯在諸君！」賊曰：「此孝子也，殺之不義。」遂得免害，以鹿車推載母。居南方十餘年，躬耕守節。

太祖平荆州，以芝爲菅長。時天下草創，多不奉法。郡主簿劉節，舊族豪俠，賓客千餘家，出爲盜賊，入亂吏治。頃之，芝差節客王同等爲兵，掾史據白：「節家前後未嘗給繇，若至時藏匿，必爲留負。」芝不聽，與節書曰：「君爲大宗，加股肱郡，而賓客每不與役，旣衆庶怨望，或流聲上聞。今（條）〔調〕同等爲兵，幸時發遣。」兵已集郡，而節藏同等，因令督郵以軍興詭責縣，縣掾史窮困，乞代同行。芝乃馳檄濟南，具陳節罪。太守郝光素敬信芝，卽以節代同行，青州號芝「以郡主簿爲兵」。遷廣平令。征虜將軍劉勳，貴寵驕豪，又芝故郡將，賓客子弟在界數犯法。勳與芝書，不著姓名，而多所屬託，芝不報其書，一皆如法。後勳以不軌誅，交關者皆獲罪，而芝以見稱。〔一〕

〔一〕魏略曰：勳字子臺，瑯邪人。中平末，爲沛國建平長，與太祖有舊。後爲廬江太守，爲孫策所破，自歸太祖，封列侯，遂從在散伍議中。勳兄爲豫州刺史，病亡。兄子威，又代從政。勳自恃與太祖有宿，日驕慢，數犯法，又誹謗。爲李申成所白，收治，并免威官。

遷大理正。有盜官練置都廁上者，吏疑女工，收以付獄。芝曰：「夫刑罪之失，失在苛暴。今贓物先得而後訊其辭，若不勝掠，或至誣服。誣服之情，不可以折獄。且簡而易從，大人之化也。不失有罪，庸世之治耳。今宥所疑，以隆易從之義，不亦可乎！」太祖從其議。歷甘陵、沛、陽平太守，所在有績。黃初中，入爲河南尹，抑彊扶弱，私請不行。會內官欲以事託芝，不敢發言，因芝妻伯父董昭。昭猶憚芝，不爲通。芝爲教與羣下曰：「蓋君能設教，不能使吏必不犯也。吏能犯教，而不能使君必不聞也。夫設教而犯，君之劣也；犯教而聞，吏之禍也。君劣於上，吏禍於下，此政事所以不理也。可不各勉之哉！」於是下吏莫不自勵。門下循行，嘗疑門幹盜簪，幹辭不符，曹執爲獄。芝教曰：「凡物有相似而難分者，自非離婁，鮮能不惑。就其實然循行，何忍重惜一簪，輕傷同類乎！其寢勿問。」

明帝即位，賜爵關內侯。頃之，特進曹洪乳母當，與臨汾公主侍者共事無澗神〔一〕繫獄。卞太后遣黃門詣府傳令，芝不通，輒敕洛陽獄考竟，而上疏曰：「諸應死罪者，皆當先表須報。前制書禁絕淫祀以正風俗，今當等所犯妖刑，辭語始定，黃門吳達詣臣，傳太皇太后令。臣不敢通，懼有救護，速聞聖聽，若不得已，以垂宿留。由事不早竟，是臣之罪，是以冒犯常科，輒敕縣考竟，擅行刑戮，伏須誅罰。」帝手報曰：「省表，明卿至心，欲奉詔書，以權行事，是也。此乃卿奉詔之意，何謝之有？後黃門復往，愼勿通也。」芝居官十一年，數議科條所不便者。其在公卿閒，直道而行。會諸王來朝，與京都人交通，坐免。

〔一〕臣松之案：無澗，山名，在洛陽東北。

後爲大司農。先是諸典農各部吏民，末作治生，以要利入。芝奏曰：「王者之治，崇本抑末，務農重穀。王制：『無三年之儲，國非其國也。』管子區言以積穀爲急。方今二虜未滅，師旅不息，國家之要，惟在穀帛。武皇帝特開屯田之官，專以農桑爲業。建安中，天下倉廩充實，百姓殷足。自黃初以來，聽諸典農治生，各爲部下之計，誠非國家大體所宜也。

夫王者以海內爲家，故傳曰：『百姓不足，君誰與足！』富足之由，在於不失天時而盡地力。今商旅所求，雖有加倍之顯利，然於一統之計，已有不貲之損，不如墾田益一畝之收也。夫農民之事田，自正月耕種，耘鋤條桑，耕熯種麥，穫刈築場，十月乃畢。治廩繫橋，運輸租賦，除道理梁，墐塗室屋，以是終歲，無日不爲農事也。今諸典農，各言『留者爲行者宗田計，課其力，勢不得不爾。不有所廢，則當素有餘力。』臣愚以爲不宜復以商事雜亂，專以農桑爲務，於國計爲便。」明帝從之。

每上官有所召問，常先見掾史，爲斷其意，故教其所以答塞之狀，皆如所度。芝性亮直，不矜廉隅。與賓客談論，有不可意，便面折其短，退無異言。卒於官，家無餘財，自魏迄今爲河南尹者莫及芝。

芝亡，子岐嗣，從河南丞轉廷尉正，遷陳留相。梁郡有繫囚，多所連及，數歲不決。詔書徙獄于岐屬縣，縣請豫治牢具。岐曰：「今囚有數十，既巧詐難符，且已倦楚毒，其情易見。豈當復久處囹圄邪！」及囚至，詰之，皆莫敢匿詐。一朝決竟，遂超爲廷尉。是時大將軍爽專權，尚書何晏、鄧颺等爲之輔翼。南陽圭泰嘗以言迕指，考繫廷尉。颺訊獄，將致泰重刑。岐數颺曰：「夫樞機大臣，王室之佐，既不能輔化成德，齊美古人，而乃肆其私忿，枉論無辜。使百姓危心，非此焉在？」颺於是慚怒而退。岐終恐久獲罪，以疾去官。居家

未朞而卒，年三十五。子肇嗣。〔一〕

〔一〕肇，晉太康中爲冀州刺史、尚書，見（百官志）〔百官名〕。

評曰：徐奕、何夔、邢顒貴尚峻厲，爲世名人。毛玠清公素履，司馬芝忠亮不傾，庶乎不吐剛茹柔。崔琰高格最優，鮑勛秉正無虧，而皆不免其身，惜哉！大雅貴「既明且哲」，虞書尚「直而能溫」，自非兼才，疇克備諸！

三國志卷十三　魏書十三

鍾繇華歆王朗傳第十三

鍾繇字元常，潁川長社人也。〔一〕嘗與族父瑜俱至洛陽，道遇相者，曰：「此童有貴相，然當厄於水，努力慎之！」行未十里，度橋，馬驚，墮水幾死。瑜以相者言中，益貴繇，而供給資費，使得專學。舉孝廉，〔二〕除尚書郎、陽陵令，以疾去。辟三府，爲廷尉正、黃門侍郎。是時，漢帝在西京，李傕、郭汜等亂長安中，與關東斷絕。太祖領兗州牧，始遣使上書。〔三〕傕、汜等以爲「關東欲自立天子，今曹操雖有使命，非其至實」，議留太祖使，拒絕其意。繇說傕、汜等曰：「方今英雄並起，各矯命專制，唯曹兗州乃心王室，而逆其忠款，非所以副將來之望也。」傕、汜等用繇言，厚加答報，由是太祖使命遂得通。太祖既數聽荀彧之稱繇，又聞其說傕、汜，益虛心。後傕脅天子，繇與尚書郎韓斌同策謀。天子得出長安，繇有力焉。拜御史中丞，遷侍中尚書僕射，幷錄前功封東武亭侯。

〔一〕先賢行狀曰：鍾皓字季明，溫良篤慎，博學詩律，教授門生千有餘人，爲郡功曹。時太丘長陳寔爲西門亭長，皓深獨敬異。寔少皓十七歲，常禮待與同分義。會辟公府，臨辭，太守問：「誰可代君？」皓曰：「明府欲必得其人，西門亭長可用。」寔曰：「鍾君似不察人爲意，不知何獨識我？」皓爲司徒掾，公出，道路泥濘，導從惡其相濺，去公車絕遠。公椎軾言：「司徒今日爲獨行耳！」還府向閤，鈴下不扶，令揖掾屬，公奮手不顧。時舉府掾屬皆投劾出，皓爲西曹掾，即開府門分布曉語已出者，曰：「臣下不能得自直於君，若司隸舉繩墨，以公失宰相之禮，又不勝任，諸君終身何所任邪？」掾屬以故皆止。都官果移西曹掾，問空府去意，皓召都官吏，以見掾屬名示之，乃止。前後九辟三府，遷南鄉、林慮長，不之官。時郡中先輩爲海內所歸者，蒼梧太守定陵陳稚叔、故黎陽令潁陰荀淑及皓。少府李膺常宗此三人，曰：「荀君清識難尚，陳、鍾至德可師。」膺之姑爲皓兄之妻，生子覲，與膺年齊，並有令名。覲又好學慕古，有退讓之行。爲童幼時，膺祖太尉脩言：「覲似我家性，國有道不廢，國無道免于刑戮者也。」復以膺妹妻之。覲辟州宰，未嘗屈就。膺謂覲曰：「孟軻以爲人無好惡是非之心，非人也。弟於人何太無皂白邪！」覲嘗以膺之言白皓，皓曰：「元禮，祖公在位，諸父並盛，韓公之甥，故得然耳。國武子好招人過，以爲怨本，今豈其時！保身全家，汝道是也。」覲早亡，膺雖荷功名，位至卿佐，而卒隕身世禍。皓年六十九，終於家。皓二子迪、敷，並以黨錮不仕。繇則迪之孫。

〔二〕謝承後漢書曰：南陽陰脩爲潁川太守，以旌賢擢俊爲務，舉五官掾張仲方正，察功曹鍾繇、主簿荀彧、主記掾張禮、賊曹掾杜祐、孝廉荀攸、計吏郭圖爲吏，以光國朝。

〔三〕世語曰：太祖遣使從事王必致命天子。

時關中諸將馬騰、韓遂等，各擁彊兵相與爭。太祖方有事山東，以關右爲憂。乃表繇以侍中守司隸校尉，持節督關中諸軍，委之以後事，特使不拘科制。繇至長安，移書騰、遂等，爲陳禍福，騰、遂各遣子入侍。太祖在官渡，與袁紹相持，繇送馬二千餘匹給軍。太祖與繇書曰：「得所送馬，甚應其急。關右平定，朝廷無西顧之憂，足下之勳也。昔蕭何鎭守關中，足食成軍，亦適當爾。」其後匈奴單于作亂平陽，繇帥諸軍圍之，未拔；而袁尚所置河東太守郭援到河東，衆甚盛。諸將議欲釋之去，繇曰：「袁氏方彊，援之來，關中陰與之通，所以未悉叛者，顧吾威名故耳。若棄而去，示之以弱，所在之民，誰非寇讎？縱吾欲歸，其得至乎！此爲未戰先自敗也。且援剛愎好勝，必易吾軍，若渡汾爲營，及其未濟擊之，可大克也。」張既說馬騰會擊援，騰遣子超將精兵逆之。援至，果輕渡汾，衆止之，不從。濟水未半，擊，大破之，〔一〕斬援，降單于。語在既傳。其後河東衞固作亂，與張晟、張琰及高幹等並爲寇，繇又率諸將討破之。〔二〕自天子西遷，洛陽人民單盡，繇徙關中民，又招納亡叛以充之，數年間民戶稍實。太祖征關中，得以爲資，表繇爲前軍師。

〔一〕司馬彪戰略曰：袁尚遣高幹、郭援將兵數萬人，與匈奴單于寇河東，遣使與馬騰、韓遂等連和，騰等陰許之。傅幹說騰曰：「古人有言『順道者昌，逆德者亡』。曹公奉天子誅暴亂，法明國治，上下用命，有義必賞，無義必罰，可謂順道矣。袁氏背王命，驅胡虜以陵中國，寬而多忌，仁而無斷，兵雖彊，實失天下心，可謂逆德矣。今將軍既事有道，不盡其力，陰懷兩端，欲以坐觀成敗，吾恐成敗既定，奉辭責罪，將軍先爲誅首矣。」於是騰懼。幹曰：「智者轉禍爲福。今曹公與袁氏相持，而高幹、郭援獨制河東，曹公雖有萬全之計，不能禁河東之不危也。將軍誠能引兵討援，內外擊之，其勢必舉。是將軍一舉，斷袁氏之臂，解一方之急，曹公必重德將軍。將軍功名，竹帛不能盡載也。唯將軍審所擇！」騰曰：「敬從教。」於是遣子超將精兵萬餘人，并將遂等兵，與繇會擊援等，大破之。

〔二〕魏略曰：詔徵河東太守王邑。邑以天下未定，心不願徵，而吏民亦戀邑，郡掾衞固及中郎將范先等各詣繇求乞邑。而詔已拜杜畿爲太守，畿已入界。繇不聽先等，促邑交符。邑佩印綬，徑從河北詣許自歸。繇時治在洛陽，自以威禁失督司之法，乃上書自劾曰：「臣前上言故鎭北將軍領河東太守安陽亭侯王邑巧辟治官，犯突科條，事當推劾，檢實姦詐。被詔書當如所糾。以其歸罪，故加寬赦。又臣上言吏民大小，各懷顧望，謂邑當還，拒太守杜畿，今皆反悔，共迎畿之官。謹案文書，臣以空虛，被蒙拔擢，入充近侍，兼典機衡，忝膺重任，總統偏方。既無德政以惠民物，又無威刑以檢不恪，至使邑違犯詔書，郡掾衞固誑迫吏民，訟訴之言，交驛道路，漸失其禮，不虔王命。今雖反悔，醜聲流聞，咎皆由繇威刑不攝。臣又疾病，前後歷年，氣力日微，尸素重祿，曠廢職任，罪明法正。謹按侍中守司隸校尉東武亭侯鍾繇，幸得蒙恩，以斗筲之才，仍見拔擢，顯從近密，銜命督使。明知詔書深疾長吏，政教寬弱，檢下無刑，久病淹滯，衆職荒頓，法令失張。邑雖違科，當必繩正法，既舉文書，操彈失理。至乃使邑遠詣闕廷，隳忝使命，挫傷爪牙。而固誑迫吏民，拒畿連月。今雖反悔，犯順失正，海內兇赫，罪一由繇威刑闇弱。又繇久病，不任所職，非繇大臣當所宜爲。繇輕慢憲度，不畏詔令，不與國同心，爲臣不忠，無所畏忌，大爲不敬。又不承用詔書，奉詔不謹。又聰明蔽塞，爲下所欺，弱不勝任。數罪謹以劾，臣請法車徵詣廷尉治繇罪，大鴻臚削爵土。臣久嬰篤疾，涉夏盛劇，命縣呼吸，不任部官。輒以文書付功曹從事馬適議，免冠徒跣，伏須罪誅。」詔不聽。

魏國初建，爲大理，遷相國。文帝在東宮，賜繇五熟釜，爲之銘曰：「於赫有魏，作漢藩輔。厥相惟鍾，實幹心膂。靖恭夙夜，匪遑安處。百寮師師，楷茲度矩。」〔一〕數年，坐西曹掾魏諷謀反，策罷就第。〔二〕文帝即王位，復爲大理。及踐阼，改爲廷尉，進封崇高鄉侯。遷太尉，轉封平陽鄉侯。時司徒華歆、司空王朗，並先世名臣。文帝罷朝，謂左右曰：「此三公者，乃一代之偉人也，後世殆難繼矣！」〔三〕明帝即位，進封定陵侯，增邑五百，并前千八百戶，遷太傅。繇有膝疾，拜起不便。時華歆亦以高年疾病，朝見皆使載輿車，虎賁舁上殿就坐。是後三公有疾，遂以爲故事。

〔一〕魏略曰：繇爲相國，以五熟釜鼎範因太子鑄之，釜成，太子與繇書曰：「昔有黃三鼎，周之九寶，咸以一體使調一味，豈若斯釜五味時芳？蓋鼎之烹飪，以饗上帝，以養聖賢，昭德祈福，莫斯之美。故非大人，莫之能造；故非斯器，莫宜盛德。今之嘉釜，有逾茲美。夫周之尸臣，宋之考父，衞之孔悝，晉之魏顆，彼四臣者，並以功德勒名鍾鼎。今執事寅亮大魏，以隆聖化。堂堂之德，於斯爲盛。誠太常之所宜銘，彝器之所宜勒。故作斯銘，勒之釜口，庶可贊揚洪美，垂之不朽。」

臣松之按漢書郊祀志，孝宣時，美陽得鼎，京兆尹張敞上議曰：「按鼎有刻書曰：『王命尸臣，官此栒邑。（尸主事之臣栒音荀豳地）賜爾旂鸞，黼黻琱戈。尸臣拜手稽首曰敢對揚天子丕顯休命！』此殆周之所以褒賜大臣，（子孫）大臣子孫刻銘其先功，藏之于宮廟也。」考父銘見左氏傳，孔悝銘在禮記，事顯故不載。國語曰：「昔克潞之役，秦來圖敗晉功，魏顆以其身退秦師于輔氏，親止杜回；其勳銘于景鍾，至于今不遺類，其子孫不可不興也。」太子所稱四銘者也。

魏略曰：後太祖征漢中，太子在孟津，聞繇有玉玦，欲得之而難公言。密使臨菑侯轉因人說之，繇即送之。太子與繇書曰：「夫玉以比德君子，見美詩人。晉之垂棘，魯之璵璠，宋之結綠，楚之和璞，價越萬金，貴重都城，有稱疇昔，流聲將來。是以垂棘出晉，虞、虢雙禽；和璧入秦，相如抗節。竊見玉書，稱美玉白若截肪，黑譬純漆，赤擬雞冠，黃侔蒸栗。側聞斯語，未覩厥狀。雖德非君子，義無詩人，高山景行，私所慕仰。然四寶邈焉以遠，秦、漢未聞有良匹。是以求之曠年，未遇厥真，私願不果，飢渴未副。近見南陽宗惠叔稱君侯昔有美玦，聞之驚喜，笑與抃俱。當自白書，恐傳言未審，是以令舍弟子建因荀仲茂轉言鄙旨。乃不忽遺，厚見周稱，鄴騎既到，寶玦初至，捧跪發匣，爛然滿目。猥以矇鄙之姿，得觀希世之寶，不煩一介之使，不損連城之價，既有秦昭章臺之觀，而無藺生詭奪之誑。嘉貺益腆，敢不欽承！」繇報書曰：「昔忝近任，并得賜玦。尙方耆老，頗識舊物。名其符采，必得處所。以爲執事有珍此者，是以鄙之，用未奉貢。幸而紆意，實以悅懌。在昔和氏，殷勤忠篤，而繇待命，是懷愧恥。」

〔二〕魏略曰：孫權稱臣，斬送關羽。太子書報繇，繇答書曰：「臣同郡故司空荀爽言：『人當道情，愛我者一何可愛！憎我者一何可憎！』顧念孫權，了更嫵媚。」太子又書曰：「得報，知喜南方。至于荀公之清談，孫權之嫵媚，執書嗢噱，不能離手。若權復黠，當折以汝南許劭月旦之評。權優游二國，俯仰荀、許，亦已足矣。」

〔三〕陸氏異林曰：繇嘗數月不朝會，意性異常，或問其故，云：「常有好婦來，美麗非凡。」問者曰：「必是鬼物，可殺之。」婦人後往，不即前，止戶外。繇問何以，曰：「公有相殺意。」繇曰：「無此。」乃勤勤呼之，乃入。繇意恨，有不忍之心，然猶斫之傷髀。婦人即出，以新綿拭血竟路。明日使人尋跡之，至一大冢，木中有好婦人，形體如生人，著白練衫，丹繡裲襠，傷左髀，以裲襠中綿拭血。叔父清河太守說如此。清河，陸雲也。

初，太祖下令，使平議死刑可宮割者。繇以爲「古之肉刑，更歷聖人，宜復施行，以代死刑。」議者以爲非悅民之道，遂寢。及文帝臨饗羣臣，詔謂「大理欲復肉刑，此誠聖王之法。公卿當善共議。」議未定，會有軍事，復寢。太和中，繇上疏曰：「大魏受命，繼蹤虞、夏。孝文革法，不合古道。先帝聖德，固天所縱，墳典之業，一以貫之。是以繼世，仍發明詔，思復古刑，爲一代法。連有軍事，遂未施行。陛下遠追二祖遺意，惜斬趾可以禁惡，恨入死之無辜，使明習律令，與羣臣共議。出本當右趾而入大辟者，復行此刑。書云：『皇帝清問下民，鰥寡有辭于苗。』此言堯當除蚩尤、有苗之刑，先審問於下民之有辭者也。若今蔽獄之時，訊問三槐、九棘、羣吏、萬民，使如孝景之令，其當棄市，欲斬右趾者許之。其黥、劓、左趾、宮刑者，自如孝文，易以髡、笞。能有姦者，率年二十至四五十，雖斬其足，猶任生育。今天下人少于孝文之世，下計所全，歲三千人。張蒼除肉刑，所殺歲以萬計。臣欲復肉刑，歲生三千人。子貢問能濟民可謂仁乎？子曰：『何事於仁，必也聖乎，堯、舜其猶病諸！』又曰：『仁遠乎哉？我欲仁，斯仁至矣。』若誠行之，斯民永濟。」書奏，詔曰：「太傅學優才高，留心政事，又於刑理深遠。此大事，公卿羣僚善共平議。」司徒王朗議，以爲「繇欲輕減大辟之條，以增益刖刑之數，此即起偃爲豎，化屍爲人矣。然臣之愚，猶有未合微異之意。夫五刑之屬，著在科律，自有減死一等之法，不死即爲減。施行已久，不待遠假斧鑿于彼肉刑，然後有罪次也。前世仁者，不忍肉刑之慘酷，是以廢而不用。不用已來，歷年數百。今復行之，恐所減之文未彰于萬民之目，而肉刑之問已宣于寇讎之耳，非所以來遠人也。今可按繇所欲輕之死罪，使減死之髡、刖。嫌其輕者，可倍其居作之歲數。內有以生易死不訾之恩，外無以刖易釱駭耳之聲。」議者百餘人，與朗同者多。帝以吳、蜀未平，且寢。〔一〕

〔一〕袁宏曰：夫民心樂全而不能常全，蓋利用之物懸於外，而嗜欲之情動於內也。於是有進取貪競之行，希求放肆之事。進取不已，不能充其嗜欲，則苟且僥倖之所生也；希求無厭，無以愜其欲，則姦僞忿怒之所興也。先王知其如此，而欲救其弊，或先德化以陶其心；其心不化，然後加以刑辟。書曰：「百姓不親，五品不遜。汝作司徒而敬敷五教。蠻夷猾夏，寇賊姦宄。汝作士，五刑有服。」然則德、刑之設，參而用之者也。三代相因，其義詳焉。周禮：「使墨者守門，劓者守關，宮者守內，刖者守囿。」此肉刑之制可得而論者也。荀卿亦云，殺人者死，傷人者刑，百王之所同，未有知其所由來者也。夫殺人者死，而相殺者不已，是大辟可以懲未殺，不能使天下無殺也。傷人者刑，而害物者不息，是黥、劓可以懼未刑，不能使天下無刑也。故將欲止之，莫若先以德化。夫罪過彰著，然後入于刑辟，是將殺人者不必死，欲傷人者不必刑。縱而弗化，則陷於刑辟。故刑之所制，在於不可移之地，禮教則不然。明其善惡，所以潛勸其情，消之於未殺也；示之恥辱，所以內愧其心，治之於未傷也。故過微而不至於著，罪薄而不及於刑。終入罪辟者，非教化之所得也，故雖殘一物之生，刑一人之體，是除天下之害，夫何傷哉！率斯道也，風化可以漸淳，刑罰可以漸少，其理然也。苟不能化其心，而專任刑罰，民失義方，動罹刑網，求世休和，焉可得哉？周之成、康，豈按三千之文而致刑錯之美乎？蓋德化漸漬，致斯有由也。漢初懲酷刑之弊，務寬厚之論，公卿大夫，相與恥言人過。文帝登朝，加以玄默。張武受賂，賜金以愧其心；吳王不朝，崇禮以訓其失。是以吏民樂業，風流篤厚，斷獄四百，幾致刑措，豈非德刑兼用已然之効哉？世之欲言刑罰之用，不先德敎之益，失之遠矣。今大辟之罪，與古同制。免死已下，不過五歲，旣釋鉗鎖，復得齒于人倫。是以民無恥惡，數爲姦盜，故刑徒多而亂不治也。苟敎之所去，罰當其罪，一離刀鋸，沒身不齒，鄰里且猶恥之，而況于鄉黨乎？而況朝廷乎？如此，則夙沙、趙高之儔，無施其惡矣。古者察其言，觀其行，而善惡彰焉。然則君子之去刑辟，固已遠矣。過誤不幸，則八議之所宥也。若夫卞和、史遷之冤，淫刑之所及也。苟失其道，或不免於大辟，而況肉刑哉！漢書：「斬右趾及殺人先自言告，吏坐受賕，守官物而卽盜之，皆棄市。」此班固所謂當生而令死者也。今不忍刻截之慘，而安剿絕之悲，此最治體之所先，有國所宜改者也。

太和四年，繇薨。帝素服臨弔，謚曰成侯。〔一〕子毓嗣。初，文帝分毓戶邑，封繇弟演及子劭、孫豫列侯。

〔一〕魏書曰：有司議謚，以爲繇昔爲廷尉，辨理刑獄，決嫌明疑，民無怨者，由于、張之在漢也。詔曰：「太傅功高德茂，位爲師保，論行賜謚，常先依此，兼敍廷尉于、張之德耳。」乃策謚曰成侯。

毓字稚叔。年十四爲散騎侍郎，機捷談笑，有父風。太和初，蜀相諸葛亮圍祁山，明帝欲西征，毓上疏曰：「夫策貴廟勝，功尙帷幄，不下殿堂之上，而決勝千里之外。車駕宜鎭守中土，以爲四方威勢之援。今大軍西征，雖有百倍之威，於關中之費，所損非一。且盛暑行師，詩人所重，實非至尊動軔之時也。」遷黃門侍郎。時大興洛陽宮室，車駕便幸許昌，天下當朝正許昌。許昌偪狹，於城南以氈爲殿，備設魚龍曼延，民罷勞役。毓諫，以爲「水旱不時，帑藏空虛，凡此之類，可須豐年。」又上「宜復關内開荒地，使民肆力於農。」事遂施行。正始中，爲散騎(侍郎)〔常侍〕。大將軍曹爽盛夏興軍伐蜀，蜀拒守，軍不得進。爽方欲增兵，毓與書曰：「竊以爲廟勝之策，不臨矢石；王者之兵，有征無戰。誠以干戚可以服有苗，退舍足以納原寇，不必縱吳漢于江關，騁韓信於井陘也。見可而進，知難而退，蓋自古之政。惟公侯詳之！」爽無功而還。後以失爽意，徙侍中，出爲魏郡太守。爽既誅，入爲御史中丞、侍中廷尉。聽君父已沒，臣子得爲理謗，及士爲侯，其妻不復配嫁，毓所創也。正元中，毌丘儉、文欽反，毓持節至揚、豫州班行赦令，告諭士民，還爲尚書。諸葛誕反，大將軍司馬文王議自詣壽春討誕。會吳大將孫壹率衆降，或以爲「吳新有釁，必不能復出軍。東兵已多，可須後問」。毓以爲「夫論事料敵，當以己度人。今誕舉淮南之地以與吳國，孫壹所率，口不至千，兵不過三百。吳之所失，蓋爲無幾。若壽春之圍未解，而吳國之内轉安，未可必其不出也。」大將軍曰：「善。」遂將毓行。〔一〕淮南既平，爲青州刺史，加後將軍，遷都督徐州諸軍事，假節，又轉都督荆州。景元四年薨，追贈車騎將軍，謚曰惠侯。子駿嗣。毓弟會，自有傳。

〔一〕臣松之以爲諸葛誕舉淮南以與吳，孫壹率三百人以歸魏，謂吳有釁，本非有理之言。毓之此議，蓋何足稱耳！

華歆字子魚，平原高唐人也。高唐爲齊名都，衣冠無不游行市里。歆爲吏，休沐出府，則歸家闔門。議論持平，終不毀傷人。〔一〕同郡陶丘洪亦知名，自以明見過歆。時王芬與豪傑謀廢靈帝。語在武紀。〔二〕芬陰呼歆、洪共定計，洪欲行，歆止之曰：「夫廢立大事，伊、霍之所難。芬性疎而不武，此必無成，而禍將及族。子其無往！」洪從歆言而止。後芬果敗，洪乃服。舉孝廉，除郎中，病，去官。靈帝崩，何進輔政，徵河南鄭泰、潁川荀攸及歆等。歆到，爲尚書郎。董卓遷天子長安，歆求出爲下邽令，病不行，遂從藍田至南陽。〔三〕時袁術在穰，留歆。歆說術使進軍討卓，術不能用。歆欲棄去，會天子使太傅馬日磾安集關東，日磾辟歆爲掾。東至徐州，詔卽拜歆豫章太守，以爲政清靜不煩，吏民感而愛之。〔四〕孫策略地江東，歆知策善用兵，乃幅巾奉迎。策以其長者，待以上賓之禮。〔五〕後策死。太祖在官渡，表天子徵歆。孫權欲不遣，歆謂權曰：「將軍奉王命，始交好曹公，分義未固，使僕得爲將軍效心，豈不有益乎？今空留僕，是爲養無用之物，非將軍之良計也。」權悅，乃遣歆。賓客舊人送之者千餘人，贈遺數百金。歆皆無所拒，密各題識，至臨去，悉聚諸物，謂諸賓客曰：「本無拒諸君之心，而所受遂多。念單車遠行，將以懷璧爲罪，願賓客爲之計。」衆乃各留所贈，而服其德。

〔一〕魏略曰：歆與北海邴原、管寧俱游學，三人相善，時人號三人爲「一龍」，歆爲龍頭，原爲龍腹，寧爲龍尾。臣松之以爲邴根矩之徽猷懿望，不必有愧華公，管幼安含德高蹈，又恐弗當爲尾。魏略此言，未可以定其先後也。

〔二〕魏書稱芬有大名於天下。

〔三〕華嶠譜敍曰：歆少以高行顯名。避西京之亂，與同志鄭泰等六七人，閒步出武關。道遇一丈夫獨行，願得俱，皆哀欲許之。歆獨曰：「不可。今已在危險之中，禍福患害，義猶一也。無故受人，不知其義。既以受之，若有進退，可中棄乎！」衆不忍，卒與俱行。此丈夫中道墮井，皆欲棄之。歆曰：「已與俱矣，棄之不義。」相率共還出之，而後別去。衆乃大義之。

〔四〕魏略曰：揚州刺史劉繇死，其衆願奉歆爲主。歆以爲因時擅命，非人臣之宜。衆守之連月，卒謝遣之，不從。

〔五〕胡沖吳歷曰：孫策擊豫章，先遣虞翻說歆。歆答曰：「歆久在江表，常欲北歸；孫會稽來，吾便去也。」翻還報策，策乃進軍。歆葛巾迎策，策謂歆曰：「府君年德名望，遠近所歸；策年幼稚，宜脩子弟之禮。」便向歆拜。

華嶠譜敍曰：孫策略有揚州，盛兵徇豫章，一郡大恐。官屬請出郊迎，教曰：「無然。」策稍進，復白發兵，又不聽。及策至，一府皆造閤，請出避之。乃笑曰：「今將自來，何遽避之？」有頃，門下白曰：「孫將軍至。」請見，乃前與歆共坐，談議良久，夜乃別去。義士聞之，皆長歎息而心自服也。策遂親執子弟之禮，禮爲上賓。是時四方賢士大夫避地江南者甚衆，皆出其下，人人望風。每策大會，坐上莫敢先發言，歆時起更衣，則論議讙譁。歆能劇飲，至石餘不亂，衆人微察，常以其整衣冠爲異，江南號之曰「華獨坐」。

虞溥江表傳曰：孫策在椒丘，遣虞翻說歆。翻既去，歆請功曹劉壹入議。壹勸歆住城，遣檄迎軍。歆曰：「吾雖劉刺史所置，上用，猶是剖符吏也。今從卿計，恐死有餘責矣。」壹曰：「王景興旣漢朝所用，且爾時會稽人衆盛彊，猶見原恕，明府何慮？」於是夜逆作檄，明旦出城，遣吏齎迎。策便進軍，與歆相見，待以上賓，接以朋友之禮。

孫盛曰：夫大雅之處世也，必先審隱顯之期，以定出處之分，否則括囊以保其身，泰則行義以達其道。歆旣無夷、皓韜邈之風，又失王臣匪躬之操，故撓心於邪儒之說，交臂於陵肆之徒，位奪於一豎，節墮於當時。昔許、蔡失位，不得列於諸侯；州公實來，魯人以爲賤恥。方之於歆，咎孰大焉！

歆至，拜議郎，參司空軍事，入爲尚書，轉侍中，代荀彧爲尚書令。太祖征孫權，表歆爲軍師。魏國旣建，爲御史大夫。文帝卽王位，拜相國，封安樂鄉侯。及踐阼，改爲司徒。〔一〕歆素清貧，祿賜以振施親戚故人，家無擔石之儲。公卿嘗並賜沒入生口，唯歆出而嫁之。帝歎息，〔二〕下詔曰：「司徒，國之儁老，所與和陰陽理庶事也。今大官重膳，而司徒蔬食，甚無謂也。」特賜御衣，及爲其妻子男女皆作衣服。〔三〕三府議：「舉孝廉，本以德行，不復限以試經。」歆以爲「喪亂以來，六籍墮廢，當務存立，以崇王道。夫制法者，所以經盛衰。今聽孝廉不以經試，恐學業遂從此而廢。若有秀異，可特徵用。患於無其人，何患不得哉？」帝從其言。

〔一〕魏書曰：文帝受禪，歆登壇相儀，奉皇帝璽綬，以成受命之禮。

華嶠譜敍曰：文帝受禪，朝臣三公已下並受爵位；歆以形色忤時，徙爲司徒，而不進爵。魏文帝久不懌，以問尚書令陳羣曰：「我應天受禪，百辟羣后，莫不人人悅喜，形于聲色，而相國及公獨有不怡者，何也？」羣起離席長跪曰：「臣與相國曾臣漢朝，心雖悅喜，義形其色，亦懼陛下實應且憎。」帝大悅，遂重異之。

〔二〕孫盛曰：盛聞慶賞威刑，必宗於主，權宜宥恕，出自人君。子路私饋，仲尼毀其食器；田氏盜施，春秋著以爲譏。斯褒貶之成言，已然之顯義也。孥戮之家，國刑所肅，受賜之室，乾施所加，若在哀矜，理無偏宥。歆居股肱之任，同元首之重，則當公言皇朝，以彰天澤，而默受嘉賜，獨爲君子，既犯作福之嫌，又違必去之義，可謂匹夫之仁，蹈道則未也。

魏書曰：歆性周密，舉動詳慎。常以爲人臣陳事，務以諷諫合道爲貴，就有所言，不敢顯露，故其事多不見載。

華嶠譜敍曰：歆淡於財欲，前後寵賜，諸公莫及，然終不殖產業。陳羣常歎曰：「若華公，可謂通而不泰，清而不介者矣。」

傅子曰：敢問今之君子？曰：「袁郎中積德行儉，華太尉積德居順，其智可及也，其清不可及也。事上以忠，濟下以仁，晏嬰、行父何以加諸？」

〔三〕魏書曰：又賜奴婢五十人。

黃初中，詔公卿舉獨行君子，歆舉管寧，帝以安車徵之。明帝卽位，進封博平侯，增邑五百戶，并前千三百戶，轉拜太尉。〔一〕歆稱病乞退，讓位於寧。帝不許。臨當大會，乃遣散騎常侍繆襲奉詔喩指曰：「朕新莅庶事，一日萬幾，懼聽斷之不明。賴有德之臣，左右朕躬，而君屢以疾辭位。夫量主擇君，不居其朝，委榮棄祿，不究其位，古人固有之矣，顧以爲周公、伊尹則不然。絜身徇節，常人爲之，不望之於君。君其力疾就會，以惠予一人。將立席几筵，命百官總己，以須君到，朕然後御坐。」又詔襲：「須歆必起，乃還。」歆不得已，乃起。

〔一〕列異傳曰：歆爲諸生時，嘗宿人門外。主人婦夜產。有頃，兩吏詣門，便辟易卻，相謂曰：「公在此。」躊躇良久，一吏曰：「籍當定，奈何得住？」乃前向歆拜，相將入。出並行，共語曰：「當與幾歲？」一人曰：「當三歲。」天明，歆去。後欲驗其事，至三歲，故往問兒消息，果已死。歆乃自知當爲公。

臣松之按晉陽秋說魏舒少時寄宿事，亦如之。以爲理無二人俱有此事，將由傳者不同。今寧信列異。

太和中，遣曹眞從子午道伐蜀，車駕東幸許昌。歆上疏曰：「兵亂以來，過踰二紀。大魏承天受命，陛下以聖德當成康之隆，宜弘一代之治，紹三王之迹。雖有二賊負險延命，苟聖化日躋，遠人懷德，將襁負而至。夫兵不得已而用之，故戢而時動。臣誠願陛下先留心於治道，以征伐爲後事。且千里運糧，非用兵之利；越險深入，無獨克之功。如聞今年徵役，頗失農桑之業。爲國者以民爲基，民以衣食爲本。使中國無饑寒之患，百姓無離土之心，則天下幸甚，二賊之釁，可坐而待也。臣備位宰相，老病日篤，犬馬之命將盡，恐不復奉望鑾蓋，不敢不竭臣子之懷，唯陛下裁察！」帝報曰：「君深慮國計，朕甚嘉之。賊憑恃山川，二祖勞於前世，猶不克平，朕豈敢自多，謂必滅之哉！諸將以爲不一探取，無由自弊，是以觀兵以闚其釁。若天時未至，周武還師，乃前事之鑒，朕敬不忘所戒。」時秋大雨，詔眞

引軍還。太和五年，歆薨，謚曰敬侯。〔一〕子表嗣。初，文帝分歆户邑，封歆弟緝列侯。表，咸熙中爲尚書。〔二〕

〔一〕魏書云：歆時年七十五。

〔二〕華嶠譜敍曰：歆有三子。表字偉容，年二十餘爲散騎侍郎。時同僚諸郎共平尚書事，年少，並兼厲鋒氣，要（君）〔召〕名譽。尚書事至，或有不便，故遺漏不視，及傳書者去，即入深文論駮。惟表不然，事來有不便，輒與尚書共論盡其意，主者固執，不得已，然後共奏議。司空（陳泰）〔陳羣〕等以此稱之。仕晉，歷太子少傅、太常。稱疾致仕，拜光禄大夫。性清淡，常慮天下退理。司徒李胤、司隸（王密）〔王弘〕等常稱曰：「若此人者，不可得而貴，不可得而賤，〔不可得而親〕，不可得而疏。」中子博，歷三縣内史，治有名跡。少子周，黄門侍郎、常山太守，博學有文思。中年遇疾，終于家。表有三子。長子廙，字長駿。晉諸公贊曰：廙有文翰，歷位尚書令、太子少傅，追贈光禄大夫開府。嶠字叔駿，有才學，撰後漢書，世稱爲良史。爲祕書監、尚書。澹字玄駿，最知名，爲河南尹。廙三子。昆字敬倫，清粹有檢，爲尚書。薈字敬叔。世語稱薈貴正。恆字敬則，以通理稱。昆，尚書；薈，河南尹；恆，左光禄大夫開府。澹子軼，字彦夏。有當世才志，爲江州刺史。

王朗字景興，東海（郡）〔郯〕人也。以通經，拜郎中，除菑丘長。師太尉楊賜，賜薨，棄官行服。舉孝廉，辟公府，不應。徐州刺史陶謙察朗茂才。時漢帝在長安，關東兵起，朗爲謙治中，與別駕趙昱等說謙曰：「春秋之義，求諸侯莫如勤王。今天子越在西京，宜遣使奉承王命。」謙乃遣昱奉章至長安。天子嘉其意，拜謙安東將軍。以昱爲廣陵太守，朗會稽太守。〔一〕孫策渡江略地。朗功曹虞翻以爲力不能拒，不如避之。朗自以身爲漢吏，宜保城邑，遂舉兵與策戰，敗績，浮海至東冶。策又追擊，大破之。朗乃詣策。策以〔朗〕儒雅，詰讓而不害。〔二〕雖流移窮困，朝不謀夕，而收卹親舊，分多割少，行義甚著。

〔一〕朗家傳曰：會稽舊祀秦始皇，刻木爲像，與夏禹同廟。朗到官，以爲無德之君，不應見祀，於是除之。居郡四年，惠愛在民。

〔二〕獻帝春秋曰：孫策率軍如閩、越討朗。朗泛舟浮海，欲走交州，爲兵所逼，遂詣軍降。策令使者詰朗曰：「問逆賊故會稽太守王朗：朗受國恩當官，云何不惟報德，而阻兵安忍？大軍征討，幸免梟夷，不自掃屏，復聚黨衆，屯住郡境。遠勞王誅，卒不悟順。捕得云降，庶以欺詐，用全首領，得爾與不，具以狀對。」朗稱禽虜，對使者曰：「朗以瑣才，誤竊朝私，受爵不讓，以遘罪網。前見征討，畏死苟免。因治人物，寄命須臾。又迫大兵，惶怖北引。從者疾患，死亡略盡。獨與老母，共乘一欐。流矢始交，便棄欐就俘，稽顙自首於征役之中。朗惶惑不達，自稱降虜。緣前迷謬，被詰慚懼。朗愚淺駑怯，畏威自驚。又無良介，不早自歸。於破亡之中，然後委命下隸。身輕罪重，死有餘辜。申脰就鞅，蹴足入絆，叱咤聽聲，東西惟命。」

太祖表徵之，朗自曲阿展轉江海，積年乃至。〔一〕拜諫議大夫，參司空軍事。〔二〕魏國初建，以軍祭酒領魏郡太守，遷少府、奉常、大理。務在寬恕，罪疑從輕。鍾繇明察當法，俱以治

獄見稱。〔三〕

〔一〕朗被徵未至。孔融與朗書曰：「世路隔塞，情問斷絕，感懷增思。前見章表，知尋湯武罪己之迹，自投東裔同鯀之罰，覽省未周，涕隕潸然。主上寬仁，貴德宥過。曹公輔政，思賢並立。策書屢下，殷勤款至。知權舟浮海，息駕廣陵，不意黃熊突出羽淵也。談笑有期，勉行自愛！」

漢晉春秋曰：孫策之始得朗也，譴讓之。使張昭私問朗，朗誓不屈，策忿而不敢害也，留置曲阿。建安三年，太祖表徵朗，策遣之。太祖問曰：「孫策何以得至此邪？」朗曰：「策勇冠一世，有儁才大志。張子布，民之望也，北面而相之。周公瑾，江淮之傑，攘臂而爲其將。謀而有成，所規不細，終爲天下大賊，非徒狗盜而已。」

〔二〕朗家傳曰：朗少與沛國名士劉陽交友。陽爲莒令，年三十而卒，故後世鮮聞。初，陽以漢室漸衰，知太祖有雄才，恐爲漢累，意欲除之而事不會。及太祖貴，求其嗣子甚急。其子惶窘，走伏無所。陽親舊雖多，莫敢藏者。朗乃納受積年，及從會稽還，又數開解。太祖久乃赦之，陽門戶由是得全。

〔三〕魏略曰：太祖請同會，啁朗曰：「不能效君昔在會稽折秔米飯也。」朗仰而歎曰：「宜適難值！」太祖問：「云何？」朗曰：「如朗昔者，未可折而折；如明公今日，可折而不折也。」太祖以孫權稱臣遺貢詣朗，朗答曰：「孫權前儳，自詭躬討虜以補前愆，後疏稱臣，以明無二。牙獸屈膝，言鳥告歡，明珠、南金，遠珍必至。情見乎辭，效著乎功。三江五湖，爲治於魏，西吳東越，化爲國民。鄢、郢既拔，荆門自開。席卷巴、蜀，形勢已成。重休累慶，雜沓相隨。承旨之日，撫掌擊節。情之畜者，辭不能宣。」

文帝卽王位，遷御史大夫，封安陵亭侯。上疏勸育民、省刑曰：「兵起已來三十餘年，四海盪覆，萬國殄瘁。賴先王芟除寇賊，扶育孤弱，遂令華夏復有綱紀。鳩集兆民，于茲魏土，使封鄙之內，雞鳴狗吠，達於四境，蒸庶欣欣，喜遇升平。今遠方之寇未賓，兵戎之役未息，誠令復除足以懷遠人，良宰足以宣德澤，阡陌咸修，四民殷熾，必復過於曩時而富於平日矣。易稱敕法，書著祥刑，一人有慶，兆民賴之，慎法獄之謂也。昔曹相國以獄市爲寄，路溫舒疾治獄之吏。夫治獄者得其情，則無冤死之囚；丁壯者得盡地力，則無饑饉之民；窮老者得仰食倉廩，則無餧餓之殍；嫁娶以時，則男女無怨曠之恨；胎養必全，則孕者無自傷之哀；新生必復，則孩者無不育之累；壯而後役，則幼者無離家之思；二毛不戎，則老者無頓伏之患。醫藥以療其疾，寬繇以樂其業，威罰以抑其強，恩仁以濟其弱，賑貸以贍其乏。十年之後，既笄者必盈巷。二十年之後，勝兵者必滿野矣。」

及文帝踐阼，改爲司空，進封樂平鄉侯。〔一〕時帝頗出游獵，或昏夜還宮。朗上疏曰：「夫帝王之居，外則飾周衞，內則重禁門，將行則設兵而後出幄，稱警而後踐墀，張弧而後登輿，清道而後奉引，遮列而後轉轂，靜室而後息駕，皆所以顯至尊，務戒慎，垂法教也。近日車駕出臨捕虎，日昃而行，及昏而反，違警蹕之常法，非萬乘之至慎也。」帝報曰：「覽表，雖魏絳稱虞箴以諷晉悼，相如陳猛獸以戒漢武，未足以喻。方今二寇未殄，將帥遠征，故時入原野以習戎備。至於夜還之戒，已詔有司施行。」〔二〕

〔一〕魏名臣奏載朗節省奏曰：「詔問所宜損益，必謂東京之事也。若夫西京雲陽、汾陰之大祭，千有五百之羣，祀通天之臺，入阿房之宮，齋必百日，養犧五載，牛則三千，其重玉則七千；其器，文綺以飾重席，童女以蹈舞綴；釀酎必貫三時而後成，樂人必三千四百而後備；內宮美人數至近千，學官博士〔弟子〕七千餘人；中廄則騂騄駙馬六萬餘匹，外牧則扆養三萬而馬十之；執金吾從騎六百，走卒倍焉；太常行陵幸車千乘，太官賜官奴婢六千，長安城內治民爲政者三千，中二千石蔽罪斷刑者二十有五獄。政充事猥，威儀繁富，隆於三代，近過禮中。夫所以極奢者，大抵多受之於秦餘。既違繭栗慤誠之本，掃地簡易之指，又失替質而損文、避泰而從約之趣。豈夫當今隆興盛明之時，祖述堯舜之際，割奢務儉之政，除繁崇省之令，詳刑慎罰之教，所宜希慕哉？及夫寢廟日一太牢之祀，郡國並立宗廟之法，丞相御史大夫官屬吏從之數，若此之輩，既已屢改於哀、平之前，不行光武之後矣。謹按圖牒所改奏，在天地及五帝、六宗、宗廟、社稷，既已因前代之兆域矣。夫天地則掃地而祭，其餘則皆壇而埒之矣。明堂所以祀上帝，靈臺所以觀天文，辟雍所以脩禮樂，太學所以集儒林，高禖所以祈休祥，又所以察時務，揚教化。稽古先民，開誕慶祚，舊時皆在國之陽，並高棟夏屋，足以（肆）〔肄〕饗射，望雲物。七郊雖尊祀尙質，猶皆有門宇便坐，足以避風雨。可須軍罷年豐，以漸脩治。舊時虎賁羽林五營兵，及衞士幷合，雖且萬人，或商賈惰游子弟，或農野謹鈍之人；雖有乘制之處，不講戎陳，既不簡練，又希更寇，雖名實不副，難以備急。有警而後募兵，軍行而後運糧，或乃兵既久屯，而不務營佃，不脩器械，無有貯聚，一隅馳羽檄，則三面並荒擾，此亦漢氏近世之失而不可式者也。當今諸夏已安，而巴蜀在畫外。雖未得偃武而弢甲，放馬而戢兵，宜因年之大豐，遂寄軍政於農事。吏士小大，並勤稼穡，止則成井里於廣野，動則成校隊於六軍，省其暴繇，贍其衣食。易稱『悅以使民，民忘其勞；悅以犯難，民忘其死』。今之謂矣。糧畜於食，勇畜於勢，雖坐曜烈威而衆未動，畫外之蠻，必復稽顙以求改往而效用矣。若畏威效用，不戰而定，則賢於交兵而後威立，接刃而後功成遠矣。若姦凶不革，遂迷不反，猶欲以其所虐用之民，待大魏投命報養之士。然後徐以前歌後舞樂征之衆，臨彼倒戟折矢樂服之羣，伐腐摧枯，未足以爲喻。」

〔二〕王朗集載朗爲大理時上主簿趙郡張登：「昔爲本縣主簿，值黑山賊圍郡，登與縣長王儁帥吏兵七十二人直往赴救，與賊交戰，吏兵散走。儁殆見害，登手格一賊，以全儁命。又守長夏逸，爲督郵所枉，登身受考掠，理逸之罪。義濟二君，宜加顯異。」太祖以所急者多，未遑擢敍。至黃初初，朗又與太尉鍾繇連名表聞，兼稱登在職勤勞。詔曰：「登忠義彰著，在職功勤。名位雖卑，直亮宜顯。饔膳近任，當得此吏。今以登爲太官令。」

初，建安末，孫權始遣使稱藩，而與劉備交兵。詔議「當興師與吳并取蜀不」？朗議曰：「天子之軍，重於華、岱，誠宜坐曜天威，不動若山。假使權親與蜀賊相持，搏戰曠日，智均力敵，兵不速決，當須軍興以成其勢者，然後宜選持重之將，承寇賊之要，相時而後動，擇地而後行，一舉更無餘事。今權之師未動，則助吳之軍無爲先征。且雨水方盛，非行軍動衆之時。」帝納其計。黃初中，鵜鶘集靈芝池，詔公卿舉獨行君子。朗薦光祿大夫楊彪，且稱疾，讓位於彪。帝乃爲彪置吏卒，位次三公。詔曰：「朕求賢於君而未得，君乃翻然稱疾，非徒不得賢，更開失賢之路，增玉鉉之傾。無乃居其室出其言不善，見違於君子乎！君其勿有後辭。」朗乃起。

孫權欲遣子登入侍，不至。是時車駕徙許昌，大興屯田，欲舉軍東征。朗上疏曰：「昔南越守善，嬰齊入侍，遂爲冢嗣，還君其國。康居驕黠，情不副辭，都護奏議以爲宜遣侍子，以黜無禮。且吳濞之禍，萌於子入，隗囂之叛，亦不顧子。往者聞權有遣子之言而未至，今六軍戒嚴，臣恐輿人未暢聖旨，當謂國家愠於登之逋留，是以爲之興師。設師行而登乃至，則爲所動者至大，所致者至細，猶未足以爲慶。設其傲狠，殊無入志，懼彼輿論之未暢者，並懷伊邑。臣愚以爲宜敕別征諸將，各明奉禁令，以慎守所部。外曜烈威，內廣耕稼，使泊然若山，澹然若淵，勢不可動，計不可測。」是時，帝以成軍遂行，權子不至，車駕臨江而還。〔一〕

〔一〕魏書曰：車駕既還，詔三公曰：「三世爲將，道家所忌。窮兵黷武，古有成戒。況連年水旱，士民損耗，而功作倍於前，勞役兼於昔，進不滅賊，退不和民。夫屋漏在上，知之在下，然迷而知反，失道不遠，過而能改，謂之不過。今將休息，棲備高山，沉權九淵，割除擯棄，投之畫外。車駕當以今月中旬到譙，淮、漢衆軍，亦各還反，不臘西歸矣。」

明帝卽位，進封蘭陵侯，增邑五百，并前千二百戶。使至鄴省文昭皇后陵，見百姓或有不足。是時方營修宮室，朗上疏曰：「陛下卽位已來，恩詔屢布，百姓萬民莫不欣欣。臣頃奉使北行，往反道路，聞衆徭役，其可得蠲除省減者甚多。願陛下重留日昃之聽，以計制寇。昔大禹將欲拯天下之大患，故乃先卑其宮室，儉其衣食，用能盡有九州，弼成五服。句踐欲廣其禦兒之疆，〔一〕馘夫差於姑蘇，故亦約其身以及家，儉其家以施國，用能囊括五湖，席卷三江，取威中國，定霸華夏。漢之文、景亦欲恢弘祖業，增崇洪緒，故能割意於百金之臺，昭儉於弋綈之服，內減太官而不受貢獻，外省徭賦而務農桑，用能號稱升平，幾致刑錯。孝武之所以能奮其軍勢，拓其外境，誠因祖考畜積素足，故能遂成大功。霍去病，中才之將，猶以匈奴未滅，不治第宅。明恤遠者略近，事外者簡內。自漢之初及其中興，皆於金革略寢之後，然後鳳闕猥閌，德陽並起。今當建始之前足用列朝會，崇華之後足用序內官，華林、天淵足用展游宴，若且先成閶闔之象魏，使足用列遠人之朝貢者，脩城池，使足用絕踰越，成國險，其餘一切，且須豐年。一以勤耕農爲務，習戎備爲事，則國無怨曠，戶口滋息，民充兵彊，而寇戎不賓，緝熙不足，未之有也。」轉爲司徒。

〔一〕禦兒，吳界邊戍之地名。

時屢失皇子，而後宮就館者少，朗上疏曰：「昔周文十五而有武王，遂享十子之祚，以廣諸姬之胤。武王既老而生成王，成王是以鮮於兄弟。此二王者，各樹聖德，無以相過，比其子孫之祚，則不相如。蓋生育有早晚，所產有衆寡也。陛下既德祚兼彼二聖，春秋高於姬文育武之時矣，而子發未舉於椒蘭之奧房，藩王未繁於掖庭之衆室。以成王爲喻，雖未爲晚，取譬伯邑，則不爲夙。周禮六宮內官百二十人，而諸經常說，咸以十二爲限，至於秦漢之末，或以千百爲數矣。然雖彌猥，而就時於吉館者或甚鮮，明『百斯男』之本，誠在於一意，不但在於務廣也。老臣慺慺，願國家同祚於軒轅之五五，而未及周文之二五，用爲伊邑。且少小常苦被褥泰溫，泰溫則不能便柔膚弱體，是以難可防護，而易用感慨。若常令少小之縕袍，不至於甚厚，則必咸保金石之性，而比壽於南山矣。」帝報曰：「夫忠至者辭篤，愛重者言深。君既勞思慮，又手筆將順，三復德音，欣然無量。朕繼嗣未立，以爲君憂，欽納至言，思聞良規。」朗著易、春秋、孝經、周官傳，奏議論記，咸傳於世。〔二〕太和二年薨，謚曰成侯。子肅嗣。初，文帝分朗戶邑，封一子列侯，朗乞封兄子詳。

〔一〕魏略曰：朗本名嚴，後改爲朗。魏書曰：朗高才博雅，而性嚴整慷慨，多威儀，恭儉節約，自婚姻中表禮贄無所受。常譏世俗有好施之名，而不卹窮賤，故用財以周急爲先。

肅字子雍。年十八，從宋忠讀太玄，而更爲之解。〔一〕黃初中，爲散騎黃門侍郎。太和三年，拜散騎常侍。四年，大司馬曹眞征蜀，肅上疏曰：「前志有之，『千里饋糧，士有飢色，樵蘇後爨，師不宿飽』，此謂平塗之行軍者也。又況於深入阻險，鑿路而前，則其爲勞必相百也。今又加之以霖雨，山坂峻滑，衆逼而不展，糧縣而難繼，實行軍者之大忌也。聞曹眞發已踰月而行裁半谷，治道功夫，戰士悉作。是賊偏得以逸而待勞，乃兵家之所憚也。言之前代，則武王伐紂，出關而復還；論之近事，則武、文征權，臨江而不濟。豈非所謂順天知時，通於權變者哉！兆民知聖上以水雨艱劇之故，休而息之，後日有釁，乘而用之，則所謂悅以犯難，民忘其死者矣。」於是遂罷。又上疏：「宜遵舊禮，爲大臣發哀，薦果宗廟。」事皆施行。又上疏陳政本曰：「除無事之位，損不急之祿，止因食之費，并從容之官；使官必有職，職任其事，事必受祿，祿代其耕，乃往古之常式，當今之所宜也。官寡而祿厚，則公家之費鮮，進仕之志勸。各展才力，莫相倚仗。敷奏以言，明試以功，能之與否，簡在帝心。是以唐、虞之設官分職，申命公卿，各以其事，然後惟龍爲納言，猶今尚書也，以出內帝命而已。夏、殷不可得而詳。甘誓曰『六事之人』，明六卿亦典事者也。周官則備矣，五日視朝，公卿大夫並進，而司士辨其位焉。其記曰：『坐而論道，謂之王公；作而行之，謂之士大夫。』及漢之初，依擬前代，公卿皆親以事升朝。故高祖躬追反走之周昌，武帝遙可奉奏之汲黯，宣帝使公卿五日一朝，成帝始置尚書五人。自是陵遲，朝禮遂闕。可復五日視朝之儀，使公卿尚書各以事進。廢禮復興，光宣聖緒，誠所謂名美而實厚者也。」

〔一〕肅父朗與許靖書云：肅生於會稽。

青龍中，山陽公薨，漢主也。肅上疏曰：「昔唐禪虞，虞禪夏，皆終三年之喪，然後踐天子之尊。是以帝號無虧，君禮猶存。今山陽公承順天命，允答民望，進禪大魏，退處賓位。公之奉魏，不敢不盡節。魏之待公，優崇而不臣。既至其薨，櫬斂之制，輿徒之飾，皆同之於王者，是故遠近歸仁，以爲盛美。且漢總帝皇之號，號曰皇帝。有別稱帝，無別稱皇，則皇是其差輕者也。故當高祖之時，土無二王，其父見在而使稱皇，明非二王之嫌也。況今以贈終，可使稱皇以配其謚。」明帝不從使稱皇，乃追謚曰漢孝獻皇帝。〔一〕

〔一〕孫盛曰：化合神者曰皇，德合天者曰帝。是故三皇創號，五帝次之。然則皇之爲稱，妙於帝矣。肅謂爲輕，不亦謬乎！

臣松之以爲上古謂皇皇后帝，次言三、五，先皇後帝，誠如盛言。然漢氏諸帝，雖尊父爲皇，其實則貴而無位，高而無民，比之於帝，得不謂之輕乎！魏因漢禮，名號無改。孝獻之崩，豈得遠考古義？肅之所云，蓋就漢制而爲言耳。謂之爲謬，乃是譏漢，非難肅也。

後肅以常侍領祕書監，兼崇文觀祭酒。景初間，宮室盛興，民失農業，期信不敦，刑殺倉卒。肅上疏曰：「大魏承百王之極，生民無幾，干戈未戢，誠宜息民而惠之以安靜遐邇之時也。夫務畜積而息疲民，在於省徭役而勤稼穡。今宮室未就，功業未訖，運漕調發，轉相供奉。是以丁夫疲於力作，農者離其南畝，種穀者寡，食穀者衆，舊穀既沒，新穀莫繼。斯則有國之大患，而非備豫之長策也。今見作者三四萬人，九龍可以安聖體，其內足以列六宮，顯陽之殿，又向將畢，惟泰極已前，功夫尚大，方向盛寒，疾疢或作。誠願陛下發德音，下明詔，深愍役夫之疲勞，厚矜兆民之不贍，取常食廩之士，非急要者之用，選其丁壯，擇留萬人，使一期而更之，咸知息代有日，則莫不悅以卽事，勞而不怨矣。計一歲有三百六十萬夫，亦不爲少。當一歲成者，聽且三年。分遣其餘，使皆卽農，無窮之計也。倉有溢粟，民有餘力：以此興功，何功不立？以此行化，何化不成？夫信之於民，國家大寶也。仲尼曰：『自古皆有死，民非信不立。』夫區區之晉國，微微之重耳，欲用其民，先示以信，是故原雖將降，顧信而歸，用能一戰而霸，于今見稱。前車駕當幸洛陽，發民爲營，有司命以營成而罷。既成，又利其功力，不以時遣。有司徒營其目前之利，不顧經國之體。臣愚以爲自今以後，儻復使民，宜明其令，使必如期。若有事以次，寧復更發，無或失信。凡陛下臨時之所行刑，皆有罪之吏，宜死之人也。然衆庶不知，謂爲倉卒。故願陛下下之於吏而暴其罪。鈞其死也，無使汙于宮掖而爲遠近所疑。且人命至重，難生易殺，氣絕而不續者也，是以聖賢重之。孟軻稱殺一無辜以取天下，仁者不爲也。漢時有犯蹕驚乘輿馬者，廷尉張釋之奏使罰金，文帝怪其輕，而釋之曰：『方其時，上使誅之則已。今下廷尉。廷尉，天下之平也，一傾之，天下用法皆爲輕重，民安所措其手足？』臣以爲大失其義，非忠臣所宜陳也。廷尉者，天子之吏也，猶不可以失平，而天子之身，反可以惑謬乎？斯重於爲己，而輕於爲君，不忠之甚也。周公曰：『天子無戲言；言則史書之，工誦之，士稱之。』言猶不戲，而況行之乎？故釋之之言不可不察，周公之戒不可不法也。」又陳「諸鳥獸無用之物，而有芻穀人徒之費，皆可蠲除。」

帝嘗問曰：「漢桓帝時，白馬令李雲上書言：『帝者，諦也。是帝欲不諦。』當何得不死？」肅對曰：「但爲言失逆順之節。原其本意，皆欲盡心，念存補國。且帝者之威，過於雷霆，殺一匹夫，無異螻蟻。寬而宥之，可以示容受切言，廣德宇於天下。故臣以爲殺之未必爲是也。」帝又問：「司馬遷以受刑之故，內懷隱切，著史記非貶孝武，令人切齒。」對曰：「司馬遷記事，不虛美，不隱惡。劉向、揚雄服其善敍事，有良史之才，謂之實錄。漢武帝聞其述史記，取孝景及己本紀覽之，於是大怒，削而投之。於今此兩紀有錄無書。後遭李陵事，遂下遷蠶室。此爲隱切在孝武，而不在於史遷也。」

正始元年，出爲廣平太守。公事徵還，拜議郎。頃之，爲侍中，遷太常。時大將軍曹爽專權，任用何晏、鄧颺等。肅與太尉蔣濟、司農桓範論及時政，肅正色曰：「此輩卽弘恭、石顯之屬，復稱說邪！」爽聞之，戒何晏等曰：「當共慎之！公卿已比諸君前世惡人矣。」坐宗廟事免。後爲光祿勳。時有二魚長尺，集于武庫之屋，有司以爲吉祥。肅曰：「魚生於淵而亢於屋，介鱗之物失其所也。邊將其殆有棄甲之變乎？」其後果有東關之敗。徙爲河南尹。嘉平六年，持節兼太常，奉法駕，迎高貴鄉公于元城。是歲，白氣經天，大將軍司馬景王問肅其故，肅答曰：「此蚩尤之旗也，東南其有亂乎？君若脩己以安百姓，則天下樂安者歸德，唱亂者先亡矣。」明年春，鎭東將軍毌丘儉、揚州刺史文欽反，景王謂肅曰：「霍光感夏侯勝之言，始重儒學之士，良有以也。安國寧主，其術焉在？」肅曰：「昔關羽率荊州之衆，降于禁於漢濱，遂有北向爭天下之志。後孫權襲取其將士家屬，羽士衆一旦瓦解。今淮南將士父母妻子皆在內州，但急往禦衞，使不得前，必有關羽土崩之勢矣。」景王從之，遂破儉、欽。後遷中領軍，加散騎常侍，增邑三百，幷前二千二百戶。甘露元年薨，門生縗絰者以百數。追贈衞將軍，謚曰景侯。子惲嗣。惲薨，無子，國絕。景元四年，封肅子恂爲蘭陵侯。咸熙中，開建五等，以肅著勳前朝，改封恂爲承子。〔一〕

〔一〕世語曰：恂字（子良大）〔良夫〕，有通識，在朝忠正。歷河南尹、侍中，所居有稱。乃心存公，有匪躬之節。高令袁毅餽以駿馬，知其貪財，不受。毅竟以黷貨而敗。建立二學，崇明五經，皆恂所建。卒時年四十餘，贈車騎將軍。

肅女適司馬文王，卽文明皇后，生晉武帝、齊獻王攸。

晉諸公贊曰：恂兄弟八人。其達者，虔字恭祖，以功幹見稱，位至尚書。弟愷，字君夫，少有才力而無行檢，與衞尉石崇友善，俱以豪侈競於世，終於後將軍。虔子康、隆，仕亦宦達，爲後世所重。

初，肅善賈、馬之學，而不好鄭氏，采會同異，爲尚書、詩、論語、三禮、左氏解，及撰定父朗所作易傳，皆列於學官。其所論駮朝廷典制、郊祀、宗廟、喪紀、輕重，凡百餘篇。時樂安孫叔然，〔二〕受學鄭玄之門，人稱東州大儒。徵爲祕書監，不就。肅集聖證論以譏短玄，叔然駮而釋之，及作周易、春秋例，毛詩、禮記、春秋三傳、國語、爾雅諸注，又注書十餘篇。自魏初徵士燉煌周生烈，〔二〕明帝時大司農弘農董遇等，亦歷注經傳，頗傳於世。〔三〕

〔一〕臣松之案叔然與晉武帝同名，故稱其字。

〔二〕臣松之案此人姓周生，名烈。何晏論語集解有烈義例，餘所著述，見晉武帝中經簿。

〔三〕魏略曰：遇字季直，性質訥而好學。興平中，關中擾亂，與兄季中依將軍段煨。采稆負販，而常挾持經書，投閒習讀。其兄笑之而遇不改。及建安初，王綱小設，郡舉孝廉，稍遷黃門侍郎。是時，漢帝委政太祖，遇旦夕侍講，為天子所愛信。至二十二年，許中百官矯制，遇雖不與謀，猶被錄詣鄴，轉為冗散。常從太祖西征，道由孟津，過弘農王冢。太祖疑欲謁，顧問左右，左右莫對，遇乃越第進曰：「春秋之義，國君即位未踰年而卒，未成為君。弘農王即阼既淺，又為暴臣所制，降在藩國，不應謁。」太祖乃過。黃初中，出為郡守。明帝時，入為侍中、大司農。數年，病亡。初，遇善治老子，為老子作訓注。又善左氏傳，更為作朱墨別異。人有從學者，遇不肯教，而云「必當先讀百徧」。言「讀書百徧而義自見」。從學者云：「苦渴無日。」遇言「當以三餘」。或問三餘之意，遇言「冬者歲之餘，夜者日之餘，陰雨者時之餘也」。由是諸生少從遇學，無傳其朱墨者。

世語曰：遇子綏，位至祕書監，亦有才學。齊王冏功臣董艾，即綏之子也。

魏略以遇及賈洪、邯鄲淳、薛夏、隗禧、蘇林、樂詳等七人為儒宗，其序曰：「從初平之元，至建安之末，天下分崩，人懷苟且，綱紀既衰，儒道尤甚。至黃初元年之後，新主乃復始掃除太學之灰炭，補舊石碑之缺壞，備博士之員錄，依漢甲乙以考課。申告州郡，有欲學者，皆遣詣太學。太學始開，有弟子數百人。至太和、青龍中，中外多事，人懷避就。雖性非解學，多求詣太學。太學諸生有千數，而諸博士率皆麤疎，無以教弟子。弟子本亦避役，竟無能習學，冬來春去，歲歲如是。又雖有精者，而臺閣舉格太高，加不念統其大義，而問字指墨法點注之間，百人同試，度者未十。是以志學之士，遂復陵遲，而末求浮虛者各競逐也。正始中，有詔議圜丘，普延學士。是時郎官及司徒領吏二萬餘人，雖復分布，見在京師者尚且萬人，而應書與議者略無幾人。又是時朝堂公卿以下四百餘人，其能操筆者未有十人，多皆相從飽食而退。嗟夫！學業沈隕，乃至於此。是以私心常區區貴乎數公者，各處荒亂之際，而能守志彌敦者也。」

賈洪字叔業，京兆新豐人也。好學有才，而特精於春秋左傳。建安初，仕郡，舉計掾，應州辟。時州中自參軍事以下百餘人，唯洪與馮翊嚴苞（交）〔文〕通才學最高。洪歷守三縣令，所在輒開除廄舍，親授諸生。後馬超反，超劫洪，將詣華陰，使作露布。洪不獲已，為作之。司徒鍾繇在東，識其文，曰：「此賈洪作也。」及超破走，太祖召洪署軍謀掾。猶以其前為超作露布文，故不即敍。晚乃出為陰泉長。延康中，轉為白馬王相。善能談戲。王彪亦雅好文學，常師宗之，過於三卿。數歲病亡，亡時年五十餘，時人為之恨仕不至二千石。而嚴苞亦歷守二縣，黃初中，以高才入為祕書丞，數奏文賦，文帝異之。出為西平太守，卒官。

薛夏字宣聲，天水人也。博學有才。天水舊有姜、閻、任、趙四姓，常推於郡中，而夏為單家，不為降屈。四姓欲共治之，夏乃游逸，東詣京師。太祖宿聞其名，甚禮遇之。後四姓又使囚遙引夏，關移潁川，收捕繫獄。時太祖已在冀州，聞夏為本郡所質，撫掌曰：「夏無罪也。漢陽兒輩直欲殺之耳！」乃告潁川使理出之，召署軍謀掾。文帝又嘉其才，黃初中為祕書丞，帝每與夏推論書傳，未嘗不終日也。每呼之不名，而謂之薛君。夏居甚貧，帝又顧其衣薄，解所御服袍賜之。其後征東將軍曹休來朝，時帝方與夏有所咨論，而外啓休到，帝引入。坐定，帝顧夏言之於休曰：「此君，祕書丞天水薛宣聲也，宜共談。」其見遇如此。尋欲用之，會文帝崩。至太和中，嘗以公事移蘭臺。蘭臺自以臺也，而祕書署耳，謂夏爲不得移也，推使當有坐者。夏報之曰：「蘭臺爲外臺，祕書爲內閣，臺、閣，一也，何不相移之有？」蘭臺屈無以折。自是之後，遂以爲常。後數歲病亡，敕其子無還天水。

隗禧字子牙，京兆人也。世單家。少好學。初平中，三輔亂，禧南客荊州，不以荒擾，擔負經書，每以採稆餘日，則誦習之。太祖定荊州，召署軍謀掾。黃初中，爲譙王郎中。王宿聞其儒者，常虛心從學。禧亦敬恭以授王，由是大得賜遺。以病還，拜郎中。年八十餘，以老處家，就之學者甚多。禧既明經，又善星官，常仰瞻天文，歎息謂魚豢曰：「天下兵戈尚猶未息，如之何？」豢又常從問左氏傳，禧答曰：「欲知幽微莫若易，人倫之紀莫若禮，多識山川草木之名莫若詩，左氏直相斫書耳，不足精意也。」豢因從問詩，禧說齊、韓、魯、毛四家義，不復執文，有如諷誦。又撰作諸經解數十萬言，未及繕寫而得聾，後數歲病亡也。

其邯鄲淳事在王粲傳，蘇林事在劉邵、高堂隆傳，樂詳事在杜畿傳。

魚豢曰：學之資於人也，其猶藍之染於素乎！故雖仲尼，猶曰「吾非生而知之者」，況凡品哉！且世人所以不貴學者，必見夫有「誦詩三百而不能專對於四方」故也。余以爲是則下科耳，不當顧中庸以上，材質適等，而加之以文乎！今此數賢者，略余之所識也。檢其事能，誠不多也。但以守學不輟，乃上爲帝王所嘉，下爲國家名儒，非由學乎？由是觀之，學其胡可以已哉！

評曰：鍾繇開達理幹，華歆淸純德素，王朗文博富贍，誠皆一時之俊偉也。魏氏初祚，

肇登三司，盛矣夫！王肅亮直多聞，能析薪哉！〔一〕

〔一〕劉寔以爲肅方於事上而好下佞己，此一反也。性嗜榮貴而不求苟合，此二反也。吝惜財物而治身不穢，此三反也。

三國志卷十四　魏書十四

程郭董劉蔣劉傳第十四

程昱字仲德，東郡東阿人也。長八尺三寸，美鬚髯。黃巾起，縣丞王度反應之，燒倉庫。縣令踰城走，吏民負老幼東奔渠丘山。昱使人偵視度，度等得空城不能守，出城西五六里止屯。昱謂縣中大姓薛房等曰：「今度等得城郭不能居，其勢可知。此不過欲虜掠財物，非有堅甲利兵攻守之志也。今何不相率還城而守之？且城高厚，多穀米，今若還求令，共堅守，度必不能久，攻可破也。」房等以爲然。吏民不肯從，曰：「賊在西，但有東耳。」昱謂房等：「愚民不可計事。」乃密遣數騎舉幡于東山上，令房等望見，大呼言「賊已至」，便下山趣城，吏民奔走隨之，求得縣令，遂共城守。度等來攻城，不能下，欲去。昱率吏民開城門急擊之，度等破走。東阿由此得全。

初平中，兗州刺史劉岱辟昱，昱不應。是時岱與袁紹、公孫瓚和親，紹令妻子居岱所，瓚亦遣從事范方將騎助岱。後紹與瓚有隙。瓚擊破紹軍，乃遣使語岱，令遣紹妻子，使與紹絕。別敕范方：「若岱不遣紹家，將騎還。吾定紹，將加兵于岱。」岱議連日不決，別駕王彧白岱：「程昱有謀，能斷大事。」岱乃召見昱，問計，昱曰：「若棄紹近援而求瓚遠助，此假人於越以救溺子之說也。夫公孫瓚，非袁紹之敵也。今雖壞紹軍，然終爲紹所禽。夫趣一朝之權而不慮遠計，將軍終敗。」岱從之。范方將其騎歸，未至，瓚大爲紹所破。岱表昱爲騎都尉，昱辭以疾。

劉岱爲黃巾所殺。太祖臨兗州，辟昱。昱將行，其鄉人謂曰：「何前後之相背也！」昱笑而不應。太祖與語，說之，以昱守壽張令。太祖征徐州，使昱與荀彧留守鄄城。張邈等叛迎呂布，郡縣響應，唯鄄城、范、東阿不動。布軍降者，言陳宮欲自將兵取東阿，又使氾嶷取范，吏民皆恐。彧謂昱曰：「今兗州反，唯有此三城。宮等以重兵臨之，非有以深結其心，三城必動。君，民之望也，歸而說之，殆可！」昱乃歸，過范，說其令靳允曰：「聞呂布執君母弟妻子，孝子誠不可爲心！今天下大亂，英雄並起，必有命世，能息天下之亂者，此智者所詳擇也。得主者昌，失主者亡。陳宮叛迎呂布而百城皆應，似能有爲，然以君觀之，布何如人哉！夫布，麤中少親，剛而無禮，匹夫之雄耳。宮等以勢假合，不能相君也。兵雖衆，終必無成。曹使君智略不世出，殆天所授！君必固范，我守東阿，則田單之功可立也。孰與違忠從惡而母子俱亡乎？唯君詳慮之！」允流涕曰：「不敢有二心。」時氾嶷已在縣，允乃見嶷，伏兵刺殺之，歸勒兵守。〔一〕昱又遣別騎絕倉亭津，陳宮至，不得渡。昱至東阿，東阿令棗祗已率厲吏民，拒城堅守。又兗州從事薛悌與昱協謀，卒完三城，以待太祖。太祖還，執昱手曰：「微子之力，吾無所歸矣。」乃表昱為東平相，屯范。〔二〕

〔一〕徐衆評曰：允於曹公，未成君臣。母，至親也，於義應去。昔王陵母為項羽所拘，母以高祖必得天下，因自殺以固陵志。明心無所係，然後可得成事人盡死之節。衞公子開方仕齊，積年不歸，管仲以為不懷其親，安能愛君，不可以為相。是以求忠臣必於孝子之門，允宜先救至親。徐庶母為曹公所得，劉備乃遣庶歸，欲為天下者恕人子之情也。曹公亦宜遣允。

〔二〕魏書曰：昱少時常夢上泰山，兩手捧日。昱私異之，以語荀彧。及兗州反，賴昱得完三城。於是彧以昱夢白太祖。太祖曰：「卿當終為吾腹心。」昱本名立，太祖乃加其上「日」，更名昱也。

太祖與呂布戰于濮陽，數不利。蝗蟲起，乃各引去。於是袁紹使人說太祖連和，欲使太祖遷家居鄴。太祖新失兗州，軍食盡，將許之。時昱使適還，引見，因言曰：「竊聞將軍欲遣家，與袁紹連和，誠有之乎？」太祖曰：「然。」昱曰：「意者將軍殆臨事而懼，不然何慮之不深也！夫袁紹據燕、趙之地，有并天下之心，而智不能濟也。將軍自度能為之下乎？將軍以龍虎之威，可為韓、彭之事邪？今兗州雖殘，尚有三城。能戰之士，不下萬人。以將軍之神武，與文若、昱等，收而用之，霸王之業可成也。願將軍更慮之！」太祖乃止。〔一〕

〔一〕魏略載昱說太祖曰：「昔田橫，齊之世族，兄弟三人更王，據千里之(齊)〔地〕，擁百萬之衆，與諸侯並南面稱孤。既而高祖得天下，而橫顧爲降虜。當此之時，橫豈可爲心哉！」太祖曰：「然。此誠丈夫之至辱也。」昱曰：「昱愚，不識大旨，以爲將軍之志，不如田橫。田橫，齊一壯士耳，猶羞爲高祖臣。今聞將軍欲遣家往鄴，將北面而事袁紹。夫以將軍之聰明神武，而反不羞爲袁紹之下，竊爲將軍恥之！」其後語與本傳略同。

天子都許，以昱爲尚書。兗州尚未安集，復以昱爲東中郎將，領濟陰太守，都督兗州事。劉備失徐州，來歸太祖。昱說太祖殺備，太祖不聽。語在武紀。後又遣備至徐州要擊袁術，昱與郭嘉說太祖曰：「公前日不圖備，昱等誠不及也。今借之以兵，必有異心。」太祖悔，追之不及。會術病死，備至徐州，遂殺車胄，舉兵背太祖。頃之，昱遷振威將軍。袁紹在黎陽，將南渡。時昱有七百兵守鄄城。太祖聞之，使人告昱，欲益二千兵。昱不肯，曰：「袁紹擁十萬衆，自以所向無前。今見昱兵少，必輕易不來攻。若益昱兵，過則不可不攻，攻之必克，徒兩損其勢。願公無疑！」太祖從之。紹聞昱兵少，果不往。太祖謂賈詡曰：「程昱之膽，過于賁、育。」昱收山澤亡命，得精兵數千人，乃引軍與太祖會黎陽，討袁譚、袁尚。譚、尚破走，拜昱奮武將軍，封安國亭侯。太祖征荆州，劉備奔吳。論者以爲孫權必殺備，昱料之曰：「孫權新在位，未爲海內所憚。曹公無敵於天下，初舉荆州，威震江表，權雖有謀，不能獨當也。劉備有英名，關羽、張飛皆萬人敵也，權必資之以禦我。難解勢分，備資以成，又不可得而殺也。」權果多與備兵，以禦太祖。是後中夏漸平，太祖拊昱背曰：「兗州之敗，不用君言，吾何以至此？」宗人奉牛酒大會，昱曰：「知足不辱，吾可以退矣。」乃自表歸兵，闔門不出。〔一〕

〔一〕魏書曰：太祖征馬超，文帝留守，使昱參軍事。田銀、蘇伯等反河間，遣將軍賈信討之。賊有千餘人請降，議者皆以爲宜如舊法，昱曰：「誅降者，謂在擾攘之時，天下雲起，故圍而後降者不赦，以示威天下，開其利路，使不至於圍也。今天下略定，且在邦域之中，此必降之賊，殺之無所威懼，非前日誅降之意。臣以爲不可誅也；縱誅之，宜先啓聞。」衆議者曰：「軍事有專，無請。」昱不答。文帝起入，特引見昱曰：「君有所不盡邪？」昱曰：「凡專命者，謂有臨時之急，呼吸之間者耳。今此賊制在賈信之手，無朝夕之變，故老臣不願將軍行之也。」文帝曰：「君慮之善。」即白太祖，太祖果不誅。太祖還，聞之甚說，謂昱曰：「君非徒明於軍計，又善處人父子之間。」

昱性剛戾，與人多迕。人有告昱謀反，太祖賜待益厚。魏國既建，爲衞尉，與中尉邢貞爭威儀，免。文帝踐阼，復爲衞尉，進封安鄉侯，增邑三百戶，并前八百戶。分封少子延及孫曉列侯。方欲以爲公，會薨，帝爲流涕，追贈車騎將軍，謚曰肅侯。〔二〕子武嗣。武薨，子克嗣。克薨，子良嗣。

〔二〕魏書曰：昱時年八十。

世語曰：初，太祖乏食，昱略其本縣，供三日糧，頗雜以人脯，由是失朝望，故位不至公。

曉，嘉平中爲黃門侍郎。〔一〕時校事放橫，曉上疏曰：「周禮云：『設官分職，以爲民極。』

春秋傳曰：『天有十日，人有十等。』愚不得臨賢，賤不得臨貴。於是並建聖哲，樹之風聲。明試以功，九載考績。各脩厥業，思不出位。故欒書欲拯晉侯，其子不聽；死人橫於街路，邴吉不問。上不責非職之功，下不務分外之賞，吏無兼統之勢，民無二事之役，斯誠爲國要道，治亂所由也。遠覽典志，近觀秦漢，雖官名改易，職司不同，至于崇上抑下，顯分明例，其致一也。初無校事之官干與庶政者也。昔武皇帝大業草創，衆官未備，而軍旅勤苦，民心不安，乃有小罪，不可不察，故置校事，取其一切耳，然檢御有方，不至縱恣也。此霸世之權宜，非帝王之正典。其後漸蒙見任，復爲疾病，轉相因仍，莫正其本。遂令上察宮廟，下攝衆司，官無局業，職無分限，隨意任情，唯心所適。法造於筆端，不依科詔；獄成於門下，不顧覆訊。其選官屬，以謹慎爲粗疏，以謥詷爲賢能。其治事，以刻暴爲公嚴，以循理爲怯弱。外則託天威以爲聲勢，內則聚羣姦以爲腹心。大臣恥與分勢，含忍而不言，小人畏其鋒芒，鬱結而無告。至使尹模公于目下肆其奸慝；罪惡之著，行路皆知，纖惡之過，積年不聞。既非周禮設官之意，又非春秋十等之義也。今外有公卿將校總統諸署，內有侍中尚書綜理萬機，司隸校尉督察京輦，御史中丞董攝宮殿，皆高選賢才以充其職，申明科詔以督其違。若此諸賢猶不足任，校事小吏，益不可信。若此諸賢各思盡忠，校事區區，亦復無益。若更高選國士以爲校事，則是中丞司隸重增一官耳。若如舊選，尹模之奸今復發矣。進退推算，無所用之。昔桑弘羊爲漢求利，卜式以爲獨烹弘羊，天乃可雨。若使政治得失必感天地，臣恐水旱之災，未必非校事之由也。曹恭公遠君子，近小人，國風託以爲刺。衞獻公舍大臣，與小臣謀，定姜謂之有罪。縱令校事有益於國，以禮義言之，尚傷大臣之心，況姦回暴露，而復不罷，是衮闕不補，迷而不返也。」於是遂罷校事官。曉遷汝南太守，年四十餘薨。〔二〕

〔一〕世語曰：曉字季明，有通識。

〔二〕曉別傳曰：曉大著文章多亡失，今之存者不能十分之一。

郭嘉字奉孝，潁川陽翟人也。〔一〕初，北見袁紹，謂紹謀臣辛評、郭圖曰：「夫智者審于量主，故百舉百全而功名可立也。袁公徒欲效周公之下士，而未知用人之機。多端寡要，好謀無決，欲與共濟天下大難，定霸王之業，難矣！」於是遂去之。先是時，潁川戲志才，籌畫士也，太祖甚器之。早卒。太祖與荀彧書曰：「自志才亡後，莫可與計事者。汝、潁固多奇士，誰可以繼之？」彧薦嘉。召見，論天下事。太祖曰：「使孤成大業者，必此人也。」嘉出，亦喜曰：「眞吾主也。」表爲司空軍祭酒。〔二〕

〔一〕傅子曰：嘉少有遠量。漢末天下將亂。自弱冠匿名迹，密交結英儁，不與俗接，故時人多莫知，惟識達者奇之。

年二十七，辟司徒府。

〔三〕傅子曰：太祖謂嘉曰：「本初擁冀州之衆，青、并從之，地廣兵彊，而數爲不遜。吾欲討之，力不敵，如何？」對曰：「劉、項之不敵，公所知也。漢祖唯智勝；項羽雖彊，終爲所禽。嘉竊料之，紹有十敗，公有十勝，雖兵彊，無能爲也。紹繁禮多儀，公體任自然，此道勝一也。紹以逆動，公奉順以率天下，此義勝二也。漢末政失於寬，紹以寬濟寬，故不攝，公糾之以猛而上下知制，此治勝三也。紹外寬內忌，用人而疑之，所任唯親戚子弟，公外易簡而內機明，用人無疑，唯才所宜，不間遠近，此度勝四也。紹多謀少決，失在後事，公策得輒行，應變無窮，此謀勝五也。紹因累世之資，高議揖讓以收名譽，士之好言飾外者多歸之，公以至心待人，推誠而行，不爲虛美，以儉率下，與有功者無所吝，士之忠正遠見而有實者皆願爲用，此德勝六也。紹見人飢寒，恤念之形于顏色，其所不見，慮或不及也，所謂婦人之仁耳，公於目前小事，時有所忽，至於大事，與四海接，恩之所加，皆過其望，雖所不見，慮之所周，無不濟也，此仁勝七也。紹大臣爭權，讒言惑亂，公御下以道，浸潤不行，此明勝八也。紹是非不可知，公所是進之以禮，所不是正之以法，此文勝九也。紹好爲虛勢，不知兵要，公以少克衆，用兵如神，軍人恃之，敵人畏之，此武勝十也。」太祖笑曰：「如卿所言，孤何德以堪之也！」嘉又曰：「紹方北擊公孫瓚，可因其遠征，東取呂布。不先取布，若紹爲寇，布爲之援，此深害也。」太祖曰：「然。」

征呂布，三戰破之，布退固守。時士卒疲倦，太祖欲引軍還，嘉說太祖急攻之，遂禽布。語在荀攸傳。〔一〕

〔一〕傅子曰：太祖欲引軍還，嘉曰：「昔項籍七十餘戰，未嘗敗北，一朝失勢而身死國亡者，恃勇無謀故也。今布每戰輒破，氣衰力盡，內外失守。布之威力不及項籍，而困敗過之，若乘勝攻之，此成禽也。」太祖曰：「善。」

魏書曰：劉備來奔，以爲豫州牧。或謂太祖曰：「備有英雄志，今不早圖，後必爲患。」太祖以問嘉，嘉曰：「有是。然公提劍起義兵，爲百姓除暴，推誠仗信以招俊傑，猶懼其未也。今備有英雄名，以窮歸己而害之，是以害賢爲名，則智士將自疑，回心擇主，公誰與定天下？夫除一人之患，以沮四海之望，安危之機，不可不察！」太祖笑曰：「君得之矣。」

傅子曰：初，劉備來降，太祖以客禮待之，使爲豫州牧。嘉言于太祖曰：「備有雄才而甚得衆心。張飛、關羽者，皆萬人之敵也，爲之死用。嘉觀之，備終不爲人下，其謀未可測也。古人有言：『一日縱敵，數世之患。』宜早爲之所。」是時，太祖奉天子以號令天下，方招懷英雄以明大信，未得從嘉謀。會太祖使備要擊袁術，嘉與程昱俱駕而諫太祖曰：「放備，變作矣！」時備已去，遂擧兵以叛。太祖恨不用嘉之言。

案魏書所云，與傅子正反也。

孫策轉鬬千里，盡有江東，聞太祖與袁紹相持於官渡，將渡江北襲許。衆聞皆懼，嘉料之曰：「策新并江東，所誅皆英豪雄傑，能得人死力者也。然策輕而無備，雖有百萬之衆，無異於獨行中原也。若刺客伏起，一人之敵耳。以吾觀之，必死於匹夫之手。」策臨江未濟，果爲許貢客所殺。〔一〕

〔一〕傅子曰：太祖欲速征劉備，議者懼軍出，袁紹擊其後，進不得戰而退失所據。語在武紀。太祖疑，以問嘉。嘉勸太祖曰：「紹性遲而多疑，來必不速。備新起，衆心未附，急擊之必敗。此存亡之機，不可失也。」太祖曰：「善。」遂東征備。備敗奔紹，紹果不出。

臣松之案武紀，決計征備，量紹不出，皆出自太祖。此云用嘉計，則爲不同。又本傳稱(自)嘉料孫策輕佻，必死於匹夫之手，誠爲明於見事。然自非上智，無以知其死在何年也。今正以襲許年死，此蓋事之偶合。

從破袁紹，紹死，又從討譚、尚于黎陽，連戰數克。諸將欲乘勝遂攻之，嘉曰：「袁紹愛此二子，莫適立也。有郭圖、逢紀爲之謀臣，必交鬬其間，還相離也。急之則相持，緩之而後爭心生。不如南向荊州若征劉表者，以待其變；變成而後擊之，可一舉定也。」太祖曰：「善。」乃南征。軍至西平，譚、尚果爭冀州。譚爲尚軍所敗，走保平原，遣辛毗乞降。太祖還救之，遂從定鄴。又從攻譚於南皮，冀州平。封嘉洧陽亭侯。〔一〕

〔一〕傅子曰：河北既平，太祖多辟召青、冀、幽、并知名之士，漸臣使之，以爲省事掾屬。皆嘉之謀也。

太祖將征袁尚及三郡烏丸，諸下多懼劉表使劉備襲許以討太祖，嘉曰：「公雖威震天下，胡恃其遠，必不設備。因其無備，卒然擊之，可破滅也。且袁紹有恩于民夷，而尚兄弟生存。今四州之民，徒以威附，德施未加，舍而南征，尚因烏丸之資，招其死主之臣，胡人一動，民夷俱應，以生蹋頓之心，成覬覦之計，恐青、冀非己之有也。表，坐談客耳，自知才不足以御備，重任之則恐不能制，輕任之則備不爲用，雖虛國遠征，公無憂矣。」太祖遂行。至易，嘉言曰：「兵貴神速。今千里襲人，輜重多，難以趣利，且彼聞之，必爲備；不如留輜重，輕兵兼道以出，掩其不意。」太祖乃密出盧龍塞，直指單于庭。虜卒聞太祖至，惶怖合戰。大破之，斬蹋頓及名王已下。尚及兄熙走遼東。

嘉深通有算略，達於事情。太祖曰：「唯奉孝爲能知孤意。」年三十八，自柳城還，疾篤，太祖問疾者交錯。及薨，臨其喪，哀甚，謂荀攸等曰：「諸君年皆孤輩也，唯奉孝最少。天下事竟，欲以後事屬之，而中年夭折，命也夫！」乃表曰：「軍祭酒郭嘉，自從征伐，十有一年。每有大議，臨敵制變。臣策未決，嘉輒成之。平定天下，謀功爲高。不幸短命，事業未終。追思嘉勳，實不可忘。可增邑八百戶，并前千戶。」〔一〕謚曰貞侯。子奕嗣。〔二〕

〔一〕魏書載太祖表曰：「臣聞襃忠寵賢，未必當身，念功惟績，恩隆後嗣。是以楚宗孫叔，顯封厥子；岑彭既沒，爵及支庶。故軍祭酒郭嘉，忠良淵淑，體通性達。每有大議，發言盈庭，執中處理，動無遺策。自在軍旅，十有餘年，行同騎乘，坐共幄席，東禽呂布，西取眭固，斬袁譚之首，平朔土之衆，踰越險塞，盪定烏丸，震威遼東，以梟袁尚。雖假天威，易爲指麾，至於臨敵，發揚誓命，凶逆克殄，勳實由嘉。方將表顯，短命早終。上爲朝廷悼惜良臣，下自毒恨喪失奇佐。宜追增嘉封，并前千戶，襃亡爲存，厚往勸來也。」

〔二〕魏書稱奕通達見理。奕字伯益，見王昶家誡。

後太祖征荊州還，於巴丘遇疾疫，燒船，歎曰：「郭奉孝在，不使孤至此。」〔一〕初，陳羣非嘉不治行檢，數廷訴嘉，嘉意自若。太祖愈益重之，然以羣能持正，亦悅焉。〔二〕奕爲太子文

學，早薨。子深嗣。深薨，子獵嗣。〔三〕

〔一〕傅子曰：太祖又云：「哀哉奉孝！痛哉奉孝！惜哉奉孝！」

〔二〕傅子曰：太祖與荀彧書，追傷嘉曰：「郭奉孝年不滿四十，相與周旋十一年，阻險艱難，皆共罹之。又以其通達，見世事無所凝滯，欲以後事屬之，何意卒爾失之，悲痛傷心。今表增其子滿千戶，然何益亡者，追念之感深。且奉孝乃知孤者也；天下人相知者少，又以此痛惜。奈何奈何！」又與彧書曰：「追惜奉孝，不能去心。其人見時事兵事，過絕於人。又人多畏病，南方有疫，常言『吾往南方，則不生還』。然與共論計，云當先定荆。此爲不但見計之忠厚，必欲立功，分棄命定。事人心乃爾，何得使人忘之！」

〔三〕世語曰：嘉孫敞，字泰中，有才識，位散騎常侍。

董昭字公仁，濟陰定陶人也。舉孝廉，除廮陶長、柏人令，袁紹以爲參軍事。紹逆公孫瓚于界橋，鉅鹿太守李邵及郡冠蓋，以瓚兵彊，皆欲屬瓚。紹聞之，使昭領鉅鹿。問：「禦以何術？」對曰：「一人之微，不能消衆謀，欲誘致其心，唱與同議，及得其情，乃當權以制之耳。計在臨時，未可得言。」時郡右姓孫伉等數十人專爲謀主，驚動吏民。昭至郡，僞作紹檄告郡云：「得賊羅候安平張吉辭，當攻鉅鹿，賊故孝廉孫伉等爲應，檄到收行軍法，惡止其身，妻子勿坐。」昭案檄告令，皆即斬之。一郡惶恐，乃以次安慰，遂皆平集。事訖白紹，紹稱善。會魏郡太守栗攀爲兵所害，紹以昭領魏郡太守。時郡界大亂，賊以萬數，遣使往來，交易市買。昭厚待之，因用爲間，乘虛掩討，輒大克破。二日之中，羽檄三至。

昭弟訪，在張邈軍中。邈與紹有隙，紹受讒將致罪於昭。昭欲詣漢獻帝，至河內，爲張楊所留。因楊上還印綬，拜騎都尉。時太祖領兗州，遣使詣楊，欲令假塗西至長安，楊不聽。昭說楊曰：「袁、曹雖爲一家，勢不久羣。曹今雖弱，然實天下之英雄也，當故結之。況今有緣，宜通其上事，并表薦之；若事有成，永爲深分。」楊於是通太祖上事，表薦太祖。昭爲太祖作書與長安諸將李傕、郭汜等，各隨輕重致殷勤。楊亦遣使詣太祖。太祖遺楊犬馬金帛，遂與西方往來。天子在安邑，昭從河內往，詔拜議郎。

建安元年，太祖定黃巾于許，遣使詣河東。會天子還洛陽，韓暹、楊奉、董承及楊各違戾不和。昭以奉兵馬最彊而少黨援，作太祖書與奉曰：「吾與將軍聞名慕義，便推赤心。今將軍拔萬乘之艱難，反之舊都，翼佐之功，超世無疇，何其休哉！方今羣凶猾夏，四海未寧，神器至重，事在維輔；必須衆賢以清王軌，誠非一人所能獨建。心腹四支，實相恃賴，一物不備，則有闕焉。將軍當爲內主，吾爲外援。今吾有糧，將軍有兵，有無相通，足以相濟，死生契闊，相與共之。」奉得書喜悅，語諸將軍曰：「兗州諸軍近在許耳，有兵有糧，國家所當依仰也。」遂共表太祖爲鎮東將軍，襲父爵費亭侯；昭遷符節令。

太祖朝天子於洛陽，引昭並坐，問曰：「今孤來此，當施何計？」昭曰：「將軍興義兵以誅暴亂，入朝天子，輔翼王室，此五伯之功也。此下諸將，人殊意異，未必服從，今留匡弼，事勢不便，惟有移駕幸許耳。然朝廷播越，新還舊京，遠近跂望，冀一朝獲安。今復徙駕，不厭衆心。夫行非常之事，乃有非常之功，願將軍算其多者。」太祖曰：「此孤本志也。楊奉近在梁耳，聞其兵精，得無爲孤累乎？」昭曰：「奉少黨援，將獨委質。鎮東、費亭之事，皆奉所定，又聞書命申束，足以見信。宜時遣使厚遺答謝，以安其意。說『京都無糧，欲車駕暫幸魯陽，魯陽近許，轉運稍易，可無縣乏之憂』。奉爲人勇而寡慮，必不見疑，比使往來，足以定計。奉何能爲累！」太祖曰：「善。」卽遣使詣奉。徙大駕至許。奉由是失望，與韓暹等到定陵鈔暴。太祖不應，密往攻其梁營，降誅卽定。奉、暹失衆，東降袁術。三年，昭遷河南尹。時張楊爲其將楊醜所殺，楊長史薛洪、河內太守繆尚城守待紹救。太祖令昭單身入城，告喩洪、尙等，卽日舉衆降。以昭爲冀州牧。

太祖令劉備拒袁術，昭曰：「備勇而志大，關羽、張飛爲之羽翼，恐備之心未可得論也！」太祖曰：「吾已許之矣。」備到下邳，殺徐州刺史車冑，反。太祖自征備，徙昭爲徐州牧。袁紹遣將顏良攻東郡，又徙昭爲魏郡太守，從討良。良死後，進圍鄴城。袁紹同族春卿爲魏郡太守，在城中，其父元長在揚州，太祖遣人迎之。昭書與春卿曰：「蓋聞孝者不背親以要利，仁者不忘君以徇私，志士不探亂以徼幸，智者不詭道以自危。足下大君，昔避內難，南游百越，非疏骨肉，樂彼吳會，智者深識，獨或宜然。曹公愍其守志清恪，離羣寡儔，故特遣使江東，或迎或送，今將至矣。就令足下處偏平之地，依德義之主，居有泰山之固，身爲喬松之偶，以義言之，猶宜背彼向此，舍民趣父也。且邾儀父始與隱公盟，魯人嘉之，而不書爵，然則王所未命，爵尊不成，春秋之義也。況足下今日之所託者乃危亂之國，所受者乃矯誣之命乎？苟不逞之與羣，而厥父之不恤，不可以言孝。忘祖宗所居之本朝，安非正之奸職，難可以言忠。忠孝並替，難以言智。又足下昔日爲曹公所禮辟，夫戚族人而疏所生，內所寓而外王室，懷邪祿而叛知己，遠福祚而近危亡，棄明義而收大恥，不亦可惜邪！若能翻然易節，奉帝養父，委身曹公，忠孝不墜，榮名彰矣。宜深留計，早決良圖。」鄴既定，以昭爲諫議大夫。後袁尚依烏丸蹋頓，太祖將征之。患軍糧難致，鑿平虜、泉州二渠入海通運，昭所建也。太祖表封千秋亭侯，轉拜司空軍祭酒。

後昭建議：「宜脩古建封五等。」太祖曰：「建設五等者，聖人也，又非人臣所制，吾何以堪之？」昭曰：「自古以來，人臣匡世，未有今日之功。有今日之功，未有久處人臣之勢者也。今明公恥有慚德而未盡善，樂保名節而無大責，德美過於伊、周，此至德之所極也。然太甲、成王未必可遭，今民難化，甚於殷、周，處大臣之勢，使人以大事疑己，誠不可不重慮也。明公雖邁威德，明法術，而不定其基，爲萬世計，猶未至也。定基之本，在地與人，宜稍建立，以自藩衞。明公忠節穎露，天威在顏，耿弇牀下之言，朱英無妄之論，不得過耳。昭受恩非凡，不敢不陳。」〔二〕後太祖遂受魏公、魏王之號，皆昭所創。

〔二〕獻帝春秋曰：昭與列侯諸將議，以丞相宜進爵國公，九錫備物，以彰殊勳；書與荀彧曰：「昔周旦、呂望，當姬氏之盛，因二聖之業，輔翼成王之幼，功勳若彼，猶受上爵，錫土開宇。末世田單，驅彊齊之衆，報弱燕之怨，收城七十，迎復襄王；襄王加賞于單，使東有掖邑之封，西有菑上之虞。前世錄功，濃厚如此。今曹公遭海內傾覆，宗廟焚滅，躬擐甲胄，周旋征伐，櫛風沐雨，且三十年，芟夷羣凶，爲百姓除害，使漢室復存，劉氏奉祀。方之曩者數公，若太山之與丘垤，豈同日而論乎？今徒與列將功臣，並侯一縣，此豈天下所望哉！」

及關羽圍曹仁於樊，孫權遣使辭以「遣兵西上，欲掩取羽。江陵、公安累重，羽失二城，必自奔走，樊軍之圍，不救自解。乞密不漏，令羽有備。」太祖詰羣臣，羣臣咸言宜當密之。昭曰：「軍事尚權，期於合宜。宜應權以密，而內露之。羽聞權上，若還自護，圍則速解，便獲其利。可使兩賊相對銜持，坐待其弊。祕而不露，使權得志，非計之上。又，圍中將吏不知有救，計糧怖懼，儻有他意，爲難不小。露之爲便。且羽爲人彊梁，自恃二城守固，必不速退。」太祖曰：「善。」即敕救將徐晃以權書射著圍裏及羽屯中，圍裏聞之，志氣百倍。羽果猶豫。權軍至，得其二城，羽乃破敗。

文帝即王位，拜昭將作大匠。及踐阼，遷大鴻臚，進封右鄉侯。二年，分邑百戶，賜昭弟訪爵關內侯，徙昭爲侍中。三年，征東大將軍曹休臨江在洞浦口，自表：「願將銳卒虎步江南，因敵取資，事必克捷；若其無臣，不須爲念。」帝恐休便渡江，驛馬詔止。時昭侍側，因曰：「竊見陛下有憂色，獨以休濟江故乎？今者渡江，人情所難，就休有此志，勢不獨行，當須諸將。臧霸等既富且貴，無復他望，但欲終其天年，保守祿祚而已，何肯乘危自投死地，以求徼倖？苟霸等不進，休意自沮。臣恐陛下雖有敕渡之詔，猶必沉吟，未便從命也。」是後無幾，暴風吹賊船，悉詣休等營下，斬首獲生，賊遂迸散。詔敕諸軍促渡。軍未時進，賊救船遂至。

大駕幸宛，征南大將軍夏侯尙等攻江陵，未拔。時江水淺狹，尙欲乘船將步騎入渚中安屯，作浮橋，南北往來，議者多以爲城必可拔。昭上疏曰：「武皇帝智勇過人，而用兵畏敵，不敢輕之若此也。夫兵好進惡退，常然之數。平地無險，猶尙艱難，就當深入，還道宜利，兵有進退，不可如意。今屯渚中，至深也；浮橋而濟，至危也；一道而行，至狹也：三者兵家所忌，而今行之。賊頻攻橋，誤有漏失，渚中精銳，非魏之有，將轉化爲吳矣。臣私慼之，忘寢與食，而議者怡然不以爲憂，豈不惑哉！加江水向長，一旦暴增，何以防禦？就不破賊，尙當自完。奈何乘危，不以爲懼？事將危矣，惟陛下察之！」帝悟昭言，卽詔尙等促出。賊兩頭並前，官兵一道引去，不時得泄，將軍石建、高遷僅得自免。軍出旬日，江水暴長。帝曰：「君論此事，何其審也！正使張、陳當之，何以復加。」五年，徙封成都鄉侯，拜太常。其年，徙光祿大夫、給事中。從大駕東征，七年還，拜太僕。明帝即位，進爵樂平侯，邑千戶，轉衞尉。分邑百戶，賜一子爵關內侯。

太和四年，行司徒事，六年，拜眞。昭上疏陳末流之弊曰：「凡有天下者，莫不貴尚敦樸忠信之士，深疾虛僞不眞之人者，以其毀教亂治，敗俗傷化也。近魏諷則伏誅建安之末，曹偉則斬戮黃初之始。伏惟前後聖詔，深疾浮僞，欲以破散邪黨，常用切齒；而執法之吏皆畏其權勢，莫能糾擿，毀壞風俗，侵欲滋甚。竊見當今年少，不復以學問爲本，專更以交游爲業；國士不以孝悌清脩爲首，乃以趨勢游利爲先。合黨連羣，互相褒歎，以毀訾爲罰戮，用黨譽爲爵賞，附己者則歎之盈言，不附者則爲作瑕釁。至乃相謂『今世何憂不度邪，但求人道不勤，羅之不博耳；又何患其不知己矣，但當吞之以藥而柔調耳。』又聞或有使奴客名作在職家人，冒之出入，往來禁奧，交通書疏，有所探問。凡此諸事，皆法之所不取，刑之所不赦，雖諷、偉之罪，無以加也。」帝於是發切詔，斥免諸葛誕、鄧颺等。昭年八十一薨，謚曰定侯。子冑嗣。冑歷位郡守、九卿。

劉曄字子揚，淮南成悳人，悳音德。漢光武子阜陵王延後也。父普，母脩，產渙及曄。渙九歲，曄七歲，而母病困。臨終，戒渙、曄以「普之侍人，有諂害之性。身死之後，懼必亂家。汝長大能除之，則吾無恨矣。」曄年十三，謂兄渙曰：「亡母之言，可以行矣。」渙曰：「那可爾！」曄即入室殺侍者，徑出拜墓。舍內大驚，白普。普怒，遣人追曄。曄還拜謝曰：「亡母顧命之言，敢受不請擅行之罰。」普心異之，遂不責也。汝南許劭名知人，避地揚州，稱曄有佐世之才。

揚士多輕俠狡桀，有鄭寶、張多、許乾之屬，各擁部曲。寶最驍果，才力過人，一方所憚。欲驅略百姓越赴江表，以曄高族名人，欲彊逼曄使唱導此謀。曄時年二十餘，心內憂之，而未有緣。會太祖遣使詣州，有所案問。曄往見，爲論事勢，要將與歸，駐止數日。寶果從數百人齎牛酒來候使，曄令家僮將其衆坐中門外，爲設酒飯；與寶於內宴飲。密勒健兒，令因行觴而斫寶。寶性不甘酒，視候甚明，觴者不敢發。曄因自引取佩刀斫殺寶，斬其首以令其軍，云：「曹公有令，敢有動者，與寶同罪。」衆皆驚怖，走還營。營有督將精兵數千，懼其爲亂，曄即乘寶馬，將家僮數人，詣寶營門，呼其渠帥，喻以禍福，皆叩頭開門內曄。曄撫慰安懷，咸悉悅服，推曄爲主。曄覩漢室漸微，己爲支屬，不欲擁兵，遂委其部曲與廬江太守劉勳。勳怪其故，曄曰：「寶無法制，其衆素以鈔略爲利，僕宿無資，而整齊之，必懷怨難久，故相與耳。」時勳兵彊于江、淮之間。孫策惡之，遣使卑辭厚幣，以書說勳曰：「上繚宗民，數欺下國，忿之有年矣。擊之，路不便，願因大國伐之。上繚甚實，得之可以富國，請出兵爲外援。」勳信之，又得策珠寶、葛越，喜悅。外內盡賀，而曄獨否。勳問其故，對曰：「上繚雖小，城堅池深，攻難守易，不可旬日而舉，則兵疲於外，而國內虛。策乘虛而襲我，則後不能獨守。是將軍進屈於敵，退無所歸。若軍必出，禍今至矣。」勳不從。興兵伐上繚，策果襲其後。勳窮踧，遂奔太祖。

太祖至壽春，時廬江界有山賊陳策，衆數萬人，臨險而守。先時遣偏將致誅，莫能禽克。太祖問羣下，可伐與不？咸云：「山峻高而谿谷深隘，守易攻難；又無之不足爲損，得之不足爲益。」曄曰：「策等小豎，因亂赴險，遂相依爲彊耳，非有爵命威信相伏也。往者偏將資輕，而中國未夷，故策敢據險以守。今天下略定，後伏先誅。夫畏死趨賞，愚知所同，故廣武君爲韓信畫策，謂其威名足以先聲後實而服鄰國也。豈況明公之德，東征西怨，先開賞募，大兵臨之，令宣之日，軍門啓而虜自潰矣。」太祖笑曰：「卿言近之！」遂遣猛將在前，大軍在後，至則克策，如曄所度。太祖還，辟曄爲司空倉曹掾。〔一〕

〔一〕傅子曰：太祖徵曄及蔣濟、胡質等五人，皆揚州名士。每舍亭傳，未曾不講，所以見重；內論國邑先賢、禦賊固守、行軍進退之宜，外料敵之變化、彼我虛實、戰爭之術，夙夜不解。而曄獨臥車中，終不一言。濟怪而問之，曄答曰：「對明主非精神不接，精神可學而得乎？」及見太祖，太祖果問揚州先賢，賊之形勢。四人爭對，待次而言，再見如此，太祖每和悅，而曄終不一言。四人笑之。後一見太祖止無所復問，曄乃設遠言以動太祖，太祖適知便止。若是者三。其旨趣以爲遠言宜微精神，獨見以盡其機，不宜於猥坐說也。太祖已探見其心矣，坐罷，尋以四人爲令，而授曄以心腹之任；每有疑事，輒以函問曄，至一夜數十至耳。

太祖征張魯，轉曄爲主簿。既至漢中，山峻難登，軍食頗乏。太祖曰：「此妖妄之國耳，何能爲有無？吾軍少食，不如速還。」便自引歸，令曄督後諸軍，使以次出。曄策魯可克，加糧道不繼，雖出軍猶不能皆全，馳白太祖：「不如致攻。」遂進兵，多出弩以射其營。魯奔走，漢中遂平。曄進曰：「明公以步卒五千，將誅董卓，北破袁紹，南征劉表，九州百郡，十幷其八，威震天下，勢慴海外。今舉漢中，蜀人望風，破膽失守，推此而前，蜀可傳檄而定。劉備，人傑也，有度而遲，得蜀日淺，蜀人未恃也。今破漢中，蜀人震恐，其勢自傾。以公之神明，因其傾而壓之，無不克也。若小緩之，諸葛亮明於治而爲相，關羽、張飛勇冠三軍而爲將，蜀民既定，據險守要，則不可犯矣。今不取，必爲後憂。」太祖不從，〔一〕大軍遂還。曄自漢中還，爲行軍長史，兼領軍。延康元年，蜀將孟達率衆降。達有容止才觀，文帝甚器愛之，使達爲新城太守，加散騎常侍。曄以爲「達有苟得之心，而恃才好術，必不能感恩懷義。新城與吳、蜀接連，若有變態，爲國生患。」文帝竟不易，後達終于叛敗。〔二〕

〔一〕傅子曰：居七日，蜀降者說：「蜀中一日數十驚，備雖斬之而不能安也。」太祖延問曄曰：「今尚可擊不？」曄曰：

「今已小定，未可擊也。」

〔三〕傅子曰：初，太祖時，魏諷有重名，自卿相以下皆傾心交之。其後孟達去劉備歸文帝，論者多稱有樂毅之量。曄一見諷、達而皆云必反，卒如其言。

黃初元年，以曄爲侍中，賜爵關內侯。詔問羣臣令料劉備當爲關羽出報吳不。衆議咸云：「蜀，小國耳，名將唯羽。羽死軍破，國內憂懼，無緣復出。」曄獨曰：「蜀雖狹弱，而備之謀欲以威武自彊，勢必用衆以示其有餘。且關羽與備，義爲君臣，恩猶父子；羽死不能爲興軍報敵，於終始之分不足。」後備果出兵擊吳。吳悉國應之，而遣使稱藩。朝臣皆賀，獨曄曰：「吳絕在江、漢之表，無內臣之心久矣。陛下雖齊德有虞，然醜虜之性，未有所感。因難求臣，必難信也。彼必外迫內困，然後發此使耳，可因其窮，襲而取之。夫一日縱敵，數世之患，不可不察也。」備軍敗退，吳禮敬轉廢，帝欲興衆伐之，曄以爲「彼新得志，上下齊心，而阻帶江湖，必難倉卒。」帝不聽。〔一〕五年，幸廣陵泗口，命荊、揚州諸軍並進。會羣臣，問：「權當自來不？」咸曰：「陛下親征，權恐怖，必舉國而應。又不敢以大衆委之臣下，必自將而來。」曄曰：「彼謂陛下欲以萬乘之重牽己，而超越江湖者在於別將，必勒兵待事，未有進退也。」大駕停住積日，權果不至，帝乃旋師。云：「卿策之是也。當念爲吾滅二賊，不可但知其情而已。」

〔一〕傅子曰：孫權遣使求降，帝以問曄。曄對曰：「權無故求降，必內有急。權前襲殺關羽，取荆州四郡，備怒，必大興師伐之。外有彊寇，衆心不安，又恐中國承其釁而伐之，故委地求降，一以卻中國之兵，二則假中國之援，以彊其衆而疑敵人。權善用兵，見策知變，其計必出於此。今天下三分，中國十有其八。吳、蜀各保一州，阻山依水，有急相救，此小國之利也。今還自相攻，天亡之也。宜大興師，徑渡江襲其內。蜀攻其外，我襲其內，吳之亡不出旬月矣。吳亡則蜀孤。若割吳半，蜀固不能久存，況蜀得其外，我得其內乎！」帝曰：「人稱臣降而伐之，疑天下欲來者心，必以爲懼，其殆不可！孤何不且受吳降，而襲蜀之後乎？」對曰：「蜀遠吳近，又聞中國伐之，便還軍，不能止也。今備已怒，故興兵擊吳，聞我伐吳，知吳必亡，必喜而進與我爭割吳地，必不改計抑怒救吳，必然之勢也。」帝不聽，遂受吳降，卽拜權爲吳王。曄又進曰：「不可。先帝征伐，天下兼其八，威震海內，陛下受禪卽眞，德合天地，聲暨四遠，此實然之勢，非卑臣頌言也。權雖有雄才，故漢驃騎將軍南昌侯耳，官輕勢卑。士民有畏中國心，不可彊迫與成所謀也。不得已受其降，可進其將軍號，封十萬戶侯，不可卽以爲王也。夫王位，去天子一階耳，其禮秩服御相亂也。彼直爲侯，江南士民未有君臣之義也。我信其僞降，就封殖之，崇其位號，定其君臣，是爲虎傅翼也。權既受王位，卻蜀兵之後，外盡禮事中國，使其國內皆聞之，內爲無禮以怒陛下。陛下赫然發怒，興兵討之，乃徐告其民曰：『我委身事中國，不愛珍貨重寶，隨時貢獻，不敢失臣禮也，無故伐我，必欲殘我國家，俘我民人子女以爲僮隸僕妾。』吳民無緣不信其言也。信其言而感怒，上下同心，戰加十倍矣。」又不從。遂卽拜權爲吳王。權將陸議大敗劉備，殺其兵八萬餘人，備僅以身免。權外禮愈卑，而內行不順，果如曄言。

明帝卽位，進爵東亭侯，邑三百戶。詔曰：「尊嚴祖考，所以崇孝表行也；追本敬始，所以篤教流化也。是以成湯、文、武，實造商、周，詩、書之義，追尊稷、契，歌頌有娀、姜嫄之事，明盛德之源流，受命所由興也。自我魏室之承天序，既發迹於高皇、太皇帝，而功隆于武皇、文皇帝。至于高皇之父處士君，潛脩德讓，行動神明，斯乃乾坤所福饗，光靈所從來也。而精神幽遠，號稱罔記，非所謂崇孝重本也。其令公卿已下，會議號謚。」曄議曰：「聖帝孝孫之欲褒崇先祖，誠無量已。然親疏之數，遠近之降，蓋有禮紀，所以割斷私情，克成公法，爲萬世式也。周王所以上祖后稷者，以其佐唐有功，名在祀典故也。至於漢氏之初，追謚之義，不過其父。上比周室，則大魏發迹自高皇始；下論漢氏，則追謚之禮不及其祖。此誠往代之成法，當今之明義也。陛下孝思中發，誠無已已，然君舉必書，所以愼於禮制也。以爲追尊之義，宜齊高皇而已。」尚書衞臻與曄議同，事遂施行。遼東太守公孫淵奪叔父位，擅自立，遣使表狀。曄以爲公孫氏漢時所用，遂世官相承，水則由海，陸則阻山，故胡夷絕遠難制，而世權日久。今若不誅，後必生患。若懷貳阻兵，然後致誅，於事爲難。不如因其新立，有黨有仇，先其不意，以兵臨之，開設賞募，可不勞師而定也。後淵竟反。

曄在朝，略不交接時人。或問其故，曄答曰：「魏室卽阼尙新，智者知命，俗或未咸。僕在漢爲支葉，於魏備腹心，寡偶少徒，於宜未失也。」太和六年，以疾拜太中大夫。有閒，爲大鴻臚，在位二年遜位，復爲太中大夫，薨。謚曰景侯。子寓嗣。〔一〕少子陶，亦高才而薄行，官至平原太守。〔二〕

〔一〕傅子曰：曄事明皇帝，又大見親重。帝將伐蜀，朝臣內外皆曰「不可」。曄入與帝議，因曰「可伐」；出與朝臣言，因曰「不可伐」。曄有膽智，言之皆有形。中領軍楊暨，帝之親臣，又重曄，持不可伐蜀之議最堅，每從內出，輒過曄，曄講不可之意。後暨從駕行天淵池，帝論伐蜀事，暨切諫。帝曰：「卿書生，焉知兵事！」暨謙謝曰：「臣出自儒生之末，陛下過聽，拔臣羣萃之中，立之六軍之上，臣有微心，不敢不盡言。臣言誠不足采，侍中劉曄先帝謀臣，常曰蜀不可伐。」帝曰：「曄與吾言蜀可伐。」暨曰：「曄可召質也。」詔召曄至，帝問曄，終不言。後獨見，曄責帝曰：「伐國，大謀也，臣得與聞大謀，常恐眯夢漏泄以益臣罪，焉敢向人言之？夫兵，詭道也，軍事未發，不厭其密也。陛下顯然露之，臣恐敵國已聞之矣。」於是帝謝之。曄見出，責暨曰：「夫釣者中大魚，則縱而隨之，須可制而後牽，則無不得也。人主之威，豈徒大魚而已！子誠直臣，然計不足采，不可不精思也。」暨亦謝之。曄能應變持兩端如此。或惡曄于帝曰：「曄不盡忠，善伺上意所趨而合之，陛下試與曄言，皆反意而問之，若皆與所問反者，是曄常與聖意合也。復每問皆同者，曄之情必無所逃矣。」帝如言以驗之，果得其情，從此疏焉。曄遂發狂，出爲大鴻臚，以憂死。諺曰「巧詐不如拙誠」，信矣。以曄之明智權計，若居之以德義，行之以忠信，古之上賢，何以加諸？獨任才智，不與世士相經緯，內不推心事上，外困於俗，卒不能自安於天下，豈不惜哉！

〔二〕王弼傳曰：淮南人劉陶，善論縱橫，爲當時所推。

傅子曰：陶字季冶，善名稱，有大辯。曹爽時爲選部郎，鄧颺之徒稱之以爲伊呂。當此之時，其人意陵青雲，謂玄曰：「仲尼不聖。何以知其然？智者圖國；天下羣愚，如弄一丸于掌中，而不能得天下。」玄以其言大惑，不復詳難也。謂之曰：「天下之質，變無常也。今見卿窮！」爽之敗，退居里舍，乃謝其言之過。

干寶晉紀曰：毌丘儉之起也，大將軍以問陶，陶答依違。大將軍怒曰：「卿平生與吾論天下事，至于今日而更不盡乎?」乃出爲平原太守,又追殺之。

蔣濟字子通,楚國平阿人也。仕郡計吏、州別駕。建安十三年,孫權率衆圍合肥。時大軍征荆州,遇疾疫,唯遣將軍張喜單將千騎,過領汝南兵以解圍,頗復疾疫。濟乃密白刺史僞得喜書,云步騎四萬已到雩婁,遣主簿迎喜。三部使齎書語城中守將,一部得入城,二部爲賊所得。權信之,遽燒圍走,城用得全。明年使於譙,太祖問濟曰:「昔孤與袁本初對官渡,徙燕、白馬民,民不得走,賊亦不敢鈔。今欲徙淮南民,何如?」濟對曰:「是時兵弱賊彊,不徙必失之。自破袁紹,北拔柳城,南向江、漢,荆州交臂,威震天下,民無他志。然百姓懷土,實不樂徙,懼必不安。」太祖不從,而江、淮間十餘萬衆,皆驚走吳。後濟使詣鄴,太祖迎見大笑曰:「本但欲使避賊,乃更驅盡之。」拜濟丹陽太守。大軍南征還,以溫恢爲揚州刺史,濟爲別駕。令曰:「季子爲臣,吳宜有君。今君還州,吾無憂矣。」民有誣告濟爲謀叛主率者,太祖聞之,指前令與左將軍于禁、沛相封仁等曰:「蔣濟寧有此事!有此事,吾爲不知人也。此必愚民樂亂,妄引之耳。」促理出之。辟爲丞相主簿西曹屬。令曰:「舜舉臯陶,不仁者遠;臧否得中,望于賢屬矣。」關羽圍樊、襄陽。太祖以漢帝在許,近賊,欲徙都。司馬宣王及濟說太祖曰:「于禁等爲水所沒,非戰攻之失,於國家大計未足有損。劉備、孫權，外親內踈，關羽得志，權必不願也。可遣人勸躡其後，許割江南以封權，則樊圍自解。」太祖如其言。權聞之，卽引兵西襲公安、江陵。羽遂見禽。

文帝卽王位，轉爲相國長史。及踐阼，出爲東中郎將。濟請留，詔曰：「高祖歌曰『安得猛士守四方』！天下未寧，要須良臣以鎭邊境。如其無事，乃還鳴玉，未爲後也。」濟上萬機論，帝善之。入爲散騎常侍。時有詔，詔征南將軍夏侯尙曰：「卿腹心重將，特當任使。恩施足死，惠愛可懷。作威作福，殺人活人。」尙以示濟。濟旣至，帝問曰：「卿所聞見天下風教何如？」濟對曰：「未有他善，但見亡國之語耳。」帝忿然作色而問其故，濟具以答，因曰：「夫『作威作福』，書之明誡。『天子無戲言』，古人所愼。惟陛下察之！」於是帝意解，遣追取前詔。黃初三年，與大司馬曹仁征吳，濟別襲羨谿。仁欲攻濡須洲中，濟曰：「賊據西岸，列船上流，而兵入洲中，是爲自內地獄，危亡之道也。」仁不從，果敗。仁薨，復以濟爲東中郎將，代領其兵。詔曰：「卿兼資文武，志節慷慨，常有超越江湖呑吳會之志，故復授將率之任。」頃之，徵爲尙書。車駕幸廣陵，濟表水道難通，又上三州論以諷帝。帝不從，於是戰船數千皆滯不得行。議者欲就留兵屯田，濟以爲東近湖，北臨淮，若水盛時，賊易爲寇，不可安屯。帝從之，車駕卽發。還到精湖，水稍盡，盡留船付濟。船本歷適數百里中，濟更鑿地作四五道，蹴船令聚；豫作土豚遏斷湖水，皆引後船，一時開遏入淮中。帝還洛陽，謂濟曰：「事不可不曉。吾前決謂分半燒船于山陽池中，卿於後致之，略與吾俱至譙。又每得所陳，實入吾意。自今討賊計畫，善思論之。」

明帝即位，賜爵關內侯。大司馬曹休帥軍向皖，濟表以爲「深入虜地，與權精兵對，而朱然等在上流，乘休後，臣未見其利也。」軍至皖，吳出兵安陸，濟又上疏曰：「今賊示形於西，必欲幷兵圖東，宜急詔諸軍往救之。」會休軍已敗，盡棄器仗輜重退還。吳欲塞夾石，遇救兵至，是以官軍得不沒。遷爲中護軍。時中書監、令號爲專任，濟上疏曰：「大臣太重者國危，左右太親者身蔽，古之至戒也。往者大臣秉事，外內扇動。陛下卓然自覽萬機，莫不祇肅。夫大臣非不忠也，然威權在下，則衆心慢上，勢之常也。陛下既已察之於大臣，願無忘於左右。左右忠正遠慮，未必賢於大臣，至於便辟取合，或能工之。今外所言，輒云中書，雖使恭慎不敢外交，但有此名，猶惑世俗。況實握事要，日在目前，儻因疲倦之間有所割制，衆臣見其能推移於事，即亦因時而向之。一有此端，因當內設自完，以此衆語，私招所交，爲之內援。若此，臧否毀譽，必有所興，功負賞罰，必有所易；直道而上者或壅，曲附左右者反達；因微而入，緣形而出，意所狎信，不復猜覺。此宜聖智所當早聞，外以經意，則形際自見。或恐朝臣畏言不合而受左右之怨，莫適以聞。臣竊亮陛下潛神默思，公聽並觀，若事有未盡於理而物有未周於用，將改曲易調，遠與黃、唐角功，近昭武、文之迹，豈近習而已哉！然人君猶不可悉天下事以適己明，當有所付。三官任一臣，非周公旦之忠，又非管夷吾之公，則有弄機敗官之弊。當今柱石之士雖少，至于行稱一州，智效一官，忠信竭命，各奉其職，可並驅策，不使聖明之朝有專吏之名也。」詔曰：「夫骨鯁之臣，人主之所仗也。濟才兼文武，服勤盡節，每軍國大事，輒有奏議，忠誠奮發，吾甚壯之。」就遷爲護軍將軍，加散騎常侍。〔一〕

〔一〕司馬彪戰略曰：太和六年，明帝遣平州刺史田豫乘海渡，幽州刺史王雄陸道，并攻遼東。蔣濟諫曰：「凡非相吞之國，不侵叛之臣，不宜輕伐。伐之而不制，是驅使爲賊。故曰『虎狼當路，不治狐狸』。先除大害，小害自已。今海表之地，累世委質，歲選計考，不乏職貢。議者先之，正使一舉便克，得其民不足益國，得其財不足爲富；儻不如意，是爲結怨失信也。」帝不聽，豫行竟無成而還。

景初中，外勤征役，內務宮室，怨曠者多，而年穀饑儉。濟上疏曰：「陛下方當恢崇前緒，光濟遺業，誠未得高枕而治也。今雖有十二州，至于民數，不過漢時一大郡。二賊未誅，宿兵邊陲，且耕且戰，怨曠積年。宗廟宮室，百事草創，農桑者少，衣食者多，今其所急，唯當息耗百姓，不至甚弊。弊攰之民，儻有水旱，百萬之衆，不爲國用。凡使民必須農隙，不奪其時。夫欲大興功之君，先料其民力而燠休之。句踐養胎以待用，昭王恤病以雪仇，故能以弱燕服彊齊，羸越滅勁吳。今二敵不攻不滅，不事即侵，當身不除，百世之責也。以陛下聖明神武之略，舍其緩者，專心討賊，臣以爲無難矣。又歡娛之躭，害于精爽；神太用則竭，形太勞則弊。願大簡賢妙，足以充『百斯男』者。其冗散未齒，且悉分出，務在清靜。」詔曰：「微護軍，吾弗聞斯言也。」〔一〕

〔一〕漢晉春秋曰：公孫淵聞魏將來討，復稱臣于孫權，乞兵自救。帝問濟：「孫權其救遼東乎？」濟曰：「彼知官備以固，利不可得，深入則非力所能，淺入則勞而無獲；權雖子弟在危，猶將不動，況異域之人，兼以往者之辱乎！今所以外揚此聲者，譎其行人疑於我，我之不克，冀折後事已耳。然沓渚之間，去淵尚遠，若大軍相持，事不速決，則權之淺規，或能輕兵掩襲，未可測也。」

齊王卽位，徙爲領軍將軍，進爵昌陵亭侯，〔一〕遷太尉。初，侍中高堂隆論郊祀事，以魏爲舜後，推舜配天。濟以爲舜本姓嬀，其苗曰田，非曹之先，著文以追詰隆。〔二〕是時，曹爽專政，丁謐、鄧颺等輕改法度。會有日蝕變，詔羣臣問其得失，濟上疏曰：「昔大舜佐治，戒在比周；周公輔政，愼于其朋；齊侯問災，晏嬰對以布惠；魯君問異，臧孫答以緩役。應天塞變，乃實人事。今二賊未滅，將士暴露已數十年，男女怨曠，百姓貧苦。夫爲國法度，惟命世大才，乃能張其綱維以垂于後，豈中下之吏所宜改易哉？終無益于治，適足傷民，望宜使文武之臣各守其職，率以清平，則和氣祥瑞可感而致也。」以隨太傅司馬宣王屯洛水浮橋，誅曹爽等，進封都鄉侯，邑七百戶。濟上疏曰：「臣忝寵上司，而爽敢苞藏禍心，此臣之無任也。太傅奮獨斷之策，陛下明其忠節，罪人伏誅，社稷之福也。夫封寵慶賞，必加有功。今論謀則臣不先知，語戰則非臣所率，而上失其制，下受其弊。臣備宰司，民所具瞻，誠恐冒賞之漸自此而興，推讓之風由此而廢。」固辭，不許。〔三〕是歲薨，謚曰景侯。〔四〕子秀嗣。秀薨，子凱嗣。咸熙中，開建五等，以濟著勳前朝，改封凱爲下蔡子。

〔一〕列異傳曰：濟爲領軍，其婦夢見亡兒涕泣曰：「死生異路，我生時爲卿相子孫，今在地下爲泰山伍伯，憔悴困辱，不可復言。今太廟西謳士孫阿，今見召爲泰山令，願母爲白侯，屬阿令轉我得樂處。」言訖，母忽然驚寤，明日以白濟。濟曰：「夢爲爾耳，不足怪也。」明日暮，復夢曰：「我來迎新君，止在廟下。未發之頃，暫得來歸。新君明日日中當發，臨發多事，不復得歸，永辭於此。侯氣彊，難感悟，故自訴於母，願重啓侯，何惜不一試驗之？」遂道阿之形狀，言甚備悉。天明，母重啓侯：「雖云夢不足怪，此何太適，適亦何惜不一驗之？」濟乃遣人詣太廟下，推問孫阿，果得之，形狀證驗悉如兒言。濟涕泣曰：「幾負吾兒！」於是乃見孫阿，具語其事。阿不懼當死，而喜得爲泰山令，惟恐濟言不信也。曰：「若如節下言，阿之願也。不知賢子欲得何職？」濟曰：「隨地下樂者與之。」阿曰：「輒當奉教。」乃厚賞之，言訖遣還。濟欲速知其驗，從領軍門至廟下，十步安一人，以傳阿消息。辰時傳阿心痛，巳時傳阿劇，日中傳阿亡。濟泣曰：「雖哀吾兒之不幸，且喜亡者有知。」後月餘，兒復來語母曰：「已得轉爲錄事矣。」

〔二〕臣松之案蔣濟立郊議稱曹騰碑文云「曹氏族出自邾」，魏書述曹氏胤緒亦如之。魏武作家傳，自云曹叔振鐸之後。故陳思王作武帝誄曰：「於穆武皇，胄稷胤周。」此其不同者也。及至景初，明帝從高堂隆議，謂魏爲舜後，後魏爲禪晉文，稱「昔我皇祖有虞」，則其異彌甚。尋濟難隆，及與尚書繆襲往反，並有理據，文多不載。濟亦未能定氏族所出，但謂「魏非舜後而橫祀非族，降黜太祖，不配正天，皆爲繆妄」。然于時竟莫能正。濟又難：鄭玄注祭法云「有虞以上尚德，禘郊祖宗，配用有德，自夏已下，稍用其姓氏」。濟曰：「夫虯龍神於獺，獺自祭其先，不祭虯龍也。騏驎白虎仁於豺，豺自祭其先，不祭騏虎也。如玄之說，有虞已上，豺獺之不若邪？臣以爲祭法所云，見疑學者久矣，鄭玄不考正其違而就通其義。」濟豺獺之譬，雖似俳諧，然其義旨，有可求焉。

〔三〕孫盛曰：蔣濟之辭邑，可謂不負心矣。語曰「不爲利回，不爲義疚」，蔣濟其有焉。

〔四〕世語曰：初，濟隨司馬宣王屯洛水浮橋，濟書與曹爽，言宣王旨「惟免官而已」，爽遂誅滅。濟病其言之失信，發病卒。

劉放字子棄，涿郡人，漢廣陽順王子西鄉侯宏後也。歷郡綱紀，舉孝廉。遭世大亂，時漁陽王松據其土，放往依之。太祖克冀州，放說松曰：「往者董卓作逆，英雄並起，阻兵擅命，人自封殖，惟曹公能拔拯危亂，翼戴天子，奉辭伐罪，所向必克。以二袁之彊，守則淮南冰消，戰則官渡大敗；乘勝席卷，將清河朔，威刑既合，大勢以見。速至者漸福，後服者先亡，此乃不俟終日馳騖之時也。昔黥布棄南面之尊，仗劍歸漢，誠識廢興之理，審去就之分也。將軍宜投身委命，厚自結納。」松然之。會太祖討袁譚於南皮，以書招松，松舉雍奴、泉州、安次以附之。放爲松答太祖書，其文甚麗。太祖既善之，又聞其說，由是遂辟放。建安十年，與松俱至。太祖大悅，謂放曰：「昔班彪依竇融而有河西之功，今一何相似也！」乃以放參司空軍事，歷主簿記室，出爲郃陽、祋祤、祋音都活反。祤音詡。贊令。

魏國既建，與太原孫資俱爲祕書郎。先是，資亦歷縣令，參丞相軍事。〔一〕文帝即位，放、資轉爲左右丞。數月，放徙爲令。黃初初，改祕書爲中書，以放爲監，資爲令，各加給事中；放賜爵關內侯，資爲關中侯，遂掌機密。三年，放進爵魏壽亭侯，資關內侯。明帝即位，尤見寵任，同加散騎常侍；進放爵西鄉侯，資樂陽亭侯。〔二〕太和末，吳遣將周賀浮海詣遼東，招誘公孫淵。帝欲邀討之，朝議多以爲不可。惟資決行策，果大破之，進爵左鄉侯。〔三〕放善爲書檄，三祖詔命有所招喻，多放所爲。青龍初，孫權與諸葛亮連和，欲俱出爲寇。邊候得權書，放乃改易其辭，往往換其本文而傅合之，與征東將軍滿寵若欲歸化，封以示亮。亮騰與吳大將步騭等，騭等以見權。權懼亮自疑，深自解說。是歲，俱加侍中、光祿大夫。〔四〕景初二年，遼東平定，以參謀之功，各進爵，封本縣，放方城侯，資中都侯。

〔一〕資別傳曰：資字彥龍。幼而岐嶷，三歲喪二親，長於兄嫂。講業太學，博覽傳記，同郡王允一見而奇之。太祖爲司空，又辟資。會兄爲鄉人所害，資手刃報讎，乃將家屬避地河東，故遂不應命。尋復爲本郡所命，以疾辭。友人河東賈逵謂資曰：「足下抱逸群之才，值舊邦傾覆，主將殷勤，千里延頸，宜崇古賢桑梓之義。而久盤桓，拒違君命，斯猶曜和璧於秦王之庭，而塞以連城之價耳。竊爲足下不取也！」資感其言，遂往應之。到署功曹，舉計吏。尚書令荀彧見資，嘆曰：「北州承喪亂已久，謂其賢智零落，今日乃復見孫計君乎！」表留以爲尚書郎。辭以家難，得還河東。

〔二〕資別傳曰：諸葛亮出在南鄭，時議者以爲可因大發兵，就討之，帝意亦然，以問資。資曰：「昔武皇帝征南鄭，取張魯，陽平之役，危而後濟。又自往拔出夏侯淵軍，數言『南鄭直爲天獄，中斜谷道爲五百里石穴耳』，言其深險，喜出淵軍之辭也。又武皇帝聖於用兵，察蜀賊棲於山巖，視吳虜竄於江湖，皆橈而避之，不責將士之力，不爭一朝之忿，誠所謂見勝而戰，知難而退也。今若進軍就南鄭討亮，道既險阻，計用精兵又轉運鎮守南方四州遏禦水賊，凡用十五六萬人，必當復更有所發興。天下騷動，費力廣大，此誠陛下所宜深慮。夫守戰之力，力役參倍。但以今日見兵，分命大將據諸要險，威足以震攝彊寇，鎮靜疆場，將士虎睡，百姓無事。數年之間，中國日盛，吳蜀二虜必自罷弊。」帝由是止。時吳人彭綺又舉義江南，議者以爲因此伐之，必有所克。帝問資，資曰：「鄱陽宗人前後數有舉義者，衆弱謀淺，旋輒乖散。昔文皇帝嘗密論賊形勢，言洞浦殺萬人，得船千萬，數日間船人復會；江陵被圍歷月，權裁以千數百兵住東門，而其土地無崩解者。是有法禁，上下相奉持之明驗也。以此推綺，懼未能爲權腹心大疾也。」綺果尋敗亡。

〔三〕魏氏春秋曰：烏丸校尉田豫帥西部鮮卑泄歸尼等出塞，討軻比能、智鬱築鞬，破之，還至馬邑故城，比能帥三萬騎圍豫。帝聞之，計未有所出，如中書省以問監、令。令孫資對曰：「上谷太守閻志，柔弟也，爲比能素所歸信。令馳詔使說比能，可不勞師而自解矣。」帝從之，比能果釋豫而還。

〔四〕資別傳曰：是時，孫權、諸葛亮號稱劇賊，無歲不有軍征。而帝總攝羣下，內圖禦寇之計，外規廟勝之畫，資皆管之。然自以受腹心，常讓事於帝曰：「動大衆，舉大事，宜與羣下共之；既以示明，且於探求爲廣。」既朝臣會議，資奏當其是非，擇其善者推成之，終不顯己之德也。若衆人有譴過及愛憎之說，輒復爲請解，以塞譖潤之端。如征東將軍滿寵、涼州刺史徐邈，並有譖毀之者，資皆盛陳其素行，使卒無纖介。寵、邈得保其功名者，資之力也。初，資在邦邑，名出同類之右。鄉人司空掾田豫、梁相宗豔皆妬害之，而楊豐黨附豫等，專爲資構造謗端，怨隙甚重。資既不以爲言，而終無恨意。豫等慚服，求釋宿憾，結爲婚姻。資謂之曰：「吾無憾心，不知所釋。此爲卿自薄之，卿自厚之耳！」乃爲長子宏取其女。及當顯位，而田豫老疾在家。資遇之甚厚，又致其子於本郡，以爲孝廉。而楊豐子後爲尚方吏，帝以職事譴怒，欲致之法，資請活之。其不念舊惡如此。

其年，帝寢疾，欲以燕王宇爲大將軍，及領軍將軍夏侯獻、武衞將軍曹爽、屯騎校尉曹肇、驍騎將軍秦朗共輔政。宇性恭良，陳誠固辭。帝引見放、資，入臥內，問曰：「燕王正爾爲？」放、資對曰：「燕王實自知不堪大任故耳。」帝曰：「曹爽可代宇不？」放、資因贊成之。又深陳宜速召太尉司馬宣王，以綱維皇室。帝納其言，卽以黃紙授放作詔。放、資既出，帝意復變，詔止宣王勿使來。尋更見放、資曰：「我自召太尉，而曹肇等反使吾止之，幾敗吾事！」命更爲詔，帝獨召爽與放、資俱受詔命，遂免宇、獻、肇、朗官。太尉亦至，登牀受詔，然後帝崩。〔二〕齊王卽位，以放、資決定大謀，增邑三百，放幷前千一百，資千戶；封愛子一人亭侯，次子騎都尉，餘子皆郎中。正始元年，更加放左光祿大夫，資右光祿大夫，金印紫綬，儀同三司。六年，放轉驃騎，資衞將軍，領監、令如故。七年，復封子一人亭侯，各年老遜位，以列侯朝朔望，位特進。〔二〕曹爽誅後，復以資爲侍中，領中書令。嘉平二年，放薨，謚曰敬侯。子正嗣。〔三〕資復遜位歸第，就拜驃騎將軍，轉侍中，特進如故。三年薨，謚曰貞侯。子宏嗣。

〔一〕世語曰：放、資久典機任，獻、肇心內不平。殿中有雞棲樹，二人相謂：「此亦久矣，其能復幾？」指謂放、資。放、資懼，乃勸帝召宣王。帝作手詔，令給使辟邪至，以授宣王。宣王在汲，獻等先詔令於軹關西還長安，辟邪又至，宣王疑有變，呼辟邪具問，乃乘追鋒車馳至京師。帝問放、資：「誰可與太尉對者？」放曰：「曹爽。」帝曰：「堪其事不？」爽在左右，流汗不能對。放躡其足，耳之曰：「臣以死奉社稷。」曹肇弟纂爲大將軍司馬，燕王頗失指。肇出，纂見，驚曰：「上不安，云何悉共出？宜還。」已暮，放、資宣詔宮門，不得復內肇等，罷燕王。肇明日至門，不得入，懼，詣廷尉，以處事失宜免。帝謂獻曰：「吾已差，便出。」獻流涕而出，亦免。案世語所云樹置先後，與本傳不同。

資別傳曰：帝詔資曰：「吾年稍長，又歷觀書傳中，皆歎息無所不念。圖萬年後計，莫過使親人廣據職勢，兵任又重。今射聲校尉缺，久欲得親人，誰可用者？」資曰：「陛下思深慮遠，誠非愚臣所及。書傳所載，皆聖聽所究，向使漢高不知平、勃能安劉氏，孝武不識金、霍付屬以事，殆不可言！文皇帝始召曹眞還時，親詔臣以重慮，及至晏駕，陛下即阼，猶有曹休外內之望，賴遭日月，御勒不傾，使各守分職，纖介不間。以此推之，親臣貴戚，雖當據勢握兵，宜使輕重素定。若諸侯典兵，力均衡平，寵齊愛等，則不相爲服；不相爲服，則意有異同。今五營所領見兵，常不過數百，選授校尉，如其輩類，爲有疇匹。至於重大之任，能有所維綱者，宜以聖恩簡擇，如平、勃、金、霍、劉章等一二人，漸殊其威重，使相鎮固，於事爲善。」帝曰：「然。如卿言，當爲吾遠慮所圖。今日可參平、勃，侔金、霍，雙劉章者，其誰哉？」資曰：「臣聞知人則哲，惟帝難之。唐虞之聖，凡所進用，明試以功。陳平初事漢祖，絳、灌等謗平有受金盜嫂之罪。周勃以吹簫引彊，始事高祖，亦未知名也；高祖察其行跡，然後知可付以大事。霍光給事中二十餘年，小心謹慎，乃見親信。日磾夷狄，以至孝質直，特見擢用，左右尙曰『妄得一胡兒而重貴之』。平、勃雖安漢嗣，其終，勃被反名，平劣自免於呂須之讒。上官桀、桑弘羊與霍光爭權，幾成禍亂。此誠知人之不易，爲臣之難也。又所簡擇，當得陛下所親，當得陛下所信，誠非愚臣之所能識別。」

臣松之以爲孫、劉于時號爲專任，制斷機密，政事無不綜。資、放被託付之問，當安危所斷，而更依違其對，無有適莫。受人親任，理豈得然？案本傳及諸書並云放、資稱贊曹爽，勸召宣王，魏室之亡，禍基於此。資之別傳，出自其家，欲以是言掩其大失，然恐負國之玷，終莫能磨也。

〔二〕資別傳曰：大將軍爽專事，多變易舊章。資歎曰：「吾累世蒙寵，加以豫聞屬託，今縱不能匡弼時事，可以坐受素餐之祿邪？」遂固稱疾。九年二月，乃賜詔曰：「君掌機密三十餘年，經營庶事，勳著前朝。暨朕統位，動賴良謀。是以曩者增崇寵章，同之三事，外帥羣官，內望讜言。屬以年耆疾篤，上還印綬，前後鄭重，辭旨懇切。天地以大順成德，君子以善恕成仁，重以職事，違奪君志；今聽所執，賜錢百萬，使兼光祿勳少府，親策詔君養疾于第。君其勉進醫藥，頤神和氣，以永無疆之祚。置舍人官騎，加以日秩肴酒之膳焉。」

〔三〕臣松之案頭責子羽曰：士卿劉許字文生，正之弟也。與張華六人，並稱文辭可觀，意思詳序。晉惠帝世，許爲越騎校尉。

放才計優資，而自脩不如也。放、資既善承順主上，又未嘗顯言得失，抑辛毗而助王思，以是獲譏於世。然時因羣臣諫諍，扶贊其義，并時密陳損益，不專導諛言云。及咸熙中，開建五等，以放、資著勳前朝，改封正方城子，宏離石子。〔一〕

〔一〕案孫氏譜：宏爲南陽太守。宏子楚，字子荆。晉陽秋曰：楚鄉人王濟，豪俊公子也，爲本州大中正。訪問闕求楚品狀，濟曰：「此人非卿所能名。」自狀之曰：「天才英博，亮拔不羣。」楚位至討虜護軍、馮翊太守。楚子洵，潁川太守。洵子盛，字安國，給事中，祕書監。盛從父弟綽，字興公，廷尉正。楚及盛、綽，並有文藻，盛又善言名理，諸所論著，並傳於世。

評曰：程昱、郭嘉、董昭、劉曄、蔣濟才策謀略，世之奇士，雖清治德業，殊於荀攸，而籌畫所料，是其倫也。劉放文翰，孫資勤慎，並管喉舌，權聞當時，雅亮非體，是故譏諛之聲，每過其實矣。

三國志卷十五　魏書十五

劉司馬梁張溫賈傳第十五

劉馥字元穎，沛國相人也。避亂揚州，建安初，說袁術將戚寄、秦翊，使率衆與俱詣太祖。太祖悅之，司徒辟爲掾。後孫策所置廬江太守李述攻殺揚州刺史嚴象，廬江梅乾、雷緒、陳蘭等聚衆數萬在江、淮間，郡縣殘破。太祖方有袁紹之難，謂馥可任以東南之事，遂表爲揚州刺史。

馥既受命，單馬造合肥空城，建立州治，南懷緒等，皆安集之，貢獻相繼。數年中恩化大行，百姓樂其政，流民越江山而歸者以萬數。於是聚諸生，立學校，廣屯田，興治芍陂及（茹）〔茄〕陂、七門、吳塘諸堨以溉稻田，官民有畜。又高爲城壘，多積木石，編作草苫數千萬枚，益貯魚膏數千斛，爲戰守備。

建安十三年卒。孫權率十萬衆攻圍合肥城百餘日，時天連雨，城欲崩，於是以苫蓑覆之，夜然脂照城外，視賊所作而爲備，賊以破走。揚州士民益追思之，以爲雖董安于之守晉陽，不能過也。及陂塘之利，至今為用。

馥子靖，黃初中從黃門侍郎遷廬江太守，詔曰：「卿父昔為彼州，今卿復據此郡，可謂克負荷者也。」轉在河內，遷尚書，賜爵關內侯，出為河南尹。散騎常侍應璩書與靖曰：「入作納言，出臨京任。富民之術，日引月長。藩落高峻，絕穿窬之心。五種別出，遠水火之災。農器必具，無失時之闕。蠶麥有苦備之用，無雨濕之虞。封符指期，無流連之吏。鰥寡孤獨，蒙廩振之實。加之以明擿幽微，重之以秉憲不撓；有司供承王命，百里垂拱仰辦。雖昔趙、張、三王之治，未足以方也。」靖為政類如此。初雖如碎密，終於百姓便之，有馥遺風。母喪去官，後為大司農衞尉，進封廣陸亭侯，邑三百戶。上疏陳儒訓之本曰：「夫學者，治亂之軌儀，聖人之大教也。自黃初以來，崇立太學二十餘年，而寡有成者，蓋由博士選輕，諸生避役，高門子弟，恥非其倫，故無學者。雖有其名而無其人，雖設其教而無其功。宜高選博士，取行為人表，經任人師者，掌教國子。依遵古法，使二千石以上子孫，年從十五，皆入太學。明制黜陟榮辱之路；其經明行修者，則進之以崇德；荒教廢業者，則退之以懲惡；舉善而教不能則勸，浮華交游，不禁自息矣。闡弘大化，以綏未賓；六合承風，遠人來格。此聖人之教，致治之本也。」後遷鎮北將軍，假節都督河北諸軍事。靖以為「經常之大法，莫善於守防，使民夷有別」。遂開拓邊守，屯據險要。又修廣戾陵渠大堨，水溉

灌薊南北，三更種稻，邊民利之。嘉平六年薨，追贈征北將軍，進封建成鄉侯，謚曰景侯。子熙嗣。〔二〕

〔二〕晉陽秋曰：劉弘字叔和，熙之弟也。弘與晉世祖同年，居同里，以舊恩屢登顯位。自靖至弘，世不曠名，而有政事才。晉西朝之末，弘爲車騎大將軍開府，荆州刺史，假節都督荆、交、廣州諸軍事，封新城郡公。其在江、漢，値王室多難，得專命一方，盡其器能。推誠羣下，厲以公義，簡刑獄，務農桑。每有興發，手書郡國，丁寧款密，故莫不感悅，顛倒奔赴，咸曰「得劉公一紙書，賢於十部從事也」。時帝在長安，命弘得選用宰守。徵士武陵伍朝高尙其事，牙門將皮初有勳江漢，弘上朝爲零陵太守，初爲襄陽太守。詔書以襄陽顯郡，初資名輕淺，以弘壻夏侯陟爲襄陽。弘曰：「夫統天下者當與天下同心，治一國者當與一國推實。吾統荆州十郡，安得十女壻，然後爲治哉！」乃表「陟姻親，舊制不得相監臨事，初勳宜見酬」。報聽之，衆益服其公當。廣漢太守辛冉以天子蒙塵，四方雲擾，進從横計於弘。弘怒斬之，時人莫不稱善。

晉諸公贊曰：于時天下雖亂，荆州安全。弘有劉景升保有江漢之志，不附太傅司馬越。越甚銜之。會弘病卒。子璠，北中郎將。

司馬朗字伯達，河內溫人也。〔一〕九歲，人有道其父字者，朗曰：「慢人親者，不敬其親者也。」客謝之。十二，試經爲童子郎，監試者以其身體壯大，疑朗匿年，劾問。朗曰：「朗之內外，累世長大，朗雖稚弱，無仰高之風，損年以求早成，非志所爲也。」監試者異之。後關東兵起，故冀州刺史李邵家居野王，近山險，欲徙居溫。朗謂邵曰：「脣齒之喻，豈唯虞、虢，溫與野王即是也；今去彼而居此，是爲避朝亡之期耳。且君，國人之望也，今寇未至而先徙，帶山之縣必駭，是搖動民之心而開姦宄之原也，竊爲郡內憂之。」邵不從。邊山之民果亂，內徙，或爲寇鈔。

〔一〕司馬彪序傳曰：朗祖父儁，字元異，博學好古，倜儻有大度。長八尺三寸，腰帶十圍，儀狀魁岸，與衆有異，鄉黨宗族咸景附焉。位至潁川太守。父防，字建公，性質直公方，雖閒居宴處，威儀不忒。雅好漢書名臣列傳，所諷誦者數十萬言。少仕州郡，歷官洛陽令、京兆尹，以年老轉拜騎都尉。養志閭巷，闔門自守。諸子雖冠成人，不命曰進不敢進，不命曰坐不敢坐，不指有所問不敢言，父子之間肅如也。年七十一，建安二十四年終。有子八人，朗最長，次即晉宣皇帝也。

是時董卓遷天子都長安，卓因留洛陽。朗父防爲治書御史，當徙西，以四方雲擾，乃遣朗將家屬還本縣。或有告朗欲逃亡者，執以詣卓，卓謂朗曰：「卿與吾亡兒同歲，幾大相負！」朗因曰：「明公以高世之德，遭陽九之會，淸除羣穢，廣舉賢士，此誠虛心垂慮，將興至治也。威德以隆，功業以著，而兵難日起，州郡鼎沸，郊境之內，民不安業，捐棄居產，流亡藏竄，雖四關設禁，重加刑戮，猶不絕息，此朗之所以於邑也。願明公監觀往事，少加三思，卽榮名並於日月，伊、周不足侔也。」卓曰：「吾亦悟之，卿言有意！」〔二〕

〔一〕臣松之案朗此對，但爲稱述卓功德，未相箴誨而已。了不自申釋，而卓便云「吾亦悟之，卿言有意」！客主之辭如爲不相酬塞也。

朗知卓必亡，恐見留，卽散財物以賂遺卓用事者，求歸鄉里。到謂父老曰：「董卓悖逆，爲天下所讎，此忠臣義士奮發之時也。郡與京都境壤相接，洛東有成皋，北界大河，天下興義兵者若未得進，其勢必停於此。此乃四分五裂戰爭之地，難以自安，不如及道路尙通，舉宗東到黎陽。黎陽有營兵，趙威孫鄉里舊婚，爲監營謁者，統兵馬，足以爲主。若後有變，徐復觀望未晚也。」父老戀舊，莫有從者，惟同縣趙咨，將家屬俱與朗往焉。後數月，關東諸州郡起兵，衆數十萬，皆集滎陽及河內。諸將不能相一，縱兵鈔掠，民人死者且半。久之，關東兵散，太祖與呂布相持於濮陽，朗乃將家還溫。時歲大饑，人相食，朗收恤宗族，教訓諸弟，不爲衰世解業。

年二十二，太祖辟爲司空掾屬，除成皋令，以病去，復爲堂陽長。其治務寬惠，不行鞭杖，而民不犯禁。先時，民有徙充都內者，後縣調當作船，徙民恐其不辦，乃相率私還助之，其見愛如此。遷元城令，入爲丞相主簿。朗以爲天下土崩之勢，由秦滅五等之制，而郡國無蒐狩習戰之備故也。今雖五等未可復行，可令州郡並置兵，外備四夷，內威不軌，於策爲長。又以爲宜復井田。往者以民各有累世之業，難中奪之，是以至今。今承大亂之後，民人分散，土業無主，皆爲公田，宜及此時復之。議雖未施行，然州郡領兵，朗本意也。遷兗州刺史，政化大行，百姓稱之。雖在軍旅，常麤衣惡食，儉以率下。雅好人倫典籍，鄉人李覿等盛得名譽，朗常顯貶下之；後覿等敗，時人服焉。鍾繇、王粲著論云：「非聖人不能致太平。」朗以爲「伊、顏之徒雖非聖人，使得數世相承，太平可致」。〔一〕建安二十二年，與夏侯惇、臧霸等征吳。到居巢，軍士大疫，朗躬巡視，致醫藥。遇疾卒，時年四十七。遺命布衣幅巾，斂以時服，州人追思之。〔二〕明帝卽位，封朗子遺昌武亭侯，邑百戶。朗弟孚又以子望繼朗後。遺薨，望子洪嗣。〔三〕

〔一〕魏書曰：文帝善朗論，命祕書錄其文。孫盛曰：繇既失之，朗亦未爲得也。昔「湯舉伊尹，而不仁者遠矣」。易稱「顏氏之子，其殆庶幾乎！有不善未嘗不知，知之未嘗復行」。由此而言，聖人之與大賢，行藏道一，舒卷斯同，御世垂風，理無降異；升泰之美，豈俟積世哉？「善人爲邦百年，亦可以勝殘去殺」。又曰「不踐跡，亦不入于室」。數世之論，其在斯乎！方之大賢，固有間矣。

〔二〕魏書曰：朗臨卒，謂將士曰：「刺史蒙國厚恩，督司萬里，微功未效，而遭此疫癘，既不能自救，辜負國恩。身沒之後，其布衣幅巾，斂以時服，勿違吾志也。」

〔三〕晉諸公贊曰：望字子初，孚之長子。有才識，早知名。咸熙中位至司徒，入晉封義陽王，遷太尉、大司馬。時孚爲太宰，父子居上公位，自中代以來未之有也。洪字孔業，封河間王。

初朗所與俱徙趙咨，官至太常，爲世好士。〔一〕

〔一〕咨字君初。子酆字子〔仲〕，晉驃騎將軍，封東平陵公。並見百官名〔志〕。

梁習字子虞，陳郡柘人也，爲郡綱紀。太祖爲司空，辟召爲漳長，累轉乘氏、海西、下邳令，所在有治名。還爲西曹令史，遷爲屬。幷土新附，習以別部司馬領幷州刺史。時承高幹荒亂之餘，胡狄在界，張雄跋扈，吏民亡叛，入其部落，兵家擁衆，作爲寇害，更相扇動，往往棊跱。習到官，誘諭招納，皆禮召其豪右，稍稍薦舉，使詣幕府；豪右已盡，乃次發諸丁彊以爲義從；又因大軍出征，分請以爲勇力。吏兵已去之後，稍移其家，前後送鄴，凡數萬口；其不從命者，興兵致討，斬首千數，降附者萬計。單于恭順，名王稽顙，部曲服事供職，同於編戶。邊境肅清，百姓布野，勤勸農桑，令行禁止。貢達名士，咸顯於世，語在常林傳。太祖嘉之，賜爵關內侯，更拜爲眞。長老稱詠，以爲自所聞識，刺史未有及習者。建安十八年，州幷屬冀州，更拜議郎、西部都督從事，統屬冀州，總故部曲。又使於上黨取大材供鄴宮室。習表置屯田都尉二人，領客六百夫，於道次耕種菽粟，以給人牛之費。後單于入侍，西北無虞，習之績也。〔二〕文帝踐阼，復置幷州，復爲刺史，進封申門亭侯，邑百戶；政治常爲天下最。太和二年，徵拜大司農。習在州二十餘年，而居處貧窮，無方面珍物，明帝異之，禮賜甚厚。四年，薨，子施嗣。

〔一〕魏略曰：鮮卑大人育延，常爲州所畏，而一旦將其部落五千餘騎詣習，求互市。習念不聽則恐其怨，若聽到州下，又恐爲所略，於是乃許之，往與會空城中交市。遂敕郡縣，自將治中以下軍往就之。市易未畢，市吏收縛一胡。延騎皆驚，上馬彎弓圍習數重，吏民惶怖不知所施。習乃徐呼市吏，問縛胡意，而胡實侵犯人。習乃使譯呼延，延到，習責延曰：「汝胡自犯法，吏不侵汝，汝何爲使諸騎驚駭邪？」遂斬之，餘胡破膽不敢動。是後無寇虜。至二十二年，太祖拔漢中，諸軍還到長安，因留騎督太原烏丸王魯昔，使屯池陽，以備盧水。昔有愛妻，住在晉陽。昔既思之，又恐遂不得歸，乃以其部五百騎叛還并州，留其餘騎置山谷間，而單騎獨入晉陽，盜取其妻。已出城，州郡乃覺；吏民又畏昔善射，不敢追。習乃令從事張景，募鮮卑使逐昔。昔馬負其妻，重騎行遲，未及與其衆合，而爲鮮卑所射死。始太祖聞昔叛，恐其爲亂於北邊；會聞已殺之，大喜，以習前後有策略，封爲關內侯。

初，濟陰王思與習俱爲西曹令史。思因直日白事，失太祖指。太祖大怒，教召主者，將加重辟。時思近出，習代往對，已被收執矣，思乃馳還，自陳己罪，罪應受死。太祖歎習之不言，思之識分，曰：「何意吾軍中有二義士乎？」〔一〕後同時擢爲刺史，思領豫州。思亦能吏，然苛碎無大體，官至九卿，封列侯。〔二〕

〔一〕臣松之以爲習與王思，同寮而已，親非骨肉，義非刎頸，而以身代思，受不測之禍。以之爲義，無乃乖先哲之雅旨乎！史遷云「死有重於太山，有輕於鴻毛」，故君子不爲苟存，不爲苟亡。若使思不引分，主不加恕，則所謂自經於溝瀆而莫之知也。習之死義者，豈其然哉！

〔一〕魏略苛吏傳曰：思與薛悌、郤嘉俱從微起，官位略等。三人中，悌差挾儒術，所在名爲閒省。嘉與思事行相似。文帝詔曰：「薛悌駁吏，王思、郤嘉純吏也，各賜關內侯，以報其勤。」思爲人雖煩碎，而曉練文書，敬賢禮士，傾意形勢，亦以是顯名。正始中，爲大司農，年老目瞑，瞋怒無度，下吏嗷然不知何據。性少信，時有吏父病篤，近在外舍，自白求假。思疑其不實，發怒曰：「世有思婦病母者，豈此謂乎！」遂不與假。吏父明日死，思無恨意。其爲刻薄類如此。思又性急，嘗執筆作書，蠅集筆端，驅去復來，如是再三。思恚怒，自起逐蠅不能得，還取筆擲地，蹋壞之。時有丹陽施畏、魯郡倪顗、南陽胡業亦爲刺史、郡守，時人謂之苛暴。又有高陽劉類，歷位宰守，苛慝尤甚，以善修人事，不廢於世。嘉平中，爲弘農太守。吏二百餘人，不與休假，專使爲不急。過無輕重，輒捽其頭，又亂杖撾之，牽出復入，如是數四。乃使人掘地求錢，所在市里，皆有孔穴。又外託簡省，每出行，陽敕督郵不得使官屬曲修禮敬，而陰識不來者，輒發怒中傷之。性又少信，每遣大吏出，輒使小吏隨覆察之，白日常自於牆壁間闚閃，夜使幹廉察諸曹，復以幹不足信，又遣鈴下及奴婢使轉相檢驗。嘗案行，宿止民家。民家二狗逐豬，豬驚走，頭插柵間，號呼良久。類以爲外之吏擅共飲食，不復徵察，便使伍百曳五官掾孫弼入，頓頭責之。弼以實對，類自愧不詳，因託問以他事。民尹昌，年垂百歲，聞類出行，當經過，謂其兒曰：「扶我迎府君，我欲陳恩。」兒扶昌在道左，類望見，呵其兒曰：「用是死人，使來見我。」其視人無禮，皆此類也。舊俗，民謗官長者有三不肯，謂遷、免與死也。類在弘農，吏民患之，乃題其門曰：「劉府君有三不肯。」類雖聞之，猶不能自改。其後安東將軍司馬文王西征，路經弘農，弘農人告類荒耄不任宰郡，乃召入爲五官中郎將。

張既字德容，馮翊高陵人也。年十六，爲郡小吏。〔一〕後歷右職，舉孝廉，不行。太祖爲司空，辟，未至，舉茂才，除新豐令，治爲三輔第一。袁尚拒太祖於黎陽，遣所置河東太守郭援、幷州刺史高幹及匈奴單于取平陽，發使西與關中諸將合從。司隸校尉鍾繇遣既說將軍馬騰等，既爲言利害，騰等從之。騰遣子超將兵萬餘人，與繇會擊幹、援，大破之，斬援首。幹及單于皆降。其後幹復舉幷州反。河內張晟衆萬餘人無所屬，寇崤、澠間，河東衞固、弘農張琰各起兵以應之。太祖以既爲議郎，參繇軍事，使西徵諸將馬騰等，皆引兵會擊晟等，破之。斬琰、固首，幹奔荆州。封既武始亭侯。太祖將征荆州，而騰等分據關中。太祖復遣既喻騰等，令釋部曲求還。騰已許之而更猶豫，既恐爲變，乃移諸縣促儲偫，二千石郊迎。騰不得已，發東。太祖表騰爲衞尉，子超爲將軍，統其衆。後超反，既從太祖破超於華陰，西定關右。以既爲京兆尹，招懷流民，興復縣邑，百姓懷之。魏國既建，爲尚書，出爲雍州刺史。太祖謂既曰：「還君本州，可謂衣繡晝行矣。」從征張魯，別從散關入討叛氐，收其麥以給軍食。魯降，既說太祖拔漢中民數萬戶以實長安及三輔。其後與曹洪破吳蘭於下辯，又與夏侯淵〔討〕宋建，別攻臨洮、狄道，平之。是時，太祖徙民以充河北，隴西、天水、南安民相恐動，擾擾不安，既假三郡人爲將吏者休課，使治屋宅，作水碓，民心遂安。太祖將拔漢中守，恐劉備北取武都氐以逼關中，問既。既曰：「可勸使北出就穀以避賊，前至者厚其寵賞，則先者知利，後必慕之。」太祖從其策，乃自到漢中引出諸軍，令既之武都，徙氐五

萬餘落出居扶風、天水界。〔二〕

〔一〕魏略曰：既世單家，(富)爲人有容儀。少小工書疏，爲郡門下小吏，而家富。自惟門寒，念無以自達，乃常畜好刀筆及版奏，伺諸大吏有乏者輒給與，以是見識焉。

〔二〕三輔決錄注曰：既爲兒童，(爲)郡功曹游殷察異之，引既過家，既敬諾。殷先歸，敕家具設賓饌。及既至，殷妻笑曰：「君其悖乎！張德容童昏小兒，何異客哉！」殷曰：「卿勿怪，乃方伯之器也。」殷遂與既論霸王之略。饗訖，以子楚託之；既謙不受，殷固託之。既以殷邦之宿望，難違其旨，乃許之。殷先與司隸校尉胡軫有隙，軫誣搆殺殷。殷死月餘，軫得疾患，自說但言「伏罪，伏罪，游功曹將鬼來」。於是遂死。于時關中稱曰：「生有知人之明，死有貴神之靈。」子楚字仲允，爲蒲阪令。太祖定關中時，漢興郡缺，太祖以問既，既稱楚才兼文武，遂以爲漢興太守。後轉隴西。

魏略曰：楚爲人慷慨，歷位宰守，所在以恩德爲治，不好刑殺。太和中，諸葛亮出隴右，吏民騷動。天水、南安太守各棄郡東下，楚獨據隴西，召會吏民，謂之曰：「太守無恩德。今蜀兵至，諸郡吏民皆已應之，此亦諸卿富貴之秋也。太守本爲國家守郡，義在必死，卿諸人便可取太守頭持往。」吏民皆涕淚，言「死生當與明府同，無有二心」。楚復言：「卿曹若不願，我爲卿畫一計。今東二郡已去，必將寇來，但可共堅守。若國家救到，寇必去，是爲一郡守義，人人獲爵寵也。若官救不到，蜀攻日急，爾乃取太守以降，未爲晚也。」吏民遂城守。而南安果將蜀兵，就攻隴西。楚聞賊到，乃遣長史馬顒出門設陳，而自於城上曉謂蜀帥，言：「卿能斷隴，使東兵不上，一月之中，則隴西吏人不攻自服；卿若不能，虛自疲弊耳。」使顒鳴鼓擊之，蜀人乃去。後十餘日，諸軍上隴，諸葛亮破走。南安、天水皆坐應亮破滅，兩郡守各獲重刑，而楚以功封列侯，長史掾屬皆賜拜。帝嘉其治，詔特聽朝，引上殿。楚爲人短小而大聲，自爲吏，初不朝覲，被詔登階，不知儀式。帝令侍中贊引，呼「隴西太守前」，楚當言「唯」，而大應稱「諾」。帝顧之而笑，遂勞勉之。罷會，自表乞留宿衞，拜駙馬都尉。楚不學問，而性好遊遨音樂。乃畜歌者，琵琶、箏、簫，每行來將以自隨。所在樗蒱、投壺，歡欣自娛。數歲，復出爲北地太守，年七十餘卒。

是時，武威顏俊、張掖和鸞、酒泉黃華、西平麴演等並舉郡反，自號將軍，更相攻擊。俊遣使送母及子詣太祖爲質，求助。太祖問既，既曰：「俊等外假國威，內生傲悖，計定勢足，後即反耳。今方事定蜀，且宜兩存而鬬之，猶卞莊子之刺虎，坐收其斃也。」太祖曰：「善。」歲餘，鸞遂殺俊，武威王祕又殺鸞。是時不置涼州，自三輔拒西域，皆屬雍州。文帝即王位，初置涼州，以安定太守鄒岐爲刺史。張掖張進執郡守舉兵拒岐，黃華、麴演各逐故太守，舉兵以應之。既進兵爲護羌校尉蘇則聲勢，故則得以有功。既進爵都鄉侯。涼州盧水胡伊健妓妾、治元多等反，河西大擾。帝憂之，曰：「非既莫能安涼州。」乃召鄒岐，以既代之。詔曰：「昔賈復請擊郾賊，光武笑曰：『執金吾擊郾，吾復何憂？』卿謀略過人，今則其時。以便宜從事，勿復先請。」遣護軍夏侯儒、將軍費曜等繼其後。既至金城，欲渡河，諸將守以爲「兵少道險，未可深入」。既曰：「道雖險，非井陘之隘，夷狄烏合，無左車之計，今武威危急，赴之宜速。」遂渡河。賊七千餘騎逆拒軍於鸇陰口，既揚聲軍由鸇陰，乃潛由且次出至武威。胡以爲神，引還顯美。既已據武威，曜乃至，儒等猶未達。既勞賜將士，欲進軍擊胡。諸將皆曰：「士卒疲倦，虜衆氣銳，難與爭鋒。」既曰：「今軍無見糧，當因敵爲資。若虜見兵合，退依深山，追之則道險窮餓，兵還則出候寇鈔。如此，兵不得解，所謂『一日縱敵，患在數世』也。」遂前軍顯美。胡騎數千，因大風欲放火燒營，將士皆恐。既夜藏精卒三千人爲伏，使參軍成公英督千餘騎挑戰，敕使陽退。胡果爭奔之，因發伏截其後，首尾進擊，大破之，斬首獲生以萬數。〔一〕帝甚悅，詔曰：「卿踰河歷險，以勞擊逸，以寡勝衆，功過南仲，勤踰吉甫。此勳非但破胡，乃永寧河右，使吾長無西顧之念矣。」徙封西鄉侯，增邑二百，并前四百戶。

〔一〕魏略曰：成公英，金城人也。中平末，隨韓約爲腹心。建安中，約從華陰破走，還湟中，部黨散去，唯英獨從。典略曰：韓遂在湟中，其壻閻行欲殺遂以降，夜攻遂，不下。遂歎息曰：「丈夫困厄，禍起婚姻乎！」謂英曰：「今親戚離叛，人衆轉少，當從羌中西南詣蜀耳。」英曰：「興軍數十年，今雖罷敗，何有棄其門而依於人乎！」遂曰：「吾年老矣，子欲何施？」英曰：「曹公不能遠來，獨夏侯爾。夏侯之衆，不足以追我，又不能久留；且息肩於羌中，以須其去。招呼故人，綏會羌、胡，猶可以有爲也。」遂從其計，時隨從者男女尚數千人。遂宿有恩於羌，羌衞護之。及夏侯淵還，使閻行留後。乃合羌、胡數萬將攻行，行欲走，會遂死，英降太祖。太祖見英甚喜，以爲軍師，封列侯。從行出獵，有三鹿走過前，公命英射之，三發三中，皆應弦而倒。公抵掌謂之曰：「但韓文約可爲盡節，而孤獨不可乎？」英乃下馬而跪曰：「不欺明公。假使英本主人在，實不來此也。」遂流涕哽咽。公嘉其敦舊，遂親敬之。延康、黃初之際，河西有逆謀。詔遣英佐涼州平隴右，病卒。

魏略曰：閻行，金城人也，後名豔，字彥明。少有健名，始爲小將，隨韓約。建安初，約與馬騰相攻擊。騰子超亦號爲健。行嘗刺超，矛折，因以折矛撾超項，幾殺之。至十四年，爲約所使詣太祖，太祖厚遇之，表拜犍爲太守。行因請令其父入宿衞，西還見約，宣太祖教云：「謝文約：卿始起兵時，自有所逼，我所具明也。當早來，共匡輔國朝。」行因謂約曰：「行亦爲將軍，興軍以來三十餘年，民兵疲瘁，所處又狹，宜早自附。是以前在鄴，自啓當令老父詣京師，誠謂將軍亦宜遣一子，以示丹赤。」約曰：「且可復觀望數歲中！」後遂遣其子，與行父母俱東。會約西討張猛，留行守舊營，而馬超等結反謀，舉約爲都督。及約還，超謂約曰：「前鍾司隸任超使取將軍，關東人不可復信也。今超棄父，以將軍爲父，將軍亦當棄子，以超爲子。」行諫約，不欲令與超合。約謂行曰：「今諸將不謀而同，似有天數。」乃東詣華陰。及太祖與約交馬語，行在其後，太祖望謂行曰：「當念作孝子。」及超等破走，行隨約還金城。太祖聞行前意，故但誅約子孫在京師者。乃手書與行曰：「觀文約所爲，使人笑來。吾前後與之書，無所不說，如此何可復忍！卿父諫議，自平安也。雖然，牢獄之中，非養親之處，且又官家亦不能久爲人養老也。」約聞行父獨在，欲使并遇害，以一其心，乃强以少女妻行，行不獲已。太祖果疑行。會約使行別領西平郡。遂勒其部曲，與約相攻擊。行不勝，乃將家人東詣太祖。太祖表拜列侯。

酒泉蘇衡反，與羌豪鄰戴及丁令胡萬餘騎攻邊縣。既與夏侯儒擊破之，衡及鄰戴等皆降。遂上疏請與儒治左城，築鄣塞，置烽候、邸閣以備胡。〔一〕西羌恐，率衆二萬餘落降。其後西平麴光等殺其郡守，諸將欲擊之，既曰：「唯光等造反，郡人未必悉同。若便以軍臨之，吏民羌胡必謂國家不別是非，更使皆相持著，此爲虎傅翼也。光等欲以羌胡爲援，今先使羌胡鈔擊，重其賞募，所虜獲者皆以畀之。外沮其勢，內離其交，必不戰而定。」乃檄告諭諸羌，爲光等所詿誤者原之；能斬賊帥送首者當加封賞。於是光部黨斬送光首，其餘咸安堵如故。

〔一〕魏略曰：儒字俊林，夏侯尚從弟。初爲鄢陵侯彰驍騎司馬，(宣王)〔□□〕爲征南將軍、都督荊、豫州。正始二年，朱然圍樊城，城中守將乙脩等求救甚急。儒進屯鄧塞，以兵少不敢進，但作鼓吹，設導從，去然六七里，翺翔而還，使脩等遙見之，數數如是。月餘，及太傅到，乃俱進，然等走。時謂儒爲怯，或以爲曉以少疑衆，得聲救之宜。儒猶以此召還，爲太僕。

既臨二州十餘年，政惠著聞，其所禮辟扶風龐延、天水楊阜、安定胡遵、酒泉龐淯、燉煌張恭、周生烈等，終皆有名位。〔一〕黃初四年薨。詔曰：「昔荀桓子立勳翟土，晉侯賞以千室之邑；馮異輸力漢朝，光武封其二子。故涼州刺史張既，能容民畜衆，使羣羌歸土，可謂國之良臣。不幸薨隕，朕甚愍之，其賜小子翁歸爵關內侯。」明帝即位，追謚曰肅侯。子緝嗣。

〔一〕魏略曰：初，既爲郡小吏，功曹徐英嘗自鞭既三十。英字伯濟，馮翊著姓，建安初爲蒲阪令。英性剛爽，自見族氏勝既，於鄉里名行在前，加以前辱既，雖知既貴顯，終不肯求於既。既雖得志，亦不顧計本原，猶欲與英和。嘗因醉欲親狎英，英故抗意不納。英由此遂不復進用。故時人善既不挾舊怨，而壯英之不撓。

緝以中書郎稍遷東莞太守。嘉平中，女爲皇后，徵拜光祿大夫，位特進，封妻向爲安城

鄉君。緝與中書令李豐同謀，誅。語在夏侯玄傳。〔一〕

〔一〕魏略曰：緝字敬仲，太和中爲溫令，名有治能。會諸葛亮出，緝上便宜，詔以問中書令孫資，資以爲有籌略，遂召拜騎都尉，遣參征蜀軍。軍罷，入爲尚書郎，以稱職爲明帝所識。帝以爲緝之材能，多所堪任，試呼相者相之。相者云：「不過二千石。」帝曰：「何材如是而位止二千石乎？」及在東莞，領兵數千人。緝性吝於財而矜於勢，一旦以女徵去郡，還坐里舍，悒悒躁擾。數爲國家陳擊吳、蜀形勢，又嘗對司馬大將軍料諸葛恪雖得勝於邊土，見誅不久。大將軍問其故，緝云：「威震其主，功蓋一國，欲不死可得乎？」及恪從合肥還，吳果殺之。大將軍聞恪死，謂衆人曰：「諸葛恪多輩耳！近張敬仲縣論恪，以爲必見殺，今果然如此。敬仲之智爲勝恪也。」緝與李豐通家，又居相側近。豐時取急出，子韜往見之，有所咨道。豐被收，事與緝連，遂收送廷尉，賜死獄中，其諸子皆并誅。緝孫殷，晉永興中爲梁州刺史，見晉書。

溫恢字曼基，太原祁人也。父恕，爲涿郡太守，卒。恢年十五，送喪還歸鄉里，內足於財。恢曰：「世方亂，安以富爲？」一朝盡散，振施宗族。州里高之，比之郇越。舉孝廉，爲廩丘長，鄢陵、廣川令，彭城、魯相，所在見稱。入爲丞相主簿，出爲揚州刺史。太祖曰：「甚欲使卿在親近，顧以爲不如此州事大。故書云：『股肱良哉！庶事康哉！』得無當得蔣濟爲治中邪？」時濟見爲丹楊太守，乃遣濟還州。又語張遼、樂進等曰：「揚州刺史曉達軍事，動靜與共咨議。」

建安二十四年，孫權攻合肥，是時諸州皆屯戍。恢謂兗州刺史裴潛曰：「此閒雖有賊，不足憂，而畏征南方有變。今水生而子孝縣軍，無有遠備。關羽驍鋭，乘利而進，必將爲患。」於是有樊城之事。詔書召潛及豫州刺史呂貢等，潛等緩之。恢密語潛曰：「此必襄陽之急欲赴之也。所以不爲急會者，不欲驚動遠衆。一二日必有密書促卿進道，張遼等又將被召。遼等素知王意，後召前至，卿受其責矣！」潛受其言，置輜重，更爲輕裝速發，果被促令。遼等尋各見召，如恢所策。

文帝踐阼，以恢爲侍中，出爲魏郡太守。數年，遷涼州刺史，持節領護羌校尉。道病卒，時年四十五。詔曰：「恢有柱石之質，服事先帝，功勤明著。及爲朕執事，忠於王室，故授之以萬里之任，任之以一方之事。如何不遂，吾甚愍之！」賜恢子生爵關內侯。生早卒，爵絶。

恢卒後，汝南孟建爲涼州刺史，有治名，官至征東將軍。〔一〕

〔一〕魏略曰：建字公威，少與諸葛亮俱游學。亮後出祁山，答司馬宣王書，使杜子緒宣意於公威也。

賈逵字梁道，河東襄陵人也。自爲兒童，戲弄常設部伍，祖父習異之，曰：「汝大必爲將。」率口授兵法數萬言。〔一〕初爲郡吏，守絳邑長。郭援之攻河東，所經城邑皆下，逵堅守，援攻之不拔，乃召單于并軍急攻之。城將潰，絳父老與援要，不害逵。絳人既潰，援聞逵名，欲使爲將，以兵劫之，逵不動。左右引逵使叩頭，逵叱之曰：「安有國家長吏爲賊叩頭！」援怒，將斬之。絳吏民聞將殺逵，皆乘城呼曰：「負要殺我賢君，寧俱死耳！」左右義逵，多爲請，遂得免。〔二〕初，逵過皮氏，曰：「爭地先據者勝。」及圍急，知不免，乃使人閒行送印綬歸郡，且曰「急據皮氏」。援既并絳衆，將進兵。逵恐其先得皮氏，乃以他計疑援謀人祝奥，援由是留七日。郡從逵言，故得無敗。〔三〕

〔一〕魏略曰：逵世爲著姓，少孤家貧，冬常無袴，過其妻兄柳孚宿，其明無何，著孚袴去，故時人謂之通健。

〔二〕魏略曰：援捕得逵，逵不肯拜，謂援曰：「王府君臨郡積年，不知足下曷爲者也？」援怒曰：「促斬之。」諸將覆護，乃囚於壺關，閉著土窖中，以車輪蓋上，使人固守。方將殺之，逵從窖中謂守者曰：「此閒無健兒邪，而當使義士死此中乎？」時有祝公道者，與逵非故人，而適聞其言，憐其守正危厄，乃夜盜往引出，折械遣去，不語其姓名。

〔三〕孫資別傳曰：資舉河東計吏，到許，薦於相府曰：「逵在絳邑，帥厲吏民，與賊郭援交戰，力盡而敗，爲賊所俘，挺然直志，顏辭不屈；忠言聞於大衆，烈節顯於當時，雖古之直髮、據鼎，罔以加也。其才兼文武，誠時之利用。」魏略曰：郭援破後，逵乃知前出己者爲祝公道。公道，河南人也。後坐他事，當伏法。逵救之，力不能解，爲之改服焉。

後舉茂才，除澠池令。高幹之反，張琰將舉兵以應之。逵不知其謀，往見琰。聞變起，欲還，恐見執，乃爲琰畫計，如與同謀者，琰信之。時縣寄治蠡城，城塹不固，逵從琰求兵脩城。諸欲爲亂者皆不隱其謀，故逵得盡誅之。遂脩城拒琰。琰敗，逵以喪祖父去官，司徒辟爲掾，以議郎參司隸軍事。太祖征馬超，至弘農，曰「此西道之要」，以逵領弘農太守。召見計事，大悅之，謂左右曰：「使天下二千石悉如賈逵，吾何憂？」其後發兵，逵疑屯田都尉藏亡民。都尉自以不屬郡，言語不順。逵怒，收之，數以罪，撾折腳，坐免。然太祖心善逵，以爲丞相主簿。〔一〕太祖征劉備，先遣逵至斜谷觀形勢。道逢水衡，載囚人數十車，逵以軍事急，輒竟重者一人，皆放其餘。太祖善之，拜諫議大夫，與夏侯尚並掌軍計。太祖崩洛陽，逵典喪事。〔二〕時鄢陵侯彰行越騎將軍，從長安來赴，問逵先王璽綬所在。逵正色曰：「太子在鄴，國有儲副。先王璽綬，非君侯所宜問也。」遂奉梓宮還鄴。

〔一〕魏略曰：太祖欲征吳而大霖雨，三軍多不願行。太祖知其然，恐外有諫者，教曰：「今孤戒嚴，未知所之，有諫者死。」逵受教，謂其同寮三主簿曰：「今實不可出，而教如此，不可不諫也。」乃建諫草以示三人，三人不獲已，皆署名，入白事。太祖怒，收逵等。當送獄，取造意者，逵即言「我造意」，遂走詣獄。獄吏以逵主簿也，不即著械。謂獄吏曰：「促械我。尊者且疑我在近職，求緩於卿，今將遣人來察我。」逵著械適訖，而太祖果遣家中人就獄視逵。既而教曰：「逵無惡意，原復其職。」始，逵爲諸生，略覽大義，取其可用。最好春秋左傳，及爲牧守，常自課讀之，月常一遍。逵前在弘農，與典農校尉爭公事，不得理，乃發憤生癭，後所病稍大，自啓願欲令醫割之。太祖惜逵忠，恐其不活，教「謝主簿，吾聞『十人割癭九人死』」。逵猶行其意，而癭愈大。逵本名衢，後改爲逵。

〔二〕魏略曰：時太子在鄴，鄢陵侯未到，士民頗苦勞役，又有疾癘，於是軍中騷動。羣寮恐天下有變，欲不發喪。逵建議爲不可祕，乃發哀，令內外皆入臨，臨訖，各安敍不得動。而青州軍擅擊鼓相引去。衆人以爲宜禁止之，不從者討之。逵以爲「方大喪在殯，嗣王未立，宜因而撫之」。乃爲作長檄，告所在給其廩食。

文帝卽王位，以鄴縣戶數萬在都下，多不法，乃以逵爲鄴令。月餘，遷魏郡太守。〔一〕大軍出征，復爲丞相主簿祭酒。逵嘗坐人爲罪，王曰：「叔向猶十世宥之，況逵功德親在其身乎？」從至黎陽，津渡者亂行，逵斬之，乃整。至譙，以逵爲豫州刺史。〔二〕是時天下初復，州郡多不攝。逵曰：「州本以御史出監諸郡，以六條詔書察長吏二千石已下，故其狀皆言嚴能鷹揚有督察之才，不言安靜寬仁有愷悌之德也。今長吏慢法，盜賊公行，州知而不糾，天下復何取正乎？」兵曹從事受前刺史假，逵到官數月，乃還；考竟其二千石以下阿縱不如法者，皆舉奏免之。帝曰：「逵眞刺史矣。」布告天下，當以豫州爲法。賜爵關內侯。

〔一〕魏略曰：初，魏郡官屬頗以公事期會有所急切，會聞逵當爲郡，舉府皆詣縣門外。及還書到，逵出門，而郡官屬悉當門，謁逵於車下。逵抵掌曰：「詣治所，何宜如是！」

〔二〕魏略曰：逵爲豫州。逵進曰：「臣守天門，出入六年，天門始開，而臣在外。唯殿下爲兆民計，無違天人之望。」

州南與吳接，逵明斥候，繕甲兵，爲守戰之備，賊不敢犯。外修軍旅，內治民事，遏鄢、汝，造新陂，又斷山溜長谿水，造小弋陽陂，又通運渠二百餘里，所謂賈侯渠者也。黃初中，與諸將並征吳，破呂範於洞浦，進封陽里亭侯，加建威將軍。明帝卽位，增邑二百戶，并前四百戶。時孫權在東關，當豫州南，去江四百餘里。每出兵爲寇，輒西從江夏，東從廬江。國家征伐，亦由淮、沔。是時州軍在項，汝南、弋陽諸郡，守境而已，權無北方之虞，東西有急，并軍相救，故常少敗。逵以爲宜開直道臨江，若權自守，則二方無救；若二方無救，則東關可取。乃移屯潦口，陳攻取之計，帝善之。

吳將張嬰、王崇率衆降。太和二年，帝使逵督前將軍滿寵、東莞太守胡質等四軍，從西陽直向東關，曹休從皖，司馬宣王從江陵。逵至五將山，休更表賊有請降者，求深入應之。詔宣王駐軍，逵東與休合進。逵度賊無東關之備，必并軍於皖；休深入與賊戰，必敗。乃部署諸將，水陸並進，行二百里，得生賊，言休戰敗，權遣兵斷夾石。諸將不知所出，或欲待後軍。逵曰：「休兵敗於外，路絕於內，進不能戰，退不得還，安危之機，不及終日。賊以軍無後繼，故至此；今疾進，出其不意，此所謂先人以奪其心也，賊見吾兵必走。若待後軍，賊已斷險，兵雖多何益！」乃兼道進軍，多設旗鼓爲疑兵，賊見逵軍，遂退。逵據夾石，以兵糧給休，休軍乃振。初，逵與休不善。黃初中，文帝欲假逵節，休曰：「逵性剛，素侮易諸將，不可爲督。」帝乃止。及夾石之敗，微逵，休軍幾無救也。〔一〕

〔一〕魏略曰：休怨逵進遲，乃呵責逵，遂使主者敕豫州刺史往拾棄仗。逵恃心直，謂休曰：「本爲國家作豫州刺史，不來相爲拾棄仗也。」乃引軍還。遂與休更相表奏，朝廷雖知逵直，猶以休爲宗室任重，兩無所非也。

魏書云：休猶挾前意，欲以後期罪逵，逵終無言，時人益以此多逵。習鑿齒曰：夫賢人者，外身虛己，內以下物，嫌忌之名，何由而生乎？有嫌忌之名者，必與物爲對，存勝負於己身者也。若以其私憾敗國殄民，彼雖傾覆，於我何利？我苟無利，乘之曷爲？以是稱說，臧獲之心耳。今忍其私忿而急彼之憂，冒難犯危而免之於害，使功顯於明君，惠施於百姓，身登於君子之塗，義愧於敵人之心，雖豺虎猶將不覺所復，而況於曹休乎？然則濟彼之危，所以成我之勝，不計宿憾，所以服彼之心，公義既成，私利亦弘，可謂善爭矣。在於未能忘勝之流，不由於此而能濟勝者，未之有也。

會病篤，謂左右曰：「受國厚恩，恨不斬孫權以下見先帝。喪事一不得有所脩作。」薨，謚曰肅侯。〔一〕子充嗣。豫州吏民追思之，爲刻石立祠。青龍中，帝東征，乘輦入逵祠，詔曰：「昨過項，見賈逵碑像，念之愴然。古人有言，患名之不立，不患年之不長。逵存有忠勳，沒而見思，可謂死而不朽者矣。其布告天下，以勸將來。」〔二〕充，咸熙中爲中護軍。〔三〕

〔一〕魏書曰：逵時年五十五。

〔二〕魏略曰：甘露二年，車駕東征，屯項，復入逵祠下，詔曰：「逵沒有遺愛，歷世見祠。追聞風烈，朕甚嘉之。昔先帝東征，亦幸于此，親發德音，褒揚逵美，徘徊之心，益有慨然！夫禮賢之義，或掃其墳墓，或脩其門閭，所以崇敬也。其掃除祠堂，有穿漏者補治之。」

〔三〕晉諸公贊曰：充字公閭，甘露中爲大將軍長史。高貴鄉公之難，司馬文王賴充以免。爲晉室元功之臣，位至太宰，封魯公。謚曰武公。

魏略列傳以逵及李孚、楊沛三人爲一卷，今列孚、沛二人繼逵後耳。

孚字子憲，鉅鹿人也。興平中，本郡人民饑困。孚爲諸生，當種薤，欲以成計。有從索者，亦不與一莖，亦不自食，故時人謂能行意。後爲吏。建安中，袁尙領冀州，以孚爲主簿。後尙與其兄譚爭鬭，尙出軍詣平原，留別駕審配守鄴城，孚隨尙行。會太祖圍鄴，尙還欲救鄴。行未到，尙疑鄴中守備少，復欲令配知外動止，與孚議所遣。孚答尙言：「今使小人往，恐不足以知外內，且恐不能自達。孚請自往。」尙問孚：「當何所得？」孚曰：「聞鄴圍甚堅，多人則覺，以爲直當將三騎足矣。」尙從其計。孚自選溫信者三人，不語所之，皆敕使具脯糧，不得持兵仗，各給快馬。遂辭尙來南，所在止亭傳。及到梁淇，使從者斫問事杖三十枚，繫著馬邊，自著平上幘，將三騎，投暮詣鄴下。是時大將軍雖有禁令，而芻牧者多。故孚因此夜到，以鼓一中，自稱都督，歷北圍，循表而東，從東圍表，又循圍而南，步步呵責守圍將士，隨輕重行其罰。遂歷太祖營前，徑南過，從南圍角西折，當章門，復責怒守圍者，收縛之。因開其圍，馳到城下，呼城上人，城上人以繩引，孚得入。配等見孚，悲喜，鼓譟稱萬歲。守圍者以狀聞，太祖笑曰：「此非徒得入也，方且復得出。」孚事訖欲得還，而顧外圍必急，不可復冒。謂已使命當速反，乃陰心計，請配曰：「今城中穀少，無用老弱爲也，不如驅出之以省穀也。」配從其計，乃復夜簡別得數千人，皆使持白幡，從三門並出降。又使人人持火，孚乃無何將本所從作降人服，隨輩夜出。時守圍將士，聞城中悉降，火光照曜。但共觀火，不復視圍。孚出北門，遂從西北角突圍得去。其明，太祖聞孚已得出，抵掌笑曰：「果如吾言也。」孚比見尙，尙甚歡喜。會尙不能救鄴，破走至中山，而袁譚又追擊尙，尙走。孚與尙相失，遂詣譚，復爲譚主簿，東還平原。太祖進攻譚，譚戰死。孚還城，城中雖必降，尙擾亂未安。孚權宜欲得見太祖，乃騎詣牙門，稱冀州主簿李孚欲口白密事。太祖見之，孚叩頭謝。太祖問其所白，孚言「今城中彊弱相陵，心皆不定，以爲宜令新降爲內所識信者宣傳明教。」公謂孚曰：「卿便還宣之。」孚跪請教，公曰：「便以卿意宣也。」孚還入城，宣教「各安故業，不得相侵陵。」城中以安，乃還報命，公以孚爲良足用也。會爲所閒，裁署冗散。出守解長，名爲嚴能。稍遷至司隸校尉，時年七十餘矣，其於精斷無衰，而術略不損於故。終於陽平太守。孚本姓馮，後改爲李。

楊沛字孔渠，馮翊萬年人也。初平中，爲公府令史，以牒除爲新鄭長。興平末，人多飢窮，沛課民益畜乾椹，收豋豆，閱其有餘以補不足，如此積得千餘斛，藏在小倉。會太祖爲兗州刺史，西迎天子，所將千餘人皆無糧。過新鄭，沛謁見，乃皆進乾椹。太祖甚喜。及太祖輔政，遷沛爲長社令。時曹洪賓客在縣界，徵調不肯如法，沛先擿折其腳，遂殺之。由此太祖以爲能。累遷九江、東平、樂安太守，並有治迹。坐與督軍爭鬬，髡刑五歲，輸作未竟。會太祖出征在譙，聞鄴下頗不奉科禁，乃發教選鄴令，當得嚴能如楊沛比，故沛從徒中起爲鄴令。已拜，太祖見之，問曰：「以何治鄴？」沛曰：「竭盡心力，奉宣科法。」太祖曰：「善。」顧謂坐席曰：「諸君，此可畏也。」賜其生口十人，絹百匹，既欲以勵之，且以報乾椹也。沛辭去，未到鄴，而軍中豪右曹洪、劉勳等畏沛名，遣家（馳騎）〔騎馳〕告子弟，使各自檢敕。沛爲令數年，以功能轉爲護羌都尉。十六年，馬超反，大軍西討，沛隨軍，都督孟津渡事。太祖已南過，其餘未畢，而中黃門前渡，忘持行軒，私北還取之，從吏求小船，欲獨先渡。吏呵不肯，黃門與吏爭言。沛問黃門：「有疏邪？」黃門云：「無疏。」沛怒曰：「何知汝不欲逃邪？」遂使人捽其頭，與杖欲捶之，而逸得去，衣幘皆裂壞，自訴于太祖。太祖曰：「汝不死爲幸矣。」由是聲名益振。及關中破，代張既領京兆尹。黃初中，儒雅並進，而沛本以事能見用，遂以議郎冗散里巷。沛前後宰歷城守，不以私計介意，又不肯以事貴人，故身退之後，家無餘積。治疾於家，借舍從兒，無他奴婢。後占河南（夕）〔几〕陽亭部荒田二頃，起瓜牛廬，居止其中，其妻子凍餓。沛病亡，鄉人親友及故吏民爲殯葬也。

評曰：自漢季以來，刺史總統諸郡，賦政于外，非若曩時司察之而已。太祖創基，迄終魏業，此皆其流稱譽有名實者也。咸精達事機，威恩兼著，故能肅齊萬里，見述于後也。

三國志卷十六　魏書十六

任蘇杜鄭倉傳第十六

任峻字伯達，河南中牟人也。漢末擾亂，關東皆震。中牟令楊原愁恐，欲棄官走。峻說原曰：「董卓首亂，天下莫不側目，然而未有先發者，非無其心也，勢未敢耳。明府若能唱之，必有和者。」原曰：「爲之奈何？」峻曰：「今關東有十餘縣，能勝兵者不減萬人，若權行河南尹事，總而用之，無不濟矣。」原從其計，以峻爲主簿。峻乃爲原表行尹事，使諸縣堅守，遂發兵。會太祖起關東，入中牟界，衆不知所從，峻獨與同郡張奮議，舉郡以歸太祖。峻又別收宗族及賓客家兵數百人，願從太祖。太祖大悅，表峻爲騎都尉，妻以從妹，甚見親信。太祖每征伐，峻常居守以給軍。是時歲飢旱，軍食不足，羽林監潁川棗祗建置屯田，太祖以峻爲典農中郎將，〔募百姓屯田於許下，得穀百萬斛，郡國列置田官〕，數年中所在積粟，倉廩皆滿。官渡之戰，太祖使峻典軍器糧運。賊數寇鈔絕糧道，乃使千乘爲一部，十道方行，爲複陳以營衞之，賊不敢近。軍國之饒，起於棗祗而成於峻。〔一〕太祖以峻功高，乃表封爲都亭侯，邑三百戶，遷長水校尉。

〔一〕魏武故事載令曰：「故陳留太守棗祗，天性忠能。始共舉義兵，周旋征討。後袁紹在冀州，亦貪祗，欲得之。祗深附託於孤，使領東阿令。呂布之亂，兗州皆叛，惟范、東阿完在，由祗以兵據城之力也。後大軍糧乏，得東阿以繼，祗之功也。及破黃巾定許，得賊資業。當興立屯田，時議者皆言當計牛輸穀，佃科以定。施行後，祗白以爲僦牛輸穀，大收不增穀，有水旱災除，大不便。反覆來說，孤猶以爲當如故，大收不可復改易。祗猶執之，孤不知所從，使與荀令君議之。時故軍祭酒侯聲云：『科取官牛，爲官田計。如祗議，於官便，於客不便。』聲懷此云云，以疑令君。祗猶自信，據計畫還白，執分田之術。孤乃然之，使爲屯田都尉，施設田業。其時歲則大收，後遂因此大田，豐足軍用，摧滅羣逆，克定天下，以隆王室。祗興其功，不幸早沒，追贈以郡，猶未副之。今重思之，祗宜受封，稽留至今，孤之過也。祗子處中，宜加封爵，以祀祗爲不朽之事。」

文士傳曰：祗本姓棘，先人避難，易爲棗。孫據，字道彥，晉冀州刺史。據子嵩，字臺產，散騎常侍。並有才名，多所著述。嵩兄腆，字玄方，襄陽太守，亦有文采。

峻寬厚有度而見事理，每有所陳，太祖多善之。於饑荒之際，收卹朋友孤遺，中外貧宗，周急繼乏，信義見稱。建安九年薨，太祖流涕者久之。子先嗣。先薨，無子，國除。文帝追錄功臣，謚峻曰成侯。復以峻中子覽爲關內侯。

蘇則字文師，扶風武功人也。少以學行聞，舉孝廉茂才，辟公府，皆不就。起家爲酒泉太守，轉安定、武都，〔一〕所在有威名。太祖征張魯，過其郡，見則悅之，使爲軍導。魯破，則綏定下辯諸氐，通河西道，徙爲金城太守。是時喪亂之後，吏民流散飢窮，戶口損耗，則撫循之甚謹。外招懷羌胡，得其牛羊，以養貧老。與民分糧而食，旬月之間，流民皆歸，得數千家。乃明爲禁令，有干犯者輒戮，其從教者必賞。親自教民耕種，其歲大豐收，由是歸附者日多。李越以隴西反，則率羌胡圍越，越卽請服。太祖崩，西平麴演叛，稱護羌校尉。則勒兵討之。演恐，乞降。文帝以其功，加則護羌校尉，賜爵關內侯。〔二〕

〔一〕魏書曰：則剛直疾惡，常慕汲黯之爲人。

魏略曰：則世爲著姓，興平中，三輔亂，飢窮，避難北地。客安定，依富室師亮。亮待遇不足，則慨然歎曰：「天下會安，當不久爾，必還爲此郡守，折庸輩士也。」後與馮翊吉茂等隱於郡南太白山中，以書籍自娛。及爲安定太守，而師亮等皆欲逃走。則聞之，豫使人解語，以禮報之。

〔二〕魏名臣奏載文帝令問雍州刺史張既曰：「試守金城太守蘇則，既有綏民平夷之功，聞又出軍西定湟中，爲河西作聲勢，吾甚嘉之。則之功效，爲可加爵邑未邪？封爵重事，故以問卿。密白意，且勿宣露也。」既答曰：「金城郡，昔爲韓遂所見屠剝，死喪流亡，或竄戎狄，或陷寇亂，戶不滿五百。則到官，內撫彫殘，外鳩離散，今見戶千餘。又梁燒雜種羌，昔與遂同惡，遂斃之後，越出障塞。則前後招懷，歸就郡者三千餘落，皆卹以威恩，爲官效用。西平麴演等倡造邪謀，則尋出軍，臨其項領，演卽歸命送質，破絕賊糧。則既有恤民之效，又能和戎狄，盡忠效節。遭遇聖明，有功必錄。若則加爵邑，誠足以勸忠臣，勵風俗也。」

後演復結旁郡爲亂，張掖張進執太守杜通，酒泉黃華不受太守辛機，進、華皆自稱太守以應之。又武威三種胡並寇鈔，道路斷絶。武威太守毌丘興告急於則。時雍、涼諸豪皆驅略羌胡以從進等，郡人咸以爲進不可當。又將軍郝昭、魏平先是各屯守金城，亦受詔不得西度。則乃見郡中大吏及昭等與羌豪帥謀曰：「今賊雖盛，然皆新合，或有脅從，未必同心；因釁擊之，善惡必離，離而歸我，我增而彼損矣。既獲益衆之實，且有倍氣之勢，率以進討，破之必矣。若待大軍，曠日持久，善人無歸，必合於惡，善惡既合，勢難卒離。雖有詔命，違而合權，專之可也。」於是昭等從之，乃發兵救武威，降其三種胡，與興擊進於張掖。演聞之，將步騎三千迎則，辭來助軍，而實欲爲變。則誘與相見，因斬之，出以徇軍，其黨皆散走。則遂與諸軍圍張掖，破之，斬進及其支黨，衆皆降。演軍敗，華懼，出所執乞降，河西平。乃還金城。進封都亭侯，邑三百戶。

徵拜侍中，與董昭同寮。昭嘗枕則膝臥，則推下之，曰：「蘇則之膝，非佞人之枕也。」初，則及臨菑侯植聞魏氏代漢，皆發服悲哭，文帝聞植如此，而不聞則也。帝在洛陽，嘗從容言曰：「吾應天而禪，而聞有哭者，何也？」則謂爲見問，鬚髯悉張，欲正論以對。侍中傅巽掐音苦洽反。則曰：「不謂卿也。」於是乃止。〔一〕文帝問則曰：「前破酒泉、張掖，西域通使，燉煌獻徑寸大珠，可復求市益得不？」則對曰：「若陛下化洽中國，德流沙漠，即不求自至；求而得之，不足貴也。」帝默然。後則從行獵，槎桎拔，失鹿，帝大怒，踞胡牀拔刀，悉收督吏，將斬之。則稽首曰：「臣聞古之聖王不以禽獸害人，今陛下方隆唐堯之化，而以獵戲多殺羣吏，愚臣以爲不可。敢以死請！」帝曰：「卿，直臣也。」遂皆赦之。然以此見憚。黄初四年，左遷東平相。未至，道病薨，謚曰剛侯。子怡嗣。怡薨，無子，弟愉襲封。愉，咸熙中爲尚書。〔二〕

〔一〕魏略曰：舊儀，侍中親省起居，故俗謂之執虎子。始則同郡吉茂者，是時仕甫歷縣令，遷爲宂散。茂見則，嘲之曰：「仕進不止執虎子。」則笑曰：「我誠不能效汝蹇蹇驅鹿車馳也。」初，則在金城，聞漢帝禪位，以爲崩也，乃發喪；後聞其在，自以不審，意頗默然。臨菑侯植自傷失先帝意，亦怨激而哭。其後文帝出游，追恨臨菑，顧謂左右曰：「人心不同，當我登大位之時，天下有哭者。」時從臣知帝此言，有爲而發也，而則以爲爲己，欲下馬謝。侍中傅巽目之，乃悟。

孫盛曰：夫士不事其所非，不非其所事，趣舍出處，而豈徒哉！則既策名新朝，委質異代，而方懷二心生忿，欲奮爽言，豈大雅君子去就之分哉？詩云：「士也罔極，二三其德。」士之二三，猶喪妃偶，況人臣乎？

〔二〕愉字休豫，歷位太常光祿大夫，見晉百官名。山濤啓事稱愉忠篤有智意。

臣松之案：愉子紹，字世嗣，爲吳王師。石崇妻，紹之女兄也。紹有詩在金谷集。紹弟愼，左衞將軍。

杜畿字伯侯，京兆杜陵人也。〔一〕少孤，繼母苦之，以孝聞。年二十，爲郡功曹，守鄭縣令。縣囚繫數百人，畿親臨獄，裁其輕重，盡決遣之，雖未悉當，郡中奇其年少而有大意也。舉孝廉，除漢中府丞。會天下亂，遂棄官客荊州，建安中乃還。荀彧進之太祖，〔二〕太祖以畿爲司空司直，遷護羌校尉，使持節，領西平太守。〔三〕

〔一〕傅子曰：畿，漢御史大夫杜延年之後。延年父周，自南陽徙茂陵，延年徙杜陵，子孫世居焉。

〔二〕傅子曰：畿自荊州還，後至許，見侍中耿紀，語終夜。尚書令荀彧與紀比屋，夜聞畿言，異之，旦遣人謂紀曰：「有國士而不進，何以居位？」既見畿，知之如舊相識者，遂進畿於朝。

〔三〕魏略曰：畿少有大志。在荊州數歲，繼母亡後，以三輔開通，負其母喪北歸。道爲賊所劫略，衆人奔走，畿獨不去。賊射之，畿請賊曰：「卿欲得財耳，今我無物，用射我何爲邪？」賊乃止。畿到鄉里，京兆尹張時，河東人也，與畿有舊，署爲功曹。嘗嫌其闊達，不助留意於諸事，言此家疏誕，不中功曹也。畿竊云：「不中功曹，中河東守也。」

太祖既定河北，而高幹舉幷州反。時河東太守王邑被徵，河東人衞固、范先外以請邑爲名，而內實與幹通謀。太祖謂荀彧曰：「關西諸將，恃險與馬，征必爲亂。張晟寇殽、澠間，南通劉表，固等因之，吾恐其爲害深。河東被山帶河，四鄰多變，當今天下之要地也。君爲我舉蕭何、寇恂以鎮之。」彧曰：「杜畿其人也。」〔一〕於是追拜畿爲河東太守。固等使兵數千人絕陝津，畿至不得渡。太祖遣夏侯惇討之，未至。或謂畿曰：「宜須大兵。」畿曰：

「河東有三萬戶，非皆欲爲亂也。今兵迫之急，欲爲善者無主，必懼而聽於固。固等勢專，必以死戰。討之不勝，四鄰應之，天下之變未息也；討之而勝，是殘一郡之民也。且固等未顯絕王命，外以請故君爲名，必不害新君。吾單車直往，出其不意。固爲人多計而無斷，必僞受吾。吾得居郡一月，以計縻之，足矣。」遂詭道從郖津度。郖音豆。〔二〕范先欲殺畿以威衆。〔三〕且觀畿去就，於門下斬殺主簿已下三十餘人，畿擧動自若。於是固曰：「殺之無損，徒有惡名；且制之在我。」遂奉之。畿謂衞固、范先曰：「衞、范，河東之望也，吾仰成而已。然君臣有定義，成敗同之，大事當共平議。」以固爲都督，行丞事，領功曹；將校吏兵三千餘人，皆范先督之。固等喜，雖陽事畿，不以爲意。固欲大發兵，畿患之，說固曰：「夫欲爲非常之事，不可動衆心。今大發兵，衆必擾，不如徐以貲募兵。」固以爲然，從之，遂爲貲調發，數十日乃定，諸將貪多應募而少遣兵。又入喩固等曰：「人情顧家，諸將掾吏，可分遣休息，急緩召之不難。」固等惡逆衆心，又從之。於是善人在外，陰爲己援；惡人分散，各還其家，則衆離矣。會白騎攻東垣，高幹入濩澤，上黨諸縣殺長吏，弘農執郡守，固等密調兵未至。畿知諸縣附己，因出，單將數十騎，赴張辟拒守，吏民多擧城助畿者，比數十日，得四千餘人。固等與幹、晟共攻畿，不下，略諸縣，無所得。會大兵至，幹、晟敗，固等伏誅，其餘黨與皆赦之，使復其居業。

〔一〕傅子曰：或稱畿勇足以當大難，智能應變，其可試之。

〔二〕魏略曰：初，畿與衞固少相狎侮，固嘗輕畿。畿嘗與固博而爭道，畿嘗謂固曰：「仲堅，我今作河東也。」固褰衣罵之。及畿之官，而固爲郡功曹。張時故任京兆。畿迎司隸，與時會華陰，時、畿相見，於儀當各持版。時歎曰：「昨日功曹，今爲郡將也！」

〔三〕傅子曰：先云：「既欲爲虎而惡食人肉，失所以爲虎矣。今不殺，必爲後患。」

是時天下郡縣皆殘破，河東最先定，少耗減。畿治之，崇寬惠，與民無爲。民嘗辭訟，有相告者，畿親見爲陳大義，遣令歸諦思之，若意有所不盡，更來詣府。鄉邑父老自相責怒曰：「有君如此，奈何不從其教？」自是少有辭訟。班下屬縣，舉孝子、貞婦、順孫，復其繇役，隨時慰勉之。漸課民畜牸牛、草馬，下逮雞豚犬豕，皆有章程。百姓勤農，家家豐實。畿乃曰：「民富矣，不可不教也。」於是冬月修戎講武，又開學宮，親自執經教授，郡中化之。〔一〕

〔一〕魏略曰：博士樂詳，由畿而升。至今河東特多儒者，則畿之由矣。

韓遂、馬超之叛也，弘農、馮翊多舉縣邑以應之。河東雖與賊接，民無異心。太祖西征至蒲阪，與賊夾渭爲軍，軍食一仰河東。及賊破，餘畜二十餘萬斛。太祖下令曰：「河東太守杜畿，孔子所謂『禹，吾無閒然矣』。增秩中二千石。」太祖征漢中，遣五千人運，運者自率勉曰：「人生有一死，不可負我府君。」終無一人逃亡，其得人心如此。〔一〕魏國既建，以畿爲尚書。事平，更有令曰：「昔蕭何定關中，寇恂平河內，卿有其功，閒將授卿以納言之職；顧念河東吾股肱郡，充實之所，足以制天下，故且煩卿臥鎮之。」畿在河東十六年，常爲天下最。

〔一〕杜氏新書曰：平虜將軍劉勳，爲太祖所親，貴震朝廷。嘗從畿求大棗，畿拒以他故。後勳伏法，太祖得其書，歎曰：「杜畿可謂『不媚於竈』者也。」稱畿功美，以下州郡，曰：「昔仲尼之於顏子，每言不能不歎，既情愛發中，又宜率馬以驥。今吾亦冀衆人仰高山，慕景行也。」

文帝卽王位，賜爵關內侯，徵爲尚書。及踐阼，進封豐樂亭侯，邑百戶，〔一〕守司隸校尉。帝征吳，以畿爲尚書僕射，統留事。其後帝幸許昌，畿復居守。受詔作御樓船，於陶河試船，遇風沒。帝爲之流涕，〔二〕詔曰：「昔冥勤其官而水死，稷勤百穀而山死。〔三〕故尚書僕射杜畿，於孟津試船，遂至覆沒，忠之至也。朕甚愍焉。」追贈太僕，諡曰戴侯。子恕嗣。〔四〕

〔一〕魏略曰：初畿在郡，被書錄寡婦。是時他郡或有已自相配嫁，依書皆錄奪，啼哭道路。畿但取寡者，故所送少；及趙儼代畿而所送多。文帝問畿：「前君所送何少，今何多也？」畿對曰：「臣前所錄皆亡者妻，今儼送生人婦也。」帝及左右顧而失色。

〔二〕魏氏春秋曰：初，畿嘗見童子謂之曰：「司命使我召子。」畿固請之，童子曰：「今將爲君求相代者。君其慎勿言！」言卒，忽然不見。至此二十年矣，畿乃言之。其日而卒，時年六十二。

〔三〕韋昭國語注稱毛詩傳曰：「冥，契六世孫也，爲夏水官，勤於其職而死於水。稷，周棄也，勤播百穀，死於黑水之山。」

〔四〕傅子曰：畿與太僕李恢、東安太守郭智有好。恢子豐交結英儁，以才智顯於天下。智子沖有內實而無外觀，州里弗稱也。畿爲尚書僕射，二人各脩子孫禮見畿。既退，畿歎曰：「孝懿無子；非徒無子，殆將無家。君謀爲不死也，其子足繼其業。」時人皆以畿爲誤。恢死後，豐爲中書令，父子兄弟皆誅；沖爲代郡太守，卒繼父業；世乃服畿知人。

魏略曰李豐父名義，與此不同，義蓋恢之別名也。

恕字務伯，太和中爲散騎黃門侍郎。〔一〕恕推誠以質，不治飾，少無名譽。及在朝，不結交援，專心向公。每政有得失，常引綱維以正言，於是侍中辛毗等器重之。

〔一〕杜氏新書曰：恕少與馮翊李豐俱爲父任，總角相善。及各成人，豐砥礪名行以要世譽，而恕誕節直意，與豐殊趣。豐竟馳名一時，京師之士多爲之游說。而當路者或以豐名過其實，而恕被褐懷玉也。由此爲豐所不善。恕亦任其自然，不力行以合時。豐以顯仕朝廷，恕猶居家自若。明帝以恕大臣子，擢拜散騎侍郎，數月，轉補黃門侍郎。

時公卿以下大議損益，恕以爲「古之刺史，奉宣六條，以清靜爲名，威風著稱，今可勿令領兵，以專民事。」俄而鎮北將軍呂昭又領冀州，〔一〕乃上疏曰：

帝王之道，莫尚乎安民；安民之術，在於豐財。豐財者，務本而節用也。方今二賊未滅，戎車亟駕，此自熊虎之士展力之秋也。然搢紳之儒，横加榮慕，搤腕抗論，以孫、吳爲首，州郡牧守，咸共忽恤民之術，脩將率之事，農桑之民，競干戈之業，不可謂務本。帑藏歲虛而制度歲廣，民力歲衰而賦役歲興，不可謂節用。今大魏奄有十州之地，而承喪亂之弊，計其戶口不如往昔一州之民，然而二方僭逆，北虜未賓，三邊遘難，繞天略帀；所以統一州之民，經營九州之地，其爲艱難，譬策羸馬以取道里，豈可不加意愛惜其力哉？以武皇帝之節儉，府藏充實，猶不能十州擁兵；郡且二十也。今荆、揚、青、徐、幽、并、雍、涼緣邊諸州皆有兵矣，其所恃內充府庫外制四夷者，惟兖、豫、司、冀而已。臣前以州郡典兵，則專心軍功，不勤民事，宜別置將守，以盡治理之務；而陛下復以冀州寵秩呂昭。冀州戶口最多，田多墾闢，又有桑棗之饒，國家徵求之府，誠不當復任以兵事也。若以北方當須鎮守，自可專置大將以鎮安之。計所置吏士之費，與兼官無異。然昭於人才尚復易；中朝苟乏人，兼才者勢不獨多。以此推之，知國家以人擇官，不爲官擇人也。官得其人，則政平訟理；政平故民富實，訟理故囹圄空虛。陛下踐阼，天下斷獄百數十人，歲歲增多，至五百餘人矣。民不益多，法不益峻。以此推之，非政教陵遲，牧守不稱之明效歟？往年牛死，通率天下十能損二；麥不半收，秋種未下。若二賊游魂於疆埸，飛芻輓粟，千里不及。究此之術，豈在彊兵乎？武士勁卒愈多，愈多愈病耳。夫天下猶人之體，腹心充實，四支雖病，終無大患；今兗、豫、司、冀亦天下之腹心也。是以愚臣慺慺，實願四州之牧守，獨脩務本之業，以堪四支之重。然孤論難持，犯欲難成，衆怨難積，疑似難分，故累載不爲明主所察。凡言此者，類皆疏賤；疏賤之言，實未易聽。若使善策必出於親貴，親貴固不犯四難以求忠愛，此古今之所常患也。

〔一〕世語曰：昭字子展，東平人。長子巽，字長悌，爲相國掾，有寵於司馬文王。次子安，字仲悌，與嵇康善，與康俱被誅。次子粹，字季悌，河南尹。粹子預，字景虞，御史中丞。

時又大議考課之制，以考內外衆官。恕以爲用不盡其人，雖才且無益，所存非所務，所務非世要。上疏曰：

書稱「明試以功，三考黜陟」，誠帝王之盛制。使有能者當其官，有功者受其祿，譬猶烏獲之舉千鈞，良、樂之選驥足也。雖歷六代而考績之法不著，關七聖而課試之文不垂，臣誠以爲其法可粗依，其詳難備舉故也。語曰：「世有亂人而無亂法。」若使法可專任，則唐、虞可不須稷契之佐，殷、周無貴伊、呂之輔矣。今奏考功者，陳周、漢之法爲，綴京房之本旨，可謂明考課之要矣。於以崇揖讓之風，興濟濟之治，臣以爲未盡善也。其欲使州郡考士，必由四科，皆有事效，然後察舉，試辟公府，爲親民長吏，轉以功次補郡守者，或就增秩賜爵，此最考課之急務也。臣以爲便當顯其身，用其言，使具爲課州郡之法，法具施行，立必信之賞，施必行之罰。至於公卿及內職大臣，亦當俱以其職考課之也。

古之三公，坐而論道，內職大臣，納言補闕，無善不紀，無過不舉。且天下至大，萬機至衆，誠非一明所能偏照。故君爲元首，臣作股肱，明其一體相須而成也。是以古人稱廊廟之材，非一木之支；帝王之業，非一士之略。由是言之，焉有大臣守職辨課可以致雍熙者哉！且布衣之交，猶有務信誓而蹈水火，感知己而披肝膽，徇聲名而立節義者；況於束帶立朝，致位卿相，所務者非特匹夫之信，所感者非徒知己之惠，所徇者豈聲名而已乎！

諸蒙寵祿受重任者，不徒欲舉明主於唐虞之上而已；身亦欲廁稷契之列。是以古人不患於念治之心不盡，患於自任之意不足，此誠人主使之然也。唐虞之君，委任稷、契、夔、龍而責成功，及其罪也，殛鯀而放四凶。今大臣親奉明詔，給事目下，其有夙夜在公，恪勤特立，當官不撓貴勢，執平不阿所私，危言危行以處朝廷者，自明主所察也。若尸祿以爲高，拱默以爲智，當官苟在於免負，立朝不忘於容身，絜行遜言以處朝廷者，亦明主所察也。誠使容身保位，無放退之辜，而盡節在公，抱見疑之勢，公義不脩而私議成俗，雖仲尼爲謀，猶不能盡一才，又況於世俗之人乎！今之學者，師商、韓而上法術，競以儒家爲迂闊，不周世用，此最風俗之流弊，創業者之所致愼也。後考課竟不行。〔一〕

〔一〕杜氏新書曰：時李豐爲常侍，黃門郎袁侃見轉爲吏部郎，荀俁出爲東郡太守，三人皆恕之同班友善。

樂安廉昭以才能拔擢，頗好言事。恕上疏極諫曰：

伏見尚書郎廉昭奏左丞曹璠以罰當關不依詔，坐判問。又云「諸當坐者別奏」。尚書令陳矯自奏不敢辭罰，亦不敢以處重爲恭，意至懇惻。臣竊憫然爲朝廷惜之！夫聖人不擇世而興，不易民而治，然而生必有賢智之佐者，蓋進之以道，率之以禮故也。古之帝王之所以能輔世長民者，莫不遠得百姓之歡心，近盡羣臣之智力。誠使今朝任職之臣皆天下之選，而不能盡其力，不可謂能使人；若非天下之選，亦不可謂能官人。陛下憂勞萬機，或親燈火，而庶事不康，刑禁日弛，豈非股肱不稱之明效歟？原其所由，非獨臣有不盡忠，亦主有不能使。百里奚愚於虞而智於秦，豫讓苟容中行而著節智伯，斯則古人之明驗矣。今臣言一朝皆不忠，是誣一朝也；然其事類，可推而得。陛下感帑藏之不充實，而軍事未息，至乃斷四時之賦衣，薄御府之私穀，帥由聖意，舉朝稱明，與聞政事密勿大臣，寧有懇懇憂此者乎？

騎都尉王才、幸樂人孟思所爲不法，振動京都，而其罪狀發於小吏，公卿大臣初無一言。自陛下踐阼以來，司隸校尉、御史中丞寧有舉綱維以督奸宄，使朝廷肅然者邪？若陛下以爲今世無良才，朝廷乏賢佐，豈可追望稷契之遐蹤，坐待來世之儁乂乎！今之所謂賢者，盡有大官而享厚祿矣，然而奉上之節未立，向公之心不一者，委任之責不專，而俗多忌諱故也。臣以爲忠臣不必親，親臣不必忠。何者？以其居無嫌之地而事得自盡也。今有疏者毁人不實其所毁，而必曰私報所憎，譽人不實其所譽，而必曰私愛所親，左右或因之以進憎愛之説，非獨毁譽有之，政事損益，亦皆有嫌。陛下當思所以闡廣朝臣之心，篤厲有道之節，使之自同古人，望與竹帛耳。反使如廉昭者擾亂其間，臣懼大臣遂將容身保位，坐觀得失，爲來世戒也！

昔周公戒魯侯曰「無使大臣怨乎不以」，不言賢愚，明皆當世用也。堯數舜之功，稱去四凶，不言大小，有罪則去也。今者朝臣不自以爲不能，以陛下爲不任也；不自以爲不智，以陛下爲不問也。陛下何不遵周公之所以用，大舜之所以去？使侍中、尚書坐則侍帷幄，行則從華輦，親對詔問，所陳必達，則羣臣之行，能否皆可得而知；忠能者進，闇劣者退，誰敢依違而不自盡？以陛下之聖明，親與羣臣論議政事，使羣臣人得自盡，人自以爲親，人思所以報，賢愚能否，在陛下之所用。以此治事，何事不辦？

以此建功，何功不成？每有軍事，詔書常曰：「誰當憂此者邪？吾當自憂耳。」近詔又曰：「憂公忘私者必不然，但先公後私卽自辦也。」伏讀明詔，乃知聖思究盡下情，然亦怪陛下不治其本而憂其末也。人之能否，實有本性，雖臣亦以爲朝臣不盡稱職也。明主之用人也，使能者不敢遺其力，而不能者不得處非其任。選舉非其人，未必爲有罪也；舉朝共容非其人，乃爲怪耳。陛下知其不盡力也，而代之憂其職，知其不能也，而教之治其事，豈徒主勞而臣逸哉？雖聖賢並世，終不能以此爲治也。

陛下又患臺閣禁令之不密，人事請屬之不絕，聽伊尹作迎客出入之制，選司徒更惡吏以守寺門；威禁由之，實未得爲禁之本也。昔漢安帝時，少府竇嘉辟廷尉郭躬無罪之兄子，猶見舉奏，章劾紛紛。近司隸校尉孔羨辟大將軍狂悖之弟，而有司嘿爾，望風希指，甚於受屬。選舉不以實，人事之大者也。〔二〕嘉有親戚之寵，躬非社稷重臣，猶尚如此；以今況古，陛下自不督必行之罰以絕阿黨之原耳。伊尹之制，與惡吏守門，非治世之具也。使臣之言少蒙察納，何患於奸不削滅，而養若昭等乎！

夫糾擿奸宄，忠事也，然而世憎小人行之者，以其不顧道理而苟求容進也。若陛下不復考其終始，必以違衆忤世爲奉公，密行白人爲盡節，焉有通人大才而更不能爲此邪？誠顧道理而弗爲耳。使天下皆背道而趨利，則人主之所最病者，陛下將何樂焉，胡不絕其萌乎！夫先意承旨以求容美，率皆天下淺薄無行義者，其意務在於適人主之心而已，非欲治天下安百姓也。陛下何不試變業而示之，彼豈執其所守以違聖意哉？夫人臣得人主之心，安業也；處尊顯之官，榮事也；食千鍾之祿，厚實也。人臣雖愚，未有不樂此而喜干迕者也，迫於道，自彊耳。誠以爲陛下當憐而佑之，少委任焉，如何反錄昭等傾側之意，而忽若人者乎？今者外有伺隙之寇，內有貧曠之民，陛下當大計天下之損益，政事之得失，誠不可以怠也。

恕在朝八年，其論議亢直，皆此類也。

〔一〕臣松之案大將軍，司馬宣王也。晉書云：「宣王第五弟，名通，爲司隸從事。」疑恕所云狂悖者。通子順，封龍陽亭侯。晉初受禪，以不達天命，守節不移，削爵土，徙武威。

出爲弘農太守，數歲轉趙相，〔二〕以疾去官。〔三〕起家爲河東太守，歲餘，遷淮北都督護軍，復以疾去。恕所在，務存大體而已，其樹惠愛，益得百姓歡心，不及於畿。頃之，拜御史中丞。恕在朝廷，以不得當世之和，故屢在外任。復出爲幽州刺史，加建威將軍，使持節，護烏丸校尉。時征北將軍程喜屯薊，尚書袁侃等戒恕曰：「程申伯處先帝之世，傾田國讓於青州。足下今俱杖節，使共屯一城，宜深有以待之。」而恕不以爲意。至官未期，有鮮卑大人兒，不由關塞，徑將數十騎詣州，州斬所從來小子一人，無表言上。喜於是劾奏恕，下廷尉，當死。以父畿勤事水死，免爲庶人，徙章武郡，是歲嘉平元年。〔三〕恕倜儻任意，而思不防患，終致此敗。

〔一〕魏略曰：恕在弘農，寬和有惠愛。及遷，以孟康代恕爲弘農。康字公休，安平人。黃初中，以於郭后有外屬，并受九親賜拜，遂轉爲散騎侍郎。是時，散騎皆以高才英儒充其選，而康獨緣妃嬙雜在其間，故于時皆共輕之，號爲阿九。康既（無）才敏，因在宂官，博讀書傳，後遂有所彈駮，其文義雅而切要，衆人乃更加意。正始中，出爲弘農，領典農校尉。康到官，清己奉職，嘉善而矜不能，省息獄訟，緣民所欲，因而利之。郡領吏二百餘人，涉春遣休，常四分遣一。事無宿諾，時出案行，皆豫敕督郵平水，不得令屬官遣人探候，修設曲敬。又不欲煩損吏民，常豫敕吏卒，行各持鐮，所在自刈馬草，不止亭傳，露宿樹下，又所從常不過十餘人。郡帶道路，其諸過賓客，自非公法無所出給；若知舊造之，自出於家。康之始拜，衆人雖知其有志量，以其未嘗宰牧，不保其能也；而康恩澤治能乃爾，吏民稱歌焉。嘉平末，從渤海太守徵入爲中書令，後轉爲監。

〔二〕杜氏新書曰：恕遂去京師，營宜陽一泉塢，因其壘塹之固，小大家焉。明帝崩時，人多爲恕言者。

〔三〕杜氏新書曰：喜欲恕折節謝己，諷司馬宋權示之以微意。恕答權書曰：「況示委曲。夫法天下事，以善意相待，無不致快也；以不善意相待，無不致嫌隙也。而議者言，凡人天性皆不善，不當待以善意，更墮其調中。僕得此輩，便欲歸蹈滄海乘桴耳，不能自諧在其間也。然以年五十二，不見廢棄，頗亦遭明達君子亮其本心；若不見亮，使人刳心著地，正與數斤肉相似，何足有所明，故終不自解說。程征北功名宿著，在僕前甚多，有人出征北乎！若令下官事無大小，咨而後行，則非上司彈繩之意；若咨而不從，又非上下相順之宜。故推一心，任一意，直而行之耳。殺胡之事，天下謂之是邪，是僕諸也；呼爲非邪，僕自受之，無所怨咎。程征北明之亦善，不明之亦善，諸君子自共爲其心耳，不在僕言也。」喜於是遂深文劾恕。

初，恕從趙郡還，陳留阮武亦從清河太守徵，俱自薄廷尉。謂恕曰：「相觀才性可以由公道而持之不厲，器能可以處大官而求之不順，才學可以述古今而志之不一，此所謂有其才而無其用。今向閑暇，可試潛思，成一家言。」在章武，遂著體論八節。〔一〕又著興性論一篇，蓋興於爲己也。四年，卒於徒所。

〔一〕杜氏新書曰：以爲人倫之大綱，莫重於君臣；立身之基本，莫大於言行；安上理民，莫精於政法；勝殘去殺，莫善於用兵。夫禮也者，萬物之體也，萬物皆得其體，無有不善，故謂之體論。

甘露二年，河東樂詳年九十餘，上書訟畿之遺績，朝廷感焉。詔封恕子預爲豐樂亭侯，邑百戶。〔一〕

〔一〕魏略曰：樂詳字文載。少好學，建安初，詳聞公車司馬令南郡謝該善左氏傳，乃從南陽步〔涉〕詣〔許，從〕該問疑難諸要，今左氏樂氏問七十二事，詳所撰也。所問既了而歸鄉里，時杜畿爲太守，亦甚好學，署詳文學祭酒，使教後進，於是河東學業大興。至黃初中，徵拜博士。于時太學初立，有博士十餘人，學多褊狹，又不熟悉，略不親教，備員而已。惟詳五業並授，其或難解，質而不解，詳無慍色，以杖畫地，牽譬引類，至忘寢食，以是獨擅名於遠近。詳學既精悉，又善推步三五，別受詔與太史典定律曆。太和中，轉拜騎都尉。詳學優能少，故歷三世，竟不出爲宰守。至正始中，以年老罷歸於舍，本國宗族歸之，門徒數千人。

恕奏議論駮皆可觀，掇其切世大事著于篇。〔一〕

〔一〕杜氏新書曰：恕弟理，字務仲。少而機察精要，畿奇之，故名之曰理。年二十一而卒。弟寬，字務叔。清虛玄靜，敏而好古。以名臣門戶，少長京師，而篤志博學，絕於世務，其意欲探賾索隱，由此顯名，當塗之士多交焉。舉孝廉，除郎中。年四十二而卒。經傳之義，多所論駮，皆草創未就，惟删集禮記及春秋左氏傳解，今存于世。預字元凱，司馬宣王女壻。王隱晉書稱預智謀淵博，明於理亂，常稱「德者非所以企及，立功立言，所庶幾也」。大觀羣典，謂公羊、穀梁，詭辨之言。又非先儒說左氏未究丘明意，而橫以二傳亂之。乃錯綜微言，著春秋左氏經傳集解，又參考衆家，謂之釋例，又作盟會圖、春秋長曆，備成一家之學，至老乃成。尚書郎摯虞甚重之，曰：「左丘明本爲春秋作傳，而左傳遂自孤行；釋例本爲傳設，而所發明何但左傳，故亦孤行。」預有大功名於晉室，位至征南大將軍，開府，封當陽侯，食邑八千戶。子錫，字世嘏，尚書左丞。

晉諸公贊曰：嘏有器局。預從兄斌，字世將，亦有才望，爲黃門郎，爲趙王倫所枉殺。嘏子乂，字洪治。少有令名，爲丹陽丞，早卒。阮武者，亦拓落大才也。案阮氏譜：武父諶，字士信，徵辟無所就，造三禮圖傳於世。

杜氏新書曰：武字文業，闊達博通，淵雅之士。位止清河太守。武弟炳，字叔文，河南尹。精意醫術，撰藥方一部。炳子坦，字弘舒，晉太子少傅，平東將軍。坦弟柯，字士度。

荀綽兗州記曰：坦出紹伯父，亡，次兄當襲爵，父愛柯，言名傳之，遂承封。時幼小，不能讓，及長悔恨，遂幅巾而居，後雖出身，未嘗釋也。性純篤閑雅，好禮無違，存心經誥，博學洽聞。選爲濮陽王文學，遷領軍長史，喪官。王衍時爲領軍，哭之甚慟。

鄭渾字文公，河南開封人也。高祖父衆，衆父興，皆爲名儒。〔二〕渾兄泰，與荀攸等謀誅董卓，爲揚州刺史，卒。〔二〕渾將泰小子袤避難淮南，袁術賓禮甚厚。渾知術必敗。時華歆爲豫章太守，素與泰善，渾乃渡江投歆。太祖聞其篤行，召爲掾，復遷下蔡長、邵陵令。天下未定，民皆剽輕，不念產殖；其生子無以相活，率皆不舉。渾所在奪其漁獵之具，課使耕桑，又兼開稻田，重去子之法。民初畏罪，後稍豐給，無不舉贍；所育男女，多以鄭爲字。辟爲丞相掾屬，遷左馮翊。

〔一〕續漢書曰：興字少贛，諫議大夫。衆字子師，大司農。

〔二〕張璠漢紀曰：泰字公業。少有才略，多謀計，知天下將亂，陰交結豪傑。家富於財，有田四百頃，而食常不足，名聞山東。舉孝廉，三府辟，公車徵，皆不就。何進輔政，徵用名士，以泰爲尚書侍郎，加奉車都尉。進將誅黃門，欲召董卓爲助，泰謂進曰：「董卓彊忍寡義，志欲無饜，若借之朝政，授之大事，將肆其心以危朝廷。以明公之威德，據阿衡之重任，秉意獨斷，誅除有罪，誠不待卓以爲資援也。且事留變生，其鑒不遠。」又爲陳時之要務，進不能用，乃棄官去。謂潁川人荀攸曰：「何公未易輔也。」進尋見害，卓果專權，廢帝。關東義兵起，卓會議大發兵，羣寮咸憚卓，莫敢忤旨。泰恐其彊，益將難制，乃曰：「夫治在德，不在兵也。」卓不悅曰：「如此，兵無益邪？」衆人莫不變容，爲泰震慄。泰乃詭辭對曰：「非以無益，以山東不足加兵也。今山東議欲起兵，州郡相連，人衆相動，非不能也。然中國自光武以來，無雞鳴狗吠之警，百姓忘戰日久；仲尼有言『不教民戰，是謂棄之』，雖衆不能爲害，一也。明公出自西州，少爲國將，閑習軍事，數踐戰場，名稱當世；以此威民，民懷懾服，二也。袁本初公卿子弟，生處京師，體長婦人；張孟卓東平長者，坐不窺堂；孔公緒能清談高論，噓枯吹生，無軍帥之才，負霜露之勤；臨鋒履刃，決敵雌雄，皆非明公敵，三也。察山東之士，力能跨馬控弦，勇等孟賁，捷齊慶忌，信有聊城之守，策有良平之謀；可任以偏師，責以成功，未聞有其人者，四也。就有其人，王爵不相加，婦姑位不定，各恃衆怙力，將人人碁跱，以觀成敗，不肯同心共膽，率徒旅進，五也。關西諸郡，北接上黨、太原、馮翊、扶風、安定，自頃以來，數與胡戰，婦女載戟挾矛，弦弓負矢，況其悍夫；以此當山東忘戰之民，譬驅羣羊向虎狼，其勝可必，六也。且天下之權勇，今見在者不過幷、涼、匈奴、屠各、湟中、義從、八種西羌，皆百姓素所畏服，而明公權以爲爪牙，壯夫震慄，況小醜乎！七也。又明公之將帥，皆中表腹心，周旋日久，自三原、硤口以來，恩信醇著，忠誠可遠任，智謀可特使，以此當山東解（合）〔后〕之虛誕，實不相若，八也。夫戰有三亡：以亂攻治者亡，以邪攻正者亡，以逆攻順者亡。今明公秉國政平，討夷凶宦，忠義克立；以三德待於三亡，奉辭伐罪，誰人敢禦？九也。東州有鄭康成，學該古今，儒生之所以集；北海邴根矩，清高直亮，羣士之楷式。彼諸將若詢其計畫，案典校之彊弱，燕、趙、齊、梁非不盛，終見滅於秦；吳、楚七國非不衆，而不敢踰滎陽，況今德政之赫赫，股肱之邦良，欲造亂以徼不義者，必不相然，讚成其凶謀，十也。若十事少有可采，無事徵兵以驚天下，使患役之民，相聚爲非，棄德恃衆，以輕威重。」卓乃悅，以泰爲將軍，統諸軍擊關東。或謂卓曰：「鄭泰智略過人，而結謀山東，今資之士馬，使就其黨，竊爲明公懼之。」卓收其兵馬，留拜議郎。後又與王允謀共誅卓，泰脫身自武關走，東歸。後將軍袁術以爲揚州刺史，未至官，道卒，時年四十一。

時梁興等略吏民五千餘家爲寇鈔，諸縣不能禦，皆恐懼，寄治郡下。議者悉以爲當移就險，渾曰：「興等破散，竄在山阻。雖有隨者，率脅從耳。今當廣開降路，宣喻恩信。而保險自守，此示弱也。」乃聚斂吏民，治城郭，爲守禦之備。遂發民逐賊，明賞罰，與要誓，其所得獲，十以七賞。百姓大悅，皆願捕賊，多得婦女、財物。賊之失妻子者，皆還求降。渾責其得他婦女，然後還其妻子，於是轉相寇盜，黨與離散。又遣吏民有恩信者，分布山谷告喻，出者相繼，乃使諸縣長吏各還本治以安集之。興等懼，將餘衆聚鄜城。太祖使夏侯淵就助郡擊之，渾率吏民前登，斬興及其支黨。又賊靳富等，脅將夏陽長、邵陵令幷其吏民入磑山，渾復討擊破富等，獲二縣長吏，將其所略還。及趙青龍者，殺左內史程休，渾聞，遣壯士就梟其首。前後歸附四千餘家，由是山賊皆平，民安產業。轉爲上黨太守。

太祖征漢中，以渾爲京兆尹。渾以百姓新集，爲制移居之法，使兼複者與單輕者相伍，溫信者與孤老爲比，勤稼穡，明禁令，以發奸者。由是民安於農，而盜賊止息。及大軍入漢中，運轉軍糧爲最。又遣民田漢中，無逃亡者。太祖益嘉之，復入爲丞相掾。文帝即位，爲侍御史，加駙馬都尉，遷陽平、沛郡二太守。郡界下溼，患水澇，百姓飢乏。渾於蕭、相二縣界，興陂遏，開稻田。郡人皆以爲不便，渾曰：「地勢洿下，宜溉灌，終有魚稻經久之利，此豐民之本也。」遂躬率吏民，興立功夫，一冬間皆成。比年大收，頃畝歲增，租入倍常，民賴其利，刻石頌之，號曰鄭陂。轉爲山陽、魏郡太守，其治放此。又以郡下百姓，苦乏材木，乃課樹榆爲籬，並益樹五果；榆皆成藩，五果豐實。入魏郡界，村落齊整如一，民得財足用

饒。明帝聞之，下詔稱述，布告天下，遷將作大匠。渾清素在公，妻子不免於飢寒。及卒，以子崇爲郎中。〔一〕

〔一〕晉陽秋曰：泰子袤，字林叔。泰與華歆、荀攸善。見袤曰：「鄭公業爲不亡矣。」初爲臨菑侯文學，稍遷至光祿大夫。泰始七年，以袤爲司空，固辭不受，終於家。子默，字思玄。晉諸公贊曰：默遵守家業，以篤素稱，位至太常。默弟質、舒、詡，皆爲卿。默子球，清直有理識，尚書右僕射、領選。球弟豫，爲尚書。

倉慈字孝仁，淮南人也。始爲郡吏。建安中，太祖開募屯田於淮南，以慈爲綏集都尉。黃初末，爲長安令，清約有方，吏民畏而愛之。太和中，遷燉煌太守。郡在西陲，以喪亂隔絕，曠無太守二十歲，大姓雄張，遂以爲俗。前太守尹奉等，循故而已，無所匡革。慈到，抑挫權右，撫恤貧羸，甚得其理。舊大族田地有餘，而小民無立錐之土；慈皆隨口割賦，稍稍使畢其本直。先是屬城獄訟衆猥，縣不能決，多集治下；慈躬往省閱，料簡輕重，自非殊死，但鞭杖遣之，一歲決刑曾不滿十人。又常日西域雜胡欲來貢獻，而諸豪族多逆斷絕；既與貿遷，欺詐侮易，多不得分明。胡常怨望，慈皆勞之。欲詣洛者，爲封過所，欲從郡還者，官爲平取，輒以府見物與共交市，使吏民護送道路，由是民夷翕然稱其德惠。數年卒官，吏民悲感如喪親戚，圖畫其形，思其遺像。及西域諸胡聞慈死，悉共會聚於戊己校尉及長吏治下發哀，或有以刀畫面，以明血誠，又爲立祠，遙共祠之。〔一〕

〔一〕魏略曰：天水王遷，承代慈，雖循其迹，不能及也。金城趙基承遷後，復不如遷。至嘉平中，安定皇甫隆代基爲太守。初，燉煌不甚曉田，常灌溉滀水，使極濡洽，然後乃耕。又不曉作耬犂，用水，及種，人牛功力既費，而收穀更少。隆到，教作耬犂，又教衍溉，歲終率計，其所省庸力過半，得穀加五。又燉煌俗，婦人作裙，攣縮如羊腸，用布一匹；隆又禁改之，所省復不訾。故燉煌人以爲隆剛斷嚴毅不及於慈，至於勤恪愛惠，爲下興利，可以亞之。

自太祖迄于咸熙，魏郡太守陳國吳瓘、清河太守樂安任燠、京兆太守濟北顏斐、弘農太守太原令狐邵、濟南相魯國孔乂，或哀矜折獄，或推誠惠愛，或治身清白，或擿姦發伏，咸爲良二千石。〔一〕

〔一〕瓘、燠事行無所見。魏略曰：顏斐字文林。有才學。丞相召爲太子洗馬，黃初初轉爲黃門侍郎，後爲京兆太守。始，京兆從馬超破後，民人多不專於農殖，又歷數四二千石，取解目前，亦不爲民作久遠計。斐到官，乃令屬縣整阡陌，樹桑果。是時民多無車牛。斐又課民以閑月取車材，使轉相教匠作車。又課民無牛者，令畜豬狗，賣以買牛。始者民以爲煩，一二年間，家家有丁車、大牛。又起文學，聽吏民欲讀書者，復其小徭。又於府下起菜園，使吏役閑鉏治。又課民當輸租時，車牛各因便致薪兩束，爲冬寒冰炙筆硯。於是風化大行，吏不煩民，民不求吏。京兆與馮翊、扶風接界，二郡道路既穢塞，田疇又荒萊，人民饑凍，而京兆皆整頓開明，豐富常爲雍州十郡最。斐又清己，仰奉而已，於是吏民恐其遷轉也。至青龍中，司馬宣王在長安立軍市，而軍中吏士多侵侮縣民，斐以白宣王。宣王乃發怒召軍市候，便於斐前杖一百。時長安典農與斐共坐，以爲斐宜謝，乃私推築斐。斐不肯謝，良久乃曰：「斐意觀明公受分陝之任，乃欲一齊衆庶，必非有所左右也。而典農竊見推築，欲令斐謝；假令斐謝，是更爲不得明公意也。」宣王遂嚴持吏士。自是之後，軍營、郡縣各得其分。後數歲，遷爲平原太守，吏民啼泣遮道，車不得前，步步稽留，十餘日乃出界，東行至崤而疾困。斐素心戀京兆，其家人從者見斐病甚，勸之，言：「平原當自勉勵作健。」斐曰：「我心不願平原，汝曹等呼我，何不言京兆邪？」遂卒，還平原。京兆聞之，皆爲流涕，爲立碑，於今稱頌之。

令狐邵字孔叔。父仕漢，爲烏丸校尉。建安初，袁氏在冀州，邵去本郡家居鄴。九年，暫出到武安毛城中。會太祖破鄴，遂圍毛城。城破，執邵等輩十餘人，皆當斬。太祖閱見之，疑其衣冠也，問其祖考，而識其父，乃解放，署軍謀掾。仍歷宰守，後徙丞相主簿，出爲弘農太守。所在清如冰雪，妻子希至官省；舉善而教，恕以待人，不好獄訟，與下無忌。是時，郡無知經者，乃歷問諸吏，有欲遠行就師，輒假遣，令詣河東就樂詳學經，粗明乃還，因設文學。由是弘農學業轉興。至黃初初，徵拜羽林郎，遷虎賁中郎將，三歲，病亡。始，邵族子愚，爲白衣時，常有高志，衆人謂愚必榮令狐氏，而邵獨以爲「愚性倜儻，不修德而願大，必滅我宗」。愚聞邵言，其心不平。及邵爲虎賁郎將，而愚仕進已多所更歷，所在有名稱。愚見邵，因從容言次，微激之曰：「先時聞大人謂愚爲不繼，愚今竟云何邪？」邵熟視而不答也。然私謂其妻子曰：「公治性度猶如故也。以吾觀之，終當敗滅。但不知我久當坐之不邪？將逮汝曹耳！」邵沒之後，十餘年間，愚爲兗州刺史，果與王淩謀廢立，家屬誅滅。邵子華，時爲弘農郡丞，以屬疏得不坐。

案孔氏譜：孔乂字元儁，孔子之後。曾祖疇，字元矩，陳相。漢桓帝立老子廟於苦縣之賴鄉，畫孔子象於壁；疇爲陳相，立孔子碑於像前，今見存。乂父祖皆二千石，乂爲散騎常侍，上疏規諫。語在三少帝紀。至大鴻臚。子恂字士信，晉平東將軍衞尉也。

評曰：任峻始興義兵，以歸太祖，闢土殖穀，倉庾盈溢，庸績致矣。蘇則威以平亂，既政事之良，又矯矯剛直，風烈足稱。杜畿寬猛克濟，惠以康民。鄭渾、倉慈，恤理有方。抑皆魏代之名守乎！恕屢陳時政，經論治體，蓋有可觀焉。

三國志卷十七　魏書十七

張樂于張徐傳第十七

張遼字文遠，鴈門馬邑人也。本聶壹之後，以避怨變姓。少爲郡吏。漢末，并州刺史丁原以遼武力過人，召爲從事，使將兵詣京都。何進遣詣河北募兵，得千餘人。還，進敗，以兵屬董卓。卓敗，以兵屬呂布，遷騎都尉。布爲李傕所敗，從布東奔徐州，領魯相，時年二十八。太祖破呂布於下邳，遼將其衆降，拜中郎將，賜爵關內侯。數有戰功，遷裨將軍。袁紹破，別遣遼定魯國諸縣。與夏侯淵圍昌豨於東海，數月糧盡，議引軍還，遼謂淵曰：「數日已來，每行諸圍，豨輒屬目視遼。又其射矢更稀，此必豨計猶豫，故不力戰。遼欲挑與語，儻可誘也？」乃使謂豨曰：「公有命，使遼傳之。」豨果下與遼語，遼爲說「太祖神武，方以德懷四方，先附者受大賞」。豨乃許降。遼遂單身上三公山，入豨家，拜妻子。豨歡喜，隨詣太祖。太祖遣豨還，責遼曰：「此非大將法也。」遼謝曰：「以明公威信著於四海，遼奉聖旨，豨必不敢害故也。」從討袁譚、袁尚於黎陽，有功，行中堅將軍。從攻尚於鄴，尚堅守不下。太祖還許，使遼與樂進拔陰安，徙其民河南。復從攻鄴，鄴破，遼別徇趙國、常山，招降緣山諸賊及黑山孫輕等。從攻袁譚，譚破，別將徇海濱，破遼東賊柳毅等。還鄴，太祖自出迎遼，引共載，以遼爲盪寇將軍。復別擊荊州，定江夏諸縣，還屯臨潁，封都亭侯。從征袁尚於柳城，卒與虜遇，遼勸太祖戰，氣甚奮，太祖壯之，自以所持麾授遼。遂擊，大破之，斬單于蹋頓。〔一〕

〔一〕傅子曰：太祖將征柳城，遼諫曰：「夫許，天下之會也。今天子在許，公遠北征，若劉表遣劉備襲許，據之以號令四方，公之勢去矣。」太祖策表必不能任備，遂行也。

時荊州未定，復遣遼屯長社。臨發，軍中有謀反者，夜驚亂起火，一軍盡擾。遼謂左右曰：「勿動。是不一營盡反，必有造變者，欲以動亂人耳。」乃令軍中，其不反者安坐。遼將親兵數十人，中陳而立。有頃定，卽得首謀者殺之。陳蘭、梅成以氐六縣叛，太祖遣于禁、臧霸等討成，遼督張郃、牛蓋等討蘭。成僞降禁，禁還。成遂將其衆就蘭，轉入灊山。灊中有天柱山，高峻二十餘里，道險狹，步徑裁通，蘭等壁其上。遼欲進，諸將曰：「兵少道險，難用深入。」遼曰：「此所謂一與一，勇者得前耳。」遂進到山下安營，攻之，斬蘭、成首，盡虜其衆。太祖論諸將功，曰：「登天山，履峻險，以取蘭、成，盪寇功也。」增邑，假節。

太祖既征孫權還，使遼與樂進、李典等將七千餘人屯合肥。太祖征張魯，教與護軍薛悌，署函邊曰「賊至乃發」。俄而權率十萬衆圍合肥，乃共發教，教曰：「若孫權至者，張、李將軍出戰；樂將軍守護軍，勿得與戰。」諸將皆疑。遼曰：「公遠征在外，比救至，彼破我必矣。是以教指及其未合逆擊之，折其盛勢，以安衆心，然後可守也。成敗之機，在此一戰，諸君何疑？」李典亦與遼同。於是遼夜募敢從之士，得八百人，椎牛饗將士，明日大戰。平旦，遼被甲持戟，先登陷陳，殺數十人，斬二將，大呼自名，衝壘入，至權麾下。權大驚，衆不知所爲，走登高冢，以長戟自守。遼叱權下戰，權不敢動，望見遼所將衆少，乃聚圍遼數重。遼左右麾圍，直前急擊，圍開，遼將麾下數十人得出，餘衆號呼曰：「將軍棄我乎！」遼復還突圍，拔出餘衆。權人馬皆披靡，無敢當者。自旦戰至日中，吳人奪氣，還修守備，衆心乃安，諸將咸服。權守合肥十餘日，城不可拔，乃引退。遼率諸軍追擊，幾復獲權。太祖大壯遼，拜征東將軍。〔一〕建安二十一年，太祖復征孫權，到合肥，循行遼戰處，歎息者良久。乃增遼兵，多留諸軍，徙屯居巢。

〔一〕孫盛曰：夫兵固詭道，奇正相資，若乃命將出征，推轂委權，或賴率然之形，或憑掎角之勢，羣帥不和，則棄師之道也。至於合肥之守，縣弱無援，專任勇者則好戰生患，專任怯者則懼心難保。且彼衆我寡，必懷貪墯；以致命之兵，擊貪墯之卒，其勢必勝；勝而後守，守則必固。是以魏武推選方員，參以同異，爲之密教，節宜其用；事至而應，若合符契，妙矣夫！

關羽圍曹仁於樊，會權稱藩，召遼及諸軍悉還救仁。遼未至，徐晃已破關羽，仁圍解。遼與太祖會摩陂。遼軍至，太祖乘輦出勞之，還屯陳郡。文帝卽王位，轉前將軍。〔一〕分封兄汎及一子列侯。孫權復叛，遣遼還屯合肥，進遼爵都鄉侯。給遼母輿車，及兵馬送遼家詣屯，敕遼母至，導從出迎。所督諸軍將吏皆羅拜道側，觀者榮之。文帝踐阼，封晉陽侯，增邑千戶，并前二千六百戶。黃初二年，遼朝洛陽宮，文帝引遼會建始殿，親問破吳意狀。帝歎息顧左右曰：「此亦古之召虎也。」爲起第舍，又特爲遼母作殿，以遼所從破吳軍應募步卒，皆爲虎賁。孫權復稱藩。遼還屯雍丘，得疾。帝遣侍中劉曄將太醫視疾，虎賁問消息，道路相屬。疾未瘳，帝迎遼就行在所，車駕親臨，執其手，賜以御衣，太官日送御食。疾小差，還屯。孫權復叛，帝遣遼乘舟，與曹休至海陵，臨江。權甚憚焉，敕諸將：「張遼雖病，不可當也，愼之！」是歲，遼與諸將破權將呂範。遼病篤，遂薨于江都。帝爲流涕，謚曰剛侯。子虎嗣。六年，帝追念遼、典在合肥之功，詔曰：「合肥之役，遼、典以步卒八百，破賊十萬，自古用兵，未之有也。使賊至今奪氣，可謂國之爪牙矣。其分遼、典邑各百戶，賜一子爵關內侯。」虎爲偏將軍，薨。子統嗣。

〔一〕魏書曰：王賜遼帛千匹，穀萬斛。

樂進字文謙，陽平衞國人也。容貌短小，以膽烈從太祖，爲帳下吏。遣還本郡募兵，得千餘人，還爲軍假司馬、陷陳都尉。從擊呂布於濮陽，張超於雍丘，橋蕤於苦，皆先登有功，封廣昌亭侯。從征張繡於安衆，圍呂布於下邳，破別將，擊眭固於射犬，攻劉備於沛，皆破之，拜討寇校尉。渡河攻獲嘉，還，從擊袁紹於官渡，力戰，斬紹將淳于瓊。從擊譚、尚於黎陽，斬其大將嚴敬，行遊擊將軍。別擊黃巾，破之，定樂安郡。從圍鄴，鄴定，從擊袁譚於南皮，先登，入譚東門。譚敗，別攻雍奴，破之。建安十一年，太祖表漢帝，稱進及于禁、張遼曰：「武力既弘，計略周備，質忠性一，守執節義，每臨戰攻，常爲督率，奮强突固，無堅不陷，自援枹鼓，手不知倦。又遣別征，統御師旅，撫衆則和，奉令無犯，當敵制決，靡有遺失。論功紀用，宜各顯寵。」於是禁爲虎威；進，折衝；遼，盪寇將軍。

進別征高幹，從北道入上黨，回出其後。幹等還守壺關，連戰斬首。幹堅守未下，會太祖自征之，乃拔。太祖征管承，軍淳于，遣進與李典擊之。承破走，逃入海島，海濱平。荆州未服，遣屯陽翟。後從平荆州，留屯襄陽，擊關羽、蘇非等，皆走之，南郡諸郡山谷蠻夷詣進降。又討劉備臨沮長杜普、旌陽長梁大，皆大破之。後從征孫權，假進節。太祖還，留進與張遼、李典屯合肥，增邑五百，并前凡千二百戶。以進數有功，分五百戶，封一子列侯；進遷右將軍。建安二十三年薨，謚曰威侯。子綝嗣。綝果毅有父風，官至揚州刺史。諸葛誕反，掩襲殺綝，詔悼惜之，追贈衞尉，謚曰愍侯。子肇嗣。

于禁字文則，泰山鉅平人也。黃巾起，鮑信招合徒衆，禁附從焉。及太祖領兗州，禁與其黨俱詣爲都伯，屬將軍王朗。朗異之，薦禁才任大將軍。太祖召見與語，拜軍司馬，使將兵詣徐州，攻廣威，拔之，拜陷陳都尉。從討呂布於濮陽，別破布二營於城南，又別將破高雅於須昌。從攻壽張、定陶、離狐，圍張超於雍丘，皆拔之。從征黃巾劉辟、黃邵等，屯版梁，邵等夜襲太祖營，禁帥麾下擊破之，斬(辟)邵等，盡降其衆。遷平虜校尉。從圍橋蕤於苦，斬蕤等四將。從至宛，降張繡。繡復叛，太祖與戰不利，軍敗，還舞陰。是時軍亂，各閒行求太祖，禁獨勒所將數百人，且戰且引，雖有死傷不相離。虜追稍緩，禁徐整行隊，鳴鼓而還。未至太祖所，道見十餘人被創裸走，禁問其故，曰：「爲青州兵所劫。」初，黃巾降，號青州兵，太祖寬之，故敢因緣爲略。禁怒，令其衆曰：「青州兵同屬曹公，而還爲賊乎！」乃討之，數之以罪。青州兵遽走詣太祖自訴。禁既至，先立營壘，不時謁太祖。或謂禁：「青州兵已訴君矣，宜促詣公辨之。」禁曰：「今賊在後，追至無時，不先爲備，何以待敵？且公聰明，譖訴何緣！」徐鑿塹安營訖，乃入謁，具陳其狀。太祖悅，謂禁曰：「淯水之難，吾其急也，將軍在亂能整，討暴堅壘，有不可動之節，雖古名將，何以加之！」於是錄禁前後功，封益壽亭侯。復從攻張繡於穰，禽呂布於下邳，別與史渙、曹仁攻眭固於射犬，破斬之。

太祖初征袁紹，紹兵盛，禁願爲先登。太祖壯之，乃遣步卒二千人，使禁將，守延津以拒紹，太祖引軍還官渡。劉備以徐州叛，太祖東征之。紹攻禁，禁堅守，紹不能拔。復與樂進等將步騎五千，擊紹別營，從延津西南緣河至汲、獲嘉二縣，焚燒保聚三十餘屯，斬首獲生各數千，降紹將何茂、王摩等二十餘人。太祖復使禁別將屯原武，擊紹別營於杜氏津，破之。遷裨將軍，後從還官渡。太祖與紹連營，起土山相對。紹射營中，士卒多死傷，軍中懼。禁督守土山，力戰，氣益奮。紹破，遷偏將軍。冀州平。昌豨復叛，遣禁征之。禁急進攻豨；豨與禁有舊，詣禁降。諸將皆以爲豨已降，當送詣太祖，禁曰：「諸君不知公常令乎！圍而後降者不赦。夫奉法行令，事上之節也。豨雖舊友，禁可失節乎！」自臨與豨決，隕涕而斬之。是時太祖軍淳于，聞而歎曰：「豨降不詣吾而歸禁，豈非命耶！」益重禁。〔一〕東海平，拜禁虎威將軍。後與臧霸等攻梅成，張遼、張郃等討陳蘭。禁到，成舉衆三千餘人降。既降復叛，其衆奔蘭。遼等與蘭相持，軍食少，禁運糧前後相屬，遼遂斬蘭、成。增邑二百戶，并前千二百戶。是時，禁與張遼、樂進、張郃、徐晃俱爲名將，太祖每征伐，咸遞行爲軍鋒，還爲後拒，而禁持軍嚴整，得賊財物，無所私入，由是賞賜特重。然以法御下，不甚得士衆心。太祖常恨朱靈，欲奪其營。以禁有威重，遣禁將數十騎，齎令書，徑詣靈營奪其軍，靈及其部衆莫敢動；乃以靈爲禁部下督，衆皆震服，其見憚如此。遷左將軍，假節鉞，分邑五百戶，封一子列侯。

〔一〕臣松之以爲圍而後降，法雖不赦；囚而送之，未爲違命。禁曾不爲舊交希冀萬一，而肆其好殺之心，以戾衆人之議，所以卒爲降虜，死加惡謚，宜哉。

建安二十四年，太祖在長安，使曹仁討關羽於樊，又遣禁助仁。秋，大霖雨，漢水溢，平地水數丈，禁等七軍皆沒。禁與諸將登高望水，無所回避，羽乘大船就攻禁等，禁遂降，惟龐悳不屈節而死。太祖聞之，哀歎者久之，曰：「吾知禁三十年，何意臨危處難，反不如龐悳邪！」會孫權禽羽，獲其衆，禁復在吳。文帝踐阼，權稱藩，遣禁還。帝引見禁，鬚髮皓白，形容顦顇，泣涕頓首。帝慰諭以荀林父、孟明視故事，〔一〕拜爲安遠將軍。欲遣使吳，先令北詣鄴謁高陵。帝使豫於陵屋畫關羽戰克、龐悳憤怒、禁降服之狀。禁見，慚恚發病薨。子圭嗣，封益壽亭侯。謚禁曰厲侯。

〔一〕魏書載制曰：「昔荀林父敗績于邲，孟明喪師於殽，秦、晉不替，使復其位。其後晉獲狄土，秦霸西戎，區區小國，猶尚若斯，而況萬乘乎？樊城之敗，水災暴至，非戰之咎，其復禁等官。」

張郃字儁乂，河間鄚人也。漢末應募討黃巾，爲軍司馬，屬韓馥。馥敗，以兵歸袁紹。

紹以郃爲校尉，使拒公孫瓚。瓚破，郃功多，遷寧國中郎將。太祖與袁紹相拒於官渡，〔一〕紹遣將淳于瓊等督運屯烏巢，太祖自將急擊之。郃說紹曰：「曹公兵精，往必破瓊等；瓊等破，則將軍事去矣，宜急引兵救之。」郭圖曰：「郃計非也。不如攻其本營，勢必還，此爲不救而自解也。」郃曰：「曹公營固，攻之必不拔，若瓊等見禽，吾屬盡爲虜矣。」紹但遣輕騎救瓊，而以重兵攻太祖營，不能下。太祖果破瓊等，紹軍潰。圖慚，又更譖郃曰：「郃快軍敗，出言不遜。」郃懼，乃歸太祖。〔二〕

〔一〕漢晉春秋曰：郃說紹曰：「公雖連勝，然勿與曹公戰也，密遣輕騎鈔絕其南，則兵自敗矣。」紹不從之。

〔二〕臣松之案武紀及袁紹傳並云袁紹使張郃、高覽攻太祖營，郃等聞淳于瓊破，遂來降，紹衆於是大潰。是則緣郃等降而後紹軍壞也。至如此傳，爲紹軍先潰，懼郭圖之譖，然後歸太祖，爲參錯不同矣。

太祖得郃甚喜，謂曰：「昔子胥不早寤，自使身危，豈若微子去殷、韓信歸漢邪？」拜郃偏將軍，封都亭侯。授以衆，從攻鄴，拔之。又從擊袁譚於渤海，別將軍圍雍奴，大破之。從討柳城，與張遼俱爲軍鋒，以功遷平狄將軍。別征東萊，討管承，又與張遼討陳蘭、梅成等，破之。從破馬超、韓遂於渭南。圍安定，降楊秋。與夏侯淵討鄜賊梁興及武都氐。又破馬超，平宋建。太祖征張魯，先遣郃督諸軍討興和氐王竇茂。太祖從散關入漢中，又先遣郃督步卒五千於前通路。至陽平，魯降，太祖還，留郃與夏侯淵等守漢中，拒劉備。郃別督諸軍，降巴東、巴西二郡，徙其民於漢中。進軍宕渠，爲備將張飛所拒，引還南鄭。拜盪寇將軍。劉備屯陽平，郃屯廣石。備以精卒萬餘，分爲十部，夜急攻郃。郃率親兵搏戰，備不能克。其後備於走馬谷燒都圍，淵救火，從他道與備相遇，交戰，短兵接刃。淵遂沒，郃還陽平。〔一〕當是時，新失元帥，恐爲備所乘，三軍皆失色。淵司馬郭淮乃令衆曰：「張將軍，國家名將，劉備所憚；今日事急，非張將軍不能安也。」遂推郃爲軍主。郃出，勒兵安陳，諸將皆受郃節度，衆心乃定。太祖在長安，遣使假郃節。太祖遂自至漢中，劉備保高山不敢戰。太祖乃引出漢中諸軍，郃還屯陳倉。

〔一〕魏略曰：淵雖爲都督，劉備憚郃而易淵。及殺淵，備曰：「當得其魁，用此何爲邪！」

文帝卽王位，以郃爲左將軍，進爵都鄉侯。及踐阼，進封鄚侯。詔郃與曹眞討安定盧水胡及東羌，召郃與眞並朝許宮，遣南與夏侯尚擊江陵。郃別督諸軍渡江，取洲上屯塢。明帝卽位，遣南屯荊州，與司馬宣王擊孫權別將劉阿等，追至祁口，交戰，破之。諸葛亮出祁山。加郃位特進，遣督諸軍，拒亮將馬謖於街亭。謖依阻南山，不下據城。郃絕其汲道，擊，大破之。南安、天水、安定郡反應亮，郃皆破平之。詔曰：「賊亮以巴蜀之衆，當虓虎之師。將軍被堅執銳，所向克定，朕甚嘉之。益邑千戶，并前四千三百戶。」司馬宣王治水軍於荊州，欲順沔入江伐吳，詔郃督關中諸軍往受節度。至荊州，會冬水淺，大船不得行，乃還屯方城。諸葛亮復出，急攻陳倉，帝驛馬召郃到京都。帝自幸河南城，置酒送郃，遣南北軍士三萬及分遣武衞、虎賁使衞郃，因問郃曰：「遲將軍到，亮得無已得陳倉乎！」郃知亮縣軍無穀，不能久攻，對曰：「比臣未到，亮已走矣；屈指計亮糧不至十日。」郃晨夜進至南鄭，亮退。詔郃還京都，拜征西車騎將軍。

郃識變數，善處營陳，料戰勢地形，無不如計，自諸葛亮皆憚之。郃雖武將而愛樂儒士，嘗薦同鄉卑湛經明行修，詔曰：「昔祭遵爲將，奏置五經大夫，居軍中，與諸生雅歌投壺。今將軍外勒戎旅，內存國朝。朕嘉將軍之意，今擢湛爲博士。」

諸葛亮復出祁山，詔郃督諸將西至略陽，亮還保祁山，郃追至木門，與亮軍交戰，飛矢中郃右膝，薨，〔一〕諡曰壯侯。子雄嗣。郃前後征伐有功，明帝分郃戶，封郃四子列侯。賜小子爵關內侯。

〔一〕魏略曰：亮軍退，司馬宣王使郃追之，郃曰：「軍法，圍城必開出路，歸軍勿追。」宣王不聽。郃不得已，遂進。蜀軍乘高布伏，弓弩亂發，矢中郃髀。

徐晃字公明，河東楊人也。爲郡吏，從車騎將軍楊奉討賊有功，拜騎都尉。李傕、郭汜之亂長安也，晃說奉，令與天子還洛陽，奉從其計。天子渡河至安邑，封晃都亭侯。及到洛陽，韓暹、董承日爭鬭，晃說奉令歸太祖；奉欲從之，後悔。太祖討奉於梁，晃遂歸太祖。太祖授晃兵，使擊卷、卷音墟權反。原武賊，破之，拜裨將軍。從征呂布，別降布將趙庶、李鄒等。與史渙斬眭固於河內。從破劉備，又從破顏良，拔白馬，進至延津，破文醜，拜偏將軍。與曹洪擊㶏彊賊祝臂，破之，又與史渙擊袁紹運車於故市，功最多，封都亭侯。太祖既圍鄴，破邯鄲，易陽令韓範僞以城降而拒守，太祖遣晃攻之。晃至，飛矢城中，爲陳成敗。範悔，晃輒降之。既而言於太祖曰：「二袁未破，諸城未下者傾耳而聽，今日滅易陽，明日皆以死守，恐河北無定時也。願公降易陽以示諸城，則莫不望風。」太祖善之。別討毛城，設伏兵掩擊，破三屯。從破袁譚於南皮，討平原叛賊，克之。從征蹋頓，拜橫野將軍。從征荊州，別屯樊，討中廬、臨沮、宜城賊。又與滿寵討關羽於漢津，與曹仁擊周瑜於江陵。十五年，討太原反者，圍大陵，拔之，斬賊帥商曜。韓遂、馬超等反關右，遣晃屯汾陰以撫河東，賜牛酒，令上先人墓。太祖至潼關，恐不得渡，召問晃。晃曰：「公盛兵於此，而賊不復別守蒲阪，知其無謀也。今假臣精兵〔一〕渡蒲坂津，爲軍先置，以截其裏，賊可擒也。」太祖曰：「善。」使晃以步騎四千人渡津。作塹柵未成，賊梁興夜將步騎五千餘人攻晃，晃擊走之，太祖軍得渡。遂破超等，使晃與夏侯淵平隃麋、汧諸氐，與太祖會安定。太祖還鄴，使晃與夏侯淵平鄜、夏陽餘賊，斬梁興，降三千餘戶。從征張魯。別遣晃討攻櫝、仇夷諸山氐，皆降之。遷平寇將軍。解將軍張順圍。擊賊陳福等三十餘屯，皆破之。

〔一〕臣松之云：案晃于時未應稱臣，傳寫者誤也。

太祖還鄴，留晃與夏侯淵拒劉備於陽平。備遣陳式等十餘營絕馬鳴閣道，晃別征破之，賊自投山谷，多死者。太祖聞，甚喜，假晃節，令曰：「此閣道，漢中之險要咽喉也。劉備欲斷絕外內，以取漢中。將軍一舉，克奪賊計，善之善者也。」太祖遂自至陽平，引出漢中諸軍。復遣晃助曹仁討關羽，屯宛。會漢水暴隘，于禁等沒。羽圍仁於樊，又圍將軍呂常於襄陽。晃所將多新卒，以羽難與爭鋒，遂前至陽陵陂屯。太祖復還，遣將軍徐商、呂建等詣晃，令曰：「須兵馬集至，乃俱前。」賊屯偃城。晃到，詭道作都塹，示欲截其後，賊燒屯走。晃得偃城，兩面連營，稍前，去賊圍三丈所。未攻，太祖前後遣殷署、朱蓋等凡十二營詣晃。賊圍頭有屯，又別屯四冢。晃揚聲當攻圍頭屯，而密攻四冢。羽見四冢欲壞，自將步騎五千出戰，晃擊之，退走，遂追陷與俱入圍，破之，或自投沔水死。太祖令曰：「賊圍塹鹿角十重，將軍致戰全勝，遂陷賊圍，多斬首虜。吾用兵三十餘年，及所聞古之善用兵者，未有長驅徑入敵圍者也。且樊、襄陽之在圍，過於莒、卽墨，將軍之功，踰孫武、穰苴。」晃振旅還摩陂，太祖迎晃七里，置酒大會。太祖舉卮酒勸晃，且勞之曰：「全樊、襄陽，將軍之功也。」時諸軍皆集，太祖案行諸營，士卒咸離陳觀，而晃軍營整齊，將士駐陳不動。太祖歎曰：「徐將軍可謂有周亞夫之風矣。」

文帝卽王位，以晃爲右將軍，進封逯鄉侯。及踐阼，進封楊侯。與夏侯尚討劉備於上庸，破之。以晃鎭陽平，徙封陽平侯。明帝卽位，拒吳將諸葛瑾於襄陽。增邑二百，并前三千一百戶。病篤，遺令斂以時服。

性儉約畏愼，將軍常遠斥候，先爲不可勝，然後戰，追奔爭利，士不暇食。常歎曰：「古人患不遭明君，今幸遇之，當以功自効，何用私譽爲！」終不廣交援。太和元年薨，謚曰壯侯。子蓋嗣。蓋薨，子霸嗣。明帝分晃戶，封晃子孫二人列侯。

初，清河朱靈爲袁紹將。太祖之征陶謙，紹使靈督三營助太祖，戰有功。紹所遣諸將各罷歸，靈曰：「靈觀人多矣，無若曹公者，此乃眞明主也。今已遇，復何之？」遂留不去。所將士卒慕之，皆隨靈留。靈後遂爲好將，名亞晃等，至後將軍，封高唐亭侯。〔一〕

〔一〕九州春秋曰：初，清河季雍以鄃叛袁紹而降公孫瓚，瓚遣兵衞之。紹遣靈攻之。靈家在城中，瓚將靈母弟置城上，誘呼靈。靈望城涕泣曰：「丈夫一出身與人，豈復顧家耶！」遂力戰拔之，生擒雍而靈家皆死。

魏書曰：靈字文博。太祖既平冀州，遣靈將新兵五千人騎千匹守許南。太祖戒之曰：「冀州新兵，數承寬緩，暫見齊整，意尚怏怏。卿名先有威嚴，善以道寬之，不然卽有變。」靈至陽翟，中郎將程昂等果反，卽斬昂，以狀聞。太祖手書曰：「兵中所以爲危險者，外對敵國，內有姦謀不測之變。昔鄧禹中分光武軍西行，而有宗歆、馮愔之難，後將二十四騎還洛陽，禹豈以是減損哉？來書懇惻，多引咎過，未必如所云也。」文帝即位，封靈鄃侯，增其戶邑。詔曰：「將軍佐命先帝，典兵歷年，威過方、邵，功踰絳、灌。圖籍所美，何以加焉？朕受天命，帝有海內，元功之將，社稷之臣，皆朕所與同福共慶，傳之無窮者也。今封隃侯。富貴不歸故鄉，如夜行衣繡。若平常所志，願勿難言。」靈謝曰：「高唐，宿所願。」於是更封高唐侯，薨，謚曰威侯。

評曰：太祖建茲武功，而時之良將，五子爲先。于禁最號毅重，然弗克其終。張郃以巧變爲稱，樂進以驍果顯名，而鑒其行事，未副所聞。或注記有遺漏，未如張遼、徐晃之備詳也。

三國志卷十八　魏書十八

二李臧文呂許典二龐閻傳第十八

李典字曼成，山陽鉅野人也。典從父乾，有雄氣，合賓客數千家在乘氏。初平中，以衆隨太祖，破黃巾於壽張，又從擊袁術，征徐州。呂布之亂，太祖遣乾還乘氏，慰勞諸縣。布別駕薛蘭、治中李封招乾，欲俱叛，乾不聽，遂殺乾。太祖使乾子整將乾兵，與諸將擊蘭、封。蘭、封破，從平兗州諸縣有功，稍遷青州刺史。整卒，典徙潁陰令，爲中郎將，將整軍，〔一〕遷離狐太守。

〔一〕魏書曰：典少好學，不樂兵事，乃就師讀春秋左氏傳，博觀羣書。太祖善之，故試以治民之政。

時太祖與袁紹相拒官渡，典率宗族及部曲輸穀帛供軍。紹破，以典爲裨將軍，屯安民。太祖擊譚、尙於黎陽，使典與程昱等以船運軍糧。會尙遣魏郡太守高蕃將兵屯河上，絕水道，太祖敕典、昱：「若船不得過，下從陸道。」典與諸將議曰：「蕃軍少甲而恃水，有懈怠之心，擊之必克。軍不內御；苟利國家，專之可也，宜亟擊之。」昱亦以爲然。遂北渡河，攻蕃，破之，水道得通。劉表使劉備北侵，至葉，太祖遣典從夏侯惇拒之。備一旦燒屯去，惇率諸軍追擊之，典曰：「賊無故退，疑必有伏。南道狹窄，草木深，不可追也。」惇不聽，與于禁追之，典留守。惇等果入賊伏裏，戰不利，典往救，備望見救至，乃散退。從圍鄴，鄴定，與樂進圍高幹於壺關，擊管承於長廣，皆破之。遷捕虜將軍，封都亭侯。典宗族部曲三千餘家，居乘氏，自請願徙詣魏郡。太祖笑曰：「卿欲慕耿純邪？」典謝曰：「典駑怯功微，而爵寵過厚，誠宜舉宗陳力；加以征伐未息，宜實郊遂之內，以制四方，非慕純也。」遂徙部曲宗族萬三千餘口居鄴。太祖嘉之，遷破虜將軍。與張遼、樂進屯合肥，孫權率衆圍之，遼欲奉教出戰。進、典、遼皆素不睦，遼恐其不從，典慨然曰：「此國家大事，顧君計何如耳，吾可以私憾而忘公義乎！」乃率衆與遼破走權。增邑百戶，幷前三百戶。

典好學問，貴儒雅，不與諸將爭功。敬賢士大夫，恂恂若不及，軍中稱其長者。年三十六薨，子禎嗣。文帝踐阼，追念合肥之功，增禎邑百戶，賜典一子爵關內侯，邑百戶；謚典曰愍侯。

李通字文達，江夏平春人也。〔一〕以俠聞於江、汝之間。與其郡人陳恭共起兵於朗陵，衆多歸之。時有周直者，衆二千餘家，與恭、通外和內違。通欲圖殺直而恭難之。通知恭無斷，乃獨定策，與直克會，酒酣殺直。衆人大擾，通率恭誅其黨帥，盡幷其營。後恭妻弟陳郃，殺恭而據其衆。通攻破郃軍，斬郃首以祭恭墓。又生禽黃巾大帥吳霸而降其屬。遭歲大饑，通傾家振施，與士分糟糠，皆爭爲用，由是盜賊不敢犯。

〔一〕魏略曰：通小字萬億。

建安初，通舉衆詣太祖於許。拜通振威中郎將，屯汝南西界。太祖討張繡，劉表遣兵以助繡，太祖軍不利。通將兵夜詣太祖，太祖得以復戰，通爲先登，大破繡軍。拜裨將軍，封建功侯。分汝南二縣，以通爲陽安都尉。通妻伯父犯法，朗陵長趙儼收治，致之大辟。是時殺生之柄，決於牧守，通妻子號泣以請其命。通曰：「方與曹公戮力，義不以私廢公。」嘉儼執憲不阿，與爲親交。太祖與袁紹相拒於官渡。紹遣使拜通征南將軍，劉表亦陰招之，通皆拒焉。通親戚部曲流涕曰：「今孤危獨守，以失大援，亡可立而待也，不如亟從紹。」通按劍以叱之曰：「曹公明哲，必定天下。紹雖彊盛，而任使無方，終爲之虜耳。吾以死不貳。」即斬紹使，送印綬詣太祖。又擊郡賊瞿恭、江宮、沈成等，皆破殘其衆，送其首。遂定淮、汝之地。改封都亭侯，拜汝南太守。時賊張赤等五千餘家聚桃山，通攻破之。劉備與周瑜圍曹仁於江陵，別遣關羽絕北道。通率衆擊之，下馬拔鹿角入圍，且戰且前，以迎仁軍，勇冠諸將。通道得病薨，時年四十二。追增邑二百戶，幷前四百戶。文帝踐阼，諡曰剛侯。詔曰：「昔袁紹之難，自許、蔡以南，人懷異心。通秉義不顧，使攜貳率服，朕甚嘉之。不幸早薨，子基雖已襲爵，未足酬其庸勳。基兄緒，前屯樊城，又有功。世篤其勞，其以基爲奉義中郎將，緒平虜中郎將，以寵異焉。」〔一〕

〔一〕王隱晉書曰：緒子秉，字玄冑，有儁才，爲時所貴，官至秦州刺史。秉嘗答司馬文王問，因以爲家誡曰：「昔侍坐於先帝，時有三長吏俱見。臨辭出，上曰：『爲官長當清，當愼，當勤，修此三者，何患不治乎？』並受詔。既出，上顧謂吾等曰：『相誡敕正當爾不？』侍坐衆賢，莫不贊善。上又問曰：『必不得已，於斯三者何先？』或對曰：『清固爲本。』次復問吾，對曰：『清愼之道，相須而成，必不得已，愼乃爲大。夫清者不必愼，愼者必自清，亦由仁者必有勇，勇者不必有仁，是以易稱括囊無咎，藉用白茅，皆愼之至也。』上曰：『卿言得之耳。可舉近世能愼者誰乎？』諸人各未知所對，吾乃舉故太尉荀景倩、尚書董仲連、僕射王公仲並可謂爲愼。上曰：『此諸人者，溫恭朝夕，執事有恪，亦各其愼也。然天下之至愼，其惟阮嗣宗乎！每與之言，言及玄遠，而未曾評論時事，臧否人物，眞可謂至愼矣。』吾每思此言，亦足以爲明誡。凡人行事，年少立身，不可不愼，勿輕論人，勿輕說事，如此則悔吝何由而生，患禍無從而至矣。」

秉子重，字茂曾。少知名，歷位吏部郎、平陽太守。晉諸公贊曰：重以清尚稱。相國趙王倫以重望，取爲右司馬。重以倫將爲亂，辭疾不就。倫逼之不已，重遂不復自活，至於困篤，扶曳受拜，數日卒，贈散騎常侍。重二弟，尚字茂仲，矩字茂約，永嘉中並典郡；矩至江州刺史。重子式，字景則，官至侍中。

臧霸字宣高，泰山華人也。父戒，爲縣獄掾，據法不聽太守欲所私殺。太守大怒，令收戒詣府，時送者百餘人。霸年十八，將客數十人徑於費西山中要奪之，送者莫敢動，因與父俱亡命東海，由是以勇壯聞。黃巾起，霸從陶謙擊破之，拜騎都尉。遂收兵於徐州，與孫觀、吳敦、尹禮等並聚衆，霸爲帥，屯於開陽。太祖之討呂布也，霸等將兵助布。既禽布，霸自匿。太祖募索得霸，見而悅之，使霸招吳敦、尹禮、孫觀、觀兄康等，皆詣太祖。太祖以霸爲琅邪相，敦利城、禮東莞、觀北海、康城陽太守，割青、徐二州，委之於霸。太祖之在兗州，以徐翕、毛暉爲將。兗州亂，翕、暉皆叛。後兗州定，翕、暉亡命投霸。太祖語劉備，令語霸送二人首。霸謂備曰：「霸所以能自立者，以不爲此也。霸受公生全之恩，不敢違命。然王霸之君可以義告，願將軍爲之辭。」備以霸言白太祖，太祖歎息，謂霸曰：「此古人之事而君能行之，孤之願也。」乃皆以翕、暉爲郡守。時太祖方與袁紹相拒，而霸數以精兵入青州，故太祖得專事紹，不以東方爲念。太祖破袁譚於南皮，霸等會賀。霸因求遣子弟及諸將父兄家屬詣鄴，太祖曰：「諸君忠孝，豈復在是！昔蕭何遣子弟入侍，而高祖不拒，耿純焚室輿櫬以從，而光武不逆，吾將何以易之哉！」東州擾攘，霸等執義征暴，清定海岱，功莫大焉，皆封列侯。霸爲都亭侯，加威虜將軍。又與于禁討昌豨，與夏侯淵討黃巾餘賊徐和等，有功，遷徐州刺史。沛國（公）武周爲下邳令，霸敬異周，身詣令舍。部從事謥詷不法，周得其罪，便收考竟，霸益以善周。從討孫權，先登，再入巢湖，攻居巢，破之。張遼之討陳蘭，霸別遣至皖，討吳將韓當，使權不得救蘭。當遣兵逆霸，霸與戰於逢龍，當復遣兵邀霸於夾石，與戰破之，還屯舒。權遣數萬人乘船屯舒口，分兵救蘭，聞霸軍在舒，遁還。霸夜追之，比明，行百餘里，邀賊前後擊之。賊窘急，不得上船，赴水者甚衆。由是賊不得救蘭，遼遂破之。霸從討孫權於濡須口，與張遼爲前鋒，行遇霖雨，大軍先及，水遂長，賊船稍進，將士皆不安。遼欲去，霸止之曰：「公明於利鈍，寧肯捐吾等邪？」明日果有令。遼至，以語太祖。太祖善之，拜揚威將軍，假節。後權乞降，太祖還，留霸與夏侯惇等屯居巢。文帝卽王位，遷鎭東將軍，進爵武安鄉侯，都督青州諸軍事。及踐阼，進封開陽侯，徙封良成侯。與曹休討吳賊，破呂範於洞浦，徵爲執金吾，位特進。每有軍事，帝常咨訪焉。〔一〕明帝卽位，增邑五百，并前三千五百戶。薨，謚曰威侯。子艾嗣。〔二〕艾官至青州刺史、少府。艾薨，謚曰恭侯。子權嗣。霸前後有功，封子三人列侯，賜一人爵關內侯。〔三〕

〔一〕魏略曰：霸一名奴寇。孫觀名嬰子。吳敦名黯奴。尹禮名盧兒。建安二十四年，霸遣別軍在洛。會太祖崩，霸所部及青州兵，以爲天下將亂，皆鳴鼓擅去。文帝卽位，以曹休都督青、徐，霸謂休曰：「國家未肯聽霸耳！若假霸步騎萬人，必能橫行江表。」休言之於帝，帝疑霸軍前擅去，今意壯乃爾！遂東巡，因霸來朝而奪其兵。

〔二〕魏書曰：艾少以才理稱，爲黃門郎，歷位郡守。

〔三〕霸一子舜，字太伯，晉散騎常侍，見武帝百官名。此百官名，不知誰所撰也，皆有題目，稱舜「才穎條暢，識贊時宜」也。

而孫觀亦至青州刺史，假節，從太祖討孫權，戰被創薨。子毓嗣，亦至青州刺史。〔一〕

〔一〕魏書曰：孫觀字仲臺，泰山人。與臧霸俱起，討黃巾，拜騎都尉。太祖破呂布，使霸招觀兄弟，皆厚遇之。與霸俱戰伐，觀常爲先登，征定青、徐羣賊，功次於霸，封呂都亭侯。康亦以功封列侯。與太祖會南皮，遣子弟入居鄴，拜觀偏將軍，遷青州刺史。從征孫權於濡須口，假節。攻權，爲流矢所中，傷左足，力戰不顧，太祖勞之曰：「將軍被創深重，而猛氣益奮，不當爲國愛身乎？」轉振威將軍，創甚，遂卒。

文聘字仲業，南陽宛人也，爲劉表大將，使禦北方。表死，其子琮立。太祖征荊州，琮舉州降，呼聘欲與俱，聘曰：「聘不能全州，當待罪而已。」太祖濟漢，聘乃詣太祖，太祖問曰：「來何遲邪？」聘曰：「先日不能輔弼劉荊州以奉國家，荊州雖沒，常願據守漢川，保全土境，生不負於孤弱，死無愧於地下，而計不得已，以至於此。實懷悲慚，無顏早見耳。」遂欷歔流涕。太祖爲之愴然曰：「仲業，卿眞忠臣也。」厚禮待之。授聘兵，使與曹純追討劉備於長阪。太祖先定荊州，江夏與吳接，民心不安，乃以聘爲江夏太守，使典北兵，委以邊事，賜爵關內侯。〔二〕與樂進討關羽於尋口，有功，進封延壽亭侯，加討逆將軍。又攻羽輜重於漢津，燒其船於荊城。文帝踐阼，進爵長安鄉侯，假節。與夏侯尚圍江陵，使聘別屯沔口，止石梵，自當一隊，禦賊有功，遷後將軍，封新野侯。孫權以五萬衆自圍聘於石陽，甚急。聘堅守不動，權住二十餘日乃解去。聘追擊破之。〔二〕增邑五百戶，并前千九百戶。

〔一〕孫盛曰：資父事君，忠孝道一。臧霸少有孝烈之稱，文聘著垂泣之誠，是以魏武一面，委之以二方之任，豈直壯武見知於倉卒之間哉！

〔二〕魏略曰：孫權嘗自將數萬衆卒至。時大雨，城柵崩壞，人民散在田野，未及補治。聘聞權到，不知所施，乃思惟莫若潛默可以疑之。乃敕城中人使不得見，又自卧舍中不起。權果疑之，語其部黨曰：「北方以此人忠臣也，故委之以此郡，今我至而不動，此不有密圖，必當有外救。」遂不敢攻而去。魏略此語，與本傳反。

聘在江夏數十年，有威恩，名震敵國，賊不敢侵。分聘戶邑封聘子岱爲列侯，又賜聘從子厚爵關內侯。聘薨，謚曰壯侯。岱又先亡，聘養子休嗣。卒，子武嗣。

嘉平中，譙郡桓禹爲江夏太守，清儉有威惠，名亞於聘。

呂虔字子恪，任城人也。太祖在兗州，聞虔有膽策，以爲從事，將家兵守湖陸。〔襄陵〕〔襄賁〕校尉杜松部民炅母等作亂，與昌豨通。太祖以虔代松。虔到，招誘炅母渠率及同惡數十人，賜酒食。簡壯士伏其側，虔察炅母等皆醉，使伏兵盡格殺之。撫其餘衆，羣賊乃平。太祖以虔領泰山太守。郡接山海，世亂，聞民人多藏竄。袁紹所置中郎將郭祖、公孫犢等數十輩，保山爲寇，百姓苦之。虔將家兵到郡，開恩信，祖等黨屬皆降服，諸山中亡匿者盡出安土業。簡其彊者補戰士，泰山由是遂有精兵，冠名州郡。濟南黃巾徐和等，所在劫長吏，攻城邑。虔引兵與夏侯淵會擊之，前後數十戰，斬首獲生數千人。太祖使督青州諸郡兵以討東萊羣賊李條等，有功。太祖令曰：「夫有其志，必成其事，蓋烈士之所徇也。卿在郡以來，禽姦討暴，百姓獲安，躬蹈矢石，所征輒克。昔寇恂立名於汝、潁，耿弇建策於青、兗，古今一也。」舉茂才，加騎都尉，典郡如故。虔在泰山十數年，甚有威惠。文帝即王位，加裨將軍，封益壽亭侯，遷徐州刺史，加威虜將軍。請琅邪王祥爲別駕，民事一以委之，世多其能任賢。〔一〕討利城叛賊，斬獲有功。明帝即位，徙封萬年亭侯，增邑二百，并前六百戶。虔薨，子翻嗣。翻薨，子桂嗣。

〔一〕孫盛雜語曰：祥字休徵。性至孝，後母苛虐，每欲危害祥，祥色養無怠。盛寒之月，後母曰：「吾思食生魚。」祥脫衣，將剖冰求之，（有）少〔頃〕，堅冰解，下有魚躍出，因奉以供，時人以爲孝感之所致也。供養三十餘年，母終乃仕，以淳誠貞粹見重於時。

王隱晉書曰：祥始出仕，年過五十矣，稍遷至司隸校尉。高貴鄉公入學，以祥爲三老，遷司空太尉。司馬文王初爲晉王，司空荀顗要祥盡敬，祥不從。語在三少帝紀。晉武踐阼，拜祥爲太保，封睢陵公。泰始四年，年八十九薨。祥弟覽，字玄通，光祿大夫。晉諸公贊稱覽率素有至行。覽子孫繁衍，頗有賢才相係，奕世之盛，古今少比焉。

許褚字仲康，譙國譙人也。長八尺餘，腰大十圍，容貌雄毅，勇力絕人。漢末，聚少年及宗族數千家，共堅壁以禦寇。時汝南葛陂賊萬餘人攻褚壁，褚衆少不敵，力戰疲極。兵矢盡，乃令壁中男女，聚治石如杅斗者置四隅。褚飛石擲之，所值皆摧碎。賊不敢進。糧乏，僞與賊和，以牛與賊易食，賊來取牛，牛輒奔還。褚乃出陳前，一手逆曳牛尾，行百餘步。賊衆驚，遂不敢取牛而走。由是淮、汝、陳、梁間，聞皆畏憚之。

太祖徇淮、汝，褚以衆歸太祖。太祖見而壯之曰：「此吾樊噲也。」即日拜都尉，引入宿衞。諸從褚俠客，皆以爲虎士。從征張繡，先登，斬首萬計，遷校尉。從討袁紹於官渡。時常從士徐他等謀爲逆，以褚常侍左右，憚之不敢發。伺褚休下日，他等懷刀入。褚至下舍心動，即還侍。他等不知，入帳見褚，大驚愕。他色變，褚覺之，即擊殺他等。太祖益親信之，出入同行，不離左右。從圍鄴，力戰有功，賜爵關內侯。從討韓遂、馬超於潼關。太祖將北渡，臨濟河，先渡兵，獨與褚及虎士百餘人留南岸斷後。超將步騎萬餘人，來奔太祖軍，矢下如雨。褚白太祖，賊來多，今兵渡已盡，宜去，乃扶太祖上船。賊戰急，軍爭濟，船重欲沒。褚斬攀船者，左手舉馬鞍蔽太祖。船工爲流矢所中死，褚右手並泝船，僅乃得渡。是日，微褚幾危。其後太祖與遂、超等單馬會語，左右皆不得從，唯將褚。超負其力，陰欲前突太祖，素聞褚勇，疑從騎是褚。乃問太祖曰：「公有虎侯者安在？」太祖顧指褚，褚瞋目盼之。超不敢動，乃各罷。後數日會戰，大破超等，褚身斬首級，遷武衞中郎將。武衞之號，自此始也。軍中以褚力如虎而癡，故號曰虎癡；是以超問虎侯，至今天下稱焉，皆謂其姓名也。

褚性謹慎奉法，質重少言。曹仁自荊州來朝謁，太祖未出，入與褚相見於殿外。仁呼褚入便坐語，褚曰：「王將出。」便還入殿，仁意恨之。或以責褚曰：「征南宗室重臣，降意呼君，君何故辭？」褚曰：「彼雖親重，外藩也。褚備內臣，衆談足矣，入室何私乎？」太祖聞，愈愛待之，遷中堅將軍。太祖崩，褚號泣歐血。文帝踐阼，進封萬歲亭侯，遷武衞將軍，都督中軍宿衞禁兵，甚親近焉。初，褚所將爲虎士者從征伐，太祖以爲皆壯士也，同日拜爲將，其後以功爲將軍封侯者數十人，都尉、校尉百餘人，皆劍客也。明帝即位，進〔封〕牟鄉侯，邑七百戶，賜子爵一人關內侯。褚薨，謚曰壯侯。子儀嗣。褚兄定，亦以軍功〔封〕爲振威將軍，都督徼道虎賁。太和中，帝思褚忠孝，下詔褒贊，復賜褚子孫二人爵關內侯。儀爲鍾會所殺。泰始初，子綜嗣。

典韋，陳留己吾人也。形貌魁梧，旅力過人，有志節任俠。襄邑劉氏與睢陽李永爲讎，韋爲報之。永故富春長，備衞甚謹。韋乘車載雞酒，僞爲候者，門開，懷匕首入殺永，幷殺其妻，徐出，取車上刀戟，步(出)〔去〕。永居近市，一市盡駭。追者數百，莫敢近。行四五里，遇其伴，轉戰得脫。由是爲豪傑所識。初平中，張邈擧義兵，韋爲士，屬司馬趙寵。牙門旗長大，人莫能勝，韋一手建之，寵異其才力。後屬夏侯惇，數斬首有功，拜司馬。太祖討呂布於濮陽。布有別屯在濮陽西四五十里，太祖夜襲，比明破之。未及還，會布救兵至，三面掉戰。時布身自搏戰，自旦至日昳數十合，相持急。太祖募陷陳，韋先占，將應募者數十人，皆重衣兩鎧，棄楯，但持長矛撩戟。時西面又急，韋進當之，賊弓弩亂發，矢至如雨，韋不視，謂等人曰：「虜來十步，乃白之。」等人曰：「十步矣。」又曰：「五步乃白。」等人懼，疾言「虜至矣」！韋手持十餘戟，大呼起，所抵無不應手倒者。布衆退。會日暮，太祖乃得引去。拜韋都尉，引置左右，將親兵數百人，常繞大帳。韋旣壯武，其所將皆選卒，每戰鬬，常先登陷陳。遷爲校尉。性忠至謹重，常晝立侍終日，夜宿帳左右，稀歸私寢。好酒食，飲噉兼人，每賜食於前，大飲長歠，左右相屬，數人益乃供，太祖壯之。韋好持大雙戟與長刀等，軍中爲之語曰：「帳下壯士有典君，提一雙戟八十斤。」

太祖征荊州，至宛，張繡迎降。太祖甚悅，延繡及其將帥，置酒高會。太祖行酒，韋持大斧立後，刃徑尺，太祖所至之前，韋輒擧斧目之。竟酒，繡及其將帥莫敢仰視。後十餘日，繡反，襲太祖營，太祖出戰不利，輕騎引去。韋戰於門中，賊不得入。兵遂散從他門並入。時韋校尚有十餘人，皆殊死戰，無不一當十。賊前後至稍多，韋以長戟左右擊之，一叉入，輒十餘矛摧。左右死傷者略盡。韋被數十創，短兵接戰，賊前搏之。韋雙挾兩賊擊殺之，餘賊不敢前。韋復前突賊，殺數人，創重發，瞋目大罵而死。賊乃敢前，取其頭，傳觀之，覆軍就視其軀。太祖退住舞陰，聞韋死，爲流涕，募閒取其喪，親自臨哭之，遣歸葬襄邑，拜子滿爲郎中。車駕每過，常祠以中牢。太祖思韋，拜滿爲司馬，引自近。文帝卽王位，以滿爲都尉，賜爵關內侯。

龐悳字令明，南安狟道人也。狟音桓。少爲郡吏州從事。初平中，從馬騰擊反羌叛氐，數有功，稍遷至校尉。建安中，太祖討袁譚、尚於黎陽，譚遣郭援、高幹等略取河東，太祖使鍾繇率關中諸將討之。悳隨騰子超拒援、幹於平陽，悳爲軍鋒，進攻援、幹，大破之，親斬援首。〔二〕拜中郎將，封都亭侯。後張白騎叛於弘農，悳復隨騰征之，破白騎於兩殽間。每戰，常陷陳郤敵，勇冠騰軍。後騰徵爲衞尉，悳留屬超。太祖破超於渭南，悳隨超亡入漢陽，保冀城。後復隨超奔漢中，從張魯。太祖定漢中，悳隨衆降。太祖素聞其驍勇，拜立義將軍，封關門亭侯，邑三百戶。

〔一〕魏略曰：悳手斬一級，不知是援。戰罷之後，衆人皆言援死而不得其首。援，鍾繇之甥。悳晚後於鞬中出一頭，繇見之而哭。悳謝繇，繇曰：「援雖我甥，乃國賊也。卿何謝之？」

侯音、衞開等以宛叛，悳將所領與曹仁共攻拔宛，斬音、開，遂南屯樊，討關羽。樊下諸將以悳兄在漢中，頗疑之。〔一〕悳常曰：「我受國恩，義在效死。我欲身自擊羽。今年我不殺羽，羽當殺我。」後親與羽交戰，射羽中額。時悳常乘白馬，羽軍謂之白馬將軍，皆憚之。仁使悳屯樊北十里，會天霖雨十餘日，漢水暴溢，樊下平地五六丈，悳與諸將避水上堤。羽乘船攻之，以大船四面射隄上。悳被甲持弓，箭不虛發。將軍董衡、部曲將董超等欲降，悳皆收斬之。自平旦力戰至日過中，羽攻益急，矢盡，短兵接戰。悳謂督將成何曰：「吾聞良將不怯死以苟免，烈士不毀節以求生，今日，我死日也。」戰益怒，氣愈壯，而水浸盛，吏士皆降。悳與麾下將一人，五伯二人，彎弓傅矢，乘小船欲還仁營。水盛船覆，失弓矢，獨抱船覆水中，爲羽所得，立而不跪。羽謂曰：「卿兄在漢中，我欲以卿爲將，不早降何爲？」悳罵羽曰：「豎子，何謂降也！魏王帶甲百萬，威振天下。汝劉備庸才耳，豈能敵邪！我寧爲國家鬼，不爲賊將也。」遂爲羽所殺。太祖聞而悲之，爲之流涕，封其二子爲列侯。文帝即王位，乃遣使就悳墓賜謚，策曰：「昔先軫喪元，王蠋絕脰，隕身徇節，前代美之。惟侯式昭果毅，蹈難成名，聲溢當時，義高在昔，寡人愍焉，謚曰壯侯。」又賜子會等四人爵關內侯，

邑各百戶。會勇烈有父風，官至中尉將軍，封列侯。〔三〕

〔一〕魏略曰：悳從兄名柔，時在蜀。

〔三〕王隱蜀記曰：鍾會平蜀，前後鼓吹，迎悳屍喪還葬鄴，冢中身首如生。臣松之案悳死於樊城，文帝即位，又遣使至悳墓所，則其屍喪不應在蜀。此王隱之虛說也。

龐淯字子異，酒泉表氏人也。初以涼州從事守破羌長，會武威太守張猛反，殺刺史邯鄲商，猛令曰：「敢有臨商喪，死不赦。」淯聞之，棄官，晝夜奔走，號哭喪所訖，詣猛門，衷匕首，欲因見以殺猛。猛知其義士，敕遣不殺，由是以忠烈聞。〔一〕太守徐揖請爲主簿。後郡人黃昂反，圍城。淯棄妻子，夜踰城出圍，告急於張掖、燉煌二郡。初疑未肯發兵，淯欲伏劍，二郡感其義，遂爲興兵。軍未至而郡城邑已陷，揖死。淯乃收斂揖喪，送還本郡，行服三年乃還。太祖聞之，辟爲掾屬。文帝踐阼，拜駙馬都尉，遷西海太守，賜爵關內侯。後徵拜中散大夫，薨。子曾嗣。

〔一〕魏略曰：猛兵欲來縛淯，猛聞之，歎曰：「猛以殺刺史爲罪。此人以至忠爲名，如又殺之，何以勸一州履義之士邪！」遂使行服。

典略曰：張猛字叔威，本燉煌人也。猛父奐，桓帝時仕歷郡守、中郎將、太常，遂居華陰，終因葬焉。建安初，猛仕郡爲功曹，是時河西四郡以去涼州治遠，隔以河寇，上書求別置州。詔以陳留人邯鄲商爲雍州刺史，別典四郡。

時武威太守缺，詔又以猛父昔在河西有威名，乃以猛補之。商、猛俱西。初，猛與商同歲，每相戲侮，及共之官，行道更相責望。暨到，商欲誅猛。猛覺之，遂勒兵攻商。商治舍與猛側近，商聞兵至，恐怖登屋，呼猛字曰：「叔威，汝欲殺我耶？然我死者有知，汝亦族矣。請和解，尚可乎？」猛因呼曰：「來。」商踰屋就猛，猛因責數之，語畢，以商屬督郵。督郵錄商，閉置傳舍。後商欲逃，事覺，遂殺之。是歲建安十四年也。至十五年，將軍韓遂自上討猛，猛發兵遣軍東拒。其吏民畏遂，乃反共攻猛。初奐爲武威太守時，猛方在孕。母夢帶奐印綬，登樓而歌，且以告奐。奐訊占夢者，曰：「夫人方生男，後當復臨此郡，其必死官乎！」及猛被攻，自知必死，曰：「使死者無知則已矣，若有知，豈使吾頭東過華陰歷先君之墓乎？」乃登樓自燒而死。

初，清外祖父趙安爲同縣李壽所殺，清舅兄弟三人同時病死，壽家喜。清母娥自傷父讎不報，乃幃車袖劍，白日刺壽於都亭前，訖，徐詣縣，顏色不變，曰：「父讎已報，請受戮。」祿福長尹嘉解印綬縱娥，娥不肯去，遂彊載還家。會赦得免，州郡歎貴，刊石表閭。〔一〕

〔一〕皇甫謐列女傳曰：酒泉烈女龐娥親者，表氏龐子夏之妻，祿福趙君安之女也。君安爲同縣李壽所殺，娥親有男弟三人，皆欲報讎，壽深以爲備。會遭災疫，三人皆死。壽聞大喜，請會宗族，共相慶賀，云：「趙氏彊壯已盡，唯有女弱，何足復憂！」防備懈弛。娥親子淯出行，聞壽此言，還以啓娥親。娥親既素有報讎之心，及聞壽言，感激愈深，愴然隕涕曰：「李壽，汝莫喜也，終不活汝！戴履天地，爲吾門戶，吾三子之羞也。焉知娥親不手刃殺汝，而自儌倖邪？」陰市名刀，挾長持短，晝夜哀酸，志在殺壽。壽爲人凶豪，聞娥親之言，更乘馬帶刀，鄉人皆畏憚之。比鄰有徐氏婦，憂娥親不能制，恐逆見中害，每諫止之，曰：「李壽，男子也，凶惡有素，加今備衛在身。趙雖有猛烈之志，而彊弱不敵。邂逅不制，則爲重受禍於壽，絕滅門戶，痛辱不輕也。願詳舉動，爲門戶之計。」娥親曰：「父母之讎，不同天地共日月者也。李壽不死，娥親視息世間，活復何求！今雖三弟早死，門戶泯絕，而娥親猶在，豈可假手於人哉！若以卿心況我，則李壽不可得殺；論我之心，壽必爲我所殺明矣。」夜數磨礪所持刀訖，扼腕切齒，悲涕長歎，家人及鄰里咸共笑之。娥親謂左右曰：「卿等笑我，直以我女弱不能殺壽故也。要當以壽頸血汚此刀刃，令汝輩見之。」遂棄家事，乘鹿車伺壽。至光和二年二月上旬，以白日清時，於都亭之前，與壽相遇，便下車扣壽馬，叱之。壽驚愕，迴馬欲走。娥親奮刀斫之，并傷其馬。馬驚，壽擠道邊溝中。娥親尋復就地斫之，探中樹蘭，折所持刀。壽被創未死，娥親因前欲取壽所佩刀殺壽，壽護刀瞋目大呼，跳梁而起。娥親迺挺身奮手，左抵其額，右椿其喉，反覆盤旋，應手而倒。遂拔其刀以截壽頭，持詣都亭，歸罪有司，徐步詣獄，辭顏不變。時祿福長漢陽尹嘉不忍論娥親，卽解印綬去官，弛法縱之。娥親曰：「讎塞身死，妾之明分也。治獄制刑，君之常典也。何敢貪生以枉官法？」鄉人聞之，傾城奔往，觀者如堵焉，莫不爲之悲喜慷慨嗟歎也。守尉不敢公縱，陰語使去，以便宜自匿。娥親抗聲大言曰：「枉法逃死，非妾本心。今讎人已雪，死則妾分，乞得歸法以全國體。雖復萬死，於娥親畢足，不敢貪生爲明廷負也。」尉故不聽所執，娥親復言曰：「匹婦雖微，猶知憲制。殺人之罪，法所不縱。今旣犯之，義無可逃。乞就刑戮，隕身朝市，肅明王法，娥親之願也。」辭氣愈厲，面無懼色。尉知其難奪，彊載還家。涼州刺史周洪、酒泉太守劉班等並共表上，稱其烈義，刊石立碑，顯其門閭。太常弘農張奐貴尙所履，以束帛二十端禮之。海內聞之者，莫不改容贊善，高大其義。故黃門侍郎安定梁寬追述娥親，爲其作傳。玄晏先生以爲父母之讎，不與共天地，蓋男子之所爲也。而娥親以女弱之微，念父辱之酷痛，感讎黨之凶言，奮劍仇頸，人馬俱摧，塞亡父之怨魂，雪三弟之永恨，近古已來，未之有也。詩云「修我戈矛，與子同仇」，娥親之謂也。

閻溫字伯儉，天水西城人也。以涼州別駕守上邽令。馬超走奔上邽，郡人任養等舉衆迎之。溫止之，不能禁，乃馳還州。超復圍州所治冀城甚急，州乃遣溫密出，告急於夏侯淵。賊圍數重，溫夜從水中潛出。明日，賊見其迹，遣人追遮之，於顯親界得溫，執還詣超。超解其縛，謂曰：「今成敗可見，足下爲孤城請救而執於人手，義何所施？若從吾言，反謂城中，東方無救，此轉禍爲福之計也。不然，今爲戮矣。」溫僞許之，超乃載溫詣城下。溫向城大呼曰：「大軍不過三日至，勉之！」城中皆泣，稱萬歲。超怒數之曰：「足下不爲命計邪？」溫不應。時超攻城久不下，故徐誘溫，冀其改意。復謂溫曰：「城中故人，有欲與吾同者不？」溫又不應。遂切責之，溫曰：「夫事君有死無貳，而卿乃欲令長者出不義之言，吾豈苟生者乎？」超遂殺之。

先是，河右擾亂，隔絕不通，燉煌太守馬艾卒官，府又無丞。功曹張恭素有學行，郡人推行長史事，恩信甚著，乃遣子就東詣太祖，請太守。時酒泉黃華、張掖張進各據其郡，欲與恭（艾）幷勢。就至酒泉，爲華所拘執，劫以白刃。就終不回，私與恭疏曰：「大人率厲燉煌，忠義顯然，豈以就在困厄之中而替之哉？昔樂羊食子，李通覆家，經國之臣，寧懷妻孥邪？

今大軍垂至，但當促兵以掎之耳；願不以下流之愛，使就有恨於黃壤也。」恭卽遣從弟華攻酒泉沙頭、乾齊二縣。恭又連兵尋繼華後，以爲首尾之援。別遣鐵騎二百，迎吏官屬，東緣酒泉北塞，徑出張掖北河，逢迎太守尹奉。於是張進須黃華之助；華欲救進，西顧恭兵，恐急擊其後，遂詣金城太守蘇則降。就竟平安。奉得之官。黃初二年，下詔褒揚，賜恭爵關內侯，拜西域戊己校尉。數歲徵還，將授以侍臣之位，而以子就代焉。恭至燉煌，固辭疾篤。太和中卒，贈執金吾。就後爲金城太守，父子著稱於西州。〔一〕

〔一〕世語曰：就子斅，字祖文，弘毅有幹正，晉武帝世爲廣漢太守。王濬在益州，受中制募兵討吳，無虎符，斅收濬從事列上，由此召斅還。帝責斅：「何不密啓而便收從事？」斅曰：「蜀漢絕遠，劉備嘗用之。輒收，臣猶以爲輕。」帝善之。官至匈奴中郎將。斅子固，字元安，有斅風，爲黃門郎，早卒。斅，一本作勅。

魏略勇俠傳載孫賓碩、祝公道、楊阿若、鮑出等四人，賓碩雖漢人，而魚豢編之魏書，蓋以其人接魏，事義相類故也。論其行節，皆龐、淯之流。其祝公道一人，已見賈逵傳。今列賓碩等三人于後。

孫賓碩者，北海人也，家素貧。當漢桓帝時，常侍左悺、唐衡等權侔人主。延熹中，衡弟爲京兆虎牙都尉，秩比二千石，而統屬郡。衡弟初之官，不脩敬於京兆尹，入門不持版，郡功曹趙息呵廊下曰：「虎牙儀如屬城，何得放臂入府門？」促收其主簿。衡弟顧促取版，既入見尹，尹欲脩主人，敕外爲市買。息又啓云：「〔左〕〔衡〕悺子弟，來爲虎牙，非德選，不足爲特酤買，宜隨中舍菜食而已。」及其到官，遣吏奉牋謝尹，息又敕門，言「無常見此無陰兒輩子弟邪，用其牋記爲通乎？」晚乃通之，又不得卽令報。衡弟皆知之，甚恚，欲滅諸趙。因書與衡，求爲京兆尹，旬月之間，得爲之。息自知前過，乃逃走。時息從父仲臺，見爲涼州刺史，於是衡爲詔徵仲臺，遣歸。遂詔中都官及郡部督郵，捕諸趙尺兒以上，及仲臺皆殺之，有藏者與同罪。時息從父岐爲皮氏長，聞有家禍，因從官舍逃，走之河間，變姓字，又轉詣北海，著絮巾布袴，常於市中販胡餅。賓碩時年二十餘，乘犢車，將騎入市。觀見岐，疑其非常人也。因問之曰：「自有餅邪，販之邪？」岐曰：「販之。」賓碩曰：「買幾錢？賣幾錢？」岐曰：「買三十，賣亦三十。」賓碩曰：「視處士之望，非似賣餅者，殆有故！」乃開車後戶，顧所將兩騎，令下馬扶上之。時岐以爲是唐氏耳目也，甚怖，面失色。賓碩閉車後戶，下前襜，謂之曰：「視處士狀貌，既非販餅者，加今面色變動，即不有重怨，則當亡命。我北海孫賓碩也，闔門百口，又有百歲老母在堂，勢能相度者也，終不相負，必語我以實。」岐乃具告之。賓碩遂載岐驅歸。住車門外，先入，白母言：「今日出得死友在外，當來入拜。」乃出，延岐入，椎牛鍾酒，快相娛樂。一二日，因載著別田舍，藏置複壁中。後數歲，唐衡及弟皆死。岐乃得出，還本郡。三府並辟，展轉仕進，至郡守、刺史、太僕，而賓碩亦從此顯名於東國，仕至豫州刺史。初平末，賓碩以東方饑荒，南客荆州。至興平中，趙岐以太僕持節使安慰天下，南詣荆州，乃復與賓碩相遇，相對流涕。岐爲劉表陳其本末，由是益禮賓碩。頃之，賓碩病亡，岐在南，爲行喪也。

楊阿若後名豐，字伯陽，酒泉人。少遊俠，常以報讎解怨爲事，故時人爲之號曰：「東市相斫楊阿若，西市相斫楊阿若。」至建安年中，太守徐揖誅郡中彊族黃氏。時黃昂得脫在外，乃以其家粟金數斛，募衆得千餘人以攻揖。揖城守。豐時在外，以昂爲不義，乃告揖，捐妻子走詣張掖求救。會張掖又反，殺太守，而昂亦陷城殺揖，二郡合勢。昂恚豐不與已同，乃重募取豐，欲令張掖以麻繫其頭，生致之。豐遂逃走。武威太守張猛假豐爲都尉，使齎檄告酒泉，聽豐爲揖報讎。豐遂單騎入南羌中，合衆得千餘騎，從（樂浿）〔樂涫〕南山中出，指趨郡城。未到三十里，皆令騎下馬，曳柴揚塵。酒泉郡人望見塵起，以爲東大兵到，遂破散。昂獨走出，羌捕得昂，豐謂昂曰：「卿前欲生縶我頸，今反爲我所縶，云何？」昂慚謝，豐遂殺之。時黃華在東，又還領郡。豐畏華，復走依燉煌。至黃初中，河西興復，黃華降，豐乃還郡。郡舉孝廉，州表其義勇，詔即拜駙馬都尉。後二十餘年，病亡。

鮑出字文才，京兆新豐人也。少遊俠。興平中，三輔亂，出與老母兄弟五人家居本縣，以飢餓，留其母守舍，相將行採蓬實，合得數升，使其二兄初、雅及其弟成持歸，爲母作食，獨與小弟在後採蓬。初等到家，而噉人賊數十人已略其母，以繩貫其手掌，驅去。初等怖恐，不敢追逐。須臾，出從後到，知母爲賊所略，欲追賊。兄弟皆云：「賊衆，當如何？」出怒曰：「有母而使賊貫其手，將去煑噉之，用活何爲？」乃攘臂結衽獨追之，行數里及賊。賊望見出，乃共布列待之。出到，回從一頭斫賊四五人。賊走，復合聚圍出，出跳越圍斫之，又殺十餘人。時賊分布，驅出母前去。賊連擊出，不勝，乃走與前輩合。出復追擊之，還見其母與比舍嫗同貫相連，出遂復奮擊賊。賊問出曰：「卿欲何得？」出責數賊，指其母以示之，賊乃解還出母。比舍嫗獨不解，遥望出求哀。出復斫賊，賊謂出曰：「已還卿母，何爲不止？」出又指求哀嫗：「此我嫂也。」賊復解還之。出得母還，遂相扶侍，客南陽。建安五年，關中始開，出來北歸，而其母不能步行，兄弟欲共輿之。出以輿車歷山險危，不如負之安穩，乃以籠盛其母，獨自負之，到鄉里。鄉里士大夫嘉其孝烈，欲薦州郡，郡辟召出，出曰：「田民不堪冠帶。」至青龍中，母年百餘歲乃終，出時年七十餘，行喪如禮，於今年八九十，才若五六十者。

魚豢曰：昔孔子歎顏回，以爲三月不違仁者，蓋觀其心耳，孰如孫、祝菜色於市里，顛倒於牢獄，據有實事哉？且夫濮陽周氏不敢匿迹，魯之朱家不問情實，是何也？懼禍之及，且心不安也。而太史公猶貴其竟脫季布，豈若二賢，厥義多乎？今故遠收孫、祝，而近錄楊、鮑，既不欲其泯滅，且敦薄俗。至於鮑出，不染禮教，心痛意發，起於自然，跡雖在編戶，與篤烈君子何以異乎？若夫楊阿若，少稱任俠，長遂蹈義，自西徂東，摧討逆節，可謂勇而有仁者也。

評曰：李典貴尚儒雅，義忘私隙，美矣。李通、臧霸、文聘、呂虔鎮衛州郡，並著威惠。許褚、典韋折衝左右，抑亦漢之樊噲也。龐德授命叱敵，有周苛之節。龐淯不憚伏劍，而誠感鄰國。閻溫向城大呼，齊解、路之烈焉。

三國志卷十九　魏書十九

任城陳蕭王傳第十九

任城威王彰，字子文。少善射御，膂力過人，手格猛獸，不避險阻。數從征伐，志意慷慨。太祖嘗抑之曰：「汝不念讀書慕聖道，而好乘汗馬擊劍，此一夫之用，何足貴也！」課彰讀詩、書，彰謂左右曰：「丈夫一爲衞、霍，將十萬騎馳沙漠，驅戎狄，立功建號耳，何能作博士邪？」太祖嘗問諸子所好，使各言其志。彰曰：「好爲將。」太祖曰：「爲將柰何？」對曰：「被堅執銳，臨難不顧，爲士卒先；賞必行，罰必信。」太祖大笑。建安二十一年，封鄢陵侯。

二十三年，代郡烏丸反，以彰爲北中郎將，行驍騎將軍。臨發，太祖戒彰曰：「居家爲父子，受事爲君臣，動以王法從事，爾其戒之！」彰北征，入涿郡界，叛胡數千騎卒至。時兵馬未集，唯有步卒千人，騎數百匹。用田豫計，固守要隙，虜乃退散。彰追之，身自搏戰，射胡騎，應弦而倒者前後相屬。戰過半日，彰鎧中數箭，意氣益厲，乘勝逐北，至于桑乾，〔一〕去代二百餘里。長史諸將皆以爲新涉遠，士馬疲頓，又受節度，不得過代，不可深進，違令輕敵。彰曰：「率師而行，唯利所在，何節度乎？胡走未遠，追之必破。從令縱敵，非良將也。」遂上馬，令軍中：「後出者斬。」一日一夜與虜相及，擊，大破之，斬首獲生以千數。彰乃倍常科大賜將士，將士無不悅喜。時鮮卑大人軻比能將數萬騎觀望彊弱，見彰力戰，所向皆破，乃請服。北方悉平。時太祖在長安，召彰詣行在所。彰自代過鄴，太子謂彰曰：「卿新有功，今西見上，宜勿自伐，應對常若不足者。」彰到，如太子言，歸功諸將。太祖喜，持彰鬚曰：「黃鬚兒竟大奇也！」〔二〕

〔一〕臣松之案桑乾縣屬代郡，今北虜居之，號為索干之都。

〔二〕魏略曰：太祖在漢中，而劉備栖於山頭，使劉封下挑戰。太祖罵曰：「賣履舍兒，長使假子拒汝公乎！待呼我黃鬚來，令擊之。」乃召彰。彰晨夜進道，西到長安而太祖已還，從漢中而歸。彰鬚黃，故以呼之。

太祖東還，以彰行越騎將軍，留長安。太祖至洛陽，得疾，驛召彰，未至，太祖崩。〔一〕文帝即王位，彰與諸侯就國。〔二〕詔曰：「先王之道，庸勳親親，並建母弟，開國承家，故能藩屏大宗，禦侮厭難。彰前受命北伐，清定朔土，厥功茂焉。增邑五千，并前萬戶。」黃初二年，進爵為公。三年，立為任城王。四年，朝京都，疾薨于邸，謚曰威。〔三〕至葬，賜鑾輅、龍旂，虎賁百人，如漢東平王故事。子楷嗣，徙封中牟。五年，改封任城縣。太和六年，復改封任城國，食五縣二千五百戶。青龍三年，楷坐私遣官屬詣中尚方作禁物，削縣二千戶。正始

七年，徙封濟南，三千戶。正元、景元初，連增邑，凡四千四百戶。〔四〕

〔一〕魏略曰：彰至，謂臨菑侯植曰：「先王召我者，欲立汝也。」植曰：「不可。不見袁氏兄弟乎！」

〔二〕魏略曰：太子嗣立，既葬，遣彰之國。始彰自以先王見任有功，冀因此遂見授用，而聞當隨例，意甚不悅，不待遣而去。時以鄢陵瘠薄，使治中牟。及帝受禪，因封爲中牟王。是後大駕幸許昌，北州諸侯上下，皆畏彰之剛嚴；每過中牟，不敢不速。

〔三〕魏氏春秋曰：初，彰問璽綬，將有異志，故來朝不卽得見。彰忿怒暴薨。

〔四〕楷，泰始初爲崇化少府，見百官名。

陳思王植字子建。年十歲餘，誦讀詩論及辭賦數十萬言，善屬文。太祖嘗視其文，謂植曰：「汝倩人邪？」植跪曰：「言出爲論，下筆成章，顧當面試，奈何倩人？」時鄴銅爵臺新成，太祖悉將諸子登臺，使各爲賦。植援筆立成，可觀，太祖甚異之。〔一〕性簡易，不治威儀。輿馬服飾，不尚華麗。每進見難問，應聲而對，特見寵愛。建安十六年，封平原侯。十九年，徙封臨菑侯。太祖征孫權，使植留守鄴，戒之曰：「吾昔爲頓邱令，年二十三。思此時所行，無悔於今。今汝年亦二十三矣，可不勉與！」植既以才見異，而丁儀、丁廙、楊脩等爲之羽翼。太祖狐疑，幾爲太子者數矣。而植任性而行，不自彫勵，飲酒不節。文帝御之以術，矯情自飾，宮人左右，並爲之說，故遂定爲嗣。二十二年，增置邑五千，并前萬戶。

植嘗乘車行馳道中，開司馬門出。太祖大怒，公車令坐死。由是重諸侯科禁，而植寵日衰。〔二〕太祖既慮終始之變，以楊脩頗有才策，而又袁氏之甥也，於是以罪誅脩。植益內不自安。〔三〕二十四年，曹仁爲關羽所圍。太祖以植爲南中郎將，行征虜將軍，欲遣救仁，呼有所勑戒。植醉不能受命，於是悔而罷之。〔四〕

〔一〕陰澹魏紀載植賦曰：「從明后而嬉游兮，登層臺以娛情。見太府之廣開兮，觀聖德之所營。建高門之嵯峨兮，浮雙闕乎太清。立中天之華觀兮，連飛閣乎西城。臨漳水之長流兮，望園果之滋榮。仰春風之和穆兮，聽百鳥之悲鳴。天雲垣其既立兮，家願得而獲逞。揚仁化於宇內兮，盡肅恭於上京。惟桓文之爲盛兮，豈足方乎聖明！休矣美矣！惠澤遠揚。翼佐我皇家兮，寧彼四方。同天地之規量兮，齊日月之暉光。永貴尊而無極兮，等年壽於東王」云云。太祖深異之。

〔二〕魏武故事載令曰：「始者謂子建，兒中最可定大事。」又令曰：「自臨菑侯植私出，開司馬門至金門，令吾異目視此兒矣。」又令曰：「諸侯長史及帳下吏，知吾出輒將諸侯行意否？從子建私開司馬門來，吾都不復信諸侯也。恐吾適出，便復私出，故攝將行。不可恒使吾（爾）〔以〕誰爲心腹也！」

〔三〕典略曰：楊脩字德祖，太尉彪子也。謙恭才博。建安中，舉孝廉，除郎中，丞相請署倉曹屬主簿。是時，軍國多事，脩總知外內，事皆稱意。自魏太子已下，並爭與交好。又是時臨菑侯植以才捷愛幸，來意投脩，數與脩書，書曰：「數日不見，思子爲勞；想同之也。僕少好詞賦，迄至于今二十有五年矣。然今世作者，可略而言也。昔仲宣獨步於漢南，孔璋鷹揚於河朔，偉長擅名於青土，公幹振藻於海隅，德璉發迹於大魏，足下高視於上京。當此之時，人人自謂握靈蛇之珠，家家自謂抱荆山之玉也。吾王於是設天網以該之，頓八紘以掩之，今盡集茲國矣。然此數子，猶不能飛翰絕迹，一舉千里也。以孔璋之才，不閑辭賦，而多自謂與司馬長卿同風，譬畫虎不成還爲狗者也。前爲書嘲之，反作論盛道僕贊其文。夫鍾期不失聽，于今稱之。吾亦不敢妄歎者，畏後之嗤余也。世人著述，不能無病。僕常好人譏彈其文；有不善者，應時改定。昔丁敬禮嘗作小文，使僕潤飾之，僕自以才不能過若人，辭不爲也。敬禮云：『卿何所疑難乎！文之佳麗，吾自得之。後世誰相知定吾文者邪？』吾常歎此達言，以爲美談。昔尼父之文辭，與人通流；至於制春秋，游、夏之徒不能錯一字。過此而言不病者，吾未之見也。蓋有南威之容，乃可以論於淑媛；有龍淵之利，乃可以議於割斷。劉季緒才不逮於作者，而好詆呵文章，掎摭利病。昔田巴毀五帝，罪三王，呰五伯於稷下，一旦而服千人，魯連一說，使終身杜口。劉生之辯未若田氏，今之仲連求之不難，可無歎息乎！人各有所好尚。蘭茝蓀蕙之芳，衆人之所好，而海畔有逐臭之夫；咸池、六英之發，衆人所樂，而墨翟有非之之論：豈可同哉！今往僕少小所著詞賦一通相與。夫街談巷說，必有可采，擊轅之歌，有應風雅，匹夫之思，未易輕棄也。辭賦小道，固未足以揄揚大義，彰示來世也。昔揚子雲，先朝執戟之臣耳，猶稱『壯夫不爲』也；吾雖薄德，位爲藩侯，猶庶幾戮力上國，流惠下民，建永世之業，流金石之功，豈徒以翰墨爲勳績，辭頌爲君子哉？若吾志不果，吾道不行，亦將採史官之實錄，辯時俗之得失，定仁義之衷，成一家之言，雖未能藏之名山，將以傳之同好，此要之白首，豈可以今日論乎！其言之不怍，恃惠子之知我也。明早相迎，書不盡懷。」脩答曰：「不侍數日，若彌年載，豈獨愛顧之隆，使係仰之情深邪！損辱來命，蔚矣其文。誦讀反覆，雖諷雅、頌，不復過也。若仲宣之擅江表，陳氏之跨冀域，徐、劉之顯青、豫，應生之發魏國，斯皆然矣。至如脩者，聽采風聲，仰德不暇，目周章於省覽，何惶駭於高視哉？伏惟君侯，少長貴盛，體旦、發之質，有聖善之教。遠近觀者，徒謂能宣昭懿德，光贊大業而已，不謂復能兼覽傳記，留思文章。今乃含王超陳，度越數子；觀者駭視而拭目，聽者傾首而聳耳；非夫體通性達，受之自然，其誰能至於此乎？又嘗親見執事握牘持筆，有所造作，若成誦在心，借書於手，曾不斯須少留思慮。仲尼日月，無得踰焉。脩之仰望，殆如此矣。是以對鶡而辭，作暑賦彌日而不獻，見西施之容，歸憎其貌者也。伏想執事不知其然，猥受顧賜，教使刊定。春秋之成，莫能損益。呂氏、淮南，字直千金；然而弟子鉗口，市人拱手者，聖賢卓犖，固所以殊絕凡庸也。今之賦頌，古詩之流，不更孔公，風雅無別耳。脩家子雲，老不曉事，彊著一書，悔其少作。若此，仲山、周旦之徒，則皆有愆乎！君侯忘聖賢之顯迹，述鄙宗之過言，竊以為未之思也。若乃不忘經國之大美，流千載之英聲，銘功景鍾，書名竹帛，此自雅量素所蓄也，豈與文章相妨害哉？輒受所惠，竊備矇瞍誦歌而已。敢忘惠施，以忝莊氏！季緒瑣瑣，何足以云。」其相往來，如此甚數。植後以驕縱見疏，而植故連綴脩不止，脩亦不敢自絕。至二十四年秋，公以脩前後漏泄言教，交關諸侯，乃收殺之。脩臨死，謂故人曰：「我固自以死之晚也。」其意以為坐曹植也。脩死後百餘日而太祖薨，太子立，遂有天下。初，脩以所得王髦劍奉太子，太子常服之。及卽尊位，在洛陽，從容出宮，追思脩之過薄也，撫其劍，駐車顧左右曰：「此楊德祖昔所說王髦劍也。髦今焉在？」及召見之，賜髦穀帛。

摯虞文章志曰：劉季緒名脩，劉表子。官至東安太守。著詩、賦、頌六篇。

臣松之案呂氏春秋曰：「人有臭者，其兄弟妻子皆莫能與居，其人自苦而居海上。海上人有悅其臭者，晝夜隨之而不能去。」此植所云「逐臭之夫」也。田巴事出魯連子，亦見皇覽，文多故不載。

世語曰：脩年二十五，以名公子有才能，為太祖所器。與丁儀兄弟，皆欲以植為嗣。太子患之，以車載廢簏，內朝歌長吳質與謀。脩以白太祖，未及推驗。太子懼，告質，質曰：「何患？明日復以簏受絹車內以惑之，脩必復重白，重白必推而無驗，則彼受罪矣。」世子從之，脩果白而無人，太祖由是疑焉。脩與賈逵、王淩並爲主簿，而爲植所友。每當就植，慮事有闕，忖度太祖意，豫作答教十餘條，敕門下，教出以次答。教裁出，答已入，太祖怪其捷，推問始泄。太祖遣太子及植各出鄴城一門，密敕門不得出，以觀其所爲。太子至門，不得出而還。脩先戒植：「若門不出侯，侯受王命，可斬守者。」植從之。故脩遂以交搆賜死。脩子囂，囂子準，皆知名於晉世。囂，泰始初爲典軍將軍，受心膂之任，早卒。準字始丘，惠帝末爲冀州刺史。

荀綽冀州記曰：準見王綱不振，遂縱酒，不以官事爲意，逍遙卒歲而已。成都王知準不治，猶以其爲名士，惜而不責，召以爲軍謀祭酒。府散停家，關東諸侯議欲以準補三事，以示懷賢尙德之舉。事未施行而卒。準子嶠字國彥，髦字士彥，並爲後出之俊。準與裴頠、樂廣善，遣往見之。頠性弘方，愛嶠之有高韻，謂準曰：「嶠當及卿，然髦小減也。」廣性清淳，愛髦之有神檢，謂準曰：「嶠自及卿，然髦尤精出。」準歎曰：「我二兒之優劣，乃裴、樂之優劣也。」評者以爲嶠雖有高韻，而神檢不逮，廣言爲得。傅暢云：「嶠似準而疎。」嶠弟俊，字惠彥，最清出。嶠、髦皆爲二千石。俊，太傅掾。

〔四〕魏氏春秋曰：植將行，太子飲焉，偪而醉之。王召植，植不能受王命，故王怒也。

文帝卽王位，誅丁儀、丁廙幷其男口。〔一〕植與諸侯並就國。黃初二年，監國謁者灌均希指，奏「植醉酒悖慢，劫脅使者」。有司請治罪，帝以太后故，貶爵安鄉侯。〔二〕其年改封鄄城侯。三年，立爲鄄城王，邑二千五百戶。

〔一〕魏略曰：丁儀字正禮，沛郡人也。父沖，宿與太祖親善，時隨乘輿。見國家未定，乃與太祖書曰：「足下平生常喟然有匡佐之志，今其時矣。」是時張楊適還河內，太祖得其書，乃引軍迎天子東詣許，以沖爲司隸校尉。後數來過諸將飲，酒美不能止，醉爛腸死。太祖以沖前見開導，常德之。聞儀爲令士，雖未見，欲以愛女妻之，以問五官將。五官將曰：「女人觀貌，而正禮目不便，誠恐愛女未必悅也。以爲不如與伏波子楙。」太祖從之。尋辟儀爲掾，到與論議，嘉其才朗，曰：「丁掾，好士也，即使其兩目盲，尚當與女，何況但眇？是吾兒誤我。」時儀亦恨不得尚公主，而與臨菑侯親善，數稱其奇才。太祖既有意欲立植，而儀又共讚之。及太子立，欲治儀罪，轉儀爲右刺姦掾，欲儀自裁而儀不能。乃對中領軍夏侯尚叩頭求哀，尚爲涕泣而不能救。後遂因職事，收付獄，殺之。

廙字敬禮，儀之弟也。文士傳曰：廙少有才姿，博學洽聞。初辟公府，建安中爲黃門侍郎。廙嘗從容謂太祖曰：「臨菑侯天性仁孝，發於自然，而聰明智達，其殆庶幾。至於博學淵識，文章絕倫。當今天下之賢才君子，不問少長，皆願從其游而爲之死，實天所以鍾福於大魏，而永授無窮之祚也。」欲以勸動太祖。太祖答曰：「植，吾愛之，安能若卿言！吾欲立之爲嗣，何如？」廙曰：「此國家之所以興衰，天下之所以存亡，非愚劣瑣賤者所敢與及。廙聞知臣莫若於君，知子莫若於父。至於君不論明闇，父不問賢愚，而能常知其臣子者何？蓋由相知非一事一物，相盡非一旦一夕。況明公加之以聖哲，習之以人子。今發明達之命，吐永安之言，可謂上應天命，下合人心，得之於須臾，垂之於萬世者也。廙不避斧鉞之誅，敢不盡言！」太祖深納之。

〔三〕魏書載詔曰：「植，朕之同母弟。朕於天下無所不容，而況植乎？骨肉之親，舍而不誅，其改封植。」

四年，徙封雍丘王。其年，朝京都。上疏曰：

臣自抱釁歸藩，刻肌刻骨，追思罪戾，晝分而食，夜分而寢。誠以天罔不可重離，聖恩難可再恃。竊感相鼠之篇，無禮遄死之義，形影相弔，五情愧赧。以罪棄生，則違古賢「夕改」之勸，忍活苟全，則犯詩人「胡顏」之譏。伏惟陛下德象天地，恩隆父母，施暢春風，澤如時雨。是以不別荊棘者，慶雲之惠也；七子均養者，尸鳩之仁也；舍罪責功者，明君之舉也；矜愚愛能者，慈父之恩也：是以愚臣徘徊於恩澤而不能自棄者也。

前奉詔書，臣等絕朝，心離志絕，自分黃耇無復執珪之望。不圖聖詔猥垂齒召，至止之日，馳心輦轂。僻處西館，未奉闕廷，踊躍之懷，瞻望反仄。謹拜表獻詩二篇，其辭曰：「於穆顯考，時惟武皇，受命于天，寧濟四方。朱旗所拂，九土披攘，玄化滂流，荒服來王。超商越周，與唐比蹤。篤生我皇，奕世載聰，武則肅烈，文則時雍，受禪炎漢，臨君萬邦。萬邦既化，率由舊則；廣命懿親，以藩王國。帝曰爾侯，君茲青土，奄有海濱，方周于魯，車服有輝，旗章有敘，濟濟雋乂，我弼我輔。伊予小子，恃寵驕盈，舉挂時網，動亂國經。作藩作屏，先軌是墮，傲我皇使，犯我朝儀。國有典刑，我削我絀，將寘于理，元兇是率。明明天子，時篤同類，不忍我刑，暴之朝肆，違彼執憲，哀予小子。改封兗邑，于河之濱，股肱弗置，有君無臣，荒淫之闕，誰弼予身？煢煢僕夫，于彼冀方，嗟予小子，乃罹斯殃。赫赫天子，恩不遺物，冠我玄冕，要我朱紱。朱紱光大，使我榮華，剖符授玉，王爵是加。仰齒金璽，俯執聖策，皇恩過隆，祗承怵惕。咨我小子，頑凶是嬰，逝慚陵墓，存愧闕廷。匪敢傲德，實恩是恃，威靈改加，足以沒齒。昊天罔極，性命不圖，常懼顛沛，抱罪黃壚。願蒙矢石，建旗東嶽，庶立豪氂，微功自贖。危軀授命，知足免戾，甘赴江、湘，奮戈吳、越。天啓其衷，得會京畿，遲奉聖顏，如渴如饑。心之云慕，愴矣其悲，天高聽卑，皇肯照微！」又曰：「肅承明詔，應會皇都，星陳夙駕，秣馬脂車。命彼掌徒，肅我征旅，朝發鸞臺，夕宿蘭渚。芒芒原隰，祁祁士女，經彼公田，樂我稷黍。爰有樛木，重陰匪息；雖有餱糧，飢不遑食。望城不過，面邑匪游，僕夫警策，平路是由。玄駟藹藹，揚鑣漂沫；流風翼衡，輕雲承蓋。涉澗之濱，緣山之隈，遵彼河滸，黃阪是階。西濟關谷，或降或升；騑驂倦路，再寢再興。將朝聖皇，匪敢晏寧；弭節長騖，指日遄征。前驅舉燧，後乘抗旌；輪不輟運，鸞無廢聲。爰暨帝室，稅此西墉；嘉詔未賜，朝覲莫從。仰瞻城閾，俯惟闕廷；長懷永慕，憂心如酲。」

帝嘉其辭義，優詔答勉之。〔一〕

〔一〕魏略曰：初植未到關，自念有過，宜當謝帝。乃留其從官著關東，單將兩三人微行，入見清河長公主，欲因主謝。而關吏以聞，帝使人逆之，不得見。太后以爲自殺也，對帝泣。會植科頭負鈇鑕，徒跣詣闕下，帝及太后乃喜。及見之，帝猶嚴顏色，不與語，又不使冠履。植伏地泣涕，太后爲不樂。詔乃聽復王服。

魏氏春秋曰：是時待遇諸國法峻。任城王暴薨，諸王既懷友于之痛。植及白馬王彪還國，欲同路東歸，以敍隔闊之思，而監國使者不聽。植發憤告離而作詩曰：「謁帝承明廬，逝將歸舊疆。清晨發皇邑，日夕過首陽。伊、洛曠且深，欲濟川無梁。汎舟越洪濤，怨彼東路長。回顧戀城闕，引領情內傷。大谷何寥廓，山樹鬱蒼蒼。霖雨泥我塗，流潦浩從橫。中逵絕無軌，改轍登高岡。修阪造雲日，我馬玄以黃。玄黃猶能進，我思鬱以紆。鬱紆將何念？親愛在離居。本圖相與偕，中更不克俱。鴟梟鳴衡軛，豺狼當路衢；蒼蠅間白黑，讒巧反親疎。欲還絕無蹊，攬轡止踟躕。踟躕亦何留，相思無終極。秋風發微涼，寒蟬鳴我側。原野何蕭條，白日忽西匿。孤獸走索羣，銜草不遑食。歸鳥赴高林，翩翩厲羽翼。感物傷我懷，撫心長歎息。歎息亦何為，天命與我違。奈何念同生，一往形不歸！孤魂翔故域，靈柩寄京師。存者勿復過，亡沒身自衰。人生處一世，忽若朝露晞。年在桑榆閒，影響不能追。自顧非金石，咄唶令心悲。心悲動我神，棄置莫復陳。丈夫志四海，萬里猶比鄰。恩愛苟不虧，在遠分日親。何必同衾幬，然後展慇勤。倉卒骨肉情，能不懷苦辛？苦辛何慮思，天命信可疑。虛無求列仙，松子久吾欺。變故在斯須，百年誰能持？離別永無會，執手將何時？王其愛玉體，俱享黃髮期。收淚即長塗，援筆從此辭。」

六年，帝東征，還過雍丘，幸植宮，增戶五百。太和元年，徙封浚儀。二年，復還雍丘。植常自憤怨，抱利器而無所施，上疏求自試曰：

臣聞士之生世，入則事父，出則事君；事父尚於榮親，事君貴於興國。故慈父不能愛無益之子，仁君不能畜無用之臣。夫論德而授官者，成功之君也；量能而受爵者，畢命之臣也。故君無虛授，臣無虛受；虛授謂之謬舉，虛受謂之尸祿，詩之「素餐」

所由作也。昔二虢不辭兩國之任，其德厚也；旦、奭不讓燕、魯之封，其功大也。今臣蒙國重恩，三世于今矣。正值陛下升平之際，沐浴聖澤，潛潤德教，可謂厚幸矣。而竊位東藩，爵在上列，身被輕煖，口厭百味，目極華靡，耳倦絲竹者，爵重祿厚之所致也。退念古之授爵祿者，有異於此，皆以功勤濟國，輔主惠民。今臣無德可述，無功可紀，若此終年無益國朝，將挂風人「彼其」之譏。是以上慚玄冕，俯愧朱紱。

方今天下一統，九州晏如，而顧西有違命之蜀，東有不臣之吳，使邊境未得脫甲，謀士未得高枕者，誠欲混同宇內以致太和也。故啓滅有扈而夏功昭，成克商、奄而周德著。今陛下以聖明統世，將欲卒文、武之功，繼成、康之隆，簡賢授能，以方叔、召虎之臣鎮御四境，爲國爪牙者，可謂當矣。然而高鳥未挂於輕繳，淵魚未縣於鉤餌者，恐釣射之術或未盡也。昔耿弇不俟光武，亟擊張步，言不以賊遺於君父。故車右伏劍於鳴轂，雍門刎首於齊境，若此二士，豈惡生而尚死哉？誠忿其慢主而陵君也。〔一〕夫君之寵臣，欲以除患興利；臣之事君，必以殺身靖亂，以功報主也。昔賈誼弱冠，求試屬國，請係單于之頸而制其命；終軍以妙年使越，欲得長纓占其王，羈致北闕。此二臣，豈好爲夸主而燿世哉？志或鬱結，欲逞其才力，輸能於明君也。昔漢武爲霍去病治第，辭曰：「匈奴未滅，臣無以家爲！」（四）夫憂國忘家，捐軀濟難，忠臣之志也。今臣居外，非不厚也，而寢不安席，食不遑味者，伏以二方未克爲念。

伏見先武皇帝武臣宿將，年耆卽世者有聞矣，雖賢不乏世，宿將舊卒，猶習戰陳。竊不自量，志在效命，庶立毛髮之功，以報所受之恩。若使陛下出不世之詔，效臣錐刀之用，使得西屬大將軍，當一校之隊，若東屬大司馬，統偏舟之任，必乘危蹈險，騁舟奮驪，突刃觸鋒，爲士卒先。雖未能禽權馘亮，庶將虜其雄率，殲其醜類，必效須臾之捷，以滅終身之愧，使名挂史筆，事列朝策。雖身分蜀境，首縣吳闕，猶生之年也。如微才弗試，沒世無聞，徒榮其軀而豐其體，生無益於事，死無損於數，虛荷上位而忝重祿，禽息鳥視，終於白首，此徒圈牢之養物，非臣之所志也。流聞東軍失備，師徒小衄，輟食棄餐，奮袂攘衽，撫劍東顧，而心已馳於吳會矣。

臣昔從先武皇帝南極赤岸，東臨滄海，西望玉門，北出玄塞，伏見所以行軍用兵之勢，可謂神妙矣。故兵者不可豫言，臨難而制變者也。志欲自效於明時，立功於聖世。每覽史籍，觀古忠臣義士，出一朝之命，以徇國家之難，身雖屠裂，而功銘著於鼎鍾，名稱垂於竹帛，未嘗不拊心而歎息也。臣聞明主使臣，不廢有罪。故奔北敗軍之將用，秦、魯以成其功；〔二〕絕纓盜馬之臣赦，楚、趙以濟其難。〔三〕臣竊感先帝早崩，威王棄世，臣獨何人，以堪長久！常恐先朝露，塡溝壑，墳土未乾，而身名並滅。臣聞騏驥長鳴，則伯樂照其能；盧狗悲號，則韓國知其才。是以效之齊、楚之路，以逞千里之任；試之狡兔之捷，以驗搏噬之用。今臣志狗馬之微功，竊自惟度，終無伯樂、韓國之舉，是以於邑而竊自痛者也。

夫臨搏而企竦，聞樂而竊抃者，或有賞音而識道也。昔毛遂，趙之陪隸，猶假錐囊之喻，以寤主立功，何況巍巍大魏多士之朝，而無慷慨死難之臣乎！夫自衒自媒者，士女之醜行也。干時求進者，道家之明忌也。而臣敢陳聞於陛下者，誠與國分形同氣，憂患共之者也。冀以塵霧之微補益山海，熒燭末光增輝日月，是以敢冒其醜而獻其忠。〔四〕

〔一〕劉向說苑曰：越甲至齊，雍門狄請死之。齊王曰：「鼓鐸之聲未聞，矢石未交，長兵未接，子何務死？知爲人臣之禮邪？」雍門狄對曰：「臣聞之，昔者王田於囿，左轂鳴，車右請死之，王曰：『子何爲死？』車右曰：『爲其鳴吾君也。』王曰：『左轂鳴者，此工師之罪也。子何事之有焉？』車右對曰：『吾不見工師之乘，而見其鳴吾君也。』遂刎頸而死。有是乎？」王曰：「有之。」雍門狄曰：「今越甲至，其鳴吾君，豈左轂之下哉？車右可以死左轂，而臣獨不可以死越甲邪？」遂刎頸而死。是日，越人引軍而退七十里，曰：「齊王有臣，鈞如雍門狄，疑使越社稷不血食。」遂歸。齊王葬雍門狄以上卿之禮。

〔二〕臣松之案：秦用敗軍之將，事顯，故不注。魯連與燕將書曰：「曹子爲魯將，三戰三北而亡地五百里，向使曹子計不反顧，義不旋踵，刎頸而死，則亦不免爲敗軍之將矣。曹子棄三北之恥，而退與魯君計。桓公朝天子，會諸侯，曹子以一劍之任，披桓公之心於壇坫之上，顏色不變，辭氣不悖。三戰之所亡，一朝而復之。天下震動，諸侯驚駭，威加吳、越。」若此二士者，非不能成小廉而行小節也。

〔三〕臣松之案：楚莊掩絕纓之罪，事亦顯，故不書。秦穆公有赦盜馬事，趙則未聞。蓋以秦亦趙姓，故互文以避上「秦」字也。

〔四〕魏略曰：植雖上此表，猶疑不見用，故曰「夫人貴生者，非貴其養體好服，終竟年壽也，貴在其代天而理物也。夫爵祿者，非虛張者也，有功德然後應之，當矣。無功而爵厚，無德而祿重，或人以爲榮，而壯夫以爲恥。故太上立德，其次立功，蓋功德者所以垂名也。名者不滅，士之所利，故孔子有夕死之論，孟軻有棄生之義。彼一聖一賢，豈不願久生哉？志或有不展也。是用喟然求試，必立功也。嗚呼！言之未用，欲使後之君子知吾意者也。」

三年，徙封東阿。五年，復上疏求存問親戚，因致其意曰：

臣聞天稱其高者，以無不覆；地稱其廣者，以無不載；日月稱其明者，以無不照；江海稱其大者，以無不容。故孔子曰：「大哉堯之爲君！惟天爲大，惟堯則之。」夫天德之於萬物，可謂弘廣矣。蓋堯之爲教，先親後疏，自近及遠。其傳曰：「克明峻德，以親九族；九族既睦，平章百姓。」及周之文王亦崇厥化，其詩曰：「刑于寡妻，至于兄弟，以御于家邦。」是以雍雍穆穆，風人詠之。昔周公弔管、蔡之不咸，廣封懿親以藩屏王室，傳曰：「周之宗盟，異姓爲後。」誠骨肉之恩爽而不離，親親之義實在敦固，未有義而後其君，仁而遺其親者也。

伏惟陛下資帝唐欽明之德，體文王翼翼之仁，惠洽椒房，恩昭九族，羣后百寮，番休遞上，執政不廢於公朝，下情得展於私室，親理之路通，慶弔之情展，誠可謂恕己治人，推惠施恩者矣。至於臣者，人道絕緒，禁錮明時，臣竊自傷也。不敢過望交氣類，脩人事，敍人倫。近且婚媾不通，兄弟乖絕，吉凶之問塞，慶弔之禮廢，恩紀之違，甚於路人，隔閡之異，殊於胡越。今臣以一切之制，永無朝覲之望，至於注心皇極，結情紫闥，神明知之矣。然天實爲之，謂之何哉！退唯諸王常有戚戚具爾之心，願陛下沛然垂詔，使諸國慶問，四節得展，以敍骨肉之歡恩，全怡怡之篤義。妃妾之家，膏沐之遺，歲得再通，齊義於貴宗，等惠於百司，如此，則古人之所歎，風雅之所詠，復存於聖世矣。

臣伏自惟省，無錐刀之用。及觀陛下之所拔授，若以臣爲異姓，竊自料度，不後於朝士矣。若得辭遠遊，戴武弁，解朱組，佩青紱，駙馬、奉車，趣得一號，安宅京室，執鞭珥筆，出從華蓋，入侍輦轂，承答聖問，拾遺左右，乃臣丹誠之至願，不離於夢想者也。遠慕鹿鳴君臣之宴，中詠常棣匪他之誡，下思伐木友生之義，終懷蓼莪罔極之哀；每四節之會，塊然獨處，左右惟僕隸，所對惟妻子，高談無所與陳，發義無所與展，未嘗不聞樂而拊心，臨觴而歎息也。臣伏以爲犬馬之誠不能動人，譬人之誠不能動天。崩城、隕霜，臣初信之，以臣心況，徒虛語耳。若葵藿之傾葉，太陽雖不爲之回光，然向之者誠也。竊自比於葵藿，若降天地之施，垂三光之明者，實在陛下。

臣聞文子曰：「不爲福始，不爲禍先。」今之否隔，友于同憂，而臣獨倡言者，竊不願於聖世使有不蒙施之物。有不蒙施之物，必有慘毒之懷，故柏舟有「天只」之怨，谷風有「棄予」之歎。故伊尹恥其君不爲堯舜，孟子曰：「不以舜之所以事堯事其君者，不敬其君者也。」臣之愚蔽，固非虞、伊，至於欲使陛下崇光被時雍之美，宣緝熙章明之德者，是臣慺慺之誠，竊所獨守，實懷鶴立企佇之心。敢復陳聞者，冀陛下儻發天聰而垂神聽也。

詔報曰：「蓋教化所由，各有隆弊，非皆善始而惡終也，事使之然。故夫忠厚仁極草木，則行葦之詩作；恩澤衰薄，不親九族，則角弓之章刺。今令諸國兄弟，情理簡怠，妃妾之家，膏沐疏略，朕縱不能敦而睦之，王援古喻義備悉矣，何言精誠不足以感通哉？夫明貴賤，崇親親，禮賢良，順少長，國之綱紀，本無禁固諸國通問之詔也，矯枉過正，下吏懼譴，以至於此耳。已敕有司，如王所訴。」

植復上疏陳審舉之義，曰：

臣聞天地協氣而萬物生，君臣合德而庶政成；五帝之世非皆智，三季之末非皆愚，用與不用，知與不知也。既時有舉賢之名，而無得賢之實，必各援其類而進矣。諺曰：「相門有相，將門有將。」夫相者，文德昭者也；將者，武功烈者也。文德昭，則可以匡國朝，致雍熙，稷、契、夔、龍是也；武功烈，則所以征不庭，威四夷，南仲、方叔是矣。昔伊尹之爲媵臣，至賤也，呂尚之處屠釣，至陋也，及其見舉於湯武、周文，誠道合志同，玄謨神通，豈復假近習之薦，因左右之介哉。書曰：「有不世之君，必能用不世之臣；用不世之臣，必能立不世之功。」殷周二王是矣。若夫齷齪近步，遵常守故，安足爲陛下言哉？故陰陽不和，三光不暢，官曠無人，庶政不整者，三司之責也。疆埸騷動，方隅內侵，沒軍喪衆，干戈不息者，邊將之憂也。豈可虛荷國寵而不稱其任哉？故任益隆者負益重，位益高者責益深，書稱「無曠庶官」，詩有「職思其憂」，此其義也。

陛下體天眞之淑聖，登神機以繼統，冀聞康哉之謌，偃武行文之美。而數年以來，水旱不時，民困衣食，師徒之發，歲歲增調，加東有覆敗之軍，西有殪沒之將，至使蚌蛤浮翔於淮、泗，鼲鼬讙譁於林木。臣每念之，未嘗不輟食而揮餐，臨觴而搤腕矣。昔漢文發代，疑朝有變，宋昌曰：「內有朱虛、東牟之親，外有齊、楚、淮南、琅邪，此則磐石之宗，願王勿疑。」臣伏惟陛下遠覽姬文二虢之援，中慮周成召、畢之輔，下存宋昌磐石之固。昔騏驥之於吳阪，可謂困矣，及其伯樂相之，孫郵御之，形體不勞而坐取千里。蓋伯樂善御馬，明君善御臣；伯樂馳千里，明君致太平；誠任賢使能之明效也。若朝司惟良，萬機內理，武將行師，方難克弭。陛下可得雍容都城，何事勞動鑾駕，暴露於邊境哉？

臣聞羊質虎皮，見草則悅，見豺則戰，忘其皮之虎也。今置將不良，有似於此。故語曰：「患爲之者不知，知之者不得爲也。」昔樂毅奔趙，心不忘燕；廉頗在楚，思爲趙將。臣生乎亂，長乎軍，又數承教于武皇帝，伏見行師用兵之要，不必取孫、吳而闇與之合。竊揆之於心，常願得一奉朝覲，排金門，蹈玉陛，列有職之臣，賜須臾之問，使臣得一散所懷，攄舒蘊積，死不恨矣。

被鴻臚所下發士息書，期會甚急。又聞豹尾已建，戎軒鶩駕，陛下將復勞玉躬，擾挂神思。臣誠竦息，不遑寧處。願得策馬執鞭，首當塵露，撮風后之奇，接孫、吳之要，追慕卜商起予左右，效命先驅，畢命輪轂，雖無大益，冀有小補。然天高聽遠，情不上通，徒獨望青雲而拊心，仰高天而歎息耳。屈平曰：「國有驥而不知乘，焉皇皇而更索！」昔管、蔡放誅，周、召作弼；叔魚陷刑，叔向匡國。三監之釁，臣自當之；二南之輔，求必不遠。華宗貴族，藩王之中，必有應斯舉者。故傳曰：「無周公之親，不得行周公之事。」唯陛下少留意焉。

近者漢氏廣建藩王，豐則連城數十，約則饗食祖祭而已，未若姬周之樹國，五等之品制也。若扶蘇之諫始皇，淳于越之難周青臣，可謂知時變矣。夫能使天下傾耳注目者，當權者是矣，故謀能移主，威能懾下。豪右執政，不在親戚；權之所在，雖疏必重，勢之所去，雖親必輕，蓋取齊者田族，非呂宗也。分晉者趙、魏，非姬姓也。唯陛下察之。苟吉專其位，凶離其患者，異姓之臣也。欲國之安，祈家之貴，存共其榮，沒同其禍者，公族之臣也。今反公族疏而異姓親，臣竊惑焉。

臣聞孟子曰：「君子窮則獨善其身，達則兼善天下。」今臣與陛下踐冰履炭，登山浮澗，寒溫燥濕，高下共之，豈得離陛下哉？不勝憤懣拜表陳情。若有不合，乞且藏之書府，不便滅棄。臣死之後，事或可思。若有豪氂少挂聖意者，乞出之朝堂，使夫博古之士，糾臣表之不合義者。如是，則臣願足矣。

帝輒優文答報。〔一〕

〔一〕魏略曰：是後大發士息，及取諸國士。植以近前諸國士息已見發，其遺孤稚弱，在者無幾，而復被取，乃上書曰：

「臣聞古者聖君，與日月齊其明，四時等其信，是以戮凶無重，賞善無輕，怒若驚霆，喜若時雨，恩不中絕，教無二可，以此臨朝，則臣下知所死矣。受任在萬里之外，審主之所授官，必己之所以投命，雖有構會之徒，泊然不以爲懼者，蓋君臣相信之明效也。昔章子爲齊將，人有告之反者，威王曰：『不然。』左右曰：『王何以明之？』王曰：『聞章子改葬死母；彼尚不欺死父，顧當叛生君乎？』此君之信臣也。昔管仲親射桓公，後幽囚從魯檻車載，使少年挽而送齊。管仲知桓公之必用己，懼魯之悔，謂少年曰：『吾爲汝唱，汝爲和，聲和聲，宜走。』於是管仲唱之，少年走而和之，日行數百里，宿昔而至。至則相齊，此臣之信君也。臣初受封，策書曰：『植受茲青社，封於東土，以屏翰皇家，爲魏藩輔。』而所得兵百五十人，皆年在耳順，或不踰矩，虎賁官騎及親事凡二百餘人。正復不老，皆使年壯，備有不虞，檢校乘城，顧不足以自救，況皆復耄耋罷曳乎？而名爲魏東藩，使屏翰王室，臣竊自羞矣。就之諸國，國有士子，合不過五百人，伏以爲三軍益損，不復賴此。方外不定，必當須辦者，臣願將部曲倍道奔赴，夫妻負襁，子弟懷糧，蹈鋒履刃，以徇國難，何但習業小兒哉？愚誠以揮涕增河，鼷鼠飲海，於朝萬無損益，於臣家計甚有廢損。又臣士息前後三送，兼人已竭。惟尚有小兒，七八歲已上，十六七已還，三十餘人。今部曲皆年耆，臥在牀席，非糜不食，眼不能視，氣息裁屬者，凡三十七人；疲瘵風靡，疣盲聾聵者，二十三人。惟正須此小兒，大者可備宿衞，雖不足以禦寇，粗可以警小盜；小者未堪大使，爲可使耘鉏穢草，驅護鳥雀。休候人則一事廢，一日獵則衆業散，不親自經營則功不攝；常自躬親，不委下吏而已。陛下聖仁，恩詔三至，士子給國，長不復發。明詔之下，有若皦日，保金石之恩，必明神之信，畫然自固，如天如地。定習業者並復見送，晻若晝晦，悵然失圖。伏以爲陛下既爵臣百寮之右，居藩國之任，爲置卿士，屋名爲宮，冢名爲陵，不使其危居獨立，無異於凡庶。若柏成欣於野耕，子仲樂於灌園；蓬戶茅牖，原憲之宅也；陋巷簞瓢，顏子之居也：臣才不見效用，常慨然執斯志焉。若陛下聽臣悉還部曲，罷官屬，省監官，使解璽釋紱，追柏成、子仲之業，營顏淵、原憲之事，居子臧之廬，宅延陵之室。如此，雖進無成功，退有可守，身死之日，猶松、喬也。然伏度國朝終未肯聽臣之若是，固當羈絆於世繩，維繫於祿位，懷屑屑之小變，執無已之百念，安得蕩然肆志，逍遙於宇宙之外哉？此願未從，陛下必欲崇親親，篤骨肉，潤白骨而榮枯木者，惟遂仁德以副前恩詔。」皆遂還之。

其年冬，詔諸王朝六年正月。其二月，以陳四縣封植爲陳王，邑三千五百戶。植每欲求別見，獨談論及時政，幸冀試用，終不能得。既還，悵然絕望。時法制，待藩國既自峻迫，寮屬皆賈豎下才，兵人給其殘老，大數不過二百人。又植以前過，事事復減半，十一年中而三徙都，常汲汲無歡，遂發疾薨，時年四十一。〔一〕遺令薄葬。以小子志，保家之主也，欲立之。初，植登魚山，臨東阿，喟然有終焉之心，遂營爲墓。子志嗣，徙封濟北王。景初中詔曰：「陳思王昔雖有過失，既克己慎行，以補前闕，且自少至終，篇籍不離於手，誠難能也。其收黃初中諸奏植罪狀，公卿已下議尚書、祕書、中書三府、大鴻臚者皆削除之。撰錄植前後所著賦頌詩銘雜論凡百餘篇，副藏內外。」志累增邑，并前九百九十戶。〔二〕

〔一〕植常爲琴瑟調歌，辭曰：「吁嗟此轉蓬，居世何獨然！長去本根逝，夙夜無休閒。東西經七陌，南北越九阡，卒遇回風起，吹我入雲閒。自謂終天路，忽焉下沈淵。驚飆接我出，故歸彼中田。當南而更北，謂東而反西，宕宕當何依，忽亡而復存。飄颻周八澤，連翩歷五山，流轉無恒處，誰知吾苦艱？願爲中林草，秋隨野火燔，糜滅豈不痛，願與根荄連。」

孫盛曰：異哉，魏氏之封建也！不度先王之典，不思藩屏之術，違敦睦之風，背維城之義。漢初之封，或權侔人主，雖云不庚，時勢然也。魏氏諸侯，陋同匹夫，雖懲七國，矯枉過也。且魏之代漢，非積德之由，風澤既微，六合未一，而彫翦枝幹，委權異族，勢同瘣木，危若巢幕，不嗣忽諸，非天喪也。五等之制，萬世不易之典。六代興亡，曹冏論之詳矣。

〔三〕志別傳曰：志字允恭，好學有才行。晉武帝為中撫軍，迎常道鄉公于鄴，志夜與帝相見，帝與語，從暮至旦，甚器之。及受禪，改封鄄城公。發詔以志為樂平太守，歷章武、趙郡，遷散騎常侍、國子博士，後轉博士祭酒。及齊王攸當之藩，下禮官議崇錫之典，志嘆曰：「安有如此之才，如此之親，而不得樹本助化，而遠出海隅者乎？」乃建議以諫，辭旨甚切。帝大怒，免志官。後復為散騎常侍。志遭母憂，居喪盡哀，因得疾病，喜怒失常，太康九年卒，謚曰定公。

蕭懷王熊，早薨。黃初二年追封謚蕭懷公。太和三年，又追封爵為王。青龍二年，子哀王炳嗣，食邑二千五百戶。六年薨，無子，國除。

評曰：任城武藝壯猛，有將領之氣。陳思文才富豔，足以自通後葉，然不能克讓遠防，終致攜隙。傳曰「楚則失之矣，而齊亦未為得也」，其此之謂歟！〔一〕

〔一〕魚豢曰：諺言「貧不學儉，卑不學恭」，非人性分也，勢使然耳。此實然之勢，信不虛矣。假令太祖防遏植等，在於疇昔，此賢之心，何緣有窺望乎？彰之挾恨，尙無所至。至於植者，〔豈能興難？〕乃令楊脩以倚注遇害，丁儀以希意族滅，哀夫！余每覽植之華釆，思若有神。以此推之，太祖之動心，亦良有以也。

三國志卷二十　魏書二十

武文世王公傳第二十

武皇帝二十五男：卞皇后生文皇帝、任城威王彰、陳思王植、蕭懷王熊，劉夫人生豐愍王昂、相殤王鑠，環夫人生鄧哀王沖、彭城王據、燕王宇，杜夫人生沛穆王林、中山恭王袞，秦夫人生濟陽懷王玹、陳留恭王峻，尹夫人生范陽閔王矩，王昭儀生趙王幹，孫姬生臨邑殤公子上、楚王彪、剛殤公子勤，李姬生穀城殤公子乘、郿戴公子整、靈殤公子京，周姬生樊安公均，劉姬生廣宗殤公子棘，宋姬生東平靈王徽，趙姬生樂陵王茂。

豐愍王昂字子脩。弱冠舉孝廉。隨太祖南征，爲張繡所害。無子。黃初二年追封，謚曰豐悼公。三年，以樊安公均子琬奉昂後，封中都公。其年徙封長子公。五年，追加昂號曰豐悼王。太和三年改昂謚曰愍王。嘉平六年，以琬襲昂爵爲豐王。正元、景元中，累增邑，并前二千七百戶。琬薨，謚曰恭王。子廉嗣。

相殤王鑠，早薨，太和三年追封謚。青龍元年，子愍王潛嗣，其年薨。二年，子懷王偃嗣，邑二千五百戶，四年薨。無子，國除。正元二年，以樂陵王茂子陽都鄉公竦繼鑠後。

鄧哀王沖字倉舒。少聰察岐嶷，生五六歲，智意所及，有若成人之智。時孫權曾致巨象，太祖欲知其斤重，訪之羣下，咸莫能出其理。沖曰：「置象大船之上，而刻其水痕所至，稱物以載之，則校可知矣。」太祖大悅，卽施行焉。時軍國多事，用刑嚴重。太祖馬鞍在庫，而爲鼠所齧，庫吏懼必死，議欲面縛首罪，猶懼不免。沖謂曰：「待三日中，然後自歸。」沖於是以刀穿單衣，如鼠齧者，謬爲失意，貌有愁色。太祖問之，沖對曰：「世俗以爲鼠齧衣者，其主不吉。今單衣見齧，是以憂戚。」太祖曰：「此妄言耳，無所苦也。」俄而庫吏以齧鞍聞，太祖笑曰：「兒衣在側，尚齧，況鞍縣柱乎？」一無所問。沖仁愛識達，皆此類也。凡應罪戮，而爲沖微所辨理，賴以濟宥者，前後數十。〔一〕太祖數對羣臣稱述，有欲傳後意。年十三，建安十三年疾病，太祖親爲請命。及亡，哀甚。文帝寬喻太祖，太祖曰：「此我之不幸，而汝曹之幸也。」〔二〕言則流涕，爲聘甄氏亡女與合葬，贈騎都尉印綬，命宛侯據子琮奉沖後。二十二年，封琮爲鄧侯。黃初二年，追贈謚沖曰鄧哀侯，又追加號爲公。〔三〕三年，進琮爵，徙封冠軍公。四年，徙封己氏公。太和五年，加沖號曰鄧哀王。景初元年，琮坐於中尚方作禁物，削戶三百，貶爵爲都鄉侯。三年，復爲己氏公。正始七年，轉封平陽公。景初、正元、景元中，累增邑，并前千九百戶。

〔一〕魏書曰：沖每見當刑者，輒探覩其寃枉之情而微理之。及勤勞之吏，以過誤觸罪，常爲太祖陳說，宜寬宥之。辨察仁愛，與性俱生，容貌姿美，有殊於衆，故特見寵異。

臣松之以「容貌姿美」一類之言，而分以爲三，亦敍屬之一病也。

〔二〕孫盛曰：春秋之義，立嫡以長不以賢。沖雖存也猶不宜立，況其旣沒，而發斯言乎？詩云：「無易由言。」魏武其易之也。

〔三〕魏書載策曰：「惟黃初二年八月丙午，皇帝曰：咨爾鄧哀侯沖，昔皇天鍾美於爾躬，俾聰哲之才，成於弱年。當永享顯祚，克成厥終。如何不祿，早世夭昏！朕承天序，享有四海，並建親親，以藩王室，惟爾不逮斯榮，且葬禮未備。追悼之懷，愴然攸傷。今遷葬于高陵，使使持節兼謁者僕射郎中陳承，追賜號曰鄧公，祠以太牢。魂而有靈，休茲寵榮。嗚呼哀哉！」

魏略曰：文帝常言「家兄孝廉，自其分也。若使倉舒在，我亦無天下。」

彭城王據，建安十六年封范陽侯。二十二年，徙封宛侯。黃初二年，進爵爲公。三年，爲章陵王，其年徙封義陽。文帝以南方下濕，又以環太妃彭城人，徙封彭城。又徙封濟陰。五年，詔曰：「先王建國，隨時而制。漢祖增秦所置郡，至光武以天下損耗，并省郡縣。以今比之，益不及焉。其改封諸王，皆爲縣王。」據改封定陶縣。太和六年，改封諸王，皆以郡爲國，據復封彭城。景初元年，據坐私遣人詣中尚方作禁物，削縣二千戶。〔一〕三年，復所削戶邑。正元、景元中累增邑，并前四千六百戶。

〔一〕魏書載璽書曰：「制詔彭城王：有司奏，王遣司馬董和，齎珠玉來到京師中尚方，多作禁物，交通工官，出入近署，踰侈非度，慢令違制。繩王以法，朕用憮然，不寧于心。王以懿親之重，處藩輔之位，典籍日陳於前，勤誦不輟於側。加雅素奉脩，恭肅敬慎，務在蹈道，孜孜不衰，豈忘率意正身，考終厥行哉？若然小疵，或謬于細人，忽不覺悟，以斯爲失耳。書云：『惟聖罔念作狂，惟狂克念作聖。』古人垂誥，乃至於此，故君子思心無斯須遠道焉。常慮所以累德者而去之，則德明矣；開心所以爲塞者而通之，則心夷矣；慎行所以爲尤者而脩之，則行全矣：三者，王之所能備也。今詔有司宥王，削縣二千戶，以彰八柄與奪之法。昔羲、文作易，著休復之語，仲尼論行，既過能改。王其改行，茂昭斯義，率意無怠。」

燕王宇字彭祖。建安十六年，封都鄉侯。二十二年，改封魯陽侯。黃初二年，進爵爲公。三年，爲下邳王。五年，改封單父縣。太和六年，改封燕王。明帝少與宇同止，常愛異之。及卽位，寵賜與諸王殊。青龍三年，徵入朝。景初元年，還鄴。二年夏，復徵詣京都。冬十二月，明帝疾篤，拜宇爲大將軍，屬以後事。受署四日，宇深固讓；帝意亦變，遂免宇官。三年夏，還鄴。景初、正元、景元中，累增邑，并前五千五百戶。常道鄉公奐，宇之子，入繼大宗。

沛穆王林，建安十六年封饒陽侯。二十二年，徙封譙。黃初二年，進爵爲公。三年，爲譙王。五年，改封譙縣。七年，徙封鄄城。太和六年，改封沛。景初、正元、景元中，累增邑，并前四千七百戶。林薨，子緯嗣。〔一〕

〔一〕案嵇氏譜：嵇康妻，林子之女也。

中山恭王袞，建安二十一年封平鄉侯。少好學，年十餘歲能屬文。每讀書，文學左右常恐以精力爲病，數諫止之，然性所樂，不能廢也。二十二年，徙封東鄉侯，其年又改封贊侯。黃初二年，進爵爲公，官屬皆賀，袞曰：「夫生深宮之中，不知稼穡之艱難，多驕逸之失。諸賢既慶其休，宜輔其闕。」每兄弟游娛，袞獨覃思經典。文學防輔相與言曰：「受詔察公舉錯，有過當奏，及有善，亦宜以聞，不可匿其美也。」遂共表稱陳袞美。袞聞之，大驚懼，責讓文學曰：「脩身自守，常人之行耳，而諸君乃以上聞，是適所以增其負累也。且如有善，何患不聞，而遽共如是，是非益我者。」其戒慎如此。三年，爲北海王。其年，黃龍見鄴西漳水，袞上書贊頌。詔賜黃金十斤，詔曰：「昔唐叔歸禾，東平獻頌，斯皆骨肉贊美，以彰懿親。王研精墳典，耽味道真，文雅煥炳，朕甚嘉之。王其克慎明德，以終令聞。」四年，改封贊王。七年，徙封濮陽。太和二年就國，尚約儉，教敕妃妾紡績織紝，習爲家人之事。五年冬，入朝。六年，改封中山。

初，袞來朝，犯京都禁。青龍元年，有司奏袞。詔曰：「王素敬慎，邂逅至此，其以議親之典議之。」有司固執。詔削縣二，戶七百五十。〔二〕袞憂懼，戒敕官屬愈謹。帝嘉其意，二年，復所削縣。三年秋，袞得疾病，詔遣太醫視疾，殿中、虎賁齎手詔、賜珍膳相屬，又遣太妃、沛王林並就省疾。袞疾困，敕令官屬曰：「吾寡德忝寵，大命將盡。吾既好儉，而聖朝著終誥之制，爲天下法。吾氣絕之日，自殯及葬，務奉詔書。昔衞大夫蘧瑗葬濮陽，吾望其墓，常想其遺風，願託賢靈以弊髮齒，營吾兆域，必往從之。禮：男子不卒婦人之手。亟以時成東堂。」堂成，名之曰遂志之堂，輿疾往居之。又令世子曰：「汝幼少，未聞義方，早爲人君，但知樂，不知苦；不知苦，必將以驕奢爲失也。接大臣，務以禮。雖非大臣，老者猶宜答拜。事兄以敬，恤弟以慈；兄弟有不良之行，當造膝諫之。諫之不從，流涕喻之；喻之不改，乃白其母。若猶不改，當以奏聞，并辭國土。與其守寵罹禍，不若貧賤全身也。此亦謂大罪惡耳，其微過細故，當掩覆之。嗟爾小子，慎脩乃身，奉聖朝以忠貞，事太妃以孝敬。閨闈之內，奉令於太妃；閫閾之外，受教於沛王。無怠乃心，以慰予靈。」其年薨。詔沛王林留訖葬，使大鴻臚持節典護喪事，宗正弔祭，贈賵甚厚。凡所著文章二萬餘言，才不及陳思王而好與之侔。子孚嗣。景初、正元、景元中，累增邑，并前三千四百戶。

〔一〕魏書載璽書曰：「制詔中山王：有司奏，王乃者來朝，犯交通京師之禁。朕惟親親之恩，用寢吏議。然法者，所與天下共也，不可得廢。今削王縣二，戶七百五十。夫克己復禮，聖人稱仁，朝過夕改，君子與之。王其戒諸，無貳咎悔也。」

濟陽懷王玹，建安十六年封西鄉侯。早薨，無子。二十年，以沛王林子贊襲玹爵邑，早薨，無子。文帝復以贊弟壹紹玹後。黃初二年，改封濟陽侯。四年，進爵爲公。太和四年，追進玹爵，謚曰懷公。六年，又進號曰懷王，追謚贊曰西鄉哀侯。壹薨，謚曰悼公。子恆嗣。景初、正元、景元中，累增邑，并前千九百戶。

陳留恭王峻字子安，建安二十一年封郿侯。二十二年，徙封襄邑。黃初二年，進爵爲公。三年，爲陳留王。五年，改封襄邑縣。太和六年，又封陳留。甘露四年薨。子澳嗣。景初、正元、景元中，累增邑，并前四千七百戶。

范陽閔王矩，早薨，無子。建安二十二年，以樊安公均子敏奉矩後，封臨晉侯。黃初三年追封謚矩爲范陽閔公。五年，改封敏范陽王。七年，徙封句陽。太和六年，追進矩號曰范陽閔王，改封敏琅邪王。景初、正元、景元中，累增邑，并前三千四百戶。敏薨，謚曰原王。子焜嗣。

趙王幹，建安二十年封高平亭侯。二十二年，徙封賴亭侯。其年改封弘農侯。黃初二年，進爵，徙封燕公。〔一〕三年，爲河間王。五年，改封樂城縣。七年，徙封鉅鹿。太和六年，改封趙王。幹母有寵於太祖。及文帝爲嗣，幹母有力。文帝臨崩，有遺詔，是以明帝常加恩意。青龍二年，私通賓客，爲有司所奏，賜幹璽書誡誨之，曰：「易稱『開國承家，小人勿用』，詩著『大車惟塵』之誡。自太祖受命創業，深覩治亂之源，鑒存亡之機，初封諸侯，訓以恭愼之至言，輔以天下之端士，常稱馬援之遺誡，重諸侯賓客交通之禁，乃使與犯妖惡同。夫豈以此薄骨肉哉？徒欲使子弟無過失之愆，士民無傷害之悔耳。高祖踐阼，祗愼萬機，申著諸侯不朝之令。朕感詩人常棣之作，嘉采菽之義，亦緣詔文曰『若有詔得詣京都』，故命諸王以朝聘之禮。而楚、中山並犯交通之禁，趙宗、戴捷咸伏其辜。近東平王復使屬官毆壽張吏，有司舉奏，朕裁削縣。（令）〔今〕有司以曹纂、王喬等因九族時節，集會王家，或非其時，皆違禁防。朕惟王幼少有恭順之素，加受先帝顧命，欲崇恩禮，延乎後嗣，況近在王之身乎？且自非聖人，孰能無過？已詔有司宥王之失。古人有言：『戒愼乎其所不覩，恐懼乎其所弗聞，莫見乎隱，莫顯乎微，故君子愼其獨焉。』叔父茲率先聖之典，以纂乃先帝之遺命，戰戰兢兢，靖恭厥位，稱朕意焉。」景初、正元、景元中，累增邑，并前五千戶。

〔一〕魏略曰：幹一名良。良本陳妾子，良生而陳氏死，太祖令王夫人養之。良年五歲而太祖疾困，遺令語太子曰：「此兒三歲亡母，五歲失父，以累汝也。」太子由是親待，隆於諸弟。良年小，常呼文帝爲阿翁，帝謂良曰：「我，汝兄耳。」文帝又愍其如是，每爲流涕。

臣松之案：此傳以母貴賤爲次，不計兄弟之年，故楚王彪年雖大，傳在幹後。尋朱建平傳，知彪大幹二十歲。

臨邑殤公子上，早薨。太和五年，追封謚。無後。

楚王彪字朱虎。建安二十一年，封壽春侯。黃初二年，進爵，徙封汝陽公。三年，封弋陽王。其年徙封吳王。五年，改封壽春縣。七年，徙封白馬。太和五年冬，朝京都。六年，改封楚。初，彪來朝，犯禁，〔青龍〕元年，爲有司所奏，詔削縣三，戶千五百。二年，大赦，復所削縣。景初三年，增戶五百，并前三千戶。嘉平元年，兗州刺史令狐愚與太尉王淩謀迎彪都許昌。語在淩傳。乃遣傅及侍御史就國案驗，收治諸相連及者。廷尉請徵彪治罪。於是依漢燕王旦故事，使兼廷尉大鴻臚持節賜彪璽書切責之，使自圖焉。〔一〕彪乃自殺。妃及諸子皆免爲庶人，徙平原。彪之官屬以下及監國謁者，坐知情無輔導之義，皆伏誅。國除爲淮南郡。正元元年詔曰：「故楚王彪，背國附姦，身死嗣替，雖自取之，猶哀矜焉。夫含垢藏疾，親親之道也，其封彪世子嘉爲常山眞定王。」景元元年，增邑，并前二千五百戶。〔二〕

〔一〕孔衍漢魏春秋載璽書曰：「夫先王行賞不遺仇讎，用戮不違親戚，至公之義也。故周公流涕而決二叔之罪，孝武傷懷而斷昭平之獄，古今常典也。惟王，國之至親，作藩于外，不能祗奉王度，表率宗室，而謀於姦邪，乃與太尉王淩、兗州刺史令狐愚構通逆謀，圖危社稷，有悖忒之心，無忠孝之意。宗廟有靈，王其何面目以見先帝？朕深痛王自陷罪辜，旣得王情，深用憮然。有司奏王當就大理，朕惟公族甸師之義，不忍肆王市朝，故遣使者賜書。王自作孽，匪由於他，燕刺之事，宜足以觀。王其自圖之！」

〔二〕臣松之案：嘉入晉，封高邑公。元康中，與石崇俱爲國子博士。嘉後爲東莞太守，崇爲征虜將軍，監青、徐軍事，屯於下邳，嘉以詩遺崇曰：「文武應時用，兼才在明哲。嗟嗟我石生，爲國之俊傑。入侍於皇闈，出則登九列。威檢肅青、徐，風發宣吳裔。疇昔謬同位，情至過魯、衞。分離踰十載，思遠心增結。願子鑒斯誠，寒暑不踰契。」崇答曰：「昔常接羽儀，俱游青雲中，敦道訓胄子，儒化涣以融，同聲無異響，故使恩愛隆。豈惟敦初好，款分在令終。孔不陋九夷，老氏適西戎。逍遥滄海隅，可以保王躬。世事非所務，周公不足夢。玄寂令神王，是以守至沖。」王隱晉書載吏部郎李重啓云：「魏氏宗室屈滯，每聖恩所存。東莞太守曹嘉，才幹學義，不及志、翕，而良素脩潔，性業踰之；又已歷二郡。臣以爲優先代之後，可以嘉爲員外散騎侍郎。」

剛殤公子勤，早薨。太和五年追封謚。無後。

穀城殤公子乘，早薨。太和五年追封謚。無後。

郿戴公子整，奉從叔父郎中紹後。建安二十二年，封郿侯。二十三年薨。無子。黃初二年追進爵，謚曰戴公。以彭城王據子範奉整後。三年，封平氏侯。四年，徙封成武。太和三年，進爵爲公。青龍三年薨。謚曰悼公。無後。四年，詔以範弟東安鄉公闡爲郿公，奉整後。正元、景元中，累增邑，并前千八百戶。

靈殤公子京，早薨。太和五年追封謚。無後。

樊安公均，奉叔父薊恭公彬後。建安二十二年，封樊侯。二十四年薨。子抗嗣。黃初二年，追進公爵，謚曰安公。三年，徙封抗薊公。四年，徙封屯留公。景初元年薨，謚曰定公。子諶嗣。景初、正元、景元中，累增邑，并前千九百戶。

廣宗殤公子棘，早薨。太和五年追封謚。無後。

東平靈王徽，奉叔父朗陵哀侯玉後。建安二十二年，封歷城侯。黃初二年，進爵爲公。三年，爲廬江王。四年，徙封壽張王。五年，改封壽張縣。太和六年，改封東平。青龍二年，徽使官屬撾壽張縣吏，爲有司所奏。詔削縣一，戶五百。其年復所削縣。正始三年薨。子翕嗣。景初、正元、景元中，累增邑，并前三千四百戶。〔一〕

〔一〕臣松之案：翕入晉，封廩丘公。魏宗室之中，名次鄄城公。至泰始二年，翕遣世子琨奉表來朝。詔曰：「翕秉德履道，魏宗之良。今琨遠至，其假世子印綬，加騎都尉，賜服一具，錢十萬，隨才敍用。」翕撰解寒食散方，與皇甫謐所撰並行於世。

樂陵王茂，建安二十二年封萬歲亭侯。二十三年，改封平輿侯。黃初三年，進爵，徙封乘氏公。七年，徙封中丘。茂性傲佷，少無寵於太祖。及文帝世，又獨不王。太和元年，徙封聊城公，其年爲王。詔曰：「昔象之爲虐至甚，而大舜猶侯之有庳。近漢氏淮南、阜陵，皆爲亂臣逆子，而猶或及身而復國，或至子而錫土。有虞建之於上古，漢文、明、章行之乎前代，斯皆敦敍親親之厚義也。聊城公茂少不閑禮教，長不務善道。先帝以爲古之立諸侯也，皆命賢者，故姬姓有未必侯者，是以獨不王茂。太皇太后數以爲言。如聞茂頃來少知悔昔之非，欲脩善將來。君子與其進，不保其往也。今封茂爲聊城王，以慰太皇太后下流之念。」六年，改封曲陽王。正始三年，東平靈王薨，茂稱嗌痛，不肯發哀，居處出入自若。

有司奏除國土，詔削縣一，戶五百。五年，徙封樂陵，詔以茂租奉少，諸子多，復所削戶，又增戶七百。嘉平、正元、景元中，累增邑，并前五千戶。

文皇帝九男：甄氏皇后生明帝，李貴人生贊哀王協，潘淑媛生北海悼王蕤，朱淑媛生東武陽懷王鑒，仇昭儀生東海定王霖，徐姬生元城哀王禮，蘇姬生邯鄲懷王邕，張姬生清河悼王貢，宋姬生廣平哀王儼。

贊哀王協，早薨。太和五年追封謚曰經殤公。青龍二年，更追改號謚。三年，子殤王尋嗣。景初三年，增戶五百，并前三千戶。正始九年薨。無子。國除。

北海悼王蕤，黃初七年，明帝卽位，立爲陽平縣王。太和六年，改封北海。青龍元年薨。二年，以琅邪王子贊奉蕤後，封昌鄉公。景初二年，立爲饒安王。正始七年，徙封文安。正元、景元中，累增邑，并前三千五百戶。

東武陽懷王鑒，黃初六年立。其年薨。青龍三年賜謚。無子。國除。

東海定王霖，黃初三年立爲河東王。六年，改封館陶縣。明帝卽位，以先帝遺意，愛寵霖異於諸國。而霖性麤暴，閨門之內，婢妾之間，多所殘害。太和六年，改封東海。嘉平元年薨。子啓嗣。景初、正元、景元中，累增邑，并前六千二百戶。高貴鄉公髦，霖之子也，入繼大宗。

元城哀王禮，黃初二年封秦公，以京兆郡爲國。三年，改爲京兆王。六年，改封元城王。太和三年薨。五年，以任城王楷子悌嗣禮後。六年，改封梁王。景初、正元、景元中，累增邑，并前四千五百戶。

邯鄲懷王邕，黃初二年封淮南公，以九江郡爲國。三年，進爲淮南王。四年，改封陳。六年，改封邯鄲。太和三年薨。五年，以任城王楷子溫嗣邕後。六年，改封魯陽。景初、正元、景元中，累增邑，并前四千四百戶。

清河悼王貢，黃初三年封。四年薨。無子。國除。

廣平哀王儼，黃初三年封。四年薨。無子。國除。

評曰：魏氏王公，既徒有國土之名，而無社稷之實，又禁防壅隔，同於囹圄；位號靡定，大小歲易；骨肉之恩乖，常棣之義廢。爲法之弊，一至于此乎！〔一〕

〔一〕袁子曰：魏興，承大亂之後，民人損減，不可則以古始。於是封建侯王，皆使寄地，空名而無其實。王國使有老兵百餘人，以衞其國。雖有王侯之號，而乃儕爲匹夫。縣隔千里之外，無朝聘之儀，鄰國無會同之制。諸侯游獵不得過三十里，又爲設防輔監國之官以伺察之。王侯皆思爲布衣而不能得。既違宗國藩屏之義，又虧親戚骨肉之恩。

魏氏春秋載宗室曹冏上書曰：「臣聞古之王者，必建同姓以明親親，必樹異姓以明賢賢。故傳曰『庸勳親親，昵近尊賢』；書曰『克明俊德，以親九族』；詩云『懷德維寧，宗子維城』。由是觀之，非賢無與興功，非親無與輔治。夫親親之道，專用則其漸也微弱；賢賢之道，偏任則其弊也劫奪。先聖知其然也，故博求親疏而並用之；近則有宗盟藩衞之固，遠則有仁賢輔弼之助，盛則有與共其治，衰則有與守其土，安則有與享其福，危則有與同其禍。夫然，故能有其國家，保其社稷，歷紀長久，本枝百世也。今魏尊尊之法雖明，親親之道未備。詩不云乎，『鶺鴒在原，兄弟急難』。以斯言之，明兄弟相救於喪亂之際，同心於憂禍之間，雖有鬩牆之忿，不忘禦侮之事。何則？憂患同也。今則不然，或任而不重，或釋而不任，一旦疆埸稱警，關門反拒，股肱不扶，胸心無衞。臣竊惟此，寢不安席，思獻丹誠，貢策朱闕。謹撰合所聞，敍論成敗。論曰：昔夏、殷、周歷世數十，而秦二世而亡。何則？三代之君，與天下共其民，故天下同其憂。秦王獨制其民，故傾危而莫救。夫與民共其樂者，人必憂其憂；與民同其安者，人必拯其危。先王知獨治之不能久也，故與人共治之；知獨守之不能固也，故與人共守之。兼親疏而兩用，參同異而並建。是以輕重足以相鎮，親疏足以相衞，并兼路塞，逆節不生。及其衰也，桓、文帥禮；苞茅不貢，齊師伐楚；宋不城周，晉戮其宰。王綱弛而復張，諸侯傲而復肅。二霸之後，浸以陵遲。吳、楚憑江，負固方城，雖心希九鼎，而畏迫宗姬，姦情散於胸懷，逆謀消於脣吻；斯豈非信重親戚，任用賢能，枝葉碩茂，本根賴之與？自此之後，轉相攻伐；吳并於越，晉分爲三，魯滅於楚，鄭兼於韓。暨于戰國，諸姬微矣，惟燕、衞獨存，然皆弱小，西迫彊秦，南畏齊、楚，憂懼滅亡，匪遑相恤。至於王赧，降爲庶人，猶枝幹相持，得居虛位，海內無主，四十餘年。秦據勢勝之地，騁譎詐之術，征伐關東，蠶食九國，至於始皇，乃定天位。曠日若彼，用力若此，豈非深固根蔕不拔之道乎？易曰：『其亡其亡，繫于苞桑。』周德其可謂當之矣。秦觀周之弊，以爲小弱見奪，於是廢五等之爵，立郡縣之官，棄禮樂之教，任苛刻之政；子弟無尺寸之封，功臣無立錐之地，內無宗子以自毗輔，外無諸侯以爲藩衞，仁心不加於親戚，惠澤不流於枝葉；譬猶芟刈股肱，獨任胸腹，浮舟江海，捐棄楫櫂，觀者爲之寒心，而始皇晏然自以爲關中之固，金城千里，子孫帝王萬世之業也，豈不悖哉！是時淳于越諫曰：『臣聞殷、周之王，封子弟功臣千有餘(城)〔歲〕。今陛下君有海內而子弟爲匹夫，卒有田常六卿之臣，而無輔弼，何以相救？事不師古而能長久者，非所聞也。』始皇聽李斯偏說而絀其議，至於身死之日，無所寄付，委天下之重於凡夫之手，託廢立之命於姦臣之口，至令趙高之徒，誅鉏宗室。胡亥少習刻薄之教，長遭凶父之業，不能改制易法，寵任兄弟，而乃師譚申、商，諮謀趙高；自幽深宮，委政讒賊，身殘望夷，求爲黔首，豈可得哉？遂乃郡國離心，衆庶潰叛，勝、廣倡之於前，劉、項弊之於後。向使始皇納淳于之策，抑李斯之論，割裂州國，分王子弟，封三代之後，報功臣之勞，士有常君，民有定主，枝葉相扶，首尾爲用，雖使子孫有失道之行，時人無湯、武之賢，姦謀未發，而身已屠戮，何區區之陳、項而復得措其手足哉？故漢祖奮三尺之劍，驅烏集之衆，五年之中，遂成帝業。自開闢以來，其興立功勳，未有若漢祖之易也。夫伐深根者難爲功，摧枯朽者易爲力，理勢然也。漢監秦之失，封殖子弟，及諸呂擅權，圖危劉氏，而天下所以不傾動，百姓所以不易心者，徒以諸侯彊大，盤石膠固，東牟、朱虛受命於內，齊、代、吳、楚作衞於外故也。向使高祖踵亡秦之法，忽先王之制，則天下已傳，非劉氏有也。然高祖封建，地過古制，大者跨州兼郡，小者連城數十，上下無別，權侔京室，故有吳、楚七國之患。賈誼曰：『諸侯彊盛，長亂起姦。夫欲天下之治安，莫若衆建諸侯而少其力，令海內之勢，若身之使臂，臂之使指，則下無背叛之心，上無誅伐之事。』文帝不從。至於孝景，猥用鼂錯之計，削黜諸侯，親者怨恨，疏者震恐，吳、楚倡謀，五國從風。兆發高帝，釁鍾文、景，由寬之過制，急之不漸故也。所謂末大必折，尾大難掉。尾同於體，猶或不從，況乎非體之尾，其可掉哉？武帝從主父之策，下推恩之令，自是之後，齊分爲七，趙分爲六，淮南三割，梁、代五分，遂以陵遲，子孫微弱，衣食租稅，不預政事，或以酎金免削，或以無後國除。至於成帝，王氏擅朝。劉向諫曰：『臣聞公族者，國之枝葉；枝葉落則本根無所庇蔭。方今同姓疏遠，母黨專政，排擯宗室，孤弱公族，非所以保守社稷，安固國嗣也。』其言深切，多所稱引，成帝雖悲傷歎息而不能用。至於哀、平，異姓秉權，假周公之事，而爲田常之亂，高拱而竊天位，一朝而臣四海。漢宗室王侯，解印釋紱，貢奉社稷，猶懼不得爲臣妾，或乃爲之符命，頌莽恩德，豈不哀哉！由斯言之，非宗子獨忠孝於惠、文之間，而叛逆於哀、平之際也，徒權輕勢弱，不能有定耳。賴光武皇帝挺不世之姿，禽王莽於已成，紹漢嗣於既絕，斯豈非宗子之力也？而曾不監秦之失策，襲周之舊制，踵王國之法，而徼倖無疆之期。至於桓、靈，閹豎執衡，朝無死難之臣，外無同憂之國，君孤立於上，臣弄權於下，本末不能相御，身首不能相使。由是天下鼎沸，姦凶並爭，宗廟焚爲灰燼，宮室變爲榛藪，居九州之地，而身無所安處，悲夫！魏太祖武皇帝躬聖明之資，兼神武之略，恥王綱之廢絕，愍漢室之傾覆，龍飛譙、沛，鳳翔兗、豫，掃除凶逆，翦滅鯨鯢，迎帝西京，定都潁邑，德動天地，義感人神。漢氏奉天，禪位大魏。大魏之興，于今二十有四年矣，觀五代之存亡而不用其長策，覩前車之傾覆而不改於轍迹；子弟王空虛之地，君有不使之民，宗室竄於閭閻，不聞邦國之政，權均匹夫，勢齊凡庶；內無深根不拔之固，外無盤石宗盟之助，非所以安社稷，爲萬世之業也。且今之州牧、郡守，古之方伯、諸侯，皆跨有千里之土，兼軍武之任，或比國數人，或兄弟並據；而宗室子弟曾無一人閒廁其間，與相維持，非所以彊幹弱枝，備萬一之虞也。今之用賢，或超爲名都之主，或爲偏師之帥，而宗室有文者必限小縣之宰，有武者必置百人之上，使夫廉高之士，畢志於衡軛之內，才能之人，恥與非類爲伍，非所以勸進賢能，褒異宗室之禮也。夫泉竭則流涸，根朽則葉枯；枝繁者蔭根，條落者本孤。故語曰『百足之蟲，至死不殭』，以扶之者衆也，此言雖小，可以譬大。且墉基不可倉卒而成，威名不可一朝而立，皆爲之有漸，建之有素。譬之種樹，久則深固其本根，茂盛其枝葉，若造次徙於山林之中，植於宮闕之下，雖壅之以黑墳，煖之以春日，猶不救於枯槁，而何暇繁育哉？夫樹猶親戚，土猶士民，建置不久，則輕下慢上，平居猶懼其離叛，危急將若之何？是以聖王安而不逸，以慮危也，存而設備，以懼亡也，故疾風卒至而無摧拔之憂，天下有變而無傾危之患矣。」冏，中常侍兄叔興之後，少帝族祖也。

是時天子幼稚，冏冀以此論感悟曹爽，爽不能納。

三國志卷二十一　魏書二十一

王衛二劉傅傳第二十一

王粲字仲宣，山陽高平人也。曾祖父龔，祖父暢，皆爲漢三公。〔一〕父謙，爲大將軍何進長史。進以謙名公之胄，欲與爲婚，見其二子，使擇焉。謙弗許。以疾免，卒于家。

〔一〕張璠漢紀曰：龔字伯宗，有高名於天下。順帝時爲太尉。初，山陽太守薛勤喪妻不哭，將殯，臨之曰：「幸不爲夭，復何恨哉？」及龔妻卒，龔與諸子並杖行服，時人或兩譏焉。暢字叔茂，名在八俊。靈帝時爲司空，以水災免，而李膺亦免歸故郡，二人以直道不容當時。天下以暢、膺爲高士，諸危言危行之徒皆推宗之，願涉其流，惟恐不及。會連有災異，而言事者皆言三公非其人，宜因其變，以暢、膺代之，則禎祥必至。由是宦豎深怨之，及膺誅死而暢遂廢，終于家。

獻帝西遷，粲徙長安，左中郎將蔡邕見而奇之。時邕才學顯著，貴重朝廷，常車騎填巷，賓客盈坐。聞粲在門，倒屣迎之。粲至，年既幼弱，容狀短小，一坐盡驚。邕曰：「此王公孫也，有異才，吾不如也。吾家書籍文章，盡當與之。」年十七，司徒辟，詔除黃門侍郎，以西京擾亂，皆不就。乃之荊州依劉表。表以粲貌寢而體弱通侻，不甚重也。〔一〕表卒。粲勸表子琮，令歸太祖。〔二〕太祖辟爲丞相掾，賜爵關內侯。太祖置酒漢濱，粲奉觴賀曰：「方今袁紹起河北，仗大衆，志兼天下，然好賢而不能用，故奇士去之。劉表雍容荊楚，坐觀時變，自以爲西伯可規。士之避亂荊州者，皆海內之儁傑也；表不知所任，故國危而無輔。明公定冀州之日，下車卽繕其甲卒，收其豪傑而用之，以橫行天下；及平江、漢，引其賢儁而置之列位，使海內回心，望風而願治，文武並用，英雄畢力，此三王之舉也。」後遷軍謀祭酒。魏國既建，拜侍中。博物多識，問無不對。時舊儀廢弛，興造制度，粲恆典之。〔三〕

〔一〕臣松之曰：貌寢，謂貌負其實也。通侻者，簡易也。

〔二〕文士傳載粲說琮曰：「僕有愚計，願進之於將軍，可乎？」琮曰：「吾所願聞也。」粲曰：「天下大亂，豪傑並起，在倉卒之際，彊弱未分，故人各各有心耳。當此之時，家家欲爲帝王，人人欲爲公侯。觀古今之成敗，能先見事機者，則恆受其福。今將軍自度，何如曹公邪？」琮不能對。粲復曰：「如粲所聞，曹公故人傑也。雄略冠時，智謀出世，摧袁氏於官渡，驅孫權於江外，逐劉備於隴右，破烏丸於白登，其餘梟夷蕩定者，往往如神，不可勝計。今日之事，去就可知也。將軍能聽粲計，卷甲倒戈，應天順命，以歸曹公，曹公必重德將軍。保己全宗，長享福祚，垂之後嗣，此萬全之策也。粲遭亂流離，託命此州，蒙將軍父子重顧，敢不盡言！」琮納其言。

臣松之案：孫權自此以前，尙與中國和同，未嘗交兵，何云「驅權於江外」乎？魏武以十三年征荊州，劉備卻後數年方入蜀，備身未嘗涉於關、隴。而於征荊州之年，便云逐備於隴右，既已乖錯；又白登在平城，亦魏武所不經，北征烏丸，與白登永不相豫。以此知張騭假僞之辭，而不覺其虛之自露也。凡騭虛僞妄作，不可覆疏，如此類者，不可勝紀。

〔三〕摯虞決疑要注曰：漢末喪亂，絕無玉珮。魏侍中王粲識舊珮，始復作之。今之玉珮，受法於粲也。

初，粲與人共行，讀道邊碑，人問曰：「卿能闇誦乎？」曰：「能。」因使背而誦之，不失一字。觀人圍棊，局壞，粲爲覆之。棊者不信，以帊蓋局，使更以他局爲之。用相比校，不誤一道。其彊記默識如此。性善算，作算術，略盡其理。善屬文，舉筆便成，無所改定，時人常以爲宿構；然正復精意覃思，亦不能加也。〔一〕著詩、賦、論、議垂六十篇。建安二十一年，從征吳。二十二年春，道病卒，時年四十一。粲二子，爲魏諷所引，誅。後絕。〔二〕

〔一〕典略曰：粲才既高，辯論應機。鍾繇、王朗等雖各爲魏卿相，至於朝廷奏議，皆閣筆不能措手。

〔二〕文章志曰：太祖時征漢中，聞粲子死，歎曰：「孤若在，不使仲宣無後。」

始文帝爲五官將，及平原侯植皆好文學。粲與北海徐幹字偉長、廣陵陳琳字孔璋、陳留阮瑀字元瑜、汝南應瑒字德璉、瑒，音徒哽反，一音暢。東平劉楨字公幹並見友善。

幹爲司空軍謀祭酒掾屬，五官將文學。〔一〕

〔一〕先賢行狀曰：幹清玄體道，六行脩備，聰識洽聞，操翰成章，輕官忽祿，不耽世榮。建安中，太祖特加旌命，以疾休息。後除上艾長，又以疾不行。

琳前爲何進主簿。進欲誅諸宦官，太后不聽，進乃召四方猛將，並使引兵向京城，欲以劫恐太后。琳諫進曰：「易稱『即鹿無虞』。諺有『掩目捕雀』。夫微物尚不可欺以得志，況國之大事，其可以詐立乎？今將軍總皇威，握兵要，龍驤虎步，高下在心；以此行事，無異於鼓洪爐以燎毛髮。但當速發雷霆，行權立斷，違經合道，天人順之；而反釋其利器，更徵於他。大兵合聚，强者爲雄，所謂倒持干戈，授人以柄；功必不成，祇爲亂階。」進不納其言，竟以取禍。琳避難冀州，袁紹使典文章。袁氏敗，琳歸太祖。太祖謂曰：「卿昔爲本初移書，但可罪狀孤而已，惡惡止其身，何乃上及父祖邪？」琳謝罪，太祖愛其才而不咎。

瑀少受學於蔡邕。建安中都護曹洪欲使掌書記，瑀終不爲屈。太祖並以琳、瑀爲司空軍謀祭酒，管記室，〔一〕軍國書檄，多琳、瑀所作也。〔二〕琳徙門下督，瑀爲倉曹掾屬。

〔一〕文士傳曰：太祖雅聞瑀名，辟之，不應，連見偪促，乃逃入山中。太祖使人焚山，得瑀，送至，召入。太祖時征長安，大延賓客，怒瑀不與語，使就技人列。瑀善解音，能鼓琴，遂撫弦而歌，因造歌曲曰：「奕奕天門開，大魏應期運。青蓋巡九州，在東西人怨。士爲知己死，女爲悅者玩。恩義苟敷暢，他人焉能亂？」爲曲既捷，音聲殊妙，當時冠坐，太祖大悅。

臣松之案魚氏典略、摯虞文章志並云瑀建安初辭疾避役，不爲曹洪屈。得太祖召，即投杖而起。不得有逃入山中，焚之乃出之事也。

又典略載太祖初征荊州，使瑀作書與劉備，及征馬超，又使瑀作書與韓遂，此二書今具存。至長安之前，遂等破走，太祖始以十六年得入關耳。而張騭云初得瑀時太祖在長安，此又乖戾。瑀以十七年卒，太祖十八年策爲魏公，而云瑀歌舞辭稱「大魏應期運」，愈知其妄。又其辭云「他人焉能亂」，了不成語。瑀之吐屬，必不如此。

〔三〕典略曰：琳作諸書及檄，草成呈太祖。太祖先苦頭風，是日疾發，臥讀琳所作，翕然而起曰：「此愈我病。」數加厚賜。太祖嘗使瑀作書與韓遂，時太祖適近出，瑀隨從，因於馬上具草，書成呈之。太祖擥筆欲有所定，而竟不能增損。

瑒、楨各被太祖辟，爲丞相掾屬。瑒轉爲平原侯庶子，後爲五官將文學。〔一〕楨以不敬被刑，刑竟署吏。〔二〕咸著文賦數十篇。

〔一〕華嶠漢書曰：瑒祖奉，字世叔。才敏善諷誦，故世稱「應世叔讀書，五行俱下」。著後序十餘篇，爲世儒者。延熹中，至司隸校尉。子劭字仲遠，亦博學多識，尤好事。諸所撰述風俗通等，凡百餘篇，辭雖不典，世服其博聞。續漢書曰：劭又著中漢輯敍、漢官儀及禮儀故事，凡十一種，百三十六卷。朝廷制度，百官儀式，所以不亡者，由劭記之。官至泰山太守。劭弟珣，字季瑜，司空掾，卽瑒之父。

〔二〕文士傳曰：楨父名梁，字曼山，一名恭。少有清才，以文學見貴，終於野王令。典略曰：文帝嘗賜楨廓落帶，其後師死，欲借取以爲像，因書嘲楨云：「夫物因人爲貴。故在賤者之手，不御至尊之側。今雖取之，勿嫌其不反也。」楨答曰：「楨聞荊山之璞，曜元后之寶；隨侯之珠，燭衆士之好；南垠之金，登窈窕之首；鼲貂之尾，綴侍臣之幘：此四寶者，伏朽石之下，潛汙泥之中，而揚光千載之上，發彩疇昔之外，亦皆未能初自接於至尊也。夫尊者所服，卑者所脩也；貴者所御，賤者所先也。故夏屋初成而大匠先立其下，嘉禾始熟而農夫先嘗其粒。恨楨所帶，無他妙飾，若實殊異，尚可納也。」楨辭旨巧妙皆如是，由是特爲諸公子所親愛。其後太子嘗請諸文學，酒酣坐歡，命夫人甄氏出拜。坐中衆人咸伏，而楨獨平視。太祖聞之，乃收楨，減死輸作。

瑀以十七年卒。幹、琳、瑒、楨二十二年卒。文帝書與元城令吳質曰：「昔年疾疫，親故多離其災，徐、陳、應、劉，一時俱逝。觀古今文人，類不護細行，鮮能以名節自立。而偉長獨懷文抱質，恬淡寡欲，有箕山之志，可謂彬彬君子矣。著中論二十餘篇，辭義典雅，足傳于後。德璉常斐然有述作意，其才學足以著書，美志不遂，良可痛惜！孔璋章表殊健，微爲繁富。公幹有逸氣，但未遒耳。元瑜書記翩翩，致足樂也。仲宣獨自善於辭賦，惜其體弱，不起其文；至於所善，古人無以遠過也。昔伯牙絕絃於鍾期，仲尼覆醢于子路，痛知音之難遇，傷門人之莫逮也。諸子但爲未及古人，自一時之儁也。」〔一〕

〔一〕典論曰：今之文人，魯國孔融、廣陵陳琳、山陽王粲、北海徐幹、陳留阮瑀、汝南應瑒、東平劉楨，斯七子者，於學無所遺，於辭無所假，咸自以騁騏驥於千里，仰齊足而並馳。粲長於辭賦。幹時有逸氣，然非粲匹也。如粲之初征、登樓、槐賦、征思，幹之玄猨、漏卮、圓扇、橘賦，雖張、蔡不過也，然於他文未能稱是。琳、瑀之章表書記，今之儁也。應瑒和而不壯；劉楨壯而不密。孔融體氣高妙，有過人者，然不能持論，理不勝辭，至于雜以嘲戲；及其所善，揚、班之儔也。

自潁川邯鄲淳、〔一〕繁欽、繁，音婆。〔二〕陳留路粹、〔三〕沛國丁儀、丁廙、弘農楊脩、河內荀緯等，亦有文采，而不在此七人之例。〔四〕

〔一〕魏略曰：淳一名竺，字子叔。博學有才章，又善蒼、雅、蟲、篆、許氏字指。初平時，從三輔客荊州。荊州內附，太祖素聞其名，召與相見，甚敬異之。時五官將博延英儒，亦宿聞淳名，因啓淳欲使在文學官屬中。會臨菑侯植亦求淳，太祖遣淳詣植。植初得淳甚喜，延入坐，不先與談。時天暑熱，植因呼常從取水自澡訖，傅粉。遂科頭拍袒，胡舞五椎鍛，跳丸擊劍，誦俳優小說數千言訖，謂淳曰：「邯鄲生何如邪？」於是乃更著衣幘，整儀容，與淳評說混元造化之端，品物區別之意，然後論羲皇以來賢聖名臣烈士優劣之差，次頌古今文章賦誄及當官政事宜所先後，又論用武行兵倚伏之勢。乃命廚宰，酒炙交至，坐席默然，無與伉者。及暮，淳歸，對其所知歎植之材，謂之「天人」。而于時世子未立。太祖俄有意於植，而淳屢稱植材。由是五官將頗不悅。及黃初初，以淳爲博士給事中。淳作投壺賦千餘言奏之，文帝以爲工，賜帛千匹。

〔二〕典略曰：欽字休伯，以文才機辯，少得名於汝、潁。欽既長於書記，又善爲詩賦。其所與太子書，記喉轉意，率皆巧麗。爲丞相主簿。建安二十三年卒。

〔三〕典略曰：粹字文蔚，少學於蔡邕。初平中，隨車駕至三輔。建安初，以高才與京兆嚴像擢拜尙書郎。像以兼有文武，出爲揚州刺史。粹後爲軍謀祭酒，與陳琳、阮瑀等典記室。及孔融有過，太祖使粹爲奏，承指數致融罪，其大略言：「融昔在北海，見王室不寧，招合徒衆，欲圖不軌，言『我大聖之後也，而滅於宋。有天下者何必卯金刀』？」又云：「融爲九列，不遵朝儀，秃巾微行，唐突宮掖。又與白衣禰衡言論放蕩，衡與融更相贊揚。衡謂融曰：『仲尼不死也。』融答曰：『顏淵復生。』」凡說融諸如此輩，辭語甚多。融誅之後，人覩粹所作，無不嘉其才而畏其筆也。至十九年，粹轉爲祕書令，從大軍至漢中，坐違禁賤請驢伏法。太子素與粹善，聞其死，爲之歎惜。及即帝位，特用其子爲長史。

魚豢曰：尋省往者，魯連、鄒陽之徒，援譬引類，以解締結，誠彼時文辯之儁也。今覽王、繁、阮、陳、路諸人前後文旨，亦何昔不若哉？其所以不論者，時世異耳。余又竊怪其不甚見用，以問大鴻臚卿韋仲將。仲將云：「仲宣傷於肥戇，休伯都無格檢，元瑜病於體弱，孔璋實自麤疏，文蔚性頗忿鷙，如是彼為，非徒以脂燭自煎糜也，其不高蹈，蓋有由矣。然君子不責備于一人，譬之朱漆，雖無楨幹，其為光澤亦壯觀也。」

〔四〕儀、廙、偉事，並在陳思王傳。荀勖文章敘錄曰：緯字公高。少喜文學。建安中，召署軍謀掾、魏太子庶子，稍遷至散騎常侍、越騎校尉。年四十二，黃初四年卒。

瑒弟璩，璩子貞，咸以文章顯。璩官至侍中。貞咸熙中參相國軍事。〔一〕

〔一〕文章敘錄曰：璩字休璉，博學好屬文，善為書記。文、明帝世，歷官散騎常侍。齊王卽位，稍遷侍中、大將軍長史。曹爽秉政，多違法度，璩為詩以諷焉。其言雖頗諧合，多切時要，世共傳之。復為侍中，典著作。嘉平四年卒，追贈衞尉。貞字吉甫，少以才聞，能談論。正始中，夏侯玄盛有名勢，貞嘗在玄坐作五言詩，玄嘉玩之。舉高第，歷顯位。晉武帝為撫軍大將軍，以貞參軍事。晉室踐阼，遷太子中庶子、散騎常侍。又以儒學與太尉荀顗撰定新禮，事未施行。泰始五年卒。貞弟純。純子紹，永嘉中為黃門侍郎，為司馬越所殺。純弟秀。秀子詹，鎮南大將軍、江州刺史。

瑀子籍，才藻豔逸，而倜儻放蕩，行己寡欲，以莊周為模則。官至步兵校尉。〔一〕

〔一〕籍字嗣宗。魏氏春秋曰：籍曠達不羈，不拘禮俗。性至孝，居喪雖不率常檢，而毀幾至滅性。兗州刺史王昶請與相見，終日不得與言，昶歎賞之，自以不能測也。太尉蔣濟聞而辟之，後為尚書郎、曹爽參軍，以疾歸田里。歲餘，爽誅，太傅及大將軍乃以爲從事中郎。後朝論以其名高，欲顯崇之，籍以世多故，祿仕而已，聞步兵校尉缺，廚多美酒，營人善釀酒，求爲校尉，遂縱酒昏酣，遺落世事。嘗登廣武，觀楚、漢戰處，乃歎曰：「時無英才，使豎子成名乎！」時率意獨駕，不由徑路，車迹所窮，輒慟哭而反。籍少時嘗遊蘇門山，蘇門山有隱者，莫知名姓，有竹實數斛，臼杵而已。籍從之，與談太古無爲之道，及論五帝三王之義，蘇門生蕭然曾不經聽。籍乃對之長嘯，清韻響亮，蘇門生逌爾而笑。籍既降，蘇門生亦嘯，若鸞鳳之音焉。至是，籍乃假蘇門先生之論以寄所懷。其歌曰：「日沒不周西，月出丹淵中，陽精蔽不見，陰光代爲雄。亭亭在須臾，厭厭將復隆。富貴俛仰間，貧賤何必終。」又歎曰：「天地解兮六合開，星辰隕兮日月頹，我騰而上將何懷？」籍口不論人過，而自然高邁，故爲禮法之士何曾等深所讎疾。大將軍司馬文王常保持之，卒以壽終。子渾字長成。世語曰：渾以閑澹寡欲，知名京邑。爲太子庶子。早卒。

時又有譙郡嵇康，文辭壯麗，好言老、莊，而尚奇任俠。至景元中，坐事誅。〔一〕

〔一〕康字叔夜。案嵇氏譜：康父昭，字子遠，督軍糧治書侍御史。兄喜，字公穆，晉揚州刺史、宗正。喜爲康傳曰：「家世儒學，少有儁才，曠邁不羣，高亮任性，不脩名譽，寬簡有大量。學不師授，博洽多聞，長而好老、莊之業，恬靜無欲。性好服食，嘗採御上藥。善屬文論，彈琴詠詩，自足于懷抱之中。以爲神仙者，稟之自然，非積學所致。至於導養得理，以盡性命，若安期、彭祖之倫，可以善求而得也；著養生篇。知自厚者所以喪其所生，其求益者必失其性，超然獨達，遂放世事，縱意於塵埃之表。撰錄上古以來聖賢、隱逸、遁心、遺名者，集爲傳贊，自混沌至于管寧，凡百一十有九人，蓋求之於宇宙之內，而發之乎千載之外者矣。故世人莫得而名焉。」虞預晉書曰：康家本姓奚，會稽人。先自會稽遷于譙之銍縣，改爲嵇氏，取「稽」字之上，〔加〕「山」以爲姓，蓋以志其本也。一曰鈺有嵇山，家于其側，遂氏焉。

魏氏春秋曰：康寓居河內之山陽縣，與之游者，未嘗見其喜慍之色。與陳留阮籍、河內山濤、河南向秀、籍兄子咸、琅邪王戎、沛人劉伶相與友善，遊於竹林，號爲七賢。鍾會爲大將軍所昵，聞康名而造之。會，名公子，以才能貴幸，乘肥衣輕，賓從如雲。康方箕踞而鍛，會至，不爲之禮。康問會曰：「何所聞而來？何所見而去？」會曰：「有所聞而來，有所見而去。」會深銜之。大將軍嘗欲辟康。康既有絕世之言，又從子不善，避之河東，或云避世。及山濤爲選曹郎，舉康自代，康答書拒絕，因自說不堪流俗，而非薄湯、武。大將軍聞而怒焉。初，康與東平呂昭子巽及巽弟安親善。會巽淫安妻徐氏，而誣安不孝，囚之。安引康爲證，康義不負心，保明其事，安亦至烈，有濟世志力。鍾會勸大將軍因此除之，遂殺安及康。康臨刑自若，援琴而鼓，既而歎曰：「雅音於是絕矣！」時人莫不哀之。初，康採藥於汲郡共北山中，見隱者孫登。康欲與之言，登默然不對。踰時將去，康曰：「先生竟無言乎？」登乃曰：「子才多識寡，難乎免於今之世。」及遭呂安事，爲詩自責曰：「欲寡其過，謗議沸騰。性不傷物，頻致怨憎。昔慚柳下，今愧孫登。內負宿心，外赧良朋。」康所著諸文論六七萬言，皆爲世所玩詠。

康別傳云：孫登謂康曰：「君性烈而才儁，其能免乎？」稱康臨終之言曰：「袁孝尼嘗從吾學廣陵散，吾每固之不與。廣陵散於今絕矣！」與盛所記不同。

又晉陽秋云：康見孫登，登對之長嘯，踰時不言。康辭還，曰：「先生竟無言乎？」登曰：「惜哉！」此二書皆孫盛所述，而自爲殊異如此。

康集目錄曰：登字公和，不知何許人，無家屬，於汲縣北山土窟中得之。夏則編草爲裳，冬則被髮自覆。好讀易鼓琴，見者皆親樂之。每所止家，輒給其衣服食飲，得無辭讓。

世語曰：毌丘儉反，康有力，且欲起兵應之，以問山濤，濤曰：「不可。」儉亦已敗。

臣松之案本傳云康以景元中坐事誅，而干寶、孫盛、習鑿齒諸書，皆云正元二年，司馬文王反自樂嘉，殺嵇康、呂安。蓋緣世語云康欲舉兵應毌丘儉，故謂破儉便應殺康也。其實不然。山濤為選官，欲舉康自代，康書告絕，事之明審者也。案濤行狀，濤始以景元二年除吏部郎耳。景元與正元相較七八年，以濤行狀檢之，如本傳為審。又鍾會傳亦云會作司隸校尉時誅康；會作司隸，景元中也。干寶云呂安兄巽善於鍾會，巽為相國掾，俱有寵於司馬文王，故遂抵安罪。尋文王以景元四年鍾、鄧平蜀後，始授相國位；若巽為相國掾時陷安，焉得以破毌丘儉年殺嵇、呂？此又干寶之疏謬，自相違伐也。

康子紹，字延祖，少知名。山濤啓以為祕書郎，稱紹平簡溫敏，有文思，又曉音，當成濟者。帝曰：「紹如此，便可以為丞，不足復為郎也。」遂歷顯位。

晉諸公贊曰：紹與山濤子簡、弘農楊準同好友善，而紹最有忠正之情。以侍中從惠帝北伐成都王，王師敗績，百官皆走，惟紹獨以身扞衞，遂死於帝側。故累見褒崇，追贈太尉，謚曰忠穆公。

景初中，下邳桓威出自孤微，年十八而著渾輿經，依道以見意。從齊國門下書佐、司徒署吏，後為安成令。

吳質，濟陰人，以文才為文帝所善，官至振威將軍，假節都督河北諸軍事，封列侯。〔一〕

〔一〕魏略曰：質字季重，以才學通博，為五官將及諸侯所禮愛；質亦善處其兄弟之間，若前世樓君卿之游五侯矣。及河北平定，（大將軍）〔五官將〕為世子，質與劉楨等並在坐席。楨坐譴之際，質出為朝歌長，後遷元城令。其後大軍西征，太子南在孟津小城，與質書曰：「季重無恙！途路雖局，官守有限，願言之懷，良不可任。足下所治僻左，書問致簡，益用增勞。每念昔日南皮之游，誠不可忘。既妙思六經，逍遙百氏，彈棊閒設，終以博弈，高談娛心，哀箏順耳。馳騖北場，旅食南館，浮甘瓜於清泉，沈朱李於寒水。皦日既沒，繼以朗月，同乘並載，以游後園，輿輪徐動，賓從無聲，清風夜起，悲笳微吟，樂往哀來，凄然傷懷。余顧而言，茲樂難常，足下之徒，咸以爲然。今果分別，各在一方。元瑜長逝，化爲異物，每一念至，何時可言？方今蕤賓紀辰，景風扇物，天氣和暖，衆果具繁。時駕而游，北遵河曲，從者鳴笳以啓路，文學託乘於後車，節同時異，物是人非，我勞如何！今遣騎到鄴，故使枉道相過，行矣，自愛！」二十三年，太子又與質書曰：「歲月易得，別來行復四年。三年不見，東山猶歎其遠，況乃過之，思何可支？雖書疏往反，未足解其勞結。昔年疾疫，親故多離其災，徐、陳、應、劉，一時俱逝，痛何可言邪！昔日游處，行則同輿，止則接席，何嘗須臾相失！每至觴酌流行，絲竹並奏，酒酣耳熱，仰而賦詩，當此之時，忽然不自知樂也。謂百年已分，長共相保，何圖數年之間，零落略盡，言之傷心。頃撰其遺文，都爲一集。觀其姓名，已爲鬼錄，追思昔游，猶在心目，而此諸子化爲糞壤，可復道哉！觀古今文人，類不護細行，鮮能以名節自立。而偉長獨懷文抱質，恬淡寡欲，有箕山之志，可謂彬彬君子矣。著中論二十餘篇，成一家之業，辭義典雅，足傳于後，此子爲不朽矣。德璉常斐然有述作意，才學足以著書，美志不遂，良可痛惜。閒歷觀諸子之文，對之抆淚，既痛逝者，行自念也。孔璋章表殊健，微爲繁富。公幹有逸氣，但未遒耳，至其五言詩，妙絕當時。元瑜書記翩翩，致足樂也。仲宣獨自善於辭賦，惜其體弱，不足起其文，至於所善，古人無以遠過也。昔伯牙絕絃於鍾期，仲尼覆醢於子路，愍知音之難遇，傷門人之莫逮也。諸子但爲未及古人，自一時之儁也，今之存者已不逮矣。後生可畏，來者難誣，然吾與足下不及見也。行年已長大，所懷萬端，時有所慮，至乃通夕不瞑。何時復類昔日！

已成老翁，但未白頭耳。光武言『年已三十，在軍十年，所更非一』，吾德雖不及，年與之齊。以犬羊之質，服虎豹之文，無衆星之明，假日月之光，動見觀瞻，何時易邪？恐永不復得爲昔日游也。少壯眞當努力，年一過往，何可攀援？古人思秉燭夜游，良有以也。頃何以自娛？頗復有所造述不？東望於邑，裁書敘心。」臣松之以本傳雖略載太子此書，美辭多被刪落，今故悉取魏略所述以備其文。太子卽王位，又與質書曰：「南皮之游，存者三人，烈祖龍飛，或將或侯。今惟吾子，棲遲下仕，從我游處，獨不及門。瓶罄罍恥，能無懷愧。路不云遠，今復相聞。」初，曹眞、曹休亦與質等俱在渤海游處，時休、眞亦以宗親並受爵封，出爲列將，而質故爲長史。王顧質有望，故稱二人以慰之。始質爲單家，少游遨貴戚間，蓋不與鄉里相沈浮。故雖已出官，本國猶不與之士名。及魏有天下，文帝徵質，與車駕會洛陽。到，拜北中郎將，封列侯，使持節督幽、并諸軍事，治信都。太和中，入朝。質自以不爲本郡所饒，謂司徒董昭曰：「我欲溺鄉里耳。」昭曰：「君且止，我年八十，不能老爲君溺攢也。」

世語曰：魏王嘗出征，世子及臨菑侯植並送路側。植稱述功德，發言有章，左右屬目，王亦悅焉。世子悵然自失，吳質耳曰：「王當行，流涕可也。」及辭，世子泣而拜，王及左右咸歔欷，於是皆以植辭多華，而誠心不及也。

質別傳曰：帝嘗召質及曹休歡會，命郭后出見質等。帝曰：「卿仰諦視之。」其至親如此。質黃初五年朝京師，詔上將軍及特進以下皆會質所，大官給供具。酒酣，質欲盡歡。時上將軍曹眞性肥，中領軍朱鑠性瘦，質召優，使說肥瘦。眞負貴，恥見戲，怒謂質曰：「卿欲以部曲將遇我邪？」驃騎將軍曹洪、輕車將軍王忠言：「將軍必欲使上將軍服肥，卽自宜爲瘦。」眞愈恚，拔刀瞋目，言：「俳敢輕脫，吾斬爾。」遂罵坐。質案劍曰：「曹子丹，汝非屠几上肉，吳質吞爾不搖喉，咀爾不搖牙，何敢恃勢驕邪？」鑠因起曰：「陛下使吾等來樂卿耳，乃至此邪！」質顧叱之曰：「朱鑠，敢壞坐！」諸將軍皆還坐。鑠性急，愈恚，還拔劍斬地。遂便罷也。及文帝崩，質思慕作詩曰：「愴愴懷殷憂，殷憂不可居。徙倚不能坐，出入步踟蹰。念蒙聖主恩，榮爵與衆殊。自謂永終身，志氣甫當舒。何意中見棄，棄我歸黃壚。煢煢靡所恃，淚下如連珠。隨沒無所益，身死名不書。慷慨自僶俛，庶幾烈丈夫。」太和四年，入爲侍中。時司空陳羣錄尚書事，帝初親萬機，質以輔弼大臣，安危之本，對帝盛稱「驃騎將軍司馬懿，忠智至公，社稷之臣也。陳羣從容之士，非國相之才，處重任而不親事。」帝甚納之。明日，有切詔以督責羣，而天下以司空不如長文，即羣，言無實也。質其年夏卒。質先以怙威肆行，謚曰醜侯。質子應仍上書論枉，至正元中乃改謚威侯。應字溫舒，晉尚書。應子康，字子仲。知名於時，亦至大位。

衞覬字伯儒，河東安邑人也。少夙成，以才學稱。太祖辟爲司空掾屬，除茂陵令、尚書郎。太祖征袁紹，而劉表爲紹援，關中諸將又中立。益州牧劉璋與表有隙，覬以治書侍御史使益州，令璋下兵以綴表軍。至長安，道路不通，覬不得進，遂留鎮關中。時四方大有還民，關中諸將多引爲部曲，覬書與荀彧曰：「關中膏腴之地，頃遭荒亂，人民流入荆州者十萬餘家，聞本土安寧，皆企望思歸。而歸者無以自業，諸將各競招懷，以爲部曲。郡縣貧弱，不能與爭，兵家遂彊。一旦變動，必有後憂。夫鹽，國之大寶也，自亂來散放，宜如舊置使者監賣，以其直益市犂牛。若有歸民，以供給之。勤耕積粟，以豐殖關中。遠民聞之，必日夜競還。又使司隸校尉留治關中以爲之主，則諸將日削，官民日盛，此彊本弱敵之利也。」或以白太祖。太祖從之，始遣謁者僕射監鹽官，司隸校尉治弘農，關中服從。乃白召覬還，稍遷尚書。〔一〕魏國既建，拜侍中，與王粲並典制度。文帝即王位，徙爲尚書。頃之，還漢朝爲侍郎，勸贊禪代之義，爲文誥之詔。文帝踐阼，復爲尚書，封陽吉亭侯。

〔一〕魏書曰：初，漢朝遷移，臺閣舊事散亂。自都許之後，漸有綱紀，覬以古義多所正定。是時關西諸將，外雖懷附，內未可信。司隸校尉鍾繇求以三千兵入關，外託討張魯，內以脅取質任。太祖使荀彧問覬，覬以爲「西方諸將，皆豎夫屈起，無雄天下意，苟安樂目前而已。今國家厚加爵號，得其所志，非有大故，不憂爲變也。宜爲後圖。若以兵入關中，當討張魯，魯在深山，道徑不通，彼必疑之；一相驚動，地險衆彊，殆難爲慮！」或以覬議呈太祖。太祖初善之，而以繇自典其任，遂從繇議。兵始進而關右大叛，太祖自親征，僅乃平之，死者萬計。太祖悔不從覬議，由是益重覬。

明帝即位，進封閿鄉侯，三百戶。閿音聞。覬奏曰：「九章之律，自古所傳，斷定刑罪，其意微妙。百里長吏，皆宜知律。刑法者，國家之所貴重，而私議之所輕賤；獄吏者，百姓之所縣命，而選用者之所卑下。王政之弊，未必不由此也。請置律博士，轉相教授。」事遂施行。時百姓凋匱而役務方殷，覬上疏曰：「夫變情厲性，彊所不能，人臣言之既不易，人主受之又艱難。且人之所樂者富貴顯榮也，所惡者貧賤死亡也，然此四者，君上之所制也，君愛之則富貴顯榮，君惡之則貧賤死亡；順指者愛所由來，逆意者惡所從至也。故人臣皆爭順指而避逆意，非破家爲國，殺身成君者，誰能犯顏色，觸忌諱，建一言，開一說哉？陛下留意察之，則臣下之情可見矣。今議者多好悅耳，其言政治則比陛下於堯舜，其言征伐則比二虜於貍鼠。臣以爲不然。昔漢文之時，諸侯彊大，賈誼累息以爲至危。況今四海之內，分而爲三，羣士陳力，各爲其主。其來降者，未肯言舍邪就正，咸稱迫於困急，是與六國分治，無以爲異也。當今千里無煙，遺民困苦，陛下不善留意，將遂凋弊不可復振。禮，天子之器必有金玉之飾，飲食之肴必有八珍之味，至於凶荒，則徹膳降服。然則奢儉之節，必視世之豐約也。武皇帝之時，後宮食不過一肉，衣不用錦繡，茵蓐不緣飾，器物無丹漆，用能平定天下，遺福子孫。此皆陛下之所親覽也。當今之務，宜君臣上下，並用籌策，計校府庫，量入爲出。深思句踐滋民之術，由恐不及，而尚方所造金銀之物，漸更增廣，工役不輟，侈靡日崇，帑藏日竭。昔漢武信求神仙之道，謂當得雲表之露以餐玉屑，故立仙掌以承高露。陛下通明，每所非笑。漢武有求於露，而由尚見非，陛下無求於露而空設之，不益於好而糜費功夫，誠皆聖慮所宜裁制也。」覬歷漢、魏，時獻忠言，率如此。

受詔典著作，又爲魏官儀，凡所撰述數十篇。好古文、鳥篆、隸草，無所不善。建安末，尚書右丞河南潘勖，〔一〕黃初時，散騎常侍河內王象，亦與覬並以文章顯。〔二〕覬薨，謚曰敬侯。子瓘嗣。瓘咸熙中爲鎮西將軍。〔三〕

〔一〕文章志曰：勖字元茂，初名芝，改名勖，後避諱。或曰勖獻帝時爲尙書郎，遷右丞。詔以勖前在二千石曹，才敏兼通，明習舊事，敕幷領本職，數加特賜。二十年，遷東海相。未發，留拜尙書左丞。其年病卒，時年五十餘。魏公九錫策命，勖所作也。勖子滿，平原太守，亦以學行稱。

滿子尼，字正叔。尼別傳曰：尼少有清才，文辭溫雅。初應州辟，後以父老歸供養。居家十餘年，父終，晚乃出仕。尼嘗贈陸機詩，機答之，其四句曰：「猗歟潘生，世篤其藻，仰儀前文，丕隆祖考。」位終太常。

尼從父岳，字安仁。岳別傳曰：岳美姿容，夙以才穎發名。其所著述，淸綺絕倫。爲黃門侍郎，爲孫秀所殺。尼、岳文翰，並見重於世。

尼從子滔，字湯仲。晉諸公贊：滔以博學才量爲名。永嘉末，爲河南尹，遇害。

〔二〕王象事別見楊俊傳。

〔三〕晉陽秋曰：瓘字伯玉。淸貞有名理，少爲傅嘏所知。弱冠爲尙書郎，遂歷位內外，爲晉尙書令、司空、太保。惠帝初輔政，爲楚王瑋所害。

世語曰：瓘與扶風內史燉煌索靖，並善草書。瓘子恆，字巨山，黃門侍郎。恆子玠，字叔寶，有盛名，爲太子洗馬，早卒。

劉廙字恭嗣，南陽安衆人也。年十歲，戲於講堂上，潁川司馬德操拊其頭曰：「孺子，孺子，『黃中通理』，寧自知不？」廙兄望之，有名於世，荊州牧劉表辟爲從事。而其友二人，皆以讒毀，爲表所誅。望之又以正諫不合，投傳告歸。廙謂望之曰：「趙殺鳴、犢，仲尼回輪。〔一〕今兄既不能法柳下惠和光同塵於內，則宜模范蠡遷化於外。坐而自絕於時，殆不可也！」望之不從，尋復見害。廙懼，奔揚州，〔二〕遂歸太祖。太祖辟爲丞相掾屬，轉五官將文學。文帝器之，命廙通草書。廙答書曰：「初以尊卑有踰，禮之常分也。是以貪守區區之節，不敢脩草。必如嚴命，誠知勞謙之素，不貴殊異若彼之高，而惇白屋如斯之好，苟使郭隗不輕於燕，九九不忽於齊，樂毅自至，霸業以隆。〔三〕虧匹夫之節，成巍巍之美，雖愚不敏，何敢以辭？」魏國初建，爲黃門侍郎。

〔一〕劉向新序曰：趙簡子欲專天下，謂其相曰：「趙有犢犨，晉有鐸鳴，魯有孔丘，吾殺三人者，天下可王也。」於是乃召犢犨、鐸鳴而問政焉，已即殺之。使使者聘孔子於魯，以胖牛肉迎於河上。使者謂船人曰：「孔子即上船，中河必流而殺之。」孔子至，使者致命，進胖牛之肉。孔子仰天而歎曰：「美哉水乎，洋洋乎，使丘不濟此水者，命也夫！」子路趨而進曰：「敢問何謂也？」孔子曰：「夫犢犨、鐸鳴，晉國之賢大夫也，趙簡子未得意之時，須而後從政，及其得意也，殺之。黃龍不反于涸澤，鳳皇不離其罻羅。故刳胎焚林，則麒麟不臻；覆巢破卵，則鳳皇不翔；竭澤而漁，則龜龍不見。鳥獸之於不仁，猶知避之，況丘乎？故虎嘯而谷風起，龍興而景雲見，擊庭鐘於外，而黃鐘應於內。夫物類之相感，精神之相應，若響之應聲，影之象形，故君子違傷其類者。今彼已殺吾類矣，何爲之此乎？」於是遂回車不渡而還。

〔二〕廙別傳載廙道路爲牋謝劉表曰：「考粥過蒙分遇榮授之顯，未有管、狐、桓、文之烈，孤德隕命，精誠不遂。兄望之見禮在昔，既無堂構昭前之績，中規不密，用墜禍辟。斯乃明神弗祐，天降之災。悔吝之負，哀號靡及。廙之愚淺，言行多違，懼有浸潤三至之閒。考粥之愛已衰，望之之責猶存，必傷天慈既往之分。門戶殪滅，取笑明哲。是用迸竄，永涉川路，即日到廬江尋陽。昔鍾儀有南音之操，椒舉有班荆之思，雖遠猶邇，敢忘前施？」

傅子曰：表既殺望之，荆州士人皆自危也。夫表之本心，於望之不輕也，以直迕情，而讒言得入者，以無容直之度也。據全楚之地，不能以成功者，未必不由此也。夷、叔迕武王以成名，丁公順高祖以受戮，二主之度遠也。若不遠其度，惟褊心是從，難乎以容民畜衆矣。

〔三〕戰國策曰：有以九九求見齊桓公，桓公不納。其人曰：「九九小術，而君納之，況大於九九者乎？」於是桓公設庭燎之禮而見之。居無幾，隰朋自遠而至，齊遂以霸。

太祖在長安，欲親征蜀，廙上疏曰：「聖人不以智輕俗，王者不以人廢言。故能成功於千載者，必以近察遠，智周於獨斷者，不恥於下問，亦欲博采必盡於衆也。且韋弦非能言之物，而聖賢引以自匡。臣才智闇淺，願自比於韋弦。昔樂毅能以弱燕破大齊，而不能以輕兵定卽墨者，夫自爲計者雖弱必固，欲自潰者雖彊必敗也。自殿下起軍以來，三十餘年，敵無不破，彊無不服。今以海內之兵，百勝之威，而孫權負險於吳，劉備不賓於蜀。夫夷狄之臣，不當冀州之卒，權、備之籍，不比袁紹之業，然本初以亡，而二寇未捷，非闇弱於今而智武於昔也。斯自爲計者，與欲自潰者異勢耳。故文王伐崇，三駕不下，歸而脩德，然後服之。秦爲諸侯，所征必服，及兼天下，東向稱帝，匹夫大呼而社稷用隳。是力斃於外，而不卹民於內也。臣恐邊寇非六國之敵，而世不乏才，土崩之勢，此不可不察也。天下有重得，有重失：勢可得而我勤之，此重得也；勢不可得而我勤之，此重失也。於今之計，莫若料四方之險，擇要害之處而守之，選天下之甲卒，隨方面而歲更焉。殿下可高枕於廣夏，潛思於治國；廣農桑，事從節約，脩之旬年，則國富民安矣。」太祖遂進前而報廙曰：「非但君當知臣，臣亦當知君。今欲使吾坐行西伯之德，恐非其人也。」

魏諷反，廙弟偉為諷所引，當相坐誅。太祖令曰：「叔向不坐弟虎，古之制也。」特原不問，〔一〕徙署丞相倉曹屬。廙上疏謝曰：「臣罪應傾宗，禍應覆族。遭乾坤之靈，值時來之運，揚湯止沸，使不燋爛；起烟於寒灰之上，生華於已枯之木。物不答施於天地，子不謝生於父母，可以死效，難用筆陳。」〔二〕廙著書數十篇，及與丁儀共論刑禮，皆傳於世。文帝即王位，為侍中，賜爵關內侯。黃初二年卒。〔三〕無子。帝以弟子阜嗣。〔四〕

〔一〕廙別傳曰：初，廙弟偉與諷善，廙戒之曰：「夫交友之美，在於得賢，不可不詳。而世之交者，不審擇人，務合黨眾，違先聖人交友之義，此非厚己輔仁之謂也。吾觀魏諷，不脩德行，而專以鳩合為務，華而不實，此直攪世沽名者也。卿其慎之，勿復與通。」偉不從，故及於難。

〔二〕廙別傳載廙表論治道曰：「昔者周有亂臣十人，有婦人焉，九人而已，孔子稱『才難，不其然乎』！明賢者難得也。況亂弊之後，百姓凋盡，士之存者蓋亦無幾。股肱大職，及州郡督司，邊方重任，雖備其官，亦未得人也。此非選者之不用意，蓋才匱使之然耳。況於長吏以下，羣職小任，能皆簡練備得其人也，其計莫如督之以法。不爾而數轉易，往來不已，送迎之煩，不可勝計。轉易之閒，輒有姦巧，既於其事不省，而為政者亦以其不得久安之故，知惠益不得成於己，而苟且之可免於患，皆將不念盡心於卹民，而夢想於聲譽，此非所以爲政之本意也。今之所以爲黜陟者，近頗以州郡之毀譽，聽往來之浮言耳。亦皆得其事實而課其能否也？長吏之所以爲佳者，奉法也，憂公也，卹民也。此三事者，或州郡有所不便，往來者有所不安。而長吏執之不已，於治雖得計，其聲譽未爲美；屈而從人，於治雖失計，其聲譽必集也。長吏皆知黜陟之在於此也，亦何能不去本而就末哉？以爲長吏皆宜使小久，足使自展。歲課之能，三年總計，乃加黜陟。課之皆當以事，不得依名。事者，皆以戶口率其墾田之多少，及盜賊發興，民之亡叛者，爲得負之計。如此行之，則無能之吏，脩名無益；有能之人，無名無損。法之一行，雖無部司之監，姦譽妄毀，可得而盡。」事上，太祖甚善之。

〔三〕廙別傳云：時年四十二。

〔四〕案劉氏譜：阜字伯陵，陳留太守。阜子喬，字仲彥。晉陽秋曰：喬有贊世志力。惠帝末，爲豫州刺史。喬胄胤丕顯，貴盛至今。

劉劭字孔才，廣平邯鄲人也。建安中，爲計吏，詣許。太史上言：「正旦當日蝕。」劭時在尚書令荀彧所，坐者數十人，或云當廢朝，或云宜卻會。劭曰：「梓愼、裨竈，古之良史，猶占水火，錯失天時。禮記曰諸侯旅見天子，及門不得終禮者四，日蝕在一。然則聖人垂制，不爲變〔異〕豫廢朝禮者，或災消異伏，或推術謬誤也。」彧善其言。敕朝會如舊，日亦不蝕。〔一〕

〔一〕晉永和中，廷尉王彪之與揚州刺史殷浩書曰：「太史上元日合朔，談者或有疑，應卻會與不？昔建元元年，亦元日合朔，庾車騎寫劉孔才所論以示八座。于時朝議有謂孔才所論爲不得禮議，荀令從之，是勝人之一失也。何者？禮云，諸侯旅見天子，入門不得終禮而廢者四：太廟火，日蝕，后之喪，雨霑服失容。尋此四事之指，自謂諸侯雖已入門而卒暴有之，則不得終禮。非爲先存其事，而徼倖史官推術錯謬，故不豫廢朝禮也。夫三辰有災，莫大日蝕，史官告譴，而無懼容，不脩豫防之禮，而廢消救之術，方大饗華夷，君臣相慶，豈是將處天災罪己之謂？且檢之事實，合朔之儀，至尊靜躬殿堂，不聽政事，冕服御坐門闥之制，與元會禮異。自不得兼行，則當權其事宜。合朔之禮，不輕於元會。元會有可卻之準，合朔無可廢之義。謂應依建元故事，卻元會。」浩從之，竟卻會。

御史大夫郗慮辟劭，會慮免，拜太子舍人，遷祕書郎。黃初中，爲尚書郎、散騎侍郎。受詔集五經羣書，以類相從，作皇覽。明帝卽位，出爲陳留太守，敦崇教化，百姓稱之。徵拜騎都尉，與議郎庾嶷、荀詵等定科令，作新律十八篇，著律略論。遷散騎常侍。時聞公孫淵受孫權燕王之號，議者欲留淵計吏，遣兵討之。劭以爲「昔袁尚兄弟歸淵父康，康斬送其首，是淵先世之效忠也。又所聞虛實，未可審知。古者要荒未服，脩德而不征，重勞民也。宜加寬貸，使有以自新。」後淵果斬送權使張彌等首。劭嘗作趙都賦，明帝美之，詔劭作許都、洛都賦。時外興軍旅，內營宮室，劭作二賦，皆諷諫焉。

青龍中，吳圍合肥，時東方吏士皆分休，征東將軍滿寵表請中軍兵，并召休將士，須集擊之。劭議以爲「賊衆新至，心專氣銳。寵以少人自戰其地，若便進擊，不必能制。寵求待兵，未有所失也。以爲可先遣步兵五千，精騎三千，軍前發，揚聲進道，震曜形勢。騎到合肥，疏其行隊，多其旌鼓，曜兵城下，引出賊後，擬其歸路，要其糧道。賊聞大軍來，騎斷其後，必震怖遁走，不戰自破賊矣。」帝從之。兵比至合肥，賊果退還。

時詔書博求衆賢。散騎侍郎夏侯惠薦劭曰：「伏見常侍劉劭，深忠篤思，體周於數，凡所錯綜，源流弘遠，是以羣才大小，咸取所同而斟酌焉。故性實之士服其平和良正，清靜之人慕其玄虛退讓，文學之士嘉其推步詳密，法理之士明其分數精比，意思之士知其沈深篤固，文章之士愛其著論屬辭，制度之士貴其化略較要，策謀之士贊其明思通微，凡此諸論，皆取適己所長而舉其支流者也。臣數聽其清談，覽其篤論，漸漬歷年，服膺彌久，實爲朝廷奇其器量。以爲若此人者，宜輔翼機事，納謀幃幄，當與國道俱隆，非世俗所常有也。惟陛下垂優游之聽，使劭承清閒之歡，得自盡於前，則德音上通，煇燿日新矣。」〔一〕

〔一〕臣松之以爲凡相稱薦，率多溢美之辭，能不違中者或寡矣。惠之稱劭云「玄虛退讓」及「明思通微」，近於過也。

景初中，受詔作都官考課。劭上疏曰：「百官考課，王政之大較，然而歷代弗務，是以治典闕而未補，能否混而相蒙。陛下以上聖之宏略，愍王綱之弛頹，神慮內鑒，明詔外發。臣奉恩曠然，得以啓矇，輒作都官考課七十二條，又作說略一篇。臣學寡識淺，誠不足以宣暢聖旨，著定典制。」又以爲宜制禮作樂，以移風俗，著樂論十四篇，事成未上。會明帝崩，不施行。正始中。執經講學，賜爵關內侯。凡所撰述，法論、人物志之類百餘篇。卒，追贈光祿勳。子琳嗣。

劭同時東海繆襲亦有才學，多所述叙，官至尚書、光祿勳。〔一〕

〔一〕先賢行狀曰：繆斐字文雅。該覽經傳，事親色養。徵博士，六辟公府。漢帝在長安，公卿博舉名儒。時舉斐任侍中，並無所就。即襲父也。

文章志曰：襲字熙伯。辟御史大夫府，歷事魏四世。正始六年，年六十卒。子悅字孔懌，晉光祿大夫。襲孫紹、播、徵、胤等，並皆顯達。

襲友人山陽仲長統，漢末爲尚書郎，早卒。著昌言，詞佳可觀省。〔一〕

〔一〕襲撰統昌言表，稱統字公理，少好學，博涉書記，贍於文辭。年二十餘，游學青、徐、并、冀之間，與交者多異之。并州刺史高幹素貴有名，招致四方游士，多歸焉。統過幹，幹善待遇之，訪以世事。統謂幹曰：「君有雄志而無雄才，好士而不能擇人，所以爲君深戒也。」幹雅自多，不納統言。統去之，無幾而幹敗。并、冀之士，以是識統。大司農常林與統共在上黨，爲臣道統性倜儻，敢直言，不矜小節，每列郡命召，輒稱疾不就。默語無常，時人或謂之狂。漢帝在許，尚書令荀彧領典樞機，好士愛奇，聞統名，啓召以爲尚書郎。後參太祖軍事，復還爲郎。延康元年卒，時年四十餘。統每論說古今世俗行事，發憤歎息，輒以爲論，名曰昌言，凡二十四篇。

散騎常侍陳留蘇林、〔一〕光祿大夫京兆韋誕、〔二〕樂安太守譙國夏侯惠、〔三〕陳郡太守任

城孫該、〔四〕郎中令河東杜摯等亦著文賦，頗傳於世。〔五〕

〔一〕魏略曰：林字孝友，博學，多通古今字指，凡諸書傳文閒危疑，林皆釋之。建安中，為五官將文學，甚見禮待。黃初中，為博士給事中。文帝作典論所稱蘇林者是也。以老歸第，國家每遣人就問之，數加賜遺。年八十餘卒。

〔二〕文章敍錄曰：誕字仲將，太僕端之子。有文才，善屬辭章。建安中，為郡上計吏，特拜郎中，稍遷侍中中書監，以光祿大夫遜位，年七十五卒於家。初，邯鄲淳、衞覬及誕並善書，有名。覬孫恒撰四體書勢，其序古文曰：「自秦用篆書，焚燒先典，而古文絕矣。漢武帝時，魯恭王壞孔子宅，得尚書、春秋、論語、孝經，時人已不復知有古文，謂之科斗書，漢世祕藏，希得見之。魏初傳古文者，出於邯鄲淳。敬侯寫淳尚書，後以示淳，而淳不別。至正始中，立三字石經，轉失淳法。因科斗之名，遂效其法。太康元年，汲縣民盜發魏襄王冢，得策書十餘萬言。案敬侯所書，猶有髣髴。」敬侯謂覬也。其序篆書曰：「秦時李斯號為工篆，諸山及銅人銘皆斯書也。漢建初中，扶風曹喜少異於斯而亦稱善。邯鄲淳師焉，略究其妙。韋誕師淳而不及也。太和中，誕為武都太守，以能書留補侍中，魏氏寶器銘題皆誕書云。漢末又有蔡邕采斯、喜之法，為古今雜形，然精密簡理不如淳也。」其序隸書，已略見武紀。又曰：「師宜官為大字，邯鄲淳為小字。梁鵠謂淳得次仲法，然鵠之用筆盡其勢矣。」其序草書曰：「漢興而有草書，不知作者姓名。至章帝時，齊相杜度號善作篇，後有崔瑗、崔寔亦皆稱工。杜氏結字甚安而書體微瘦，崔氏甚得筆勢而結字小疏。弘農張伯英者因而轉精其巧。凡家之衣帛，必書而後練之，臨池學書，池水盡黑。下筆必為楷則，號『忽忽不暇草』，寸紙不見遺，至今世人尤寶之，韋仲將謂之草聖。伯英弟文舒者，次伯英。又有姜孟潁、梁孔達、田彥和及韋仲將之徒，皆伯英弟子，有名於世，然殊不及文舒也。」

〔三〕惠，淵子。事在淵傳。

〔四〕文章敍錄曰：該字公達。彊志好學。年二十，上計掾，召爲郎中。著魏書。遷博士司徒右長史，復還入著作。景元二年卒官。

〔五〕文章敍錄曰：摯字德魯。初上笳賦，署司徒軍謀吏。後舉孝廉，除郎中，轉補校書。摯與毌丘儉鄉里相親，故爲詩與儉，求仙人藥一丸，欲以感切儉求助也。其詩曰：「騏驥馬不試，婆娑槽櫪間。壯士志未伸，坎軻多辛酸。伊摯爲媵臣，呂望身操竿；夷吾困商販，甯戚對牛歎；食其處監門，淮陰飢不餐；買臣老負薪，妻畔呼不還，釋之宦十年，位不增故官。才非八子倫，而與齊其患。無知不在此，袁盎未有言。被此篤病久，榮衞動不安，聞有韓衆藥，信來給一丸。」儉答曰：「鳳鳥翔京邑，哀鳴有所思。才爲聖世出，德音何不怡！八子未遭遇，今者遭明時。胡康出壟畝，楊偉無根基，飛騰沖雲天，奮迅協光熙。駿驥骨法異，伯樂觀知之，但當養羽翮，鴻舉必有期。體無纖微疾，安用問良醫？聯翩輕栖集，還爲燕雀嗤。韓衆藥雖良，或更不能治。悠悠千里情，薄言答嘉詩。信心感諸中，中實不在辭。」摯竟不得遷，卒於祕書。

廬江何氏家傳曰：明帝時，有譙人胡康，年十五，以異才見送，又陳損益，求試劇縣。詔特引見。衆論翕然，號爲神童。詔付祕書，使博覽典籍。帝以問祕書丞何禎：「康才何如？」禎答曰：「康雖有才，性質不端，必有負敗。」後果以過見譴。

臣松之案：魏朝自微而顯者，不聞胡康；疑是孟康。康事見杜恕傳。楊偉見曹爽傳。

傅嘏字蘭石，北地泥陽人，傅介子之後也。伯父巽，黃初中爲侍中尚書。〔一〕嘏弱冠知名，〔二〕司空陳羣辟爲掾。時散騎常侍劉劭作考課法，事下三府。嘏難劭論曰：「蓋聞帝制宏深，聖道奧遠，苟非其才，則道不虛行，神而明之，存乎其人。暨乎王略虧頽而曠載罔綴，微言既沒，六籍泯玷。何則？道弘致遠而衆才莫晞也。案劭考課論，雖欲尋前代黜陟之文，然其制度略以闕亡。禮之存者，惟有周典，外建侯伯，藩屏九服，內立列司，筦齊六職，土有恆貢，官有定則，百揆均任，四民殊業，故考績可理而黜陟易通也。大魏繼百王之末，承秦、漢之烈，制度之流，靡所脩采。自建安以來，至于青龍，神武撥亂，肇基皇祚，掃除凶逆，芟夷遺寇，旌旗卷舒，日不暇給。及經邦治戎，權法並用，百官羣司，軍國通任，隨時之宜，以應政機。以古施今，事雜義殊，難得而通也。所以然者，制宜經遠，或不切近，法應時務，不足垂後。夫建官均職，清理民物，所以立本也；循名考實，糾勵成規，所以治末也。本綱末舉而造制未呈，國略不崇而考課是先，懼不足以料賢愚之分，精幽明之理也。昔先王之擇才，必本行於州閭，講道於庠序，行具而謂之賢，道脩則謂之能。鄉老獻賢能于王，王拜受之，舉其賢者，出使長之，科其能者，入使治之，此先王收才之義也。方今九州之民，爰及京城，未有六鄉之舉，其選才之職，專任吏部。案品狀則實才未必當，任薄伐則德行未爲敍，如此則殿最之課，未盡人才。述綜王度，敷贊國式，體深義廣，難得而詳也。」

〔一〕傅子曰：嘏祖父睿，代郡太守。父允，黃門侍郎。

〔二〕傅子曰：是時何晏以材辯顯於貴戚之間，鄧颺好變通，合徒黨，鬻聲名於閭閻，而夏侯玄以貴臣子少有重名，爲之宗主，求交於嘏而不納也。嘏友人荀粲，有清識遠心，然猶怪之。謂嘏曰：「夏侯泰初一時之傑，虛心交子，合則好成，不合則怨至。二賢不睦，非國之利，此藺相如所以下廉頗也。」嘏答之曰：「泰初志大其量，能合虛聲而無實才。何平叔言遠而情近，好辯而無誠，所謂利口覆邦國之人也。鄧玄茂有爲而無終，外要名利，內無關鑰，貴同惡異，多言而妒前；多言多釁，妒前無親。以吾觀此三人者，皆敗德也。遠之猶恐禍及，況昵之乎？」

正始初，除尚書郎，遷黃門侍郎。時曹爽秉政，何晏爲吏部尚書，嘏謂爽弟羲曰：「何平叔外靜而內銛巧，好利，不念務本。吾恐必先惑子兄弟，仁人將遠，而朝政廢矣。」晏等遂與嘏不平，因微事以免嘏官。起家拜滎陽太守，不行。太傅司馬宣王請爲從事中郎。曹爽誅，爲河南尹，〔二〕遷尚書。嘏常以爲「秦始罷侯置守，設官分職，不與古同。漢、魏因循，以至于今。然儒生學士，咸欲錯綜以三代之禮，禮弘致遠，不應時務，事與制違，名實未附，故歷代而不至於治者，蓋由是也。欲大改定官制，依古正本，今遇帝室多難，未能革易」。

〔二〕傅子曰：河南尹內掌帝都，外統京畿，兼古六鄉六遂之士。其民異方雜居，多豪門大族，商賈胡貊，天下四(方)會，利之所聚，而姦之所生。前尹司馬芝，舉其綱而太簡，次尹劉靜，綜其目而太密，後尹李勝，毀常法以收一時之聲。嘏立司馬氏之綱統，裁劉氏之網目以經緯之，李氏所毀以漸補之。郡有七百吏，半非舊也。河南俗黨五官掾功曹典選職，皆授其本國人，無用異邦人者，嘏各舉其良而對用之，官曹分職，而後以次考核之。其治以德敎爲本，然持法有恆，簡而不可犯，見理識情，獄訟不加櫝楚而得其實。不爲小惠，有所薦達及大有益於民事，皆隱其端迹，若不由己出。故當時無赫赫之名，吏民久而後安之。

時論者議欲自伐吳，三征獻策各不同。詔以訪嘏，嘏對曰：「昔夫差陵齊勝晉，威行中國，終禍姑蘇；齊閔兼土拓境，闢地千里，身蹈顛覆。有始不必善終，古之明效也。孫權自破關羽幷荊州之後，志盈欲滿，凶宄以極，是以宣文侯深建宏圖大舉之策。今權以死，託孤於諸葛恪。若矯權苛暴，蠲其虐政，民免酷烈，偷安新惠，外內齊慮，有同舟之懼，雖不能終自保完，猶足以延期挺命於深江之外矣。而議者或欲汎舟徑濟，橫行江表；或欲四道並進，攻其城壘；或欲大佃疆埸，觀釁而動：誠皆取賊之常計也。然自治兵以來，出入三載，非掩襲之軍也。賊之爲寇，幾六十年矣，君臣僞立，吉凶共患，又喪其元帥，上下憂危，設令列船津要，堅城據險，橫行之計，其殆難捷。惟進軍大佃，最差完牢。（隱）兵出民表，寇鈔不犯；坐食積穀，不煩運士；乘釁討襲，無遠勞費：此軍之急務也。昔樊噲願以十萬之衆，橫行匈奴，季布面折其短。今欲越長江，涉虜庭，亦向時之喻也。未若明法練士，錯計於全勝之地，振長策以禦敵之餘燼，斯必然之數也。」〔一〕後吳大將諸葛恪新破東關，乘勝揚聲欲向青、徐，朝廷將爲之備。嘏議以爲「淮海非賊輕行之路，又昔孫權遣兵入海，漂浪沉溺，略無孑遺，恪豈敢傾根竭本，寄命洪流，以徼乾沒乎？〔二〕恪不過遣偏率小將素習水軍者，乘海泝淮，示動青、徐，恪自幷兵來向淮南耳」。後恪果圖新城，不克而歸。

〔一〕司馬彪戰略載嘏此對，詳於本傳，今悉載之以盡其意。彪曰：嘉平四年四月，孫權死。征南大將軍王昶、征東將軍胡遵、鎭南將軍毌丘儉等表請征吳。朝廷以三征計異，詔訪尚書傅嘏，嘏對曰：「昔夫差勝齊陵晉，威行中國，不能以免姑蘇之禍；齊閔辟土兼國，開地千里，不足以救顚覆之敗：有始不必善終，古事之明效也。孫權自破蜀兼平荆州之後，志盈欲滿，罪戮忠良，誅及胤嗣，元凶已極。相國宣文侯先識取亂侮亡之義，深建宏圖大舉之策。今權已死，託孤於諸葛恪。若矯權苛暴，蠲其虐政，民免酷烈，偷安新惠，外內齊慮，有同舟之懼，雖不能終自保完，猶足以延期挺命於深江之表矣。昶等或欲汎舟徑渡，橫行江表，收民略地，因糧於寇；或欲四道並進，臨之以武，誘間攜貳，待其崩壞；或欲進軍大佃，偪其項領，積穀觀釁，相時而動：凡此三者，皆取賊之常計也。然施之當機，則功成名立，苟不應節，必貽後患。自治兵已來，出入三載，非掩襲之軍也。賊喪元帥，利存退守，若擇飾舟楫，羅船津要，堅城淸野，以防卒攻，橫行之計，殆難必施。賊之爲寇，幾六十年，君臣僞立，吉凶同患，若恪蠲其弊，天去其疾，崩潰之應，不可卒待。今邊壤之守，與賊相遠，賊設羅落，又持重密，間諜不行，耳目無聞。夫軍無耳目，校察未詳，而擧大衆以臨巨險，此爲希幸徼功，先戰而後求勝，非全軍之長策也。唯有進軍大佃，最差完牢。可詔昶、遵等擇地居險，審所錯置，及令三方一時前守。奪其肥壤，使還耕埆土，一也；兵出民表，寇鈔不犯，二也；招懷近路，降附日至，三也；羅落遠設，間構不來，四也；賊退其守，羅落必淺，佃作易之，五也；坐食積穀，士不運輸，六也；釁隙時聞，討襲速決，七也：凡此七者，軍事之急務也。不據則賊擅便資，據之則利歸於國，不可不察也。夫屯壘相偪，形勢已交，智勇得陳，巧拙得用，策之而知得失之計，角之而知有餘不足，虜之情僞，將焉所逃？夫以小敵大，則役煩力竭，以貧敵富，則斂重財匱。故『敵逸能勞之，飽能飢之』，此之謂也。然後盛衆厲兵以震之，參惠倍賞以招之，多方廣似以疑之。由不虞之道，以閒其不戒；比及三年，左提右挈，虜必冰散瓦解，安受其弊，可坐算而得也。昔漢氏歷世常患匈奴，朝臣謀士早朝晏罷，介冑之將則陳征伐，搢紳之徒咸言和親，勇奮之士思展搏噬。故樊噲願以十萬之衆橫行匈奴，季布面折其短。李信求以二十萬獨舉楚人，而果辱秦軍。今諸將有陳越江陵險，獨步虜庭，卽亦向時之類也。以陛下聖德，輔相忠賢，法明士練，錯計於全勝之地，振長策以禦之，虜之崩潰，必然之數。故兵法曰：『屈人之兵，而非戰也；拔人之城，而非攻也。』若釋廟勝必然之理，而行萬一不必全之路，誠愚臣之所慮也。故謂大佃而偪之計最長。」時不從嘏言。其年十一月，詔昶等征吳。五年正月，諸葛恪拒戰，大破衆軍於東關。

〔二〕漢書張湯傳曰：湯始爲小吏，乾沒，與長安富賈田甲、魚翁叔之屬交私。服虔說曰：「乾沒，射成敗也。」如淳曰：「得利爲乾，失利爲沒。」

臣松之以虔直以乾沒爲射成敗，而不說乾沒之義，於理猶爲未暢。淳以得利爲乾，又不可了。愚謂乾讀宜爲乾燥之乾。蓋謂有所徼射，不計乾燥之與沈沒而爲之。

嘏常論才性同異，鍾會集而論之。〔一〕嘉平末，賜爵關內侯。高貴鄉公卽尊位，進封武鄉亭侯。正元二年春，毌丘儉、文欽作亂。或以司馬景王不宜自行，可遣太尉孚往，惟嘏及王肅勸之。景王遂行。〔二〕以嘏守尚書僕射，俱東。儉、欽破敗，嘏有謀焉。及景王薨，嘏與司馬文王徑還洛陽，文王遂以輔政。語在鍾會傳。〔三〕會由是有自矜色，嘏戒之曰：「子志大其量，而勳業難爲也，可不愼哉！」嘏以功進封陽鄉侯，增邑六百戶，幷前千二百戶。是歲薨，時年四十七，追贈太常，謚曰元侯。〔四〕子祗嗣。咸熙中開建五等，以嘏著勳前朝，改封祗涇原子。〔五〕

〔一〕傅子曰：嘏既達治好正，而有清理識要，好論才性，原本精微，尠能及之。司隸校尉鍾會年甚少，嘏以明智交會。

臣松之案：傅子前云嘏了夏侯之必敗，不與之交，而此云與鍾會善。愚以爲夏侯玄以名重致患，釁由外至；鍾會以利動取敗，禍自己出。然則夏侯之危兆難覩，而鍾氏之敗形易照也。嘏若了夏侯之必危，而不見鍾會之將敗，則爲識有所蔽，難以言通；若皆知其不終，而情有彼此，是爲厚薄由于愛憎，奚豫於成敗哉？以愛憎爲厚薄，又虧於雅體矣。傅子此論，非所以益嘏也。

〔二〕漢晉春秋曰：嘏固勸景王行，景王未從。嘏重言曰：「淮、楚兵勁，而儉等負力遠鬬，其鋒未易當也。若諸將戰有利鈍，大勢一失，則公事敗矣。」是時景王新割目瘤，創甚，聞嘏言，蹶然而起曰：「我請輿疾而東。」

〔三〕世語曰：景王疾甚，以朝政授傅嘏，嘏不敢受。及薨，嘏祕不發喪，以景王命召文王於許昌，領公軍焉。

孫盛評曰：晉宣、景、文王之相魏也，權重相承，王業基矣。豈蕞爾傅嘏所宜間廁？世語所云，斯不然矣。

〔四〕傅子曰：初，李豐與嘏同州，少有顯名，早歷大官，內外稱之，嘏又不善也。謂同志曰：「豐飾僞而多疑，矜小失而昧於權利，若處庸庸者可也，自任機事，遭明者必死。」豐後爲中書令，與夏侯玄俱禍，卒如嘏言。嘏自少與冀州刺史裴徽、散騎常侍荀粲善，徽、粲早亡。又與鎮北將軍何曾、司空陳泰、尚書僕射荀顗、後將軍鍾毓並善，相與綜朝事，俱爲名臣。

〔五〕晉諸公贊曰：祗字子莊，嘏少子也。晉永嘉中至司空。祗子宣，字世弘。

世語稱宣以公正知名，位至御史中丞。宣弟暢，字世道，祕書丞，沒在胡中。著晉諸公贊及晉公卿禮秩故事。

評曰：昔文帝、陳王以公子之尊，博好文采，同聲相應，才士並出，惟粲等六人最見名目。而粲特處常伯之官，興一代之制，然其沖虛德宇，未若徐幹之粹也。衞覬亦以多識典故，相時王之式。劉劭該覽學籍，文質周洽。劉廙以清鑒著，傅嘏用才達顯云。〔一〕

〔一〕臣松之以爲傅嘏識量名輩，寔當時高流。而此評但云「用才達顯」，既於題目爲拙，又不足以見嘏之美也。

三國志卷二十二　魏書二十二

桓二陳徐衛盧傳第二十二

桓階字伯緒，長沙臨湘人也。〔一〕仕郡功曹。太守孫堅舉階孝廉，除尚書郎。父喪還鄉里。會堅擊劉表戰死，階冒難詣表乞堅喪，表義而與之。後太祖與袁紹相拒於官渡，表舉州以應紹。階說其太守張羨曰：「夫舉事而不本於義，未有不敗者也。故齊桓率諸侯以尊周，晉文逐叔帶以納王。今袁氏反此，而劉牧應之，取禍之道也。明府必欲立功明義，全福遠禍，不宜與之同也。」羨曰：「然則何向而可？」階曰：「曹公雖弱，仗義而起，救朝廷之危，奉王命而討有罪，孰敢不服？今若舉四郡保三江以待其來，而爲之內應，不亦可乎！」羨曰：「善。」乃舉長沙及旁三郡以拒表，遣使詣太祖。太祖大悅。會紹與太祖連戰，軍未得南。而表急攻羨，羨病死。城陷，階遂自匿。久之，劉表辟爲從事祭酒，欲妻以妻妹蔡氏。階自陳已結婚，拒而不受，因辭疾告退。

〔一〕魏書曰：階祖父超，父勝，皆歷典州郡。勝爲尙書，著名南方。

太祖定荆州，聞其爲張羨謀也，異之，辟爲丞相掾主簿，遷趙郡太守。魏國初建，爲虎賁中郎將侍中。時太子未定，而臨菑侯植有寵。階數陳文帝德優齒長，宜爲儲副，公規密諫，前後懇至。〔一〕又毛玠、徐奕以剛蹇少黨，而爲西曹掾丁儀所不善，儀屢言其短，賴階左右以自全保。其將順匡救，多此類也。遷尚書，典選舉。曹仁爲關羽所圍，太祖遣徐晃救之，不解。太祖欲自南征，以問羣下。羣下皆謂：「王不亟行，今敗矣。」階獨曰：「大王以仁等爲足以料事勢不也？」曰：「能。」「大王恐二人遺力邪？」曰：「不。」「然則何爲自往？」曰：「吾恐虜衆多，而晃等勢不便耳。」階曰：「今仁等處重圍之中而守死無貳者，誠以大王遠爲之勢也。夫居萬死之地，必有死爭之心；內懷死爭，外有彊救，大王案六軍以示餘力，何憂於敗而欲自往？」太祖善其言，駐軍於摩陂。賊遂退。

〔一〕魏書稱階諫曰：「今太子仁冠羣子，名昭海內，仁聖達節，天下莫不聞；而大王甫以植而問臣，臣誠惑之。」於是太祖知階篤於守正，深益重焉。

文帝踐阼，遷尚書令，封高鄉亭侯，加侍中。階疾病，帝自臨省，謂曰：「吾方託六尺之孤，寄天下之命於卿。勉之！」徙封安樂鄉侯，邑六百戶，又賜階三子爵關內侯。祐以嗣子不封，病卒，又追贈關內侯。後階疾篤，遣使者卽拜太常，薨，帝爲之流涕，謚曰貞侯。子嘉嗣。以階弟纂爲散騎侍郎，賜爵關內侯。嘉尚升遷亭公主，會嘉平中，以樂安太守與吳

戰於東關，軍敗，沒，謚曰壯侯。子翊嗣。〔一〕

〔一〕世語曰：階孫陵，字元徽，有名於晉武帝世，至滎陽太守，卒。

陳羣字長文，潁川許昌人也。祖父寔，父紀，叔父諶，皆有盛名。〔一〕羣爲兒時，寔常奇異之，謂宗人父老曰：「此兒必興吾宗。」魯國孔融高才倨傲，年在紀、羣之間，先與紀友，後與羣交，更爲紀拜，由是顯名。劉備臨豫州，辟羣爲別駕。時陶謙病死，徐州迎備，備欲往，羣說備曰：「袁術尚彊，今東，必與之爭。呂布若襲將軍之後，將軍雖得徐州，事必無成。」備遂東，與袁術戰。布果襲下邳，遣兵助術，大破備軍，備恨不用羣言。舉茂才，除柘令，不行，隨紀避難徐州。屬呂布破，太祖辟羣爲司空西曹掾屬。時有薦樂安王模、下邳周逵者，太祖辟之。羣封還教，以爲模、逵穢德，終必敗，太祖不聽。後模、逵皆坐姦宄誅，太祖以謝羣。羣薦廣陵陳矯、丹陽戴乾，太祖皆用之。後吳人叛，乾忠義死難，矯遂爲名臣，世以羣爲知人。除蕭、贊、長平令，父卒去官。後以司徒掾舉高第，爲治書侍御史，轉參丞相軍事。魏國既建，遷爲御史中丞。

〔一〕寔字仲弓，紀字元方，諶字季方。魏書曰：寔德冠當時，紀、諶並名重於世。寔爲太丘長，遭黨錮，隱居荆山，遠近宗師之。靈帝崩，何進輔政，引用天下名士，徵寔，欲以爲參軍，以老病，遂不屈節。諶爲司空掾，早卒。紀歷位平原相，侍中、大鴻臚，著書數十篇，世謂之陳子。寔之亡也，司空荀爽、太僕令韓融並制緦麻，執子孫禮。四方至者車數千乘，自太原郭泰等無不造門。

傅子曰：寔亡，天下致弔，會其葬者三萬人，制縗麻者以百數。

先賢行狀曰：大將軍何進遣屬弔祠，諡曰文範先生。于時，寔、紀高名並著，而諶又配之，世號曰三君。每宰府辟命，率皆同時，羔鴈成羣，丞掾交至。豫州百姓皆圖畫寔、紀、諶之形象。

時太祖議復肉刑，令曰：「安得通理君子達於古今者，使平斯事乎！昔陳鴻臚以爲死刑有可加於仁恩者，正謂此也。御史中丞能申其父之論乎？」羣對曰：「臣父紀以爲漢除肉刑而增加笞，本興仁惻而死者更衆，所謂名輕而實重者也。名輕則易犯，實重則傷民。書曰：『惟敬五刑，以成三德。』易著劓、刖、滅趾之法，所以輔政助教，懲惡息殺也。且殺人償死，合於古制；至於傷人，或殘毀其體而裁翦毛髮，非其理也。若用古刑，使淫者下蠶室，盜者刖其足，則永無淫放穿窬之姦矣。夫三千之屬，雖未可悉復，若斯數者，時之所患，宜先施用。漢律所殺殊死之罪，仁所不及也，其餘逮死者，可以刑殺。如此，則所刑之與所生足以相貿矣。今以笞死之法易不殺之刑，是重人支體而輕人軀命也。」時鍾繇與羣議同，王朗及議者多以爲未可行。太祖深善繇、羣言，以軍事未罷，顧衆議，故且寢。

羣轉爲侍中，領丞相東西曹掾。在朝無適無莫，雅杖名義，不以非道假人。文帝在東宮，深敬器焉，待以交友之禮，常歎曰：「自吾有回，門人日以親。」及卽王位，封羣昌武亭侯，徙爲尙書。制九品官人之法，羣所建也。及踐阼，遷尙書僕射，加侍中，徙尙書令，進爵潁鄉侯。帝征孫權，至廣陵，使羣領中領軍。帝還，假節，都督水軍。還許昌，以羣爲鎭軍大將軍，領中護軍，錄尙書事。帝寢疾，羣與曹眞、司馬宣王等並受遺詔輔政。明帝卽位，進封潁陰侯，增邑五百，幷前千三百戶，與征東大將軍曹休、中軍大將軍曹眞、撫軍大將軍司馬宣王並開府。頃之，爲司空，故錄尙書事。

是時，帝初莅政，羣上疏曰：「詩稱『儀刑文王，萬邦作孚』；又曰『刑于寡妻，至于兄弟，以御于家邦』。道自近始，而化洽於天下。自喪亂已來，干戈未戢，百姓不識王教之本，懼其陵遲已甚。陛下當盛魏之隆，荷二祖之業，天下想望至治，唯有以崇德布化，惠恤黎庶，則兆民幸甚。夫臣下雷同，是非相蔽，國之大患也。若不和睦則有讎黨，有讎黨則毀譽無端，毀譽無端則眞僞失實，不可不深防備，有以絕其源流。」太和中，曹眞表欲數道伐蜀，從斜谷入。羣以爲「太祖昔到陽平攻張魯，多收豆麥以益軍糧，魯未下而食猶乏。今既無所因，且斜谷阻險，難以進退，轉運必見鈔截，多留兵守要，則損戰士，不可不熟慮也」。帝從羣議。眞復表從子午道。羣又陳其不便，幷言軍事用度之計。詔以羣議下眞，眞據之遂行。會霖雨積日，羣又以爲宜詔眞還，帝從之。

後皇女淑薨，追封謚平原懿公主。羣上疏曰：「長短有命，存亡有分。故聖人制禮，或抑或致，以求厥中。防墓有不脩之儉，嬴、博有不歸之魂。夫大人動合天地，垂之無窮，又大德不踰閑，動爲師表故也。八歲下殤，禮所不備，況未期月，而以成人禮送之，加爲制服，舉朝素衣，朝夕哭臨，自古已來，未有此比。而乃復自往視陵，親臨祖載。願陛下抑割無益有損之事，但悉聽羣臣送葬，乞車駕不行，此萬國之至望也。聞車駕欲幸摩陂，實到許昌，二宮上下，皆悉俱東，舉朝大小，莫不驚怪。或言欲以避衰，或言欲於便處移殿舍，或不知何故。臣以爲吉凶有命，禍福由人，移徙求安，則亦無益。若必當移避，繕治金墉城西宮，及孟津別宮，皆可權時分止。可無舉宮暴露野次，廢損盛節蠶農之要。又賊地聞之，以爲大衰。加所煩費，不可計量。且〔由〕吉士賢人，當盛衰，處安危，秉道信命，非徙其家以寧，鄉邑從其風化，無恐懼之心。況乃帝王萬國之主，靜則天下安，動則天下擾；行止動靜，豈可輕脫哉？」帝不聽。

青龍中，營治宮室，百姓失農時。羣上疏曰：「禹承唐、虞之盛，猶卑宮室而惡衣服，況今喪亂之後，人民至少，比漢文、景之時，不過一大郡。〔一〕加邊境有事，將士勞苦，若有水旱之患，國家之深憂也。且吳、蜀未滅，社稷不安。宜及其未動，講武勸農，有以待之。今舍此急而先宮室，臣懼百姓遂困，將何以應敵？昔劉備自成都至白水，多作傳舍，興費人役，太祖知其疲民也。今中國勞力，亦吳、蜀之所願。此安危之機也，惟陛下慮之。」帝答曰：「王者宮室，亦宜並立。滅賊之後，但當罷守耳，豈可復興役邪？是故君之職，蕭何之大略也。」羣又曰：「昔漢祖唯與項羽爭天下，羽已滅，宮室燒焚，是以蕭何建武庫、太倉，皆是要急，然猶非其壯麗。今二虜未平，誠不宜與古同也。〔二〕夫人之所欲，莫不有辭，況乃天王，莫之敢違。前欲壞武庫，謂不可不壞也；後欲置之，謂不可不置也。若必作之，固非臣下辭言所屈；若少留神，卓然回意，亦非臣下之所及也。漢明帝欲起德陽殿，鍾離意諫，即用其言，後乃復作之；殿成，謂羣臣曰：『鍾離尚書在，不得成此殿也。』夫王者豈憚一臣，蓋爲百姓也。今臣曾不能少凝聖聽，不及意遠矣。」帝於是有所減省。

〔一〕臣松之案：漢書地理志云：元始二年，天下戶口最盛，汝南郡爲大郡，有三十餘萬戶。則文、景之時不能如是多也。案晉太康三年地記，晉戶有三百七十七萬，吳、蜀戶不能居半。以此言之，魏雖始承喪亂，方晉亦當無乃大殊。長文之言，於是爲過。

〔二〕孫盛曰：周禮，天子之宮，有斲礱之制。然質文之飾，與時推移。漢承周、秦之弊，宜敦簡約之化，而何崇飾宮室，示侈後嗣。此乃武帝千門萬戶所以大興，豈無所復增之謂邪？況乃魏氏方有吳、蜀之難，四海罹塗炭之艱，而述蕭何之過議，以爲令軌，豈不惑於大道而昧得失之辨哉？使百代之君，眩於奢儉之中，何之由矣。詩云：「斯言之玷，不可爲也。」其斯之謂乎！

初，太祖時，劉廙坐弟與魏諷謀反，當誅。羣言之太祖，太祖曰：「廙，名臣也，吾亦欲赦之。」乃復位。廙深德羣，羣曰：「夫議刑爲國，非爲私也；且自明主之意，吾何知焉？」其弘博不伐，皆此類也。青龍四年薨，諡曰靖侯。子泰嗣。帝追思羣功德，分羣戶邑，封一子列侯。〔一〕

〔一〕魏書曰：羣前後數密陳得失，每上封事，輒削其草，時人及其子弟莫能知也。論者或譏羣居位拱默，正始中詔撰羣臣上書，以爲名臣奏議，朝士乃見羣諫事，皆歎息焉。

袁子曰：或云「故少府楊阜豈非忠臣哉？見人主之非，則勃然怒而觸之，與人言未嘗不道也，豈非所謂『王臣謇謇，匪躬之故』者歟」！答曰：「然可謂直士，忠則吾不知也。夫仁者愛人，施於君謂之忠，施於親謂之孝。忠孝者，其本一也。故仁愛之至者，君親有過，諫而不入，求之反覆，不得已而言，不忍宣也。今爲人臣，見人主失道，直詆其非而播揚其惡，可謂直士，未爲忠臣也。故司空陳羣則不然，其談論終日，未嘗言人主之非；書數十上而外人不知。君子謂羣於是乎長者矣。」

泰字玄伯。青龍中，除散騎侍郎。正始中，徙游擊將軍，爲并州刺史，加振威將軍，使持節，護匈奴中郎將，懷柔夷民，甚有威惠。京邑貴人多寄寶貨，因泰市奴婢，泰皆挂之於壁，不發其封，及徵爲尚書，悉以還之。嘉平初，代郭淮爲雍州刺史，加奮威將軍。蜀大將軍姜維率衆依麴山築二城，使牙門將句安、李歆等守之，聚羌胡質任等寇偪諸郡。征西將軍郭淮與泰謀所以禦之，泰曰：「麴城雖固，去蜀險遠，當須運糧。羌夷患維勞役，必未肯附。今圍而取之，可不血刃而拔其城；雖其有救，山道阻險，非行兵之地也。」淮從泰計，使泰率討蜀護軍徐質、南安太守鄧艾等進兵圍之，斷其運道及城外流水。安等挑戰，不許，將士困窘，分糧聚雪以稽日月。維果來救，出自牛頭山，與泰相對。泰曰：「兵法貴在不戰而屈人。今絕牛頭，維無反道，則我之禽也。」敕諸軍各堅壘勿與戰，遣使白淮，欲自南渡白水，循水而東，使淮趣牛頭，截其還路，可并取維，不惟安等而已。淮善其策，進率諸軍軍洮水。維懼，遁走，安等孤縣，遂皆降。

淮薨，泰代爲征西將軍，假節都督雍、涼諸軍事。後年，雍州刺史王經白泰，云姜維、夏侯霸欲三道向祁山、石營、金城，求進兵爲翅，使涼州軍至枹罕，討蜀護軍向祁山。泰量賊勢終不能三道，且兵勢惡分，涼州未宜越境，報經：「審其定問，知所趣向，須東西勢合乃進。」時維等將數萬人至枹罕，趣狄道。泰敕經進屯狄道，須軍到，乃規取之。泰進軍陳倉。會經所統諸軍於故關與賊戰不利，經輒渡洮。泰以經不堅據狄道，必有他變，並遣五營在前，泰率諸軍繼之。經已與維戰，大敗，以萬餘人還保狄道城，餘皆奔散。維乘勝圍狄道。泰軍上邽，分兵守要，晨夜進前。鄧艾、胡奮、王祕亦到，卽與艾、祕等分爲三軍，進到隴西。艾等以爲「王經精卒破衂於西，賊衆大盛，乘勝之兵既不可當，而將軍以烏合之卒，繼敗軍之後，將士失氣，隴右傾蕩。古人有言：『蝮蛇螫手，壯士解其腕。』孫子曰：『兵有所不擊，地有所不守。』蓋小有所失而大有所全故也。今隴右之害，過於蝮蛇，狄道之地，非徒不守之謂。姜維之兵，是所辟之鋒。不如割險自保，觀釁待弊，然後進救，此計之得者也。」泰曰：「姜維提輕兵深入，正欲與我爭鋒原野，求一戰之利。王經當高壁深壘，挫其銳氣。今乃與戰，使賊得計，走破王經，封之狄道。若維以戰克之威，進兵東向，據櫟陽積穀之實，放兵收降，招納羌、胡，東爭關、隴，傳檄四郡，此我之所惡也。而維以乘勝之兵，挫峻城之下，銳氣之卒，屈力致命，攻守勢殊，客主不同。兵書云『脩櫓（橨樞）〔轒轀〕，三月乃成，拒堙三月而後已』。誠非輕軍遠入，維之詭謀倉卒所辦。縣軍遠僑，糧穀不繼，是我速進破賊之時也，所謂疾雷不及掩耳，自然之勢也。洮水帶其表，維等在其內，今乘高據勢，臨其項領，不戰必走。寇不可縱，圍不可久，君等何言如此？」遂進軍度高城嶺，潛行，夜至狄道東南高山上，多舉烽火，鳴鼓角。狄道城中將士見救者至，皆憤踊。維始謂官救兵當須衆集乃發，而卒聞已至，謂有奇變宿謀，上下震懼。自軍之發隴西也，以山道深險，賊必設伏。泰詭從南道，維果三日施伏。〔一〕定軍潛行，卒出其南。維乃緣山突至，泰與交戰，維退還涼州，軍從金城南至沃干阪。泰與經共密期，當共向其還路，維等聞之，遂遁，城中將士得出。經歎曰：「糧不至旬，向不應機，舉城屠裂，覆喪一州矣。」泰慰勞將士，前後遣還，更差軍守，並治城壘，還屯上邽。

〔一〕臣松之案：此傳云「謂救兵當須衆集，而卒聞已至，謂有奇變，上下震懼」，此則救至出於不意。若不知救至，何故伏兵深險乃經三日乎？設伏相伺，非不知之謂。此皆語之不通也。

初，泰聞經見圍，以州軍將士素皆一心，加得保城，非維所能卒傾。表上進軍晨夜速到還。衆議以經奔北，城不足自固，維若斷涼州之道，兼四郡民夷，據關、隴之險，敢能沒經軍而屠隴右。宜須大兵四集，乃致攻討。大將軍司馬文王曰：「昔諸葛亮常有此志，卒亦不能。事大謀遠，非維所任也。且城非倉卒所拔，而糧少爲急，征西速救，得上策矣。」泰每以一方有事，輒以虛聲擾動天下，故希簡白上事，驛書不過六百里。司馬文王語荀顗曰：「玄伯沈勇能斷，荷方伯之重，救將陷之城，而不求益兵，又希簡上事，必能辦賊故也。都督大將，不當爾邪！」

後徵泰爲尚書右僕射，典選舉，加侍中光祿大夫。吳大將孫峻出淮、泗。以泰爲鎮軍將軍，假節都督淮北諸軍事，詔徐州監軍已下受泰節度。峻退，軍還，轉爲左僕射。諸葛誕作亂壽春，司馬文王率六軍軍丘頭，泰總署行臺。司馬景王、文王皆與泰親友，及沛國武陔亦與泰善。文王問陔曰：「玄伯何如其父司空也？」陔曰：「通雅博暢，能以天下聲教爲己任者，不如也；明統簡至，立功立事，過之。」泰前後以功增邑二千六百戶，賜子弟一人亭侯，二人關內侯。景元元年薨，追贈司空，謚曰穆侯。〔二〕子恂嗣。恂薨，無嗣。弟溫紹

封。咸熙中開建五等，以泰著勳前朝，改封溫爲愼子。〔二〕

〔一〕干寶晉紀曰：高貴鄉公之殺，司馬文王會朝臣謀其故。太常陳泰不至，使其舅荀顗召之。顗至，告以可否。泰曰：「世之論者，以泰方於舅，今舅不如泰也。」子弟內外咸共逼之，垂涕而入。王待之曲室，謂曰：「玄伯，卿何以處我？」對曰：「誅賈充以謝天下。」文王曰：「爲我更思其次。」泰曰：「泰言惟有進於此，不知其次。」文王乃不更言。

魏氏春秋曰：帝之崩也，太傅司馬孚、尚書右僕射陳泰枕帝尸於股，號哭盡哀。時大將軍入于禁中，泰見之悲慟，大將軍亦對之泣，謂曰：「玄伯，其如我何？」泰曰：「獨有斬賈充，少可以謝天下耳。」大將軍久之曰：「卿更思其他。」泰曰：「豈可使泰復發後言。」遂嘔血薨。

臣松之案本傳，泰不爲太常，未詳干寶所由知之。孫盛改易泰言，雖爲小勝。然檢盛言諸所改易，皆非別有異聞，率更自以意制，多不如舊。凡記言之體，當使若出其口。辭勝而違實，固君子所不取，況復不勝而徒長虛妄哉？案博物記曰：太丘長陳寔、寔子鴻臚紀、紀子司空羣、羣子泰四世，於漢、魏二朝並有重名，而其德漸漸小減。時人爲其語曰：「公慚卿，卿慚長。」

〔二〕案陳氏譜：羣之後，名位遂微。諶孫佐，官至青州刺史。佐弟坦，廷尉。佐子準，太尉，封廣陵郡公。準弟戴、徽及從弟堪，並至大位。準孫逵，字林道，有譽江左，爲西中郎將，追贈衞將軍。

陳矯字季弼，廣陵東陽人也。避亂江東及東城，辭孫策、袁術之命，還本郡。太守陳登請爲功曹，使嬌詣許，謂曰：「許下論議，待吾不足；足下相爲觀察，還以見誨。」嬌還曰：「聞遠近之論，頗謂明府驕而自矜。」登曰：「夫閨門雍穆，有德有行，吾敬陳元方兄弟；淵清玉絜，有禮有法，吾敬華子魚；清脩疾惡，有識有義，吾敬趙元達；博聞彊記，奇逸卓犖，吾敬孔文舉；雄姿傑出，有王霸之略，吾敬劉玄德：所敬如此，何驕之有！餘子瑣瑣，亦焉足錄哉？」登雅意如此，而深敬友嬌。

郡爲孫權所圍於匡奇，登令嬌求救於太祖。嬌說太祖曰：「鄙郡雖小，形便之國也，若蒙救援，使爲外藩，則吳人剉謀，徐方永安，武聲遠震，仁愛滂流，未從之國，望風景附，崇德養威，此王業也。」太祖奇嬌，欲留之。嬌辭曰：「本國倒縣，本奔走告急，縱無申胥之效，敢忘弘演之義乎？」〔一〕太祖乃遣赴救。吳軍既退，登多設閒伏，勒兵追奔，大破之。

〔一〕劉向新序曰：齊桓公求婚於衞，衞不與，而嫁於許。衞爲狄所伐，桓公不救，至於國滅君死。懿公屍爲狄人所食，惟有肝在。懿公有臣曰弘演，適使反，致命於肝曰：「君爲其內，臣爲其外。」乃刳腹內肝而死。齊桓公曰：「衞有臣若此而尚滅，寡人無有，亡無日矣！」乃救衞，定其君。

太祖辟嬌爲司空掾屬，除相令，征南長史，彭城、樂陵太守，魏郡西部都尉。曲周民父病，以牛禱，縣結正棄市。嬌曰：「此孝子也。」表赦之。遷魏郡太守。時繫囚千數，至有歷年。嬌以爲周有三典之制，漢約三章之法，今惜輕重之理，而忽久繫之患，可謂謬矣。悉自覽罪狀，一時論決。大軍東征，入爲丞相長史。軍還，復爲魏郡，轉西曹屬。從征漢中，還爲尚書。行前未到鄴，太祖崩洛陽，羣臣拘常，以爲太子即位，當須詔命。矯曰：「王薨于外，天下惶懼。太子宜割哀即位，以繫遠近之望。且又愛子在側，彼此生變，則社稷危矣。」即具官備禮，一日皆辦。明旦，以王后令，策太子即位，大赦蕩然。文帝曰：「陳季弼臨大節，明略過人，信一時之俊傑也。」帝既踐阼，轉署吏部，封高陵亭侯，遷尚書令。明帝即位，進爵東鄉侯，邑六百戶。車駕嘗卒至尚書門，矯跪問帝曰：「陛下欲何之？」帝曰：「欲案行文書耳。」矯曰：「此自臣職分，非陛下所宜臨也。若臣不稱其職，則請就黜退。陛下宜還。」帝慚，回車而反。其亮直如此。〔一〕加侍中光祿大夫，遷司徒。景初元年薨，諡曰貞侯。〔二〕

〔一〕世語曰：劉曄以先進見幸，因譖矯專權。矯懼，以問長子本，本不知所出。次子騫曰：「主上明聖，大人大臣，今若不合，不過不作公耳。」後數日，帝見矯，矯又問二子，騫曰：「陛下意解，故見大人也。」既入，盡日，帝曰：「劉曄構君，朕有以迹君；朕心故已了。」以金五鉼授之，矯辭。帝曰：「豈以爲小惠？君已知朕心，顧君妻子未知故也。」帝憂社稷，問矯：「司馬公忠正，可謂社稷之臣乎？」矯曰：「朝廷之望；社稷，未知也。」

〔二〕魏氏春秋曰：矯本劉氏子，出嗣舅氏而婚于本族。徐宣每非之，庭議其闕。太祖惜矯才量，欲擁全之，乃下令曰：「喪亂已來，風教彫薄，謗議之言，難用褒貶。自建安五年已前，一切勿論。其以斷前誹議者，以其罪罪之。」

子本嗣，歷位郡守、九卿。所在操綱領，舉大體，能使羣下自盡。有統御之才，不親小事，不讀法律而得廷尉之稱，優於司馬岐等，精練文理。遷鎮北將軍，假節都督河北諸軍事。薨，子粲嗣。本弟騫，咸熙中爲車騎將軍。〔一〕

〔一〕案晉書曰：騫字休淵，爲晉佐命功臣，至太傅，封高平郡公。

初，矯爲郡功曹，使過泰山。泰山太守東郡薛悌異之，結爲親友。戲謂矯曰：「以郡吏而交二千石，鄰國君屈從陪臣游，不亦可乎！」悌後爲魏郡及尚書令，皆承代矯云。〔一〕

〔一〕世語曰：悌字孝威。年二十二，以兗州從事爲泰山太守。初，太祖定冀州，以悌及東平王國爲左右長史，後至中領軍，並悉忠貞練事，爲世吏表。

徐宣字寶堅，廣陵海西人也。避亂江東，又辭孫策之命，還本郡。與陳矯並爲綱紀，二人齊名而私好不協，然俱見器於太守陳登，與登並心於太祖。海西、淮浦二縣民作亂，都尉衞彌、令梁習夜奔宣家，密送免之。太祖遣督軍扈質來討賊，以兵少不進。宣潛見責之，示以形勢，質乃進破賊。太祖辟爲司空掾屬，除東緡、發干令，遷齊郡太守，入爲門下督，從到壽春。會馬超作亂，大軍西征，太祖見官屬曰：「今當遠征，而此方未定，以爲後憂，宜得清公大德以鎮統之。」乃以宣爲左護軍，留統諸軍。還，爲丞相東曹掾，出爲魏郡太守。太祖崩洛陽，羣臣入殿中發哀。或言可易諸城守，用譙、沛人。宣厲聲曰：「今者遠近一統，人懷效節，何必譙、沛，而沮宿衞者心。」文帝聞曰：「所謂社稷之臣也。」帝旣踐阼，爲御史中丞，賜爵關內侯，徙城門校尉，旬月遷司隸校尉，轉散騎常侍。從至廣陵，六軍乘舟，風浪暴起，帝船回倒，宣病在後，陵波而前，羣寮莫先至者。帝壯之，遷尙書。

明帝卽位，封津陽亭侯，邑二百戶。中領軍桓範薦宣曰：「臣聞帝王用人，度世授才，爭奪之時，以策略爲先，分定之後，以忠義爲首。故晉文行舅犯之計而賞雍季之言，〔一〕高祖用陳平之智而託後於周勃也。竊見尙書徐宣，體忠厚之行，秉直亮之性；淸雅特立，不拘世俗；確然難動，有社稷之節；歷位州郡，所在稱職。今僕射缺，宣行掌後事；腹心任重，莫宜宣者。」帝遂以宣爲左僕射，後加侍中光祿大夫。車駕幸許昌，總統留事。帝還，主者奏呈文書。詔曰：「吾省與僕射何異？」竟不視。尙方令坐猥見考竟，宣上疏陳威刑大過，又諫作宮殿窮盡民力，帝皆手詔嘉納。宣曰：「七十有縣車之禮，今已六十八，可以去矣。」乃固辭疾遜位，帝終不許。青龍四年薨，遺令布衣疏巾，斂以時服。詔曰：「宣體履至實，直內方外，歷在三朝，公亮正色，有託孤寄命之節，可謂柱石臣也。常欲倚以台輔，未及登之，惜乎大命不永！其追贈車騎將軍，葬如公禮。」謚曰貞侯。子欽嗣。

〔一〕呂氏春秋曰：昔晉文公將與楚人戰於城濮，召咎犯而問曰：「楚衆我寡，奈何而可？」咎犯對曰：「臣聞繁禮之君，不足於文，繁戰之君，不足於詐，君亦詐之而已。」文公以咎犯言告雍季，雍季曰：「竭澤而漁，豈不得魚，而明年無魚。焚藪而田，豈不得獸，而明年無獸。詐僞之道，雖今偷可，後將無復，非長術也。」文公用咎犯之言，而敗楚人於城濮。反而爲賞，雍季在上。左右諫曰：「城濮之功，咎犯之謀也。君用其言而後其身，或者不可乎！」文公曰：「雍季之言，百代之利也；咎犯之言，一時之務也。焉有以一時之務，先百代之利乎？」

衞臻字公振，陳留襄邑人也。父茲，有大節，不應三公之辟。太祖之初至陳留，茲曰：「平天下者，必此人也。」太祖亦異之，數詣茲議大事。從討董卓，戰于滎陽而卒。太祖每涉郡境，輒遣使祠焉。〔一〕夏侯惇爲陳留太守，舉臻計吏，命婦出宴，臻以爲「末世之俗，非禮之正」。惇怒，執臻，既而赦之。後爲漢黃門侍郎。東郡朱越謀反，引臻。太祖令曰：「孤與卿君同共舉事，加欽令問。始聞越言，固自不信。及得荀令君書，具亮忠誠。」會奉詔命，聘貴人于魏，因表留臻參丞相軍事。追錄臻父舊勳，賜爵關內侯，轉爲戶曹掾。文帝卽王位，爲散騎常侍。及踐阼，封安國亭侯。時羣臣並頌魏德，多抑損前朝。臻獨明禪授之義，稱揚漢美。帝數目臻曰：「天下之珍，當與山陽共之。」遷尙書，轉侍中吏部尙書。帝幸廣陵，行中領軍，從。征東大將軍曹休表得降賊辭，「孫權已在濡須口」。臻曰：「權恃長江，未敢抗衡，此必畏怖僞辭耳。」考核降者，果守將詐所作也。

〔一〕先賢行狀曰：茲字子許。不爲激詭之行，不徇流俗之名；明慮淵深，規略宏遠。爲車騎將軍何苗所辟，司徒楊彪再加旌命。董卓作亂，漢室傾蕩，太祖到陳留，始與茲相見，遂同盟，計興武事。茲答曰：「亂生久矣，非兵無以整之。」且言「兵之興者，自今始矣」。深見廢興，首讚弘謀。合兵三千人，從太祖入滎陽，力戰終日，失利，身歿。郭林宗傳曰：茲弱冠與同郡圈文生俱稱盛德。林宗與二人共至市，子許買物，隨價讎直，文生訾呵，減價乃取。林宗曰：「子許少欲，文生多情，此二人非徒兄弟，乃父子也。」後文生以穢貨見損，茲以烈節垂名。

明帝卽位，進封康鄉侯，後轉爲右僕射，典選舉，如前加侍中。中護軍蔣濟遺臻書曰：「漢祖遇亡虜爲上將，周武拔漁父爲太師；布衣廝養，可登王公，何必守文，試而後用？」臻答曰：「古人遺智慧而任度量，須考績而加黜陟；今子同牧野於成、康，喩斷蛇於文、景，好不經之舉，開拔奇之津，將使天下馳騁而起矣。」諸葛亮寇天水，臻奏：「宜遣奇兵入散關，絕其糧道。」乃以臻爲征蜀將軍，假節督諸軍事，到長安，亮退。還，復職，加光祿大夫。是時，帝方隆意於殿舍，臻數切諫。及殿中監擅收蘭臺令史，臻奏案之。詔曰：「殿舍不成，吾所留心，卿推之何？」臻上疏曰：「古制侵官之法，非惡其勤事也，誠以所益者小，所墮者大也。臣每察校事，類皆如此，懼羣司將遂越職，以至陵遲矣。」亮又出斜谷；征南上：「朱然等軍已過荊城。」臻曰：「然，吳之驍將，必下從權，且爲勢以綴征南耳。」權果召然入居巢，進攻合肥。帝欲自東征，臻曰：「權外示應亮，內實觀望。且合肥城固，不足爲慮。車駕可無親征，以省六軍之費。」帝到尋陽而權竟退。

幽州刺史毌丘儉上疏曰：「陛下卽位已來，未有可書。吳、蜀恃險，未可卒平，聊可以此方無用之士克定遼東。」臻曰：「儉所陳皆戰國細術，非王者之事也。吳頻歲稱兵，寇亂邊境，而猶案甲養士，未果尋致討者，誠以百姓疲勞故也。且淵生長海表，相承三世，外撫戎夷，內脩戰射，而儉欲以偏軍長驅，朝至夕卷，知其妄矣。」儉行軍遂不利。

臻遷爲司空，徙司徒。正始中，進爵長垣侯，邑千戶，封一子列侯。初，太祖久不立太子，而方奇貴臨菑侯。丁儀等爲之羽翼，勸臻自結，臻以大義拒之。及文帝卽位，東海王霖有寵，帝問臻：「平原侯何如？」臻稱明德美而終不言。曹爽輔政，使夏侯玄宣指，欲引臻入守尙書令，及爲弟求婚，皆不許。固乞遜位。詔曰：「昔干木偃息，義壓彊秦；留侯頤神，不忘楚事。讜言嘉謀，望不吝焉。」賜宅一區，位特進，秩如三司。薨，追贈太尉，謚曰敬侯。子烈嗣，咸熙中爲光祿勳。〔一〕

〔一〕臣松之案舊事及傅咸集，烈終於光祿勳。烈二弟京、楷，皆二千石。楷子權，字伯輿。晉大司馬汝南王亮輔政，以權爲尙書郞。傅咸與亮牋曰：「衞伯輿貴妃兄子，誠有才章，應作臺郞，然未得東宮官屬。東宮官屬，前患楊駿，親理塞路，今有伯輿，復越某作郞。一犬吠形，羣犬吠聲，懼於羣吠，遂至回聽。」權作左思吳都賦敍及注，敍粗有文辭，至於爲注，了無所發明，直爲塵穢紙墨，不合傳寫也。

盧毓字子家，涿郡涿人也。父植，有名於世。〔一〕毓十歲而孤，遇本州亂，二兄死難。當袁紹、公孫瓚交兵，幽冀饑荒，養寡嫂孤兄子，以學行見稱。文帝爲五官將，召毓署門下賊曹。崔琰舉爲冀州主簿。時天下草創，多逋逃，故重士亡法，罪及妻子。亡士妻白等，始適夫家數日，未與夫相見，大理奏棄市。毓駁之曰：「夫女子之情，以接見而恩生，成婦而義重。故詩云『未見君子，我心傷悲；亦既見止，我心則夷』。又禮『未廟見之婦而死，歸葬女氏之黨，以未成婦也』。今白等生有未見之悲，死有非婦之痛，而吏議欲肆之大辟，則若同牢合巹之後，罪何所加？且記曰『附從輕』，言附人之罪，以輕者爲比也。又書云『與其殺不辜，寧失不經』，恐過重也。苟以白等皆受禮聘，已入門庭，刑之爲可，殺之爲重。」太祖曰：「毓執之是也。又引經典有意，使孤歎息。」由是爲丞相法曹議令史，轉西曹議令史。

〔一〕續漢書曰：植字子幹。少事馬融，與鄭玄同門相友。植剛毅有大節，常喟然有濟世之志，不苟合取容，不應州郡命召。建寧中，徵博士，出補九江太守，以病去官。作尙書章句、禮記解詁。稍遷侍中、尙書。張角起，以植爲北中郎將征角，失利抵罪。頃之，復以爲尙書。張讓劫少帝奔小平津，植手劍責數讓等，讓等皆放兵，垂泣謝罪，遂自殺。董卓議欲廢帝，衆莫敢對，植獨正言，語在卓傳。植以老病去位，隱居上谷軍都山，初平三年卒。太祖北征柳城，過涿郡，令告太守曰：「故北中郎將盧植，名著海內，學爲儒宗，士之楷模，乃國之楨幹也。昔武王入殷，封商容之閭，鄭喪子產而仲尼隕涕。孤到此州，嘉其餘風。春秋之義，賢者之後，有異於人。敬遣丞掾脩墳墓，并致薄醊，以彰厥德。」植有四子，毓最小。

魏國既建，爲吏部郎。文帝踐阼，徙黃門侍郎，出爲濟陰相，梁、譙二郡太守。帝以譙舊鄉，故大徙民充之，以爲屯田。而譙土地墝瘠，百姓窮困，毓愍之，上表徙民於梁國就沃衍，失帝意。雖聽毓所表，心猶恨之，遂左遷毓，使將徙民爲睢陽典農校尉。毓心在利民，躬自臨視，擇居美田，百姓賴之。遷安平、廣平太守，所在有惠化。

青龍二年，入爲侍中。先是，散騎常侍劉劭受詔定律，未就。毓上論古今科律之意，以爲法宜一正，不宜有兩端，使姦吏得容情。及侍中高堂隆數以宮室事切諫，帝不悅，毓進曰：「臣聞君明則臣直，古之聖王恐不聞其過，故有敢諫之鼓。近臣盡規，此乃臣等所以不及隆。隆諸生，名爲狂直，陛下宜容之。」在職三年，多所駁爭。詔曰：「官人秩才，聖帝所難，必須良佐，進可替否。侍中毓稟性貞固，心平體正，可謂明試有功，不懈于位者也。其以毓爲吏部尚書。」使毓自選代，曰：「得如卿者乃可。」毓舉常侍鄭沖，帝曰：「文和，吾自知之，更舉吾所未聞者。」乃舉阮武、孫邕，帝於是用邕。

前此諸葛誕、鄧颺等馳名譽，有四(窗)〔聰〕八達之誚，帝疾之。時舉中書郎，詔曰：「得其人與否，在盧生耳。選舉莫取有名，名如畫地作餅，不可啖也。」毓對曰：「名不足以致異人，而可以得常士。常士畏教慕善，然後有名，非所當疾也。愚臣既不足以識異人，又主者正以循名案常爲職，但當有以驗其後。故古者敷奏以言，明試以功。今考績之法廢，而以毀譽相進退，故眞僞渾雜，虛實相蒙。」帝納其言，即詔作考課法。會司徒缺，毓舉處士管寧，帝不能用。更問其次，毓對曰：「敦篤至行，則太中大夫韓暨；亮直清方，則司隸校尉崔林；貞固純粹，則太常常林。」帝乃用暨。毓於人及選舉，先舉性行，而後言才。黃門李豐嘗以問毓，毓曰：「才所以爲善也，故大才成大善，小才成小善。今稱之有才而不能爲善，是才不中器也。」豐等服其言。

齊王即位，賜爵關內侯。時曹爽秉權，將樹其黨，徙毓僕射，以侍中何晏代毓。頃之，出毓爲廷尉，司隸畢軌又枉奏免官。衆論多訟之，乃以毓爲光祿勳。爽等見收，太傅司馬宣王使毓行司隸校尉，治其獄。復爲吏部尚書，加奉車都尉，封高樂亭侯，轉爲僕射，故典選舉，加光祿大夫。高貴鄉公即位，進封大梁鄉侯。封一子（高）亭侯。毌丘儉作亂，大將軍司馬景王出征，毓綱紀後事，加侍中。正元三年，疾病，遜位。遷爲司空，固推驃騎將軍王昶、光祿大夫王觀、司隸校尉王祥。詔使使者即授印綬，進爵封容城侯，邑二千三百戶。甘露二年薨，謚曰成侯。孫藩嗣。毓子欽、琰，咸熙中欽爲尚書，琰泰山太守。〔一〕

〔一〕世語曰：欽字子若，琰字子勰。欽泰始中爲尚書僕射，領選，咸寧四年卒，追贈衞將軍，開府。

虞預晉書曰：欽少居名位，不顧財利，清虛淡泊，動脩禮典。同郡張華，家單少孤，不爲鄉邑所知，惟欽貴異焉。欽子浮，字子雲。

晉諸公贊曰：張華博識多聞，無物不知。浮高朗經博，有美於華，起家太子舍人，病疽，截手，遂廢。朝廷器重之，就家以爲國子博士，遷祭酒。永平中爲祕書監。珽及子皓、志並至尚書。志子諶，字子諒。溫嶠表稱諶清出有文思。

諶別傳曰：諶善著文章。洛陽傾覆，北投劉琨，琨以爲司空從事中郎。琨敗，諶歸段末波。元帝之初，累召爲散騎中書侍郎，不得南赴。永和六年，卒於胡（胡）中，子孫過江。妖賊帥盧循，諶之曾孫。

評曰：桓階識覩成敗，才周當世。陳羣動仗名義，有清流雅望；泰弘濟簡至，允克堂構矣。魏世事統臺閣，重內輕外，故八座尚書，卽古六卿之任也。陳、徐、衞、盧，久居斯位，矯、宣剛斷骨鯁，臻、毓規鑒清理，咸不忝厥職云。

三國志卷二十三　魏書二十三

和常楊杜趙裴傳第二十三

和洽字陽士，汝南西平人也。舉孝廉，大將軍辟，皆不就。袁紹在冀州，遣使迎汝南士大夫。洽獨以「冀州土平民彊，英桀所利，四戰之地。本初乘資，雖能彊大，然雄豪方起，全未可必也。荊州劉表無他遠志，愛人樂士，土地險阻，山夷民弱，易依倚也」。遂與親舊俱南從表，表以上客待之。洽曰：「所以不從本初，辟爭地也。昏世之主，不可黷近，久而阽危，〔一〕必有讒慝閒其中者。」遂南度武陵。

〔一〕臣松之案漢書文紀曰「阽於死亡」，食貨志曰「阽危若是」，注曰：「阽音鹽，如屋簷，近邊欲墮之意也。」一曰「臨危曰阽」。

太祖定荊州，辟爲丞相掾屬。時毛玠、崔琰並以忠清幹事，其選用先尚儉節。洽言曰：「天下大器，在位與人，不可以一節(儉)〔檢〕也。儉素過中，自以處身則可，以此節格物，所失或多。今朝廷之議，吏有著新衣、乘好車者，謂之不清；長吏過營，形容不飾，衣裘敝壞者，謂之廉潔。至令士大夫故汙辱其衣，藏其輿服；朝府大吏，或自挈壺餐以入官寺。夫立教觀俗，貴處中庸，爲可繼也。今崇一概難堪之行以檢殊塗，勉而爲之，必有疲瘁。古之大教，務在通人情而已。凡激詭之行，則容隱僞矣。」〔一〕

〔一〕孫盛曰：昔先王御世，觀民設教，雖質文因時，損益代用，至於車服禮秩，貴賤等差，其歸一揆。魏承漢亂，風俗侈泰，誠宜仰思古制，訓以約簡，使奢不陵肆，儉足中禮，進無蜉蝣之刺，退免採莫之譏；如此則治道隆而頌聲作矣。夫矯枉過正則巧僞滋生，以克訓下則民志險隘，非聖王所以陶化民物，閑邪存誠之道。和洽之言，於是允矣。

魏國既建，爲侍中。後有白毛玠謗毀太祖，太祖見近臣，怒甚。洽陳玠素行有本，求案實其事。罷朝，太祖令曰：「今言事者白玠不但謗吾也，乃復爲崔琰觖望。此損君臣恩義，妄爲死友怨歎，殆不可忍也。昔蕭、曹與高祖並起微賤，致功立勳。高祖每在屈笮，二相恭順，臣道益彰，所以祚及後世也。和侍中比求實之，所以不聽，欲重參之耳。」洽對曰：「如言事者言，玠罪過深重，非天地所覆載。臣非敢曲理玠以枉大倫也。以玠出羣吏之中，特見拔擢，顯在首職，歷年荷寵，剛直忠公，爲衆所憚，不宜有此。然人情難保，要宜考覈，兩驗其實。今聖恩垂含垢之仁，不忍致之于理，更使曲直之分不明，疑自近始。」太祖曰：「所以不考，欲兩全玠及言事者耳。」洽對曰：「玠信有謗上之言，當肆之市朝；若玠無此，言事者加誣大臣以誤主聽；二者不加檢覈，臣竊不安。」太祖曰：「方有軍事，安可受人言便考之邪？狐射姑刺陽處父於朝，此爲君之誡也。」

太祖克張魯，洽陳便宜以時拔軍徙民，可省置守之費。太祖未納，其後竟徙民棄漢中。出爲郎中令。文帝踐阼，爲光祿勳，封安城亭侯。明帝卽位，進封西陵鄉侯，邑二百戶。

太和中，散騎常侍高堂隆奏：「時風不至，而有休廢之氣，必有司不勤職事以失天常也。」詔書謙虛引咎，博諮異同。洽以爲「民稀耕少，浮食者多。國以民爲本，民以穀爲命。故費一時之農，則失育命之本。是以先王務蠲煩費，以專耕農。自春夏以來，民窮於役，農業有廢，百姓囂然，時風不至，未必不由此也。消復之術，莫大於節儉。太祖建立洪業，奉師徒之費，供軍賞之用，吏士豐於資食，倉府衍於穀帛，由不飾無用之宮，絕浮華之費。方今之要，固在息省勞煩之役，損除他餘之務，以爲軍戎之儲。三邊守禦，宜在備豫。料賊虛實，蓄士養衆，算廟勝之策，明攻取之謀，詳詢衆庶以求厥中。若謀不素定，輕弱小敵，軍人數舉，舉而無庸，所謂『悅武無震』，古人之誡也。」

轉爲太常，清貧守約，至賣田宅以自給。明帝聞之，加賜穀帛。薨，謚曰簡侯。子（禽）〔离〕嗣。（禽）〔离〕音離。（禽）〔离〕弟（適）〔逌〕，才爽開濟，官至廷尉、吏部尚書。〔一〕

〔一〕晉諸公贊曰：和嶠字長輿，（適）〔逌〕之子也。少知名，以雅重稱。常慕其舅夏侯玄之爲人，厚自封植，嶷然不羣。

於黃門郎遷中書令，轉尙書。愍懷太子初立，以嶠爲少保，加散騎常侍。家產豐富，擬於王公，而性至儉吝。嶠同母弟郁，素無名，嶠輕侮之，以此爲損。卒於官，贈光祿大夫。郁以公彊當世，致位尙書令。

洽同郡許混者，許劭子也。清醇有鑒識，明帝時爲尙書。〔一〕

〔一〕劭字子將。汝南先賢傳曰：「召陵謝子微，高才遠識，見劭年十八時，乃歎息曰：『此則希世出衆之偉人也。』」劭始發明樊子昭於鬻幘之肆，出虞永賢於牧豎，召李淑才鄉閭之閒，擢郭子瑜鞍馬之吏，援楊孝祖，舉和陽士，茲六賢者，皆當世之令懿也。其餘中流之士，或舉之於淹滯，或顯之乎童齒，莫不賴劭顧歎之榮。凡所拔育，顯成令德者，不可殫記。其探擿僞行，抑損虛名，則周之單襄，無以尙也。劭宗人許栩，沈沒榮利，致位司徒。舉宗莫不匍匐栩門，承風而驅，官以賄成，惟劭不過其門。廣陵（徐孟本）〔徐孟玉〕來臨汝南，聞劭高名，請爲功曹。饕餮放流，絜士盈朝。袁紹公族好名，爲濮陽長，棄官來還，有副車從騎，將入郡界，紹乃歎曰：「吾之輿服，豈可使許子將見之乎？」遂單車而歸。辟公府掾，拜鄢陵令，方正徵，皆不就。避亂江南，所歷之國，必翔而後集。終于豫章，時年四十六。有子曰混，顯名魏世。

常林字伯槐，河內溫人也。年七歲，有父黨造門，問林：「伯先在否？汝何不拜！」林曰：「雖當下客，臨子字父，何拜之有？」於是咸共嘉之。〔一〕太守王匡起兵討董卓，遣諸生於屬縣微伺吏民罪負，便收之，考責錢穀贖罪，稽遲則夷滅宗族，以崇威嚴。林叔父撾客，爲諸生所白，匡怒收治。舉宗惶怖，不知所責多少，懼繫者不救。林往見匡同縣胡母彪曰：

「王府君以文武高才，臨吾鄙郡。鄙郡表裏山河，土廣民殷，又多賢能，惟所擇用。今主上幼沖，賊臣虎據，華夏震慄，雄才奮用之秋也。若欲誅天下之賊，扶王室之微，智者望風，應之若響，克亂在和，何征不捷。苟無恩德，任失其人，覆亡將至，何暇匡翼朝廷，崇立功名乎？君其藏之！」因說叔父見拘之意。彪即書責匡，匡原林叔父。林乃避地上黨，耕種山阿。當時旱蝗，林獨豐收，盡呼比鄰，升斗分之。依故河間太守陳延壁。陳、馮二姓，舊族冠冕。張楊利其婦女，貪其貲貨。林率其宗族，爲之策謀。見圍六十餘日，卒全堡壁。

〔一〕魏略曰：林少單貧。雖貧，自非手力，不取之於人。性好學，漢末爲諸生，帶經耕鉏。其妻常自餽餉之，林雖在田野，其相敬如賓。

幷州刺史高幹表爲騎都尉，林辭不受。後刺史梁習薦州界名士林及楊俊、王淩、王象、荀緯，太祖皆以爲縣長。林宰南和，治化有成，超遷博陵太守、幽州刺史，所在有績。文帝爲五官將，林爲功曹。太祖西征，田銀、蘇伯反，幽、冀扇動。文帝欲親自討之，林曰：「昔忝博陵，又在幽州，賊之形勢，可料度也。北方吏民，樂安厭亂，服化已久，守善者多。銀、伯犬羊相聚，智小謀大，不能爲害。方今大軍在遠，外有彊敵，將軍爲天下之鎭也，輕動遠舉，雖克不武。」文帝從之，遣將往伐，應時克滅。出爲平原太守、魏郡東部都尉，入爲丞相東曹屬。魏國既建，拜尚書。文帝踐阼，遷少府，封樂陽亭侯，〔一〕轉大司農。明帝即位，進封高陽鄉侯，徙光祿勳太常。晉宣王以林鄉邑耆德，每爲之拜。或謂林曰：「司馬公貴重，君宜止之。」林曰：「司馬公自欲敦長幼之敍，爲後生之法。貴非吾之所畏，拜非吾之所制也。」言者踧踖而退。〔二〕時論以林節操清峻，欲致之公輔，而林遂稱疾篤。拜光祿大夫。年八十三，薨，追贈驃騎將軍，葬如公禮，謚曰貞侯。子旹嗣，爲泰山太守，坐法誅。旹弟靜紹封。〔三〕

〔一〕魏略曰：林性既清白，當官又嚴。少府寺與鴻臚對門，時崔林爲鴻臚。崔性闊達，不與林同，數數聞林撾吏聲，不以爲可。林夜撾吏，不勝痛，叫呼敖敖徹曙。明日，崔出門，與林車相遇，乃嘲林曰：「聞卿爲廷尉，爾邪？」林不覺答曰：「不也。」崔曰：「卿不爲廷尉，昨夜何故考囚乎？」林大慚，然不能自止。

〔二〕魏略曰：初，林少與司馬京兆善。太傅每見林，輒欲跪。林止之曰：「公尊貴矣，止也！」及司徒缺，太傅有意欲以林補之。案魏略此語，與本傳反。臣松之以爲林之爲人，不畏權貴者也。論其然否，謂本傳爲是。

〔三〕案晉書，諸葛誕反，大將軍東征，旹坐稱疾，爲司馬文王所法。

魏略以林及吉茂、沐並、時苗四人爲清介傳。

吉茂字叔暢，馮翊池陽人也，世爲著姓。好書，不恥惡衣惡食，而恥一物之不知。建安初，關中始平，茂與扶風蘇則共入武功南山，隱處精思數歲。州舉茂才，除臨汾令，居官清靜，吏民不忍欺。轉爲武德侯庶子。二十二年，坐其宗人吉本等起事被收。先是科禁內學及兵書，而茂皆有，匿不送官。及其被收，不知當坐本等，顧謂其左右曰：「我坐書也。」會鍾相國證茂、本服第已絕，故得不坐。後以茂爲武陵太守，不之官。轉酇相，以國省，拜議郎。景初中病亡。自茂修行，從少至長，冬則被裘，夏則裋褐，行則步涉，食則茨藿，臣役妻子，室如懸磬。其或饋遺，一不肯受。雖不以此高人，亦心疾不義而貴且富者。先時國家始制九品，各使諸郡選置中正，差敍自公卿以下，至于郎吏，功德材行所任。茂同郡護羌校尉王琰，前數爲郡守，不名爲清白。而琰子嘉仕歷諸縣，亦復爲通人。嘉時還爲散騎郎，馮翊郡移嘉爲中正。嘉敍茂雖在上第，而狀甚下，云：「德優能少。」茂慍曰：「痛乎，我效汝父子冠幘劫人邪！」初，茂同產兄黃，以十二年中從公府掾爲長陵令。是時科禁長吏擅去官，而黃聞司徒趙溫薨，自以爲故吏，違科奔喪，爲司隸鍾繇所收，遂伏法。茂時爲白衣，始有清名於三輔，以爲兄坐追義而死，怨怒不肯哭。至歲終，繇舉茂。議者以爲茂必不就，及舉既到而茂就之，故時人或以茂爲畏繇，或以茂爲鬈士也。

沐並字德信，河閒人也。少孤苦，袁紹父子時，始爲名吏。有志介，嘗過姊，姊爲殺雞炊黍而不留也。然爲人公果，不畏彊禦，丞相召署軍謀掾。黃初中，爲成皋令。校事劉肇出過縣，遣人呼縣吏，求索稾穀。是時蝗旱，官無有見。未辦之間，肇人從入並之閤下，呴呼罵吏。並怒，因躧履提刀而出，多從吏卒，欲收肇。肇覺知驅走，具以狀聞。有詔：「肇爲牧司爪牙吏，而並欲收縛，無所忌憚，自恃清名邪？」遂收欲殺之。（鬀）髡決減死，刑竟復吏，由是放散十餘年。至正始中，爲三府長史。時吳使朱然、諸葛瑾攻圍樊城，遣船兵於峴山東斫材，牂牁人兵作食，有先熟者呼後熟者，言：「共食來。」後熟者答言：「不也。」呼者曰：「汝欲作沐德信邪？」其名流布，播於異域如此。雖自華夏，不知者以爲前世人也。爲長史八年，晚出爲濟陰太守，召還，拜議郎。年六十餘，自慮身無常，豫作終制，戒其子以儉葬，曰：「告雲、儀等：夫禮者，生民之始教，而百世之中庸也。故力行者則爲君子，不務者終爲小人，然非聖人莫能履其從容也。是以富貴者有驕奢之過，而貧賤者譏於固陋，於是養生送死，苟竊非禮。由斯觀之，陽虎璵璠，甚於暴骨，桓魋石椁，不如速朽。此言儒學撥亂反正、鳴鼓矯俗之大義也，未是夫窮理盡性、陶冶變化之實論也。若能原始要終，以天地為一區，萬物為芻狗，該覽玄通，求形景之宗，同禍福之素，一死生之命，吾有慕於道矣。夫道之為物，惟怳惟忽，壽為欺魄，夭為鳧沒，身淪有無，與神消息，含悅陰陽，甘夢太極。奚以棺椁為牢，衣裳為纏？尸繫地下，長幽桎梏，豈不哀哉！昔莊周闊達，無所適莫；又楊王孫裸體，貴不久容耳。至夫末世，緣生怨死之徒，乃有含珠鱗柙，玉牀象衽，殺人以狥；壙穴之內，錮以紵絮，藉以蜃炭，千載僵燥，託類神仙。於是大教陵遲，競於厚葬，謂莊子為放蕩，以王孫為戮尸，豈復識古有衣薪之鬼，而野有狐狸之齧乎哉？吾以材質滓濁，汙於清流。昔忝國恩，歷試宰守，所在無效，代匠傷指，狼跋首尾，無以雪恥。如不可求，從吾所好。今年過耳順，奄忽無常，苟得獲沒，即以吾身襲於王孫矣。上冀以贖市朝之逋罪，下以親道化之靈祖。顧爾幼昏，未知臧否，若將逐俗，抑廢吾志，私稱從令，未必為孝；而犯魏顆聽治之賢，爾為棄父之命，誰或矜之！使死而有知，吾將尸視。」至嘉平中，病甚。臨困，又敕豫掘埳。戒氣絕，令二人舉尸即埳，絕哭泣之聲，止婦女之送，禁弔祭之賓，無設摶治粟米之奠。又戒後亡者不得入藏，不得封樹。妻子皆遵之。

時苗字德冑，鉅鹿人也。少清白，為人疾惡。建安中，入丞相府。出為壽春令，令行風靡。揚州治在其縣，時蔣濟為治中。苗以初至往謁濟，濟素嗜酒，適會其醉，不能見苗。苗恚恨還，刻木為人，署曰「酒徒蔣濟」，置之牆下，旦夕射之。州郡雖知其所為不恪，然以其履行過人，無若之何。又其始之官，乘薄軬音飯。車，黃牸牛，布被囊。居官歲餘，牛生一犢。及其去，留其犢，謂主簿曰：「令來時本無此犢，犢是淮南所生有也。」羣吏曰：「六畜不識父，自當隨母。」苗不聽，時人皆以為激，然由此名聞天下。還為太官令，領其郡中正，定九品，於敘人才不能寬，然紀人之短，雖在久遠，銜之不置。如所忿蔣濟者，仕進至太尉，濟不以苗前毀己為嫌，苗亦不以濟貴更屈意。爲令數歲，不肅而治。遷典農中郎將。年七十餘，以正始中病亡也。

楊俊字季才，河內獲嘉人也。受學陳留邊讓，讓器異之。俊以兵亂方起，而河內處四達之衢，必爲戰場，乃扶持老弱詣京、密山間，同行者百餘家。俊振濟貧乏，通共有無。宗族知故爲人所略作奴僕者凡六家，俊皆傾財贖之。司馬宣王年十六七，與俊相遇，俊曰：「此非常之人也。」又司馬朗早有聲名，其族兄芝，衆未之知，惟俊言曰：「芝雖夙望不及朗，實理但有優耳。」俊轉避地并州。本郡王象，少孤特，爲人僕隸，年十七八，見使牧羊而私讀書，因被箠楚。俊嘉其才質，卽贖象著家，聘娶立屋，然後與別。

太祖除俊曲梁長，入爲丞相掾屬，舉茂才，安陵令，遷南陽太守。宣德教，立學校，吏民稱之。徙爲征南軍師。魏國旣建，遷中尉。太祖征漢中，魏諷反於鄴，俊自劾詣行在所。俊以身方罪免，牋辭太子。太子不悅，曰：「楊中尉便去，何太高遠邪！」遂被書左遷平原太守。文帝踐阼，復在南陽。時王象爲散騎常侍，薦俊曰：「伏見南陽太守楊俊，秉純粹之茂質，履忠肅之弘量，體仁足以育物，篤實足以動衆，克長後進，惠訓不倦，外寬內直，仁而有斷。自初彈冠，所歷垂化，再守南陽，恩德流著，殊鄰異黨，襁負而至。今境守清靜，無所展其智能，宜還本朝，宣力輦轂，熙帝之載。」

俊自少及長，以人倫自任。同郡審固、陳留衞恂本皆出自兵伍，俊資拔奬致，咸作佳士；後固歷位郡守，恂御史、縣令，其明鑒行義多此類也。初，臨菑侯與俊善，太祖適嗣未定，密訪羣司。俊雖並論文帝、臨菑才分所長，不適有所據當，然稱臨菑猶美，文帝常以恨之。黃初三年，車駕至宛，以市不豐樂，發怒收俊。尚書僕射司馬宣王、常侍王象、荀緯請俊，叩頭流血，帝不許。俊曰：「吾知罪矣。」遂自殺。衆冤痛之。〔一〕

〔一〕世語曰：俊二孫：覽字公質，汝陰太守；猗字公彥，尚書：晉東海王越舅也。覽子沈，字宣弘，散騎常侍。

魏略曰：王象字羲伯。既爲俊所知拔，果有才志。建安中，與同郡荀緯等俱爲魏太子所禮待。及王粲、陳琳、阮瑀、路粹等亡後，新出之中，惟象才最高。魏有天下，拜象散騎侍郎，遷爲常侍，封列侯。受詔撰皇覽，使象領祕書監。象從延康元年始撰集，數歲成，藏於祕府，合四十餘部，部有數十篇，通合八百餘萬字。象既性器和厚，文采溫雅，用是京師歸美，稱爲儒宗。車駕南巡，未到宛，有詔百官不得干豫郡縣。及車駕到，而宛令不解詔旨，閉市門。帝聞之，忿然曰：「吾是寇邪？」乃收宛令及太守楊俊。詔問尚書：「漢明帝殺幾二千石？」時象見詔文，知俊必不免。乃當帝前叩頭，流血竟面，請俊減死一等。帝不答，欲釋入禁中。象引帝衣，帝顧謂象曰：「我知楊俊與卿本末耳。今聽卿，是無我也。卿寧無俊邪？無我邪？」象以帝言切，乃縮手。帝遂入，決俊法，然後乃出。象自恨不能濟俊，遂發病死。

杜襲字子緒，潁川定陵人也。曾祖父安，祖父根，著名前世。〔一〕襲避亂荊州，劉表待以賓禮。同郡繁欽數見奇於表，襲喻之曰：「吾所以與子俱來者，徒欲龍蟠幽藪，待時鳳翔。豈謂劉牧當爲撥亂之主，而規長者委身哉？子若見能不已，非吾徒也。吾其與子絕矣！」欽慨然曰：「請敬受命。」襲遂南適長沙。

〔一〕先賢行狀曰：安年十歲，名稱鄉黨。至十三，入太學，號曰神童。既名知人，清高絕俗。洛陽令周紆數候安，安常逃避不見。時貴戚慕安高行，多有與書者，輒不發，以慮後患，常鑿壁藏書。後諸與書者果有大罪，推捕所與交通者，吏至門，安乃發壁出書，印封如故，當時皆嘉其慮遠。三府並辟，公車特徵，拜宛令。先是宛有報讎者，其令不忍致理，將與俱亡。縣中豪彊有告其處者，致捕得，安深疾惡之，到官治戮，肆之於市。懼有司繩彈，遂自免。後徵拜巴郡太守，率身正下，以禮化俗。以病卒官，時服薄斂，素器不漆，子自將車。州郡賢之，表章墳墓。根舉孝廉，除郎中。時和熹鄧后臨朝，外戚橫恣，安帝長大，猶未歸政。根乃與同時郎上書直諫，鄧后怒，收根等伏誅。誅者皆絹囊盛，於殿上撲地。執法者以根德重事公，默語行事人，使不加力。誅訖，車載城外，根以撲輕得蘇息，遂閉目不動搖。經三日，乃密起逃竄，爲宜城山中酒家客，積十五年，酒家知其賢，常厚敬待。鄧后崩，安帝謂根久死。以根等忠直，普下天下，錄見誅者子孫。根乃自出，徵詣公車，拜符節令。或問根：「往日遭難，天下同類知故不少，何至自苦歷年如此？」根答曰：「周旋人間，非絕迹之處。邂逅發露，禍及親知，故不爲也。」遷濟陰太守，以德讓爲政，風移俗改。年七十八以壽終，棺不加漆，斂以時服。長吏下車，常先詣安、根墓致祠。

建安初，太祖迎天子都許。襲逃還鄉里，太祖以爲西鄂長。縣濱南境，寇賊縱橫。時長吏皆斂民保城郭，不得農業。野荒民困，倉庾空虛。襲自知恩結於民，乃遣老弱各分散就田業，留丁彊備守，吏民歡悅。會荊州出步騎萬人來攻城，襲乃悉召縣吏民任拒守者五十餘人，與之要誓。其親戚在外欲自營護者，恣聽遣出；皆叩頭願致死。於是身執矢石，率與戮力。吏民感恩，咸爲用命。臨陳斬數百級，而襲衆死者三十餘人，其餘十八人盡被創，賊得入城。襲帥傷痍吏民決圍得出，死喪略盡，而無反背者。遂收散民，徙至摩陂營，吏民慕而從之如歸。〔一〕

〔一〕九州春秋曰：建安六年，劉表攻西鄂，西鄂長杜子緒帥縣男女嬰城而守。時南陽功曹柏孝長亦在城中，聞兵攻聲，恐懼，入室閉戶，牽被覆頭。相攻半日，稍敢出面。其明，側立而聽。二日，往出戶問消息。至四五日，乃更負楯親鬬，語子緒曰：「勇可習也。」

司隸鍾繇表拜議郎參軍事。荀彧又薦襲，太祖以爲丞相軍祭酒。魏國既建，爲侍中，與王粲、和洽並用。粲彊識博聞，故太祖游觀出入，多得驂乘，至其見敬不及洽、襲。襲嘗獨見，至于夜半。粲性躁競，起坐曰：「不知公對杜襲道何等也？」洽笑答曰：「天下事豈有盡邪？卿晝侍可矣，悒悒於此，欲兼之乎！」後襲領丞相長史，隨太祖到漢中討張魯。太祖還，拜襲駙馬都尉，留督漢中軍事。綏懷開導，百姓自樂出徙洛、鄴者，八萬餘口。夏侯淵爲劉備所沒，軍喪元帥，將士失色。襲與張郃、郭淮糾攝諸軍事，權宜以郃爲督，以一衆心，三軍遂定。太祖東還，當選留府長史，鎮守長安，主者所選多不當，太祖令曰：「釋騏驥而不乘，焉皇皇而更索？」遂以襲爲留府長史，駐關中。

時將軍許攸擁部曲，不附太祖而有慢言。太祖大怒，先欲伐之。羣臣多諫：「可招懷攸，共討彊敵。」太祖橫刀於膝，作色不聽。襲入欲諫，太祖逆謂之曰：「吾計以定，卿勿復言。」襲曰：「若殿下計是邪，臣方助殿下成之；若殿下計非邪，雖成宜改之。殿下逆臣，令勿言之，何待下之不闡乎？」太祖曰：「許攸慢吾，如何可置乎？」襲曰：「殿下謂許攸何如人邪？」太祖曰：「凡人也。」襲曰：「夫惟賢知賢，惟聖知聖，凡人安能知非凡人邪？方今豺狼當路而狐狸是先，人將謂殿下避彊攻弱，進不爲勇，退不爲仁。臣聞千鈞之弩不爲鼷鼠發機，萬石之鍾不以莛撞起音，今區區之許攸，何足以勞神武哉？」太祖曰：「善。」遂厚撫攸，攸即歸服。時夏侯尙暱於太子，情好至密。襲謂尙非益友，不足殊待，以聞太祖。文帝初甚不悅，後乃追思。語在尙傳。其柔而不犯，皆此類也。

文帝卽王位，賜爵關內侯。及踐阼，爲督軍糧御史，封武平亭侯，更爲督軍糧執法，入爲尙書。明帝卽位，進封平陽鄉侯。諸葛亮出秦川，大將軍曹眞督諸軍拒亮，徙襲爲大將軍軍師，分邑百戶賜兄基爵關內侯。眞薨，司馬宣王代之，襲復爲軍師，增邑三百，并前五百五十戶。以疾徵還，拜太中大夫，薨，追贈少府，謚曰定侯。子會嗣。

趙儼字伯然，潁川陽翟人也。避亂荆州，與杜襲、繁欽通財同計，合爲一家。太祖始迎獻帝都許，儼謂欽曰：「曹鎭東應期命世，必能匡濟華夏，吾知歸矣。」建安二年，年二十七，遂扶持老弱詣太祖，太祖以儼爲朗陵長。縣多豪猾，無所畏忌。儼取其尤甚者，收縛案驗，皆得死罪。儼既囚之，乃表府解放，自是威恩並著。時袁紹舉兵南侵，遣使招誘豫州諸郡，諸郡多受其命。惟陽安郡不動，而都尉李通急錄戶調。儼見通曰：「方今天下未集，諸郡並叛。懷附者復收其緜絹，小人樂亂，能無遺恨！且遠近多虞，不可不詳也。」通曰：「紹與大將軍相持甚急，左右郡縣背叛乃爾。若緜絹不調送，觀聽者必謂我顧望，有所須待也。」儼曰：「誠亦如君慮；然當權其輕重，小緩調，當爲君釋此患。」乃書與荀彧曰：「今陽安郡當送緜絹，道路艱阻，必致寇害。百姓困窮，鄰城並叛，易用傾蕩，乃一方安危之機也。且此郡人執守忠節，在險不貳。微善必賞，則爲義者勸。善爲國者，藏之於民。以爲國家宜垂慰撫，所歛緜絹，皆俾還之。」彧報曰：「輒白曹公，公文下郡，緜絹悉以還民。」上下歡喜，郡內遂安。

入爲司空掾屬主簿。〔一〕時于禁屯潁陰，樂進屯陽翟，張遼屯長社，諸將任氣，多共不協；使儼幷參三軍，每事訓喻，遂相親睦。太祖征荆州，以儼領章陵太守，徙都督護軍，護于禁、張遼、張郃、朱靈、李典、路招、馮楷七軍。復爲丞相主簿，遷扶風太守。太祖徙出故韓遂、馬超等兵五千餘人，使平難將軍殷署等督領，以儼爲關中護軍，盡統諸軍。羌虜數來寇害，儼率署等追到新平，大破之。屯田客呂並自稱將軍，聚黨據陳倉，儼復率署等攻之，賊即破滅。

〔一〕魏略曰：太祖北拒袁紹，時遠近無不私遺牋記，通意於紹者。儼與領陽安太守李通同治，通亦欲遣使。儼爲陳紹必敗意，通乃止。及紹破走，太祖使人搜閱紹記室，惟不見通書疏，陰知儼必爲之計，乃曰：「此必趙伯然也。」臣松之案魏武紀：破紹後，得許下軍中人書，皆焚之。若故使人搜閱，知其有無，則非所以安人情也。疑此語爲不然。

時被書差千二百兵往助漢中守，署督送之。行者卒與室家別，皆有憂色。署發後一日，儼慮其有變，乃自追至斜谷口，人人慰勞，又深戒署。還宿雍州刺史張既舍。署軍復前四十里，兵果叛亂，未知署吉凶。而儼自隨步騎百五十人，皆與叛者同部曲，或婚姻，得此問，各驚，被甲持兵，不復自安。儼欲還，既等以爲「今本營黨已擾亂，一身赴之無益，可須定問」。儼曰：「雖疑本營與叛者同謀，要當聞行者變，乃發之。又有欲善不能自定，宜及猶豫，促撫寧之。且爲之元帥，既不能安輯，身受禍難，命也。」遂去。行三十里止，放馬息，盡呼所從人，喻以成敗，慰勵懇切。皆慷慨曰：「死生當隨護軍，不敢有二。」前到諸營，各召料簡諸姦結叛者八百餘人，散在原野，惟取其造謀魁率治之，餘一不問。郡縣所收送，皆放遣，乃卽相率還降。儼密白：「宜遣將詣大營，請舊兵鎭守關中。」太祖遣將軍劉柱將二千人，當須到乃發遣，而事露，諸營大駭，不可安喻。儼謂諸將曰：「舊兵既少，東兵未到，是以諸營圖爲邪謀。若或成變，爲難不測。因其狐疑，當令早決。」遂宣言當差留新兵之溫厚者千人鎭守關中，其餘悉遣東。便見主者，內諸營兵名籍，案累重，立差別之。留者意定，與儼同心。其當去者亦不敢動，儼一日盡遣上道，因使所留千人，分布羅落之。東兵尋至，乃復脅喻，并徙千人，令相及共東，凡所全致二萬餘口。〔一〕

〔一〕孫盛曰：盛聞爲國以禮，民非信不立。周成不棄桐葉之言，晉文不違伐原之誓，故能隆刑措之道，建一匡之功。儼既詐留千人，使效心力，始雖權也，宜以信終。兵威既集，而又逼徙。信義喪矣，何以臨民？

關羽圍征南將軍曹仁於樊。儼以議郎參仁軍事南行，(還)〔與〕平寇將軍徐晃俱前。既到，羽圍仁遂堅，餘救兵未到。晃所督不足解圍，而諸將呵責晃促救。儼謂諸將曰：「今賊圍素固，水潦猶盛。我徒卒單少，而仁隔絕不得同力，此舉適所以弊內外耳。當今不若前軍偪圍，遣諜通仁，使知外救，以勵將士。計北軍不過十日，尚足堅守。然後表裏俱發，破賊必矣。如有緩救之戮，余爲諸軍當之。」諸將皆喜，便作地道，箭飛書與仁，消息數通，北軍亦至，并勢大戰。羽軍既退，舟船猶據沔水，襄陽隔絕不通，而孫權襲取羽輜重，羽聞之，卽走南還。仁會諸將議，咸曰：「今因羽危懼，必可追禽也。」儼曰：「權邀羽連兵之難，欲掩制其後，顧羽還救，恐我承其兩疲，故順辭求效，乘釁因變，以觀利鈍耳。今羽已孤迸，更宜存之以爲權害。若深入追北，權則改虞於彼，將生患於我矣。王必以此爲深慮。」仁乃解嚴。太祖聞羽走，恐諸將追之，果疾敕仁，如儼所策。

文帝即王位，爲侍中。頃之，拜駙馬都尉，領河東太守，典農中郎將。黃初三年，賜爵關內侯。孫權寇邊，征東大將軍曹休統五州軍禦之，徵儼爲軍師。權衆退，軍還，封宜土亭侯，轉爲度支中郎將，遷尚書。從征吳，到廣陵，復留爲征東軍師。明帝即位，進封都鄉侯，邑六百戶，監荆州諸軍事，假節。會疾，不行，復爲尚書，出監豫州諸軍事，轉大司馬軍師，入爲大司農。齊王即位，以儼監雍、涼諸軍事，假節，轉征蜀將軍，又遷征西將軍，都督雍、涼。正始四年，老疾求還，徵爲驃騎將軍，〔一〕遷司空。薨，諡曰穆侯。子亭嗣。初，儼與同郡辛毗、陳羣、杜襲並知名，號曰辛、陳、杜、趙云。

〔一〕魏略曰：舊故四征有官廚財籍，遷轉之際，無不因緣。而儼乂手上車，發到霸上，忘持其常所服藥。雍州聞之，乃追送雜藥材數箱，儼笑曰：「人言語殊不易，我偶問所服藥耳，何用是爲邪？」遂不取。

裴潛字文行，河東聞喜人也。〔一〕避亂荆州，劉表待以賓禮。潛私謂所親王粲、司馬芝曰：「劉牧非霸王之才，乃欲西伯自處，其敗無日矣。」遂南適長沙。太祖定荆州，以潛參丞相軍事，出歷三縣令，入爲倉曹屬。太祖問潛曰：「卿前與劉備俱在荆州，卿以備才略何如？」潛曰：「使居中國，能亂人而不能爲治也。若乘閒守險，足以爲一方主。」

〔一〕魏略曰：潛世爲著姓。父茂，仕靈帝時，歷縣令、郡守、尙書。建安初，以奉使，率導關中諸將討李傕有功，封列侯。潛少不脩細行，由此爲父所不禮。

時代郡大亂，以潛爲代郡太守。烏丸王及其大人，凡三人，各自稱單于，專制郡事。前大守莫能治正，太祖欲授潛精兵以鎭討之。潛辭曰：「代郡戶口殷衆，士馬控弦，動有萬數。單于自知放橫日久，內不自安。今多將兵往，必懼而拒境，少將則不見憚。宜以計謀圖之，不可以兵威迫也。」遂單車之郡。單于驚喜。潛撫之以靜。單于以下脫帽稽顙，悉還前後所掠婦女、器械、財物。潛案誅郡中大吏與單于爲表裏者郝溫、郭端等十餘人，北邊大震，百姓歸心。在代三年，還爲丞相理曹掾，太祖褒稱治代之功，潛曰：「潛於百姓雖寬，於諸胡爲峻。今計者必以潛爲理過嚴，而事加寬惠；彼素驕恣，過寬必弛，旣弛又將攝之以法，此訟爭所由生也。以勢料之，代必復叛。」於是太祖深悔還潛之速。後數十日，三單于反問至，乃遣鄢陵侯彰爲驍騎將軍征之。

潛出爲沛國相，遷兗州刺史。太祖次摩陂，歎其軍陳齊整，特加賞賜。文帝踐阼，入爲散騎常侍。出爲魏郡、潁川典農中郎將，奏通貢舉，比之郡國，由是農官進仕路泰。遷荆州刺史，賜爵關內侯。明帝卽位，入爲尚書。出爲河南尹，轉太尉軍師、大司農，封清陽亭侯，邑二百戶。入爲尚書令，奏正分職，料簡名實，出事使斷官府者百五十餘條。喪父去官，拜光祿大夫。正始五年薨，追贈太常，謚曰貞侯。〔一〕子秀嗣。遺令儉葬，墓中惟置一坐，瓦器數枚，其餘一無所設。秀，咸熙中爲尚書僕射。〔二〕

〔一〕魏略曰：時遠近皆云當爲公，會病亡。始潛自感所生微賤，無舅氏，又爲父所不禮，卽折節仕進，雖多所更歷，清省恪然。每之官，不將妻子。妻子貧乏，織藜芘以自供。又潛爲兗州時，嘗作一胡牀，及其去也，留以掛柱。又以父在京師，出入薄軬車；羣弟之田廬，常步行；家人小大或并日而食；其家敎上下相奉，事有似於石奮。其履檢校度，自魏興少能及者。潛爲人材博，有雅（要）容，然但如此而已，終無所推進，故世歸其絜而不宗其餘。

〔二〕文章敍錄曰：秀字季彥。弘通博濟，八歲能屬文，遂知名。大將軍曹爽辟。喪父服終，推財與兄弟。年二十五，遷黃門侍郎。爽誅，以故吏免。遷衞國相，累遷散騎常侍、尚書僕射令、光祿大夫。咸熙中，晉文王始建五等，命秀典爲制度，封廣川侯。晉室受禪，進左光祿大夫，改封鉅鹿公，遷司空。著易及樂論，又畫地域圖十八篇，傳行於世。盟會圖及典治官制皆未成。年四十八，泰始七年薨，謚元公，配食宗廟。少子頠，字逸民，襲封。荀綽冀州記曰：頠爲人弘雅有遠識，博學稽古，履行高整，自少知名。歷位太子中庶子、侍中尚書。元康末，爲尚書左僕射。趙王倫以其望重，畏而惡之，知其不與賈氏同心，猶被枉害。臣松之案陸機惠帝起居注稱「頠雅有遠量，當朝名士也」，又曰「民之望也」。頠理具淵博，贍於論難，著崇有、貴無二論，以矯虛誕之弊，文辭精富，爲世名論。子嵩，字道文。荀綽稱嵩有父祖風。爲中書郎，早卒。頠從父弟邈，字景聲，有儁才，爲太傅司馬越從事中郎，假節監中外營諸軍事。

潛少弟徽，字文季，冀州刺史。有高才遠度，善言玄妙。事見荀粲、傅嘏、王弼、管輅諸傳。徽長子黎，字伯宗，一名演，遊擊將軍。次康，字仲豫，太子左衞率。次楷，字叔則，侍中中書令、光祿大夫、開府。次綽，字季舒，黃門侍郎。早卒。追贈長水校尉。康、楷、綽皆爲名士，而楷才望最重。

晉諸公贊曰：康有弘量，綽以明達爲稱，楷少與琅邪王戎俱爲掾發名，鍾會致之大將軍司馬文王曰：「裴楷清通，王戎簡要。」文王卽辟爲掾，進歷顯位。謝鯤爲樂廣傳，稱楷儁朗有識具，當時獨步。黎子苞，秦州刺史。康子純，黃門侍郎。次盾，徐州刺史。次郃，有器望。晉元帝爲安東將軍，郃爲長史，侍中王曠與司馬越書曰：「裴郃在此，雖不治事，然識量弘淹，此下人士大敬附之。」次廓，中壘將軍。楷子瓚，中書郞。次憲，豫州刺史。綽子遐，太傅主簿。瓚、遐並有盛名，早卒。

晉諸公贊稱憲有清識。

魏略列傳以徐福、嚴幹、李義、張既、游楚、梁習、趙儼、裴潛、韓宣、黃朗十人共卷，其既、習、儼、潛四人自有傳，徐福事在諸葛亮傳，游楚事在張既傳。餘韓等四人載之於後。

嚴幹字公仲，李義字孝懿，皆馮翊東縣人也。馮翊東縣舊無冠族，故二人並單家，其器性皆重厚。當中平末，同年二十餘，幹好擊劍，義好辦護喪事。馮翊甲族桓、田、吉、郭及故侍中鄭文信等，頗以其各有器實，共紀識之。會三輔亂，人多流宕，而幹、義不去，與諸知故相浮沈，採樵自活。逮建安初，關中始開。詔分馮翊西數縣爲左內史郡，治高陵；以東數縣爲本郡，治臨晉。義於縣分當西屬，義謂幹曰：「西縣兒曹，不可與爭坐席，今當共作方牀耳。」遂相附結，皆仕東郡爲右職。司隸辟幹，不至。歲終，郡舉幹孝廉，義上計掾。義留京師，爲平陵令，遷冗從僕射，遂歷顯職。逮魏封十郡，請義以爲軍祭酒，又爲魏尙書左僕射。及文帝卽位，拜諫議大夫、執金吾衞尉，卒官。義子豐，字宣國，見夏侯玄傳。幹以孝廉拜蒲阪令，病，去官。復舉至孝，爲公車司馬令。爲州所請，詔拜議郎，還參州事。會以建策捕高幹，又追錄前討郭援功，封武鄉侯，遷弘農太守。及馬超反，幹郡近超，民人分散。超破，爲漢陽太守。遷益州刺史，以道不通，黃初中，轉爲五官中郎將。明帝時，遷永安太僕，數歲卒。始李義以直道推誠於人，故于時陳羣等與之齊好。雖無他材力，而終仕進不頓躓。幹從破亂之後，更折節學問，特善春秋公羊。司隸鍾繇不好公羊而好左氏，謂左氏爲太官，而謂公羊爲賣餅家，故數與幹共辯析長短。繇爲人機捷，善持論，而幹訥口，臨時屈無以應。繇謂幹曰：「公羊高竟爲左丘明服矣。」幹曰：「直故吏爲明使君服耳，公羊未肯也。」

韓宣字景然，勃海人也。爲人短小。建安中，丞相召署軍謀掾，冗散在鄴。嘗於鄴出入宮，於東掖門內與臨菑侯植相遇。時天新雨，地有泥潦。宣欲避之，閡潦不得去。乃以扇自障，住於道邊。植嫌宣既不去，又不爲禮，乃駐車，使其常從問宣何官？宣云：「丞相軍謀掾也。」植又問曰：「應得唐突列侯否？」宣曰：「春秋之義，王人雖微，列于諸侯之上，未聞宰士而爲下士諸侯禮也。」植又曰：「卽如所言，爲人父吏，見其子應有禮否？」宣又曰：「於禮，臣、子一例也，而宣年又長。」植知其枝柱難窮，乃釋去，具爲太子言，以爲辯。黃初中，爲尙書郎，嘗以職事當受罰於殿前，已縛，束杖未行。文帝輦過，問：「此爲誰？」左右對曰：「尙書郎勃海韓宣也。」帝追念前臨菑侯所說，乃寤曰：「是子建所道韓宣邪！」特原之，遂解其縛。時天大寒，宣前以當受杖，豫脫袴，纏褌面縛；及其原，褌腰不下，乃趨而去。帝目而送之，笑曰：「此家有瞻諦之士也。」後出爲清河東郡太守。明帝時，爲尙書大鴻臚，數歲卒。宣前後當官，在能否之間，然善以已恕人。始南陽韓曁以宿德在宣前爲大鴻臚，曁爲人賢，及宣在後亦稱職，故鴻臚中爲之語曰：「大鴻臚，小鴻臚，前後治行曷相如。」案本志，宣名都不見，惟魏略有此傳，而世語列於名臣之流。

黃朗字文達，沛郡人也。爲人弘通有性實。父爲本縣卒，朗感其如此，抗志游學，由是爲方國及其郡士大夫所禮異。特與東平右姓王惠陽爲碩交，惠陽親拜朗母於牀下。朗始仕黃初中，爲長吏，遷長安令，會喪母不赴，復爲魏令，遷襄城典農中郎將、涿郡太守。以明帝時疾病卒。始朗爲君長，自以父故，常忌不呼鈴下伍伯，而呼其姓字，至於忿怒，亦終不言。朗既仕至二千石，而惠陽亦歷長安令、酒泉太守。故時人謂惠陽外似麤疏而內堅密，能不顧朗之本末，事朗母如己母，爲通度也。

魚豢曰：世稱君子之德其猶龍乎，蓋以其善變也。昔長安市儈有劉仲始者，一爲市吏所辱，乃感激，蹋其尺折之，遂行學問，經明行脩，流名海內。後以有道徵，不肯就，衆人歸其高。余以爲前世偶有此耳，而今徐、嚴復參之，若皆非似龍之志也，其何能至於此哉？李推至道，張工度主，韓見識異，黃能拔萃，各著根於石上，而垂陰乎千里，亦未爲易也。游翁慷慨，展布腹心，全軀保郡，見延帝王，又放陸生，優游宴戲，亦一實也。梁、趙及裴，雖張、楊不足，至於檢己，老而益明，亦難能也。

評曰：和洽清和幹理，常林素業純固，楊俊人倫行義，杜襲溫粹識統，趙儼剛毅有度，裴潛平恆貞幹，皆一世之美士也。至林能不繫心於三司，以大夫告老，美矣哉！

三國志卷二十四　魏書二十四

韓崔高孫王傳第二十四

韓暨字公至，南陽堵陽人也。〔一〕同縣豪右陳茂，譖暨父兄，幾至大辟。暨陽不以爲言，庸賃積資，陰結死士，遂追呼尋禽茂，以首祭父墓，由是顯名。舉孝廉，司空辟，皆不就。乃變名姓，隱居避亂魯陽山中。山民合黨，欲行寇掠。暨散家財以供牛酒，請其渠帥，爲陳安危。山民化之，終不爲害。避袁術命召，徙居山都之山。荆州牧劉表禮辟，遂遁逃，南居孱陵界，所在見敬愛，而表深恨之。暨懼，應命，除宜城長。

〔一〕楚國先賢傳曰：暨，韓王信之後。祖術，河東太守。父純，南郡太守。

太祖平荆州，辟爲丞相士曹屬。後選樂陵太守，徙監冶謁者。舊時冶作馬排，（蒲拜反。爲排以吹炭。）每一熟石，用馬百匹；更作人排，又費功力；暨乃因長流爲水排，計其利益，三倍於前。在職七年，器用充實。制書褒歎，就加司金都尉，班亞九卿。文帝踐阼，封宜城亭侯。黃初七年，遷太常，進封南鄉亭侯，邑二百戶。

時新都洛陽，制度未備，而宗廟主祏音石。〔一〕皆在鄴都。暨奏請迎鄴四廟神主，建立洛陽廟，四時蒸嘗，親奉粢盛。崇明正禮，廢去淫祀，多所匡正。在官八年，以疾遜位。景初二年春，詔曰：「太中大夫韓暨，澡身浴德，志節高絜，年踰八十，守道彌固，可謂純篤，老而益劭者也。其以暨爲司徒。」夏四月薨，遺令斂以時服，葬爲土藏。謚曰恭侯。〔二〕子肇嗣。肇薨，子邦嗣。〔三〕

〔一〕春秋傳曰：命我先人典司宗祏。注曰：「宗廟所以藏主石室者。」

〔二〕楚國先賢傳曰：暨臨終遺言曰：「夫俗奢者，示之以儉，儉則節之以禮。歷見前代送終過制，失之甚矣。若爾曹敬聽吾言，斂以時服，葬以土藏，穿畢便葬，送以瓦器，愼勿有增益。」又上疏曰：「生有益於民，死猶不害於民。況臣備位台司，在職日淺，未能宣揚聖德以廣益黎庶。寢疾彌留，奄卽幽冥。方今百姓農務，不宜勞役，乞不令洛陽吏民供設喪具。懼國典有常，使臣私願不得展從，謹冒以聞，惟蒙哀許。」帝得表嗟歎，乃詔曰：「故司徒韓暨，積德履行，忠以立朝，至於黃髮，直亮不虧。既登三事，望獲毗輔之助，如何奄忽，天命不永！曾參臨沒，易簀以禮；晏嬰尙儉，遣車降制。今司徒知命，遺言卹民，必欲崇約，可謂善始令終者也。其喪禮所設，皆如故事，勿有所闕。特賜溫明祕器，衣一稱，五時朝服，玉具劍佩。」

〔三〕楚國先賢傳曰：邦字長林。少有才學。晉武帝時爲野王令，有稱績。爲新城太守，坐舉野王故吏爲新城計吏，武帝大怒，遂殺邦。暨次子繇，高陽太守。繇子洪，侍御史。洪子壽，字德貞。晉諸公贊曰：自暨已下，世治素業，壽能敦尙家風，性尤忠厚。早歷淸職，惠帝踐阼，爲散騎常侍，遷守河南尹。

病卒，贈驃騎將軍。壽妻賈充女。充無後，以壽子謐爲嗣，弱冠爲祕書監侍中，性驕佚而才出衆。少子蔚，亦有器望，並爲趙王倫所誅。韓氏遂滅。

崔林字德儒，清河東武城人也。少時晚成，宗族莫知，惟從兄琰異之。太祖定冀州，召除鄔長，貧無車馬，單步之官。太祖征壺關，問長吏德政最者，并州刺史張陟以林對，於是擢爲冀州主簿，徙署別駕、丞相掾屬。魏國既建，稍遷御史中丞。

文帝踐阼，拜尚書，出爲幽州刺史。北中郎將吳質統河北軍事，涿郡太守王雄謂林別駕曰：「吳中郎將，上所親重，國之貴臣也。仗節統事，州郡莫不奉牋致敬，而崔使君初不與相聞。若以邊塞不脩斬卿，使君寧能護卿邪？」別駕具以白林，林曰：「刺史視去此州如脫屣，寧當相累邪？此州與胡虜接，宜鎭之以靜，擾之則動其逆心，特爲國家生北顧憂，以此爲寄。」在官一期，寇竊寢息；〔一〕猶以不事上司，左遷河間太守，清論多爲林怨也。〔二〕

〔一〕案王氏譜：雄字元伯，太保祥之宗也。

魏名臣奏載安定太守孟達薦雄曰：「臣聞明君以求賢爲業，忠臣以進善爲效，故易稱『拔茅連茹』，傳曰『舉爾所知』。臣不自量，竊慕其義。臣昔以人乏，謬充備部職。時涿郡太守王雄爲西部從事，與臣同僚。雄天性良固，果而有謀。歷試三縣，政成人和。及在近職，奉宣威恩，懷柔有術，清愼持法。臣往年出使，經過雄郡。自說特受陛下拔擢之恩，常勵節精心，思投命爲效。言辭激揚，情趣款惻。臣雖愚闇，不識眞僞，以謂雄才兼資文武，忠烈之性，踰越倫輩。今涿郡領戶三千，孤寡之家，參居其半，北有守兵藩衞之固，誠不足舒雄智力，展其勤幹也。臣受恩深厚，無以報國，不勝慺慺淺見之情，謹冒陳聞。」詔曰：「昔蕭何薦韓信，鄧禹進吳漢，惟賢知賢也。雄有膽智技能文武之姿，吾宿知之。今便以參散騎之選，方使少在吾門下知指歸，便大用之矣。天下之士，欲使皆先歷散騎，然後出據州郡，是吾本意也。」雄後爲幽州刺史。子渾，涼州刺史。次乂，平北將軍。司徒安豐侯戎，渾之子。太尉武陵侯衍、荆州刺史澄，皆乂之子。

〔二〕魏名臣奏載侍中辛毗奏曰：「昔桓階爲尚書令，以崔林非尚書才，遷以爲河閒太守。」與此傳不同。

遷大鴻臚。龜茲王遣侍子來朝，朝廷嘉其遠至，褒賞其王甚厚。餘國各遣子來朝，閒使連屬，林恐所遣或非眞的，權取疏屬賈胡，因通使命，利得印綬，而道路護送，所損滋多。勞所養之民，資無益之事，爲夷狄所笑，此曩時之所患也。乃移書燉煌喻指，并錄前世待遇諸國豐約故事，使有恒常。明帝卽位，賜爵關內侯，轉光祿勳、司隸校尉。屬郡皆罷非法除過員吏。林爲政推誠，簡存大體，是以去後每輒見思。

散騎常侍劉劭作考課論，制下百僚。林議曰：「案周官考課，其文備矣，自康王以下，遂以陵遲，此卽考課之法存乎其人也。及漢之季，其失豈在乎佐吏之職不密哉？方今軍旅，或猥或卒，備之以科條，申之以內外，增減無常，固難一矣。且萬目不張擧其綱，衆毛不整振其領。臯陶仕虞，伊尹臣殷，不仁者遠。五帝三王未必如一，而各以治亂。易曰：『易簡，而天下之理得矣。』以爲今之制度，不爲疏闊，惟在守一勿失而已。若朝臣能任仲山甫之重，式是百辟，則孰敢不肅？」

景初元年，司徒、司空並缺，散騎侍郎孟康薦林曰：「夫宰相者，天下之所瞻效，誠宜得秉忠履正本德仗義之士，足爲海內所師表者。竊見司隸校尉崔林，稟自然之正性，體高雅之弘量。論其所長以比古人，忠直不回則史魚之儔，清儉守約則季文之匹也。牧守州郡，所在而治，及爲外司，萬里肅齊，誠台輔之妙器，袞職之良才也。」後年遂爲司空，封安陽亭侯，邑六百戶。三公封列侯，自林始也。〔一〕頃之，又進封安陽鄉侯。

〔一〕臣松之以爲漢封丞相邑，爲荀悅所譏。魏封三公，其失同也。

魯相上言：「漢舊立孔子廟，褒成侯歲時奉祠，辟雍行禮，必祭先師，王家出穀，春秋祭祀。今宗聖侯奉嗣，未有命祭之禮，宜給牲牢，長吏奉祀，尊爲貴神。」制三府議，博士傅祗以春秋傳言立在祀典，則孔子是也。宗聖適足繼絕世，章盛德耳。至於顯立言，崇明德，則宜如魯相所上。林議以爲「宗聖侯亦以王命祀，不爲未有命也。周武王封黃帝、堯、舜之後，及立三恪，禹、湯之世，不列于時，復特命他官祭也。今周公已上，達於三皇，忽焉不祀，而其禮經亦存其言。今獨祀孔子者，以世近故也。以大夫之後，特受無疆之祀，禮過古帝，義踰湯、武，可謂崇明報德矣，無復重祀於非族也。」〔二〕

〔一〕臣松之以爲孟軻稱宰我之辭曰：「以予觀夫子，賢於堯舜遠矣。」又曰：「生民以來，未有盛於孔子者也。」斯非通賢之格言，商較之定準乎！雖妙極則同，萬聖猶一，然淳薄異時，質文殊用，或當時則榮，沒則已焉，是以遺風所被，寔有深淺。若乃經緯天人，立言垂制，百王莫之能違，彝倫資之以立，誠一人而已耳。周監二代，斯文爲盛。然於六經之道，未能及其精致。加以聖賢不興，曠年五百，道化陵夷，憲章殆滅，若使時無孔門，則周典幾乎息矣。夫能光明先王之道，以成萬世之功，齊天地之無窮，等日月之久照，豈不有踰於羣聖哉？林曾無史遷洞想之誠，梅眞慷慨之志，而守其蓬心以塞明義，可謂多見其不知量也。

明帝又分林邑，封一子列侯。正始五年薨，謚曰孝侯。子述嗣。〔一〕

〔一〕晉諸公贊曰：述弟隨，晉尙書僕射。爲人亮濟。趙王倫篡位，隨與其事。倫敗，隨亦廢錮而卒。林孫瑋，性率而踈，至太子右衞率也。初，林識拔同郡王經於民伍之中，卒爲名士，世以此稱之。

高柔字文惠，陳留圉人也。父靖，爲蜀郡都尉。〔一〕柔留鄉里，謂邑中曰：「今者英雄並起，陳留四戰之地也。曹將軍雖據兗州，本有四方之圖，未得安坐守也。而張府君先得志於陳留，吾恐變乘閒作也，欲與諸君避之。」衆人皆以張邈與太祖善，柔又年少，不然其言。柔從兄幹，袁紹甥也，〔二〕在河北呼柔，柔舉宗從之。會靖卒於西州，時道路艱澁，兵寇縱橫，而柔冒艱險詣蜀迎喪，辛苦荼毒，無所不嘗，三年乃還。

〔一〕陳留耆舊傳曰：靖高祖父固，不仕王莽世，爲淮陽太守所害，以烈節垂名。固子愼，字孝甫。敦厚少華，有沈深之量。撫育孤兄子五人，恩義甚篤。琅邪相何英嘉其行履，以女妻焉。英即車騎將軍熙之父也。愼歷二縣令、東萊太守。老病歸家，草屋蓬戶，甕缶無儲。其妻謂之曰：「君累經宰守，積有年歲，何能不少爲儲畜以遺子孫乎？」愼曰：「我以勤身清名爲之基，以二千石遺之，不亦可乎！」子式，至孝，常盡力供養。永初中，螟蝗爲害，獨不食式麥，圉令周彊以表州郡。太守楊舜舉式孝子，讓不行。後以孝廉爲郎。次子昌，昌弟賜，並爲刺史、郡守。式子弘，孝廉。弘生靖。

〔三〕謝承後漢書曰：幹字元才。才志弘邈，文武秀出。父躬，蜀郡太守。祖賜，司隸校尉。

案陳留耆舊傳及謝承書，幹應爲柔從父，非從兄也。未知何者爲誤。

太祖平袁氏，以柔爲(管)〔菅〕長。縣中素聞其名，奸吏數人，皆自引去。柔教曰：「昔邴吉臨政，吏嘗有非，猶尙容之。況此諸吏，於吾未有失乎！其召復之。」咸還，皆自勵，咸爲佳吏。高幹旣降，頃之以幷州叛。柔自歸太祖，太祖欲因事誅之，以爲刺奸令史；處法允當，獄無留滯，辟爲丞相倉曹屬。〔一〕太祖欲遣鍾繇等討張魯，柔諫，以爲今猥遣大兵，西有韓遂、馬超，謂爲己舉，將相扇動作逆，宜先招集三輔，三輔苟平，漢中可傳檄而定也。繇入關，遂、超等果反。

〔一〕魏氏春秋曰：柔旣處法平允，又夙夜匪懈，至擁膝抱文書而寢。太祖嘗夜微出，觀察諸吏，見柔，哀之，徐解裘覆柔而去。自是辟焉。

魏國初建，爲尙書郎。轉拜丞相理曹掾，令曰：「夫治定之化，以禮爲首。撥亂之政，以刑爲先。是以舜流四凶族，皋陶作士。漢祖除秦苛法，蕭何定律。掾清識平當，明于憲典，勉恤之哉！」鼓吹宋金等在合肥亡逃。舊法，軍征士亡，考竟其妻子。太祖患猶不息，更重其刑。金有母妻及二弟皆給官，主者奏盡殺之。柔啓曰：「士卒亡軍，誠在可疾，然竊聞其中時有悔者。愚謂乃宜貸其妻子，一可使賊中不信，二可使誘其還心。正如前科，固已絕其意望，而猥復重之，柔恐自今在軍之士，見一人亡逃，誅將及己，亦且相隨而走，不可復得殺也。此重刑非所以止亡，乃所以益走耳。」太祖曰：「善。」卽止不殺金母、弟，蒙活者甚衆。

遷爲潁川太守，復還爲法曹掾。時置校事盧洪、趙達等，使察羣下，柔諫曰：「設官分職，各有所司。今置校事，既非居上信下之旨。又達等數以憎愛擅作威福，宜檢治之。」太祖曰：「卿知達等，恐不如吾也。要能刺舉而辨衆事，使賢人君子爲之，則不能也。昔叔孫通用羣盜，良有以也。」達等後奸利發，太祖殺之以謝於柔。

文帝踐阼，以柔爲治書侍御史，賜爵關內侯，轉加治書執法。民閒數有誹謗妖言，帝疾之，有妖言輒殺，而賞告者。柔上疏曰：「今妖言者必戮，告之者輒賞。既使過誤無反善之路，又將開凶狡之羣相誣罔之漸，誠非所以息奸省訟，緝熙治道也。昔周公作誥，稱殷之祖宗，咸不顧小人之怨。在漢太宗，亦除妖言誹謗之令。臣愚以爲宜除妖謗賞告之法，以隆天父養物之仁。」帝不卽從，而相誣告者滋甚。帝乃下詔：「敢以誹謗相告者，以所告者罪罪之。」於是遂絕。校事劉慈等，自黃初初數年之閒，舉吏民姦罪以萬數，柔皆請懲虛實；其餘小小挂法者，不過罰金。四年，遷爲廷尉。

魏初，三公無事，又希與朝政。柔上疏曰：「天地以四時成功，元首以輔弼興治；成湯仗阿衡之佐，文、武憑旦、望之力，逮至漢初，蕭、曹之儔並以元勳代作心膂，此皆明王聖主任臣於上，賢相良輔股肱於下也。今公輔之臣，皆國之棟梁，民所具瞻，而置之三事，不使知政，遂各偃息養高，鮮有進納，誠非朝廷崇用大臣之義，大臣獻可替否之謂也。古者刑政有疑，輒議於槐棘之下。自今之後，朝有疑議及刑獄大事，宜數以咨訪三公。三公朝朔望之日，又可特延入，講論得失，博盡事情，庶有裨起天聽，弘益大化。」帝嘉納焉。

帝以宿嫌，欲枉法誅治書執法鮑勛，而柔固執不從詔命。帝怒甚，遂召柔詣臺；遣使者承指至廷尉考竟勛，勛死乃遣柔還寺。

明帝卽位，封柔延壽亭侯。時博士執經，柔上疏曰：「臣聞遵道重學，聖人洪訓；褒文崇儒，帝者明義。昔漢末陵遲，禮樂崩壞，雄戰虎爭，以戰陳爲務，遂使儒林之羣，幽隱而不顯。太祖初興，愍其如此，在於撥亂之際，並使郡縣立教學之官。高祖卽位，遂闡其業，興復辟雍，州立課試，於是天下之士，復聞庠序之教，親俎豆之禮焉。陛下臨政，允迪叡哲，敷弘大猷，光濟先軌，雖夏啓之承基，周成之繼業，誠無以加也。然今博士皆經明行脩，一國清選，而使遷除限不過長，懼非所以崇顯儒術，帥勵怠惰也。孔子稱『舉善而教不能則勸』，故楚禮申公，學士銳精，漢隆卓茂，搢紳競慕。臣以爲博士者，道之淵藪，六藝所宗，宜隨學行優劣，待以不次之位。敦崇道教，以勸學者，於化爲弘。」帝納之。

後大興殿舍，百姓勞役；廣采衆女，充盈後宮；後宮皇子連夭，繼嗣未育。柔上疏曰：「二虜狡猾，潛自講肄，謀動干戈，未圖束手；宜畜養將士，繕治甲兵，以逸待之。而頃興造殿舍，上下勞擾；若使吳、蜀知人虛實，通謀并勢，復俱送死，甚不易也。昔漢文惜十家之資，不營小臺之娛；去病慮匈奴之害，不遑治第之事。況今所損者非惟百金之費，所憂者非徒北狄之患乎？可粗成見所營立，以充朝宴之儀。乞罷作者，使得就農。二方平定，復可徐興。昔軒轅以二十五子，傳祚彌遠；周室以姬國四十，歷年滋多。陛下聰達，窮理盡性，而頃皇子連多夭逝，熊羆之祥又未感應。羣下之心，莫不悒戚。周禮，天子后妃以下百二十人，嬪嬙之儀，既以盛矣。竊聞後庭之數，或復過之，聖嗣不昌，殆能由此。臣愚以爲可妙簡淑媛，以備內官之數，其餘盡遣還家。且以育精養神，專靜爲寶。如此，則螽斯之徵，可庶而致矣。」帝報曰：「知卿忠允，乃心王室，輒克昌言；他復以聞。」

時獵法甚峻。宜陽典農劉龜竊於禁內射兔，其功曹張京詣校事言之。帝匿京名，收龜付獄。柔表請告者名，帝大怒曰：「劉龜當死，乃敢獵吾禁地。送龜廷尉，廷尉便當考掠，何復請告者主名，吾豈妄收龜邪？」柔曰：「廷尉，天下之平也，安得以至尊喜怒而毀法乎？」重復爲奏，辭指深切。帝意寤，乃下京名。即還訊，各當其罪。

時制，吏遭大喪者，百日後皆給役。有司徒吏解弘遭父喪，後有軍事，受敕當行，以疾病爲辭。詔怒曰：「汝非曾、閔，何言毀邪？」促收考竟。柔見弘信甚羸劣，奏陳其事，宜加寬貸。帝乃詔曰：「孝哉弘也！其原之。」

初，公孫淵兄晃，爲叔父恭任內侍，先淵未反，數陳其變。及淵謀逆，帝不忍市斬，欲就獄殺之。柔上疏曰：「書稱『用罪伐厥死，用德彰厥善』，此王制之明典也。晃及妻子叛逆之類，誠應梟縣，勿使遺育。而臣竊聞晃先數自歸，陳淵禍萌，雖爲凶族，原心可恕。夫仲尼亮司馬牛之憂，祁奚明叔向之過，在昔之美義也。臣以爲晃信有言，宜貸其死；苟自無言，便當市斬。今進不赦其命，退不彰其罪，閉著囹圄，使自引分，四方觀國，或疑此舉也。」帝不聽，竟遣使齎金屑飲晃及其妻子，賜以棺、衣，殯斂於宅。〔一〕

〔一〕孫盛曰：聞五帝無誥誓之文，三王無盟祝之事，然則盟誓之文，始自三季，質任之作，起於周微。夫貞夫之一，則天地可動，機心內萌，則鷗鳥不下。況信不足焉而祈物之必附，猜生於我而望彼之必懷，何異挾冰求溫，抱炭希涼者哉？且夫要功之倫，陵肆之類，莫不背情任計，昧利忘親，縱懷慈孝之愛，或慮傾身之禍。是以周、鄭交惡，漢高請羹，隗囂捐子，馬超背父，其爲酷忍如此之極也，安在其因質委誠，取任永固哉？世主若能遠覽先王閑邪之至道，近鑒狡肆徇利之凶心，勝之以解網之仁，致之以來蘇之惠，燿之以雷霆之威，潤之以時雨之施，則不恭可斂衽於一朝，怨哮可屈膝於象魏矣。何必拘厥親以來其情，逼所愛以制其命乎？苟不能然，而仗夫計術，籠之以權數，檢之以一切，雖覽一室而庶徵於四海，法生鄙局，冀或半之暫益。自不得不有不忍之刑，以遂孥戮之罰，亦猶瀆盟由乎一人，而云俾墜其師，無克遺育之言耳。豈得復引四罪不及之典，司馬牛獲宥之義乎？假令任者皆不保其父兄，輒有二三之言，曲哀其意而悉活之，則長人子危親自存之悖。子弟雖質，必無刑戮之憂，父兄雖逆，終無勦絕之慮。柔不究明此術非盛王之道，宜開張遠義，蠲此近制，而陳法內之刑以申一人之命，可謂心存小善，非王者之體。古者殺人之中，又有仁焉。刑之於獄，未爲失也。

臣松之以爲辨章事理，貴得當時之宜，無爲虛唱大言而終歸無用。浮誕之論，不切於實，猶若畫魑魅之象，而躓於犬馬之形也。質任之興，非(防)〔仿〕近世，況三方鼎峙，遼東偏遠，羈其親屬以防未然，不爲非矣。柔謂晃有先言之善，宜蒙原心之宥。而盛責柔不能開張遠理，蠲此近制。不達此言竟爲何謂？若云猜防爲非，質任宜廢，是謂應大明先王之道，不預任者生死也。晃之爲任，歷年已久，豈得於殺活之際，方論至理之本。是何異叢棘既繁，事須判決，空論刑措之美，無聞當不之實哉？其爲迂闊，亦已甚矣。漢高事窮理迫，權以濟親，而總之酷忍之科，既已大有所誣。且自古以來，未有子弟妄告父兄以圖全身者，自存之悖，未之或聞。晃以兄告弟，而其事果驗。謂晃應殺，將以遏防。若言之亦死，不言亦死，豈不杜歸善之心，失正刑之中哉？若趙括之母，以先請獲免，鍾會之兄，以密言全子，古今此比，蓋爲不少。晃之前言，事同斯例，而獨遇否閉，良可哀哉！

是時，殺禁地鹿者身死，財產沒官，有能覺告者厚加賞賜。柔上疏曰：「聖王之御世，莫不以廣農爲務，儉用爲貧。夫農廣則穀積，用儉則財畜，畜財積穀而有憂患之虞者，未之有也。古者，一夫不耕，或爲之饑；一婦不織，或爲之寒。中間已來，百姓供給衆役，親田者既減，加頃復有獵禁，羣鹿犯暴，殘食生苗，處處爲害，所傷不貲。民雖障防，力不能禦。至如滎陽左右，周數百里，歲略不收，元元之命，實可矜傷。方今天下生財者甚少，而麋鹿之損者甚多。卒有兵戎之役，凶年之災，將無以待之。惟陛下覽先聖之所念，愍稼穡之艱難，寬放民間，使得捕鹿，遂除其禁，則衆庶久濟，莫不悅豫矣。」〔一〕

〔一〕魏名臣奏載柔上疏曰：「臣深思陛下所以不早取此鹿者，誠欲使極蕃息，然後大取以爲軍國之用。然臣竊以爲今鹿但有日耗，終無從得多也。何以知之？今禁地廣輪且千餘里，臣下計無慮其中有虎大小六百頭，狼有五百頭，狐萬頭。使大虎一頭三日食一鹿，一虎一歲百二十鹿，是爲六百頭虎一歲食七萬二千頭鹿也。使十狼日共食一鹿，是爲五百頭狼一歲共食萬八千頭鹿。鹿子始生，未能善走，使十狐一日共食一子，比至健走一月之間，是爲萬狐一月共食鹿子三萬頭也。大凡一歲所食十二萬頭。其鵰鶚所害，臣置不計。以此推之，終無從得多，不如早取之爲便也。」

頃之，護軍營士竇禮近出不還。營以爲亡，表言逐捕，沒其妻盈及男女爲官奴婢。盈連至州府，稱寃自訟，莫有省者。乃辭詣廷尉。柔問曰：「汝何以知夫不亡？」盈垂泣對曰：「夫少單特，養一老嫗爲母，事甚恭謹，又哀兒女，撫視不離，非是輕狡不顧室家者也。」

柔重問曰：「汝夫不與人有怨讎乎？」對曰：「夫良善，與人無讎。」又曰：「汝夫不與人交錢財乎？」對曰：「嘗出錢與同營士焦子文，求不得。」時子文適坐小事繫獄，柔乃見子文，問所坐。言次，曰：「汝頗曾舉人錢不？」子文曰：「自以單貧，初不敢舉人錢物也。」柔察子文色動，遂曰：「汝昔舉竇禮錢，何言不邪？」子文怪知事露，應對不次。柔曰：「汝已殺禮，便宜早服。」子文於是叩頭，具首殺禮本末，埋藏處所。柔便遣吏卒，承子文辭往掘禮，即得其屍。詔書復盈母子爲平民。班下天下，以禮爲戒。

在官二十三年，轉爲太常，旬日遷司空，後徙司徒。太傅司馬宣王奏免曹爽，皇太后詔召柔假節行大將軍事，據爽營。太傅謂柔曰：「君爲周勃矣。」爽誅，進封萬歲鄉侯。高貴鄉公卽位，進封安國侯，轉爲太尉。常道鄉公卽位，增邑并前四千，前後封二子亭侯。景元四年，年九十薨，謚曰元侯。孫渾嗣。咸熙中，開建五等，以柔等著勳前朝，改封渾昌陸子。〔一〕

〔一〕晉諸公贊曰：柔長子儁，大將軍掾，次誕，歷三州刺史、太僕。誕放率不倫，而決烈過人。次光，字宣茂，少習家業，明練法理。晉武帝世，爲黃沙御史，與中丞同，遷守廷尉，後卽眞。兄誕與光異操，謂光小節，常輕侮之，而光事誕愈謹。終於尚書令。追贈司空。

孫禮字德達，涿郡容城人也。太祖平幽州，召爲司空軍謀掾。初喪亂時，禮與母相失，同郡馬台求得禮母，禮推家財盡以與台。台後坐法當死，禮私導令踰獄自首，既而曰：「臣無逃亡之義。」徑詣刺奸主簿溫恢。恢嘉之，具白太祖，各減死一等。後除河間郡丞，稍遷滎陽都尉。魯山中賊數百人，保固險阻，爲民作害；乃徙禮爲魯相。禮至官，出俸穀，發吏民，募首級，招納降附，使還爲閒，應時平泰。歷山陽、平原、平昌、琅邪太守。從大司馬曹休征吳於夾石，禮諫以爲不可深入，不從而敗。遷陽平太守，入爲尚書。

明帝方修宮室，而節氣不和，天下少穀。禮固爭，罷役，詔曰：「敬納讜言，促遣民作。」時李惠監作，復奏留一月，有所成訖。禮徑至作所，不復重奏，稱詔罷民，帝奇其意而不責也。

帝獵於大石山，虎趨乘輿，禮便投鞭下馬，欲奮劍斫虎，詔令禮上馬。明帝臨崩之時，以曹爽爲大將軍，宜得良佐，於牀下受遺詔，拜禮大將軍長史，加散騎常侍。禮亮直不撓，爽弗便也，以爲揚州刺史，加伏波將軍，賜爵關內侯。吳大將全琮帥數萬衆來侵寇，時州兵休使，在者無幾。禮躬勒衛兵禦之，戰於芍陂，自旦及暮，將士死傷過半。禮犯蹈白刃，馬被數創，手秉枹鼓，奮不顧身，賊衆乃退。詔書慰勞，賜絹七百匹。禮爲死事者設祀哭臨，哀號發心，皆以絹付亡者家，無以入身。

徵拜少府，出爲荆州刺史，遷冀州牧。太傅司馬宣王謂禮曰：「今清河、平原爭界八年，更二刺史，靡能決之；虞、芮待文王而了，宜善令分明。」禮曰：「訟者據墟墓爲驗，聽者以先老爲正，而老者不可加以榎楚，又墟墓或遷就高敞，或徙避仇讎。如今所聞，雖皋陶猶將爲難。若欲使必也無訟，當以烈祖初封平原時圖決之。何必推古問故，以益辭訟？昔成王以桐葉戲叔虞，周公便以封之。今圖藏在天府，便可於坐上斷也，豈待到州乎？」宣王曰：「是也。當別下圖。」禮到，案圖宜屬平原。而曹爽信清河言，下書云：「圖不可用，當參異同。」禮上疏曰：「管仲霸者之佐，其器又小，猶能奪伯氏駢邑，使沒齒無怨言。臣受牧伯之任，奉聖朝明圖，驗地著之界，界實以王翁河爲限；而鄃以馬丹候爲驗，詐以鳴犢河爲界。假虛訟訴，疑誤臺閣。竊聞衆口鑠金，浮石沈木，三人成市虎，慈母投其杼。今二郡爭界八年，一朝決之者，緣有解書圖畫，可得尋案擿校也。平原在兩河，向東上，其間有爵隄，爵隄在高唐西南，所爭地在高唐西北，相去二十餘里，可謂長歎息流涕者也。案解與圖奏而鄃不受詔，此臣軟弱不勝其任，臣亦何顏尸祿素餐。」輒束帶著履，駕車待放。爽見禮奏，大怒。劾禮怨望，結刑五歲。在家期年，衆人多以爲言，除城門校尉。

時匈奴王劉靖部衆彊盛，而鮮卑數寇邊，乃以禮爲幷州刺史，加振武將軍，使持節，護匈奴中郎將。往見太傅司馬宣王，有忿色而無言。宣王曰：「卿得并州，少邪？恚理分界失分乎？今當遠別，何不懽也！」禮曰：「何明公言之乖細也！禮雖不德，豈以官位往事爲意邪？本謂明公齊蹤伊、呂，匡輔魏室，上報明帝之託，下建萬世之勳。今社稷將危，天下兇兇，此禮之所以不悅也。」因涕泣橫流。宣王曰：「且止，忍不可忍。」爽誅後，入爲司隸校尉，凡臨七郡五州，皆有威信。遷司空，封大利亭侯，邑一百戶。禮與盧毓同郡時輩，而情好不睦。爲人雖互有長短，然名位略齊云。嘉平二年薨，謚曰景侯。孫元嗣。

王觀字偉臺，東郡廩丘人也。少孤貧勵志，太祖召爲丞相文學掾，出爲高唐、陽泉、酇、任令，所在稱治。文帝踐阼，入爲尚書郎、廷尉監，出爲南陽、涿郡太守。涿北接鮮卑，數有寇盜，觀令邊民十家已上，屯居，築京候。時或有不願者，觀乃假遣朝吏，使歸助子弟，不與期會，但敕事訖各還。於是吏民相率不督自勸，旬日之中，一時俱成。守禦有備，寇鈔以息。明帝即位，下詔書使郡縣條爲劇、中、平者。主者欲言郡爲中平，觀教曰：「此郡濱近外虜，數有寇害，云何不爲劇邪？」主者曰：「若郡爲外劇，恐於明府有任子。」觀曰：「夫君者，所以爲民也。今郡在外劇，則於役條當有降差。豈可爲太守之私而負一郡之民乎？」遂言爲外劇郡，後遣任子詣鄴。時觀但有一子而又幼弱。其公心如此。觀治身清素，帥下以儉，僚屬承風，莫不自勵。

明帝幸許昌，召觀爲治書侍御史，典行臺獄。時多有倉卒喜怒，而觀不阿意順指。太尉司馬宣王請觀爲從事中郎，遷爲尙書，出爲河南尹，徙少府。大將軍曹爽使材官張達斫家屋材，及諸私用之物，觀聞知，皆錄奪以沒官。少府統三尙方御府內藏玩弄之寶，爽等奢放，多有干求，憚觀守法，乃徙爲太僕。司馬宣王誅爽，使觀行中領軍，據爽弟羲營，賜爵關內侯，復爲尙書，加駙馬都尉。高貴鄉公卽位，封中鄉亭侯。頃之，加光祿大夫，轉爲右僕射。常道鄉公卽位，進封陽鄉侯，增邑千戶，并前二千五百戶。遷司空，固辭，不許，遣使卽第拜授。就官數日，上送印綬，輒自輿歸里舍。薨于家，遺令藏足容棺，不設明器，不封不樹。諡曰肅侯。子悝嗣。咸熙中，開建五等，以觀著勳前朝，改封悝膠東子。

評曰：韓暨處以靜居行化，出以任職流稱；崔林簡樸知能；高柔明於法理；孫禮剛斷伉厲；王觀清勁貞白：咸克致公輔。及暨年過八十，起家就列；柔保官二十年，元老終位：比之徐邈、常林，於茲爲疚矣。

三國志卷二十五　魏書二十五

辛毗楊阜高堂隆傳第二十五

辛毗字佐治，潁川陽翟人也。其先建武中，自隴西東遷。毗隨兄評從袁紹。太祖爲司空，辟毗，毗不得應命。及袁尙攻兄譚於平原，譚使毗詣太祖求和。(一)太祖將征荆州，次于西平。毗見太祖致譚意，太祖大悅。後數日，更欲先平荆州，使譚、尙自相弊。他日置酒，毗望太祖色，知有變，以語郭嘉。嘉白太祖，太祖謂毗曰：「譚可信？尙必可克不？」毗對曰：「明公無問信與詐也，直當論其勢耳。袁氏本兄弟相伐，非謂他人能閒其閒，乃謂天下可定於己也。今一旦求救於明公，此可知也。顯甫見顯思困而不能取，此力竭也。兵革敗於外，謀臣誅於內，兄弟讒鬩，國分爲二；連年戰伐，而介胄生蟣蝨，加以旱蝗，饑饉並臻，國無囷倉，行無裹糧，天災應於上，人事困於下，民無愚智，皆知土崩瓦解，此乃天亡尙之時也。兵法稱有石城湯池帶甲百萬而無粟者，不能守也。今往攻鄴，尙不還救，即不能自守。還救，卽譚踵其後。以明公之威，應困窮之敵，擊疲弊之寇，無異迅風之振秋葉矣。天以袁尚與明公，明公不取而伐荊州。荊州豐樂，國未有釁。仲虺有言：『取亂侮亡。』方今二袁不務遠略而內相圖，可謂亂矣；居者無食，行者無糧，可謂亡矣。朝不謀夕，民命靡繼，而不綏之，欲待他年；他年或登，又自知亡而改脩厥德，失所以用兵之要矣。今因其請救而撫之，利莫大焉。且四方之寇，莫大於河北；河北平，則六軍盛而天下震。」太祖曰：「善。」乃許譚平，次于黎陽。明年攻鄴，克之，表毗為議郎。

〔一〕英雄記曰：譚、尚戰於外門，譚軍敗奔北。郭圖說譚曰：「今將軍國小兵少，糧匱勢弱，顯甫之來，久則不敵。愚以為可呼曹公來擊顯甫。曹公至，必先攻鄴，顯甫還救。將軍引兵而西，自鄴以北皆可虜得。若顯甫軍破，其兵奔亡，又可斂取以拒曹公。曹公遠僑而來，糧餉不繼，必自逃去。比此之際，趙國以北皆我之有，亦足與曹公為對矣。不然，不諧。」譚始不納，後遂從之。問圖：「誰可使？」圖答：「辛佐治可。」譚遂遣毗詣太祖。

久之，太祖遣都護曹洪平下辯，使毗與曹休參之，令曰：「昔高祖貪財好色，而良、平匡其過失。今佐治、文烈憂不輕矣。」軍還，為丞相長史。

文帝踐阼，遷侍中，賜爵關內侯。時議改正朔。毗以魏氏遵舜、禹之統，應天順民；至於湯、武，以戰伐定天下，乃改正朔。孔子曰「行夏之時」，左氏傳曰「夏數為得天正」，何必期於相反。帝善而從之。

帝欲徙冀州士家十萬戶實河南。時連蝗民饑，羣司以為不可，而帝意甚盛。毗與朝臣俱求見，帝知其欲諫，作色以見之，皆莫敢言。毗曰：「陛下欲徙士家，其計安出？」帝曰：「卿謂我徙之非邪？」毗曰：「誠以爲非也。」帝曰：「吾不與卿共議也。」毗曰：「陛下不以臣不肖，置之左右，廁之謀議之官，安得不與臣議邪！臣所言非私也，乃社稷之慮也，安得怒臣！」帝不答，起入內；毗隨而引其裾，帝遂奮衣不還，良久乃出，曰：「佐治，卿持我何太急邪？」毗曰：「今徙，既失民心，又無以食也。」帝遂徙其半。嘗從帝射雉，帝曰：「射雉樂哉！」毗曰：「於陛下甚樂，而於羣下甚苦。」帝默然，後遂爲之稀出。

上軍大將軍曹眞征朱然于江陵，毗行軍師。還，封廣平亭侯。帝欲大興軍征吳，毗諫曰：「吳、楚之民，險而難禦，道隆後服，道洿先叛，自古患之，非徒今也。今陛下祚有海內，夫不賓者，其能久乎？昔尉佗稱帝，子陽僭號，歷年未幾，或臣或誅。何則，違逆之道不久全，而大德無所不服也。方今天下新定，土廣民稀。夫廟算而後出軍，猶臨事而懼，況今廟算有闕而欲用之，臣誠未見其利也。先帝屢起銳師，臨江而旋。今六軍不增於故，而復循之，此未易也。今日之計，莫若脩范蠡之養民，法管仲之寄政，則充國之屯田，明仲尼之懷遠；十年之中，彊壯未老，童齔勝戰，兆民知義，將士思奮，然後用之，則役不再舉矣。」帝曰：「如卿意，更當以虜遺子孫邪？」毗對曰：「昔周文王以紂遺武王，唯知時也。苟時未可，容得已乎！」帝竟伐吳，至江而還。

明帝卽位，進封潁鄉侯，邑三百戶。時中書監劉放、令孫資見信於主，制斷時政，大臣莫不交好，而毗不與往來。毗子敞諫曰：「今劉、孫用事，衆皆影附，大人宜小降意，和光同塵；不然必有謗言。」毗正色曰：「主上雖未稱聰明，不爲闇劣。吾之立身，自有本末。就與劉、孫不平，不過令吾不作三公而已，何危害之有？焉有大丈夫欲爲公而毀其高節者邪？」冗從僕射畢軌表言：「尚書僕射王思精勤舊吏，忠亮計略不如辛毗，毗宜代思。」帝以訪放、資，放、資對曰：「陛下用思者，誠欲取其効力，不貴虛名也。毗實亮直，然性剛而專，聖慮所當深察也。」遂不用。出爲衞尉。

帝方脩殿舍，百姓勞役，毗上疏曰：「竊聞諸葛亮講武治兵，而孫權市馬遼東，量其意指，似欲相左右。備豫不虞，古之善政，而今者宮室大興，加連年穀麥不收。詩云：『民亦勞止，迄可小康，惠此中國，以綏四方。』唯陛下爲社稷計。」帝報曰：「二虜未滅而治宮室，直諫者立名之時也。夫王者之都，當及民勞兼辦，使後世無所復增，是蕭何爲漢規摹之略也。今卿爲魏重臣，亦宜解其大歸。」帝又欲平北芒，令於其上作臺觀，則見孟津。毗諫曰：「天地之性，高高下下，今而反之，既非其理；加以損費人功，民不堪役。且若九河盈溢，洪水爲害，而丘陵皆夷，將何以禦之？」帝乃止。〔一〕

〔一〕魏略曰：諸葛亮圍祁山，不克，引退。張郃追之，爲流矢所中死。帝惜郃，臨朝而歎曰：「蜀未平而郃死，將若之何！」司空陳羣曰：「郃誠良將，國所依也。」毗心以爲郃雖可惜，然已死，不當內弱主意，而示外以不大也。乃持羣曰：「陳公，是何言歟！當建安之末，天下不可一日無武皇帝也，及委國祚，而文皇帝受命。黃初之世，亦謂不可無文皇帝也，及委棄天下，而陛下龍興。今國內所少，豈張郃乎？」陳羣曰：「亦誠如辛毗言。」帝笑曰：「陳公可謂善變矣。」

臣松之以爲擬人必於其倫，取譬宜引其類，故君子於其言，無所苟而已矣。毗欲弘廣主意，當舉若張遼之疇，安有於一將之死而可以祖宗爲譬哉？非所宜言，莫過於茲。進違其類，退似諂佞，佐治剛正之體，不宜有此。魏略旣已難信，習氏又從而載之，竊謂斯人受誣不少。

青龍二年，諸葛亮率衆出渭南。先是，大將軍司馬宣王數請與亮戰，明帝終不聽。是歲恐不能禁，乃以毗爲大將軍軍師，使持節；六軍皆肅，準毗節度，莫敢犯違。〔一〕亮卒，復還爲衞尉。薨，謚曰肅侯。子敞嗣，咸熙中爲河內太守。〔二〕

〔一〕魏略曰：宣王數數欲進攻，毗禁不聽。宣王雖能行意，而每屈於毗。

〔二〕世語曰：敞字泰雍，官至衞尉。毗女憲英，適太常泰山羊耽，外孫夏侯湛爲其傳曰：「憲英聰明有才鑒。初文帝與陳思王爭爲太子，旣而文帝得立，抱毗頸而喜曰：『辛君知我喜不？』毗以告憲英，憲英歎曰：『太子代君主宗廟社稷者也。代君不可以不戚，主國不可以不懼，宜戚而喜，何以能久？魏其不昌乎！』弟敞爲大將軍曹爽參軍。司馬宣王將誅爽，因爽出，閉城門。大將軍司馬魯芝將爽府兵，犯門斬關，出城門赴爽，來呼敞俱去。敞懼，問憲英曰：『天子在外，太傅閉城門，人云將不利國家，於事可得爾乎？』憲英曰：『天下有不可知，然以吾度之，太傅殆不得不爾！明皇帝臨崩，把太傅臂，以後事付之，此言猶在朝士之耳。且曹爽與太傅俱受寄託之任，而獨專權勢，行以驕奢，於王室不忠，於人道不直，此舉不過以誅曹爽耳。』敞曰：『然則事就乎？』憲英曰：『得無殆就！爽之才非太傅之偶也。』敞曰：『然則敞可以無出乎？』憲英曰：『安可以不出。職守，人之大義也。凡人在難，猶或恤之；爲人執鞭而棄其事，不祥，不可也。且爲人死，爲人任，親昵之職也，從衆而已。』敞遂出。宣王果誅爽。事定之後，敞歎曰：『吾不謀於姊，幾不獲於義。』逮鍾會爲鎮西將軍，憲英謂從子羊祜曰：『鍾士季何故西出？』祜曰：『將爲滅蜀也。』憲英曰：『會在事縱恣，非持久處下之道，吾畏其有他志也。』祜曰：『季母勿多言。』其後會請子琇爲參軍，憲英憂曰：『他日見鍾會之出，吾爲國憂之矣。今日難至吾家，此國之大事，必不得止也。』琇固請司馬文王，文王不聽。憲英語琇曰：『行矣，戒之！古之君子，入則致孝於親，出則致節於國，在職思其所司，在義思其所立，不遺父母憂患而已。軍旅之間，可以濟者，其惟仁恕乎！汝其慎之！』琇竟以全身。憲英年至七十有九，泰始五年卒。」

楊阜字義山，天水冀人也。〔一〕以州從事爲牧韋端使詣許，拜安定長史。阜還，關右諸將問袁、曹勝敗孰在，阜曰：「袁公寬而不斷，好謀而少決；不斷則無威，少決則失後事，今雖彊，終不能成大業。曹公有雄才遠略，決機無疑，法一而兵精，能用度外之人，所任各盡其力，必能濟大事者也。」長史非其好，遂去官。而端徵爲太僕，其子康代爲刺史，辟阜爲別駕。察孝廉，辟丞相府，州表留參軍事。

〔一〕魏略曰：阜少與同郡尹奉次曾、趙昂偉章俱發名，偉章、次曾與阜俱爲涼州從事。

馬超之戰敗渭南也，走保諸戎。太祖追至安定，而蘇伯反河間，將引軍東還。阜時奉使，言於太祖曰：「超有信、布之勇，甚得羌、胡心，西州畏之。若大軍還，不嚴爲之備，隴上諸郡非國家之有也。」太祖善之，而軍還倉卒，爲備不周。超率諸戎渠帥以擊隴上郡縣，隴上郡縣皆應之，惟冀城奉州郡以固守。超盡兼隴右之衆，而張魯又遣大將楊昂以助之，凡萬餘人，攻城。阜率國士大夫及宗族子弟勝兵者千餘人，使從弟岳於城上作偃月營，與超接戰，自正月至八月拒守而救兵不至。州遣別駕閻溫循水潛出求救，爲超所殺，於是刺史、太守失色，始有降超之計。阜流涕諫曰：「阜等率父兄子弟以義相勵，有死無二；田單之守，不固於此也。棄垂成之功，陷不義之名，阜以死守之。」遂號哭。刺史、太守卒遣人請和，開城門迎超。超入，拘岳於冀，使楊昂殺刺史、太守。

阜內有報超之志，而未得其便。頃之，阜以喪妻求葬假。阜外兄姜敍屯歷城。阜少長敍家，見敍母及敍，說前在冀中時事，歔欷悲甚。敍曰：「何爲乃爾？」阜曰：「守城不能完，君亡不能死，亦何面目以視息於天下！馬超背父叛君，虐殺州將，豈獨阜之憂責，一州士大夫皆蒙其恥。君擁兵專制而無討賊心，此趙盾所以書弒君也。超彊而無義，多釁易圖耳。」敍母慨然，敕敍從阜計。計定，外與鄉人姜隱、趙昂、尹奉、姚瓊、孔信、武都人李俊、王靈結謀，定討超約，使從弟謨至冀語岳，并結安定梁寬、南安趙衢、龐恭等。約誓既明，十七年九月，與敍起兵於鹵城。超聞阜等兵起，自將出。而衢、寬等解岳，閉冀城門，討超妻子。超襲歷城，得敍母。敍母罵之曰：「汝背父之逆子，殺君之桀賊，天地豈久容汝，而不早死，敢以面目視人乎！」超怒，殺之。阜與超戰，身被五創，宗族昆弟死者七人。超遂南奔張魯。

隴右平定，太祖封討超之功，侯者十一人，賜阜爵關內侯。阜讓曰：「阜君存無扞難之功，君亡無死節之效，於義當絀，於法當誅；超又不死，無宜苟荷爵祿。」太祖報曰：「君與羣賢共建大功，西土之人以爲美談。子貢辭賞，仲尼謂之止善。君其剖心以順國命。姜敍之母，勸敍早發，明智乃爾，雖楊敞之妻蓋不過此。賢哉，賢哉！良史記錄，必不墜於地矣。」〔一〕

〔一〕皇甫謐列女傳曰：姜敍母者，天水姜伯奕之母也。建安中，馬超攻冀，害涼州刺史韋康，州人悽然，莫不感憤。敍爲撫夷將軍，擁兵屯歷。敍姑子楊阜，故爲康從事，同等十餘人，皆略屬超，陰相結爲康報仇，未有間。會阜妻死，辭超寧歸西，因過至歷，候敍母，說康被害及冀中之難，相對泣良久。姜敍舉室感悲，敍母曰：「咄！伯奕，韋使君遇難，豈一州之恥，亦汝之負，豈獨義山哉？汝無顧我，事淹變生。人誰不死？死國，忠義之大者。但當速發，我自爲汝當之，不以餘年累汝也。」因敕敍與阜參議，許諾，分人使語鄉里尹奉、趙昂及安定梁寬等，令敍先舉兵叛超，超怒，必自來擊敍，寬等因從後閉門。約誓以定，敍遂進兵入鹵，昂、奉守祁山。超聞，果自出擊敍，寬等從後閉冀門，超失據。過鹵，敘守鹵。超因進至歷，歷中見超往，以爲敘軍還。又傳聞超以走奔漢中，故歷無備。及超入歷，執敘母，母怒罵超。超被罵大怒，卽殺敘母及其子，燒城而去。阜等以狀聞，太祖甚嘉之，手令褒揚，語如本傳。

臣松之案：謐稱阜爲敘姑子，而本傳云敘爲阜外兄，與今名內外爲不同。謐又載趙昂妻曰：趙昂妻異者，故益州刺史天水趙偉璋妻，王氏女也。昂爲羌道令，留異在西。會同郡梁雙反，攻破西城，害異兩男。異女英，年六歲，獨與異在城中。異見兩男已死，又恐爲雙所侵，引刀欲自刎，顧英而歎曰：「身死爾棄，當誰恃哉！吾聞西施蒙不絜之服，則人掩鼻，況我貌非西施乎？」乃以溷糞涅麻而被之，尠食瘠形，自春至冬。雙與州郡和，異竟以是免難。昂遣吏迎之，未至三十里，止謂英曰：「婦人無符信保傅，則不出房闈。昭姜沈流，伯姬待燒，每讀其傳，心壯其節。今吾遭亂不能死，將何以復見諸姑？所以偷生不死，惟憐汝耳。今官舍已近，吾去汝死矣。」遂飲毒藥而絕。時適有解毒藥良湯，撅口灌之，良久迺蘇。建安中，昂轉參軍事，徙居冀。會馬超攻冀，異躬著布韝，佐昂守備，又悉脫所佩環、黼黻以賞戰士。及超攻急，城中飢困，刺史韋康素仁，愍吏民傷殘，欲與超和。昂諫不聽，歸以語異，異曰：「君有爭臣，大夫有專利之義；專不爲非也。焉知救兵不到關隴哉？當共勉卒高勳，全節致死，不可從也。」比昂還，康與超和。超遂背約害康，又劫昂，質其嫡子月於南鄭。欲要昂以爲己用，然心未甚信。超妻楊聞異節行，請與讌終日。異欲信昂於超以濟其謀，謂楊曰：「昔管仲入齊，立九合之功；由余適秦，穆公成霸。方今社稷初定，治亂在於得人，涼州士馬，迺可與中夏爭鋒，不可不詳也。」楊深感之，以爲忠於己，遂與異重相接結。昂所以得信於超，全功免禍者，異之力也。及昂與楊阜等結謀討超，告異曰：「吾謀如是，事必萬全，當奈月何？」異厲聲應曰：「忠義立於身，雪君父之大恥，喪元不足爲重，況一子哉？夫項託、顏淵，豈復百年，貴義存耳。」昂曰：「善。」遂共閉門逐超，超奔漢中，從張魯得兵還。異復與昂保祁山，爲超所圍，三十日救兵到，乃解。超卒殺異子月。凡自冀城之難，至于祁山，昂出九奇，異輒參焉。

太祖征漢中，以阜爲益州刺史。還，拜金城太守，未發，轉武都太守。郡濱蜀漢，阜請依襲遂故事，安之而已。會劉備遣張飛、馬超等從沮道趣下辯，而氐雷定等七部萬餘落反應之。太祖遣都護曹洪禦超等，超等退還。洪置酒大會，令女倡著羅縠之衣，蹋鼓，一坐皆笑。阜厲聲責洪曰：「男女之別，國之大節，何有於廣坐之中裸女人形體！雖桀、紂之亂，不甚於此。」遂奮衣辭出。洪立罷女樂，請阜還坐，肅然憚焉。

及劉備取漢中以逼下辯，太祖以武都孤遠，欲移之，恐吏民戀土。阜威信素著，前後徙民、氐，使居京兆、扶風、天水界者萬餘戶，徙郡小槐里，百姓襁負而隨之。爲政舉大綱而已，下不忍欺也。文帝問侍中劉曄等：「武都太守何如人也？」皆稱阜有公輔之節。未及用，會帝崩。在郡十餘年，徵拜城門校尉。

阜常見明帝著繡帽，被縹綾半褎，阜問帝曰：「此於禮何法服也？」帝默然不答，自是不法服不以見阜。

遷將作大匠。時初治宮室，發美女以充後庭，數出入弋獵。秋，大雨震電，多殺鳥雀。阜上疏曰：「臣聞明主在上，羣下盡辭。堯、舜聖德，求非索諫；大禹勤功，務卑宮室；成湯遭旱，歸咎責己；周文刑於寡妻，以御家邦；漢文躬行節儉，身衣弋綈：此皆能昭令問，貽厥孫謀者也。伏惟陛下奉武皇帝開拓之大業，守文皇帝克終之元緒，誠宜思齊往古聖賢之善治，總觀季世放濫之惡政。所謂善治者，務儉約、重民力也；所謂惡政者，從心恣欲，觸情而發也。惟陛下稽古世代之初所以明赫，及季世所以衰弱至于泯滅，近覽漢末之變，足以動心誡懼矣。曩使桓、靈不廢高祖之法，文、景之恭儉，太祖雖有神武，於何所施其能邪？而陛下何由處斯尊哉？今吳、蜀未定，軍旅在外，願陛下動則三思，慮而後行，重慎出入，以往鑒來，言之若輕，成敗甚重。頃者天雨，又多卒暴雷電非常，至殺鳥雀。天地神明，以王者爲子也，政有不當，則見災譴。克己內訟，聖人所記。惟陛下慮患無形之外，慎萌纖微之初，法漢孝文出惠帝美人，令得自嫁；頃所調送小女，遠聞不令，宜爲後圖。諸所繕治，務從約節。書曰：『九族既睦，協和萬國。』事思厥宜，以從中道，精心計謀，省息費用。吳、蜀以定，爾乃上安下樂，九親熙熙。如此以往，祖考心歡，堯舜其猶病諸。今宜開大信於天下，以安衆庶，以示遠人。」時雍丘王植怨於不齒，藩國至親，法禁峻密，故阜又陳九族之義焉。詔報曰：「閒得密表，先陳往古明王聖主，以諷闇政，切至之辭，款誠篤實。退思補過，將順匡救，備至悉矣。覽思苦言，吾甚嘉之。」

後遷少府，是時大司馬曹真伐蜀，遇雨不進。阜上疏曰：「昔文王有赤烏之符，而猶日昃不暇食；武王白魚入舟，君臣變色。而動得吉瑞，猶尙憂懼，況有災異而不戰竦者哉？閒今吳、蜀未平，而天屢降變，陛下宜深有以專精應答，側席而坐，思示遠以德，綏邇以儉。閒者諸軍始進，便有天雨之患，稽閡山險，以積日矣。轉運之勞，擔負之苦，所費以多，若有不繼，必違本圖。傳曰：『見可而進，知難而退，軍之善政也。』徒使六軍困於山谷之間，進無所略，退又不得，非主兵之道也。武王還師，殷卒以亡，知天期也。今年凶民饑，宜發明詔損膳減服，技巧珍玩之物，皆可罷之。昔邵信臣爲少府於無事之世，而奏罷浮食；今者軍用不足，益宜節度。」帝卽召諸軍還。

後詔大議政治之不便於民者，阜議以爲：「致治在於任賢，興國在於務農。若舍賢而任所私，此忘治之甚者也。廣開宮館，高爲臺榭，以妨民務，此害農之甚者也。百工不敦其器，而競作奇巧，以合上欲，此傷本之甚者也。孔子曰：『苛政甚於猛虎。』今守功文俗之吏，爲政不通治體，苟好煩苛，此亂民之甚者也。當今之急，宜去四甚，並詔公卿郡國，舉賢良方正敦樸之士而選用之，此亦求賢之一端也。」

阜又上疏欲省宮人諸不見幸者，乃召御府吏問後宮人數。吏守舊令，對曰：「禁密，不得宣露。」阜怒，杖吏一百，數之曰：「國家不與九卿爲密，反與小吏爲密乎？」帝聞而愈敬憚阜。

帝愛女淑，未期而夭，帝痛之甚，追封平原公主，立廟洛陽，葬於南陵。將自臨送，阜上疏曰：「文皇帝、武宣皇后崩，陛下皆不送葬，所以重社稷、備不虞也。何至孩抱之赤子而可送葬也哉？」帝不從。

帝既新作許宮，又營洛陽宮殿觀閣。阜上疏曰：「堯尙茅茨而萬國安其居，禹卑宮室而天下樂其業；及至殷、周，或堂崇三尺，度以九筵耳。古之聖帝明王，未有極宮室之高麗以彫弊百姓之財力者也。桀作璇室、象廊，紂爲傾宮、鹿臺，以喪其社稷，楚靈以築章華而身受其禍；秦始皇作阿房而殃及其子，天下叛之，二世而滅。夫不度萬民之力，以從耳目之欲，未有不亡者也。陛下當以堯、舜、禹、湯、文、武爲法則，夏桀、殷紂、楚靈、秦皇爲深誡。高高在上，實監后德。愼守天位，以承祖考，巍巍大業，猶恐失之。不夙夜敬止，允恭卹民，而乃自暇自逸，惟宮臺是侈是飾，必有顚覆危亡之禍。易曰：『豐其屋，蔀其家，闚其戶，闃其無人。』王者以天下爲家，言豐屋之禍，至於家無人也。方今二虜合從，謀危宗廟，十萬之軍，東西奔赴，邊境無一日之娛；農夫廢業，民有饑色。陛下不以是爲憂，而營作宮室，無有已時。使國亡而臣可以獨存，臣又不言也；〔一〕君作元首，臣爲股肱，存亡一體，得失同之。孝經曰：『天子有爭臣七人，雖無道不失其天下。』臣雖駑怯，敢忘爭臣之義？言不切至，不足以感寤陛下。陛下不察臣言，恐皇祖烈考之祚，將墜于地。使臣身死有補萬一，則死之日，猶生之年也。謹叩棺沐浴，伏俟重誅。」奏御，天子感其忠言，手筆詔答。每朝廷會議，阜常侃然以天下爲己任。數諫爭，不聽，乃屢乞遜位，未許。會卒，家無餘財。孫豹嗣。

〔一〕臣松之以爲忠至之道，以亡己爲理。是以匡救其惡，不爲身計。而阜表云「使國亡而臣可以獨存，臣又不言也」，此則發憤爲己，豈爲國哉？斯言也，豈不傷讜烈之義，爲一表之病乎！

高堂隆字升平，泰山平陽人，魯高堂生後也。少爲諸生，泰山太守薛悌命爲督郵。郡督軍與悌爭論，名悌而呵之。隆按劍叱督軍曰：「昔魯定見侮，仲尼歷階；趙彈秦箏，相如進缶。臨臣名君，義之所討也。」督軍失色，悌驚起止之。後去吏，避地濟南。建安十八年，太祖召爲丞相軍議掾，後爲歷城侯徽文學，轉爲相。徽遭太祖喪，不哀，反游獵馳騁；隆以義正諫，甚得輔導之節。黃初中，爲堂陽長，以選爲平原王傅。王卽尊位，是爲明帝。以隆爲給事中、博士、駙馬都尉。帝初踐阼，羣臣或以爲宜饗會，隆曰：「唐、虞有遏密之哀，高宗有不言之思，是以至德雍熙，光于四海。」以爲不宜爲會。帝敬納之。遷陳留太守。犢民酉牧，年七十餘，有至行，舉爲計曹掾；帝嘉之，特除郎中以顯焉。徵隆爲散騎常侍，賜爵關內侯。〔一〕

〔一〕魏略曰：太史上漢曆不及天時，因更推步弦望朔晦，爲太和曆。帝以隆學問優深，於天文又精，乃詔使隆與尚書郎楊偉、太史待詔駱祿參共推校。偉、祿是太史，隆故據舊曆更相劾奏，紛紜數歲，偉稱祿得日蝕而月晦不盡，隆不得日蝕而月晦盡，詔從太史。隆所爭雖不得，而遠近猶知其精微也。

青龍中，大治殿舍，西取長安大鐘。隆上疏曰：「昔周景王不儀刑文、武之明德，忽公旦之聖制，既鑄大錢，又作大鐘，單穆公諫而弗聽，泠州鳩對而弗從，遂迷不反，周德以衰，良史記焉，以爲永鑒。然今之小人，好說秦、漢之奢靡以盪聖心，求取亡國不度之器，勞役費損，以傷德政，非所以興禮樂之和，保神明之休也。」是日，帝幸上方，隆與卞蘭從。帝以隆表授蘭，使難隆曰：「興衰在政，樂何爲也？化之不明，豈鐘之罪？」隆曰：「夫禮樂者，爲治之大本也。故簫韶九成，鳳皇來儀，雷鼓六變，天神以降，政是以平，刑是以錯，和之至也。新聲發響，商辛以隕，大鐘既鑄，周景以弊，存亡之機，恆由斯作，安在廢興之不階也？君舉必書，古之道也，作而不法，何以示後？聖王樂聞其闕，故有箴規之道；忠臣願竭其節，故有匪躬之義也。」帝稱善。

遷侍中，猶領太史令。崇華殿災，詔問隆：「此何咎？於禮，寧有祈禳之義乎？」隆對曰：「夫災變之發，皆所以明教誡也，惟率禮脩德，可以勝之。易傳曰：『上不儉，下不節，孽火燒其室。』又曰：『君高其臺，天火爲災。』此人君苟飾宮室，不知百姓空竭，故天應之以旱，火從高殿起也。上天降鑒，故譴告陛下；陛下宜增崇人道，以答天意。昔太戊有桑穀生於朝，武丁有雊雉登於鼎，皆聞災恐懼，側身脩德，三年之後，遠夷朝貢，故號曰中宗、高宗。此則前代之明鑒也。今案舊占，災火之發，皆以臺榭宮室爲誡。然今宮室之所以充廣者，實由宮人猥多之故。宜簡擇留其淑懿，如周之制，罷省其餘。此則祖己之所以訓高宗，高宗之所以享遠號也。」詔問隆：「吾聞漢武帝時，柏梁災，而大起宮殿以厭之，其義云何？」隆對曰：「臣聞西京柏梁既災，越巫陳方，建章是經，以厭火祥；乃夷越之巫所爲，非聖賢之明訓也。五行志曰：『柏梁災，其後有江充巫蠱(也)衞太子事。』如志之言，越巫建章無所厭也。孔子曰：『災者脩類應行，精祲相感，以戒人君。』是以聖主覩災責躬，退而脩德，以消復之。今宜罷散民役。宮室之制，務從約節，內足以待風雨，外足以講禮儀。清埽所災之處，不敢於此有所立作，萐莆、嘉禾必生此地，以報陛下虔恭之德。豈可疲民之力，竭民之財！實非所以致符瑞而懷遠人也。」帝遂復崇華殿，時郡國有九龍見，故改曰九龍殿。

陵霄闕始構，有鵲巢其上，帝以問隆，對曰：「詩云『維鵲有巢，維鳩居之』。今興宮室，起陵霄闕，而鵲巢之，此宮室未成身不得居之象也。天意若曰，宮室未成，將有他姓制御之，斯乃上天之戒也。夫天道無親，惟與善人，不可不深防，不可不深慮。夏、商之季，皆繼體也，不欽承上天之明命，惟讒諂是從，廢德適欲，故其亡也忽焉。太戊、武丁，覩災竦懼，祗承天戒，故其興也勃焉。今若休罷百役，儉以足用，增崇德政，動遵帝則，除普天之所患，興兆民之所利，三王可四，五帝可六，豈惟殷宗轉禍爲福而已哉！臣備腹心，苟可以繁祉聖躬，安存社稷，臣雖灰身破族，猶生之年也。豈憚忤逆之災，而令陛下不聞至言乎？」於是帝改容動色。

是歲，有星孛于大辰。隆上疏曰：「凡帝王徙都立邑，皆先定天地社稷之位，敬恭以奉之。將營宮室，則宗廟爲先，廄庫爲次，居室爲後。今圜丘、方澤、南北郊、明堂、社稷，神位未定，宗廟之制又未如禮，而崇飾居室，士民失業。外人咸云宮人之用，與興戎軍國之費，所盡略齊。民不堪命，皆有怨怒。書曰『天聰明自我民聰明，天明畏自我民明威』，輿人作頌，則嚮以五福，民怒吁嗟，則威以六極，言天之賞罰，隨民言，順民心也。是以臨政務在安民爲先，然後稽古之化，格于上下，自古及今，未嘗不然也。夫采椽卑宮，唐、虞、大禹之所以垂皇風也；玉臺瓊室，夏癸、商辛之所以犯昊天也。今之宮室，實違禮度，乃更建立九龍，華飾過前。天彗章灼，始起於房心，犯帝坐而干紫微，此乃皇天子愛陛下，是以發教戒之象，始卒皆於尊位，殷勤鄭重，欲必覺寤陛下；斯乃慈父懇切之訓，宜崇孝子祗聳之禮，以率先天下，以昭示後昆，不宜有忽，以重天怒。」

時軍國多事，用法深重。隆上疏曰：「夫拓跡垂統，必俟聖明，輔世匡治，亦須良佐，用能庶績其凝而品物康乂也。夫移風易俗，宣明道化，使四表同風，回首面內，德教光熙，九服慕義，固非俗吏之所能也。今有司務糾刑書，不本大道，是以刑用而不措，俗弊而不教。宜崇禮樂，班敍明堂，修三雍、大射、養老，營建郊廟，尊儒士，舉逸民，表章制度，改正朔，易服色，布愷悌，尙儉素，然後備禮封禪，歸功天地，使雅頌之聲盈于六合，緝熙之化混于後嗣。斯蓋至治之美事，不朽之貴業也。然九域之內，可揖讓而治，尙何憂哉！不正其本而救其末，譬猶棼絲，非政理也。可命羣公卿士通儒，造具其事，以爲典式。」隆又以爲改正朔，易服色，殊徽號，異器械，自古帝王所以神明其政，變民耳目，故三春稱王，明三統也。於是敷演舊章，奏而改焉。帝從其議，改青龍五年春三月爲景初元年孟夏四月，服色尙黃，犧牲用白，從地正也。

遷光祿勳。帝愈增崇宮殿，彫飾觀閣，鑿太行之石英，采穀城之文石，起景陽山於芳林之園，建昭陽殿於太極之北，鑄作黃龍鳳皇奇偉之獸，飾金墉、陵雲臺、陵霄闕。百役繁興，作者萬數，公卿以下至于學生，莫不展力，帝乃躬自掘土以率之。而遼東不朝。悼皇后崩。天作淫雨，冀州水出，漂沒民物。隆上疏切諫曰：

蓋「天地之大德曰生，聖人之大寶曰位；何以守位？曰仁；何以聚人？曰財」。然則士民者，乃國家之鎭也；穀帛者，乃士民之命也。穀帛非造化不育，非人力不成。是以帝耕以勸農，后桑以成服，所以昭事上帝，告虔報施也。昔在伊唐，世値陽九厄運之會，洪水滔天，使鯀治之，績用不成，乃舉文命，隨山刊木，前後歷年二十二載。災眚之甚，莫過於彼，力役之興，莫久於此，堯、舜君臣，南面而已。禹敷九州，庶士庸勳，各有等差，君子小人，物有服章。今無若時之急，而使公卿大夫並與廝徒共供事役，聞之四夷，非嘉聲也，垂之竹帛，非令名也。是以有國有家者，近取諸身，遠取諸物，嫗煦養育，故稱「愷悌君子，民之父母」。今上下勞役，疾病凶荒，耕稼者寡，饑饉荐臻，無以卒歲；宜加愍卹，以救其困。

臣觀在昔書籍所載，天人之際，未有不應也。是以古先哲王，畏上天之明命，循陰陽之逆順，矜矜業業，惟恐有違。然後治道用興，德與神符，災異既發，懼而脩政，未有不延期流祚者也。爰及末葉，闇君荒主，不崇先王之令軌，不納正士之直言，以遂其情志，恬忽變戒，未有不尋踐禍難，至於顚覆者也。

天道既著，請以人道論之。夫六情五性，同在於人，嗜欲廉貞，各居其一。及其動也，交爭于心。欲彊質弱，則縱濫不禁；精誠不制，則放溢無極。夫情之所在，非好則美，而美好之集，非人力不成，非穀帛不立。情苟無極，則人不堪其勞，物不充其求。

勞求並至，將起禍亂。故不割情，無以相供。仲尼云：「人無遠慮，必有近憂。」由此觀之，禮義之制，非苟拘分，將以遠害而興治也。

今吳、蜀二賊，非徒白地小虜、聚邑之寇，乃據險乘流，跨有士衆，僭號稱帝，欲與中國爭衡。今若有人來告，權、（備）〔禪〕並脩德政，復履清儉，輕省租賦，不治玩好，動咨耆賢，事遵禮度。陛下聞之，豈不惕然惡其如此，以爲難卒討滅，而爲國憂乎？若使告者曰，彼二賊並爲無道，崇侈無度，役其士民，重其徵賦，下不堪命，吁嗟日甚。陛下聞之，豈不勃然忿其困我無辜之民，而欲速加之誅，其次，豈不幸彼疲弊而取之不難乎？苟如此，則可易心而度，事義之數亦不遠矣。

且秦始皇不築道德之基，而築阿房之宮，不憂蕭牆之變，而脩長城之役。當其君臣爲此計也，亦欲立萬世之業，使子孫長有天下，豈意一朝匹夫大呼，而天下傾覆哉？故臣以爲使先代之君知其所行必將至於敗，則弗爲之矣。是以亡國之主自謂不亡，然後至於亡；賢聖之君自謂將亡，然後至於不亡。昔漢文帝稱爲賢主，躬行約儉，惠下養民，而賈誼方之，以爲天下倒縣，可爲痛哭者一，可爲流涕者二，可爲長歎息者三。況今天下彫弊，民無儋石之儲，國無終年之畜，外有彊敵，六軍暴邊，內興土功，州郡騷動，若有寇警，則臣懼版築之士不能投命虜庭矣。

又，將吏奉祿，稍見折減，方之於昔，五分居一；諸受休者又絕廩賜，不應輸者今皆出半：此爲官入兼多於舊，其所出與參少於昔。而度支經用，更每不足，牛肉小賦，前後相繼。反而推之，凡此諸費，必有所在。且夫祿賜穀帛，人主所以惠養吏民而爲之司命者也，若今有廢，是奪其命矣。既得之而又失之，此生怨之府也。周禮，(天)〔大〕府掌九(伐)〔賦〕之(則)〔財〕，以給九式之用，入有其分，出有其所，不相干乘而用各足。各足之後，乃以式貢之餘，供王玩好。又上用財，必考于司會。會音膾。今陛下所與共坐廊廟治天下者，非三司九列，則臺閣近臣，皆腹心造膝，宜在無諱。若見豐省而不敢以告，從命奔走，惟恐不勝，是則具臣，非鯁輔也。昔李斯教秦二世曰：「爲人主而不恣睢，命之曰天下桎梏。」二世用之，秦國以覆，斯亦滅族。是以史遷議其不正諫，而爲世誡。

書奏，帝覽焉，謂中書監、令曰：「觀隆此奏，使朕懼哉！」

隆疾篤，口占上疏曰：

曾子有疾，孟敬子問之。曾子曰：「鳥之將死，其鳴也哀；人之將死，其言也善。」臣寢疾病，有增無損，常懼奄忽，忠款不昭。臣之丹誠，豈惟曾子，願陛下少垂省覽！渙然改往事之過謬，勃然興來事之淵塞，使神人嚮應，殊方慕義，四靈效珍，玉衡曜精，則三王可邁，五帝可越，非徒繼體守文而已也。

臣常疾世主莫不思紹堯、舜、湯、武之治，而蹈踵桀、紂、幽、厲之跡，莫不蚩笑季世惑亂亡國之主，而不登踐虞、夏、殷、周之軌。悲夫！以若所爲，求若所致，猶緣木求魚，煎水作冰，其不可得，明矣。尋觀三代之有天下也，聖賢相承，歷載數百，尺土莫非其有，一民莫非其臣，萬國咸寧，九有有截；鹿臺之金，巨橋之粟，無所用之，仍舊南面，夫何爲哉！然癸、辛之徒，恃其旅力，知足以拒諫，才足以飾非，諂諛是尙，臺觀是崇，淫樂是好，倡優是說，作靡靡之樂，安濮上之音。上天不蠲，眷然回顧，宗國爲墟，(不)〔下〕夷于隸，紂縣白旗，桀放鳴條；天子之尊，湯、武有之，豈伊異人，皆明王之胄也。且當六國之時，天下殷熾，秦既兼之，不脩聖道，乃構阿房之宮，築長城之守，矜夸中國，威服百蠻，天下震竦，道路以目；自謂本枝百葉，永垂洪暉，豈寤二世而滅，社稷崩圮哉？近漢孝武乘文、景之福，外攘夷狄，內興宮殿，十餘年閒，天下嚻然。乃信越巫，懟天遷怒，起建章之宮，千門萬戶，卒致江充妖蠱之變，至於宮室乖離，父子相殘，殃咎之毒，禍流數世。

臣觀黃初之際，天兆其戒，異類之鳥，育長燕巢，口爪胸赤，此魏室之大異也，宜防鷹揚之臣於蕭牆之內。可選諸王，使君國典兵，往往棊跱，鎭撫皇畿，翼亮帝室。昔周之東遷，晉、鄭是依，漢呂之亂，實賴朱虛，斯蓋前代之明鑒。夫皇天無親，惟德是輔。民詠德政，則延期過歷，下有怨歎，掇錄授能。由此觀之，天下之天下，非獨陛下之天下也。臣百疾所鍾，氣力稍微，輒自輿出，歸還里舍，若遂沈淪，魂而有知，結草以報。」詔曰：「生廉追伯夷，直過史魚，執心堅白，謇謇匪躬，如何微疾未除，退身里舍？昔邴吉以陰德，疾除而延壽；貢禹以守節，疾篤而濟愈。生其彊飯專精以自持。」隆卒，遺令薄葬，斂以時服。〔一〕

〔一〕習鑿齒曰：高堂隆可謂忠臣矣。君侈每思諫其惡，將死不忘憂社稷，正辭動於昏主，明戒驗於身後，謇諤足以勵物，德音沒而彌彰，可不謂忠且智乎！詩云：「聽用我謀，庶無大悔。」又曰：「曾是莫聽，大命以傾。」其高堂隆之謂也。

初，太和中，中護軍蔣濟上疏曰「宜遵古封禪」。詔曰：「聞濟斯言，使吾汗出流足。」事寢歷歲，後遂議脩之，使隆撰其禮儀。帝聞隆沒，歎息曰：「天不欲成吾事，高堂生舍我亡也。」子琛嗣爵。

始，景初中，帝以蘇林、秦靜等並老，恐無能傳業者。乃詔曰：「昔先聖既沒，而其遺言餘教，著於六藝。六藝之文，禮又爲急，弗可斯須離者也。末俗背本，所由來久。故閔子譏原伯之不學，荀卿醜秦世之坑儒，儒學既廢，則風化曷由興哉？方今宿生巨儒，並各年高，教訓之道，孰爲其繼？昔伏生將老，漢文帝嗣以鼂錯；穀梁寡疇，宣帝承以十郎。其科郎吏高才解經義者三十人，從光祿勳隆、散騎常侍林、博士靜，分受四經三禮，主者具爲設課試之法。夏侯勝有言：『士病不明經術，經術苟明，其取青紫如俯拾地芥耳。』今學者有能究極經道，則爵祿榮寵，不期而至。可不勉哉！」數年，隆等皆卒，學者遂廢。

初，任城棧潛，太祖世歷縣令，〔一〕嘗督守鄴城。時文帝爲太子，耽樂田獵，晨出夜還。潛諫曰：「王公設險以固其國，都城禁衞，用戒不虞。大雅云：『宗子維城，無俾城壞。』又曰：『猶之未遠，是用大諫。』若逸于遊田，晨出昏歸，以一日從禽之娛，而忘無垠之釁，愚竊惑之。」太子不悅，然自後游出差簡。黃初中，文帝將立郭貴嬪爲皇后，潛上疏諫，語在后妃傳。明帝時，衆役並興，戚屬疏斥，潛上疏曰：「天生蒸民而樹之君，所以覆燾羣生，熙育兆庶，故方制四海匪爲天子，裂土分疆匪爲諸侯也。始自三皇，爰曁唐、虞，咸以博濟加于天下，醇德以洽，黎元賴之。三王既微，降逮于漢，治日益少，喪亂弘多，自時厥後，亦罔克乂。太祖濬哲神武，芟除暴亂，克復王綱，以開帝業。文帝受天明命，廓恢皇基，踐阼七載，每事未遑。陛下聖德，纂承洪緒，宜崇晏晏，與民休息。而方隅匪寧，征夫遠戍，有事海外，縣旌萬里，六軍騷動，水陸轉運，百姓舍業，日費千金。大興殿舍，功作萬計，徂來之松，刊山窮谷，怪石珷玞，浮于河、淮，都圻之內，盡爲甸服，當供稾秸銍粟之調，而爲苑囿擇禽之府，盛林莽之穢，豐鹿兔之藪；傷害農功，地繁茨棘，災疫流行，民物大潰，上減和氣，嘉禾不植。臣聞文王作豐，經始勿亟，百姓子來，不日而成。靈沼、靈囿，與民共之。今宮觀崇侈，彫鏤極妙，忘有虞之總期，思殷辛之瓊室，禁地千里，舉足投網，麗擬阿房，役百乾谿，臣恐民力彫盡，下不堪命也。昔秦據殽函以制六合，自以德高三皇，功兼五帝，欲號謚至萬葉，而二世顛覆，願爲黔首，由枝幹既(杌)〔扤〕，本實先拔也。蓋聖王之御世也，克明俊德，庸勳親親；俊乂在官，則功業可隆，親親顯用，則安危同憂；深根固本，並爲幹翼，雖歷盛衰，內外有輔。昔成王幼沖，未能莅政，周、呂、召、畢，並在左右；今既無衞侯、康叔之監，分陝所任，又非旦、奭。東宮未建，天下無副。願陛下留心關塞，永保無極，則海內幸甚。」後爲燕中尉，辭疾不就，卒。

〔一〕潛字彥皇，見應璩書林。

評曰：辛毗、楊阜，剛亮公直，正諫匪躬，亞乎汲黯之高風焉。高堂隆學業脩明，志在匡君，因變陳戒，發於懇誠，忠矣哉！及至必改正朔，俾魏祖虞，所謂意過其通者歟！

三國志卷二十六　魏書二十六

滿田牽郭傳第二十六

滿寵字伯寧，山陽昌邑人也。年十八，爲郡督郵。時郡內李朔等各擁部曲，害于平民，太守使寵糾焉。朔等請罪，不復鈔略。守高平令。縣人張苞爲郡督郵，貪穢受取，干亂吏政。寵因其來在傳舍，率吏卒出收之，詰責所犯，即日考竟，遂棄官歸。

太祖臨兗州，辟爲從事。及爲大將軍，辟署西曹屬，爲許令。時曹洪宗室親貴，有賓客在界，數犯法，寵收治之。洪書報寵，寵不聽。洪白太祖，太祖召許主者。寵知將欲原，乃速殺之。太祖喜曰：「當事不當爾邪？」故太尉楊彪收付縣獄，尚書令荀彧、少府孔融等並屬寵：「但當受辭，勿加考掠。」寵一無所報，考訊如法。數日，求見太祖，言之曰：「楊彪考訊無他辭語。當殺者宜先彰其罪；此人有名海內，若罪不明，必大失民望，竊爲明公惜之。」太祖即日赦出彪。初，彧、融聞考掠彪，皆怒，及因此得了，更善寵。〔一〕

〔一〕臣松之以爲楊公積德之門，身爲名臣，縱有愆負，猶宜保祐，況淫刑所濫，而可加其楚掠乎？若理應考訊，荀、孔二賢豈其妄有相請屬哉？寵以此爲能，酷吏之用心耳。雖有後善，何解前虐？

時袁紹盛於河朔，而汝南紹之本郡，門生賓客布在諸縣，擁兵拒守。太祖憂之，以寵爲汝南太守。寵募其服從者五百人，率攻下二十餘壁，誘其未降渠帥，於坐上殺十餘人，一時皆平。得戶二萬，兵二千人，令就田業。

建安十三年，從太祖征荊州。大軍還，留寵行奮威將軍，屯當陽。孫權數擾東陲，復召寵還爲汝南太守，賜爵關內侯。關羽圍襄陽，寵助征南將軍曹仁屯樊城拒之，而左將軍于禁等軍以霖雨水長爲羽所沒。羽急攻樊城，樊城得水，往往崩壞，衆皆失色。或謂仁曰：「今日之危，非力所支。可及羽圍未合，乘輕船夜走，雖失城，尚可全身。」寵曰：「山水速疾，冀其不久。聞羽遣別將已在郟下，自許以南，百姓擾擾，羽所以不敢遂進者，恐吾軍掎其後耳。今若遁去，洪河以南，非復國家有也；君宜待之。」仁曰：「善。」寵乃沈白馬，與軍人盟誓。會徐晃等救至，寵力戰有功，羽遂退。進封安昌亭侯。文帝卽王位，遷揚武將軍。破吳於江陵有功，更拜伏波將軍，屯新野。大軍南征，到精湖，寵帥諸軍在前，與賊隔水相對。寵敕諸將曰：「今夕風甚猛，賊必來燒軍，宜爲其備。」諸軍皆警。夜半，賊果遣十部伏夜來燒，寵掩擊破之，進封南鄉侯。黃初三年，假寵節鉞。五年，拜前將軍。明帝卽位，進封昌邑侯。太和二年，領豫州刺史。三年春，降人稱吳大嚴，揚聲欲詣江北獵，孫權欲自出。寵度其必襲西陽而爲之備，權聞之，退還。秋，使曹休從廬江南入合肥，令寵向夏口。寵上疏曰：「曹休雖明果而希用兵，今所從道，背湖旁江，易進難退，此兵之窪地也。若入無彊口，宜深爲之備。」寵表未報，休遂深入。賊果從無彊口斷夾石，要休還路。休戰不利，退走。會朱靈等從後來斷道，與賊相遇。賊驚走，休軍乃得還。是歲休薨，寵以前將軍代都督揚州諸軍事。汝南兵民戀慕，大小相率，奔隨道路，不可禁止。護軍表上，欲殺其爲首者。詔使寵將親兵千人自隨，其餘一無所問。四年，拜寵征東將軍。其冬，孫權揚聲欲至合肥，寵表召兗、豫諸軍，皆集。賊尋退還，被詔罷兵。寵以爲今賊大舉而還，非本意也，此必欲僞退以罷吾兵，而倒還乘虛，掩不備也，表不罷兵。後十餘日，權果更來，到合肥城，不克而還。其明年，吳將孫布遣人詣揚州求降，辭云：「道遠不能自致，乞兵見迎。」刺史王淩騰布書，請兵馬迎之。寵以爲必詐，不與兵，而爲淩作報書曰：「知識邪正，欲避禍就順，去暴歸道，甚相嘉尙。今欲遣兵相迎，然計兵少則不足相衞，多則事必遠聞。且先密計以成本志，臨時節度其宜。」寵會被書當入朝，敕留府長史：「若淩欲往迎，勿與兵也。」淩於後索兵不得，乃單遣一督將步騎七百人往迎之。布夜掩擊，督將迸走，死傷過半。初，寵與淩共事不平，淩支黨毀寵疲老悖謬，故明帝召之。既至，體氣康彊，見而遣還。〔一〕寵屢表求留，詔報曰：「昔廉頗彊食，馬援據鞍，今君未老而自謂已老，何與廉、馬之相背邪？其思安邊境，惠此中國。」

〔一〕世語曰：王淩表寵年過耽酒，不可居方任。帝將召寵，給事中郭謀曰：「寵爲汝南太守、豫州刺史二十餘年，有勳方岳。及鎭淮南，吳人憚之。若不如所表，將爲所闚。可令還朝，問以方事以察之。」帝從之。寵旣至，進見，飲酒至一石不亂。帝慰勞之，遣還。

明年，吳將陸遜向廬江，論者以爲宜速赴之。寵曰：「廬江雖小，將勁兵精，守則經時。又賊舍船二百里來，後尾空縣，尚欲誘致，今宜聽其遂進，但恐走不可及耳。」整軍趨楊宜口。賊聞大兵東下，卽夜遁。時權歲有來計。青龍元年，寵上疏曰：「合肥城南臨江湖，北遠壽春，賊攻圍之，得據水爲勢；官兵救之，當先破賊大輩，然後圍乃得解。賊往甚易，而兵往救之甚難，宜移城內之兵，其西三十里，有奇險可依，更立城以固守，此爲引賊平地而掎其歸路，於計爲便。」護軍將軍蔣濟議，以爲：「旣示天下以弱，且望賊煙火而壞城，此爲未攻而自拔。一至於此，劫略無限，必以淮北爲守。」帝未許。寵重表曰：「孫子言，兵者，詭道也，故能，而示之以弱；不能，驕之以利，示之以懾。此爲形實不必相應也。又曰『善動敵者形之』。今賊未至而移城卻內，此所謂形而誘之也。引賊遠水，擇利而動，舉得於外，則福生於內矣。」尚書趙咨以寵策爲長，詔遂報聽。其年，權自出，欲圍新城，以其遠水，積二十日不敢下船。寵謂諸將曰：「權得吾移城，必於其衆中有自大之言，今大舉來欲要一切之功，雖不敢至，必當上岸耀兵以示有餘。」乃潛遣步騎六千，伏肥城隱處以待之。權果上岸耀兵，寵伏軍卒起擊之，斬首數百，或有赴水死者。明年，權自將號十萬，至合肥新城。寵馳往赴，募壯士數十人，折松爲炬，灌以麻油，從上風放火，燒賊攻具，射殺權弟子孫泰。賊於是引退。三年春，權遣兵數千家佃於江北。至八月，寵以爲田向收熟，男女布野，其屯衛兵去城遠者數百里，可掩擊也。遣長吏督三軍循江東下，摧破諸屯，焚燒穀物而還。詔美之，因以所獲盡爲將士賞。

景初二年，以寵年老徵還，遷爲太尉。寵不治產業，家無餘財。詔曰：「君典兵在外，專心憂公，有行父、祭遵之風。賜田十頃，穀五百斛，錢二十萬，以明淸忠儉約之節焉。」寵前後增邑，凡九千六百戶，封子孫二人亭侯。正始三年薨，謚曰景侯。子偉嗣。偉以格度知名，官至衞尉。〔一〕

〔一〕世語曰：偉字公衡。偉子長武，有寵風，年二十四，爲大將軍掾。高貴鄕公之難，以掾守閶闔掖門，司馬文王弟安陽亭侯幹欲入。幹妃，偉妹也。長武謂幹曰：「此門近，公且來，無有入者，可從東掖門。」幹遂從之。文王問幹入何遲，幹言其故。參軍王羨亦不得入，恨之。既而羨因王左右啓王，滿掾斷門不內人，宜推劾。壽春之役，偉從文王至許，以疾不進。子從，求還省疾，事定乃從歸，由此內見恨。收長武考死杖下，偉免爲庶人。時人寃之。偉弟子奮，晉元康中至尙書令、司隸校尉。寵、偉、長武、奮，皆長八尺。

荀綽冀州記曰：畲性清平，有識檢。

晉諸公贊曰：畲體量通雅，有寵風也。

田豫字國讓，漁陽雍奴人也。劉備之奔公孫瓚也，豫時年少，自託於備，備甚奇之。備爲豫州刺史，豫以母老求歸，備涕泣與別，曰：「恨不與君共成大事也。」

公孫瓚使豫守東州令，瓚將王門叛瓚，爲袁紹將萬餘人來攻。衆懼欲降。豫登城謂門曰：「卿爲公孫所厚而去，意有所不得已也；今還作賊，乃知卿亂人耳。夫挈瓶之智，守不假器，吾既受之矣；何不急攻乎？」門慚而退。瓚雖知豫有權謀而不能任也。瓚敗而鮮于輔爲國人所推，行太守事，素善豫，以爲長史。時雄傑並起，輔莫知所從。豫謂輔曰：「終能定天下者，必曹氏也。宜速歸命，無後禍期。」輔從其計，用受封寵。太祖召豫爲丞相軍謀掾，除潁陰、朗陵令，遷弋陽太守，所在有治。

鄢陵侯彰征代郡，以豫爲相。軍次易北，虜伏騎擊之，軍人擾亂，莫知所爲。豫因地形，回車結圜陳，弓弩持滿於內，疑兵塞其隙。胡不能進，散去。追擊，大破之，遂前平代，皆豫策也。

遷南陽太守。先時，郡人侯音反，衆數千人在山中爲羣盜，大爲郡患。前太守收其黨與五百餘人，表奏皆當死。豫悉見諸繫囚，慰諭，開其自新之路，一時破械遣之。諸囚皆叩頭，願自效，即相告語，羣賊一朝解散，郡內清靜。具以狀上，太祖善之。

文帝初，北狄彊盛，侵擾邊塞，乃使豫持節護烏丸校尉，牽招、解儁并護鮮卑。自高柳以東，濊貊以西，鮮卑數十部，比能、彌加、素利割地統御，各有分界；乃共要誓，皆不得以馬與中國市。豫以戎狄爲一，非中國之利，乃先構離之，使自爲讎敵，互相攻伐。素利違盟，出馬千匹與官，爲比能所攻，求救於豫。豫恐遂相兼并，爲害滋深，宜救善討惡，示信衆狄。單將銳卒，深入虜庭，胡人衆多，鈔軍前後，斷截歸路。豫乃進軍，去虜十餘里結屯營，多聚牛馬糞然之，從他道引去。胡見烟火不絕，以爲尚在，去，行數十里乃知之。追豫到馬城，圍之十重，豫密嚴，使司馬建旌旗，鳴鼓吹，將步騎從南門出，胡人皆屬目往赴之。豫將精銳自北門出，鼓譟而起，兩頭俱發，出虜不意，虜衆散亂，皆棄弓馬步走，追討二十餘里，僵尸蔽地。又烏丸王骨進桀黠不恭，豫因出塞案行，單將麾下百餘騎入進部。進逆拜，遂使左右斬進，顯其罪惡以令衆。衆皆怖慴不敢動，便以進弟代進。自是胡人破膽，威震沙漠。山賊高艾，衆數千人，寇鈔，爲幽、冀害，豫誘使鮮卑素利部斬艾，傳首京都。封豫長樂亭侯。爲校尉九年，其御夷狄，恒摧抑兼并，乖散彊猾。凡逋亡姦宄，爲胡作計不利官者，豫皆構刺攪離，使凶邪之謀不遂，聚居之類不安。事業未究，而幽州刺史王雄支黨欲令雄領烏丸校尉，毀豫亂邊，爲國生事。遂轉豫爲汝南太守，加殄夷將軍。

太和末，公孫淵以遼東叛，帝欲征之而難其人，中領軍楊暨舉豫應選。〔一〕乃使豫以本官督青州諸軍，假節，往討之。會吳賊遣使與淵相結，帝以賊衆多，又以渡海，詔豫使罷軍。豫度賊船垂還，歲晚風急，必畏漂浪，東隨無岸，當赴成山。成山無藏船之處，輒使循海，案行地勢，及諸山島，徼截險要，列兵屯守。自入成山，登漢武之觀。賊還，果遇惡風，船皆觸山沈沒，波蕩著岸，無所蒙竄，盡虜其衆。初，諸將皆笑於空地待賊，及賊破，競欲與謀，求入海鈎取浪船。豫懼窮虜死戰，皆不聽。初，豫以太守督青州，青州刺史程喜內懷不服，軍事之際，多相違錯。喜知帝寶愛明珠，乃密上：「豫雖有戰功而禁令寬弛，所得器仗珠金甚多，放散皆不納官。」由是功不見列。

〔一〕臣松之案：暨字休先，滎陽人，事見劉曄傳。暨子肇，晉荆州刺史。山濤啓事稱肇有才能。肇子潭字道元，次歆字公嗣，潭子彧字長文，次經字仲武，皆見潘岳集。

後孫權號十萬衆攻新城，征東將軍滿寵欲率諸軍救之。豫曰：「賊悉衆大舉，非徒投射小利，欲質新城以致大軍耳。宜聽使攻城，挫其銳氣，不當與爭鋒也。城不可拔，衆必罷怠；罷怠然後擊之，可大克也。若賊見計，必不攻城，勢將自走。若便進兵，適入其計。又大軍相向，當使難知，不當使自畫也。」豫輒上狀，天子從之。會賊遁走。後吳復來寇，豫往拒之，賊即退。諸軍夜驚，云：「賊復來！」豫臥不起，令衆「敢動者斬」。有頃，竟無賊。景初末，增邑三百，幷前五百戶。正始初，遷使持節護匈奴中郎將，加振威將軍，領幷州刺史。外胡聞其威名，相率來獻。州界寧肅，百姓懷之。徵爲衞尉。屢乞遜位，太傅司馬宣王以爲豫克壯，書喻未聽。豫書答曰：「年過七十而以居位，譬猶鐘鳴漏盡而夜行不休，是罪人也。」遂固稱疾篤。拜太中大夫，食卿祿。年八十二薨。子彭祖嗣。〔一〕

〔一〕魏略曰：豫罷官歸，居魏縣。會汝南遣健步詣征北，感豫宿恩，過拜之。豫爲殺雞炊黍，送詣至陌頭，謂之曰：「罷老，苦汝來過。無能有益，若何？」健步愍其貧羸，流涕而去，還爲故吏民說之。汝南爲具資數千匹，遣人餉豫，豫一不受。會病亡，戒其妻子曰：「葬我必於西門豹〔祠〕邊。」妻子難之，言：「西門豹古之神人，那可葬於其邊乎？」豫言：「豹所履行與我敵等耳，使死而有靈，必與我善。」妻子從之。汝南聞其死也，悲之，既爲畫像，又就爲立碑銘。

豫清儉約素，賞賜皆散之將士。每胡、狄私遺，悉簿藏官，不入家；家常貧匱。雖殊類，咸高豫節。〔一〕嘉平六年，下詔褒揚，賜其家錢穀。語在徐邈傳。

〔一〕魏略曰：鮮卑素利等數來客見，多以牛馬遺豫；豫轉送官。胡以爲前所與豫物顯露，不如持金。乃密懷金三十斤，謂豫曰：「願避左右，我欲有所道。」豫從之，胡因跪曰：「我見公貧，故前後遺公牛馬，公輒送官，今密以此上公，可以爲家資。」豫張袖受之，答其厚意。胡去之後，皆悉付外，具以狀聞。於是詔褒之曰：「昔魏絳開懷以納戎〔賂〕，今卿舉袖以受狄金，朕甚嘉焉。」乃即賜絹五百匹。豫得賜，分以其半藏小府，後胡復來，以半與之。

牽招字子經，安平觀津人也。年十餘歲，詣同縣樂隱受學。後隱爲車騎將軍何苗長史，招隨卒業。值京都亂，苗、隱見害，招俱與隱門生史路等觸蹈鋒刃，共殯斂隱屍，送喪還歸。道遇寇鈔，路等皆悉散走。賊欲斫棺取釘，招垂淚請赦。賊義之，乃釋而去。由此顯名。

冀州牧袁紹辟爲督軍從事，兼領烏丸突騎。紹舍人犯令，招先斬乃白，紹奇其意而不見罪也。紹卒，又事紹子尚。建安九年，太祖圍鄴。尚遣招至上黨，督致軍糧。未還，尚破走，到中山，時尚外兄高幹爲幷州刺史，招以幷州左有恒山之險，右有大河之固，帶甲五萬，北阻彊胡，勸幹迎尚，并力觀變。幹既不能，而陰欲害招。招聞之，閒行而去，道隔不得追尚，遂東詣太祖。太祖領冀州，辟爲從事。

太祖將討袁譚，而柳城烏丸欲出騎助譚。太祖以招嘗領烏丸，遣詣柳城。到，值峭王嚴，以五千騎當遣詣譚。又遼東太守公孫康自稱平州牧，遣使韓忠齎單于印綬往假峭王。峭王大會羣長，忠亦在坐。峭王問招：「昔袁公言受天子之命，假我爲單于；今曹公復言當更白天子，假我眞單于；遼東復持印綬來。如此，誰當爲正？」招答曰：「昔袁公承制，得有所拜假；中間違錯天子命，曹公代之，言當白天子，更假眞單于，是也。遼東下郡，何得擅稱拜假也？」忠曰：「我遼東在滄海之東，擁兵百萬，又有扶餘、濊貊之用；當今之勢，彊者爲右，曹操獨何得爲是也？」招呵忠曰：「曹公允恭明哲，翼戴天子，伐叛柔服，寧靜四海，汝君臣頑嚚，今恃險遠，背違王命，欲擅拜假，侮弄神器，方當屠戮，何敢慢易咎毀大人？」便捉忠頭頓築，拔刀欲斬之。峭王驚怖，徒跣抱招，以救請忠，左右失色。招乃還坐，爲峭王等說成敗之效，禍福所歸。皆下席跪伏，敬受敕教，便辭遼東之使，罷所嚴騎。

太祖滅譚於南皮，署招軍謀掾，從討烏丸。至柳城，拜護烏丸校尉。還鄴，遼東送袁尚首，縣在馬市，招覩之悲感，設祭頭下。太祖義之，舉爲茂才。從平漢中，太祖還，留招爲中護軍。事罷，還鄴，拜平虜校尉，將兵督青、徐州郡諸軍事，擊東萊賊，斬其渠率，東土寧靜。

文帝踐阼，拜招使持節護鮮卑校尉，屯昌平。是時，邊民流散山澤，又亡叛在鮮卑中者，處有千數。招廣布恩信，招誘降附。建義中郎將公孫集等，率將部曲，咸各歸命；使還本郡。又懷來鮮卑素利、彌加等十餘萬落，皆令款塞。

大軍欲征吳，召招還，至，值軍罷，拜右中郎將，出爲雁門太守。郡在邊陲，雖有候望之備，而寇鈔不斷。招既教民戰陳，又表復烏丸五百餘家租調，使備鞍馬，遠遣偵候。虜每犯塞，勒兵逆擊，來輒摧破，於是吏民膽氣日銳，荒野無虞。又搆閒離散，使虜更相猜疑。鮮卑大人步度根、泄歸泥等與軻比能爲隙，將部落三萬餘家詣郡附塞。敕令還擊比能，殺比能弟苴羅侯，及叛烏丸歸義侯王同、王寄等，大結怨讎。是以招自出，率將歸泥等討比能於雲中故郡，大破之。招通河西鮮卑附頭等十餘萬家，繕治陘北故上館城，置屯戍以鎮內外，夷虜大小，莫不歸心，諸叛亡雖親戚不敢藏匿，咸悉收送。於是野居晏閉，寇賊靜息。招乃簡選有才識者，詣太學受業，還相授教，數年中庠序大興。郡所治廣武，井水鹹苦，民皆擔輦遠汲流水，往返七里。招準望地勢，因山陵之宜，鑿原開渠，注水城內，民賴其益。

明帝卽位，賜爵關內侯。太和二年，護烏丸校尉田豫出塞，爲軻比能所圍於故馬邑城，移招求救。招卽整勒兵馬，欲赴救豫。并州以常憲禁招，招以爲節將見圍，不可拘於吏議，自表輒行。又並馳布羽檄，稱陳形勢，云當西北掩取虜家，然後東行，會誅虜身。檄到，豫軍踴躍。又遺一通於虜蹊要，虜卽恐怖，種類離散。軍到故平城，便皆潰走。比能復大合騎來，到故平州塞北。招潛行撲討，大斬首級。招以蜀虜諸葛亮數出，而比能狡猾，能相交通，表爲防備，議者以爲縣遠，未之信也。會亮時在祁山，果遣使連結比能。比能至故北地石城，與相首尾。帝乃詔招，使從便宜討之。時比能已還漠南，招與刺史畢軌議曰：「胡虜遷徙無常。若勞師遠追，則遲速不相及。若欲潛襲，則山溪艱險，資糧轉運，難以密辦。可使守新興、雁門二牙門，出屯陘北，外以鎮撫，內令兵田，儲畜資糧，秋冬馬肥，州郡兵合，乘釁征討，計必全克。未及施行，會病卒。招在郡十二年，威風遠振。其治邊之稱，次于田豫，百姓追思之。而漁陽傅容在雁門有名績，繼招後，在遼東又有事功云。

招子嘉嗣。次子弘，亦猛毅有招風，以隴西太守隨鄧艾伐蜀有功，咸熙中爲振威護軍。嘉與晉司徒李胤同母，早卒。〔一〕

〔一〕按晉書：弘後爲揚州、涼州刺史，以果烈死事於邊。嘉子秀，字成叔。荀綽冀州記曰：秀有雋才，性豪俠有氣，弱冠得美名。於太康中爲衞瓘、崔洪、石崇等所提攜，以新安令博士爲司空從事中郎。與帝舅黃門侍郎王愷素相輕侮。愷諷司隸荀愷，令都官誣奏秀夜在道中載高平國守士田興妻。秀即表訴被誣陷之由，論愷穢行，文辭尤厲。于時朝臣雖多證明，秀名譽由是而損。後張華請爲長史，稍遷至尚書。河間王以秀爲平北將軍，假節，在馮翊遇害。世人玩其辭賦，惜其材幹。

郭淮字伯濟，太原陽曲人也。〔一〕建安中舉孝廉，除平原府丞。文帝爲五官將，召淮署爲門下賊曹，轉爲丞相兵曹議令史，從征漢中。太祖還，留征西將軍夏侯淵拒劉備，以淮爲淵司馬。淵與備戰，淮時有疾不出。淵遇害，軍中擾擾，淮收散卒，推盪寇將軍張郃爲軍主，諸營乃定。其明日，備欲渡漢水來攻。諸將議衆寡不敵，備便乘勝，欲依水爲陳以拒之。淮曰：「此示弱而不足挫敵，非算也。不如遠水爲陳，引而致之，半濟而後擊，備可破也。」既陳，備疑不渡，淮遂堅守，示無還心。以狀聞，太祖善之，假郃節，復以淮爲司馬。文帝卽王位，賜爵關內侯，轉爲鎭西長史。又行征羌護軍，護左將軍張郃、冠軍將軍楊秋討山賊鄭甘、盧水叛胡，皆破平之。關中始定，民得安業。

〔一〕按郭氏譜：淮祖全，大司農；父縕，雁門太守。

黃初元年，奉使賀文帝踐阼，而道路得疾，故計遠近爲稽留。及羣臣歡會，帝正色責之曰：「昔禹會諸侯於塗山，防風後至，便行大戮。今溥天同慶而卿最留遲，何也？」淮對曰：「臣聞五帝先教導民以德，夏后政衰，始用刑辟。今臣遭唐虞之世，是以自知免於防風之誅也。」帝悅之，擢領雍州刺史，封射陽亭侯，五年爲眞。安定羌大帥辟蹏反，討破降之。每羌、胡來降，淮輒先使人推問其親理，男女多少，年歲長幼；及見，一二知其款曲，訊問周至，咸稱神明。

太和二年，蜀相諸葛亮出祁山，遣將軍馬謖至街亭，高詳屯列柳城。張郃擊謖，淮攻詳營，皆破之。又破隴西名羌唐蹏於枹罕，加建威將軍。五年，蜀出鹵城。是時，隴右無穀，議欲關中大運，淮以威恩撫循羌、胡，家使出穀，平其輸調，軍食用足，轉揚武將軍。青龍二年，諸葛亮出斜谷，並田于蘭坑。是時司馬宣王屯渭南；淮策亮必爭北原，宜先據之，議者多謂不然。淮曰：「若亮跨渭登原，連兵北山，隔絕隴道，搖蕩民、夷，此非國之利也。」宣王善之，淮遂屯北原。塹壘未成，蜀兵大至，淮逆擊之。後數日，亮盛兵西行，諸將皆謂欲攻西圍，淮獨以爲此見形於西，欲使官兵重應之，必攻陽遂耳。其夜果攻陽遂，有備不得上。

正始元年，蜀將姜維出隴西。淮遂進軍，追至彊中，維退，遂討羌迷當等，按撫柔氐三千餘落，拔徙以實關中。遷左將軍。涼州休屠胡梁元碧等，率種落二千餘家附雍州。淮奏請使居安定之高平，爲民保障，其後因置(西川)〔西州〕都尉。轉拜前將軍，領州如故。

五年，夏侯玄伐蜀，淮督諸軍爲前鋒。淮度勢不利，輒拔軍出，故不大敗。還假淮節。八年，隴西、南安、金城、西平諸羌餓何、燒戈、伐同、蛾遮塞等相結叛亂，攻圍城邑，南招蜀兵，涼州名胡治無戴復叛應之。討蜀護軍夏侯霸督諸軍屯爲翅。淮軍始到狄道，議者僉謂宜先討定枹罕，內平惡羌，外折賊謀。淮策維必來攻霸，遂入渢中，轉南迎霸。維果攻爲翅，會淮軍適至，維遁退。進討叛羌，斬餓何、燒戈，降服者萬餘落。九年，遮塞等屯河關、白土故城，據河拒軍。淮見形上流，密於下渡兵據白土城，擊，大破之。治無戴圍武威，家屬留在西海。淮進軍趨西海，欲掩取其累重，會無戴折還，與戰於龍夷之北，破走之。令居惡虜在石頭山之西，當大道止，斷絕王使。淮還過討，大破之。姜維出石營，從彊川，乃西迎治無戴，留陰平太守廖化於成重山築城，斂破羌保質。淮欲分兵取之。諸將以維衆西接彊胡，化以據險，分軍兩持，兵勢轉弱，進不制維，退不拔化，非計也，不如合而俱西，及胡、蜀未接，絕其內外，此伐交之兵也。淮曰：「今往取化，出賊不意，維必狼顧。比維自致，足以定化，且使維疲於奔命。兵不遠西，而胡交自離，此一舉而兩全之策也。」乃別遣夏侯霸等追維於沓中，淮自率諸軍就攻化等。維果馳還救化，皆如淮計。進封都鄉侯。

嘉平元年，遷征西將軍，都督雍、涼諸軍事。是歲，與雍州刺史陳泰協策，降蜀牙門將句安等於翅上。二年，詔曰：「昔漢川之役，幾至傾覆。淮臨危濟難，功書王府。在關右三十餘年，外征寇虜，內綏民夷。比歲以來，摧破廖化，禽虜句安，功績顯著，朕甚嘉之。今以淮為車騎將軍、儀同三司，持節、都督如故。」進封陽曲侯，邑凡二千七百八十戶，分三百戶，封一子亭侯。〔一〕正元二年薨，追贈大將軍，謚曰貞侯。子統嗣。統官至荊州刺史，薨。子正嗣。咸熙中，開建五等，以淮著勳前朝，改封汾陽子。〔二〕

〔一〕世語曰：淮妻，王凌之妹。凌誅，妹當從坐，御史往收。督將及羌、胡渠帥數千人叩頭請淮表留妻，淮不從。妻上道，莫不流涕，人人扼腕，欲劫留之。淮五子叩頭流血請淮，淮不忍視，乃命左右追妻。於是追者數千騎，數日而還。淮以書白司馬宣王曰：「五子哀母，不惜其身；若無其母，是無五子；無五子，亦無淮也。今輒追還，若於法未通，當受罪於主者，覲展在近。」書至，宣王亦宥之。

〔二〕晉諸公贊曰：淮弟配，字仲南，有重名，位至城陽太守。裴秀、賈充皆配女壻。子展，字泰舒。有器度幹用，歷職著績，終於太僕。次弟豫，字泰寧，相國參軍，知名，早卒。女適王衍。配弟鎮，字季南，謁者僕射。鎮子奕，字泰業。山濤啓事稱奕高簡有雅量，歷位雍州刺史、尚書。

評曰：滿寵立志剛毅，勇而有謀。田豫居身清白，規略明練。牽招秉義壯烈，威績顯著。郭淮方策精詳，垂問秦、雍。而豫位止小州，招終於郡守，未盡其用也。

三國志卷二十七　魏書二十七

徐胡二王傳第二十七

徐邈字景山，燕國薊人也。太祖平河朔，召爲丞相軍謀掾，試守奉高令，入爲東曹議令史。魏國初建，爲尚書郎。時科禁酒，而邈私飲至於沈醉。校事趙達問以曹事，邈曰：「中聖人。」達白之太祖，太祖甚怒。度遼將軍鮮于輔進曰：「平日醉客謂酒清者爲聖人，濁者爲賢人，邈性脩慎，偶醉言耳。」竟坐得免刑。後領隴西太守，轉爲南安。文帝踐阼，歷譙相，平陽、安平太守，潁川典農中郎將，所在著稱，賜爵關內侯。車駕幸許昌，問邈曰：「頗復中聖人不？」邈對曰：「昔子反斃於穀陽，御叔罰於飲酒，臣嗜同二子，不能自懲，時復中之。然宿瘤以醜見傳，而臣以醉見識。」帝大笑，顧左右曰：「名不虛立。」遷撫軍大將軍軍師。

明帝以涼州絕遠，南接蜀寇，以邈爲涼州刺史，使持節領護羌校尉。至，值諸葛亮出祁山，隴右三郡反，邈輒遣參軍及金城太守等擊南安賊，破之。河右少雨，常苦乏穀，邈上脩武威、酒泉鹽池以收虜穀，又廣開水田，募貧民佃之，家家豐足，倉庫盈溢。乃支度州界軍用之餘，以市金帛犬馬，通供中國之費。以漸收斂民閒私仗，藏之府庫。然後率以仁義，立學明訓，禁厚葬，斷淫祀，進善黜惡，風化大行，百姓歸心焉。西域流通，荒戎入貢，皆邈勳也。討叛羌柯吾有功，封都亭侯，邑三百戶，加建威將軍。邈與羌、胡從事，不問小過；若犯大罪，先告部帥，使知，應死者乃斬以徇，是以信服畏威。賞賜皆散與將士，無入家者，妻子衣食不充；天子聞而嘉之，隨時供給其家。彈邪繩枉，州界肅清。

正始元年，還為大司農。遷為司隸校尉，百寮敬憚之。公事去官。後為光祿大夫，數歲卽拜司空，邈歎曰：「三公論道之官，無其人則缺，豈可以老病忝之哉？」遂固辭不受。嘉平元年，年七十八，以大夫薨于家，用公禮葬，謚曰穆侯。子武嗣。六年，朝廷追思清節之士，詔曰：「夫顯賢表德，聖王所重；舉善而教，仲尼所美。故司空徐邈、征東將軍胡質、衞尉田豫皆服職前朝，歷事四世，出統戎馬，入贊庶政，忠清在公，憂國忘私，不營產業，身沒之後，家無餘財，朕甚嘉之。其賜邈等家穀二千斛，錢三十萬，布告天下。」邈同郡韓觀曼游，有鑒識器幹，與邈齊名，而在孫禮、盧毓先，為豫州刺史，甚有治功，卒官。〔一〕盧欽著書，稱邈曰：「徐公志高行絜，才博氣猛。其施之也，高而不狷，絜而不介，博而守約，猛而能寬。聖人以清為難，而徐公之所易也。」或問欽：「徐公當武帝之時，人以為通，自在涼州及還京師，人以爲介，何也？」欽答曰：「往者毛孝先、崔季珪等用事，貴清素之士，于時皆變易車服以求名高，而徐公不改其常，故人以爲通。比來天下奢靡，轉相倣效，而徐公雅尙自若，不與俗同，故前日之通，乃今日之介也。是世人之無常，而徐公之有常也。」

〔一〕魏名臣奏載黃門侍郎杜恕表，稱：「韓觀、王昶，信有兼才，高官重任，不但三州。」

胡質字文德，楚國壽春人也。少與蔣濟、朱績俱知名於江、淮間，仕州郡。蔣濟爲別駕，使見太祖。太祖問曰：「胡通達，長者也，寧有子孫不？」濟曰：「有子曰質，規模大略不及於父，至於精良綜事過之。」〔一〕太祖卽召質爲頓丘令。縣民郭政通於從妹，殺其夫程他，郡吏馮諒繫獄爲證。政與妹皆耐掠隱抵，諒不勝痛，自誣，當反其罪。質至官，察其情色，更詳其事，檢驗具服。

〔一〕案胡氏譜：通達名敏，以方正徵。

入爲丞相東曹議令史，州請爲治中。將軍張遼與其護軍武周有隙。遼見刺史溫恢求請質，質辭以疾。遼出謂質曰：「僕委意於君，何以相辜如此？」質曰：「古人之交也，取多知其不貪，奔北知其不怯，聞流言而不信，故可終也。武伯南身爲雅士，往者將軍稱之不容於口，今以睚眦之恨，乃成嫌隙。睚，五賣反。眦，士賣反。況質才薄，豈能終好？是以不願也。」

遼感言，復與周平。〔一〕

〔一〕虞預晉書曰：周字伯南，沛國竹邑人。位至光祿大夫。子陔，字元夏。陔及二弟韶、茂，皆總角見稱，並有器望，雖鄉人諸父，未能覺其多少。時同郡劉公榮，名知人，嘗造周。周謂曰：「卿有知人之明，欲使三兒見卿，卿爲目高下，以效郭、許之聽可乎？」公榮乃自詣陔兄弟，與共言語，觀其舉動。出語周曰：「君三子皆國士也。元夏器量最優，有輔佐之風，展力仕宦，可爲亞公。叔夏、季夏，不減常伯、納言也。」陔少出仕宦，歷職內外，泰始初爲吏部尚書，遷左僕射、右光祿大夫、開府儀同三司，卒於官。陔以在魏已爲大臣，本非佐命之數，懷遜讓，不得已而居位，故在官職，無所荷任，夙夜思恭而已。終始全潔，當世以爲美談。韶歷二官吏部郎。山濤啓事稱韶清白有誠，終於散騎常侍。茂至侍中、尚書。潁川荀愷，宣帝外孫，世祖姑子，自負貴戚，要與茂交。茂拒而不答，由是見怒。元康元年，楊駿被誅。愷時爲尚書僕射，以茂駿之姨弟，陷爲駿黨，遂枉見殺，衆咸寃痛之。

太祖辟爲丞相屬。黃初中，徙吏部郎，爲常山太守，遷任東莞。士盧顯爲人所殺，質曰：「此士無讎而有少妻，所以死乎！」悉見其比居年少，書吏李若見問而色動，遂窮詰情狀。若卽自首，罪人斯得。每軍功賞賜，皆散之於衆，無入家者。在郡九年，吏民便安，將士用命。

遷荊州刺史，加振威將軍，賜爵關內侯。吳大將朱然圍樊城，質輕軍赴之。議者皆以爲賊盛不可迫，質曰：「樊城卑下，兵少，故當進軍爲之外援；不然，危矣。」遂勒兵臨圍，城中乃安。遷征東將軍，假節都督青、徐諸軍事。廣農積穀，有兼年之儲，置東征臺，且佃且守。又通渠諸郡，利舟楫，嚴設備以待敵。海邊無事。性沉實內察，不以其節檢物，所在見思。嘉平二年薨，家無餘財，惟有賜衣書篋而已。軍師以聞，追進封陽陵亭侯，邑百戶，謚曰貞侯。子威嗣。六年，詔書褒述質清行，賜其家錢穀。語在徐邈傳。威，咸熙中官至徐州刺史，〔一〕有殊績，歷三郡守，所在有名。卒於安定。

〔一〕晉陽秋曰：威字伯虎。少有志尚，厲操清白。質之為荊州也，威自京都省之。家貧，無車馬童僕，威自驅驢單行，拜見父。停廄中十餘日，告歸。臨辭，質賜絹一疋，為道路糧。威跪曰：「大人清白，不審於何得此絹？」質曰：「是吾俸祿之餘，故以為汝糧耳。」威受之，辭歸。每至客舍，自放驢，取樵炊爨，食畢，復隨旅進道，往還如是。質帳下都督，素不相識，先其將歸，請假還家，陰資裝百餘里要之，因與為伴，每事佐助經營之，又少進飲食，行數百里。威疑之，密誘問，乃知其都督也，因取向所賜絹答謝而遣之。後因他信，具以白質。質杖其都督一百，除吏名。其父子清慎如此。於是名譽著聞，歷位宰牧。晉武帝賜見，論邊事，語及平生。帝歎其父清，謂威曰：「卿清孰與父清？」威對曰：「臣不如也。」帝曰：「以何為不如？」對曰：「臣父清恐人知，臣清恐人不知，是臣不如者遠也。」官至前將軍、青州刺史。太康元年卒，追贈鎮東將軍。威弟羆，字季象，征南將軍；威子奕，字次孫，平東將軍；並以潔行垂名。

王昶字文舒，太原晉陽人也。〔一〕少與同郡王淩俱知名。淩年長，昶兄事之。文帝在東宮，昶爲太子文學，遷中庶子。文帝踐阼，徙散騎侍郎，爲洛陽典農。時都畿樹木成林，昶斫開荒萊，勤勸百姓，墾田特多。遷兗州刺史。明帝卽位，加揚烈將軍，賜爵關內侯。昶雖在外任，心存朝廷，以爲魏承秦、漢之弊，法制苛碎，不大釐改國典以準先王之風，而望治化復興，不可得也。乃著治論，略依古制而合於時務者二十餘篇，又著兵書十餘篇，言奇正之用，〔二〕青龍中奏之。

〔一〕案王氏譜：昶伯父柔，字叔優；父澤，字季道。

郭林宗傳曰：「叔優、季道幼少之時，聞林宗有知人之鑒，共往候之，請問才行所宜，以自處業。林宗笑曰：「卿二人皆二千石才也，雖然，叔優當以仕宦顯，季道宜以經術進，若違才易務，亦不至也。」叔優等從其言。叔優至北中郎將，季道代郡太守。

〔二〕孫子兵法曰：兵以正合，以奇勝；奇正還相生，若循環之無端。

其爲兄子及子作名字，皆依謙實，以見其意，故兄子默字處靜，沈字處道，其子渾字玄沖，深字道沖。遂書戒之曰：

夫人爲子之道，莫大於寶身全行，以顯父母。此三者人知其善，而或危身破家，陷于滅亡之禍者，何也？由所祖習非其道也。夫孝敬仁義，百行之首，行之而立，身之本也。孝敬則宗族安之，仁義則鄉黨重之，此行成於內，名著于外者矣。人若不篤於至行，而背本逐末，以陷浮華焉，以成朋黨焉；浮華則有虛僞之累，朋黨則有彼此之患。此二者之戒，昭然著明，而循覆車滋衆，逐末彌甚，皆由惑當時之譽，昧目前之利故也。夫富貴聲名，人情所樂，而君子或得而不處，何也？惡不由其道耳。患人知進而不知退，知欲而不知足，故有困辱之累，悔吝之咎。語曰：「如不知足，則失所欲。」故知足之足常足矣。覽往事之成敗，察將來之吉凶，未有干名要利，欲而不厭，而能保世持家，永全福祿者也。欲使汝曹立身行己，遵儒者之教，履道家之言，故以玄默沖虛爲名，欲使汝曹顧名思義，不敢違越也。古者盤杅有銘，几杖有誡，俯仰察焉，用無過行；況在己名，可不戒之哉！夫物速成則疾亡，晚就則善終。朝華之草，夕而零落；松柏之茂，隆寒不衰。是以大雅君子惡速成，戒闕黨也。若范匄對秦客而武子擊之折其委笄，惡其掩人也。〔一〕夫人有善鮮不自伐，有能者寡不自矜；伐則掩人，矜則陵人。掩人者人亦掩之，陵人者人亦陵之。故三郤爲戮于晉，王叔負罪於周，不惟矜善自伐好爭之咎乎？故君子不自稱，非以讓人，惡其蓋人也。夫能屈以爲伸，讓以爲得，弱以爲彊，鮮不遂矣。夫毀譽，愛惡之原而禍福之機也，是以聖人慎之。孔子曰：「吾之於人，誰毀誰譽；如有所譽，必有所試。」又曰：「子貢方人。賜也賢乎哉，我則不暇。」以聖人之德，猶尚如此，況庸庸之徒而輕毀譽哉？

昔伏波將軍馬援戒其兄子，言：「聞人之惡，當如聞父母之名；耳可得而聞，口不可得而言也。」斯戒至矣。〔二〕人或毀己，當退而求之於身。若己有可毀之行，則彼言當矣；若己無可毀之行，則彼言妄矣。當則無怨于彼，妄則無害於身，又何反報焉？且聞人毀己而忿者，惡醜聲之加人也，人報者滋甚，不如默而自脩己也。諺曰：「救寒莫如重裘，止謗莫如自脩。」斯言信矣。若與是非之士，凶險之人，近猶不可，況與對校乎？其害深矣。夫虛僞之人，言不根道，行不顧言，其爲浮淺較可識別；而世人惑焉，猶不檢之以言行也。近濟陰魏諷、山陽曹偉皆以傾邪敗沒，熒惑當世，挾持姦慝，驅動後生。雖刑於鈇鉞，大爲炯戒，然所汙染，固以衆矣。可不慎與！〔三〕

若夫山林之士，夷、叔之倫，甘長飢於首陽，安赴火於緜山，雖可以激貪勵俗，然聖人不可爲，吾亦不願也。今汝先人世有冠冕，惟仁義爲名，守慎爲稱，孝悌於閨門，務學於師友。吾與時人從事，雖出處不同，然各有所取。潁川郭伯益，好尚通達，敏而有知。其爲人弘曠不足，輕貴有餘；得其人重之如山，不得其人忽之如草。吾以所知親之昵之，不願兒子爲之。〔四〕北海徐偉長，不治名高，不求苟得，澹然自守，惟道是務。其有所是非，則託古人以見其意，當時無所褒貶。吾敬之重之，願兒子師之。東平劉公幹，博學有高才，誠節有大意，然性行不均，少所拘忌，得失足以相補。吾愛之重之，不顧兒子慕之。〔五〕樂安任昭先，淳粹履道，內敏外恕，推遜恭讓，處不避洿，怯而義勇，在朝忘身。吾友之善之，願兒子遵之。〔六〕若引而伸之，觸類而長之，汝其庶幾舉一隅耳。及其用財先九族，其施舍務周急，其出入存故老，其論議貴無貶，其進仕尚忠節，其取人務實道，其處世戒驕淫，其貧賤慎無戚，其進退念合宜，其行事加九思，如此而已。吾復何憂哉？

〔一〕國語曰：范文子暮退於朝，武子曰：「何暮也？」對曰：「有秦客廋辭于朝，大夫莫之能對也，吾知三焉。」武子怒曰：「大夫非不能也，讓父兄也。爾童子而三掩人於朝，吾不在，晉國亡無日也。」擊之以杖，折其委笄。臣松之案：對秦客者，范燮也。此云范匄，蓋誤也。

〔二〕臣松之以為援之此誡，可謂切至之言，不刊之訓也。凡道人過失，蓋謂居室之愆，人未之知，則由己而發者也。若乃行事，得失已暴于世，因其善惡，即以為誡，方之于彼，則有愈焉。然援誡稱龍伯高之美，言杜季良之惡，致使事徹時主，季良以敗。言之傷人，孰大於此？與其所誡，自相違伐。

〔三〕世語曰：黃初中，孫權通章表。偉以白衣登江上，與權交書求賂，欲以交結京師，故誅之。

〔四〕伯益名奕，郭嘉之子。

〔五〕臣松之以為文舒復擬則文淵，顯言人之失。魏諷、曹偉，事陷惡逆，著以為誡，差無可尤。至若郭伯益、劉公幹，雖其人皆往，善惡有定；然既友之於昔，不宜復毀之於今，而乃形于翰墨，永傳後葉，於舊交則違久要之義，於子孫則揚人前世之惡。於夫鄙懷，深所不取。善乎東方之誡子也，以首陽為拙，柳下為工，寄旨古人，無傷當時。

方之馬、王，不亦遠哉！

〔六〕昭先名嘏。別傳曰：嘏，樂安博昌人。世爲著姓，夙智性成，故鄉人爲之語曰：「蔣氏翁，任氏童。」父旐，字子旟，以至行稱。漢末，黄巾賊起，天下饑荒，人民相食。寇到博昌，聞旐姓字，乃相謂曰：「宿聞任子旟，天下賢人也。今雖作賊，那可入其鄉邪？」遂相帥而去。由是聲聞遠近，州郡並招舉孝廉，歷酸棗、祝阿令。嘏八歲喪母，號泣不絕聲，自然之哀，同於成人，故幼以至性見稱。年十四始學，疑不再問，三年中誦五經，皆究其義，兼包羣言，無不綜覽，於時學者號之神童。遂遇荒亂，家貧賣魚，會官稅魚，魚貴數倍，嘏取直如常。又與人共買生口，各雇八匹。後生口家來贖，時價直六十匹。共買者欲隨時價取贖，嘏自取本價八匹。共買者慚，亦還取本價。比居者擅耕嘏地數十畝種之，人以語嘏，嘏曰：「我自以借之耳。」耕者聞之，慚謝還地。及邑中爭訟，皆詣嘏質之，然後意厭。其子弟有不順者，父兄竊數之曰：「汝所行，豈可令任君知邪！」其禮教所化，率皆如此。會太祖創業，召海內至德，嘏應其舉，爲臨菑侯庶子、相國東曹屬、尚書郎。文帝時，爲黄門侍郎。每納忠言，輒手書懷本，自在禁省，歸書不封。帝嘉其淑慎，累遷東郡、趙郡、河東太守，所在化行，有遺風餘教。嘏爲人淳粹愷悌，虛己若不足，恭敬如有畏。其脩身履義，皆沈默潛行，不顯其美，故時人少得稱之。著書三十八篇，凡四萬餘言。嘏卒後，故吏東郡程威、趙國劉固、河東上官崇等，錄其事行及所著書奏之。詔下祕書，以貫羣言。

青龍四年，詔「欲得有才智文章，謀慮淵深，料遠若近，視昧而察，籌不虛運，策弗徒發，端一小心，清脩密靜，乾乾不解，志尚在公者，無限年齒，勿拘貴賤，卿校已上各舉一人」。太尉司馬宣王以昶應選。正始中，轉在徐州，封武觀亭侯，遷征南將軍，假節都督荆、豫諸軍事。昶以爲國有常衆，戰無常勝；地有常險，守無常勢。今屯宛，去襄陽三百餘里，諸軍散屯，船在宣池，有急不足相赴，乃表徙治新野，習水軍于二州，廣農墾殖，倉穀盈積。

嘉平初，太傅司馬宣王既誅曹爽，乃奏博問大臣得失。昶陳治略五事：其一，欲崇道篤學，抑絕浮華，使國子入太學而脩庠序；其二，欲用考試，考試猶準繩也，未有舍準繩而意正曲直，廢黜陟而空論能否也；其三，欲令居官者久於其職，有治績則就增位賜爵；其四，欲約官實祿，勵以廉恥，不使與百姓爭利；其五，欲絕侈靡，務崇節儉，令衣服有章，上下有敍，儲穀畜帛，反民於樸。詔書褒讚。因使撰百官考課事，昶以爲唐虞雖有黜陟之文，而考課之法不垂。周制冢宰之職，大計羣吏之治而誅賞，又無校比之制。由此言之，聖主明於任賢，略舉黜陟之體，以委達官之長，而總其統紀，故能否可得而知也。其大指如此。

二年，昶奏：「孫權流放良臣，適庶分爭，可乘釁而制吳、蜀；白帝、夷陵之間，黔、巫、秭歸、房陵皆在江北，民夷與新城郡接，可襲取也。」乃遣新城太守州泰襲巫、秭歸、房陵，荊州刺史王基詣夷陵，昶詣江陵，兩岸引竹絙爲橋，渡水擊之。賊奔南岸，鑿七道並來攻。於是昶使積弩同時俱發，賊大將施績夜遁入江陵城，追斬數百級。昶欲引致平地與合戰，乃先遣五軍案大道發還，使賊望見以喜之，以所獲鎧馬甲首，馳環城以怒之，設伏兵以待之。績果追軍，與戰，克之。績遁走，斬其將鍾離茂、許旻，收其甲首旗鼓珍寶器仗，振旅而還。

王基、州泰皆有功。於是遷昶征南大將軍、儀同三司，進封京陵侯。毌丘儉、文欽作亂，引兵拒儉、欽有功，封二子亭侯、關內侯，進位驃騎將軍。諸葛誕反，昶據夾石以逼江陵，持施績、全熙使不得東。誕既誅，詔曰：「昔孫臏佐趙，直湊大梁。西兵驟進，亦所以成東征之勢也。」增邑千戶，并前四千七百戶，遷司空，持節、都督如故。甘露四年薨，謚曰穆侯。子渾嗣，咸熙中爲越騎校尉。〔一〕

〔一〕案晉書：渾自越騎入晉，累居方任，平吳有功，封一子江陵侯，位至司徒。渾子濟，字武子，有儁才令望，爲河南尹、太僕。早卒，追贈驃騎將軍。渾弟深，冀州刺史。深弟湛，字處沖，汝南太守。湛子承，字安期，東海內史。承子述，字懷祖，尚書令、衞將軍。述子坦之，字文度，北中郎將，徐、兗二州刺史。昶諸子中，湛最有德譽，而承亦自爲名士，述及坦之並顯重於世，爲時盛門云。自湛已下事，見晉陽秋也。

王基字伯輿，東萊曲城人也。少孤，與叔父翁居。翁撫養甚篤，基亦以孝稱。年十七，郡召爲吏，非其好也，遂去，入琅邪界游學。黃初中，察孝廉，除郎中。是時青土初定，刺史王淩特表請基爲別駕，後召爲祕書郎，淩復請還。頃之，司徒王朗辟基，淩不遣。朗書劾州曰：「凡家臣之良，則升于公輔，公臣之良，則入于王職，是故古者侯伯有貢士之禮。今州取宿衞之臣，留祕閣之吏，所希聞也。」淩猶不遣。淩流稱青土，蓋亦由基協和之輔也。大將軍司馬宣王辟基，未至，擢爲中書侍郎。

明帝盛脩宮室，百姓勞瘁。基上疏曰：「臣聞古人以水喻民，曰『水所以載舟，亦所以覆舟』。故在民上者，不可以不戒懼。夫民逸則慮易，苦則思難，是以先王居之以約儉，俾不至於生患。昔顏淵云東野子之御，馬力盡矣而求進不已，是以知其將敗。今事役勞苦，男女離曠，願陛下深察東野之弊，留意舟水之喻，息奔駟於未盡，節力役於未困。昔漢有天下，至孝文時唯有同姓諸侯，而賈誼憂之曰：『置火積薪之下而寢其上，因謂之安也。』今寇賊未殄，猛將擁兵，檢之則無以應敵，久之則難以遺後，當盛明之世，不務以除患，若子孫不競，社稷之憂也。使賈誼復起，必深切于曩時矣。」

散騎常侍王肅著諸經傳解及論定朝儀，改易鄭玄舊說，而基據持玄義，常與抗衡。遷安平太守，公事去官。大將軍曹爽請爲從事中郎，出爲安豐太守。郡接吳寇，爲政清嚴有威惠，明設防備，敵不敢犯。加討寇將軍。吳嘗大發衆集建業，揚聲欲入攻揚州，刺史諸葛誕使基策之。基曰：「昔孫權再至合肥，一至江夏，其後全琮出廬江，朱然寇襄陽，皆無功而還。今陸遜等已死，而權年老，內無賢嗣，中無謀主。權自出則懼內釁卒起，癰疽發潰；遣將則舊將已盡，新將未信。此不過欲補定支黨，還自保護耳。」後權竟不能出。時曹爽專柄，風化陵遲，基著時要論以切世事。以疾徵還，起家爲河南尹，未拜。爽伏誅，基嘗爲爽官屬，隨例罷。

其年爲尚書，出爲荆州刺史，加揚烈將軍，隨征南王昶擊吳。基別襲步協於夷陵，協閉門自守。基示以攻形，而實分兵取雄父邸閣，收米三十餘萬斛，虜安北將軍譚正，納降數千口。於是移其降民，置夷陵縣。賜爵關內侯。基又表城上昶，徙江夏治之，以偪夏口，由是賊不敢輕越江。明制度，整軍農，兼脩學校，南方稱之。時朝廷議欲伐吳，詔基量進趣之宜。基對曰：「夫兵動而無功，則威名折於外，財用窮於內，故必全而後用也。若不資通川聚糧水戰之備，則雖積兵江內，無必渡之勢矣。今江陵有沮、漳二水，溉灌膏腴之田以千數。安陸左右，陂池沃衍。若水陸並農，以實軍資，然後引兵詣江陵、夷陵，分據夏口，順沮、漳，資水浮穀而下。賊知官兵有經久之勢，則拒天誅者意沮，而向王化者益固。然後率合蠻夷以攻其內，精卒勁兵以討其外，則夏口以上必拔，而江外之郡不守。如此，吳、蜀之交絕，交絕而吳禽矣。不然，兵出之利，未可必矣。」於是遂止。

司馬景王新統政，基書戒之曰：「天下至廣，萬機至猥，誠不可不矜矜業業，坐而待旦也。夫志正則衆邪不生，心靜則衆事不躁，思慮審定則教令不煩，親用忠良則遠近協服。故知和遠在身，定衆在心。許允、傅嘏、袁侃、崔贊皆一時正士，有直質而無流心，可與同政事者也。」景王納其言。

高貴鄉公卽尊位，進封常樂亭侯。毌丘儉、文欽作亂，以基爲行監軍、假節，統許昌軍，適與景王會於許昌。景王曰：「君籌儉等何如？」基曰：「淮南之逆，非吏民思亂也，儉等誑脅迫懼，畏目下之戮，是以尙羣聚耳。若大兵臨偪，必土崩瓦解，儉、欽之首，不終朝而縣於軍門矣。」景王曰：「善。」乃令基居軍前。議者咸以儉、欽慓悍，難與爭鋒。詔基停駐。基以爲：「儉等舉軍足以深入，而久不進者，是其詐僞已露，衆心疑沮也。今不張示威形以副民望，而停軍高壘，有似畏懦，非用兵之勢也。若或虜略民人，又州郡兵家爲賊所得者，更懷離心；儉等所迫脅者，自顧罪重，不敢復還，此爲錯兵無用之地，而成姦宄之源。吳寇因之，則淮南非國家之有，譙、沛、汝、豫危而不安，此計之大失也。軍宜速進據南頓，南頓有大邸閣，計足軍人四十日糧。保堅城，因積穀，先人有奪人之心，此平賊之要也。」基屢請，乃聽進據濦水。既至，復言曰：「兵聞拙速，未覩工遲之久。方今外有彊寇，內有叛臣，若不時決，則事之深淺未可測也。議者多欲將軍持重。將軍持重是也，停軍不進非也。持重非不行之謂也，進而不可犯耳。今據堅城，保壁壘，以積實資虜，縣運軍糧，甚非計也。」景王欲須諸軍集到，猶尙未許。基曰：「將在軍，君令有所不受。彼得則利，我得亦利，是謂爭城，南頓是也。」遂輒進據南頓，儉等從項亦爭欲往，發十餘里，聞基先到，復還保項。時兗州刺史鄧艾屯樂嘉，儉使文欽將兵襲艾。基知其勢分，進兵偪項，儉衆遂敗。欽等已平，遷鎭南將軍，都督豫州諸軍事，領豫州刺史，進封安樂鄉侯。上疏求分戶二百，賜叔父子喬爵關內侯，以報叔父拊育之德。有詔特聽。

諸葛誕反，基以本官行鎭東將軍，都督揚、豫諸軍事。時大軍在項，以賊兵精，詔基斂軍堅壘。基累啓求進討。會吳遣朱異來救誕，軍於安城。基又被詔引諸軍轉據北山，基謂諸將曰：「今圍壘轉固，兵馬向集，但當精脩守備以待越逸，而更移兵守險，使得放縱，雖有智者不能善後矣。」遂守便宜上疏曰：「今與賊家對敵，當不動如山。若遷移依險，人心搖蕩，於勢大損。諸軍並據深溝高壘，衆心皆定，不可傾動，此御兵之要也。」書奏，報聽。大將軍司馬文王進屯丘頭，分部圍守，各有所統。基督城東城南二十六軍，文王敕軍吏入鎭南部界，一不得有所遣。城中食盡，晝夜攻壘，基輒拒擊，破之。壽春旣拔，文王與基書曰：「初議者云云，求移者甚衆，時未臨履，亦謂宜然。將軍深算利害，獨秉固志，上違詔命，下拒衆議，終至制敵禽賊，雖古人所述，不是過也。」文王欲遣諸將輕兵深入，招迎唐咨等子弟，因釁有蕩覆吳之勢。基諫曰：「昔諸葛恪乘東關之勝，竭江表之兵，以圍新城，城旣不拔，而衆死者太半。姜維因洮上之利，輕兵深入，糧餉不繼，軍覆上邽。夫大捷之後，上下輕敵，輕敵則慮難不深。今賊新敗於外，又內患未弭，是其脩備設慮之時也。且兵出踰年，人有歸志，今俘馘十萬，罪人斯得，自歷代征伐，未有全兵獨克如今之盛者也。武皇帝克袁紹於官渡，自以所獲已多，不復追奔，懼挫威也。」文王乃止。以淮南初定，轉基爲征東將軍，都督揚州諸軍事，進封東武侯。基上疏固讓，歸功參佐，由是長史司馬等七人皆侯。

是歲，基母卒，詔祕其凶問，迎基父豹喪合葬洛陽，追贈豹北海太守。甘露四年，轉爲征南將軍，都督荆州諸軍事。常道鄉公卽尊位，增邑千戶，并前五千七百戶。前後封子二人亭侯、關內侯。

景元二年，襄陽太守表吳賊鄧由等欲來歸化，基被詔，當因此震蕩江表。基疑其詐，馳驛陳狀。且曰：「嘉平以來，累有內難，當今之務，在于鎭安社稷，綏寧百姓，未宜動衆以求外利。」文王報書曰：「凡處事者，多曲相從順，鮮能確然共盡理實。誠感忠愛，每見規示，輒敬依來指。」後由等竟不降。〔一〕

〔一〕司馬彪戰略載基此事，詳於本傳。曰：「景元二年春三月，襄陽太守胡烈表上『吳賊鄧由、李光等，同謀十八屯，欲來歸化，遣將張吳、鄧生，并送質任。克期欲令郡軍臨江迎拔』。大將軍司馬文王啓聞。詔征南將軍王基部分諸軍，使烈督萬人徑造沮水，荆州、義陽南屯宜城，承書夙發。若由等如期到者，便當因此震蕩江表。基疑賊詐降，誘致官兵，馳驛止文王，說由等可疑之狀。『且當淸澄，未宜便舉重兵深入應之』。又曰：『夷陵東道，當由車御，至赤岸乃得渡沮，西道當出箭谿口，乃趣平土，皆山險狹，竹木叢蔚，卒有要害，弩馬不陳。今者筋角弩弱，水潦方降，廢盛農之務，徼難必之利，此事之危者也。昔子午之役，兵行數百里而值霖雨，橋閣破壞，後糧腐敗，前軍縣乏，姜維深入，不待輜重，士衆飢餓，覆軍上邽。文欽、唐咨，舉吳重兵，昧利壽春，身沒不反。此皆近事之鑒戒也。嘉平以來，累有內難。當今之宜，當鎮安社稷，撫寧上下，力農務本，懷柔百姓，未宜動衆以求外利也。得之未足爲多，失之傷損威重。』文王累得基書，意疑。尋敕諸軍已上道者，且權停住所在，須後節度。基又言于文王曰：『昔漢祖納酈生之說，欲封六國，寤張良之謀，而趣銷印。基謀慮淺短，誠不及留侯，亦懼襄陽有食其之謬。』文王於是遂罷軍嚴，後由等果不降。」

是歲基薨，追贈司空，謚曰景侯。子徽嗣，早卒。咸熙中，開建五等，以基著勳前朝，改封基孫廙，而以東武餘邑賜一子爵關內侯。晉室踐阼，下詔曰：「故司空王基既著德立勳，又治身清素，不營產業，久在重任，家無私積，可謂身沒行顯，足用勵俗者也。其以奴婢二人賜其家。」

評曰：徐邈清尚弘通，胡質素業貞粹，王昶開濟識度，王基學行堅白，皆掌統方任，垂稱著績。可謂國之良臣，時之彥士矣。

三國志卷二十八　魏書二十八

王毌丘諸葛鄧鍾傳第二十八

王淩字彥雲，太原祁人也。叔父允，爲漢司徒，誅董卓。卓將李傕、郭汜等爲卓報仇，入長安，殺允，盡害其家。淩及兄晨，時年皆少，踰城得脫，亡命歸鄉里。淩舉孝廉，爲發干長，〔一〕稍遷至中山太守，所在有治，太祖辟爲丞相掾屬。

〔一〕魏略曰：淩爲長，遇事，髡刑五歲，當道掃除。時太祖車過，問此何徒，左右以狀對。太祖曰：「此子師兄子也，所坐亦公耳。」于是主者選爲驍騎主簿。

文帝踐阼，拜散騎常侍，出爲兗州刺史，與張遼等至廣陵討孫權。臨江，夜大風，吳將呂範等船漂至北岸。淩與諸將逆擊，捕斬首虜，獲舟船。有功，封宜城亭侯，加建武將軍，轉在青州。是時海濱乘喪亂之後，法度未整。淩布政施教，賞善罰惡，甚有綱紀，百姓稱之，不容於口。後從曹休征吳，與賊遇於夾石，休軍失利，淩力戰決圍，休得免難。仍徙爲揚、豫州刺史，咸得軍民之歡心。始至豫州，旌先賢之後，求未顯之士，各有條教，意義甚美。初，淩與司馬朗、賈逵友善，及臨兗、豫，繼其名跡。正始初，爲征東將軍，假節都督揚州諸軍事。二年，吳大將全琮數萬衆寇芍陂，淩率諸軍逆討，與賊爭塘，力戰連日，賊退走。進封南鄉侯，邑千三百五十戶，遷車騎將軍、儀同三司。

是時，淩外甥令狐愚以才能爲兗州刺史，屯平阿。舅甥並典兵，專淮南之重。淩就遷爲司空。司馬宣王既誅曹爽，進淩爲太尉，假節鉞。淩、愚密協計，謂齊王不任天位，楚王彪長而才，欲迎立彪都許昌。嘉平元年九月，愚遣將張式至白馬，與彪相問往來。淩又遣舍人勞精詣洛陽，語子廣。廣言：「廢立大事，勿爲禍先。」〔一〕其十一月，愚復遣式詣彪，未還，會愚病死。〔二〕二年，熒惑守南斗，淩謂：「斗中有星，當有暴貴者。」〔三〕三年春，吳賊塞涂水。淩欲因此發，大嚴諸軍，表求討賊；詔報不聽。淩陰謀滋甚，遣將軍楊弘以廢立事告兗州刺史黃華，華、弘連名以白太傅司馬宣王。宣王將中軍乘水道討淩，先下赦赦淩罪，又將尚書廣東，使爲書喻淩，大軍掩至百尺逼淩。淩自知勢窮，乃乘船單出迎宣王，遣掾王彧謝罪，送印綬、節鉞。軍到丘頭，淩面縛水次。宣王承詔遣主簿解縛反服，見淩，慰勞之，還印綬、節鉞，遣步騎六百人送還京都。淩至項，飲藥死。〔四〕宣王遂至壽春。張式等皆自首，乃窮治其事。彪賜死，諸相連者悉夷三族。〔五〕朝議咸以爲春秋之義，齊崔杼、鄭歸生皆加追戮，陳屍斲棺，載在方策。淩、愚罪宜如舊典。乃發淩、愚冢，剖棺，暴屍於所近市三日，

燒其印綬、朝服，親土埋之。〔六〕進弘、華爵爲鄉侯。廣有志尙學行，死時年四十餘。〔七〕

〔一〕漢晉春秋曰：淩、愚謀，以帝幼制於彊臣，不堪爲主，楚王彪長而才，欲迎立之，以興曹氏。淩使人告廣，廣曰：「凡舉大事，應本人情。今曹爽以驕奢失民，何平叔虛而不治，丁、畢、桓、鄧雖並有宿望，皆專競于世。加變易朝典，政令數改，所存雖高而事不下接，民習于舊，衆莫之從。故雖勢傾四海，聲震天下，同日斬戮，名士減半，而百姓安之，莫或之哀，失民故也。今懿情雖難量，事未有逆，而擢用賢能，廣樹勝己，修先朝之政令，副衆心之所求。爽之所以爲惡者，彼莫不必改，夙夜匪懈，以恤民爲先。父子兄弟，並握兵要，未易亡也。」淩不從。臣松之以爲如此言之類，皆前史所不載，而猶出習氏。且制言法體不似於昔，疑悉鑿齒所自造者也。

〔二〕魏書曰：愚字公治，本名淩，黃初中，爲和戎護軍。烏丸校尉田豫討胡有功，小違節度，愚以法繩之。帝怒，械繫愚，免官治罪，詔曰「淩何愚」！遂以名之。正始中，爲曹爽長史，後出爲兗州刺史。

魏略曰：愚聞楚王彪有智勇。初東郡有譌言云：「白馬河出妖馬，夜過官牧邊鳴呼，衆馬皆應，明日見其迹，大如斛，行數里，還入河中。」又有謠言：「白馬素羈西南馳，其誰乘者朱虎騎。」楚王小字朱虎，故愚與王淩陰謀立楚王。乃先使人通意於王，言「使君謝王，天下事不可知，願王自愛」！彪亦陰知其意，答言「謝使君，知厚意也」。

〔三〕魏略曰：淩聞東平民浩詳知星，呼問詳。詳疑淩有所挾，欲悅其意，不言吳當有死喪，而言淮南楚分也，今吳、楚同占，當有王者興。故淩計遂定。

〔四〕魏略載淩與太傅書曰：「卒聞神軍密發，已在百尺，雖知命窮盡，遲於相見，身首分離，不以爲恨，前後遣使，有書未得還報，企踵西望，無物以譬。昨遣書之後，便乘船來相迎宿丘頭，旦發於浦口，奉被露布赦書，又得二十三日況，累紙誨示，聞命驚愕，五內失守，不知何地可以自處？僕久忝朝恩，歷試無效，統御戎馬，董齊東夏，事有闕廢，中心犯義，罪在三百，妻子同縣，無所禱矣。不圖聖恩天覆地載，橫蒙視息，復覩日月。亡甥令狐愚攜惑小之言，僕即時呵抑，使不得竟其語。既人已知，神明所鑒，夫非事無陰，卒至發露，知此梟夷之罪也。生我者父母，活我者子也。」又重曰：「身陷刑罪，謬蒙赦宥。今遣掾送印綬，頃至，當如詔書自縛歸命。雖足下私之，官法有分。」及到，如書。太傅使人解其縛。淩既蒙赦，加恃舊好，不復自疑，徑乘小船自趣太傅。太傅使人逆止之，住船淮中，相去十餘丈。淩知見外，乃遙謂太傅曰：「卿直以折簡召我，我當敢不至邪？而乃引軍來乎！」太傅曰：「以卿非肯逐折簡者故也。」淩曰：「卿負我！」太傅曰：「我寧負卿，不負國家。」遂使人送來西。淩自知罪重，試索棺釘，以觀太傅意，太傅給之。淩行到項，夜呼掾屬與決曰：「行年八十，身名並滅邪！」遂自殺。

干寶晉紀曰：淩到項，見賈逵祠在水側，淩呼曰：「賈梁道，王淩固忠于魏之社稷者，唯爾有神，知之。」其年八月，太傅有疾，夢淩、逵爲癘，甚惡之，遂薨。

〔五〕魏略載：山陽單固，字恭夏，爲人有器實。正始中，兗州刺史令狐愚與固父伯龍善，辟固，欲以爲別駕。固不樂爲州吏，辭以疾。愚禮意愈厚，固不欲應。固母夏侯氏謂固曰：「使君與汝父久善，故命汝不止，汝亦故當仕進，自可往耳。」固不獲已，遂往，與兼治中從事楊康並爲愚腹心。後愚與王淩通謀，康、固皆知其計。會愚病，康應司徒召詣洛陽，固亦以疾解祿。康在京師露其事，太傅乃東取王淩。到壽春，固見太傅，太傅問曰：「卿知其事爲邪？」固對不知。太傅曰：「且置近事。問卿，令狐反乎？」固又曰無。而楊康白，事事與固連。遂收捕固及家屬，皆繫廷尉，考實數十，固故云無有。太傅錄楊康，與固對相詰。固辭窮，乃罵康曰：「老傭既負使君，又滅我族，顧汝當活邪！」辭定，事上，須報廷尉，以舊皆聽得與其母妻子相見。固見其母，不仰視，其母知其慚也，字謂之曰：「恭夏，汝本自不欲應州郡也，我强故耳。汝爲人吏，自當爾耳。此自門戶衰，我無恨也。汝本意與我語。」

固終不仰，又不語，以至於死。初，楊康自以白其事，冀得封拜，後以辭頗參錯，亦幷斬。臨刑，俱出獄，固又罵康曰：「老奴，汝死自分耳。若令死者有知，汝何面目以行地下也。」

〔六〕干寶晉紀曰：兗州武吏東平馬隆，託爲愚家客，以私財更殯葬，行服三年，種植松柏。一州之士愧之。

〔七〕魏氏春秋曰：廣字公淵。弟飛梟、金虎，並才武過人。太傅嘗從容問蔣濟，濟曰：「淩文武俱贍，當今無雙。廣等志力，有美於父耳。」退而悔之，告所親曰：「吾此言，滅人門宗矣。」

魏末傳曰：淩少子字明山，最知名。善書，多技藝，人得其書，皆以爲法。走向太原，追軍及之，時有飛鳥集桑樹，隨枝低卬，舉弓射之即倒，追人乃止不復進。明山投親家食，親家告吏，乃就執之。

毌丘儉字仲恭，河東聞喜人也。父興，黃初中爲武威太守，伐叛柔服，開通河右，名次金城太守蘇則。討賊張進及討叛胡有功，封高陽鄉侯。〔一〕入爲將作大匠。儉襲父爵，爲平原侯文學。明帝即位，爲尚書郎，遷羽林監。以東宮之舊，甚見親待。出爲洛陽典農。時取農民以治宮室，儉上疏曰：「臣愚以爲天下所急除者二賊，所急務者衣食。誠使二賊不滅，士民飢凍，雖崇美宮室，猶無益也。」遷荊州刺史。

〔一〕魏名臣奏載雍州刺史張既表曰：「河右遐遠，喪亂彌久，武威當諸郡路道喉轄之要，加民夷雜處，數有兵難。領太守毌丘興到官，內撫吏民，外懷羌、胡，卒使柔附，爲官效用。黃華、張進初圖逆亂，扇動左右，興志氣忠烈，臨難不顧，爲將校民夷陳說禍福，言則涕泣。于時男女萬口，咸懷感激，形毀髮亂，誓心致命。尋率精兵蹴脅張掖，濟拔領太守杜通、西海太守張睦。張掖番和、驪靬二縣吏民及郡雜胡棄惡詣興，興皆安卹，使盡力田。興每所歷，盡竭心力，誠國之良吏。殿下即位，留心萬機，苟有毫毛之善，必有賞錄，臣伏緣聖旨，指陳其事。」

青龍中，帝圖討遼東，以儉有幹策，徙爲幽州刺史，加度遼將軍，使持節，護烏丸校尉。率幽州諸軍至襄平，屯遼隧。右北平烏丸單于寇婁敦、遼西烏丸都督率衆王護留等，昔隨袁尚奔遼東者，率衆五千餘人降。寇婁敦遣弟阿羅槃等詣闕朝貢，封其渠率二十餘人爲侯、王，賜輿馬繒綵各有差。公孫淵逆與儉戰，不利，引還。明年，帝遣太尉司馬宣王統中軍及儉等衆數萬討淵，定遼東。儉以功進封安邑侯，食邑三千九百戶。

正始中，儉以高句驪數侵叛，督諸軍步騎萬人出玄菟，從諸道討之。句驪王宮將步騎二萬人，進軍沸流水上，大戰梁口，梁音渴。宮連破走。儉遂束馬縣車，以登丸都，屠句驪所都，斬獲首虜以千數。句驪沛者名得來，數諫宮，〔一〕宮不從其言。得來歎曰：「立見此地將生蓬蒿。」遂不食而死，舉國賢之。儉令諸軍不壞其墓，不伐其樹，得其妻子，皆放遣之。宮單將妻子逃竄。儉引軍還。六年，復征之，宮遂奔買溝。儉遣玄菟太守王頎追之，〔二〕過沃沮千有餘里，至肅慎氏南界，刻石紀功，刊丸都之山，銘不耐之城。諸所誅納八千餘口，論功受賞，侯者百餘人。穿山溉灌，民賴其利。

〔一〕臣松之按東夷傳：沛者，句驪國之官名。

〔三〕世語曰：頎字孔碩，東萊人，晉永嘉中大賊王彌，頎之孫。

遷左將軍，假節監豫州諸軍事，領豫州刺史，轉爲鎭南將軍。諸葛誕戰于東關，不利，乃令誕、儉對換。誕爲鎭南，都督豫州。儉爲鎭東，都督揚州。吳太傅諸葛恪圍合肥新城，儉與文欽禦之，太尉司馬孚督中軍東解圍，恪退還。

初，儉與夏侯玄、李豐等厚善。揚州刺史前將軍文欽，曹爽之邑人也，驍果麤猛，數有戰功，好增虜獲，以徼寵賞，多不見許，怨恨日甚。儉以計厚待欽，情好歡洽。欽亦感戴，投心無貳。正元二年正月，有彗星數十丈，西北竟天，起于吳、楚之分。儉、欽喜，以爲己祥。遂矯太后詔，罪狀大將軍司馬景王，移諸郡國，舉兵反。迫脅淮南將守諸別屯者，及吏民大小，皆入壽春城，爲壇於城西，歃血稱兵爲盟，分老弱守城，儉、欽自將五六萬衆渡淮，西至項。儉堅守，欽在外爲游兵。〔一〕

〔一〕儉、欽等表曰：「故相國懿，匡輔魏室，歷事忠貞，故烈祖明皇帝授以寄託之任。懿戮力盡節，以寧華夏。又以齊王聰明，無有穢德，乃心勤盡忠以輔上，天下賴之。懿欲討滅二虜以安宇內，始分軍糧，克時同舉，未成而薨。齊王以懿有輔己大功，故遂使師承統懿業，委以大事。而師以盛年在職，無疾託病，坐擁彊兵，無有臣禮，朝臣非之，義士譏之，天下所聞，其罪一也。懿造計取賊，多舂軍糧，克期有日。師爲大臣，當除國難，又爲人子，當卒父業。哀聲未絕而便罷息，爲臣不忠，爲子不孝，其罪二也。賊退過東關，坐自起衆，三征同進，喪衆敗績，歷年軍實，一旦而盡，致使賊來，天下騷動，死傷流離，其罪三也。賊舉國悉衆，號五十萬，來向壽春，圖詣洛陽，會太尉孚與臣等建計，乃杜塞要險，不與爭鋒，還固新城。淮南將士，衝鋒履刃，晝夜相守，勤瘁百日，死者塗地，自魏有軍已來，爲難苦甚，莫過於此。而師遂意自由，不論封賞，權勢自在，無所領錄，其罪四也。故中書令李豐等，以師無人臣節，欲議退之。師知而請豐，其夕拉殺，載尸埋棺。豐等爲大臣，帝王腹心，擅加酷暴，死無罪名，師有無君之心，其罪五也。懿每歎說齊王自堪人主，君臣之義定。奉事以來十有五載，始欲歸政，按行武庫，詔問禁兵不得妄出。師自知姦慝，人神所不祐，矯廢君主，加之以罪。孚，師之叔父，性甚仁孝，追送齊王，悲不自勝。羣臣皆怒而師懷忍，不顧大義，其罪六也。又故光祿大夫張緝，無罪而誅，夷其妻子，并及母后，逼恐至尊，彊催督遣，臨時哀愕，莫不傷痛；而師稱慶，反以歡喜，其罪七也。陛下踐阼，聰明神武，事經聖心，欲崇省約，天下聞之，莫不歡慶；而師不自改悔，脩復臣禮，而方徵兵募士，毀壞宮內，列侯自衞。陛下卽阼，初不朝覲。陛下欲臨幸師舍以省其疾，復拒不通，不奉法度，其罪八也。近者領軍許允當爲鎮北，以廚錢給賜；而師舉奏加辟，雖云流徙，道路餓殺，天下聞之，莫不哀傷，其罪九也。三方之守，一朝闕廢，多選精兵，以自營衞，五營領兵，闕而不補，多載器杖，充聚本營，天下所聞，人懷憤怨，譌言盈路，以疑海內，其罪十也。多休守兵，以占高第，以空虛四表，欲擅彊勢，以逞姦心，募取屯田，加其復賞，阻兵安忍，壞亂舊法。合聚諸藩王公以著鄴，欲悉誅之，一旦舉事廢主。天不長惡，使目腫不成，其罪十一也。臣等先人皆隨從太祖武皇帝征討凶暴，獲成大功，與高祖文皇帝卽受漢禪，開國承家，猶堯舜相傳也。臣與安豐護軍鄭翼、廬江護軍呂宣、太守張休、淮南太守丁尊、督守合肥護軍王休等議，各以累世受恩，千載風塵，思盡軀命，以完全社稷安主爲效。斯義苟立，雖焚妻子，吞炭漆身，死而不恨也。按師之罪，宜加大辟，以彰姦慝。春秋之義，一世爲善，十世宥之。懿有大功，海內所書，依古典議，廢師以侯就第。弟昭，忠肅寬明，樂善好士，有高世君子之度，忠誠爲國，不與師同。臣等碎首所保，可以代師輔導聖躬。太尉孚，忠孝小心，所宜親寵，授以保傅。護軍散騎常侍望，忠公親事，當官稱能，遠迎乘輿，有宿衞之功，可爲中領軍。春秋之義，大義滅親，故周公誅弟，石碏戮子，季友鴆兄，上爲國計，下全宗族。殛鯀用禹，聖人明典，古今所稱。乞陛下下臣等所奏，朝堂博議。臣言當道，使師遜位避賢者，罷兵去備，如三皇舊法，則天下協同。若師負勢恃衆不自退者，臣等率將所領，晝夜兼行，惟命是授。臣等今日所奏，惟欲使大魏永存，使陛下得行君意，遠絕亡之禍，百姓安全，六合一體，使忠臣義士，不愧於三皇五帝耳。臣恐兵起，天下擾亂，臣輒上事，移三征及州郡國典農，各安慰所部，吏民不得妄動，謹具以狀聞。惟陛下愛養精神，明慮危害，以寧海內。師專權用勢，賞罰自由，聞臣等舉衆，必下詔禁絕關津，使驛書不通，擅復徵調，有所收捕。此乃師詔，非陛下詔書，在所皆不得復承用。臣等道遠，懼文書不得皆通，輒臨時賞罰，以便宜從事，須定表上也。」

大將軍統中外軍討之，別使諸葛誕督豫州諸軍從安風津擬壽春，征東將軍胡遵督青、徐諸軍出于譙、宋之間，絕其歸路。大將軍屯汝陽，使監軍王基督前鋒諸軍據南頓以待之。令諸軍皆堅壁勿與戰。儉、欽進不得鬬，退恐壽春見襲，不得歸，計窮不知所爲。淮南將士，家皆在北，衆心沮散，降者相屬，惟淮南新附農民爲之用。大將軍遣兖州刺史鄧艾督泰山諸軍萬餘人至樂嘉，示弱以誘之，大將軍尋自洙至。欽不知，果夜來欲襲艾等，會明，見大軍兵馬盛，乃引還。〔一〕大將軍縱驍騎追擊，大破之，欽遁走。是日，儉聞欽戰敗，恐懼夜走，衆潰。比至愼縣，左右人兵稍棄儉去，儉獨與小弟秀及孫重藏水邊草中。安風津都尉

部民張屬就射殺儉，傳首京都。屬封侯。秀、重走入吳。將士諸爲儉、欽所迫脅者，悉歸降。〔三〕

〔二〕魏氏春秋曰：欽中子俶，小名鴦。年尚幼，勇力絕人，謂欽曰：「及其未定，擊之可破也。」於是分爲二隊，夜夾攻軍。俶率壯士先至，大呼大將軍，軍中震擾。欽後期不應。會明，俶退，欽亦引還。

魏末傳曰：殿中人姓尹，字大目，小爲曹氏家奴，常侍在帝側，大將軍將俱行。大目知大將軍一目已突出，啓云：「文欽本是明公腹心，但爲人所誤耳，又天子鄉里。大目昔爲文欽所信，乞得追解語之，令還與公復好。」大將軍聽遣大目單身往，乘大馬，被鎧甲，追文欽，遙相與語。大目心實欲曹氏安，謬言：「君侯何苦若不可復忍數日中也！」欲使欽解其旨。欽殊不悟，乃更厲聲罵大目：「汝先帝家人，不念報恩，而反與司馬師作逆；不顧上天，天不祐汝！」乃張弓傅矢欲射大目，大目涕泣曰：「世事敗矣，善自努力也。」

〔三〕欽與郭淮書曰：「大將軍昭伯與太傅(伯)俱受顧命，登牀把臂，託付天下，此遠近所知。後以勢利，乃絕其祀，及其親黨，皆一時之俊，可爲痛心，柰何柰何！公侯恃與大司馬公恩親分著，義貫金石，當此之時，想益毒痛，有不可堪也。王太尉嫌其專朝，潛欲舉兵，事竟不捷，復受誅夷，害及楚王，想甚追恨。太傅既亡，然其子師繼承父業，肆其虐暴，日月滋甚，放主弒后，殘戮忠良，包藏禍心，遂至篡弒。此可忍也，孰不可忍？欽以名義大故，事君有節，忠憤內發，忘寢與食，無所吝顧也。會毌丘子邦自與父書，騰說公侯，盡事主之義，欲奮白髮，同符太公，惟須東問，影響相應，聞問之日，能不慷慨！是以不顧妻孥之痛，即與毌丘鎮東舉義兵三萬餘人，西趨京師，欲扶持王室，掃除姦逆。企踵西望，不得聲問，魯望高子，不足喻急。夫當仁不讓，況救君之難，度道遠艱，故不果期要耳。然同舟共濟，安危勢同，禍痛已連，非言飾所解，自公侯所明也。共事曹氏，積信魏朝，行道之人，皆所知見。

然在朝之士，冒利偷生，烈士所恥，公侯所賤，賈豎所不忍為也，況當塗之士邪？軍屯住項，小人以閏月十六日別進兵，就于樂嘉城討師，師之徒衆，尋時崩潰，其所斬截，不復訾原，但當長驅徑至京師，而流言先至，毌丘不復詳之，更謂小人為誤，諸軍便爾瓦解。毌丘還走，追尋釋解，無所及。小人還項，復遇王基等十二軍，追尋毌丘，進兵討之，即時克破，所向全勝，要那後無繼何？孤軍梁昌，進退失所，還據壽春，壽春復走，狼狽躓閡，無復他計，惟當歸命大吳，借兵乞食，繼踵伍員耳。不若僕隸，如何快心，復君之讎，永使曹氏少享血食，此亦大國之所祐念也。想公侯不使程嬰、杵臼擅名於前代，而使大魏獨無鷹揚之士與？今大吳敦崇大義，深見愍悼。然僕於國大分連接，遠同一勢，日欲俱舉，瓜分中國，不願偏取以為己有。公侯必欲共忍帥胸懷，宜廣大勢，恐秦川之卒不可孤舉。今者之計，宜屈己伸人，託命歸漢，東西俱舉爾，乃可克定師黨耳。深思鄙言，若愚計可從，宜使漢軍克制期要，使六合校考，與周、召同封，以託付兒孫。此亦非小事也，大丈夫寧處其落落，是以遠呈忠心，時望嘉應。」時郭淮已卒，欽未知，故有此書。

世語曰：毌丘儉之誅，黨與七百餘人，傳侍御史杜友治獄，惟舉首事十人，餘皆奏散。友字季子，東郡人，仕晉冀州刺史、河南尹。子默，字世玄，歷吏部郎、衞尉。

儉子甸為治書侍御史，先時知儉謀將發，私出將家屬逃走新安靈山上。別攻下之，夷儉三族。〔一〕

〔一〕世語曰：甸字子邦，有名京邑。齊王之廢也，甸謂儉曰：「大人居方嶽重任，國傾覆而晏然自守，將受四海之責。」儉然之。大將軍惡其為人也。及儉起兵，問屈頓所在，云不來無能為也。儉初起兵，遣子宗四人入吳。太康中，吳平，宗兄弟皆還中國。宗字子仁，有儉風，至零陵太守。宗子奐，巴東監軍、益州刺史。

習鑿齒曰：毌丘儉感明帝之顧命，故為此役。君子謂毌丘儉事雖不成，可謂忠臣矣。夫竭節而赴義者我也，成之與敗者時也，我苟無時，成何可必乎？忘我而不自必，乃所以為忠也。古人有言：「死者復生，生者不愧。」若毌丘儉可謂不愧也。

欽亡入吳，吳以欽為都護、假節、鎮北大將軍、幽州牧、譙侯。〔一〕

〔一〕欽降吳表曰：「稟命不幸，常隸魏國，兩絕於天。雖側伏隅都，自知無路。司馬師滔天作逆，廢害二主，辛、癸、高、莽，惡不足喻。欽累世受魏恩，烏鳥之情，竊懷憤踊，在三之義，期於弊仆。前與毌丘儉、郭淮等俱舉義兵，當共討師，掃除凶孽，誠臣慺慺愚管所執。智慮淺薄，微節不騁，進無所依，悲痛切心。退惟不能扶翼本朝，抱愧俛仰，靡所自厝。冒緣古義，固有所歸，庶假天威，得展萬一，僵仆之日，亦所不恨。輒相率將，歸命聖化，慚偷苟生，非辭所陳。謹上還所受魏使持節、前將軍、山桑侯印綬。臨表惶惑，伏須罪誅。」

魏書曰：欽字仲若，譙郡人。父稷，建安中為騎將，有勇力。欽少以名將子，材武見稱。魏諷反，欽坐與諷辭語相連，及下獄，掠笞數百，當死，太祖以稷故赦之。太和中，為五營校督，出為牙門將。欽性剛暴無禮，所在倨傲陵上，不奉官法，輒見奏遣，明帝抑之。後復以為淮南牙門將，轉為廬江太守、鷹揚將軍。王凌奏欽貪殘，不宜撫邊，求免官治罪，由是徵欽還。曹爽以欽鄉里，厚養待之，不治欽事。復遣還廬江，加冠軍將軍，貴寵踰前。欽以故益驕，好自矜伐，以壯勇高人，頗得虛名於三軍。曹爽誅後，進欽為前將軍以安其心，後代諸葛誕為揚州刺史。自曹爽之誅，欽常內懼，與諸葛誕相惡，無所與謀。會誕去兵，毌丘儉往，乃陰共結謀。戰敗走，晝夜間行，追者不及，遂得入吳，孫峻厚待之。欽雖在他國，不能屈節下人，自呂據、朱異等諸大將皆憎疾之，惟峻常左右之。

諸葛誕字公休，琅邪陽都人，諸葛豐後也。初以尚書郎爲滎陽令，〔一〕入爲吏部郎。人有所屬託，輒顯其言而承用之，後有當否，則公議其得失以爲褒貶，自是羣僚莫不慎其所舉。累遷御史中丞尚書，與夏侯玄、鄧颺等相善，收名朝廷，京都翕然。言事者以誕、颺等脩浮華，合虛譽，漸不可長。明帝惡之，免誕官。〔二〕會帝崩，正始初，玄等並在職。復以誕爲御史中丞尚書，出爲揚州刺史，加昭武將軍。

〔一〕魏氏春秋曰：誕爲郎，與僕射杜畿試船陶河，遭風覆沒，誕亦俱溺。虎賁浮河救誕，誕曰：「先救杜侯。」誕飄于岸，絕而復蘇。

〔二〕世語曰：是時，當世俊士散騎常侍夏侯玄、尚書諸葛誕、鄧颺之徒，共相題表，以玄、疇四人爲四聰，誕、備八人爲八達，中書監劉放子熙、孫資子密、吏部尚書衞臻子烈三人，咸不及比，以父居勢位，容之爲三豫，凡十五人。帝以構長浮華，皆免官廢錮。

王淩之陰謀也，太傅司馬宣王潛軍東伐，以誕爲鎮東將軍、假節都督揚州諸軍事，封山陽亭侯。諸葛恪興東關，遣誕督諸軍討之，與戰，不利。還，徙爲鎮南將軍。

後毌丘儉、文欽反，遣使詣誕，招呼豫州士民。誕斬其使，露布天下，令知儉、欽凶逆。大將軍司馬景王東征，使誕督豫州諸軍，渡安風津向壽春。儉、欽之破也，誕先至壽春。壽春中十餘萬口，聞儉、欽敗，恐誅，悉破城門出，流迸山澤，或散走入吳。以誕久在淮南，乃復以爲鎮東大將軍、儀同三司、都督揚州。吳大將孫峻、呂據、留贊等聞淮南亂，會文欽往，乃帥衆將欽徑至壽春；時誕諸軍已至，城不可攻，乃走。誕遣將軍蔣班追擊之，斬贊，傳首，收其印節。進封高平侯，邑三千五百戶，轉爲征東大將軍。

誕既與玄、颺等至親，又王淩、毌丘儉累見夷滅，懼不自安，傾帑藏振施以結衆心，厚養親附及揚州輕俠者數千人爲死士。〔一〕甘露元年冬，吳賊欲向徐堨，計誕所督兵馬足以待之，而復請十萬衆守壽春，又求臨淮築城以備寇，內欲保有淮南。朝廷微知誕有自疑心，以誕舊臣，欲入度之。二年五月，徵爲司空。誕被詔書，愈恐，遂反。召會諸將，自出攻揚州刺史樂綝，殺之。〔二〕斂淮南及淮北郡縣屯田口十餘萬官兵，揚州新附勝兵者四五萬人，聚穀足一年食，閉城自守。遣長史吳綱將小子靚至吳請救。〔三〕吳人大喜，遣將全懌、全端、唐咨、王祚等，率三萬衆，密與文欽俱來應誕。以誕爲左都護、假節、大司徒、驃騎將軍、青州牧、壽春侯。是時鎮南將軍王基始至，督諸軍圍壽春，未合。咨、欽等從城東北，因山乘險，得將其衆突入城。

〔一〕魏書曰：誕賞賜過度。有犯死者，虧制以活之。

〔二〕世語曰：司馬文王既秉朝政，長史賈充以爲宜遣參佐慰勞四征，于是遣充至壽春。充還啓文王：「誕再在揚州，有威名，民望所歸。今徵，必不來，禍小事淺；不徵，事遲禍大。」乃以爲司空。書至，誕曰：「我作公當在王文舒後，今便爲司空！不遣使者健步齎書，使以兵付樂綝；此必綝所爲。」乃將左右數百人至揚州，揚州人欲閉門，誕叱曰：「卿非我故吏邪！」徑入，綝逃上樓，就斬之。

魏末傳曰：賈充與誕相見，談說時事，因謂誕曰：「洛中諸賢，皆願禪代，君所知也。君以爲云何？」誕厲色曰：「卿非賈豫州子，世受魏恩，如何負國，欲以魏室輸人乎？非吾所忍聞。若洛中有難，吾當死之。」充默然。誕既被徵，請諸牙門置酒飲宴，呼牙門從兵，皆賜酒令醉，謂衆人曰：「前作千人鎧仗始成，欲以擊賊，今當還洛，不復得用，欲蹔出，將見人游戲，須臾還耳；諸君且止。」乃嚴鼓將士七百人出。樂綝聞之，閉州門。誕歷南門宣言曰：「當還洛邑，蹔出游戲，揚州何爲閉門見備？」前至東門，東門復閉，乃使兵緣城攻門，州人悉走，因風放火，焚其府庫，遂殺綝。誕表曰：「臣受國重任，統兵在東。揚州刺史樂綝專詐，說臣與吳交通，又言被詔當代臣位，無狀日久。臣奉國命，以死自立，終無異端。忿綝不忠，輒將步騎七百人，以今月六日討綝，即日斬首，函頭驛馬傳送。若聖朝明臣，臣即魏臣；不明臣，臣即吳臣。不勝發憤有日，謹拜表陳愚，悲感泣血，哽咽斷絕，不知所如，乞朝廷察臣至誠。」

臣松之以爲魏末傳所言，率皆鄙陋。疑誕表言曲，不至於此也。

〔三〕世語曰：黃初末，吳人發長沙王吳芮冢，以其塼於臨湘爲孫堅立廟。芮容貌如生，衣服不朽。後豫發者見吳綱曰：「君何類長沙王吳芮，但微短耳。」綱瞿然曰：「是先祖也，君何由見之？」見者言所由，綱曰：「更葬否？」答曰：「即更葬矣。」自芮之卒年至冢發，四百餘年，綱，芮之十六世孫矣。

六月，車駕東征，至項。大將軍司馬文王督中外諸軍二十六萬衆，臨淮討之。大將軍

屯丘頭。使基及安東將軍陳騫等四面合圍，表裏再重，塹壘甚峻。又使監軍石苞、兗州刺史州泰等，簡銳卒爲游軍，備外寇。欽等數出犯圍，逆擊走之。吳將朱異再以大衆來迎誕等，渡黎漿水，泰等逆與戰，每摧其鋒。孫綝以異戰不進，怒而殺之。城中食轉少，外救不至，衆無所恃。將軍蔣班、焦彝，皆誕爪牙計事者也，棄誕，踰城自歸大將軍。〔一〕大將軍乃使反間，以奇變說全懌等，懌等率衆數千人開門來出。城中震懼，不知所爲。

〔一〕漢晉春秋曰：蔣班、焦彝言于諸葛誕曰：「朱異等以大衆來而不能進，孫綝殺異而歸江東，外以發兵爲名，而內實坐須成敗，其歸可見矣。今宜及衆心尚固，士卒思用，并力決死，攻其一面，雖不能盡克，猶可有全者。」文欽曰：「江東乘戰勝之威久矣，未有難北方者也。況公今舉十餘萬之衆內附，而欽與全端等皆同居死地，父子兄弟盡在江表，就孫綝不欲，主上及其親戚豈肯聽乎？且中國無歲無事，軍民並疲，今守我一年，勢力已困，異圖生心，變故將起，以往準今，可計日而望也。」班、彝固勸之，欽怒，而誕欲殺班。二人懼，且知誕之必敗也，十一月，乃相攜而降。

三年正月，誕、欽、咨等大爲攻具，晝夜五六日攻南圍，欲決圍而出。〔二〕圍上諸軍，臨高以發石車火箭逆燒破其攻具，弩矢及石雨下，死傷者蔽地，血流盈塹。復還入城，城內食轉竭，降出者數萬口。欽欲盡出北方人，省食，與吳人堅守，誕不聽，由是爭恨。欽素與誕有隙，徒以計合，事急愈相疑。欽見誕計事，誕遂殺欽。欽子鴦及虎將兵在小城中，聞欽死，勒兵馳赴之，衆不爲用。鴦、虎單走，踰城出，自歸大將軍。軍吏請誅之，大將軍令曰：「欽之罪不容誅，其子固應當戮，然鴦、虎以窮歸命，且城未拔，殺之是堅其心也。」乃赦鴦、虎，使將兵數百騎馳巡城，呼語城內云：「文欽之子猶不見殺，其餘何懼？」表鴦、虎爲將軍，各賜爵關內侯。城內喜且擾，又日飢困，誕、咨等智力窮。大將軍乃自臨圍，四面進兵，同時鼓譟登城，城內無敢動者。誕窘急，單乘馬，將其麾下突小城門出。大將軍司馬胡奮部兵逆擊，斬誕，傳首，夷三族。誕麾下數百人，坐不降見斬，皆曰：「爲諸葛公死，不恨。」其得人心如此。〔二〕唐咨、王祚及諸裨將皆面縛降，吳兵萬衆，器仗軍實山積。

〔一〕漢晉春秋曰：文欽曰：「蔣班、焦彝謂我不能出而走，全端、全懌又率衆逆降，此敵無備之時也，可以戰矣。」誕及唐咨等皆以爲然，遂共悉衆出攻。

〔二〕干寶晉紀曰：數百人拱手爲列，每斬一人，輒降之，竟不變，至盡，時人比之田橫。吳將于詮曰：「大丈夫受命其主，以兵救人，既不能克，又束手於敵，吾弗取也。」乃免冑冒陳而死。

初圍壽春，議者多欲急攻之，大將軍以爲：「城固而衆多，攻之必力屈，若有外寇，表裏受敵，此危道也。今三叛相聚於孤城之中，天其或者將使同就戮，吾當以全策縻之，可坐而制也。」誕以二年五月反，三年二月破滅。六軍按甲，深溝高壘，而誕自困，竟不煩攻而克。〔一〕及破壽春，議者又以爲淮南仍爲叛逆，吳兵室家在江南，不可縱，宜悉坑之。大將軍以爲古之用兵，全國爲上，戮其元惡而已。吳兵就得亡還，適可以示中國之弘耳。一無所殺，分布三河近郡以安處之。

〔一〕干寶晉紀曰：初，壽春每歲雨潦，淮水溢，常淹城邑。故文王之築圍也，誕笑之曰：「是固不攻而自敗也。」及大軍之攻，亢旱踰年。城既陷，是日大雨，圍壘皆毀。誕子靚，字仲思，吳平還晉。靚子恢，字道明，位至尚書令，追贈左光祿大夫開府。

唐咨本利城人。黃初中，利城郡反，殺太守徐箕，推咨爲主。文帝遣諸軍討破之，咨走入海，遂亡至吳，官至左將軍，封侯、持節。誕、欽屠戮，咨亦生禽，三叛皆獲，天下快焉。〔一〕拜咨安遠將軍，其餘裨將咸假號位，吳衆悅服。江東感之，皆不誅其家。其淮南將吏士民諸爲誕所脅略者，惟誅其首逆，餘皆赦之。聽鴦、虎收斂欽喪，給其車牛，致葬舊墓。〔二〕

〔一〕傅子曰：宋建椎牛禱賽，終自焚滅。文欽日祠祭事天，斬于人手。諸葛誕夫婦聚會神巫，淫祀求福，伏尸淮南，舉族誅夷。此天下所共見，足爲明鑒也。

〔二〕習鑿齒曰：自是天下畏威懷德矣。君子謂司馬大將軍於是役也，可謂能以德攻矣。夫建業者異矣，各有所尚，而不能兼并也。故窮武之雄斃于不仁，存義之國喪于懦退，今一征而禽三叛，大虜吳衆，席卷淮浦，俘馘十萬，可謂壯矣。而未及安坐，喪王基之功，種惠吳人，結異類之情，寵鴦葬欽，忘疇昔之隙，不咎誕衆，使揚士懷愧，功高而人樂其成，業廣而敵懷其德，武昭既敷，文算又洽，推此道也，天下其孰能當之哉？喪王基，語在基傳。

鴦一名俶。晉諸公贊曰，俶後爲將軍，破涼州虜，名聞天下。太康中爲東夷校尉、假節。當之職，入辭武帝，帝見而惡之，託以他事免俶官。東安公繇，諸葛誕外孫，欲殺俶，因誅楊駿，誣俶謀逆，遂夷三族。

鄧艾字士載，義陽棘陽人也。少孤，太祖破荆州，徙汝南，爲農民養犢。年十二，隨母至潁川，讀故太丘長陳寔碑文，言「文爲世範，行爲士則」，艾遂自名範，字士則。後宗族有與同者，故改焉。爲都尉學士，以口吃，不得作幹佐。爲稻田守叢草吏。同郡吏父憐其家貧，資給甚厚，艾初不稱謝。每見高山大澤，輒規度指畫軍營處所，時人多笑焉。後爲典農綱紀，上計吏，因使見太尉司馬宣王。宣王奇之，辟之爲掾，〔一〕遷尙書郎。

〔一〕世語曰：鄧艾少爲襄城典農部民，與石苞皆年十二三。謁者陽翟郭玄信，武帝監軍郭誕元奕之子。建安中，少府吉本起兵許都，玄信坐被刑在家，從典農司馬求人御，以艾、苞與御，行十餘里，與語，悅之，謂二人皆當遠至爲佐相。艾後爲典農功曹，奉使詣宣王，由此見知，遂被拔擢。

時欲廣田畜穀，爲滅賊資，使艾行陳、項已東至壽春。艾以爲「田良水少，不足以盡地利，宜開河渠，可以引水澆溉，大積軍糧，又通運漕之道」。乃著濟河論以喩其指。又以爲「昔破黃巾，因爲屯田，積穀于許都以制四方。今三隅已定，事在淮南，每大軍征舉，運兵過半，功費巨億，以爲大役。陳、蔡之間，土下田良，可省許昌左右諸稻田，幷水東下。令淮北屯二萬人，淮南三萬人，十二分休，常有四萬人，且田且守。水豐常收三倍於西，計除衆費，歲完五百萬斛以爲軍資。六七年間，可積三千萬斛於淮上，此則十萬之衆五年食也。以此乘吳，無往而不克矣。」宣王善之，事皆施行。正始二年，乃開廣漕渠，每東南有事，大軍興衆，汎舟而下，達于江、淮，資食有儲而無水害，艾所建也。

出參征西軍事，遷南安太守。嘉平元年，與征西將軍郭淮拒蜀偏將軍姜維。維退，淮因西擊羌。艾曰：「賊去未遠，或能復還，宜分諸軍以備不虞。」於是留艾屯白水北。三日，維遣廖化自白水南向艾結營。艾謂諸將曰：「維今卒還，吾軍人少，法當來渡而不作橋。此維使化持吾，令不得還。維必自東襲取洮城。」洮城在水北，去艾屯六十里。艾卽夜潛軍徑到，維果來渡，而艾先至據城，得以不敗。賜爵關內侯，加討寇將軍，後遷城陽太守。

是時并州右賢王劉豹并爲一部，艾上言曰：「戎狄獸心，不以義親，彊則侵暴，弱則內附，故周宣有玁狁之寇，漢祖有平城之圍。每匈奴一盛，爲前代重患。自單于在外，莫能牽制長卑。誘而致之，使來入侍。由是羌夷失統，合散無主。以單于在內，萬里順軌。今單于之尊日疏，外土之威寖重，則胡虜不可不深備也。聞劉豹部有叛胡，可因叛割爲二國，以分其勢。去卑功顯前朝，而子不繼業，宜加其子顯號，使居鴈門。離國弱寇，追錄舊勳，此御邊長計也。」又陳：「羌胡與民同處者，宜以漸出之，使居民表崇廉恥之教，塞姦宄之路。」大將軍司馬景王新輔政，多納用焉。遷汝南太守，至則尋求昔所厚己吏父，久已死，遣吏祭之，重遣其母，舉其子與計吏。艾所在，荒野開闢，軍民並豐。

諸葛恪圍合肥新城，不克，退歸。艾言景王曰：「孫權已沒，大臣未附，吳名宗大族，皆有部曲，阻兵仗勢，足以建命。恪新秉國政，而內無其主，不念撫恤上下以立根基，競於外事，虐用其民，悉國之衆，頓於堅城，死者萬數，載禍而歸，此恪獲罪之日也。昔子胥、吳起、商鞅、樂毅皆見任時君，主沒而敗。況恪才非四賢，而不慮大患，其亡可待也。」恪歸，果見誅。遷兗州刺史，加振威將軍。上言曰：「國之所急，惟農與戰，國富則兵彊，兵彊則戰勝。然農者，勝之本也。孔子曰『足食足兵』，食在兵前也。上無設爵之勸，則下無財畜之功。今使考績之賞，在於積粟富民，則交游之路絕，浮華之原塞矣。」

高貴鄉公即尊位，進封方城亭侯。毌丘儉作亂，遣健步齎書，欲疑惑大衆，艾斬之，兼道進軍，先趣樂嘉城，作浮橋。司馬景王至，遂據之。文欽以後大軍破敗於城下，艾追之至丘頭。欽奔吳。吳大將軍孫峻等號十萬衆，將渡江，鎮東將軍諸葛誕遣艾據肥陽，艾以與賊勢相遠，非要害之地，輒移屯附亭，遣泰山太守諸葛緒等于黎漿拒戰，遂走之。其年徵拜長水校尉。以破欽等功，進封方城鄉侯，行安西將軍。解雍州刺史王經圍於狄道，姜維退駐鍾提，乃以艾爲安西將軍，假節、領護東羌校尉。議者多以爲維力已竭，未能更出。艾曰：「洮西之敗，非小失也；破軍殺將，倉廩空虛，百姓流離，幾於危亡。今以策言之，彼有乘勝之勢，我有虛弱之實，一也。彼上下相習，五兵犀利，我將易兵新，器杖未復，二也。彼以船行，吾以陸軍，勞逸不同，三也。狄道、隴西、南安、祁山，各當有守，彼專爲一，我分爲四，四也。從南安、隴西，因食羌穀，若趣祁山，熟麥千頃，爲之縣餌，五也。賊有黠數，其來必矣。」頃之，維果向祁山，聞艾已有備，乃回從董亭趣南安，艾據武城山以相持。維與艾爭險，不克，其夜，渡渭東行，緣山趣上邽，艾與戰於段谷，大破之。甘露元年詔曰：「逆賊姜維連年狡黠，民夷騷動，西土不寧。艾籌畫有方，忠勇奮發，斬將十數，馘首千計；國威震於巴、蜀，武聲揚於江、岷。今以艾爲鎭西將軍、都督隴右諸軍事，進封鄧侯。分五百戶封子忠爲亭侯。」二年，拒姜維于長城，維退還。遷征西將軍，前後增邑凡六千六百戶。景元三年，又破維于侯和，維卻保沓中。四年秋，詔諸軍征蜀，大將軍司馬文王皆指授節度，使艾與維相綴連；雍州刺史諸葛緒要維，令不得歸。艾遣天水太守王頎等直攻維營，隴西太守牽弘等邀其前，金城太守楊欣等詣甘松。維聞鍾會諸軍已入漢中，引退還。欣等追躡於彊川口，大戰，維敗走。聞雍州已塞道屯橋頭，從孔函谷入北道，欲出雍州後。諸葛緒聞之，卻還三十里。維入北道三十餘里，聞緒軍卻，尋還，從橋頭過，緒趣截維，較一日不及。維遂東引，還守劍閣。鍾會攻維未能克。艾上言：「今賊摧折，宜遂乘之，從陰平由邪徑經漢德陽亭趣涪，出劍閣西百里，去成都三百餘里，奇兵衝其腹心。劍閣之守必還赴涪，則會方軌而進；劍閣之軍不還，則應涪之兵寡矣。軍志有之曰：『攻其無備，出其不意。』今掩其空虛，破之必矣。」

冬十月，艾自陰平道行無人之地七百餘里，鑿山通道，造作橋閣。山高谷深，至爲艱險，又糧運將匱，頻於危殆。艾以氈自裹，推轉而下。將士皆攀木緣崖，魚貫而進。先登至江由，蜀守將馬邈降。蜀衞將軍諸葛瞻自涪還緜竹，列陳待艾。艾遣子惠唐亭侯忠等出其右，司馬師纂等出其左。忠、纂戰不利，並退還，曰：「賊未可擊。」艾怒曰：「存亡之分，在此一舉，何不可之有？」乃叱忠、纂等，將斬之。忠、纂馳還更戰，大破之，斬瞻及尚書張遵等首，進軍到雒。劉禪遣使奉皇帝璽綬，爲箋詣艾請降。

艾至成都，禪率太子諸王及羣臣六十餘人面縛輿櫬詣軍門，艾執節解縛焚櫬，受而宥之。檢御將士，無所虜略，綏納降附，使復舊業，蜀人稱焉。輒依鄧禹故事，承制拜禪行驃騎將軍，太子奉車、諸王駙馬都尉。蜀羣司各隨高下拜爲王官，或領艾官屬。以師纂領益州刺史，隴西太守牽弘等領蜀中諸郡。使於緜竹築臺以爲京觀，用彰戰功。士卒死事者，皆與蜀兵同共埋藏。艾深自矜伐，謂蜀士大夫曰：「諸君賴遭某，故得有今日耳。若遇吳漢之徒，已殄滅矣。」又曰：「姜維自一時雄兒也，與某相值，故窮耳。」有識者笑之。

十二月，詔曰：「艾曜威奮武，深入虜庭，斬將搴旗，梟其鯨鯢，使僭號之主，稽首係頸，歷世逋誅，一朝而平。兵不踰時，戰不終日，雲徹席卷，蕩定巴蜀。雖白起破彊楚，韓信克勁趙，吳漢禽子陽，亞夫滅七國，計功論美，不足比勳也。其以艾爲太尉，增邑二萬戶，封子二人亭侯，各食邑千戶。」〔一〕艾言司馬文王曰：「兵有先聲而後實者，今因平蜀之勢以乘吳，吳人震恐，席卷之時也。然大舉之後，將士疲勞，不可便用，且徐緩之；留隴右兵二萬人，蜀兵二萬人，煑鹽興冶，爲軍農要用，並作舟船，豫順流之事，然後發使告以利害，吳必歸化，可不征而定也。今宜厚劉禪以致孫休，安士民以來遠人，若便送禪於京都，吳以爲流徙，則於向化之心不勸。宜權停留，須來年秋冬，比爾吳亦足平。以爲可封禪爲扶風王，錫其資財，供其左右。郡有董卓塢，爲之宮舍。爵其子爲公侯，食郡內縣，以顯歸命之寵。開廣陵、城陽以待吳人，則畏威懷德，望風而從矣。」文王使監軍衞瓘喻艾：「事當須報，不宜輒行。」艾重言曰：「銜命征行，奉指授之策，元惡既服；至于承制拜假，以安初附，謂合權宜。今蜀舉衆歸命，地盡南海，東接吳會，宜早鎭定。若待國命，往復道途，延引日月。春秋之義，大夫出疆，有可以安社稷，利國家，專之可也。今吳未賓，勢與蜀連，不可拘常以失事機。兵法，進不求名，退不避罪，艾雖無古人之節，終不自嫌以損于國也。」鍾會、胡烈、師纂等皆白艾所作悖逆，變釁以結。詔書檻車徵艾。〔二〕

〔一〕袁子曰：諸葛亮，重人也，而驟用蜀兵，此知小國弱民難以久存也。今國家一舉而滅蜀，自征伐之功，未有如此之速者也。方鄧艾以萬人入江由之危險，鍾會以二十萬衆留劍閣而不得進，三軍之士已飢，艾雖戰勝克將，使劉禪數日不降，則二將之軍難以反矣。故功業如此之難也。國家前有壽春之役，後有滅蜀之勞，百姓貧而倉稟虛，故小國之慮，在於時立功以自存，大國之慮，在於既勝而力竭，成功之後，戒懼之時也。

〔三〕魏氏春秋曰：艾仰天歎曰：「艾忠臣也，一至此乎！白起之酷，復見於今日矣。」

艾父子既囚，鍾會至成都，先送艾，然後作亂。會已死，艾本營將士追出艾檻車，迎還。瓘遣田續等討艾，遇於緜竹西，斬之。子忠與艾俱死，餘子在洛陽者悉誅，徙艾妻子及孫於西域。〔一〕

〔一〕漢晉春秋曰：初艾之下江由也，以續不進，欲斬，既而捨之。及瓘遣續，謂曰：「可以報江由之辱矣。」杜預言於衆曰：「伯玉其不免乎！身爲名士，位望已高，既無德音，又不御下以正，是小人而乘君子之器，將何以堪其責乎？」瓘聞之，不俟駕而謝。

世語曰：師纂亦與艾俱死。纂性急少恩，死之日體無完皮。

初，艾當伐蜀，夢坐山上而有流水，以問殄虜護軍爰邵。邵曰：「按易卦，山上有水曰蹇。蹇繇曰：『蹇利西南，不利東北。』孔子曰：『蹇利西南，往有功也；不利東北，其道窮也。』往必克蜀，殆不還乎！」艾憮然不樂。〔一〕

〔一〕荀綽冀州記曰：邵起自幹吏，位至衞尉。長子翰，河東太守。中子敞，大司農。少子倩，字君幼，寬厚有器局，勤於當世，歷位冀州刺史、太子右衞率。翰子俞，字世都，清貞貴素，辯於論議，採公孫龍之辭以談微理。少有能名，辟太尉府，稍歷顯位，至侍中中書令，遷爲監。

臣松之按：蹇彖辭云「蹇利西南，往得中也」，不云「有功」；下云「利見大人，往有功也」。

泰始元年，晉室踐阼，詔曰：「昔太尉王淩謀廢齊王，而王竟不足以守位。征西將軍鄧艾，矜功失節，實應大辟。然被書之日，罷遣人衆，束手受罪，比于求生遂爲惡者，誠復不同。今大赦得還，若無子孫者聽使立後，令祭祀不絕。」三年，議郎段灼上疏理艾曰：「艾心懷至忠而荷反逆之名，平定巴蜀而受夷滅之誅，臣竊悼之。惜哉，言艾之反也！艾性剛急，輕犯雅俗，不能協同朋類，故莫肯理之。臣敢言艾不反之狀。昔姜維有斷隴右之志，艾脩治備守，積穀彊兵。值歲凶旱，艾爲區種，身被烏衣，手執耒耜，以率將士。上下相感，莫不盡力。艾持節守邊，所統萬數，而不難僕虜之勞，士民之役，非執節忠勤，孰能若此？故落門、段谷之戰，以少擊多，摧破彊賊。先帝知其可任，委艾廟勝，授以長策。艾受命忘身，束馬縣車，自投死地，勇氣陵雲，士衆乘勢，使劉禪君臣面縛，叉手屈膝。艾功名以成，當書之竹帛，傳祚萬世。七十老公，反欲何求！艾誠恃養育之恩，心不自疑，矯命承制，權安社稷；雖違常科，有合古義，原心定罪，本在可論。鍾會忌艾威名，搆成其事。忠而受誅，信而見疑，頭縣馬市，諸子并斬，見之者垂泣，聞之者歎息。陛下龍興，闡弘大度，釋諸嫌忌；受誅之家，不拘敍用。昔秦民憐白起之無罪，吳人傷子胥之冤酷，皆爲立祠。今天下民人爲艾悼心痛恨，亦猶是也。臣以爲艾身首分離，捐棄草土，宜收尸喪，還其田宅。以平蜀之功，紹封其孫，使闔棺定謚，死無餘恨。赦寃魂于黃泉，收信義于後世，葬一人而天下慕其行，埋一魂而天下歸其義，所爲者寡而悅者衆矣。」九年，詔曰：「艾有功勳，受罪不逃刑，而子孫爲民隸，朕常愍之。其以嫡孫朗爲郎中。」

艾在西時，修治障塞，築起城塢。泰始中，羌虜大叛，頻殺刺史，涼州道斷。吏民安全者，皆保艾所築塢焉。〔一〕

〔一〕世語曰：咸寧中，積射將軍樊震爲西戎牙門，得見辭，武帝問震所由進，震自陳曾爲鄧艾伐蜀時帳下將，帝遂尋問艾，震具申艾之忠，言之流涕。先是以艾孫朗爲丹水令，由此遷爲定陵令。次孫千秋有時望，光祿大夫王戎辟爲掾。永嘉中，朗爲新都太守，未之官，在襄陽失火，朗及母妻子舉室燒死，惟子韜子行得免。千秋先卒，二子亦燒死。

艾州里時輩南陽州泰，亦好立功業，善用兵，官至征虜將軍、假節都督江南諸軍事。景元二年薨，追贈衞將軍，謚曰壯侯。〔一〕

〔一〕世語曰：初，荊州刺史裴潛以泰爲從事，司馬宣王鎭宛，潛數遣詣宣王，由此爲宣王所知。及征孟達，泰又導軍，遂辟泰。泰頻喪考、妣、祖，九年居喪，宣王留缺待之，至三十六日，擢爲新城太守。宣王爲泰會，使尚書鍾繇調泰：「君釋褐登宰府，三十六日擁麾蓋，守兵馬郡；乞兒乘小車，一何駛乎？」泰曰：「誠有此。君，名公之子，少有文采，故守吏職；獼猴騎土牛，又何遲也！」衆賓咸悅。後歷兗、豫州刺史，所在有籌算績效。

鍾會字士季，潁川長社人，太傅繇小子也。少敏惠夙成。〔一〕中護軍蔣濟著論，謂「觀其眸子，足以知人。」會年五歲，繇遣見濟，濟甚異之，曰：「非常人也。」及壯，有才數技藝，而博學精練名理，以夜續晝，由是獲聲譽。正始中，以爲祕書郎，遷尙書中書侍郎。〔二〕高貴鄉公卽尊位，賜爵關內侯。

〔一〕會爲其母傳曰：「夫人張氏，字昌蒲，太原茲氏人，太傅定陵成侯之命婦也。世長吏二千石。夫人少喪父母，充成侯家，修身正行，非禮不動，爲上下所稱述。貴妾孫氏，攝嫡專家，心害其賢，數讒毀無所不至。孫氏辨博有智巧，言足以飾非成過，然竟不能傷也。及妊娠，愈更嫉妒，乃置藥食中，夫人中食，覺而吐之，瞑眩者數日。或曰：『何不向公言之？』答曰：『嫡庶相害，破家危國，古今以爲鑒誡。假如公信我，衆誰能明其事？彼以心度我，謂我必言，固將先我；事由彼發，顧不快耶！』遂稱疾不見。孫氏果謂成侯曰：『妾欲其得男，故飮以得男之藥，反謂毒之！』成侯曰：『得男藥佳事，闇於食中與人，非人情也。』遂訊侍者具服，孫氏由是得罪出。成侯問夫人何能不言，夫人言其故，成侯大驚，益以此賢之。黃初六年，生會，恩寵愈隆。成侯既出孫氏，更納正嫡賈氏。」

臣松之按：鍾繇于時老矣，而方納正室。蓋禮所云宗子雖七十無無主婦之義也。

魏氏春秋曰：會母見寵於繇，繇爲之出其夫人。卞太后以爲言，文帝詔繇復之。繇恚憤，將引鴆，弗獲，餐椒致噤，帝乃止。

〔二〕世語曰：司馬景王命中書令虞松作表，再呈輒不可意，命松更定。以經時，松思竭不能改，心苦之，形於顏色。會察其有憂，問松，松以實答。會取視，爲定五字。松悅服，以呈景王，王曰：「不當爾邪，誰所定也？」松曰：「鍾會。向亦欲啓之，會公見問，不敢饕其能。」王曰：「如此，可大用，可令來。」會問松王所能，松曰：「博學明識，無所不貫。」會乃絕賓客，精思十日，平旦入見，至鼓二乃出。出後，王獨拊手歎息曰：「此眞王佐材也！」松字叔茂，陳留人，九江太守邊讓外孫。松弱冠有才，從司馬宣王征遼東，宣王命作檄，及破賊，作露布。松從還，宣王辟爲掾，時年二十四，遷中書郎，遂至太守。松子濬，字顯弘，晉廷尉。臣松之以爲鍾會名公之子，聲譽夙著，弱冠登朝，已歷顯位，景王爲相，何容不悉，而方於定虞松表然後乃蒙接引乎？設使先不相識，但見五字而便知可大用，雖聖人其猶病諸，而況景王哉？

毌丘儉作亂，大將軍司馬景王東征，會從，典知密事，衞將軍司馬文王爲大軍後繼。景王薨於許昌，文王總統六軍，會謀謨帷幄。時中詔敕尚書傅嘏，以東南新定，權留衞將軍屯許昌爲內外之援，令嘏率諸軍還。會與嘏謀，使嘏表上，輒與衞將軍俱發，還到雒水南屯住。於是朝廷拜文王爲大將軍、輔政，會遷黃門侍郎，封東武亭侯，邑三百戶。

甘露二年，徵諸葛誕爲司空，時會喪寧在家，策誕必不從命，馳白文王。文王以事已施行，不復追改。〔一〕及誕反，車駕住項，文王至壽春，會復從行。

〔一〕會時遭所生母喪。其母傳曰：「夫人性矜嚴，明於教訓，會雖童稚，勤見規誨。年四歲授孝經，七歲誦論語，八歲誦詩，十歲誦尚書，十一誦易，十二誦春秋左氏傳、國語，十三誦周禮、禮記，十四誦成侯易記，十五使入太學問四方奇文異訓。謂會曰：『學猥則倦，倦則意怠；吾懼汝之意怠，故以漸訓汝，今可以獨學矣。』雅好書籍，涉歷衆書，特好易、老子，每讀易孔子說鳴鶴在陰、勞謙君子、籍用白茅、不出戶庭之義，每使會反覆讀之，曰：『易三百餘爻，仲尼特說此者，以謙恭愼密，樞機之發，行己至要，榮身所由故也，順斯術已往，足爲君子矣。』正始八年，會爲尙書郎，夫人執會手而誨之曰：『汝弱冠見敍，人情不能不自足，則損在其中矣，勉思其戒！』是時大將軍曹爽專朝政，日縱酒沉醉，會兄侍中毓宴還，言其事。夫人曰：『樂則樂矣，然難久也。居上不驕，制節謹度，然後乃無危溢之患。今奢僭若此，非長守富貴之道。』嘉平元年，車駕朝高平陵，會爲中書郎，從行。相國宣文侯始舉兵，衆人恐懼，而夫人自若。中書令劉放、侍郎衞瓘、夏侯和等家皆怪問：『夫人一子在危難之中，何能無憂？』答曰：『大將軍奢僭無度，吾常疑其不安。太傅義不危國，必爲大將軍舉耳。吾兒在帝側何憂？聞且出兵無他重器，其勢必不久戰。』果如其言，一時稱明。會歷機密十餘年，頗豫政謀。夫人謂曰：『昔范氏少子爲趙簡子設伐邾之計，事從民悅，可謂功矣。然其母以爲乘僞作詐，末業鄙事，必不能久。其識本深遠，非近人所言，吾常樂其爲人。汝居心正，吾知免矣。但當脩所志以輔益時化，不忝先人耳。常言人誰能皆體自然，但力行不倦，抑亦其次。雖接鄙賤，必以言信。取與之間，分畫分明。』或問：『此無乃小乎？』答曰：『君子之行，皆積小以致高大，若以小善爲無益而弗爲，此乃小人之事耳。希通慕大者，吾所不好。』會自幼少，衣不過靑紺，親營家事，自知恭儉。然見得思義，臨財必讓。會前後賜錢帛數百萬計，悉送供公家之用，一無所取。年五十有九，甘露二年二月暴疾薨。比葬，天子有手詔，命大將軍高都侯厚加賵贈，喪事無巨細，一皆供給。議者以爲公侯有夫人，有世婦，有妻，有妾，所謂外命婦也。依春秋成風、定姒之義，宜崇典禮，不得總稱妾名，於是稱成侯命婦。殯葬之事，有取于古制，禮也。』

初，吳大將全琮，孫權之婚親重臣也，琮子懌、孫靜、從子端、翩、緝等，皆將兵來救誕。

懌兄子輝、儀留建業，與其家內爭訟，攜其母，將部曲數十家渡江，自歸文王。會建策，密爲輝、儀作書，使輝、儀所親信齎入城告懌等，説吳中怒懌等不能拔壽春，欲盡誅諸將家，故逃來歸命。懌等恐懼，遂將所領開東城門出降，皆蒙封寵，城中由是乖離。壽春之破，會謀居多，親待日隆，時人謂之子房。軍還，遷爲太僕，固辭不就。以中郎在大將軍府管記室事，爲腹心之任。以討諸葛誕功，進爵陳侯，屢讓不受。詔曰：「會典綜軍事，參同計策，料敵制勝，有謀謨之勳，而推寵固讓，辭指款實，前後累重，志不可奪。夫成功不處，古人所重，其聽會所執，以成其美。」遷司隸校尉。雖在外司，時政損益，當世與奪，無不綜典。嵇康等見誅，皆會謀也。

文王以蜀大將姜維屢擾邊陲，料蜀國小民疲，資力單竭，欲大舉圖蜀。惟會亦以爲蜀可取，豫共籌度地形，考論事勢。景元三年冬，以會爲鎮西將軍、假節都督關中諸軍事。文王勑青、徐、兗、豫、荆、揚諸州，並使作船，又令唐咨作浮海大船，外爲將伐吳者。四年秋，乃下詔使鄧艾、諸葛緒各統諸軍三萬餘人，艾趣甘松、沓中連綴維，緒趣武街、橋頭絕維歸路。會統十餘萬衆，分從斜谷、駱谷入。先命牙門將許儀在前治道，會在後行，而橋穿，馬足陷，於是斬儀。儀者，許褚之子，有功王室，猶不原貸。諸軍聞之，莫不震竦。蜀令諸圍皆不得戰，退還漢、樂二城守。魏興太守劉欽趣子午谷，諸軍數道平行，至漢中。蜀監軍王含守樂城，護軍蔣斌守漢城，兵各五千。會使護軍荀愷、前將軍李輔各統萬人，愷圍漢城，輔圍樂城。會徑過，西出陽安口，遣人祭諸葛亮之墓。使護軍胡烈等行前，攻破關城，得庫藏積穀。姜維自沓中還，至陰平，合集士衆，欲赴關城。未到，聞其已破，退趣白水，與蜀將張翼、廖化等合守劍閣拒會。會移檄蜀將吏士民曰：

往者漢祚衰微，率土分崩，生民之命，幾于泯滅。太祖武皇帝神武聖哲，撥亂反正，拯其將墜，造我區夏。高祖文皇帝應天順民，受命踐阼。烈祖明皇帝奕世重光，恢拓洪業。然江山之外，異政殊俗，率土齊民未蒙王化，此三祖所以顧懷遺恨也。今主上聖德欽明，紹隆前緒，宰輔忠肅明允，劬勞王室，布政垂惠而萬邦協和，施德百蠻而肅慎致貢。悼彼巴蜀，獨爲匪民，愍此百姓，勞役未已。是以命授六師，龔行天罰，征西、雍州、鎮西諸軍，五道並進。古之行軍，以仁爲本，以義治之；王者之師，有征無戰；故虞舜舞干戚而服有苗，周武有散財、發廩、表閭之義。今鎮西奉辭銜命，攝統戎重，庶弘文告之訓，以濟元元之命，非欲窮武極戰，以快一朝之政，故略陳安危之要，其敬聽話言。

益州先主以命世英才，興兵朔野，困躓冀、徐之郊，制命紹、布之手，太祖拯而濟之，與隆大好。中更背違，棄同卽異，諸葛孔明仍規秦川，姜伯約屢出隴右，勞動我邊境，侵擾我氐、羌，方國家多故，未遑修九伐之征也。今邊境乂清，方內無事，畜力待時，并兵一向，而巴蜀一州之衆，分張守備，難以禦天下之師。段谷、侯和沮傷之氣，難以敵堂堂之陳。比年以來，曾無寧歲，征夫勤瘁，難以當子來之民。此皆諸賢所親見也。蜀相壯見禽於秦，公孫述授首于漢，九州之險，是非一姓。此皆諸賢所備聞也。明者見危于無形，智者規禍于未萌，是以微子去商，長爲周賓，陳平背項，立功于漢。豈晏安酖毒，懷祿而不變哉？今國朝隆天覆之恩，宰輔弘寬恕之德，先惠後誅，好生惡殺。往者吳將孫壹舉衆內附，位爲上司，寵秩殊異。文欽、唐咨爲國大害，叛主讎賊，還爲戎首。咨困逼禽獲，欽二子還降，皆將軍、封侯；咨與聞國事。壹等窮踧歸命，猶加盛寵，況巴蜀賢知見機而作者哉！誠能深鑒成敗，邈然高蹈，投跡微子之蹤，錯身陳平之軌，則福同古人，慶流來裔，百姓士民，安堵舊業，農不易畝，市不回肆，去累卵之危，就永安之福，豈不美與！若偷安旦夕，迷而不反，大兵一發，玉石皆碎，雖欲悔之，亦無及已。其詳擇利害，自求多福，各具宣布，咸使聞知。

鄧艾追姜維到陰平，簡選精銳，欲從漢德陽入江由、左儋道詣緜竹，趣成都，與諸葛緒共行。緒以本受節度邀姜維，西行非本詔，遂進軍前向白水，與會合。會遣將軍田章等從劍閣西，徑出江由。未至百里，章先破蜀伏兵三校，艾使章先登。遂長驅而前。會與緒軍向劍閣，會欲專軍勢，密白緒畏懦不進，檻車徵還。軍悉屬會，〔二〕進攻劍閣，不克，引退，蜀軍保險拒守。艾遂至緜竹，大戰，斬諸葛瞻。維等聞瞻已破，率其衆東入于巴。會乃進軍至涪，遣胡烈、田續、龐會等追維。艾進軍向成都，劉禪詣艾降，遣使敕維等令降于會。維至廣漢郪縣，令兵悉放器仗，送節傳於胡烈，便從東道詣會降。會上言曰：「賊姜維、張翼、廖化、董厥等逃死遁走，欲趣成都。臣輒遣司馬夏侯咸、護軍胡烈等，經從劍閣，出新都、大渡截其前，參軍爰彰、將軍句安等躡其後，參軍皇甫闓、將軍王買等從涪南出衝其腹，臣據涪縣爲東西勢援。維等所統步騎四五萬人，擐甲厲兵，塞川塡谷，數百里中首尾相繼，憑恃其衆，方軌而西。臣敕咸、闓等令分兵據勢，廣張羅罔，南杜走吳之道，西塞成都之路，北絕越逸之徑，四面雲集，首尾並進，蹊路斷絕，走伏無地。臣又手書申喩，開示生路，羣寇困逼，知命窮數盡，解甲投戈，面縛委質，印綬萬數，資器山積。昔舜舞干戚，有苗自服；牧野之師，商旅倒戈：有征無戰，帝王之盛業。全國爲上，破國次之；全軍爲上，破軍次之：用兵之令典。陛下聖德，侔蹤前代，翼輔忠明，齊軌公旦，仁育羣生，義征不譓，殊俗向化，無思不服，師不踰時，兵不血刃，萬里同風，九州共貫。臣輒奉宣詔命，導揚恩化，復其社稷，安其閭伍，舍其賦調，弛其征役，訓之德禮以移其風，示之軌儀以易其俗，百姓欣欣，人懷逸豫，后來其蘇，義無以過。」會于是禁檢士衆不得鈔略，虛己誘納，以接蜀之羣司，與維情好歡甚。〔三〕十二月詔曰：「會所向摧弊，前無彊敵，緘制衆城，罔羅迸逸。蜀之豪帥，面縛歸命，謀無遺策，擧無廢功。凡所降誅，動以萬計，全勝獨克，有征無戰。拓平西夏，方隅淸晏。其以會爲司徒，進封縣侯，增邑萬戶。封子二人亭侯，邑各千戶。」

〔一〕按百官名：緒入晉爲太常崇禮衞尉。子沖，廷尉。

荀綽兗州記曰：沖子詮，字德林，玫字仁林，並知名顯達。詮，兗州刺史。玫，侍中御史中丞。

〔二〕世語曰：夏侯霸奔蜀，蜀朝問「司馬公如何德」？霸曰：「自當作家門。」「京師俊士」？曰：「有鍾士季，其人管朝政，吳、蜀之憂也。」

漢晉春秋曰：初，夏侯霸降蜀，姜維問之曰：「司馬懿既得彼政，當復有征伐之志不？」霸曰：「彼方營立家門，未遑外事。有鍾士季者，其人雖少，終爲吳、蜀之憂，然非非常之人亦不能用也。」後十五年而會果滅蜀。

按習鑿齒此言，非出他書，故採用世語而附益也。

會內有異志，因鄧艾承制專事，密白艾有反狀，〔一〕於是詔書檻車徵艾。司馬文王懼艾或不從命，敕會並進軍成都，監軍衞瓘在會前行，以文王手筆令宣喩艾軍，艾軍皆釋仗，遂收艾入檻車。會所憚惟艾，艾既禽而會尋至，獨統大衆，威震西土。自謂功名蓋世，不可復爲人下，加猛將銳卒皆在己手，遂謀反。欲使姜維等皆將蜀兵出斜谷，會自將大衆隨其後。既至長安，令騎士從陸道，步兵從水道順流浮渭入河，以爲五日可到孟津，與騎會洛陽，一旦天下可定也。會得文王書云：「恐鄧艾或不就徵，今遣中護軍賈充將步騎萬人徑入斜谷，屯樂城，吾自將十萬屯長安，相見在近。」會得書，驚呼所親語之曰：「但取鄧艾，相國知我能獨辦之；今來大重，必覺我異矣，便當速發。事成，可得天下；不成，退保蜀漢，不失作劉備也。我自淮南以來，畫無遺策，四海所共知也。我欲持此安歸乎！」會以五年正月十五日至，其明日，悉請護軍、郡守、牙門騎督以上及蜀之故官，爲太后發喪于蜀朝堂。矯太后遺詔，使會起兵廢文王，皆班示坐上人，使下議訖，書版署置，更使所親信代領諸軍。所請羣官，悉閉著益州諸曹屋中，城門宮門皆閉，嚴兵圍守。會帳下督丘建本屬胡烈，烈薦之文王，會請以自隨，任愛之。建愍烈獨坐，啓會，使聽內一親兵出取飲食，諸牙門隨例各內一人。烈紿語親兵及疏與其子曰：「丘建密說消息，會已作大坑，白棓棓與棒同。數千，欲悉呼外兵入，人賜白帢，苦洽反。拜爲散將，以次棓殺坑中。」諸牙門親兵亦咸說此語，一夜傳相告，皆徧。或謂會：「可盡殺牙門騎督以上。」會猶豫未決。十八日日中，烈軍兵與烈兒雷鼓出門，諸軍兵不期皆鼓譟出，曾無督促之者，而爭先赴城。時方給與姜維鎧杖，白外有匈匈聲，似失火，有頃，白兵走向城。會驚，謂維曰：「兵來似欲作惡，當云何？」維曰：「但當擊之耳。」會遣兵悉殺所閉諸牙門郡守，內人共舉机以柱門，兵斫門，不能破。斯須，門外倚梯登城，或燒城屋，蟻附亂進，矢下如雨，牙門、郡守各緣屋出，與其卒兵相得。姜維率會

左右戰，手殺五六人，衆既格斬維，爭赴殺會。會時年四十，將士死者數百人。〔三〕

〔二〕世語曰：會善效人書，於劍閣要艾章表白事，皆易其言，令辭指悖傲，多自矜伐。又毀文王報書，手作以疑之也。

〔三〕晉諸公贊曰：胡烈兒名淵，字世元，遵之孫也。遵，安定人，以才兼文武，累居藩鎮，至車騎將軍。子奮，字玄威，亦歷方任。女爲晉武帝貴人，有寵。太康中，以奮爲尚書僕射，加鎮軍大將軍、開府。弟廣，字宣祖，少府。次烈，字玄武，秦州刺史。次岐，字玄嶷，并州刺史。廣子喜，涼州刺史。淵小字鷂鴟，時年十八，既殺會救父，名震遠近。後趙王倫簒位，三王興義，倫使淵與張泓將兵禦齊王，屢破齊軍。會成都戰克，淵乃歸降伏法。

初，艾爲太尉，會爲司徒，皆持節、都督諸軍如故，咸未受命而斃。會兄毓，以四年冬薨，會竟未知問。會兄子邕，隨會與俱死。會所養兄子毅及峻、辿敕連反。等下獄，當伏誅。司馬文王表天子下詔曰：「峻等祖父繇，三祖之世，極位台司，佐命立勳，饗食廟庭。父毓，歷職內外，幹事有績。昔楚思子文之治，不滅鬭氏之祀。晉錄成宣之忠，用存趙氏之後。以會、邕之罪，而絕繇、毓之類，吾有愍然！峻、辿兄弟特原，有官爵者如故。惟毅及邕息伏法。」或曰，毓曾密啓司馬文王，言會挾術難保，不可專任，故宥峻等云。〔一〕

〔一〕漢晉春秋曰：文王嘉其忠亮，笑荅毓曰：「若如卿言，必不以及宗矣。」

初，文王欲遣會伐蜀，西曹屬邵悌求見曰：「今遣鍾會率十餘萬衆伐蜀，愚謂會單身無重任，不若使餘人行。」文王笑曰：「我寧當復不知此耶？蜀爲天下作患，使民不得安息，我今伐之如指掌耳，而衆人皆言蜀不可伐。夫人心豫怯則智勇並竭，智勇並竭而彊使之，適爲敵禽耳。惟鍾會與人意同，今遣會伐蜀，必可滅蜀。滅蜀之後，就如卿所慮，當何所能一辦耶？凡敗軍之將不可以語勇，亡國之大夫不可與圖存，心膽以破故也。若蜀以破，遺民震恐，不足與圖事；中國將士各自思歸，不肯與同也。若作惡，祇自滅族耳。卿不須憂此，愼莫使人聞也。」及會白鄧艾不軌，文王將西，悌復曰：「鍾會所統，五六倍于鄧艾，但可敕會取艾，不足自行。」文王曰：「卿忘前時所言邪，而更云可不須行乎？雖爾，此言不可宣也。我要自當以信義待人，但人不當負我，我豈可先人生心哉！近日賈護軍問我，言：『頗疑鍾會不？』我答言：『如今遣卿行，寧可復疑卿邪？』賈亦無以易我語也。我到長安，則自了矣。」軍至長安，會果已死，咸如所策。〔一〕

〔一〕按咸熙元年百官名：邵悌字元伯，陽平人。

漢晉春秋曰：文王聞鍾會功曹向雄之收葬會也，召而責之曰：「往者王經之死，卿哭于東市而我不問，今鍾會躬爲叛逆而又輒收葬，若復相容，其如王法何！」雄曰：「昔先王掩骼埋胔，仁流朽骨，當時豈先卜其功罪而後收葬哉？今王誅既加，於法已備，雄感義收葬，敎亦無闕。法立於上，敎弘於下，以此訓物，雄曰可矣！何必使雄背死違生，以立於時。殿下讎對枯骨，捐之中野，百歲之後，爲臧獲所笑，豈仁賢所掩哉？」王悅，與宴談而遣之。

習鑿齒曰：向伯茂可謂勇於蹈義也，哭王經而哀感市人，葬鍾會而義動明主，彼皆忠烈奮勁，知死而往，非存生也。況使經、會處世，或身在急難，而有不赴者乎？故尋其奉死之心，可以見事生之情，覽其忠貞之節，足以愧背義之士矣。王加禮而遣，可謂明達。

會嘗論易無互體、才性同異。及會死後，于會家得書二十篇，名曰道論，而實刑名家也，其文似會。初，會弱冠與山陽王弼並知名。弼好論儒道，辭才逸辯，注易及老子，爲尚書郎，年二十餘卒。〔一〕

〔一〕弼字輔嗣。何劭爲其傳曰：「弼幼而察慧，年十餘，好老氏，通辯能言。父業，爲尚書郎。時裴徽爲吏部郎，弼未弱冠，往造焉。徽一見而異之，問弼曰：「夫無者誠萬物之所資也，然聖人莫肯致言，而老子申之無已者何？」弼曰：「聖人體无，无又不可以訓，故不說也。老子是有者也，故恆言無所不足。」尋亦爲傅嘏所知。于時何晏爲吏部尚書，甚奇弼，歎之曰：「仲尼稱後生可畏，若斯人者，可與言天人之際乎！」正始中，黃門侍郎累缺。晏既用賈充、裴秀、朱整，又議用弼。時丁謐與晏爭衡，致高邑王黎於曹爽，爽用黎。於是以弼補臺郎。初除，覲爽，請閒，爽爲屏左右，而弼與論道，移時無所他及，爽以此嗤之。時爽專朝政，黨與共相進用，弼通儁不治名高。尋黎無幾時病亡，爽用王沈代黎，弼遂不得在門下，晏爲之歎恨。弼在臺既淺，事功亦雅非所長，益不留意焉。淮南人劉陶善論縱橫，爲當時所推。每與弼語，常屈弼。弼天才卓出，當其所得，莫能奪也。性和理，樂遊宴，解音律，善投壺。其論道傅會文辭，不如何晏，自然有所拔得多晏也。頗以所長笑人，故時爲士君子所疾。弼與鍾會善，會論議以校練爲家，然每服弼之高致。何晏以爲聖人無喜怒哀樂，其論甚精，鍾會等述之。弼與不同，以爲聖人茂於人者神明也，同於人者五情也，神明茂故能體沖和以通無，五情同故不能無哀樂以應物，然則聖人之情，應物而無累於物者也。今以其無累，便謂不復應物，失之多矣。弼注易，潁川人荀融難弼大衍義。弼答其意，白書以戲之曰：「夫明足以尋極幽微，而不能去自然之性。顏子之量，孔父之所預在，然遇之不能無樂，喪之不能無哀。又常狹斯人，以爲未能以情從理者也，而今乃知自然之不可革。足下之量，雖已定乎胸懷之內，然而隔踰旬朔，何其相思之多乎？故知尼父之於顏子，可以無大過矣。」弼注老子，爲之指略，致有理統。著道略論，注易，往往有高麗言。太原王濟好談，病老、莊，常云：「見弼易注，所悟者多。」然弼爲人淺而不識物情，初與王黎、荀融善，黎奪其黃門郎，於是恨黎，與融亦不終。正始十年，曹爽廢，以公事免。其秋遇癘疾亡，時年二十四，無子絕嗣。弼之卒也，晉景王聞之，嗟歎者累日，其爲高識所惜如此。

孫盛曰：易之爲書，窮神知化，非天下之至精，其孰能與於此？世之注解，殆皆妄也。況弼以傅會之辨而欲籠統玄旨者乎？故其敍浮義則麗辭溢目，造陰陽則妙賾無閒，至于六爻變化，羣象所效，日時歲月，五氣相推，弼皆擯落，多所不關。雖有可觀者焉，恐將泥夫大道。

博物記曰：初，王粲與族兄凱俱避地荆州，劉表欲以女妻粲，而嫌其形陋而用率，以凱有風貌，乃以妻凱。凱生業，業卽劉表外孫也。蔡邕有書近萬卷，末年載數車與粲，粲亡後，相國掾魏諷謀反，粲子與焉，旣被誅，邕所與書悉入業。業字長緒，位至謁者僕射。子宏字正宗，司隸校尉。宏，弼之兄也。

魏氏春秋曰：文帝旣誅粲二子，以業嗣粲。

評曰：王淩風節格尚，毌丘儉才識拔幹，諸葛誕嚴毅威重，鍾會精練策數，咸以顯名，致茲榮任，而皆心大志迂，不慮禍難，變如發機，宗族塗地，豈不謬惑邪！鄧艾矯然彊壯，立

功立事，然闇于防患，咎敗旋至，豈遠知乎諸葛恪而不能近自見，此蓋古人所謂目論者也。〔一〕

〔一〕史記曰：越王無疆與中國爭彊，當楚威王時，越北伐齊，齊威王使人說越云，越王不納。齊使者曰：「幸也，越之不亡也。吾不貴其用智之如目，目見毫毛而不自見其睫也。今王知晉之失計，不自知越之過，是目論也。」

三國志卷二十九　魏書二十九

方技傳第二十九

華佗字元化，沛國譙人也，一名旉。〔一〕游學徐土，兼通數經。沛相陳珪舉孝廉，太尉黃琬辟，皆不就。曉養性之術，時人以爲年且百歲而貌有壯容。又精方藥，其療疾，合湯不過數種，心解分劑，不復稱量，煮熟便飲，語其節度，舍去輒愈。若當灸，不過一兩處，每處不過七八壯，病亦應除。若當針，亦不過一兩處，下針言「當引某許，若至，語人」。病者言「已到」，應便拔針，病亦行差。若病結積在內，針藥所不能及，當須刳割者，便飲其麻沸散，須臾便如醉死無所知，因破取。病若在腸中，便斷腸湔洗，縫腹膏摩，四五日差，不痛，人亦不自寤，一月之間，卽平復矣。

〔一〕臣松之案：古「敷」字與「專」相似，寫書者多不能別。尋佗字元化，其名宜爲旉也。

故甘陵相夫人有娠六月，腹痛不安，佗視脈，曰：「胎已死矣。」使人手摸知所在，在左則男，在右則女。人云「在左」，於是爲湯下之，果下男形，卽愈。

縣吏尹世苦四支煩，口中乾，不欲聞人聲，小便不利。佗曰：「試作熱食，得汗則愈；不汗，後三日死。」卽作熱食而不汗出，佗曰：「藏氣已絕於內，當啼泣而絕。」果如佗言。

府吏兒尋、李延共止，俱頭痛身熱，所苦正同。佗曰：「尋當下之，延當發汗。」或難其異，佗曰：「尋外實，延內實，故治之宜殊。」卽各與藥，明旦並起。

鹽瀆嚴昕與數人共候佗，適至，佗謂昕曰：「君身中佳否？」昕曰：「自如常。」佗曰：「君有急病見於面，莫多飲酒。」坐畢歸，行數里，昕卒頭眩墮車，人扶將還，載歸家，中宿死。

故督郵頓子獻得病已差，詣佗視脈，曰：「尚虛，未得復，勿爲勞事，御內卽死。臨死，當吐舌數寸。」其妻聞其病除，從百餘里來省之，止宿交接，中間三日發病，一如佗言。

督郵徐毅得病，佗往省之。毅謂佗曰：「昨使醫曹吏劉租針胃管訖，便苦欬嗽，欲臥不安。」佗曰：「刺不得胃管，誤中肝也，食當日減，五日不救。」遂如佗言。

東陽陳叔山小男二歲得疾，下利常先啼，日以羸困。問佗，佗曰：「其母懷軀，陽氣內養，乳中虛冷，兒得母寒，故令不時愈。」佗與四物女宛丸，十日卽除。

彭城夫人夜之廁，蠆螫其手，呻呼無賴。佗令溫湯近熱，漬手其中，卒可得寐，但旁人數爲易湯，湯令煖之，其旦卽愈。

軍吏梅平得病，除名還家，家居廣陵，未至二百里，止親人舍。有頃，佗偶至主人許，主人令佗視平，佗謂平曰：「君早見我，可不至此。今疾已結，促去可得與家相見，五日卒。」應時歸，如佗所刻。

佗行道，見一人病咽塞，嗜食而不得下，家人車載欲往就醫。佗聞其呻吟，駐車往視，語之曰：「向來道邊有賣餅家蒜齏大酢，從取三升飲之，病自當去。」即如佗言，立吐蛇一枚，縣車邊，欲造佗。佗尚未還，小兒戲門前，逆見，自相謂曰：「似逢我公，車邊病是也。」疾者前入坐，見佗北壁縣此蛇輩約以十數。

又有一郡守病，佗以爲其人盛怒則差，乃多受其貨而不加治，無何棄去，留書罵之。郡守果大怒，令人追捉殺佗。郡守子知之，屬使勿逐。守瞋恚既甚，吐黑血數升而愈。

又有一士大夫不快，佗云：「君病深，當破腹取。然君壽亦不過十年，病不能殺君，忍病十歲，壽俱當盡，不足故自刳裂。」士大夫不耐痛癢，必欲除之。佗遂下手，所患尋差，十年竟死。

廣陵太守陳登得病，胸中煩懣，面赤不食。佗脈之曰：「府君胃中有蟲數升，欲成內疽，食腥物所爲也。」即作湯二升，先服一升，斯須盡服之。食頃，吐出三升許蟲，赤頭皆動，半身是生魚膾也，所苦便愈。佗曰：「此病後三期當發，遇良醫乃可濟救。」依期果發動，時佗不在，如言而死。

太祖聞而召佗，佗常在左右。太祖苦頭風，每發，心亂目眩，佗針鬲，隨手而差。〔一〕

〔一〕佗別傳曰：有人病兩脚躄不能行，轝詣佗，佗望見云：「已飽針灸服藥矣，不復須看脈。」便使解衣，點背數十處，相去或一寸，或五寸，縱邪不相當。言灸此各十壯，灸創愈即行。後灸處夾脊一寸，上下行端直均調，如引繩也。

李將軍妻病甚，呼佗視脈，曰：「傷娠而胎不去。」將軍言：「聞實傷娠，胎已去矣。」佗曰：「案脈，胎未去也。」將軍以爲不然。佗舍去，婦稍小差。百餘日復動，更呼佗，佗曰：「此脈故事有胎。前當生兩兒，一兒先出，血出甚多，後兒不及生。母不自覺，旁人亦不寤，不復迎，遂不得生。胎死，血脈不復歸，必燥著母脊，故使多脊痛。今當與湯，并針一處，此死胎必出。」湯針既加，婦痛急如欲生者。佗曰：「此死胎久枯，不能自出，宜使人探之。」果得一死男，手足完具，色黑，長可尺所。

佗之絕技，凡此類也。然本作士人，以醫見業，意常自悔，後太祖親理，得病篤重，使佗專視。佗曰：「此近難濟，恆事攻治，可延歲月。」佗久遠家思歸，因曰：「當得家書，方欲暫還耳。」到家，辭以妻病，數乞期不反。太祖累書呼，又敕郡縣發遣。佗恃能厭食事，猶不上道。太祖大怒，使人往檢。若妻信病，賜小豆四十斛，寬假限日；若其虛詐，便收送之。於是傳付許獄，考驗首服。荀彧請曰：「佗術實工，人命所縣，宜含宥之。」太祖曰：「不憂，天下當無此鼠輩耶？」遂考竟佗。佗臨死，出一卷書與獄吏，曰：「此可以活人。」吏畏法不受，佗亦不彊，索火燒之。佗死後，太祖頭風未除。太祖曰：「佗能愈此。小人養吾病，欲以自重，然吾不殺此子，亦終當不爲我斷此根原耳。」及後愛子倉舒病困，太祖歎曰：「吾悔殺華佗，令此兒彊死也。」

初，軍吏李成苦欬嗽，晝夜不寤，時吐膿血，以問佗。佗言：「君病腸臃，欬之所吐，非從肺來也。與君散兩錢，當吐二升餘膿血訖，快自養，一月可小起，好自將愛，一年便健。十八歲當一小發，服此散，亦行復差。若不得此藥，故當死。」復與兩錢散，成得藥去。五六歲，親中人有病如成者，謂成曰：「卿今彊健，我欲死，何忍無急去藥，〔一〕以待不祥？先持貸我，我差，爲卿從華佗更索。」成與之。已故到譙，適值佗見收，怱怱不忍從求。後十八歲，成病竟發，無藥可服，以至於死。〔二〕

〔一〕臣松之案：古語以藏爲去。

〔二〕佗別傳曰：人有在青龍中見山陽太守廣陵劉景宗，景宗說中平日數見華佗，其治病手脈之候，其驗若神。琅邪劉勳爲河內太守，有女年幾二十，左腳膝裏上有瘡，癢而不痛。瘡愈數十日復發，如此七八年，迎佗使視，佗曰：「是易治之。當得稻糠黃色犬一頭，好馬二疋。」以繩繫犬頸，使走馬牽犬，馬極輒易，計馬走三十餘里，犬不能行，復令步人拖曳，計向五十里。乃以藥飲女，女即安臥不知人。因取大刀斷犬腹近後腳之前，以所斷之處向瘡口，令去二三寸。停之須臾，有若蛇者從瘡中而出，便以鐵椎橫貫蛇頭。蛇在皮中動搖良久，須臾不動，乃牽出，長三尺所，純是蛇，但有眼處而無童子，又逆鱗耳。以膏散著瘡中，七日愈。又有人苦頭眩，頭不得舉，目不得視，積年。佗使悉解衣倒懸，令頭去地一二寸，濡布拭身體，令周帀，候視諸脈，盡出五色。佗令弟子數人以鈹刀決脈，五色血盡，視赤血，乃下，以膏摩被覆，汗自出周帀，飲以亭歷犬血散，立愈。又有婦人長病經年，世謂寒熱注病者。冬十一月中，佗令坐石槽中，平旦用寒水汲灌，云當滿百。始七八灌，會戰欲死，灌者懼，欲止。佗令滿數。將至八十灌，熱氣乃蒸出，嚣嚣高二三尺。滿百灌，佗乃使然火溫牀，厚覆，良久汗洽出，著粉，汗燥便愈。又有人病腹中半切痛，十餘日中，鬢眉墮落。佗曰：「是脾半腐，可刳腹養治也。」使飲藥令臥，破腹就視，脾果半腐壞。以刀斷之，刮去惡肉，以膏傅瘡，飲之以藥，百日平復。

廣陵吳普、彭城樊阿皆從佗學。普依準佗治，多所全濟。佗語普曰：「人體欲得勞動，但不當使極爾。動搖則穀氣得消，血脈流通，病不得生，譬猶戶樞不朽是也。是以古之仙者爲導引之事，熊頸鴟顧，引輓腰體，動諸關節，以求難老。吾有一術，名五禽之戲，一曰虎，二曰鹿，三曰熊，四曰猨，五曰鳥，亦以除疾，並利蹄足，以當導引。體中不快，起作一禽之戲，沾濡汗出，因上著粉，身體輕便，腹中欲食。」普施行之，年九十餘，耳目聰明，齒牙完堅。阿善針術。凡醫咸言背及胸藏之間不可妄針，針之不過四分，而阿針背入一二寸，巨闕胸藏針下五六寸，而病輒皆瘳。阿從佗求可服食益於人者，佗授以漆葉青黏散。漆葉屑一升，青黏屑十四兩，以是爲率，言久服去三蟲，利五藏，輕體，使人頭不白。阿從其言，壽百餘歲。漆葉處所而有，青黏生於豐、沛、彭城及朝歌云。〔一〕

〔一〕佗別傳曰：青黏者，一名地節，一名黃芝，主理五藏，益精氣。本出於迷入山者，見仙人服之，以告佗。佗以爲佳，輒語阿，阿又祕之。近者人見阿之壽而氣力彊盛，怪之，遂責阿所服，因醉亂誤道之。法一施，人多服者，皆有大驗。

文帝典論論郤儉等事曰：「潁川郤儉能辟穀，餌伏苓。甘陵甘始亦善行氣，老有少容。廬江左慈知補導之術。並爲軍吏。初，儉之至，市伏苓價暴數倍。議郎安平李覃學其辟穀，餐伏苓，飲寒水，中泄利，殆至隕命。後始來，衆人無不鴟視狼顧，呼吸吐納。軍謀祭酒弘農董芬爲之過差，氣閉不通，良久乃蘇。左慈到，又競受其補導之術，至寺人嚴峻，往從問受。閹豎眞無事於斯術也，人之逐聲，乃至於是。光和中，北海王和平亦好道術，自以當仙。濟南孫邕少事之，從至京師。會和平病死，邕因葬之東陶，有書百餘卷，藥數囊，悉以送之。後弟子夏榮言其尸解。邕至今恨不取其寶書仙藥。劉向惑於鴻寶之說，君游眩於子政之言，古今愚謬，豈唯一人哉！」

東阿王作辯道論曰：「世有方士，吾王悉所招致，甘陵有甘始，廬江有左慈，陽城有郤儉。始能行氣導引，慈曉房中之術，儉善辟穀，悉號二百歲。卒所以集之於魏國者，誠恐斯人之徒，接姦宄以欺衆，行妖慝以惑民，豈復欲觀神仙於瀛洲，求安期於海島，釋金輅而履雲輿，棄六驥而美飛龍哉？自家王與太子及余兄弟咸以爲調笑，不信之矣。然始等知上遇之有恒，奉不過於員吏，賞不加於無功，海島難得而游，六紱難得而佩，終不敢進虛誕之言，出非常之語。余嘗試郤儉絕穀百日，躬與之寢處，行步起居自若也。夫人不食七日則死，而儉乃如是。然不必益壽，可以療疾而不憚饑饉焉。左慈善修房內之術，差可終命，然自非有志至精，莫能行也。甘始者，老而有少容，自諸術士咸共歸之。然始辭繁寡實，頗有怪言。余常辟左右，獨與之談，問其所行，溫顏以誘之，美辭以導之，始語余：『吾本師姓韓字世雄，嘗與師於南海作金，前後數四，投數萬斤金於海。』又言：『諸梁時，西域胡來獻香罽、腰帶、割玉刀，時悔不取也。』又言：『車師之西國，兒生，擘背出脾，欲其食少而努行也。』又言：『取鯉魚五寸一雙，合其一煮藥，俱投沸膏中，有藥者奮尾鼓鰓，游行沉浮，有若處淵，其一者已熟而可噉。』余時問：『言率可試不?』言:『是藥去此逾萬里,當出塞;始不自行不能得也。』言不盡於此,頗難悉載,故粗舉其巨怪者。始若遭秦始皇、漢武帝,則復爲徐市、欒大之徒也。」

杜夔字公良,河南人也。以知音爲雅樂郎,中平五年,疾去官。州郡司徒禮辟,以世亂奔荆州。荆州牧劉表令與孟曜爲漢主合雅樂,樂備,表欲庭觀之,夔諫曰:「今將軍號(不)爲天子合樂,而庭作之,無乃不可乎!」表納其言而止。後表子琮降太祖,太祖以夔爲軍謀祭酒,參太樂事,因令創制雅樂。

夔善鐘律,聰思過人,絲竹八音,靡所不能,惟歌舞非所長。時散郎鄧靜、尹齊善詠雅樂,歌師尹胡能歌宗廟郊祀之曲,舞師馮肅、服養曉知先代諸舞,夔總統研精,遠考諸經,近采故事,教習講肄,備作樂器,紹復先代古樂,皆自夔始也。

黄初中,爲太樂令、協律都尉。漢鑄鐘工柴玉巧有意思,形器之中,多所造作,亦爲時貴人見知。夔令玉鑄銅鐘,其聲均清濁多不如法,數毀改作。玉甚厭之,謂夔清濁任意,頗拒捍夔。夔、玉更相白於太祖,太祖取所鑄鐘,雜錯更試,然(後)知夔爲精而玉之妄也,於是罪玉及諸子,皆爲養馬士。文帝愛待玉,又嘗令夔與(左願)〔左騏〕等於賓客之中吹笙鼓琴,夔有難色,由是帝意不悅。後因他事繫夔,使(願)〔騏〕等就學,夔自謂所習者雅,仕宦有本，意猶不滿，遂黜免以卒。弟子河南邵登、張泰、桑馥，各至太樂丞，下邳陳頏司律中郎將。自左延年等雖妙於音，咸善鄭聲，其好古存正莫及夔。〔一〕

〔一〕時有扶風馬鈞，巧思絕世。傅玄序之曰：「馬先生，天下之名巧也，少而游豫，不自知其爲巧也。當此之時，言不及巧，焉可以言知乎？爲博士居貧，乃思綾機之變，不言而世人知其巧矣。舊綾機五十綜者五十躡，六十綜者六十躡，先生患其喪功費日，乃皆易以十二躡。其奇文異變，因感而作者，猶自然之成形，陰陽之無窮，此輪扁之對不可以言言者，又焉可以言校也。先生爲給事中，與常侍高堂隆、驍騎將軍秦朗爭論於朝，言及指南車，二子謂古無指南車，記言之虛也。先生曰：『古有之，未之思耳，夫何遠之有！』二子哂之曰：『先生名鈞字德衡，鈞者器之模，而衡者所以定物之輕重；輕重無準而莫不模哉！』先生曰：『虛爭空言，不如試之易效也。』於是二子遂以白明帝，詔先生作之，而指南車成。此一異也，又不可以言者也，從是天下服其巧矣。居京都，城內有地，可以爲園，患無水以灌之，乃作翻車，令童兒轉之，而灌水自覆，更入更出，其巧百倍於常。此二異也。其後人有上百戲者，能設而不能動也。帝以問先生：『可動否？』對曰：『可動。』帝曰：『其巧可益否？』對曰：『可益。』受詔作之。以大木彫構，使其形若輪，平地施之，潛以水發焉。設爲女樂舞象，至令木人擊鼓吹簫；作山嶽，使木人跳丸擲劍，緣絙倒立，出入自在；百官行署，舂磨鬭雞，變巧百端。此三異也。先生見諸葛亮連弩，曰：『巧則巧矣，未盡善也。』言作之可令加五倍。又患發石車，敵人之於樓邊縣濕牛皮，中之則墮，石不能連屬而至。欲作一輪，縣大石數十，以機鼓輪爲常，則以斷縣石飛擊敵城，使首尾電至。嘗試以車輪縣瓴甓數十，飛之數百步矣。有裴子者，上國之士也，精通見理，聞而哂之。乃難先生，先生口屈不對。裴子自以爲難得其要，言之不已。傅子謂裴子曰：『子所長者言也，所短者巧也。馬氏所長者巧也，所短者言也。以子所長，擊彼所短，則不得不屈。以子所短，難彼所長，則必有所不解者矣。夫巧，天下之微事也，有所不解而難之不已，其相擊刺，必已遠矣。心乖於內，口屈於外，此馬氏所以不對也。』傅子見安鄉侯，言及裴子之論，安鄉侯又與裴子同。傅子曰：『聖人具體備物，取人不以一揆也：有以神取之者，有以言取之者，有以事取之者。有以神取之者，不言而誠心先達，德行顏淵之倫是也。以言取之者，以變辯是非，言語宰我、子貢是也。以事取之者，若政事冉有、季路，文學子游、子夏。雖聖人之明盡物，如有所用，必有所試，然則試冉、季以政，試游、夏以學矣。游、夏猶然，況自此而降者乎！何者？懸言物理，不可以言盡也，施之於事，言之難盡而試之易知也。今若馬氏所欲作者，國之精器，軍之要用也。費十尋之木，勞二人之力，不經時而是非定。難試易驗之事而輕以言抑人異能，此猶以己智任天下之事，不易其道以御難盡之物，此所以多廢也。馬氏所作，因變而得是，則初所言者不皆是矣。其不皆是，因不用之，是不世之巧無由出也。夫同情者相妬，同事者相害，中人所不能免也。故君子不以人害人，必以考試爲衡石；廢衡石而不用，此美玉所以見誣爲石，荆和所以抱璞而哭之也。』於是安鄉侯悟，遂言之武安侯，武安侯忽之，不果試也。此既易試之事，又馬氏巧名已定，猶忽而不察，況幽深之才，無名之璞乎？後之君子其鑒之哉！馬先生之巧，雖古公輸般、墨翟、王爾，近漢世張平子，不能過也。公輸般、墨翟皆見用於時，乃有益於世。平子雖爲侍中，馬先生雖給事省中，俱不典工官，巧無益於世。用人不當其才，聞賢不試以事，良可恨也。」裴子者，裴秀。安鄉侯者，曹羲。武安侯者，曹爽也。

朱建平，沛國人也。善相術，於閭巷之間，效驗非一。太祖爲魏公，聞之，召爲郎。文帝爲五官將，坐上會客三十餘人，文帝問己年壽，又令徧相衆賓。建平曰：「將軍當壽八十，至四十時當有小厄，願謹護之。」謂夏侯威曰：「君四十九位爲州牧，而當有厄，厄若得過，可年至七十，致位公輔。」謂應璩曰：「君六十二位爲常伯，而當有厄，先此一年，當獨見一白狗，而旁人不見也。」謂曹彪曰：「君據藩國，至五十七當厄於兵，宜善防之。」

初，潁川荀攸、鍾繇相與親善。攸先亡，子幼。繇經紀其門戶，欲嫁其妾。與人書曰：「吾與公達曾共使朱建平相，建平曰：『荀君雖少，然當以後事付鍾君。』吾時啁之曰：『惟當嫁卿阿鶩耳。』何意此子竟早隕沒，戲言遂驗乎！今欲嫁阿鶩，使得善處。追思建平之妙，雖唐舉、許負何以復加也！」

文帝黃初七年，年四十，病困，謂左右曰：「建平所言八十，謂晝夜也，吾其決矣。」頃之，果崩。夏侯威爲兗州刺史，年四十九，十二月上旬得疾，念建平之言，自分必死，豫作遺令及送喪之備，咸使素辦。至下旬轉差，垂以平復。三十日日昃，請紀綱大吏設酒，曰：「吾所苦漸平，明日雞鳴，年便五十，建平之戒，眞必過矣。」威罷客之後，合瞑疾動，夜半遂卒。璩六十一爲侍中，直省內，欻見白狗，問之衆人，悉無見者。於是數聚會，并急游觀田里，飲宴自娛，過期一年，六十三卒。曹彪封楚王，年五十七，坐與王淩通謀，賜死。凡說此輩，無不如言，不能具詳，故粗記數事。惟相司空王昶、征北將軍程喜、中領軍王肅有蹉跌云。肅年六十二，疾篤，衆醫並以爲不愈。肅夫人問以遺言，肅云：「建平相我踰七十，位至三公，今皆未也，將何慮乎！」而肅竟卒。

建平又善相馬。文帝將出，取馬外入，建平道遇之，語曰：「此馬之相，今日死矣。」帝將乘馬，馬惡衣香，驚齧文帝膝，帝大怒，卽便殺之。建平黃初中卒。

周宣字孔和，樂安人也。爲郡吏，太守楊沛夢人曰：「八月一日曹公當至，必與君杖，飲以藥酒。」使宣占之。是時黃巾賊起，宣對曰：「夫杖起弱者，藥治人病，八月一日，賊必除滅。」至期，賊果破。

後東平劉楨夢蛇生四足，穴居門中，使宣占之，宣曰：「此爲國夢，非君家之事也。當殺女子而作賊者。」頃之，女賊鄭、姜遂俱夷討，以蛇女子之祥，足非蛇之所宜故也。

文帝問宣曰：「吾夢殿屋兩瓦墮地，化爲雙鴛鴦，此何謂也？」宣對曰：「後宮當有暴死者。」帝曰：「吾詐卿耳！」宣對曰：「夫夢者意耳，苟以形言，便占吉凶。」言未畢，而黃門令奏宮人相殺。無幾，帝復問曰：「我昨夜夢青氣自地屬天。」宣對曰：「天下當有貴女子寃死。」是時，帝已遣使賜甄后璽書，聞宣言而悔之，遣人追使者不及。帝復問曰：「吾夢摩錢文，欲令滅而更愈明，此何謂邪？」宣悵然不對。帝重問之，宣對曰：「此自陛下家事，雖意以宣爲中郎，屬太史。

嘗有問宣曰：「吾昨夜夢見芻狗，其占何也？」宣答曰：「君欲得美食耳！」有頃，出行，果遇豐膳。後又問宣曰：「昨夜復夢見芻狗，何也？」宣曰：「君欲墮車折腳，宜戒慎之。」頃之，果如宣言。後又問宣：「昨夜復夢見芻狗，何也？」宣曰：「君家失火，當善護之。」俄遂火起。語宣曰：「前後三時，皆不夢也。聊試君耳，何以皆驗邪？」宣對曰：「此神靈動君使言，故與眞夢無異也。」又問宣曰：「三夢芻狗而其占不同，何也？」宣曰：「芻狗者，祭神之物。故君始夢，當得餘食也。祭祀既訖，則芻狗爲車所轢，故中夢當墮車折腳也。芻狗既車轢之後，必載以爲樵，故後夢憂失火也。」宣之敍夢，凡此類也。十中八九，世以比建平之相矣。其餘效故不次列。明帝末卒。

管輅字公明，平原人也。容貌粗醜，無威儀而嗜酒，飲食言戲，不擇非類，故人多愛之而不敬也。〔一〕

〔一〕輅別傳曰：輅年八九歲，便喜仰視星辰，得人輒問其名，夜不肯寐。父母常禁之，猶不可止。自言「我年雖小，然眼中喜視天文。」常云：「家雞野鵠，猶尚知時，況於人乎？」與鄰比兒共戲土壤中，輒畫地作天文及日月星辰。

每答言說事，語皆不常，宿學耆人不能折之，皆知其當有大異之才。及成人，果明周易，仰觀、風角、占、相之道，無不精微。體性寬大，多所含受；憎己不讐，愛己不褒，每欲以德報怨。常謂：「忠孝信義，人之根本，不可不厚；廉介細直，士之浮飾，不足為務也。」自言：「知我者稀，則我貴矣，安能斷江、漢之流，為激石之清？樂與季主論道，不欲與漁父同舟，此吾志也。」其事父母孝，篤兄弟，順愛士友，皆仁和發中，終無所闕。臧否之士，晚亦服焉。父為琅邪即丘長，時年十五，來至官舍讀書。始讀詩、論語及易本，便開淵布筆，辭義斐然。于時黌上有遠方及國內諸生四百餘人，皆服其才也。琅邪太守單子春雅有材度，聞輅一黌之儁，欲得見，輅父即遣輅造之。大會賓客百餘人，坐上有能言之士，輅問子春：「府君名士，加有雄貴之姿，輅既年少，膽未堅剛，若欲相觀，懼失精神，請先飲三升清酒，然後言之。」子春大喜，便酌三升清酒，獨使飲之。酒盡之後，問子春：「今欲與輅為對者，若府君四坐之士邪？」子春曰：「吾欲自與卿旗鼓相當。」輅言：「始讀詩、論、易本，學問微淺，未能上引聖人之道，陳秦、漢之事，但欲論金木水火土鬼神之情耳。」子春言：「此最難者，而卿以為易邪？」於是唱大論之端，遂經於陰陽，文采葩流，枝葉橫生，少引聖籍，多發天然。子春及眾士互共攻劫，論難鋒起，而輅人人答對，言皆有餘。至日向暮，酒食不行。子春語眾人曰：「此年少，盛有才器，聽其言論，正似司馬犬子游獵之賦，何其磊落雄壯，英神以茂，必能明天文地理變化之數，不徒有言也。」於是發聲徐州，號之神童。

父為利漕，利漕民郭恩兄弟三人，皆得躄疾，使輅筮其所由。輅曰：「卦中有君本墓，墓中有女鬼，非君伯母，當叔母也。昔饑荒之世，當有利其數升米者，排著井中，嘖嘖有聲，推一大石，下破其頭，孤魂冤痛，自訴於天。」於是恩涕泣服罪。〔一〕

〔一〕輅別傳曰：利漕民郭恩，字義博，有才學，善周易、春秋，又能仰觀。輅就義博讀易，數十日中，意便開發，言難踰師。於此分蓍下卦，用思精妙，占黌上諸生疾病死亡貧富喪衰，初無差錯，莫不驚怪，謂之神人也。又從義博學仰觀，三十日中通夜不臥，語義博：「君但相語墟落處所耳，至於推運會，論災異，自當出吾天分。」學未一年，義博反從輅問易及天文事要。義博每聽輅語，未嘗不推几慷慨。自言「登聞君至論之時，忘我篤疾，明闇之不相逮，何其遠也」！義博設主人，獨請輅，具告辛苦，自說：「兄弟三人俱得躄疾，不知何故？試相爲作卦，知其所由。若有咎殃者，天道赦人，當爲吾祈福於神明，勿有所愛。兄弟俱行，此爲更生。」輅便作卦，思之未詳。會日夕，因留宿，至中夜，語義博曰：「吾以此得之。」既言其事，義博悲涕沾衣，曰：「皇漢之末，實有斯事。君不名主，諱也。我不得言，禮也。兄弟躄來三十餘載，腳如棘子，不可復治，但願不及子孫耳。」輅言火形不絕，水形無餘，不及後也。

廣平劉奉林婦病困，已買棺器。時正月也，使輅占，曰：「命在八月辛卯日日中之時。」林謂必不然，而婦漸差，至秋發動，一如輅言。〔一〕

〔一〕輅別傳曰：鮑子春爲列人令，有明思才理，與輅相見，曰：「聞君爲劉奉林卜婦死亡日，何其詳妙！試爲論其意義。」輅論爻象之旨，說變化之義，若規圓矩方，無不合也。子春自言：「吾少好譚易，又喜分蓍，可謂盲者欲視白黑，聾者欲聽清濁，苦而無功也。聽君語後，自視體中，眞爲憒憒者也。」

輅往見安平太守王基，基令作卦，輅曰：「當有賤婦人，生一男兒，墮地便走入竈中死。又牀上當有一大蛇銜筆，小大共視，須臾去之也。又烏來入室中，與燕共鬬，燕死，烏去。有此三怪。」基大驚，問其吉凶。輅曰：「直客舍久遠，魑魅魍魎爲怪耳。兒生便走，非能自走，直宋無忌之妖將其入竈也。大虵銜筆，直老書佐耳。烏與燕鬬，直老鈴下耳。今卦中見象而不見其凶，知非妖咎之徵，自無所憂也。」後卒無患。〔一〕

〔一〕輅別傳曰：基與輅共論易，數日中，大以爲喜樂，語輅言：「俱相聞善卜，定共清論。君一時異才，當上竹帛也。」輅爲基出卦，知其無咎，因謂基曰：「昔高宗之鼎，非雉所鴝，殷之階庭，非木所生，而野鳥一鴝，武丁爲高宗，桑穀暫生，太戊以興焉。知三事不爲吉祥，願府君安身養德，從容光大，勿以知神奸汙累天眞。」

時信都令家婦女驚恐，更互疾病，使輅筮之。輅曰：「君北堂西頭，有兩死男子，一男持矛，一男持弓箭，頭在壁內，腳在壁外。持矛者主刺頭，故頭重痛不得舉也。持弓箭者主射胸腹，故心中懸痛不得飲食也。晝則浮游，夜來病人，故使驚恐也。」於是掘徙骸骨，家中皆愈。〔二〕

〔二〕輅別傳曰：王基卽遣信都令遷掘其室中，入地八尺，果得二棺，一棺中有矛，一棺中有角弓及箭，箭久遠，木皆消爛，但有鐵及角完耳。及徙骸骨，去城十里埋之，無復疾病。基曰：「吾少好讀易，玩之以久，不謂神明之數，其妙如此。」便從輅學易，推論天文。輅每開變化之象，演吉凶之兆，未嘗不纖微委曲，盡其精神。基曰：「始聞君言，如何可得，終以皆亂，此自天授，非人力也。」於是藏周易，絕思慮，不復學卜筮之事。輅鄉里乃太原問輅：「君往者爲王府君論怪，云老書佐爲虵，老鈴下爲烏，此本皆人，何化之微賤乎？爲見於爻象，出君意乎？」輅言：「苟非性與天道，何由背爻象而任胸心者乎？夫萬物之化，無有常形，人之變異，無有常體，或大爲小，或小爲大，固無優劣。夫萬物之化，一例之道也。是以夏鯀，天子之父，趙王如意，漢祖之子，而鯀爲黃熊，如意爲蒼狗，斯亦至尊之位而為黔喙之類也。況虵者協辰巳之位，烏者棲太陽之精，此乃騰黑之明象，白日之流景，如書佐、鈴下，各以微軀化為虵、烏，不亦過乎！」

清河王經去官還家，輅與相見。經曰：「近有一怪，大不喜之，欲煩作卦。」卦成，輅曰：「爻吉，不為怪也。君夜在堂戶前，有一流光如燕爵者，入君懷中，殷殷有聲，內神不安，解衣彷徉，招呼婦人，覓索餘光。」經大笑曰：「實如君言。」輅曰：「吉，遷官之徵也，其應行至。」頃之，經為江夏太守。〔一〕

〔一〕輅別傳曰：經欲使輅卜，而有疑難之言。輅笑而答之曰：「君侯州里達人，何言之鄙！昔司馬季主有言，夫卜者必法天地，象四時，順仁義。伏羲作八卦，周文王三百八十四爻，而天下治。病者或以愈，且死或以生，患或以免，事或以成，嫁女娶妻或以生長，豈直數千錢哉？以此推之，急務也。苟道之明，聖賢不讓，況吾小人，敢以為難！」彥緯斂手謝輅：「前言戲之耳。」於是輅為作卦，其言皆驗。經每論輅，以為得龍雲之精，能養和通幽者，非徒合會之才也。

輅又至郭恩家，有飛鳩來在梁頭，鳴甚悲。輅曰：「當有老公從東方來，攜豚一頭，酒一壺。主人雖喜，當有小故。」明日果有客，如所占。恩使客節酒、戒肉、慎火，而射雞作食，箭從樹間激中數歲女子手，流血驚怖。〔一〕

〔一〕輅別傳曰：義博從輅學鳥鳴之候，輅言君雖好道，天才既少，又不解音律，恐難為師也。輅為說八風之變，五音之數，以律呂為眾鳥之商，六甲為時日之端，反覆譴曲，出入無窮。義博靜然沉思，馳精數日，卒無所得。義博言：

「才不出位，難以追徵於此。」遂止。

輅至安德令劉長仁家，有鳴鵲來在閤屋上，其聲甚急。輅曰：「鵲言東北有婦昨殺夫，牽引西家人夫離婁，候不過日在虞淵之際，告者至矣。」到時，果有東北同伍民來告，鄰婦手殺其夫，詐言西家人與夫有嫌，來殺我壻。〔一〕

〔一〕輅別傳曰：勃海劉長仁有辯才，初雖聞輅能曉鳥鳴，後每見難輅曰：「夫生民之音曰言，鳥獸之聲曰鳴，故言者則有知之貴靈，鳴者則無知之賤名，何由以鳥鳴爲語，亂神明之所異也？孔子曰『吾不與鳥獸同羣』，明其賤也。」輅答曰：「夫天雖有大象而不能言，故運星精於上，流神明於下，驗風雲以表異，役鳥獸以通靈。表異者必有浮沉之候，通靈者必有宮商之應，是以宋襄失德，六鶂並退，伯姬將焚，鳥唱其災，四國未火，融風已發，赤烏夾日，殃在荆楚。此乃上天之所使，自然之明符。考之律呂則音聲有本，求之人事則吉凶不失。昔在秦祖，以功受封，葛盧聽音，著在春秋，斯皆典謨之實，非聖賢之虛名也。商之將興，由一燕卵，文王受命，丹烏銜書，此乃聖人之靈祥，周室之休祚，何賤之有乎？夫鳥鳴之聽，精在鶉火，妙在八神，自非斯倫，猶子路之於死生也。」長仁言：「君辭雖茂，華而不實，未敢之信。」須臾有鳴鵲之驗，長仁乃服。

輅至列人典農王弘直許，有飄風高三尺餘，從申上來，在庭中幢幢回轉，息以復起，良久乃止。直以問輅，輅曰：「東方當有馬吏至，恐父哭子，如何！」明日膠東吏到，直子果亡。直問其故，輅曰：「其日乙卯，則長子之候也。木落於申，斗建申，申破寅，死喪之候也。日加午而風發，則馬之候也。離爲文章，則吏之候也。申未爲虎，虎爲大人，則父之候也。」

有雄雉飛來，登直內鈴柱頭，直大以不安，令輅作卦，輅曰：「到五月必遷。」時三月也，至期，直果爲勃海太守。〔一〕

〔一〕輅別傳曰：輅又曰：「夫風以時動，爻以象應，時者神之驅使，象者時之形表，一時其道，不足爲難。」王弘直亦大學問，有道術，皆不能精。問輅：「風之推變，乃可爾乎？」輅言：「此但風之毛髮，何足爲異？若夫列宿不守，衆神亂行，八風橫起，怒氣電飛，山崩石飛，樹木摧傾，揚塵萬里，仰不見天，鳥獸藏竄，兆民駭驚，於是使梓愼之徒，登高臺，望風氣，分災異，刻期日，然後知神思遐幽，靈風可懼。」

館陶令諸葛原遷新興太守，輅往祖餞之，賓客並會。原自起取燕卵、蜂窠、鼅鼄著器中，使射覆。卦成，輅曰：「第一物，含氣須變，依乎宇堂，雄雌以形，翅翼舒張，此燕卵也。第二物，家室倒縣，門戶衆多，藏精育毒，得秋乃化，此蜂窠也。第三物，觳觫長足，吐絲成羅，尋網求食，利在昬夜，此鼅鼄也。」舉坐驚喜。〔一〕

〔一〕輅別傳曰：諸葛原字景春，亦學士。好卜筮，數與輅共射覆，不能窮之。景春與輅有榮辱之分，因輅餞之，大有高譚之客。諸人多聞其善卜、仰觀，不知其有大異之才，於是先與輅共論聖人著作之原，又敍五帝、三王受命之符。輅解景春微旨，遂開張戰地，示以不固，藏匿孤虛，以待來攻。景春奔北，軍師摧衄，自言吾覩卿旌旗，城池已壞也。其欲戰之士，於此鳴鼓角，舉雲梯，弓弩大起，牙旗雨集。然後登城曜威，開門受敵，上論五帝，如江如漢，下論三王，如翩如翰；其英者若春華之俱發，其攻者若秋風之落葉。聽者眩惑，不達其義，言者收聲，莫不心服，雖白起之坑趙卒，項羽之塞濉水，無以尙之。于時客皆欲面縛銜璧，求束手於軍鼓之下。輅猶總干山立，未便許之。至明日，離別之際，然後有腹心始終。一時海內俊士，八九人矣。蔡元才在朋友中最有清才，在衆人中言：「本聞卿作狗，何意爲龍？」輅言：「潛陽未變，非卿所知，焉有狗耳，得聞龍聲乎！」景春言：「今當遠別，後會何期？且復共一射覆。」輅占既皆中。景春大笑，「卿爲我論此卦意，紓我心懷」。輅爲開爻散理，分賦形象，言徵辭合，妙不可述。景春及衆客莫不言聽後論之美，勝於射覆之樂。景春與輅別，戒以二事，言：「卿性樂酒，量雖溫克，然不可保，寧當節之。卿有水鏡之才，所見者妙，仰觀雖神，禍如膏火，不可不慎。持卿叡才，遊於雲漢之間，不憂不富貴也。」輅言：「酒不可極，才不可盡，吾欲持酒以禮，持才以愚，何患之有也？」

輅族兄孝國，居在斥丘，輅往從之，與二客會。客去後，輅謂孝國曰：「此二人天庭及口耳之間同有凶氣，異變俱起，雙魂無宅，〔二〕流魂于海，骨歸于家，少許時當並死也。」復數十日，二人飲酒醉，夜共載車，牛驚下道入漳河中，皆卽溺死也。

〔二〕輅別傳曰：輅又曰：「厚味腊毒，天精幽夕，坎爲棺槨，兌爲喪車。」

當此之時，輅之鄰里，外戶不閉，無相偷竊者。清河太守華表，召輅爲文學掾。安平趙孔曜薦輅於冀州刺史裴徽曰：「輅雅性寬大，與世無忌，仰觀天文則同妙甘公、石申，俯覽周易則齊思季主。今明使君方垂神幽藪，留精九皋，輅宜蒙陰和之應，得及羽儀之時。」徽於是辟爲文學從事，引與相見，大善友之。徙部鉅鹿，遷治中別駕。

初應州召，與弟季儒共載，至武城西，自卦吉凶，語儒云：「當在故城中見三貍，爾者乃

顯。」前到河西故城角，正見三貍共踞城側，兄弟並喜。正始九年舉秀才。〔一〕

〔一〕輅別傳曰：輅爲華清河所召，爲北黌文學，一時士友無不歎慕。安平趙孔曜，明敏有思識，與輅有管、鮑之分，故從發干來，就郡黌上與輅相見，言：「卿腹中汪汪，故時死人半，今生人無雙，當去俗騰飛，翺翔昊蒼，云何在此？聞卿消息，使吾食不甘味也。冀州裴使君才理清明，能釋玄虛，每論易及老、莊之道，未嘗不注精於嚴、瞿之徒也。又眷吾意重，能相明信者。今當故往，爲卿陳感虎開石之誠。」輅言：「吾非四淵之龍，安能使白日晝陰？卿若能動東風，興朝雲，吾志所不讓也。」於是遂至冀州見裴使君。使君言：「君顏色何以消減於故邪？」孔曜言：「體中無藥石之疾，然見清河郡內有一騏驥，拘縶後廄歷年，去王良、伯樂百八十里，不得騁天骨，起風塵，以此憔悴耳。」使君言：「騏驥今何在也？」孔曜言：「平原管輅字公明，年三十六，雅性寬大，與世無忌，可謂士雄。仰觀天文則能同妙甘公、石申，俯覽周易則能思齊季主，游步道術，開神無窮，可謂士英。抱荊山之璞，懷夜光之寶，而爲清河郡所錄北黌文學，可爲痛心疾首也。使君方欲流精九皋，垂神幽藪，欲令明主不獨治，逸才不久滯，高風遐被，莫不草靡，宜使輅特蒙陰和之應，得及羽儀之時，必能翼宣隆化，揚聲九圍也。」裴使君聞言，則慷慨曰：「何乃爾邪！雖在大州，未見異才可用釋人鬱悶者，思還京師，得共論道耳，況草間自有清妙之才乎？如此便相爲取之，莫使騏驥更爲凡馬，荊山反成凡石。」即檄召輅爲文學從事。一相見，清論終日，不覺罷倦。天時大熱，移牀在庭前樹下，乃至雞向晨，然後出。再相見，便轉爲鉅鹿從事。三見，轉治中。四見，轉爲別駕。至十月，舉爲秀才。輅辭裴使君，使君言：「（丁）〔何〕、鄧二尚書，有經國才略，於物理〔無〕不精也。何尚書神明精微，言皆巧妙，巧妙之志，殆破秋毫，君當慎之！自言不解易九事，必當以相問。比至洛，宜善精其理也。」輅言：「何若巧妙，以攻難之才，游形之表，未入於神。夫入神者，當步天元，推陰陽，探玄虛，極幽明，然後覽道無窮，未暇細言。若欲差次老、莊而參爻、象，愛微辯而興浮藻，可謂射侯之巧，非能破秋毫之妙也。若九事皆至義者，不足勞思也。若陰陽者，精之以久。輅去之後，歲朝當有時刑大風，風必摧破樹木。若發於乾者，必有天威，不足共清譚者。」

十二月二十八日，吏部尚書何晏請之，鄧颺在晏許。晏謂輅曰：「聞君著爻神妙，試爲作一卦，知位當至三公不？」又問：「連夢見青蠅數十頭，來在鼻上，驅之不肯去，有何意故？」輅曰：「夫飛鴞，天下賤鳥，及其在林食椹，則懷我好音，况輅心非草木，敢不盡忠？昔元、凱之弼重華，宣惠慈和，周公之翼成王，坐而待旦，故能流光六合，萬國咸寧。此乃履道休應，非卜筮之所明也。今君侯位重山嶽，勢若雷電，而懷德者鮮，畏威者衆，殆非小心翼翼多福之仁。又鼻者艮，此天中之山，〔一〕高而不危，所以長守貴也。今青蠅臭惡，而集之焉。位峻者顛，輕豪者亡，不可不思害盈之數，盛衰之期。是故山在地中曰謙，雷在天上曰壯；謙則裒多益寡，壯則非禮不履。未有損己而不光大，行非而不傷敗。願君侯上追文王六爻之旨，下思尼父彖象之義，然後三公可決，青蠅可驅也。」颺曰：「此老生之常譚。」輅答曰：「夫老生者見不生，常譚者見不譚。」晏曰：「過歲更當相見。」〔二〕輅還邑舍，具以此言語舅氏，舅氏責輅言太切至。輅曰：「與死人語，何所畏邪？」舅大怒，謂輅狂悖。歲朝，西北大風，塵埃蔽天，十餘日，聞晏、颺皆誅，然後舅氏乃服。〔三〕

〔一〕臣松之案：相書謂鼻之所在為天中。鼻有山象，故曰「天中之山」也。

〔二〕輅別傳曰：輅為何晏所請，果共論易九事，九事皆明。晏曰：「君論陰陽，此世無雙。」時鄧颺與晏共坐，颺言：「君見謂善易，而語初不及易中辭義，何故也？」輅尋聲答之曰：「夫善易者不論易也。」晏含笑而讚之「可謂要言不煩也」。因請輅為卦。輅既稱引鑒戒，晏謝之曰：「知幾其神乎，古人以為難；交疏而吐其誠，今人以為難。今君一面而盡二難之道，可謂明德惟馨。詩不云乎，『中心藏之，何日忘之』！」

〔三〕輅別傳曰：舅夏大夫問輅：「前見何、鄧之日，為已有凶氣未也？」輅言：「與禍人共會，然後知神明交錯；與吉人相近，又知聖賢求精之妙。夫鄧之行步，則筋不束骨，脈不制肉，起立傾倚，若無手足，謂之鬼躁。何之視候，則魂不守宅，血不華色，精爽烟浮，容若槁木，謂之鬼幽。故鬼躁者為風所收，鬼幽者為火所燒，自然之符，不可以蔽也。」輅後因得休，裴使君問：「何平叔一代才名，其實何如？」輅曰：「其才若盆盎之水，所見者清，所不見者濁。神在廣博，志不務學，弗能成才。欲以盆盎之水，求一山之形，形不可得，則智由此惑。故說老、莊則巧而多華，說易生義則美而多偽；華則道浮，偽則神虛；得上才則淺而流絕，得中才則游精而獨出，輅以為少功之才也。」裴使君曰：「誠如來論。吾數與平叔共說老、莊及易，常覺其辭妙於理，不能折之。又時人吸習，皆歸服之焉，益令不了。相見得清言，然後灼灼耳。」

始輅過魏郡太守鍾毓，共論易義，輅因言「卜可知君生死之日」。毓使筮其生日月，如言無蹉跌。毓大愕然，曰：「君可畏也。死以付天，不以付君。」遂不復筮。毓問輅：「天下當太平否？」輅曰：「方今四九天飛，利見大人，神武升建，王道文明，何憂不平？」毓未解輅言，無幾，曹爽等誅，乃覺寤云。〔一〕

【一】輅別傳云：魏郡太守鍾毓，清逸有才，難輅易二十餘事，自以爲難之至精也。輅尋聲投響，言無留滯，分張爻象，義皆殊妙。毓即謝輅。輅卜知毓生日月，毓愕然曰：「聖人運神通化，連屬事物，何聰明乃爾！」輅言：「幽明同化，死生一道，悠悠太極，終而復始。文王損命，不以爲憂，仲尼曳杖，不以爲懼，緒煩蓍筮，宜盡其意。」毓曰：「生者好事，死者惡事，哀樂之分，吾所不能齊，且以付天，不以付君也。」石苞爲鄴典農，與輅相見，問曰：「聞君鄉里翟文耀能隱形，其事可信乎？」輅言：「此但陰陽蔽匿之數，苟得其數，則四嶽可藏，河海可逃。況以七尺之形，游變化之內，散雲霧以幽身，布金水以滅迹，術足數成，不足爲難。」苞曰：「欲聞其妙，君且善論其數也。」輅言：「夫物不精不爲神，數不妙不爲術，故精者神之所合，妙者智之所遇，合之幾微，可以性通，難以言論。是故魯班不能說其手，離朱不能說其目，非言之難。孔子曰『書不盡言』，言之細也，『言不盡意』，意之微也。斯皆神妙之謂也，請舉其大體以驗之。夫白日登天，運景萬里，無物不照，及其入地，一炭之光，不可得見。三五盈月，清耀燭夜，可以遠望，及其在晝，明不如鏡。今逃日月者必陰陽之數，陰陽之數通於萬類，鳥獸猶化，況於人乎！夫得數者妙，得神者靈，非徒生者有驗，死亦有徵。是以杜伯乘火氣以流精，彭生託水變以立形。是故生者能出亦能入，死者能顯亦能幽，此物之精氣，化之游魂，人鬼相感，數使之然也。」苞曰：「目見陰陽之理，不過於君，君何以不隱？」輅曰：「夫陵虛之鳥，愛其清高，不願江、漢之魚；淵沼之魚，樂其濡溼，不易騰風之鳥：由性異而分不同也。僕自欲正身以明道，直己以親義，見數不以爲異，知術不以爲奇，夙夜研幾，孳孳温故，而素隱行怪，未暇斯務也。」

平原太守劉邠取印囊及山雞毛著器中，使筮。輅曰：「內方外圓，五色成文，含寶守信，出則有章，此印囊也。高嶽巖巖，有鳥朱身，羽翼玄黃，鳴不失晨，此山雞毛也。」邠曰：「此郡官舍，連有變怪，使人恐怖，其理何由？」輅曰：「或因漢末之亂，兵馬擾攘，軍屍流血，汙染丘山，故因昏夕，多有怪形也。明府道德高妙，自天祐之，願安百祿，以光休寵。」〔一〕

〔一〕輅別傳曰：故郡將劉邠字令元，清和有思理，好易而不能精。與輅相見，意甚喜歡，自說注易向訖也。輅言：「今明府欲勞不世之神，經緯大道，誠富美之秋。然輅以爲注易之急，急於水火；水火之難，登時之驗，易之清濁，延于萬代，不可不先定其神而後垂明思也。自旦至今，聽采聖論，未有易之一分，易安可注也！輅不解古之聖人，何以處乾位於西北，坤位於西南。夫乾坤者天地之象，然天地至大，爲神明君父，覆載萬物，生長無首，何以安處二位與六卦同列？乾之象彖曰：『大哉乾元，萬物資始，乃統天。』夫統者，屬也，尊莫大焉，何由有別位也？」邠依易繫詞，諸爲之理以爲注，不得其要。輅尋聲下難，事皆窮析。曰：「夫乾坤者，易之祖宗，變化之根源，今明府論清濁者有疑，疑則無神，恐非注易之符也。」輅於此爲論八卦之道及爻象之精，大論開廓，衆化相連。邠所解者，皆以爲妙，所不解者，皆以爲神。自說：「欲注易八年，用思勤苦，歷載靡寧，定相得至論，此才不及易，不愛久勞，喜承雅言，如此相爲高枕偃息矣。」欲從輅學射覆，輅言：「今明府以虛神於注易，亦宜絕思於靈蓍。靈蓍者，二儀之明數，陰陽之幽契，施之於道則定天下吉凶，用之於術則收天下豪纖。纖微，未可以爲易也。」邠曰：「以爲術者易之近數，欲求其端耳。若如來論，何事於斯？」留輅五日，不遑恤官，但共清譚。邠自言：「數與何平叔論易及老、莊之道，至於精神遐流，與化周旋，清若金水，鬱若山林，非君侶也。」邠又曰：「此郡官舍，連有變怪，變怪多形，使人怖恐，君似當達此數者，其理何由也？」輅言：「此郡所以名平原者，本有原，山無木石，與地自然；含陰不能吐雲，含陽不能激風，陰陽雖弱，猶有微神；微神不眞，多聚凶奸，以類相求，魍魎成羣。或因漢末兵馬擾攘，軍屍流血，汙染丘獄，彊魂相感，變化無常，故因昏夕之時，多有怪形也。昔夏禹文明，不怪於黃龍，周武信時，不惑於暴風，今明府道德高妙，神不懼妖，自天祐之，吉無不利，願安百祿以光休寵也。」邠曰：「聽雅論爲近其理，每有變怪，輒聞鼓角聲音，或見弓劍形象。夫以土山之精，伯有之魂，實能合會，干犯明靈也。」邠問輅：「易言剛健篤實，輝光日新，斯爲同不也？」輅曰：「不同之名，朝旦爲輝，日中爲光。」

晉諸公贊曰：邠本名炎，犯晉太子諱，改爲邠。位至太子僕。子粹，字純嘏，侍中。次宏，字終嘏，太常。次漢，字仲嘏，光祿大夫。漢清沖有貴識，名亞樂廣。宏子咸，徐州刺史。次耽，晉陵內史。耽子恢，字眞長，尹丹楊，爲中興名士也。

清河令徐季龍使人行獵，令輅筮其所得。輅曰：「當獲小獸，復非食禽，雖有爪牙，微而不彊，雖有文章，蔚而不明，非虎非雉，其名曰狸。」獵人暮歸，果如輅言。季龍取十三種物，著大篋中，使輅射。云：「器中藉藉有十三種物。」先說雞子，後道蠶蛹，遂一一名之，惟以梳爲枇耳。〔一〕

〔一〕輅別傳曰：清河令徐季龍，字開明，有才機。與輅相見，共論龍動則景雲起，虎嘯則谷風至，以爲火星者龍，參星者虎，火出則雲應，參出則風到，此乃陰陽之感化，非龍虎之所致也。輅言：「夫論難當先審其本，然後求其理，理失則機謬，機謬則榮辱之主。若以參星爲虎，則谷風更爲寒霜之風，寒霜之風非東風之名。是以龍者陽精，以潛爲陰，幽靈上通，和氣感神，二物相扶，故能興雲。夫虎者，陰精而居於陽，依木長嘯，動於巽林，二氣相感，故能運風。若磁石之取鐵，不見其神而金自來，有徵應以相感也。況龍有潛飛之化，虎有文明之變，招雲召風，何足爲疑？」季龍言：「夫龍之在淵，不過一井之底，虎之悲嘯，不過百步之中，形氣淺弱，所通者近，何能潤景雲而馳東風？」輅言：「君不見陰陽燧在掌握之中，形不出手，乃上引太陽之火，下引太陰之水，噓吸之間，煙景以集。苟精氣相感，縣象應乎二燧；苟不相感，則二女同居，志不相得。自然之道，無有遠近。」季龍言：「世有軍事，則感雞雉先鳴，其道何由？復有他占，惟在雞雉而已？」輅言：「貴人有事，其應在天，在天則日月星辰也。兵動民憂，其應在物，在物則山林鳥獸也。夫雞者兌之畜，金者兵之精，雉者離之鳥，獸者武之神，故太白揚輝則雞鳴，熒惑流行則雉驚，各感數而動。又兵之神道，布在六甲，六甲推移，其占無常。是以晉柩牛呴，果有西軍，鴻嘉石鼓，鳴則有兵，不專近在於雞雉也。」季龍言：「魯昭公八年，有石言於晉，師曠以爲作事不時，怨讟動於民，則有非言之物而言，於理爲合不？」輅言：「晉平奢泰，崇飾宮室，斬伐林木，殘破金石，民力既盡，怨及山澤，神痛人感，二精並作，金石同氣，則兌爲口舌，口舌之妖，動于靈石。傳曰輕百姓，飾城郭，則金不從革，此之謂也。」季龍欽嘉，留輅經數日。輅占獵既驗，季龍曰：「君雖神妙，但不多藏物耳，何能皆得之？」輅言：「吾與天地參神，蓍龜通靈，抱日月而游杳冥，極變化而覽未然，況茲近物，能蔽聰明？」季龍大笑：「君既不謙，又念窮在近矣。」輅言：「君尚未識謙言，焉能論道？夫天地者則乾坤之卦，蓍龜者則卜筮之數，日月者離坎之象，變化者陰陽之爻，杳冥者神化之源，未然者則幽冥之先，此皆周易之紀綱，何僕之不謙？」季龍於是取十三種物，欲以窮之，輅射之皆中。季龍乃嘆曰：「作者之謂聖，述者之謂明，豈此之謂乎！」

輅隨軍西行，過毌丘儉墓下，倚樹哀吟，精神不樂。人問其故，輅曰：「林木雖茂，無形可久；碑誄雖美，無後可守。玄武藏頭，蒼龍無足，白虎銜尸，朱雀悲哭，四危以備，法當滅族。不過二載，其應至矣。」卒如其言。後得休，過清河倪太守。時天旱，倪問輅雨期，輅曰：「今夕當雨。」是日暘燥，晝無形似，府丞及令在坐，咸謂不然。到鼓一中，星月皆沒，風

雲並起，竟成快雨。於是倪盛脩主人禮，共爲歡樂。〔一〕

〔一〕輅別傳曰：輅與倪清河相見，既刻雨期，倪猶未信。輅曰：「夫造化之所以爲神，不疾而速，不行而至。十六日壬子，直滿，畢星中已有水氣，水氣之發，動於卯辰，此必至之應也。又天昨檄召五星，宣布星符，刺下東井，告命南箕，使召雷公、電母、風伯、雨師，羣嶽吐陰，衆川激精，雲漢垂澤，蛟龍含靈，熚熚朱電，吐咀杳冥，殷殷雷聲，嘘吸雨靈，習習谷風，六合皆同，欬唾之間，品物流形。天有常期，道有自然，不足爲難也。」倪曰：「譚高信寡，相爲憂之。」於是便留輅，往請府丞及清河令。若夜雨者當爲啖二百斤犢肉，若不雨當住十日。輅曰：「言念費損！」至日向暮，了無雲氣，衆人並嗤輅。輅言：「樹上已有少女微風，樹間又有陰鳥和鳴。又少男風起，衆鳥和翔，其應至矣。」須臾，果有艮風鳴鳥。日未入，東南有山雲樓起。黃昏之後，雷聲動天。到鼓一中，星月皆沒，風雲並興，玄氣四合，大雨河傾。倪調輅言：「誤中耳，不爲神也。」輅曰：「誤中與天期，不亦工乎！」

正元二年，弟辰謂輅曰：「大將軍待君意厚，冀當富貴乎？」輅長歎曰：「吾自知有分直耳，然天與我才，明不與我年壽，恐四十七八間，不見女嫁兒娶婦也。若得免此，欲作洛陽令，可使路不拾遺，枹鼓不鳴。但恐至太山治鬼，不得治生人，如何！」辰問其故，輅曰：「吾額上無生骨，眼中無守精，鼻無梁柱，脚無天根，背無三甲，腹無三壬，此皆不壽之驗。又吾本命在寅，加月食夜生。天有常數，不可得諱，但人不知耳。吾前後相當死者過百人，略無錯也。」是歲八月，爲少府丞。明年二月卒，年四十八。〔二〕

〔二〕輅別傳曰：既有明才，遭朱陽之運，于時名勢赫奕，若火猛風疾。當塗之士，莫不枝附葉連。賓客如雲，無多少皆爲設食。賓無貴賤，候之以禮。京城紛紛，非徒歸其名勢而已，然亦懷其德焉。向不夭命，輅之榮華，非世所測也。弟辰嘗欲從輅學卜及仰觀事，輅言：「卿不可教耳。夫卜非至精不能見其數，非至妙不能覩其道，孝經、詩、論，足爲三公，無用知之也。」於是遂止。子弟無能傳其術者。辰敍曰：「夫晉、魏之士，見輅道術神妙，占候無錯，以爲有隱書及象甲之數。辰每觀輅書傳，惟有易林、風角及鳥鳴、仰觀星書三十餘卷，世所共有。然輅獨在少府官舍，無家人子弟隨之，其亡沒之際，好奇不哀喪者，盜輅書，惟餘易林、風角及鳥鳴書還耳。夫術數有百數十家，其書有數千卷，書不少也。然而世鮮名人，皆由無才，不由無書也。裴冀州、何、鄧二尚書及鄉里劉太常、潁川兄弟，以輅稟受天才，明陰陽之道，吉凶之情，一得其源，遂涉其流，亦不爲難，常歸服之。輅自言與此五君共語使人精神淸發，昏不暇寐。自此以下，殆白日欲寢矣。又自言當世無所願，欲得與魯梓愼、鄭裨竈、晉卜偃、宋子韋、楚甘公、魏石申共登靈臺，披神圖，步三光，明災異，運蓍龜，決狐疑，無所復恨也。辰不以闇淺，得因孔懷之親，數與輅有所諮論。至於辨人物，析臧否，說近義，彈曲直，拙而不工也。若敷皇、羲之典，揚文、孔之辭，周流五曜，經緯三度，口滿聲溢，微言風集，若仰眺飛鴻，漂漂兮景沒，若俯臨深溪，杳杳兮精絕；偪以攻難，而失其端，欲受學求道，尋以迷昏，無不扼腕椎指，追響長歎也。昔京房雖善卜及風律之占，卒不免禍，而輅自知四十八當亡，可謂明哲相殊。又京房目見遘讒之黨，耳聽靑蠅之聲，面諫不從，而猶道路紛紜。輅處魏、晉之際，藏智以朴，卷舒有時，妙不見求，愚不見遺，可謂知幾相邈也。京房上不量萬乘之主，下不避佞諂之徒，欲以天文、洪範，利國利身，困不能用，卒陷大刑，可謂枯龜之餘智，膏燭之末景，豈不哀哉！世人多以輅疇之京房，辰不敢許也。至於仰察星辰，俯定吉凶，遠期不失年歲，近期不失日月，辰以甘、石之妙不先也。射覆名物，見術流速，東方朔不過也。觀骨形而審貴賤，覽形色而知生死，許負、唐舉不超也。若夫疏風氣而探微候，聽鳥鳴而識神機，亦一代之奇也。向使輅官達，爲宰相大臣，膏腴流於明世，華曜列乎竹帛，使幽驗皆舉，祕言不遺，千載之後，有道者必信而貴之，無道者必疑而怪之；信者以妙過眞，夫妙與神合者，得神則無所惑也。恨輅才長命短，道貴時賤，親賢遐潛，不宣於良史，而爲鄙弟所見追述，既自闇濁，又從來久遠，所載卜占事，雖不識本卦，捃拾殘餘，十得二焉。至於仰觀靈曜，說魏、晉興衰，及五運浮沉，兵革災異，十不收一。無源何以成河？無根何以垂榮？雖秋菊可採，不及春英，臨文慷慨，伏用哀慚。將來君子，幸以高明求其義焉。往孟荆州爲列人典農，嘗問亡兄，昔東方朔射覆得何卦，正知守宮、蜥蜴二物者。亡兄於此爲安卦生象，辭喻交錯，微義豪起，變化相推，會於辰巳，分別龍蛇，各使有理。言絕之後，孟荆州長歎息曰：『吾聞君論，精神騰躍，殆欲飛散，何其汪汪乃至於斯邪！』」

臣松之案：辰所稱鄉里劉太常者，謂劉寔也。辰撰輅傳，寔時爲太常，潁川則寔弟智也。寔、智並以儒學爲名，無能言之。世語稱寔博辯，猶不足以並裴、何之流也。又案輅自說，云「本命在寅」，則建安十五年生也。至正始九年，應三十九，而傳云三十六，以正元三年卒，應四十七，傳云四十八，皆爲不相應也。近有閻續伯者，名纘，該微通物，有良史風。爲天下補綴遺脫，敢以所聞列于篇左，皆從受之於大人先哲，足以取信者，冀免虛誣之譏云爾。嘗受辰傳所謂劉太常者曰：「輅始見聞，由於爲鄰婦卜亡牛，云當在西面窮牆中，縣頭上向。教婦人令視諸丘冢中，果得牛。婦人因以爲藏己牛，告官案驗，乃知以術知，故裴冀州遂聞焉。」又云：「路中小人失妻者，輅爲卜，教使明旦於東陽城門中伺擔豚人牽與共鬬。具如其言，豚逸走，即共追之。豚入人舍，突破主人甕，婦從甕中出。」劉侯云甚多此類，辰所載纔十一二耳。劉侯云：「辰，孝廉才也。」中書令史紀玄龍，輅鄉里人，云：「輅在田舍，嘗候遠鄰，主人患數失火。輅卜，教使明日於南陌上伺，當有一角巾諸生，駕黑牛故車，必引留，爲設賓主，此能消之。卽從輅戒。諸生有急求去，不聽，遂留當宿，意大不安，以爲圖己。主人罷入，生乃把刀出門，倚兩薪積閒，側立假寐。欻有一小物直來過前，如獸，手中持火，以口吹之。生驚，舉刀斫，正斷要，視之則狐。自此主人不復有災。」前長廣太守陳承祐口受城門校尉華長駿語云：「昔其父爲淸河太守時，召輅作吏，駿與少小，後以鄉里，遂加恩意，常與同載周旋，具知其事。云諸要驗，三倍於傳。辰旣短才，又年縣小，又多在田舍，故益不詳。辰仕宦至州主簿、部從事，太康之初物故。」駿又云：「輅卜亦不悉中，十得七八，駿問其故，輅云：『理無差錯，來卜者或言不足以宣事實，故使爾。』華城門夫人者，魏故司空涿郡盧公女也，得疾，連年不差。華家時居西城下南纏里中，三廄在其東南。輅卜當有師從東方來，自言能治，便聽使之，必得其力。後無何，有南征廄騶，當充甲卒，來詣盧公，占能治女郎。公卽表請留之，專使其子將詣華氏療疾，初用散藥，後復用丸治，尋有效，卽奏除騶名，以補太醫。」又云：「隨輅父在利漕時，有治下屯民捕鹿者，其晨行還，見毛血，人取鹿處來詣廄告輅，輅爲卦語云：『此有盜者，是汝東巷中第三家也。汝徑往門前，伺無人時，取一瓦子，密發其碓屋東頭第七椽，以瓦著下，不過明日食時，自送還汝。』其夜，盜者父病頭痛，壯熱煩疼，然亦來詣輅卜。輅爲發祟，盜者具服。輅令擔皮肉藏還著故處，病當自愈。乃密敎鹿主往取。又語使復往如前，舉椽棄瓦。盜父病差。又都尉治內史有失物者，輅使明晨於寺門外看，當逢一人，使指天畫地，舉手四向，自當得之。暮果獲於故處矣。」

評曰：華佗之醫診，杜夔之聲樂，朱建平之相術，周宣之相夢，管輅之術筮，誠皆玄妙之殊巧，非常之絕技矣。昔史遷著扁鵲、倉公、日者之傳，所以廣異聞而表奇事也。故存錄云爾。

三國志卷三十　魏書三十

烏丸鮮卑東夷傳第三十

書載「蠻夷猾夏」，詩稱「玁狁孔熾」，久矣其爲中國患也。秦、漢以來，匈奴久爲邊害。孝武雖外事四夷，東平兩越、朝鮮，西討貳師、大宛，開邛苲、夜郎之道，然皆在荒服之外，不能爲中國輕重。而匈奴最逼於諸夏，胡騎南侵則三邊受敵，是以屢遣衞、霍之將，深入北伐，窮追單于，奪其饒衍之地。後遂保塞稱藩，世以衰弱。建安中，呼廚泉南單于入朝，遂留內侍，使右賢王撫其國，而匈奴折節，過於漢舊。然烏丸、鮮卑稍更彊盛，亦因漢末之亂，中國多事，不遑外討，故得擅（漢）〔漠〕南之地，寇暴城邑，殺略人民，北邊仍受其困。會袁紹兼河北，乃撫有三郡烏丸，寵其名王而收其精騎。其後尚、熙又逃于蹋頓。蹋頓又驍武，邊長老皆比之冒頓，恃其阻遠，敢受亡命，以雄百蠻。太祖潛師北伐，出其不意，一戰而定之，夷狄慴服，威振朔土。遂引烏丸之衆服從征討，而邊民得用安息。後鮮卑大人軻比能復制御羣狄，盡收匈奴故地，自雲中、五原以東抵遼水，皆爲鮮卑庭。數犯塞寇邊，幽、并苦之。

田豫有馬城之圍，畢軌有陘北之敗。青龍中，帝乃聽王雄，遣劍客刺之。然後種落離散，互相侵伐，彊者遠遁，弱者請服。由是邊陲差安，(漢)〔漠〕南少事，雖時頗鈔盜，不能復相扇動矣。烏丸、鮮卑即古所謂東胡也。其習俗、前事，撰漢記者已錄而載之矣。故但舉漢末魏初以來，以備四夷之變云。〔一〕

〔一〕魏書曰：烏丸者，東胡也。漢初，匈奴冒頓滅其國，餘類保烏丸山，因以爲號焉。俗善騎射，隨水草放牧，居無常處，以穹廬爲宅，皆東向。日弋獵禽獸，食肉飲酪，以毛毳爲衣。貴少賤老，其性悍鷙，怒則殺父兄，而終不害其母，以母有族類，父兄以己爲種，無復報者故也。常推募勇健能理決鬭訟相侵犯者爲大人，邑落各有小帥，不世繼也。數百千落自爲一部，大人有所召呼，刻木爲信，邑落傳行，無文字，而部衆莫敢違犯。氏姓無常，以大人健者名字爲姓。大人已下，各自畜牧治產，不相徭役。其嫁娶皆先私通，略將女去，或半歲百日，然後遣媒人送馬牛羊以爲聘娶之禮。壻隨妻歸，見妻家無尊卑，旦起皆拜，而不自拜其父母。爲妻家僕役二年，妻家乃厚遣送女，居處財物，一出妻家。故其俗從婦人計，至戰鬭時，乃自決之。父子男女，相對蹲踞，悉髡頭以爲輕便。婦人至嫁時乃養髮，分爲髻，著句決，飾以金碧，猶中國有冠步搖也。父兄死，妻後母執嫂；若無執嫂者，則己子以親之次妻伯叔焉，死則歸其故夫。俗識鳥獸孕乳，時以四節，耕種常用布穀鳴爲候。地宜青穄東牆，東牆似蓬草，實如葵子，至十月熟，能作白酒，而不知作麴糱。米常仰中國。大人能作弓矢鞍勒，鍛金鐵爲兵器，能刺韋作文繡，織縷氈毼。有病，知以艾灸，或燒石自熨，燒地臥上，或隨痛病處，以刀決脈出血，及祝天地山川之神，無鍼藥。貴兵死，斂屍有棺，始死則哭，葬則歌舞相送。肥養犬，以采繩嬰牽，并取亡者所乘馬、衣物、生時服飾，皆燒以送之。特屬累犬，使護死者神靈歸乎赤山。赤山在遼東西北數千里，如中國人以死之魂神歸泰山也。至葬日，夜聚親舊員坐，牽犬馬歷位，或歌哭者，擲肉與之，使二人口頌咒文，使死者魂神徑至，歷險阻，勿令橫鬼遮護，達其赤山，然後殺犬馬衣物燒之。敬鬼神，祠天地日月星辰山川，及先大人有健名者，亦同祠以牛羊，祠畢皆燒之。飲食必先祭。其約法，違大人言死，盜不止死。其相殘殺，令部落自相報，相報不止，詣大人平之，有罪者出其牛羊以贖死命，乃止。自殺其父兄無罪。其亡叛爲大人所捕者，諸邑落不肯受，皆逐使至雍狂地。地無山，有沙漠、流水、草木，多蝮虵，在丁令之西南，烏孫之東北，以窮困之。自其先爲匈奴所破之後，人衆孤弱，爲匈奴臣服，常歲輸牛馬羊，過時不具，輒虜其妻子。至匈奴壹衍鞮單于時，烏丸轉彊，發掘匈奴單于冢，將以報冒頓所破之恥。壹衍鞮單于大怒，發二萬騎以擊烏丸。大將軍霍光聞之，遣度遼將軍范明友將三萬騎出遼東追擊匈奴。比明友兵至，匈奴已引去。烏丸新被匈奴兵，乘其衰弊，遂進擊烏丸，斬首六千餘級，獲三王首還。後數復犯塞，明友輒征破之。至王莽末，並與匈奴爲寇。光武定天下，遣伏波將軍馬援將三千騎，從五原關出塞征之，無利，而殺馬千餘匹。烏丸遂盛，鈔擊匈奴，匈奴轉徙千里，漠南地空。建武二十五年，烏丸大人郝旦等九千餘人率衆詣闕，封其渠帥爲侯王者八十餘人，使居塞內，布列遼東屬國、遼西、右北平、漁陽、廣陽、上谷、代郡、鴈門、太原、朔方諸郡界，招來種人，給其衣食，置校尉以領護之，遂爲漢偵備，擊匈奴、鮮卑。至永平中，漁陽烏丸大人欽志賁帥種人叛，鮮卑還爲寇害，遼東太守祭肜募殺志賁，遂破其衆。至安帝時，漁陽、右北平、鴈門烏丸率衆王無何等復與鮮卑、匈奴合，鈔略代郡、上谷、涿郡、五原，乃以大司農何熙行車騎將軍，左右羽林五營士，發緣邊七郡黎陽營兵合二萬人擊之。匈奴降，鮮卑、烏丸各還塞外。是後，烏丸稍復親附，拜其大人戎末廆爲都尉。

至順帝時，戎末廆率將王侯咄歸、去延等從烏丸校尉耿曄出塞擊鮮卑有功，還皆拜爲率衆王，賜束帛。

漢末，遼西烏丸大人丘力居，衆五千餘落，上谷烏丸大人難樓，衆九千餘落，各稱王，而遼東屬國烏丸大人蘇僕延，衆千餘落，自稱峭王，右北平烏丸大人烏延，衆八百餘落，自稱汗魯王，皆有計策勇健。中山太守張純叛入丘力居衆中，自號彌天安定王，爲三郡烏丸元帥，寇略青、徐、幽、冀四州，殺略吏民。靈帝末，以劉虞爲幽州牧，募胡斬純首，北州乃定。後丘力居死，子樓班年小，從子蹋頓有武略，代立，總攝三王部，衆皆從其教令。袁紹與公孫瓚連戰不決，蹋頓遣使詣紹求和親，助紹擊瓚，破之。紹矯制賜蹋頓、（難）峭王、汗魯王印綬，皆以爲單于。〔一〕

〔一〕英雄記曰：紹遣使即拜烏丸三王爲單于，皆安車、華蓋、羽旄、黃屋、左纛。版文曰：「使持節大將軍督幽、青、并領冀州牧阮鄉侯紹，承制詔遼東屬國率衆王頒下、烏丸遼西率衆王蹋頓、右北平率衆王汗盧維：乃祖慕義遷善，款塞內附，北捍玁狁，東拒濊貊，世守北陲，爲百姓保障，雖時侵犯王略，命將徂征厥罪，率不旋時，悔愆變改，方之外夷，最又聰惠者也。始有千夫長、百夫長以相統領，用能悉乃心，克有勳力於國家，稍受王侯之命。自我王室多故，公孫瓚作難，殘夷厥土之君，以侮天慢主，是以四海之內，並執干戈以衞社稷。三王奮氣裔土，忿姦憂國，控弦與漢兵爲表裏，誠甚忠孝，朝所嘉焉。然而虎兕長蛇，相隨塞路，王官爵命，否而無聞。夫有勳不賞，俾勤者怠。今遣行謁者楊林，齎單于璽綬車服，以對爾勞。其各綏靜部落，敎以謹慎，無使作凶作慝。世復爾祀位，長爲百蠻長。厥有咎有不臧者，泯於爾祿，而喪於乃庸，可不勉乎！烏桓單于都護部衆，左右單于受其節度，他如故事。」

後樓班大，峭王率其部衆奉樓班爲單于，蹋頓爲王。然蹋頓多畫計策。廣陽閻柔，少沒烏丸、鮮卑中，爲其種所歸信。柔乃因鮮卑衆，殺烏丸校尉邢舉代之，紹因寵慰以安北邊。後袁尚敗奔蹋頓，憑其勢，復圖冀州。會太祖平河北，柔帥鮮卑、烏丸歸附，遂因以柔爲校尉，猶持漢使節，治廣甯如舊。建安十一年，太祖自征蹋頓於柳城，潛軍詭道，未至百餘里，虜乃覺。尚與蹋頓將衆逆戰於凡城，兵馬甚盛。太祖登高望虜陳，(柳)〔抑〕軍未進，觀其小動，乃擊破其衆，臨陳斬蹋頓首，死者被野。速附丸、樓班、烏延等走遼東，遼東悉斬，傳送其首。其餘遺迸皆降。及幽州、并州柔所統烏丸萬餘落，悉徙其族居中國，帥從其侯王大人種衆與征伐。由是三郡烏丸爲天下名騎。〔一〕

〔一〕魏略曰：景初元年秋，遣幽州刺史毌丘儉率衆軍討遼東。右北平烏丸單于寇婁敦、遼西烏丸都督率衆王護留葉，昔隨袁尚奔遼西，聞儉軍至，率衆五千餘人降。寇婁敦遣弟(阿羅獎)〔阿羅槃〕等詣闕朝貢，封其渠帥三十餘爲王，賜輿馬繒采各有差。

鮮卑〔一〕步度根既立，衆稍衰弱，中兄扶羅韓亦別擁衆數萬爲大人。建安中，太祖定幽州，步度根與軻比能等因烏丸校尉閻柔上貢獻。後代郡烏丸能臣氐等叛，求屬扶羅韓，扶羅韓將萬餘騎迎之。到桑乾，氐等議，以爲扶羅韓部威禁寬緩，恐不見濟，更遣人呼軻比能。比能卽將萬餘騎到，當共盟誓。比能便於會上殺扶羅韓，扶羅韓子泄歸泥及部衆悉屬比能。比能自以殺歸泥父，特又善遇之。步度根由是怨比能。文帝踐阼，田豫爲烏丸校尉，持節并護鮮卑，屯昌平。步度根遣使獻馬，帝拜爲王。後數與軻比能更相攻擊，步度根部衆稍寡弱，將其衆萬餘落保太原、鴈門郡。步度根乃使人招呼泄歸泥曰：「汝父爲比能所殺，不念報仇，反屬怨家。今雖厚待汝，是欲殺汝計也。不如還我，我與汝是骨肉至親，豈與仇等？」由是歸泥將其部落逃歸步度根，比能追之弗及。至黄初五年，步度根詣闕貢獻，厚加賞賜，是後一心守邊，不爲寇害，而軻比能衆遂彊盛。明帝卽位，務欲綏和戎狄，以息征伐，羈縻兩部而已。至青龍元年，比能誘步度根深結和親，於是步度根將泄歸泥及部衆悉保比能，寇鈔并州，殺略吏民。帝遣驍騎將軍秦朗征之，歸泥叛比能，將其部衆降，拜歸義王，賜幢麾、曲蓋、鼓吹，居并州如故。步度根爲比能所殺。

〔一〕魏書曰：鮮卑亦東胡之餘也，別保鮮卑山，因號焉。其言語習俗與烏丸同。其地東接遼水，西當西城。常以季春大會，作樂水上，嫁女娶婦，髠頭飲宴。其獸異於中國者，野馬、羱羊、端牛。端牛角爲弓，世謂之角端者也。又有貂、豽、鼲子，皮毛柔蠕，故天下以爲名裘。鮮卑自爲冒頓所破，遠竄遼東塞外，不與餘國爭衡，未有名通於漢，而(由)自與烏丸相接。至光武時，南北單于更相攻伐，匈奴損耗，而鮮卑遂盛。建武三十年，鮮卑大人於仇賁率種人詣闕朝貢，封於仇賁爲王。永平中，祭肜爲遼東太守，誘賂鮮卑，使斬叛烏丸欽志賁等首，於是鮮卑自燉煌、酒泉以東邑落大人，皆詣遼東受賞賜，青、徐二州給錢，歲二億七千萬以爲常。和帝時，鮮卑大都護校尉廆帥部衆從烏丸校尉任尚擊叛者，封校尉廆爲率衆王。殤帝延平中，鮮卑乃東入塞，殺漁陽太守張顯。安帝時，鮮卑大人燕荔陽入朝，漢賜鮮卑王印綬，赤車參駕，止烏丸校尉所治甯下。通胡市，築南北兩部質宮，受邑落質者〔百〕二十部。是後或反或降，或與匈奴、烏丸相攻擊。安帝末，發緣邊步騎二萬餘人，屯列衝要。後鮮卑八九千騎穿代郡及馬城塞入害長吏，漢遣度遼將軍鄧遵、中郎將馬續出塞追破之。鮮卑大人烏倫、其至鞬等七千餘人詣遵降，封烏倫爲王，其至鞬爲侯，賜采帛。遵去後，其至鞬復反，圍烏丸校尉於馬城，度遼將軍耿夔及幽州刺史救解之。其至鞬遂盛，控弦數萬騎，數道入塞，趣五原（寧貊）〔曼柏〕，攻匈奴南單于，殺左奧鞬日逐王。順帝時，復入塞，殺代郡太守。漢遣黎陽營兵屯中山，緣邊郡兵屯塞下，調五營弩帥令教戰射，南單于將步騎萬餘人助漢擊卻之。後烏丸校尉耿曄將率衆王出塞擊鮮卑，多斬首虜，於是鮮卑三萬餘落，詣遼東降。匈奴及北單于遁逃後，餘種十餘萬落，詣遼東雜處，皆自號鮮卑兵。投鹿侯從匈奴軍三年，其妻在家，有子。投鹿侯歸，怪欲殺之。妻言：「嘗晝行聞雷震，仰天視而雹入其口，因吞之，遂妊身，十月而產，此子必有奇異，且長之。」投鹿侯固不信。妻乃語家，令收養焉，號檀石槐，長大勇健，智略絕衆。年十四五，異部大人卜賁邑鈔取其外家牛羊，檀石槐策騎追擊，所向無前，悉還得所亡。由是部落畏服，施法禁，〔平〕曲直，莫敢犯者，遂推以爲大人。檀石槐既立，乃爲庭於高柳北三百餘里彈汗山啜仇水上，東西部大人皆歸焉。兵馬甚盛，南鈔漢邊，北拒丁令，東卻夫餘，西擊烏孫，盡據匈奴故地，東西萬二千餘里，南北七千餘里，罔羅山川、水澤、鹽池甚廣。漢患之，桓帝時使匈奴中郎將張奐征之，不克。乃更遣使者齎印綬，即封檀石槐爲王，欲與和親。檀石槐拒不肯受，寇鈔滋甚。乃分其地爲中東西三部。從右北平以東至遼，（遼）〔東〕接夫餘、〔濊〕貊爲東部，二十餘邑，其大人曰彌加、闕機、素利、槐頭。從右北平以西至上谷爲中部，十餘邑，其大人曰柯最、闕居、慕容等，爲大帥。從上谷以西至燉煌，西接烏孫爲西部，二十餘邑，其大人曰置鞬落羅、日律推演、宴荔游等，皆爲大帥，而制屬檀石槐。至靈帝時，大鈔略幽、并二州。緣邊諸郡，無歲不被其毒。（嘉）〔熹〕平六年，遣護烏丸校尉夏育，破鮮卑中郎將田晏，匈奴中郎將臧旻與南單于出鴈門塞，三道並進，徑二千餘里征之。檀石槐帥部衆逆擊，旻等敗走，兵馬還者什一而已。鮮卑衆日多，田畜射獵，不足給食。後檀石槐乃案行烏侯秦水，廣袤數百里，渟不流，中有魚而不能得。聞汙人善捕魚，於是檀石槐東擊汙國，得千餘家，徙置烏侯秦水上，使捕魚以助糧。至于今，烏侯秦水上有汙人數百戶。檀石槐年四十五死，子和連代立。和連材力不及父，而貪淫，斷法不平，衆叛者半。靈帝末年數爲寇鈔，攻北地，北地庶人善弩射者射中和連，和連即死。其子騫曼小，兄子魁頭代立。魁頭既立後，騫曼長大，與魁頭爭國，衆遂離散。魁頭死，弟步度根代立。自檀石槐死後，諸大人遂世相襲也。

軻比能本小種鮮卑，以勇健，斷法平端，不貪財物，衆推以爲大人。部落近塞，自袁紹據河北，中國人多亡叛歸之，教作兵器鎧楯，頗學文字。故其勒御部衆，擬則中國，出入弋獵，建立旌麾，以鼓節爲進退。建安中，因閻柔上貢獻。太祖西征關中，田銀反河間，比能將三千餘騎隨柔擊破銀。後代郡烏丸反，比能復助爲寇害，太祖以鄢陵侯彰爲驍騎將軍，北征，大破之。比能走出塞，後復通貢獻。延康初，比能遣使獻馬，文帝亦立比能爲附義王。黃初二年，比能出諸魏人在鮮卑者五百餘家，還居代郡。明年，比能帥部落大人小子代郡烏丸修武盧等三千餘騎，驅牛馬七萬餘口交市，遣魏人千餘家居上谷。後與東部鮮卑大人素利及步度根三部爭鬭，更相攻擊。田豫和合，使不得相侵。五年，比能復擊素利，豫帥輕騎徑進掎其後。比能使別小帥瑣奴拒豫，豫進討，破走之，由是懷貳。乃與輔國將軍鮮于輔書曰：「夷狄不識文字，故校尉閻柔保我於天子。我與素利爲讎，往年攻擊之，而田校尉助素利。我臨陳使瑣奴往，聞使君來，卽便引軍退。步度根數數鈔盜，又殺我弟，而誣我以鈔盜。我夷狄雖不知禮義，兄弟子孫受天子印綬，牛馬尙知美水草，況我有人心邪！將軍當保明我於天子。」輔得書以聞，帝復使豫招納安慰。比能衆遂彊盛，控弦十餘萬騎。每鈔略得財物，均平分付，一決目前，終無所私，故得衆死力，餘部大人皆敬憚之，然猶未能及檀石槐也。

太和二年，豫遣譯夏舍詣比能女壻鬱築鞬部，舍爲鞬所殺。其秋，豫將西部鮮卑蒲頭、泄歸泥出塞討鬱築鞬，大破之。還至馬城，比能自將三萬騎圍豫七日。上谷太守閻志，柔之弟也，素爲鮮卑所信。志往解喩，卽解圍去。後幽州刺史王雄幷領校尉，撫以恩信。比能數款塞，詣州奉貢獻。至靑龍元年，比能誘納步度根，使叛幷州，與結和親，自勒萬騎迎其累重於陘北。幷州刺史畢軌遣將軍蘇尙、董弼等擊之，比能遣子將騎與尙等會戰於樓煩，臨陳害尙、弼。至三年中，雄遣勇士韓龍刺殺比能，更立其弟。

素利、彌加、厥機皆爲大人，在遼西、右北平、漁陽塞外，道遠初不爲邊患，然其種衆多於比能。建安中，因閻柔上貢獻，通市，太祖皆表寵以爲王。厥機死，又立其子沙末汗爲親漢王。延康初，又各遣使獻馬。文帝立素利、彌加爲歸義王。素利與比能更相攻擊。太和二年，素利死。子小，以弟成律歸爲王，代攝其衆。

書稱「東漸于海，西被于流沙」。其九服之制，可得而言也。然荒域之外，重譯而至，非足跡車軌所及，未有知其國俗殊方者也。自虞暨周，西戎有白環之獻，東夷有肅愼之貢，皆曠世而至，其遐遠也如此。及漢氏遣張騫使西域，窮河源，經歷諸國，遂置都護以總領之，然後西域之事具存，故史官得詳載焉。魏興，西域雖不能盡至，其大國龜茲、于寘、康居、烏孫、疏勒、月氏、鄯善、車師之屬，無歲不奉朝貢，略如漢氏故事。而公孫淵仍父祖三世有遼東，天子爲其絕域，委以海外之事，遂隔斷東夷，不得通於諸夏。景初中，大興師旅，誅淵，又潛軍浮海，收樂浪、帶方之郡，而後海表謐然，東夷屈服。其後高句麗背叛，又遣偏師致討，窮追極遠，踰烏丸、骨都，過沃沮，踐肅愼之庭，東臨大海。長老說有異面之人，近日之所出，遂周觀諸國，采其法俗，小大區別，各有名號，可得詳紀。雖夷狄之邦，而俎豆之象存。中國失禮，求之四夷，猶信。故撰次其國，列其同異，以接前史之所未備焉。

夫餘在長城之北，去玄菟千里，南與高句麗，東與挹婁，西與鮮卑接，北有弱水，方可二千里。戶八萬，其民土著，有宮室、倉庫、牢獄。多山陵、廣澤，於東夷之域最平敞。土地宜五穀，不生五果。其人麤大，性彊勇謹厚，不寇鈔。國有君王，皆以六畜名官，有馬加、牛加、豬加、狗加、大使、大使者、使者。邑落有豪民，名下戶皆爲奴僕。諸加別主四出，道大者主數千家，小者數百家。食飲皆用俎豆，會同、拜爵、洗爵，揖讓升降。以殷正月祭天，國中大會，連日飲食歌舞，名曰迎鼓，於是時斷刑獄，解囚徒。在國衣尚白，白布大袂，袍、袴，履革鞜。出國則尚繒繡錦罽，大人加狐狸、狖白、黑貂之裘，以金銀飾帽。譯人傳辭，皆跪，手據地竊語。用刑嚴急，殺人者死，沒其家人爲奴婢。竊盜一責十二。男女淫，婦人妒，皆殺之。尤憎妒，已殺，尸之國南山上，至腐爛。女家欲得，輸牛馬乃與之。兄死妻嫂，與匈奴同俗。其國善養牲，出名馬、赤玉、貂狖、美珠。珠大者如酸棗。以弓矢刀矛爲兵，家家自有鎧仗。國之耆老自說古之亡人。作城柵皆員，有似牢獄。行道晝夜無老幼皆歌，通日聲不絕。有軍事亦祭天，殺牛觀蹄以占吉凶，蹄解者爲凶，合者爲吉。有敵，諸加自戰，下戶俱擔糧飲食之。其死，夏月皆用冰。殺人徇葬，多者百數。厚葬，有槨無棺。〔一〕

〔一〕魏略曰：其俗停喪五月，以久爲榮。其祭亡者，有生有熟。喪主不欲速而他人彊之，常諍引以此爲節。其居喪，男女皆純白，婦人着布面衣，去環珮，大體與中國相彷彿也。

夫餘本屬玄菟。漢末，公孫度雄張海東，威服外夷，夫餘王尉仇台更屬遼東。時句麗、鮮卑彊，度以夫餘在二虜之間，妻以宗女。尉仇台死，簡位居立。無適子，有孽子麻余。位居死，諸加共立麻余。牛加兄子名位居，爲大使，輕財善施，國人附之，歲歲遣使詣京都貢獻。正始中，幽州刺史毌丘儉討句麗，遣玄菟太守王頎詣夫餘，位居遣大加郊迎，供軍糧。季父牛加有二心，位居殺季父父子，籍沒財物，遣使簿斂送官。舊夫餘俗，水旱不調，五穀不熟，輒歸咎於王，或言當易，或言當殺。麻余死，其子依慮年六歲，立以爲王。漢時，夫餘王葬用玉匣，常豫以付玄菟郡，王死則迎取以葬。公孫淵伏誅，玄菟庫猶有玉匣一具。今夫餘庫有玉璧、珪、瓚數代之物，傳世以爲寶，耆老言先代之所賜也。〔二〕其印文言「濊王之印」，國有故城名濊城，蓋本濊貊之地，而夫餘王其中，自謂「亡人」，抑有(似)〔以〕也。〔三〕

〔二〕魏略曰：其國殷富，自先世以來，未嘗破壞。

〔三〕魏略曰：舊志又言，昔北方有高離之國者，其王者侍婢有身，王欲殺之，婢云：「有氣如雞子來下，我故有身。」後生子，王捐之於溷中，豬以喙噓之，徙至馬閑，馬以氣噓之，不死。王疑以爲天子也，乃令其母收畜之，名曰東明，常令牧馬。東明善射，王恐奪其國也，欲殺之。東明走，南至施掩水，以弓擊水，魚鼈浮爲橋，東明得度，魚鼈乃解散，追兵不得渡。東明因都王夫餘之地。

高句麗在遼東之東千里，南與朝鮮、濊貊，東與沃沮，北與夫餘接。都於丸都之下，方可二千里，戶三萬。多大山深谷，無原澤。隨山谷以爲居，食澗水。無良田，雖力佃作，不足以實口腹。其俗節食，好治宮室，於所居之左右立大屋，祭鬼神，又祀靈星、社稷。其人性凶急，喜寇鈔。其國有王，其官有相加、對盧、沛者、古雛加、主簿、優台丞、使者、皁衣先人，尊卑各有等級。東夷舊語以爲夫餘別種，言語諸事，多與夫餘同，其性氣衣服有異。本有五族，有涓奴部、絕奴部、順奴部、灌奴部、桂婁部。本涓奴部爲王，稍微弱，今桂婁部代之。漢時賜鼓吹技人，常從玄菟郡受朝服衣幘，高句麗令主其名籍。後稍驕恣，不復詣郡，于東界築小城，置朝服衣幘其中，歲時來取之，今胡猶名此城爲幘溝漊。溝漊者，句麗名城也。其置官，有對盧則不置沛者，有沛者則不置對盧。王之宗族，其大加皆稱古雛加。涓奴部本國主，今雖不爲王，適統大人，得稱古雛加，亦得立宗廟，祠靈星、社稷。絕奴部世與王婚，加古雛之號。諸大加亦自置使者、皁衣先人，名皆達於王，如卿大夫之家臣，會同坐起，不得與王家使者、皁衣先人同列。其國中大家不佃作，坐食者萬餘口，下戶遠擔米糧魚鹽供給之。其民喜歌舞，國中邑落，暮夜男女羣聚，相就歌戲。無大倉庫，家家自有小倉，名之爲桴京。其人絜清自喜，善藏釀。跪拜申一脚，與夫餘異，行步皆走。以十月祭天，國中大會，名曰東盟。其公會，衣服皆錦繡金銀以自飾。大加主簿頭著幘，如幘而無餘，其小加著折風，形如弁。其國東有大穴，名隧穴，十月國中大會，迎隧神還于國東上祭之，置木隧于神坐。無牢獄，有罪諸加評議，便殺之，沒入妻子爲奴婢。其俗作婚姻，言語已定，女家作小屋於大屋後，名壻屋，壻暮至女家戶外，自名跪拜，乞得就女宿，如是者再三，女父母乃聽使就小屋中宿，傍頓錢帛，至生子已長大，乃將婦歸家。其俗淫。男女已嫁娶，便稍作送終之衣。厚葬，金銀財幣，盡於送死，積石爲封，列種松柏。其馬皆小，便登山。國人有氣力，習戰鬭，沃沮、東濊皆屬焉。又有小水貊。句麗作國，依大水而居，西安平縣北有小水，南流入海，句麗別種依小水作國，因名之爲小水貊，出好弓，所謂貊弓是也。

王莽初發高句麗兵以伐胡，不欲行，彊迫遣之，皆亡出塞爲寇盜。遼西大尹田譚追擊之，爲所殺。州郡縣歸咎于句麗侯騊，嚴尤奏言：「貊人犯法，罪不起于騊，且宜安慰，今猥被之大罪，恐其遂反。」莽不聽，詔尤擊之。尤誘期句麗侯騊至而斬之，傳送其首詣長安。莽大悅，布告天下，更名高句麗爲下句麗。當此時爲侯國，漢光武帝八年，高句麗王遣使朝貢，始見稱王。

至殤、安之間，句麗王宮數寇遼東，更屬玄菟。遼東太守蔡風、玄菟太守姚光以宮爲二郡害，興師伐之。宮詐降請和，二郡不進。宮密遣軍攻玄菟，焚燒候城，入遼隧，殺吏民。後宮復犯遼東，蔡風輕將吏士追討之，軍敗沒。

宮死，子伯固立。順、桓之間，復犯遼東，寇新安、居鄉，又攻西安平，于道上殺帶方令，略得樂浪太守妻子。靈帝建寧二年，玄菟太守耿臨討之，斬首虜數百級，伯固降，屬遼東。(嘉)〔熹〕平中，伯固乞屬玄菟。公孫度之雄海東也，伯固遣大加優居、主簿然人等助度擊富山賊，破之。

伯固死，有二子，長子拔奇，小子伊夷模。拔奇不肖，國人便共立伊夷模爲王。自伯固時，數寇遼東，又受亡胡五百餘家。建安中，公孫康出軍擊之，破其國，焚燒邑落。拔奇怨爲兄而不得立，與涓奴加各將下戶三萬餘口詣康降，還住沸流水。降胡亦叛伊夷模，伊夷模更作新國，今日所在是也。拔奇遂往遼東，有子留句麗國，今古雛加駮位居是也。其後復擊玄菟，玄菟與遼東合擊，大破之。

伊夷模無子，淫灌奴部，生子名位宮。伊夷模死，立以爲王，今句麗王宮是也。其曾祖名宮，生能開目視，其國人惡之，及長大，果凶虐，數寇鈔，國見殘破。今王生墮地，亦能開目視人，句麗呼相似爲位，似其祖，故名之爲位宮。位宮有力勇，便鞍馬，善獵射。景初二年，太尉司馬宣王率衆討公孫淵，宮遣主簿大加將數千人助軍。正始三年，宮寇西安平，其五年，爲幽州刺史毋丘儉所破。語在儉傳。

東沃沮在高句麗蓋馬大山之東，濱大海而居。其地形東北狹，西南長，可千里，北與挹婁、夫餘，南與濊貊接。戶五千，無大君王，世世邑落，各有長帥。其言語與句麗大同，時時小異。漢初，燕亡人衞滿王朝鮮，時沃沮皆屬焉。漢武帝元封二年，伐朝鮮，殺滿孫右渠，分其地爲四郡，以沃沮城爲玄菟郡。後爲夷貊所侵，徙郡句麗西北，今所謂玄菟故府是也。沃沮還屬樂浪。漢以土地廣遠，在單單大領之東，分置東部都尉，治不耐城，別主領東七縣，時沃沮亦皆爲縣。漢（光）〔建〕武六年，省邊郡，都尉由此罷。其後皆以其縣中渠帥爲縣侯，不耐、華麗、沃沮諸縣皆爲侯國。夷狄更相攻伐，唯不耐濊侯至今猶置功曹、主簿諸曹，皆濊民作之。沃沮諸邑落渠帥，皆自稱三老，則故縣國之制也。國小，迫于大國之間，遂臣屬句麗。句麗復置其中大人爲使者，使相主領，又使大加統責其租稅，貊布、魚、鹽、海中食物，千里擔負致之，又送其美女以爲婢妾，遇之如奴僕。

其土地肥美，背山向海，宜五穀，善田種。人性質直彊勇，少牛馬，便持矛步戰。食飲居處，衣服禮節，有似句麗。〔一〕其葬作大木槨，長十餘丈，開一頭作戶。新死者皆假埋之，才使覆形，皮肉盡，乃取骨置槨中。舉家皆共一槨，刻木如生形，隨死者爲數。又有瓦鑩，置米其中，編縣之於槨戶邊。

〔一〕魏略曰：其嫁娶之法，女年十歲，已相設許。壻家迎之，長養以爲婦。至成人，更還女家。女家責錢，錢畢，乃復還壻。

毌丘儉討句麗，句麗王宮奔沃沮，遂進師擊之。沃沮邑落皆破之，斬獲首虜三千餘級，宮奔北沃沮。北沃沮一名置溝婁，去南沃沮八百餘里，其俗南北皆同，與挹婁接。挹婁喜乘船寇鈔，北沃沮畏之，夏月恆在山巖深穴中爲守備，冬月冰凍，船道不通，乃下居村落。王頎別遣追討宮，盡其東界。問其耆老「海東復有人不」？耆老言國人嘗乘船捕魚，遭風見吹數十日，東得一島，上有人，言語不相曉，其俗常以七月取童女沈海。又言有一國亦在海中，純女無男。又說得一布衣，從海中浮出，其身如中(國)人衣，其兩袖長三丈。又得一破船，隨波出在海岸邊，有一人項中復有面，生得之，與語不相通，不食而死。其域皆在沃沮東大海中。

挹婁在夫餘東北千餘里，濱大海，南與北沃沮接，未知其北所極。其土地多山險。其人形似夫餘，言語不與夫餘、句麗同。有五穀、牛、馬、麻布。人多勇力，無大君長，邑落各有大人。處山林之間，常穴居，大家深九梯，以多爲好。土氣寒，劇於夫餘。其俗好養豬，食其肉，衣其皮。冬以豬膏塗身，厚數分，以禦風寒。夏則裸袒，以尺布隱其前後，以蔽形體。其人不絜，作溷在中央，人圍其表居。其弓長四尺，力如弩，矢用楛，長尺八寸，青石爲鏃，古之肅慎氏之國也。善射，射人皆入(因)〔目〕。矢施毒，人中皆死。出赤玉、好貂，今所謂挹婁貂是也。自漢已來，臣屬夫餘，夫餘責其租賦重，以黄初中叛之。夫餘數伐之，其人衆雖少，所在山險，鄰國人畏其弓矢，卒不能服也。其國便乘船寇盜，鄰國患之。東夷飲食類皆用俎豆，唯挹婁不法俗，最無綱紀也。

濊南與辰韓，北與高句麗、沃沮接，東窮大海，今朝鮮之東皆其地也。戶二萬。昔箕子既適朝鮮，作八條之教以教之，無門戶之閉而民不爲盜。其後四十餘世，朝鮮侯(淮)〔準〕僭號稱王。陳勝等起，天下叛秦，燕、齊、趙民避地朝鮮數萬口。燕人衞滿，魋結夷服，復來王之。漢武帝伐滅朝鮮，分其地爲四郡。自是之後，胡、漢稍別。無大君長，自漢已來，其官有侯邑君、三老，統主下戶。其耆老舊自謂與句麗同種。其人性愿慤，少嗜欲，有廉恥，不請(句麗)〔匄〕。言語法俗大抵與句麗同，衣服有異。男女衣皆著曲領，男子繫銀花廣數寸以爲飾。自單單大山領以西屬樂浪，自領以東七縣，都尉主之，皆以濊爲民。後省都尉，封其渠帥爲侯，今不耐濊皆其種也。漢末更屬句麗。其俗重山川，山川各有部分，不得妄相涉入。同姓不婚。多忌諱，疾病死亡輒捐棄舊宅，更作新居。有麻布，蠶桑作緜。曉候星宿，豫知年歲豐約。不以珠玉爲寶。常用十月節祭天，晝夜飲酒歌舞，名之爲舞天，又祭虎以爲神。其邑落相侵犯，輒相罰責生口牛馬，名之爲責禍。殺人者償死。少寇盜。作矛長三丈，或數人共持之，能步戰。樂浪檀弓出其地。其海出班魚皮，土地饒文豹，又出果下馬，漢桓時獻之。〔一〕

〔一〕臣松之按：果下馬高三尺，乘之可于果樹下行，故謂之果下。見博物志、魏都賦。

正始六年，樂浪太守劉茂、帶方太守弓遵以領東濊屬句麗，興師伐之，不耐侯等舉邑降。其八年，詣闕朝貢，詔更拜不耐濊王。居處雜在民間，四時詣郡朝謁。二郡有軍征賦調，供給役使，遇之如民。

韓在帶方之南，東西以海爲限，南與倭接，方可四千里。有三種，一曰馬韓，二曰辰韓，三曰弁韓。辰韓者，古之辰國也。馬韓在西。其民土著，種植，知蠶桑，作緜布。各有長帥，大者自名爲臣智，其次爲邑借，散在山海間，無城郭。有爰襄國、牟水國、桑外國、小石索國、大石索國、優休牟涿國、臣濆沽國、伯濟國、速盧不斯國、日華國、古誕者國、古離國、怒藍國、月支國、咨離牟盧國、素謂乾國、古爰國、莫盧國、卑離國、占離卑國、臣釁國、支侵國、狗盧國、卑彌國、監奚卑離國、古蒲國、致利鞠國、冉路國、兒林國、駟盧國、內卑離國、感奚國、萬盧國、辟卑離國、臼斯烏旦國、一離國、不彌國、支半國、狗素國、捷盧國、牟盧卑離國、臣蘇塗國、莫盧國、古臘國、臨素半國、臣雲新國、如來卑離國、楚山塗卑離國、一難國、狗奚國、不雲國、不斯濆邪國、爰池國、乾馬國、楚離國，凡五十餘國。大國萬餘家，小國數千家，總十餘萬戶。辰王治月支國。臣智或加優呼臣雲遣支報安邪踧支濆臣離兒不例拘邪秦支廉之號。其官有魏率善、邑君、歸義侯、中郎將、都尉、伯長。

侯準既僭號稱王，爲燕亡人衞滿所攻奪，〔一〕將其左右宮人走入海，居韓地，自號韓王。〔二〕其後絕滅，今韓人猶有奉其祭祀者。漢時屬樂浪郡，四時朝謁。〔三〕

〔一〕魏略曰：昔箕子之後朝鮮侯，見周衰，燕自尊爲王，欲東略地，朝鮮侯亦自稱爲王，欲興兵逆擊燕以尊周室。其大夫禮諫之，乃止。使禮西說燕，燕止之，不攻。後子孫稍驕虐，燕乃遣將秦開攻其西方，取地二千餘里，至滿番汗爲界，朝鮮遂弱。及秦幷天下，使蒙恬築長城，到遼東。時朝鮮王否立，畏秦襲之，略服屬秦，不肯朝會。否死，其子準立。二十餘年而陳、項起，天下亂，燕、齊、趙民愁苦，稍稍亡往準，準乃置之於西方。及漢以盧綰爲燕王，朝鮮與燕界於浿水。及綰反，入匈奴，燕人衞滿亡命，爲胡服，東度浿水，詣準降，說準求居西界，(故)〔收〕中國亡命爲朝鮮藩屏。準信寵之，拜爲博士，賜以圭，封之百里，令守西邊。滿誘亡黨，衆稍多，乃詐遣人告準，言漢兵十道至，求入宿衞，遂還攻準。準與滿戰，不敵也。

〔二〕魏略曰：其子及親留在國者，因冒姓韓氏。準王海中，不與朝鮮相往來。

〔三〕魏略曰：初，右渠未破時，朝鮮相歷谿卿以諫右渠不用，東之辰國，時民隨出居者二千餘戶，亦與朝鮮貢蕃不相往來。至王莽地皇時，廉斯鑡爲辰韓右渠帥，聞樂浪土地美，人民饒樂，亡欲來降。出其邑落，見田中驅雀男子一人，其語非韓人。問之，男子曰：「我等漢人，名戶來，我等輩千五百人伐材木，爲韓所擊得，皆斷髮爲奴，積三年矣。」鑡曰：「我當降漢樂浪，汝欲去不？」戶來曰：「可。」（辰）鑡因將戶來（來）出詣含資縣，縣言郡，郡卽以鑡爲譯，從芩中乘大船入辰韓，逆取戶來。降伴輩尙得千人，其五百人已死。鑡時曉謂辰韓：「汝還五百人。若不者，樂浪當遣萬兵乘船來擊汝。」辰韓曰：「五百人已死，我當出贖直耳。」乃出辰韓萬五千人，弁韓布萬五千匹，鑡收取直還。郡表鑡功義，賜冠幘、田宅，子孫數世，至安帝延光四年時，故受復除。

桓、靈之末，韓濊彊盛，郡縣不能制，民多流入韓國。建安中，公孫康分屯有縣以南荒地爲帶方郡，遣公孫模、張敞等收集遺民，興兵伐韓濊，舊民稍出，是後倭韓遂屬帶方。景初中，明帝密遣帶方太守劉昕、樂浪太守鮮于嗣越海定二郡，諸韓國臣智加賜邑君印綬，其次與邑長。其俗好衣幘，下戶詣郡朝謁，皆假衣幘，自服印綬衣幘千有餘人。部從事吳林以樂浪本統韓國，分割辰韓八國以與樂浪，吏譯轉有異同，臣智激韓忿，攻帶方郡崎離營。時太守弓遵、樂浪太守劉茂興兵伐之，遵戰死，二郡遂滅韓。

其俗少綱紀，國邑雖有主帥，邑落雜居，不能善相制御。無跪拜之禮。居處作草屋土室，形如冢，其戶在上，舉家共在中，無長幼男女之別。其葬有槨無棺，不知乘牛馬，牛馬盡於送死。以瓔珠爲財寶，或以綴衣爲飾，或以縣頸垂耳，不以金銀錦繡爲珍。其人性彊勇，魁頭露紒，如炅兵，衣布袍，足履革蹻蹋。其國中有所爲及官家使築城郭，諸年少勇健者，皆鑿脊皮，以大繩貫之，又以丈許木鍤之，通日嚾呼作力，不以爲痛，既以勸作，且以爲健。常以五月下種訖，祭鬼神，羣聚歌舞，飲酒晝夜無休。其舞，數十人俱起相隨，踏地低昂，手足相應，節奏有似鐸舞。十月農功畢，亦復如之。信鬼神，國邑各立一人主祭天神，名之天君。又諸國各有別邑，名之爲蘇塗。立大木，縣鈴鼓，事鬼神。諸亡逃至其中，皆不還之，好作賊。其立蘇塗之義，有似浮屠，而所行善惡有異。其北方近郡諸國差曉禮俗，其遠處直如囚徒奴婢相聚。無他珍寶。禽獸草木略與中國同。出大栗，大如梨。又出細尾雞，其尾皆長五尺餘。其男子時時有文身。又有州胡在馬韓之西海中大島上，其人差短小，言語不與韓同，皆髡頭如鮮卑，但衣韋，好養牛及豬。其衣有上無下，略如裸勢。乘船往來，市買韓中。

辰韓在馬韓之東，其耆老傳世，自言古之亡人避秦役來適韓國，馬韓割其東界地與之。有城柵。其言語不與馬韓同，名國爲邦，弓爲弧，賊爲寇，行酒爲行觴。相呼皆爲徒，有似秦人，非但燕、齊之名物也。名樂浪人爲阿殘；東方人名我爲阿，謂樂浪人本其殘餘人。今有名之爲秦韓者。始有六國，稍分爲十二國。

弁辰亦十二國，又有諸小別邑，各有渠帥，大者名臣智，其次有險側，次有樊濊，次有殺奚，次有邑借。有已柢國、不斯國、弁辰彌離彌凍國、弁辰接塗國、勤耆國、難彌離彌凍國、弁辰古資彌凍國、弁辰古淳是國、冉奚國、弁辰半路國、弁〔辰〕樂奴國、軍彌國（弁軍彌國）、弁辰彌烏邪馬國、如湛國、弁辰甘路國、戶路國、州鮮國（馬延國）、弁辰狗邪國、弁辰走漕馬國、弁辰安邪國（馬延國）、弁辰瀆盧國、斯盧國、優由國。弁、辰韓合二十四國，大國四五千家，小國六七百家，總四五萬戶。其十二國屬辰王。辰王常用馬韓人作之，世世相繼。辰王不得自立爲王。〔一〕土地肥美，宜種五穀及稻，曉蠶桑，作縑布，乘駕牛馬。嫁娶禮俗，男女有別。以大鳥羽送死，其意欲使死者飛揚。〔二〕國出鐵，韓、濊、倭皆從取之。諸市買皆用鐵，如中國用錢，又以供給二郡。俗喜歌舞飲酒。有瑟，其形似筑，彈之亦有音曲。兒生，便以石厭其頭，欲其褊。今辰韓人皆褊頭。男女近倭，亦文身。便步戰，兵仗與馬韓同。其俗，行者相逢，皆住讓路。

〔一〕魏略曰：明其爲流移之人，故爲馬韓所制。

〔二〕魏略曰：其國作屋，橫累木爲之，有似牢獄也。

弁辰與辰韓雜居，亦有城郭。衣服居處與辰韓同。言語法俗相似，祠祭鬼神有異，施竈皆在戶西。其瀆盧國與倭接界。十二國亦有王，其人形皆大。衣服絜清，長髮。亦作廣幅細布。法俗特嚴峻。

倭人在帶方東南大海之中，依山島爲國邑。舊百餘國，漢時有朝見者，今使譯所通三十國。從郡至倭，循海岸水行，歷韓國，乍南乍東，到其北岸狗邪韓國，七千餘里，始度一海，千餘里至對馬國。其大官曰卑狗，副曰卑奴母離。所居絕島，方可四百餘里，土地山險，多深林，道路如禽鹿徑。有千餘戶，無良田，食海物自活，乘船南北市糴。又南渡一海千餘里，名曰瀚海，至一大國，官亦曰卑狗，副曰卑奴母離。方可三百里，多竹木叢林，有三千許家，差有田地，耕田猶不足食，亦南北市糴。又渡一海，千餘里至末盧國，有四千餘戶，濱山海居，草木茂盛，行不見前人。好捕魚鰒，水無深淺，皆沈沒取之。東南陸行五百里，到伊都國，官曰爾支，副曰泄謨觚、柄渠觚。有千餘戶，世有王，皆統屬女王國，郡使往來常所駐。東南至奴國百里，官曰兕馬觚，副曰卑奴母離，有二萬餘戶。東行至不彌國百里，官曰多模，副曰卑奴母離，有千餘家。南至投馬國，水行二十日，官曰彌彌，副曰彌彌那利，可五萬餘戶。南至邪馬壹國，女王之所都，水行十日，陸行一月。官有伊支馬，次曰彌馬升，次曰彌馬獲支，次曰奴佳鞮，可七萬餘戶。自女王國以北，其戶數道里可得略載，其餘旁國遠絕，不可得詳。次有斯馬國，次有已百支國，次有伊邪國，次有都支國，次有彌奴國，次有好古都國，次有不呼國，次有姐奴國，次有對蘇國，次有蘇奴國，次有呼邑國，次有華奴蘇奴國，次有鬼國，次有爲吾國，次有鬼奴國，次有邪馬國，次有躬臣國，次有巴利國，次有支惟國，次有烏奴國，次有奴國，此女王境界所盡。其南有狗奴國，男子爲王，其官有狗古智卑狗，不屬女王。自郡至女王國萬二千餘里。

男子無大小皆黥面文身。自古以來，其使詣中國，皆自稱大夫。夏后少康之子封於會稽，斷髮文身以避蛟龍之害。今倭水人好沈沒捕魚蛤，文身亦以厭大魚水禽，後稍以爲飾。諸國文身各異，或左或右，或大或小，尊卑有差。計其道里，當在會稽、東冶之東。其風俗不淫，男子皆露紒，以木緜招頭。其衣橫幅，但結束相連，略無縫。婦人被髮屈紒，作衣如單被，穿其中央，貫頭衣之。種禾稻、紵麻，蠶桑、緝績，出細紵、縑緜。其地無牛馬虎豹羊鵲。兵用矛、楯、木弓。木弓短下長上，竹箭或鐵鏃或骨鏃，所有無與儋耳、朱崖同。倭地溫暖，冬夏食生菜，皆徒跣。有屋室，父母兄弟臥息異處，以朱丹塗其身體，如中國用粉也。食飲用籩豆，手食。其死，有棺無槨，封土作冢。始死停喪十餘日，當時不食肉，喪主哭泣，他人就歌舞飲酒。已葬，舉家詣水中澡浴，以如練沐。其行來渡海詣中國，恆使一人，不梳頭，不去蟣蝨，衣服垢汚，不食肉，不近婦人，如喪人，名之爲持衰。若行者吉善，共顧其生口財物；若有疾病，遭暴害，便欲殺之，謂其持衰不謹。出眞珠、青玉。其山有丹，其木有枏、杼、豫樟、楺櫪、投橿、烏號、楓香，其竹篠簳、桃支。有薑、橘、椒、蘘荷，不知以爲滋味。

有獮猴、黑雉。其俗舉事行來，有所云爲，輒灼骨而卜，以占吉凶，先告所卜，其辭如令龜法，視火坼占兆。其會同坐起，父子男女無別，人性嗜酒。〔一〕見大人所敬，但搏手以當跪拜。其人壽考，或百年，或八九十年。其俗，國大人皆四五婦，下戶或二三婦。婦人不淫，不妒忌。不盜竊，少諍訟。其犯法，輕者沒其妻子，重者滅其門戶。及宗族尊卑，各有差序，足相臣服。收租賦。有邸閣國，國有市，交易有無，使大倭監之。自女王國以北，特置一大率，檢察諸國，諸國畏憚之。常治伊都國，於國中有如刺史。王遣使詣京都、帶方郡、諸韓國，及郡使倭國，皆臨津搜露，傳送文書賜遺之物詣女王，不得差錯。下戶與大人相逢道路，逡巡入草。傳辭說事，或蹲或跪，兩手據地，爲之恭敬。對應聲曰噫，比如然諾。

〔一〕魏略曰：其俗不知正歲四節，但計春耕秋收爲年紀。

其國本亦以男子爲王，住七八十年，倭國亂，相攻伐歷年，乃共立一女子爲王，名曰卑彌呼，事鬼道，能惑衆，年已長大，無夫壻，有男弟佐治國。自爲王以來，少有見者。以婢千人自侍，唯有男子一人給飲食，傳辭出入。居處宮室樓觀，城柵嚴設，常有人持兵守衞。

女王國東渡海千餘里，復有國，皆倭種。又有侏儒國在其南，人長三四尺，去女王四千餘里。又有裸國、黑齒國復在其東南，船行一年可至。參問倭地，絕在海中洲島之上，或絕或連，周旋可五千餘里。

景初二年六月，倭女王遣大夫難升米等詣郡，求詣天子朝獻，太守劉夏遣吏將送詣京都。其年十二月，詔書報倭女王曰：「制詔親魏倭王卑彌呼：帶方太守劉夏遣使送汝大夫難升米、次使都市牛利奉汝所獻男生口四人，女生口六人、班布二匹二丈，以到。汝所在踰遠，乃遣使貢獻，是汝之忠孝，我甚哀汝。今以汝爲親魏倭王，假金印紫綬，裝封付帶方太守假授汝。其綏撫種人，勉爲孝順。汝來使難升米、牛利涉遠，道路勤勞，今以難升米爲率善中郎將，牛利爲率善校尉，假銀印青綬，引見勞賜遣還。今以絳地交龍錦五匹、〔一〕絳地縐粟罽十張、蒨絳五十匹、紺青五十匹，答汝所獻貢直。又特賜汝紺地句文錦三匹、細班華罽五張、白絹五十匹、金八兩、五尺刀二口、銅鏡百枚、眞珠、鉛丹各五十斤，皆裝封付難升米、牛利還到錄受。悉可以示汝國中人，使知國家哀汝，故鄭重賜汝好物也。」

〔一〕臣松之以爲地應爲綈，漢文帝著皁衣謂之弋綈是也。此字不體，非魏朝之失，則傳寫者誤也。

正始元年，太守弓遵遣建中校尉梯儁等奉詔書印綬詣倭國，拜假倭王，并齎詔賜金、帛、錦罽、刀、鏡、采物，倭王因使上表答謝恩詔。其四年，倭王復遣使大夫伊聲耆、掖邪狗等八人，上獻生口、倭錦、絳青縑、緜衣、帛布、丹木、𤝔、短弓矢。掖邪狗等壹拜率善中郎將印綬。其六年，詔賜倭難升米黃幢，付郡假授。其八年，太守王頎到官。倭女王卑彌呼與狗奴國男王卑彌弓呼素不和，遣倭載斯、烏越等詣郡說相攻擊狀。遣塞曹掾史張政等因齎詔書、黃幢，拜假難升米爲檄告喻之。卑彌呼以死，大作冢，徑百餘步，狥葬者奴婢百餘人。更立男王，國中不服，更相誅殺，當時殺千餘人。復立卑彌呼宗女壹與，年十三爲王，國中遂定。政等以檄告喻壹與，壹與遣倭大夫率善中郎將掖邪狗等二十人送政等還，因詣臺，獻上男女生口三十人，貢白珠五千，孔青大句珠二枚，異文雜錦二十匹。

評曰：史、漢著朝鮮、兩越，東京撰錄西羌。魏世匈奴遂衰，更有烏丸、鮮卑，爰及東夷，使譯時通，記述隨事，豈常也哉！〔一〕

〔一〕魏略西戎傳曰：氐人有王，所從來久矣。自漢開益州，置武都郡，排其種人，分竄山谷間，或在福祿，或在汧、隴左右。其種非一，稱槃瓠之後，或號青氐，或號白氐，或號蚺氐，此蓋蟲之類而處中國，人卽其服色而名之也。其自相號曰盍稚，各有王侯，多受中國封拜。近去建安中，興國氐王阿貴、白項氐王千萬各有部落萬餘，至十六年，從馬超爲亂。超破之後，阿貴爲夏侯淵所攻滅，千萬西南入蜀，其部落不能去，皆降。國家分徙其前後兩端者，置扶風、美陽，今之安夷、撫夷二部護軍所典是也。其(太)〔本〕守善，分留天水、南安界，今之(廣平魏郡)〔廣魏郡〕所守是也。其俗，語不與中國同，及羌雜胡同，各自有姓，姓如中國之姓矣。其衣服尚青絳。俗能織布，善田種，畜養豕牛馬驢騾。其婦人嫁時著衽露，其緣飾之制有似羌，衽露有似中國袍。皆編髮。多知中國語，由與中國錯居故也。其自還種落間，則自氐語。其嫁娶有似於羌，此蓋乃昔所謂西戎在于街、冀、豲道者也。今雖都統於郡國，然故自有王侯在其虛落間。又故武都地陰平街左右，亦有萬餘落。貲虜，本匈奴也，匈奴名奴婢爲貲。始建武時，匈奴衰，分去其奴婢，亡匿在金城、武威、酒泉北黑水、西河東西，畜牧逐水草，鈔盜涼州，部落稍多，有數萬，不與東部鮮卑同也。其種非一，有大胡，有丁令，或頗有羌雜處，由本亡奴婢故也。當漢、魏之際，其大人有檀柘，死後，其枝大人南近在廣魏、令居界，有禿瑰來數反，爲涼州所殺。今有劭提，或降來，或遁去，常爲西州道路患也。

燉煌西域之南山中，從婼羌西至葱領數千里，有月氏餘種葱茈羌、白馬、黃牛羌，各有酋豪，北與諸國接，不知其道里廣狹。傳聞黃牛羌各有種類，孕身六月生，南與白馬羌鄰。西域諸國，漢初開其道，時有三十六，後分爲五十餘。從建武以來，更相吞滅，于今有二十道。從燉煌玉門關入西域，前有二道，今有三道。從玉門關西出，經婼羌轉西，越葱領，經縣度，入大月氏，爲南道。從玉門關西出，發都護井，回三隴沙北頭，經居盧倉，從沙西井轉西北，過龍堆，到故樓蘭，轉西詣龜茲，至葱領，爲中道。從玉門關西北出，經橫坑，辟三隴沙及龍堆，出五船北，到車師界戊己校尉所治高昌，轉西與中道合龜茲，爲新道。凡西域所出，有前史已具詳，今故略說。南道西行，且志國、小宛國、精絕國、樓蘭國皆并屬鄯善也。戎盧國、扜彌國、渠勒國、（穴山國）〔皮山國〕皆并屬于寘。罽賓國、大夏國、高附國、天竺國皆并屬大月氏。

臨兒國，浮屠經云其國王生浮屠。浮屠，太子也。父曰屑頭邪，母云莫邪。浮屠身服色黃，髮青如青絲，乳青毛，蛉赤如銅。始莫邪夢白象而孕，及生，從母左脅出，生而有結，墮地能行七步。此國在天竺城中。天竺又有神人，名沙律。昔漢哀帝元壽元年，博士弟子景盧受大月氏王使伊存口受浮屠經曰復立者其人也。浮屠所載臨蒲塞、桑門、伯聞、疏問、白疏閒、比丘、晨門，皆弟子號也。浮屠所載與中國老子經相出入，蓋以爲老子西出關，過西域之天竺，敎胡。浮屠屬弟子別號，合有二十九，不能詳載，故略之如此。

車離國一名禮惟特，一名沛隸王，在天竺東南三千餘里，其地卑溼暑熱。其王治沙奇城，有別城數十，人民怯弱，月氏、天竺擊服之。其地東西南北數千里，人民男女皆長一丈八尺，乘象、槖駞以戰，今月氏役稅之。

盤越國一名漢越王，在天竺東南數千里，與益部相近，其人小與中國人等，蜀人賈似至焉。南道而西極轉東南盡矣。

中道西行尉梨國、危須國、山王國皆并屬焉耆，姑墨國、溫宿國、尉頭國皆并屬龜茲也，楨中國、莎車國、竭石國、渠沙國、西夜國、依耐國、滿犂國、億若國、榆令國、捐毒國、休脩國、琴國皆并屬疏勒。自是以西，大宛、安息、條支、烏弋。烏弋一名排特，此四國次在西，本國也，無增損。前世謬以爲條支在大秦西，今其實在東。前世又謬以爲彊於安息，今更役屬之，號爲安息西界。前世又謬以爲弱水在條支西，今弱水在大秦西。前世又謬以爲從條支西行二百餘日，近日所入，今從大秦西近日所入。

大秦國一號犂靬，在安息、條支西大海之西，從安息界安谷城乘船，直截海西，遇風利二月到，風遲或一歲，無風或三歲。其國在海西，故俗謂之海西。有河出其國，西又有大海。海西有遲散城，從國下直北至烏丹城西南，又渡一河，乘船一日乃過。西南又渡一河，一日乃過。凡有大都三，卻從安谷城陸道直北行之海北，復直西行之海西，復直南行經之烏遲散城，渡一河，乘船一日乃過。周迴繞海，凡當渡大海六日乃到其國。國有小城邑合四百餘，東西南北數千里。其王治濱側河海，以石爲城郭。其土地有松、柏、槐、梓、竹、葦、楊柳、梧桐、百草。民俗，田種五穀，畜乘有馬、騾、驢、駱駝。桑蠶。俗多奇幻，口中出火，自縛自解，跳十二丸巧妙。其國無常主，國中有災異，輒更立賢人以爲王，而生放其故王，王亦不敢怨。其俗人長大平正，似中國人而胡服。自云本中國一別也，常欲通使於中國，而安息圖其利，不能得過。其俗能胡書。其制度，公私宮室爲重屋，旌旗擊鼓，白蓋小車，郵驛亭置如中國。從安息繞海北到其國，人民相屬，十里一亭，三十里一置，終無盜賊。但有猛虎、獅子爲害，行道不羣則不得過。其國置小王數十，其王所治城周回百餘里，有官曹文書。王有五宮，一宮間相去十里，其王平旦之一宮聽事，至日暮一宿，明日復至一宮，五日一周。置三十六將，每議事，一將不至則不議也。王出行，常使從人持一韋囊自隨，有白言者，受其辭投囊中，還宮乃省爲決理。以水晶作宮柱及器物。作弓矢。其別枝封小國，曰澤散王，曰驢分王，曰且蘭王，曰賢督王，曰汜復王，曰于羅王，其餘小王國甚多，不能一一詳之也。國出細絺。作金銀錢，金錢一當銀錢十。有織成細布，言用水羊毳，名曰海西布。此國六畜皆出水，或云非獨用羊毛也，亦用木皮或野繭絲作，織成氍毹、毾㲪、罽帳之屬皆好，其色又鮮于海東諸國所作也。又常利得中國絲，解以爲胡綾，故數與安息諸國交市於海中。海水苦不可食，故往來者希到其國中。山出九色次玉石，一曰青，二曰赤，三曰黃，四曰白，五曰黑，六曰綠，七曰紫，八曰紅，九曰紺。今伊吾山中有九色石，即其類。陽嘉三年時，疏勒王臣槃獻海西青石、金帶各一。又今西域舊圖云罽賓、條支諸國出琦石，即次玉石也。大秦多金、銀、銅、鐵、鉛、錫、神龜、白馬、朱髦、駭雞犀、瑇瑁、玄熊、赤螭、辟毒鼠、大貝、車渠、瑪瑙、南金、翠爵、羽翮、象牙、符采玉、明月珠、夜光珠、眞白珠、虎珀、珊瑚、赤白黑綠黃青紺縹紅紫十種流離、璆琳、琅玕、水精、玫瑰、雄黃、雌黃、碧、五色玉、黃白黑綠紫紅絳紺金黃縹留黃十種氍毹、五色毾㲪、五色九色首下毾㲪、金縷繡、雜色綾、金塗布、緋持布、發陸布、緋持渠布、火浣布、阿羅得布、巴則布、度代布、溫宿布、五色桃布、絳地金織帳、五色斗帳、一微木、二蘇合、狄提、迷迷、兜納、白附子、薰陸、鬱金、芸膠、薰草木十二種香。大秦道既從海北陸通，又循海而南，與交趾七郡外夷比，又有水道通益州、永昌，故永昌出異物。前世但論有水道，不知有陸道，今其略如此，其民人戶數不能備詳也。自葱領西，此國最大，置諸小王甚多，故錄其屬大者矣。澤散王屬大秦，其治在海中央，北至驢分，水行半歲，風疾時一月到，最與安息安谷城相近，西南詣大秦都不知里數。驢分王屬大秦，其治去大秦都二千里。從驢分城西之大秦渡海，飛橋長二百三十里，渡海道西南行，繞海直西行。且蘭王屬大秦。從思陶國直南渡河，乃直西行之且蘭三千里。道出河南，乃西行，從且蘭復直西行之汜復國六百里。南道會汜復，乃西南之賢督國。且蘭、汜復直南，乃有積石，積石南乃有大海，出珊瑚，真珠。且蘭、汜復、斯賓阿蠻北有一山，東西行。大秦、海西東各有一山，皆南北行。賢督王屬大秦，其治東北去汜復六百里。汜復王屬大秦，其治東北去于羅三百四十里渡海也。于羅屬大秦，其治在汜復東北，渡河，從于羅東北又渡河，斯羅東北又渡河。斯羅國屬安息，與大秦接也。大秦西有海水，海水西有河水，河水西南北行有大山，西有赤水，赤水西有白玉山，白玉山有西王母，西王母西有脩流沙，流沙西有大夏國、堅沙國、屬繇國、月氏國，四國西有黑水，所傳聞西之極矣。

北新道西行，至東且彌國、西且彌國、單桓國、畢陸國、蒲陸國、烏貪國，皆并屬車師後部王。王治于賴城，魏賜其王壹多雜守魏侍中，號大都尉，受魏王印。轉西北則烏孫、康居，本國無增損也。北烏伊別國在康居北，又有柳國，又有巖國，又有奄蔡國一名阿蘭，皆與康居同俗。西與大秦東南與康居接。其國多名貂，畜牧逐水草，臨大澤，故時羈屬康居，今不屬也。

呼得國在葱嶺北，烏孫西北，康居東北，勝兵萬餘人，隨畜牧，出好馬，有貂。堅昆國在康居西北，勝兵三萬人，隨畜牧，亦多貂，有好馬。丁令國在康居北，勝兵六萬人，隨畜牧，出名鼠皮，白昆子、青昆子皮。此上三國，堅昆中央，俱去匈奴單于庭安習水七千里，南去車師六國五千里，西南去康居界三千里，西去康居王治八千里。或以爲此丁令卽匈奴北丁令也，而北丁令在烏孫西，似其種別也。又匈奴北有渾窳國，有屈射國，有丁令國，有隔昆國，有新梨國，明北海之南自復有丁令，非此烏孫之西丁令也。烏孫長老言北丁令有馬脛國，其人音聲似雁騖，從膝以上身頭，人也，膝以下生毛，馬脛馬蹄，不騎馬而走疾馬，其爲人勇健敢戰也。短人國在康居西北，男女皆長三尺，人衆甚多，去奄蔡諸國甚遠。康居長老傳聞常有商度此國，去康居可萬餘里。

魚豢議曰：俗以爲營廷之魚不知江海之大，浮游之物不知四時之氣，是何也？以其所在者小與其生之短也。余今氾覽外夷大秦諸國，猶尙曠若發蒙矣，況夫鄒衍之所推出，大易、太玄之所測度乎！徒限處牛蹄之涔，又無彭祖之年，無緣託景風以迅游，載騕褭以遐觀，但勞眺乎三辰，而飛思乎八荒耳。